박승옥 변호사가 말하는 사법개혁 쟁취의 길

시민 배심원제 그리고 양형기준

▌머리말

주인은 자기 소관의 중요한 판단·결정을 스스로 내리는 사람이다. 국민에게서 생명, 자유, 재산을 박탈하는 것은 법치주의 나라에서는 법 절차이니, 그 법 절차에서의 판단·결정 권한이 국민에게 있지 아니하다면 국민이 나라의 주인이라는 말은 겉치레에 불과하게 된다. 민주주의에와 법치주의에 중대한 결함이 있게 되는 것이다.

일본은 명치유신으로 유럽 대륙의 법 제도를 받아들였으나, 영미 제도들에 대한 연구에서 배심재판 제도의 가치가 확인되자 1928년에 이를 도입하여 태평양전쟁 중이던 1943년까지 시행하면서도, 조선에서는 그 권리를 배제하였다. 2차대전에서 패망한 이후 미국의 점령 아래서 미국의 대배심 제도의 일부인 기소배심을 1948년에 일본은 받아들였다.

또한 선발된 시민들로 하여금 특정 중대범죄들의 형사법원 정식사실들에 참여하여 전문직 판사들에 더불어 유무죄에 대하여 및 형량에 대하여 다 같이 결정들을 내리도록 요구하는 법률을 2004년에 일본은 입법하였다. 이 일반인 심판들은 재판원(裁判員)이라고 불리는데, 대륙법계 나라들 일부에 도입되어 있는, 배심제도의 일종인 참심제도에 이는 해당한다.

1945년 8.15 광복으로 우리는 일본의 지배로부터 벗어나면서 미국의 자유민주주의 제도에 토대하여 국민의 권리를 보장하는 권리장전을 헌법에 두었다. 그러나, 구체적인 사건에 대한 사법절차에서의 판단·결정 권한은 종래 일본이 우리에게 해 놓은 바를 그대로 따라 이를 국민에게서 배제하여 놓았다. 국민은 법 절차에서 결정권한을 지니지 못한 상태로 오늘에 이르렀다.

국민은 잘 해야 법의 객체이니, 오라고 해야만 올 수 있고 가라고 하면 가야 한다. 호랑이 이리떼 출몰하는 벌판길을 맨발로 맨손으로 걸어가는 신세이니, 고달프지 않을손가. 주인이 허수아비가 된 자리에 사법기관의 충직한 봉사의 기운은 소진됨이 당연지사라, 의지처로서 믿을 수 있는 수호신이 되기란 정히 어렵다.

시골 사는 사람이 이 일을 이상히 여겨, 무엇이 문제일까, 어디에 답이 있을까를 찾아 이 나라에보다는 더 법이 서 있어 보이는 미국의 판례들을 읽고 옮기기 시작한 지

20여 년이 되었다. 그 나라에는 800여 년의 연륜을 지닌 대배심 소배심 제도가 있어 사법절차에서의 결정권한을 널리 국민이 행사한다는 것을 알게 되었다.

그 나라 국민은 명실상부한 법의 주인이 되어 있다. 법이 국민의 것이니 국민은 법으로써 판단하고 결정하여 정의를 실현하고 불의를 응징한다. 국민 가운데서 작동하고 집행되므로 법은 국민의 생명 자유 재산을 지키는 무기요 방패이다. 귀하지 아니할 것이며, 보배롭지 아니할 것인가. 그 법을 지키기 위하여 전쟁을마저도 그들은 불사하였던 것이다.

여러 나라들에서의 경험에 비추어, 배심제도는 국민의 신뢰를 사법제도가 잃고 있을 때에는 특히 그 도입이 필요한 유용한 제도이다. 배심제도의 운영으로 사법이 국민 속에서 작동하게 되어 사법에 대한 국민의 신뢰가 높아지면, 이번에는 배심제도의 운용 범위를 국민은 줄일 수 있다. 그것은 국민의 판단에 따라 탄력적으로 운용될 수 있다.

우리 사법제도가 지니고 있는 또 한 가지 문제는 양형의 문제이다. 피고인에게 내려야 할 정확한 형량을 폭넓은 재량 아래서 법관더러 찾아내라고 요구하는 것은 법치(法治)의 최종단계에서 돌연 인치(人治)에 돌아가는 것이 아닐 수 없을 것이다. 그것은 과도한 부담을 법관에게 가하면서도 안팎으로 불신을 부를 여지가 크다. 우리의 현행의 양형기준이 그러하다.

이에 반하여, 미리 촘촘히 세분화되어 있는 기준들을 국민이 세워두고서 이를 법관으로 하여금 적용하게 할 때는 법관은 스스로를 내외의 압력으로부터 보호하면서 법치를 실현할 수가 있는 것이고, 당사자들은 승복할 수가 있는 것이다. 그러기에 정의를 관철시키기에 적합한 양형기준을 과학적으로 합리적으로 수립하여 놓는 일이 필수가 아닐 수 없는 것이다.

촛불시위로 민주주의를 바라는 국민의 여망이 드러났음에도, 배심제 도입의 필요성이 및 양형기준의 합리화의 중요성이 간과되고 있다고 느껴 이 책을 내게 되었다. 주로 인터넷 공간에 나름껏 써 온 글들을 중요한 역사적 전거들의 번역물들에 묶는 바, 사법개혁에 작은 보탬이라도 되기를 바란다. 이 책을 출간해 준 한올출판사의 임순재 대표님께 감사드린다.

2018. 1. 19.

▋차 례

PART [1]

PART [2]

박승옥 변호사가 말하는
사법개혁 쟁취의 길

시민 배심원제 그리고 **양형기준**

1. 명량과 사법개혁[1]

　임진왜란 당시의 해전은 원양에서가 아니라 육지의 해안 가까이서 벌어졌으므로 해안을 어느 쪽이 지배하느냐가 전투의 양상에 영향을 크게 미쳤던 것 같다. 초전에 4차례나 출진하여 연전연승할 때까지는 경상도 해안에 대한 왜군의 정비와 통제가 아직 미흡한 상태였기에 조선수군은 퇴로차단의 염려 없이 진격해 들어가 적선을 찾아 쳐부수다가 지치면 포구에서 쉬거나 비바람을 피하거나 할 수 있었고 적의 움직임에 관한 정보를 얻을 수도 있었다. 조선수군을 제압하고 서해로 나가려 했던 왜군의 전략이 수군끼리의 조우를 성사시켜 주었으니 말 그대로 수군끼리의 싸움이었다.[1]

　연거푸 깨지고 난 저들은 우리 수군을 상대하기를 아예 포기하고 육지해안을 정비하여 조선인 부락을 소개하고 망루를 쌓고 병력을 배치하고 포대를 설치하였다. 그 때부터 충무공은 적의 수군을 상대한 것이라기보다 육군을 상대해야 하게 된 셈이었다.

　우리 육군이 적을 내몰면 그 적을 바다에서 우리 수군이 깨부수기를 기대한 합동작전에 충무공이 (부득이) 참가하였으나, 육군의 성과가 미미한 터에 해전 아닌 싸움에서 육지를 향하여 수군이 승전할 여지는 별반 없었던 것이다. 적들은 우리의 동태를 보아 여차하면 육군으로 공격하기도 하고 배로 공격하기도 해서 아군의 피해가 있었던 것인데, 이미 사방이 적으로 둘러싸인 경상도 소굴에서 휴식도 취하지 못한 채 우리 수군이 겪었을 고초가 느껴진다. 그러한 두 번의 사례(1593. 2월 5차 웅포, 1594년 9월 8차 장문포)를 패전으로, 나머지 6, 7차의 출진을 별무성과의 전투로 "조일전쟁"의 저자 백지원은 평가하고 있다. 충무공의 승전은 그 이길 만한 여건이 되었기에 얻어진 것일 뿐이고, 그에게도 어쩔 수 없는 한계가 있었던 것임을 알게 해 준다.

---

1) daum 아고라 자유토론방에 2017. 5. 28.부터 실은 시리즈물들 중 일부이다. (일부는 [자료1] 대배심, [자료 2] 일본의 대배심 – 검찰심사회 등으로 옮겨 싣는다.)

대규모 출진이 위험하여 한산도를 굳게 지키는 것만 같지 못함은 적어도 이 시점에서 분명해 졌던 것이다. 조정의 독촉에도 불구하고 정유재란 있기까지 2년 수개월 동안 충무공은 움직이지 않았다. 큰소리치던 원균이 통제사가 되고 보니 그 출진해서는 안 됨을 비로소 깨닫고서 머뭇거리는 것을 도원수 권율이 출진을 강요하여 칠천량의 비극이 있게 된 것이었다.

명량 바로 코 앞인 해남 어란에 집결했던 압도적 숫자의 왜군이 병력 일부를 육지로 진격시켜 진도 벽파진과 해남 우수영을 공격하고 명량 양안을 접수했더라면 어떻게 되었을까? 그랬더라면 13척의 판옥선은 오히려 포위되어 칠천량이 재현되었을 것이다.

저들이라고 그 생각을 못 했을까마는, 진도 해남의 곳곳마다에서 노적봉을 돌면서 강강수월래를 해 대는 저 수많은 사람들을 육지에서 상대함은 일을 그르칠 위험이 있다고 판단한 저들이 그걸 포기하였던 것이라고 봄이 타당할 것이다. 정유재란 때 육지에서 바다에서 충무공과 함께 싸운 고흥 보성 영암 일대의 의병들에 관하여 자료들이 검색된다. 육지에서의 의병전략은 육로를 통한 왜적의 접근을 막는 데 두어졌던 것이다. (네이버검색. 황병성. 정유재란기 이순신의 전략과 의병막하인물) 바다에서라 하여 달랐을 수 없으니, 의병들이 모아온 크고 작은 배들은 전투에도 참여하고 군세의 위장에도 쓰였을 것임은 의문의 여지가 없다.

충무공은 전라좌수사가 되기 전에 정읍현감을 거치셨고 전라우수영의 수군과 함께 그 동안 남해바다를 지켜오셨으니 살아 돌아온 그 양반과 함께인 한 모두가 죽을 힘으로 싸울 수 있었던 것이다. "신에게는 아직 열두 척이 있나이다." 한 말은 그걸 의미한 것이었다. 그것이 명량싸움이었으니, 백성들의 마음을 알고 늘 백성들과 함께 움직이면서 백성들의 자발적 주도적 참여의 길을 열어주었기에 열두 척은 수백 척 수만 명 이상일 수가 있었던 것이다.

문재인 대통령의 새 정부 아래서 사법개혁과 검찰개혁이 추진되고 있는 상황이다. 고위공직자수사처의 설치라든지 경찰수사권의 독립이라든지 등등의 문제들이 논의되는 실정이지만, 그 문제들에 대한 입장 여하를 떠나 그보다도 더, 그리고 가장 중요한 것은 검찰과 법원의 절차들에 국민의 참여를 대폭 확대하는 일이라고 나는 본다.

수사와 기소절차에 대배심 제도를 도입하고 민형사 재판절차에서도 소배심 제도를 확대하여 국민의 마음과 상식이 검찰 사법 절차에서 사안을 주도적으로 판단하고 결정하게 할 때 우리는 그때의 그들처럼 함께 영광스러울 수 있을 것이기 때문이다. 필자의 책 미국연방대법원 판례시리즈 V에 실린 Hurtado [1884], Duncan [1968], Baldwin [1970], Calandra [1974] 등 일련의 판례에서 궁극적으로 배심제도는 적법절차의 필수적 요소임이 확립되었다. 대배심 소배심을 아울러 국민의 자유와 정의의 수호에 있어서의 배심제도의 역할을 그것들은 잘 설명하고 있다. 배심제도의 도입과 확대는 재판과 수사절차에서의 유전무죄 무전유죄의 문제라든지 전관예우 등 우리의 사법절차에 잔존해 있는 악폐들의 제거에도 기여할 것이다.

거듭, 그리고 언제나, 그때 저 명량에서처럼 국민으로 하여금 주인공이 되게 하는 데 사법 검찰 개혁의 해법은 있다. 그것은 국민주권의 당연한 명령에 다름 아니다. 새 정부의 개혁의지가 성공을 거두기를 바란다.

2. 명량과 사법개혁 시리즈에 달린 댓글들

📋_ 땅끝문화 적극 지지합니다. 17.07.10 리플달기 신고하기 0

📋_ Holy Grail 여러나라의 경우를 살펴봐도 변호사님의 사법개혁론은 타당성이 있네요. 사법주권이 하루빨리 회복되어 만인이 공감할 수 있는 배심제가 이루어지면 좋겠습니다. 적극 지지합니다.화이팅!! 17.07.03 리플달기 신고하기 1

📋_ 변호사박승옥법률사무소 그렇습니다. 국민더러 구경만 하라고 할 이유가 무엇이겠습니까? 적극 나서서 불을 꺼야지요~~♡ ♡ 17.07.06 리플달기 신고하기

📋_ jangsp 국민이 온전한 주권을 되찾는 그날까지,. 열심히 응원 하겠습니다. 17.06.30 리플달기 신고하기 0

📋_ 댓글 변호사박승옥법률사무소 감사드립니다. 노력하겠습니다. 17.07.01 리플달기 신고하기

📋_ 변호사박승옥법률사무소 일본은 검찰의 불기소처분에 대하여 별도의 심사청구의 제기가 없어도 검찰심사회가 의결을 거쳐 스스로의 알 수 있는 바에 따라 심사할 수 있습니다. (제2조 제3항) 그러므로 비리와 부정과 부실수사 왜곡수사를 국민이 직접 다스릴 수 있습니다. 국민의 칼로서의 대배심의 기능을 일본은 받아들인 것인데, 이에 힘입어서인지 근년에 들어 검찰심사회의 심사건수와 기소의결이 현저히 줄어들었습니다. (기소의결 연간 10건 미만) 일본의 검찰이 국민의 신뢰를 얻고 있다는 것을 알 수 있습니다. 우리도 그래야 되지 않겠습니까? 17.06.24 리플달기 신고하기 0

📋_ 변호사박승옥법률사무소 명량과 사법개혁 (6)은 소생이 번역한 일본의 대배심설치운영에 관한 법률인 "검찰심사회법" 전문입니다. 이웃나라 일본은 대배심인 검찰심사회를 설치하여 검사의 불기소 처분을 국민들 가운데서 무작위로 선정된 배심원들로 하여금 심사하게 하고 있습니다. 피의자를 기소하라고 배심원들이 평결하였는데도 검사가 이에 따르지 않으면 배심원들이 곧바로 기소의결을 하여 법원에 넘길 수 있습니다. 법원은 변호사를 지정하여 공소의 제기와 유지를 하게 합니다. 우리가 못할 이유가 무엇입니까? 17.06.23 리플달기 신고하기 1

📖 _ 이기림 사법개혁의 구체적 방안으로서 배심제도 도입에 대해 다양한 사례를 통해 알 수 있어 유익한 글이네요. 새로운 정권이 탄생하였다 한 들 자연스레 세상이 유익해지는 것은 아니라 생각합니다. 다수 국민의 적극적인 참여와 행동이야 말로 지금의 시대에 더욱 필요한 일이 아닐까 합니다. 글로써, 말로써, 촛불로써, 투표로써... 시대를 바꾸어나가고 있는 용기있는 국민들을 응원합니다. 배심 제도에 대한 활발한 논의와 의견 교환이 이루어져우리 실정에 맞는 훌륭한 체계로서 안정적인 정착이 이루어 질 수 있길 기대합니다^^ (변호사님의 역할이 크시리라 생각되네요) 17.06.16 리플달기 신고하기 1

📖 _ 변호사박승옥법률사무소 격려의 말씀에 감사드립니다. 모두에게 유익한 좋은 결과가 나올 때까지 미력이나마 힘쓰겠습니다. 17.06.17 리플달기 신고하기

📖 _ 오민정 적극 지지합니다 17.06.13 리플달기 신고하기 1

📖 _ 댓글 아리현 변호사님 강력 지지합니다 간결 요약이 커버링 되있다면 더 좋겠단생각....이듭니다 . 힘내세요. 17.06.22 리플달기 신고하기

📖 _ 댓글 변호사박승옥법률사무소 감사합니다. 17.06.13 리플달기 신고하기

📖 _ 변호사박승옥법률사무소 감사합니다. 꼭 되기를 바랍니다. 17.06.13 리플달기 신고하기 0

📖 _ 비타자일리톨 국민과 함께하는 사법개혁이 이루어져야합니다. 응원합니다. 17.06.13 리플달기 신고하기 1

📖 _ 루란 전적으로 지지합니다. 17.06.12 리플달기 신고하기 1

📖 _ 댓글 변호사박승옥법률사무소 감사드립니다. 17.06.12 리플달기 신고하기

📖 _ 장근천 공감입니다. 이제 우리나라도 국민에게 사법주권을 부여하고 사법개혁을 이루어져야 선진국이라 할 수 있다. 민주사회를 위한 변호사 모임도 앞장서서 나서야 한다. 17.06.11 리플달기 신고하기 1

📖 _ 댓글 변호사박승옥법률사무소 감사합니다. 옳으십니다. 17.06.11 리플달기 신고하기

📖 _ 흰구름 모든 권력은 국민으로부터 나오듯이 모든 권력은 국민을 위해 봉사해야 합니다. 사법개혁도 이러한 원칙과 사상에 의해 이루어져야 합니다. 정의구현과 파사현정의 정신은 바로 이러한 배심제도를 통해 더 잘 구현될 수 있다고 봅니다. 저는 문재인 정부가 이 제안을 반드시 빨리 받아들여 실행하기를 강력히 촉구합니다!!! 물론 이러한 배심제

도가 미국에서는 악용되는 사례(심슨사건?)도 있었다고 생각되지만, 우리나라는 그런 가능성이 덜 하다고 봅니다. 17.06.10 리플달기 신고하기 1

📱_ 댓글 변호사박승옥법률사무소 흰구름 님, 감사합니다. 함께 이루어 내십시다. 17.06.10 리플달기 신고하기

📱_ 변호사박승옥법률사무소 조회수가 10여 일만에 3,067에 달하고 수많은 댓글과 찬성의견이 오른 데 대하여 감사드립니다. 여러분들의 노력 덕분에, 사법주권의 회복을 바라는 국민들의 마음이 얼마나 크고 깊은지를 이제 모두가 알게 되었다고 생각합니다. 어제 밤에 서울 민주사회를위한변호사모임(민변)회장이신 정연순 변호사님과의 페이스북 대화에서 배심제에 관한 저의 의견을 민변이 채택해 주기를 바란다는 저의 희망에 대하여 민변 사법위원회로 하여금 검토하게 하겠다는 정연순 회장님의 답글을 받았습니다. 민변이 우리의 소망을 받아들여 배심제의 도입 및 확대를 통한 국민의 사법주권 회복에 나서준다면 우리의 목표는 달성이 빠를 것이라고 믿습니다. 17.06.10 리플달기 신고하기 0

📱_ 변호사박승옥법률사무소 민주사회를위한변호사모임은 1988년 결성 이래 민주주의와 인권을 위하여 헌신해 온 변호사 단체로서 우리 국민으로부터 커다란 신뢰와 사랑을 받고 있는 터임을 우리는 잘 알고 있습니다. 이제 이번 기회를 꼭 살리기 위하여, 우리의 요구와 소망과 염원을 담아 조회수와 댓글과 찬성의견을 더 많이 올려주시고, 민변의 채택을 바란다는 내용도 함께 실어주시기 바랍니다. 감사합니다. 함께 노력하여 국민의 사법주권 회복의 날을 앞당깁시다. 박승옥 배상 17.06.10 리플달기 신고하기 0

📱_ 젖은날개 이번 목포경실련 회원수련회에 오셔서 사법개혁에 대한 좋은말씀 고맙습니다. 몰라서 않찾았거나 알고서도 방관하였는지 몰라도.. 이젠 우리에게 주어진 사법주권을 꼭 찾아서 법의 평등을 구현합시다. 시민의 조직된 힘으로 행동하는 양심이 됩시다... 그 날까지 화이팅!!! 17.06.05 리플달기 신고하기 1

📱_ 댓글 변호사박승옥법률사무소 감사합니다. 꼭 되리라 믿습니다. 화이팅!! 17.06.05 리플달기 신고하기

📱_ mitchell 너무 좋은 내용의 글 감사합니다. 17.06.03 리플달기 신고하기 1

📱_ 댓글 변호사박승옥법률사무소 감사합니다 17.06.03 리플달기 신고하기

📱_ 김시훈 적극지지합니다 17.06.03 리플달기 신고하기 1

📱_ 댓글 변호사박승옥법률사무소 감사합니다 17.06.03 리플달기 신고하기

🔖_ 닉네임 사법개혁.검찰개혁! 사법주권 회복을 위하여 국민정책 제안을 한 박승옥변호사의 노력에 경의를 표합니다. 다함께 동참합시다. 국민 주권시대를 위하여! 청산청해. 17.06.02 리플달기 신고하기 1

🔖_ 댓글 변호사박승옥법률사무소 국민의 결집된 힘으로 사법주권을 우리 국민의 손에 되돌리십시다. 우리 자신을 지키는 칼과 방패를 우리의 손에 잡아쥐고서 우리 자신의 운명의 주인이 되어 용기 있게 함께 앞으로 나아갑시다. 감사합니다. 17.06.12 리플달기 신고하기

🔖_ 만산 미국의 대배심 제도를 도입하는 방안이 있었군요. 제 주위에도 알리도록 하겠습니다. 먼저 연락을 드렸어야 하는데 죄송합니다 광주에서 최모 드림 17.06.01 리플달기 신고하기 1

🔖_ 댓글 변호사박승옥법률사무소 만산 님이 동의해 주시니, 이제 희망이 보이기 시작합니다. 17.06.02 리플달기 신고하기

🔖_ 이승훈 늦었지만 시작해야 합니다 공감합니다 17.05.31 리플달기 신고하기 1

🔖_ 댓글 변호사박승옥법률사무소 감사합니다 17.06.01 리플달기 신고하기

🔖_ hjj01 이런 의식있는 박변호사님의 생각이 제도를 개혁하는데 시금석이 되길 바랍니다. 17.05.31 리플달기 신고하기 1

🔖_ 댓글 변호사박승옥법률사무소 과찬이오나 감사합니다 17.05.31 리플달기 신고하기

🔖_ 변호사박승옥법률사무소 사법주권 회복을 위한 배심제도의 도입확대가 필요하다는 의견을 광화문1번가 인수위원회에 국민정책제안으로 올렸습니다. 배전의 참여와 성원을 부탁드립니다. 17.05.31 리플달기 신고하기 0

🔖_ 정치균 좋은 생각입니다. 의견에 공감합니다. 곡 성사괴기를 바랍니다. 17.05.31 리플달기 신고하기 1

🔖_ 댓글 변호사박승옥법률사무소 감사합니다 17.05.31 리플달기 신고하기

🔖_ jangsp 권력이 남용되지 않는 사회. 진실이 승리 할수있는 사회. 소수의 의견도 귀 기울려 관심 가져주는 사회. 약자의 인권도 존중되는 사회. 그러기 위해서는 사법부에 큰수술이 필요하다고 봅니다. 좋은 의견들 수렴하여 국민의 기대에 부흥하는 좋은 개혁 성과가 나타나길 바랍니다. 애쓰시는 박변님....화 이 팅. 17.05.31 리플달기 신고하기 댓글 변호사박승옥법률사무소 감사합니다 17.05.31 리플달기 신고하기

🖥 _ 나무무 적극 지지합니다. 17.05.31 리플달기 신고하기 1

🖥 _ 댓글 변호사박승옥법률사무소 감사합니다 17.05.31 리플달기 신고하기

🖥 _ 넌내게반했어 지지합니다! 17.05.31 리플달기 신고하기 1

🖥 _ 댓글 변호사박승옥법률사무소 감사합니다 17.05.31 리플달기 신고하기

🖥 _ 김운영 적극추천합니다 17.05.31 리플달기 신고하기 1

🖥 _ 댓글 변호사박승옥법률사무소 감사합니다 17.05.31 리플달기 신고하기

🖥 _ 임중석 반드시 개혁되어야합니다~~^^ 대배심, 소배심제도~그렇군요!! 17.05.31 리플달기 신고하기 1

🖥 _ 댓글 변호사박승옥법률사무소 감사합니다 17.05.31 리플달기 신고하기

🖥 _ 우송당마님 적극 추천합니다 17.05.31 리플달기 신고하기 1

🖥 _ 댓글 변호사박승옥법률사무소 감사합니다 17.05.31 리플달기 신고하기

🖥 _ 신정섭 변호사님의 의중에 적극 동감합니다 힘내 세요 화이팅 17.05.30 리플달기 신고하기 1

🖥 _ 댓글 변호사박승옥법률사무소 감사합니다 17.05.30 리플달기 신고하기

🖥 _ 신선한느낌 적극 지지합니다 17.05.30 리플달기 신고하기 1

🖥 _ 댓글 변호사박승옥법률사무소 감사합니다 17.05.30 리플달기 신고하기

🖥 _ 곽연자 사람사는 곳에는 지식과 노동과 계층이 있게 마련입니다. 한가지만 가지고는 사회도 형성되지 않으며 삶마저도 존재하기 어렵습니다 자신의 자리에서 늘 옳고 그름을 판단하여 행할때만이 보다 낳은 세상을 만들어가는 지름길이 아닐까요? 17.05.30 리플달기 신고하기 1

🖥 _ 댓글 변호사박승옥법률사무소 감사합니다 17.05.31 리플달기 신고하기

🖥 _ chkim 배심원 판결 존중되는 구조가 국민주권 시대로 가는 지름길이 아닐까? 17.05.30 리플달기 신고하기 1

🖥 _ 댓글 변호사박승옥법률사무소 감사합니다 17.05.31 리플달기 신고하기

📖_ althrhdwn 법을잘모르는평범한국민들과 공평한사회를위해서 애쓰시는박변호사님^^ 작은힘이모여 사랑하는대한민국을바꾸는그날까지화이팅요 17.05.30 리플달기 신고하기 댓글 변호사박승옥법률사무소 노력하겠습니다 감사합니다 17.05.30 리플달기 신고하기

📖_ 쌍스 사법개혁이야말로 적폐청산에 꼭 필요한 요소라고 생각합니다. 많은 국민이 참여해서 보다 나은 사법제도가 구축됐으면 합니다. 17.05.30 리플달기 신고하기 2

📖_ 댓글 변호사박승옥법률사무소 감사합니다 국민의 뜻을 모을 수 있는 방법을 생각해 보았으면 합니다 17.05.30 리플달기 신고하기

📖_ 박현수 우리 서민, 불특정 다수의 생명과 재산을 소수의 특권자(검사, 판사)들에게만 맡겨서는 절대로 아니 되지요! 암요~ 17.05.30 리플달기 신고하기 1

📖_ 댓글 변호사박승옥법률사무소 그것이 얼마나 부당한 일인지 이제 우리는 알게 되었습니다. 우리 자신과 이웃들이 겪는 고통에 대하여 우리 자신은 아무 것도 할 수 없이 속수무책으로 구경만 하여야 하는 채로, 우리하고는 처지가 다른, 우리에 대하여 아무런 책임을 지지 않는 사람들이 자기들 기준에 따라 판결하는 대로 우리가 따르기만 해야 한다면, 우리는 진정한 주인이라고도 참다운 주권자라고도 할 수 없습니다 17.05.30 리플달기 신고하기

📖_ 윤장중 맞습니다. 맞아요.. 적극 지지, 성원, 찬성합니다. 형사재판에서의 국민참여재판 대상사건도 합의부 관할 사건에 한하지 않고 피고인이 원한다면 모든 사건으로 확대되어야 할 것이고, 다만 이에 따르는 경제적 비용 문제는 함께 고민한다면 충분히 해결 가능할 것입니다. 17.05.30 리플달기 신고하기 3

📖_ 댓글 변호사박승옥법률사무소 동감입니다. 감사합니다. 17.05.30 리플달기 신고하기

📖_ 댓글 변호사박승옥법률사무소 미국의 경우 Duncan (1968) 판결)에 의하여 법정형이 6월 초과인 모든 형사사건에 배심재판의 권리를 인정하고 있습니다. 우리의 경우에 이를 적용하면 징역형이 포함된 거의 모든 사건에서 배심재판의 권리가 보장되고 있는 셈입니다. 17.05.30 리플달기 신고하기

📖_ 댓글 변호사박승옥법률사무소 배심재판의 오랜 전통에 힘입은 것이 한 가지 원인이겠지만, 미국의 경우에 판사재판에 대한 신뢰가 높다고 합니다. 피고인들이 배심재판을 포기하고 오히려 판사재판을 선택하는 비율이 매우 높아 배심재판의 비용이 많이 들지 않는다고 합니다. (Baldwin (1970).) 17.05.30 리플달기 신고하기

🖥️_ 댓글 변호사박승옥법률사무소 연방 민사소송에서는 소송물 가격 20 달러 이상인 사건에 대하여 민사배심에 의한 재판을 보장하고 있습니다. (연방헌법 수정 제7조) 민사배심의 숫자는 6명 이상 12명 이하입니다. (연방 민사소송규칙 Rule 48) 17.06.02 리플달기 신고하기

🖥️_ 남상일 적극적인 지지와 성원을 보냅니다. 17.05.30 리플달기 신고하기 1

🖥️_ 댓글 변호사박승옥법률사무소 감사합니다 17.05.31 리플달기 신고하기

🖥️_ 남상일 적극 지지와 성원을 보냅니다. 17.05.30 리플달기 신고하기 1

🖥️_ 댓글 변호사박승옥법률사무소 감사합니다 17.05.31 리플달기 신고하기

🖥️_ 이니 지지합니다~ 17.05.30 리플달기 신고하기 1

🖥️_ 댓글 변호사박승옥법률사무소 감사합니다 17.05.31 리플달기 신고하기

🖥️_ 생사일여 명량과 사법개혁 적극 공감하고 반드시 관철되기를 희망합니다. 변호사님 혼자만의 노력이 아닌 국민 서명운동으로 전개되기를 바랍니다~ 17.05.30 리플달기 신고하기 1

🖥️_ 댓글 변호사박승옥법률사무소 생사일여님의 제안을 구체적으로 논의하였으면 합니다. p2775955@hanmail.net; tel 061-277-5955로 연락해 주시기 바랍니다. 17.05.30 리플달기 신고하기

🖥️_ 댓글 변호사박승옥법률사무소 감사합니다. 꼭 그렇게 되었으면 합니다. 17.05.30 리플달기 신고하기

🖥️_ 영수아버지 저극지지합니다! 17.05.30 리플달기 신고하기

🖥️_ 댓글 변호사박승옥법률사무소 감사합니다 17.05.31 리플달기 신고하기

🖥️_ honghhes 새정부의 출범과 더불어 사법개혁도 대대적으로 이루어져서 우리 후손에게 살기좋은 나라를 물려주면 정말 좋겠어요 17.05.30 리플달기 신고하기 1

🖥️_ 댓글 변호사박승옥법률사무소 감사합니다 17.05.31 리플달기 신고하기

🖥️_ 진정놀고잡냐 변호사님의 글을 읽고 적극 지지함과 동시에 이제는 세상이 밝아질거라는 확신이 강하게 듭니다 변호사님 같은 분이 이세상에 넘쳐났으면 합니다 감사합니다 17.05.29 리플달기 신고하기 1

📖_ 댓글 변호사박승옥법률사무소 제게 대하여는 과찬이시고요. . 국민이 사법주권을 되찾으면 틀림없이 밝아질 것이라는 는 데에 공감합니다. 17.05.30 리플달기 신고하기

📖_ wjsrytn 사학비리 척결하여 민주학원 건설하자 !!! 대배심제도를 통해 족벌비리학원에 철퇴을 가하고 정의가 강물처럼 흐르는 맑은 사회를 만듭시다. 사학비리척결전남시민행동 전성렬 17.05.29 리플달기 신고하기 3

📖_ 댓글 변호사박승옥법률사무소 사법주권이 회복되면, 비리의 시정을 요구한 교수님들에게와 교사들에게 그 동안 가해겼던 철퇴가 눈 녹듯 사라질 것을 믿습니다. 투명하고 공정한 학교경영이 이루어지고 원하시는 정의로운 사회가 오리라 기대합니다. 위로를 드립니다. 17.06.01 리플달기 신고하기

📖_ 댓글 변호사박승옥법률사무소 감사합니다 17.05.31 리플달기 신고하기

📖_ 룰루랄라 변호사님의 말씀대로 배심제 정말 필요한 제도라 생각합니다. 아울러 경찰서장,지검장 직선제 등 시민권력에 의한 사법권력 통제수단에 대한 논의가 더 활발해졌으면 좋겠습니다. 좋은 글 써주셔서 감사합니다. 17.05.29 리플달기 신고하기 2

📖_ 댓글 변호사박승옥법률사무소 감사합니다 17.05.31 리플달기 신고하기

📖_ 룰루랄라 우리 국민은 법적용의 객체로서만 존재할 뿐 처분과 판단에서 주도적 권리를 박탈당한 채 철저히 배제 소외되어 있습니다. - 정말 공감이 가는 말입니다. 17.05.29 리플달기 신고하기 2

📖_ 댓글 변호사박승옥법률사무소 그렇습니다 17.05.31 리플달기 신고하기

📖_ fnehfvm 소수약자가 법으로부터 보호받아야만 하는 작금이 서글프다. 17.05.29 리플달기 신고하기 1

📖_ 댓글 변호사박승옥법률사무소 그렇군요. 법의 보호를 받아야 하는데 법으로부터 보호되어야 하다니요. . ㅠㅠ 17.05.29 리플달기 신고하기

📖_ Kyuha Ryoo 사법주권의 국민환수와 그에 따른 권력집중의 분산취지에 적극 찬성합니다! 17.05.29 리플달기 신고하기 1

📖_ 댓글 변호사박승옥법률사무소 감사합니다 17.05.31 리플달기 신고하기

📖_ 안연준 적극 지지하며 공감합니다 17.05.29 리플달기 신고하기 1

🔖_ 댓글 변호사박승옥법률사무소 교수님들이 대학교 교비회계 횡령을 지적하고 나섰다가 파면, 해임 등으로 해지되기를 10년이 넘게 해 오신 현실에 대하여 법조인으로서 부끄러움과 책임을 느낍니다. 사법권을 국민의 손에 되돌려 새로운 나라를 만드십시다. 감사합니다 17.05.29 리플달기 신고하기

🔖_ 댓글 변호사박승옥법률사무소 국민의 손에 사법주권이 조금이라도 있었다면 그런 일은 일어날 수 없었겠지요. 법의 보호를 받으셨겠지요. 17.05.29 리플달기 신고하기

🔖_ 원탁의기사 오랜 경험과 고민끝에 내놓은 제안에 격하게 공감합니다. 사법주권이 확립되는 그 날까지 많은 분들이 동참하길 기대합니다. 제가 사용하는 모든 SNS에 퍼나르고 있습니다. 17.05.29 리플달기 신고하기

🔖_ 댓글 변호사박승옥법률사무소 부디 도와주시기 바랍니다. 끝까지. 17.05.29 리플달기 신고하기

🔖_ 아녜스 사법개혁! 사법주권 ! 반드시 이루어내야 합니다 17.05.29 리플달기 신고하기 1

🔖_ 댓글 변호사박승옥법률사무소 감사합니다 17.05.31 리플달기 신고하기

🔖_ 김종배-야고보 100% 공감이 가는 제언입니다! 17.05.29 리플달기 신고하기 1

🔖_ 댓글 변호사박승옥법률사무소 감사합니다 17.05.31 리플달기 신고하기

🔖_ 하영아빠 우리나라에 필요한 좋은 제도라고 생각됩니다 17.05.29 리플달기 신고하기 1

🔖_ 댓글 변호사박승옥법률사무소 감사합니다 17.05.31 리플달기 신고하기

🔖_ 오프렛 사법주권을 국민에게! 국민에게 사법주권을! 17.05.29 리플달기 신고하기 1

🔖_ 댓글 변호사박승옥법률사무소 옳습니다 17.05.31 리플달기 신고하기

🔖_ 정근욱 좋은 제도라고 생각합니다. 이번 기회에 도입 되도록 함께 노력합시다. 17.05.29 리플달기 신고하기 1

🔖_ 댓글 변호사박승옥법률사무소 감사합니다 17.05.31 리플달기 신고하기

🔖_ 오송법사 적극 응원합니다 17.05.29 리플달기 신고하기 1

🔖_ 댓글 변호사박승옥법률사무소 감사합니다 17.05.31 리플달기 신고하기

🔖_ Seungho 이번기회에 사법개혁!! 늘 건강하시고 화이팅~~ 17.05.29 리플달기 신고하기 1

📓_ 댓글 변호사박승옥법률사무소 감사합니다 17.05.31 리플달기 신고하기

📓_ 전미연 민초들에게 공정한 판결을 받아 억울함에 부당한 죄인취급을 받지 않게 되는 나라가 되길 간절하게 바랍니다 더위에 건강조심하세요 17.05.29 리플달기 신고하기 1

📓_ 댓글 변호사박승옥법률사무소 참여해 주서서 감사합니다. 늘 건강하십시오. 17.05.29 리플달기 신고하기

📓_ 부경례 응원합니다 힘내세요~~♡ 17.05.29 리플달기 신고하기 1

📓_ 댓글 변호사박승옥법률사무소 그대가 초등학교 동창이어서 행복합니다. 17.05.29 리플달기 신고하기

📓_ 젖은날개 이번엔 꼭~ 언론개혁. 사법개혁. 재벌개혁이 국민의 눈 높이에서 이루어지길 간절히 빕니다. 17.05.29 리플달기 신고하기

📓_ 댓글 변호사박승옥법률사무소 감사합니다 17.05.31 리플달기 신고하기

📓_ 세상의 모든 행복 좋은 글 잘 읽었습니다. 백번 공감합니다. 17.05.29 리플달기 신고하기 1

📓_ 댓글 변호사박승옥법률사무소 감사합니다 17.05.31 리플달기 신고하기

📓_ BGRYU 기회는 자주 오는게 아니고 왔을 때는 확실히 잡아야 합니다. 지금 우리 사회에서 가장 시급한 것은 검찰개혁을 포함한 사법개혁이라고 봅니다. 이번 기회를 절대 놓쳐서는 안됩니다. 17.05.29 리플달기 신고하기 1

📓_ 댓글 변호사박승옥법률사무소 대학이 회계부정과 비리로 없어지기 전에 교수님들은 법에 호소하셨지요. 여러 해 동안 대학의 문제를 법이 다루면서도 비리를 단죄하지 못하였지요. 검찰과 법원이 관여하고 있는 사이에 대학이 끝내 없어지고 폐교되었으니, 교수님들에게 도움이 되지 못하였습니다. 부끄럽습니다. 17.05.29 리플달기 신고하기

📓_ 김종배-야고보 하루빨리 사법개혁이 이루어져서 우리나라에 법치가 바로 서기를 기원합니다! 17.05.29 리플달기 신고하기 1

📓_ 댓글 변호사박승옥법률사무소 꼭 이루십시다. 17.05.29 리플달기 신고하기

📓_ 송효원 박변호님의 의견에 동감 입니다 17.05.28 리플달기 신고하기 1

📓_ 댓글 변호사박승옥법률사무소 감사합니다 17.05.31 리플달기 신고하기

📓_ 정연국 이번엔 꼭 사법개혁할 시기이며, 성공할 수 있습니다. 박변호사님의 주장에 공감합니다. 이순신 정신이면 가능합니다. 17.05.28 리플달기 신고하기 1

📓_ 댓글 변호사박승옥법률사무소 선생님들은 부정과 비리가 횡행하던 시절에 학교에서 노동조합을 결성했다는 이유만으로 해직되기를 1000명도 더 넘게 4년 이상을 하셨지요. 감사합니다. 17.05.29 리플달기 신고하기

📓_ chamme 백배 공감합니다 ~!!! 17.05.28 리플달기 신고하기 1

📓_ 댓글 변호사박승옥법률사무소 감사합니다 17.05.31 리플달기 신고하기

📓_ 최유란 이번에는 꼭 시작합시다. 검찰개혁!! 17.05.28 리플달기 신고하기 1

📓_ 댓글 변호사박승옥법률사무소 감사합니다 17.05.31 리플달기 신고하기

📓_ 조생구 동감입니다. 검찰이 무소불위의 권력을 갖고 있고, 기소독점주의가 병폐의 원인을 제공한다고 봅니다. 검찰개혁이 화두인 것 같아요. 이번에 꼭 검찰이 국민의 검찰로 거듭날 수 있도록 제도적 정비가 되길 바랍니다. 17.05.28 리플달기 신고하기 1

📓_ 댓글 변호사박승옥법률사무소 사법이든 검찰이든 참으로 잘 되는 길은 국민 앞에 겸허히 제일 좋은 자리를 내 드리는 것입니다. 주인은 국민이니까요. 국민으로부터 받는 사랑과 신뢰의 기쁨을 누구도 마다할 이유가 없습니다. 17.05.29 리플달기 신고하기

📓_ 들풀 검찰의 무소불위를 막을수 있는 제도적 장치가 필요합니다. 17.05.28 리플달기 신고하기 1

📓_ 댓글 변호사박승옥법률사무소 사법주권을 국민이 회복하면 검찰이 국민의 편이 될 것입니다. 17.05.31 리플달기 신고하기

📓_ 무림 박승옥 변호사님의 제의에 절대적으로 공감합니다. 정의를 바로 세우기 위해 배심원제도를 도입하고 확대하자!! 17.05.28 리플달기 신고하기

📓_ 무림 배심원제도 정착해야! 개인적으로 적폐의 핵심은 법비라 생각하는데, 법비를 줄이는 첩경은 배심원제도일것. 배심원제도를 정착시키야!! 17.05.28 리플달기 신고하기 1

📓_ 댓글 변호사박승옥법률사무소 말씀대로 국민이 힘들어 하는 법 주변의 어두운 구석들을 일소하는 데에도 기여할 수 있는 길이기도 합니다. 17.05.29 리플달기 신고하기

- 새로움 힘없는 자의 목소리를 반영할 수 있는 제도로 여겨집니다 17.05.28 리플달기 신고하기 1

- 댓글 변호사박승옥법률사무소 힘없는 사람도 평등하게 배심원이 될 수 있으니까요 17.05.29 리플달기 신고하기

- 신선한 느낌 필자의 의견에 대찬성입니다. 17.05.28 리플달기 신고하기 3

- 댓글 변호사박승옥법률사무소 감사합니다 17.05.31 리플달기 신고하기

- 남상일 진정 국민이 먼저인 나라가 되어야 합니다. 정말 바라는 방향입니다 17.05.28 리플달기 신고하기 2

- 댓글 변호사박승옥법률사무소 교장선생님, 고맙습니다. 17.05.29 리플달기 신고하기

- 최규훈 사법주권 국민에게 글 잘읽엇습다 공감합니다! 17.05.28 리플달기 신고하기 2

- 댓글 변호사박승옥법률사무소 감사합니다 17.05.31 리플달기 신고하기

- 표 좋으신 의견입니다 찬성합니다^^ 17.05.28 리플달기 신고하기 2

- 댓글 변호사박승옥법률사무소 감사합니다 17.05.31 리플달기 신고하기

- 김재홍 사법주권을 국민에게! 그래야 정의로운 나라 디불어 함께살아 갈수 있는 국가공동체가 된다 국민에게 사법주권을! 17.05.28 리플달기 신고하기 1

- 댓글 변호사박승옥법률사무소 감사합니다. 옳으십니다. 17.05.29 리플달기 신고하기

- 댓글 변호사박승옥법률사무소 "국민의, 국민에 의한, 국민을 위한 정부(government of the people, by the people, for the people)"는 검찰에도 법원에도 해당되어야 하는 원리이며 원칙입니다. 검찰사법권한에 대한 국민"에 의한" 행사가 빠져서는 민주주의일 수 없습니다. 17.05.29 리플달기 신고하기

- 시골서생 사법적 권리도 국민으로부터 나올 때, 나라가 더욱 나라다워지겠네요. 국민을 보호하고 정의가 바로 서는 나라를 위하여! 국민에게 사법적 참여권을!! 17.05.28 리플달기 신고하기 1

- 댓글 변호사박승옥법률사무소 맞습니다 17.05.31 리플달기 신고하기

- 섬마을 사법주권을 국민에게^^ 17.05.28 리플달기 신고하기 3

📖 _ 댓글 변호사박승옥법률사무소 국민에게 사법주권을!! 17.05.31 리플달기 신고하기

📖 _ jangsp 진정한 민주주의가 이땅에 뿌리내려 긍지와 자부심 가득한 대한민국에 국민이 되었으면 합니다. 사법부 개혁 이번엔 꼭. 17.05.28 리플달기 신고하기

📖 _ 댓글 변호사박승옥법률사무소 감사합니다 17.05.31 리플달기 신고하기

📖 _ 유홍 사법주권을 국민에게! 전적으로 동의합니다. 꼭 공론화되어서 입법까지 이루어지길 기원합니다~~^^ 17.05.28 리플달기 신고하기 2

📖 _ 댓글 변호사박승옥법률사무소 법집행에 국민의 참여가 도입되고 확대되면 검찰과 법원이 국민의 밝은 눈 곁에 있게 될 것이니, 사랑과 신뢰를 받아 법이 서고 국민들은 화목하여 나라가 크게 융성할 것입니다. 17.05.29 리플달기 신고하기

📖 _ 댓글 변호사박승옥법률사무소 본래 사법권은 국민의 것이며, 단지 위임만 해 둔 것이었습니다. 이제 국민이 성장하였으므로, 되찾을 때가 되었습니다. 목숨보다 소중한 사법권한을 더이상 버려만 두지 마십시다. 17.05.29 리플달기 신고하기

📖 _ kwang 민의가 최대한 반영되는 사법개혁!!! 전적으로 동의합니다!!! 17.05.28 리플달기 신고하기 1

📖 _ 댓글 변호사박승옥법률사무소 감사합니다 17.05.31 리플달기 신고하기

📖 _ hjj01 사법주권을 국민에게! 17.05.28 리플달기 신고하기 1

📖 _ 댓글 변호사박승옥법률사무소 국민에게 사법주권을! 17.05.31 리플달기 신고하기

📖 _ chkim 사법주권쟁취!! 17.05.28 리플달기 신고하기 1

📖 _ 댓글 변호사박승옥법률사무소 감사합니다 17.05.31 리플달기 신고하기

📖 _ 늘푸른 국민의당 호남총리 반대 .... 지들 무덤을 파고 있는중 17.05.28 리플달기 신고하기 0

3. 광화문1번가에 실은 국민제안[2]

제목 : 대배심 소배심 도입 및 확대로 사법주권을 국민에게

1. 수사절차에 국민의 대배심 제도를 도입 설치하여 국민의 관심사안에 대한 조사와 고발 및 기소를 대배심이 독자적으로 할 수 있게 해야 함.

2. 민사재판에도 소배심 제도를 도입하고 형사재판에 현재의 국민참여 재판을 소배심 제도로 강화하고 확대해야 함.

3. 국민에게 사법주권을 회복시켜 검찰 및 법원에 독점되어 있는 조사, 처분,과 판단의 권한의 상당부분을 국민으로 하여금 행사하게 함으로써 법 운영이 국민에 의하여 이루어져 법이 국민의 것이 되게 해야 함.

4. 전관예우, 무전유죄 등 적폐를 해소하는 성과도 기대할 수 있음.

---

2) 다음 아고라 자유토론방에서의 "명량과 사법개혁" 시리즈물들 중 하나이다.

4. 사법주권을 위한 입법 청원서

사법주권 회복을 위한 입법청원 운동을 시작합니다.

서명해 주시고 널리 공유해 주십시오.

사법주권을 국민에게! 국민의 사법주권 회복에 참여해 주시기 바랍니다.

사법주권을 위한 입법 청원서[3]

1. 국민의 사법주권을 쟁취합시다! 국민의 권리박탈을 초래하는 사안에 대하여는 국민의 상식이 결정하고 판단하게 합시다!

문재인 대통령의 새 정부 아래서 검찰개혁과 법원개혁이 추진되고 있는 상황입니다. 이 문제에 있어서 무엇보다 중요한 것은 검찰·법원의 권한행사에 국민의 참여를 대폭 확대하는 일입니다. 국민이 빠진 검찰·법원 개혁은 의미가 없습니다. 우리의 생명·자유·재산의 기본적 권리의 박탈을 가져오는 법 적용을 검찰·법원의 공무원들에게만 맡겨놓은 채 지금까지 우리 국민은 살아 왔습니다. 그리하여 검찰·법원의 처분·판단에서 우리 국민은 권리 없이 소외되어 있습니다. 이제 이 상황을 극복하여 사법주권을 국민의 손에 회복시켜야 합니다.

검찰·법원 절차에서 사안을 국민이 상식에 따라 주도적으로 판단하고 결정하여야 합니다. 그것은 국민주권의 당연한 명령에 다름 아닙니다. 이를 위하여 검찰절차에 대배심 제도를 도입하고 법원의 재판절차에 소배심 제도를 도입·확대하여야 합니다.

2. 검찰절차에서의 대배심은 이렇습니다.

대배심은 수사와 기소 여부를 결정하는 독립의 기구입니다. 지역 선거인명부로부터

---

[3] 현재 facebook에 올라 있으며, 구글 드라이브를 통하여 접수를 받는 중이다.

일반사람들을 추첨으로 뽑아 배심원 명부를 만들고, 다시 그 배심원명부에서 사건마다 16~23명 정도를 추첨으로 뽑아서 우리의 이웃사람들로 대배심을 구성합니다. 어떤 사건을 수사해야 할지와 누구를 기소할지 등을 대배심은 독자적으로 심리하여 결정할 수 있습니다. 재판에 넘겨야 마땅한 사람을 검찰이 기소하지 아니할 때에도 대배심은 스스로 심사를 실시하여 재판에 넘길 수 있습니다. 조사에 필요한 영장을 법원에 요청하여 발부받습니다. 이로써 그 동안 검찰에게만 맡겨 놓았던 수사와 소추권한을 국민이 스스로의 손으로 행사하게 되는 것입니다.

3. 법원에서의 배심재판의 권리는 이렇습니다.

법원의 재판절차에서 배심의 판단을 받을 권리는 국민이 스스로를 권력과 압제로부터 지켜내기 위하여 필요합니다. 어떤 이유로든 자신의 생명·자유·재산을 법원 공무원에게만 전적으로 맡기고 싶지가 않을 때는 지역 공동체 내의 이웃사람들로 구성된 배심의 상식에 의한 판단을 받을 권리를 국민은 선택할 수 있어야 합니다. 배심재판의 권리가 박탈된 절차는 적법절차가 아닙니다.

4. 이제 국민이 나서야 합니다!

이제는 더 이상 국민의 생명·자유·재산의 박탈을 초래하는 처분과 판단의 문제를 검찰·법원 공무원들에게만 통째로 맡겨둘 수는 없습니다. 사법주권을 국민이 쟁취하고 행사하고자 나서야 할 때입니다. 이를 위하여 아래 청원서에 서명하여 주시기 바랍니다. 충분한 숫자가 제 구글 드라이브(변호사 박승옥)에 모이면, 함께 청원서를 제출하겠습니다.

* 필수항목 : 사법 주권을 위한 입법 청원서

사법 주권을 위한 입법 청원서

● **제목** : 대배심 소배심 도입 및 확대로 사법주권을 국민에게 회복하는 입법
(개헌포함)을 해 주시기 바랍니다. 청원대상기관 : 대통령, 국회의장,
법무부장관, 국회의원

● 청원사항 : 청원법 제4조 제3호 법률의 제정 및 개정; 제4호 공공의 제도의 운영;
제5호 그 밖에 국가기관 등의 권한에 관한 사항

국민에게 사법주권을 회복시켜 검찰 및 법원에 독점되어 있는 조사, 처분과
판단의 권한의 상당부분을 국민으로 하여금 행사하게 함으로써 법 운영이 국민에
의하여 이루어져 법이 국민의 것이 되게 하고, 전관예우, 무전유죄 등 적폐를 해소
하기 위하여 아래의 입법을 해 주시기 바람.

1. 수사절차에 국민의 대배심 제도를 도입 설치하여 국민의 관심사안에 대한 조사
와 고발 및 기소를 대배심이 독자적으로 할 수 있게 해야 함.

2. 민사재판에도 소배심 제도를 도입하고 형사재판에 현재의 국민참여 재판을
소배심 제도로 강화하고 확대해야 함.

● 이름 *

● 생년월일 *

● 주소(동까지) *

● 하고 싶은 말

5. 배심제도의 연원

배심제도의 연원 (1)

그리스

그들 자신의 정식사실심리를 위한 배심원들을 사람들이 뽑을 수 없음을 확실하게 하기 위하여 디카스타이(dikastai)라고 불리는 제도를 고대 아테네는 가지고 있었다. 보통의 사건들의 경우에, 500명까지의 시민들의 디카스타이로 법원들은 구성되었다. 중대한 사건들의 경우에 정식사실심리는 1,001명에서 1,501명의 디카스타이로 구성되는 배심 앞에서 열렸다. 평결들은 다수결에 의하여 이루어졌다. 배심들은 추첨에 의하여 지명되었다. 페리클레스 시대 이래로 배심원들은 법정에서의 그들의 착석에 대하여 하루의 임금 상당액으로 보상을 받았다.

아이스킬로스(Aeschylus)의 3부극 오레스테이아(Oresteia)의 마지막 작품인 에우메니데스(Eumenides)에서 배심에 의한 정식사실심리의 제도는 묘사되었다. 열두 명의 시민들을 배심으로서 착석하도록 여신 아테나는 소환한다. 정식사실심리에 피고인 오레스테스를 위한 변호인으로서 아폴로 신은 참가하고 살해된 클리타임네스트라를 위한 소추자들로서 복수의 여신들은 참가한다. 배심은 6 대 6으로 쪼개지고, 이러한 사건에서 평결은 이제부터 무죄방면이 되어야 함을 아테나는 명령한다.

로마

민사사건들의 대부분에서 배심의 특징들을 지닌 재판소들이 있었다. 로마의 재판관들은 민간인들로서 일반인들이었을 뿐 전문인들이 아니었다. 민회들 내의 내지는 백인조들 내의 수백 명의 내지는 수천 명의 사람들로 구성된 배심들 앞에서 중대한 정식사실심리들은 열렸다.

신성로마제국

배심원들(urtheiler)의 소환들을 1562년 슈바벤 조례는 요구하였고, 에멘딩엔(Emmendingen)에서, 오페나우(Oppenau)에서, 그리고 오베르키르쉬(Oberkirch)에서 다양한 수단들이 사용되었다. 모든 사건들에서 24명의 동등 지위인 사람들에 의하여 정식사실심리될 권리를 1443년 하우엔슈타인(Hauenstein)의 헌장은 보장하였고, 프리부르그(Friburg)에서 배심은 30명의 시민들로 및 참심원들로 구성되었다. 근대적 배심에 의한 정식사실심리는 라인 지방에서 1798년에 최초로 도입되었는데, 법원은 12명의 시민들(Bürger)로 구성됨이 가장 일반적이었다.

전체 지역사회로부터 선발되는 그들의 동등 지위인 사람들에 의하여 공개법정에서 시민들이 정식사실심리되는 제도는 독일에서 점차적으로 "독재의 및 압제의 엔진"에 의하여 대체되었다. 콘스탄츠에서 배심에 의한 정식사실심리는 1786년에 합스부르크 군주국의 포고에 의하여 금지되었다. "보다 중대한 범죄들에 및 모든 정치적 범죄들에" 대한 배심에 의한 정식사실심리들을 1848년 프랑크푸르트 헌법은 요구하였으나, 뷔르템베르그 용기병들에 의하여 프랑크푸르트 의회가 해산된 뒤에 그것은 결코 시행되지 않았다. 바이마르 공화국에서 배심은 1924년 1월 4일 에밍거 개혁에 의하여 폐지되었다.

1948년에서 1950년 사이에 미국점령 하의 독일 지역에서와 독일자유공화국(the Federal Republic of Germany)에서, 바이에른주는 비상포고들 이전에 존재하였던 배심에 의한 정식사실심리에로 복귀하였으나, 1950년 연방공화국을 위한 통일법(Vereinheitlichungsgesetz)에 의하여 그것들은 다시 폐지되었다.

영국 그리고 웨일즈

바이킹 점령 기간 중에 스칸디나비아인들은 전문직으로서의 법률가들을 가지지 못하였으나, 민속의 관습에와 그것의 난해한 법적 절차에 박식하였다. 영국 내의 덴마크인 마을 한 개는 그 주요 공직자들로서 열두 명의 세습적 '율사들(law men)'을 자주 두었다. 자유인들 가운데서 선발한 위원회들을 법원에 설치하는 관행을 덴마크인들은 소개하였고, 장래의 배심제도의 성장을 위한 유리한 배경을 영국에게 아마도 그것은 만들어 주었다. 에설레드 완티지 법전(the Wantage Code of Ethelred)을 통하여 초기의 법 제도를 영국 국왕 에설레드 2세(Æthelred the Unready)는 수립하였다. 범죄들을 공평하게 조사하겠음을 와펜테이크(소규모 지역)마다의 열두 명의 지도적 세인들(thegns; 소귀족들)은 선서하도록 요구되었다.

사건을 스스로 조사하도록 배심원들은 요구되었다.

토지분쟁들을 배심들을 이용하여 해결하는 제도를 12세기에 헨리 2세는 수립하였다. 이 분쟁들에서 조정을 하도록 열두 명의 자유인들로 구성되는 배심이 지정되었다. "대배심(grand jury)"이라고 지금 알려져 있는 바를 그의 클라렌던법(Assize of Clarendon)을 통하여 헨리 2세는 아울러 도입하였다. 조금이라도 그들이 알고 있는 그들의 촌락(헌드러드; hundred) 내에서의 범죄들을 순회판사(justice in eyre)에게 보고할 책임을 자유인들로 구성되는 배심은 졌다. 이 배심에 의하여 고발되는 범인은 신판(ordeal)에 의한 정식사실심리를 받았다.

신판에의 성직자의 참여를 1215년에 교회는 금지하였다. 고발들을 제공하기를 아울러 유죄를 결정하기를 순회법원들에서의 배심들은 시작하였다. 같은 해에 배심에 의한 정식사실심리는 마그나 카르타의 가장 영향력 있는 조항들 가운데의 하나에서 한 개의 명시적 권리가 되었다. 에드워드 3세 때에 "국법에 의하"여는 적법절차(due process of law)로 대체되었고, 열두 명의 동등 지위인 사람들에 의한 정식사실심리를 그 당시에 그것은 의미하였다.

14세기 중엽 기간 중에 고발배심(즉, 현대적 용어로는 대배심)에 착석하는 사람들은 동일 범죄에 대한 정식사실심리 배심으로는 착석할 수 없도록 금지되었다. 중세의 배심들은 스스로 정보를 입수하였다. 시간이 지나면서 영국의 배심들은 정보를 스스로 입수해야 하는 역할이 줄었고 사건에 대한 정보를 위하여 정식사실심리 그 자체에 의존하는 부분이 더 많아졌다. 배심원들은 17세기까지는 그들 스스로 자유로이 조사할 수 있는 상태로 남았다. 호의적인 치세들의 연속 뒤에 마그나 카르타가 잊혀져 가자, 배심에 및 왕국에 대한 통제를 국왕의 판사들을 통하여 국왕들은 확대하기 시작하였다.

가장 오래된 및 가장 확립된 권력기관들 중 한 가지는 성실청 법정(the court of Star Chamber)이었는데, 벌금에 처할, 구금할, 그리고 체벌을 가할 무제한의 재량적 권한을 그것은 보유하였고, 보통법의 범위 내에 있지 아니한 모든 종류의 범죄들에, 모욕행위들에, 및 소요행위들에 그 관할은 확대되었다. 이 법원의 구성원들은 추밀원(the privy council)으로 및 판사들로 이루어졌다; 그들 모두는 마음이 내키는 동안에 그들의 직책들을 향유하는 사람들이었다: 게다가 군주 자신이 출석할 경우에는, 그는 유일한 판사였고, 나머지 전원은 단지 그 자신들의 조언을 가지고서만 끼어들 수 있었다. 그토록 많은 공포들이 사람들 위에 걸려 있는 동안에, 유죄로 판결하기로 법원이 결심한 사람을 배심은 감히 무죄로 방면하지 못하였다.

성실청의 폐지

1641년 7월 5일 추밀원의 규제를 위한 및 일반적으로 성실청이라고 불리는 법원의 폐지를 위한 법률은 제정되었는 바, 자신의 동등 지위인 사람들에 의하여 판결을 받을 시민의 권리에 관한 마그나 카르타의 절을 성실청(the Star Chamber)을 폐지한 법률의 첫째 장은 반복하였다.

그 후, 1670년에 불법집회로 기소된 두 명의 퀘이커 교도들인 윌리엄 펜(William Penn)은 및 윌리엄 미드(William Mead)는 배심에 의하여 무죄로 판정되었다. 그들 자신의 사실확인 사항들에 배치되는 평결을 제출하였음을 이유로 배심을 벌금에 그 때에 판사는 처하였고 벌금이 지불될 때까지 그들을 감옥에 넣었다. 벌금을 내기를 이에도 불구하고 배심의 일원이던 에드워드 부쉘(Edward Bushel)은 거부하였다. 인신보호영장을 구하여 국민간소송재판소(the Court of Common Pleas)에 부쉘은 청원하였다. 부쉘 사건의 판결은, 그 제출하는 평결만을 이유로 해서는 배심은 처벌될 수 없다는 것이었다.

영국 식민지들에의 확대

배심에 의한 정식사실심리를 중요한 요소로 하는 영국의 보통법 제도를 합중국을 포함하는 다수의 영국 식민지들은 채택하였다. 형사사건들에서의 배심에 의한 정식사실심리들은 최초의 합중국 헌법에서 보장된 권리들이었고, 배심에 의한 정식사실심리를 형사사건들에서와 민사사건들에서 다 같이 포함하도록 및 중대한 사건들에서는 대배심을 포함하도록, 합중국 헌법 수정 제5, 6, 7조들은 배심에 의한 정식사실심리의 권리들을 확대하였다.

원문링크 https://en.wikipedia.org/wiki/Jury_trial

배심제도의 연원 (2) : 마그나 카르타 이후의 영국과 미국

마그나 카르타 1215

그 제39조에서 "그 자신과의 동등 지위인 사람들의 적법한 판결에 의하지 아니하거나 국법에 의하지 아니한 채로는 자유인은 어떤 방법으로도 체포되지도, 구금되지도, 그의 권리들을 내지는 소유물들을 빼앗기지도, 법의 보호에서 제외되지도, 추방되지도 아니하고, 그의 지위를 박탈당하지도 아니하며, 짐이 그를 상대로 재판절차를 밟지도 못하고 타인을 보내 그렇게 하지도 못한다."고;

나아가 그 제61조에서 "그들이 선정하고자 하는 바에 따라 25명의 귀족들을 ······ 귀족들은 선정하여야 하노니 ······ 만약 ······ 불의를 짐이 ······ 행하면, 내지는 ······ 평화의 및 안전의 조항들을 짐이 위반하면, 그리하여 전술의 25명의 귀족들 중 4명에게 그 위반이 증명되면 ······ 그 4명의 귀족들은 와서 그 불의를 제시해야 한다; 그 불의가 지체없이 시정되게 짐이 조치할 것을 그들은 요구하여야 한다 ······ 불의가 제시된 때로부터 40일 내에 ······ 이를 시정하지 않으면 사건을 ······ 나머지 귀족들 앞에 위 4명의 귀족들은 가져가야 하고, 짐을 그 25명의 귀족들은 ······ 압류하고 강제할 수 있다."고 규정한 1215년 마그나 카르타(Magna Carta 1215)에 배심제도는 그 원형이 담겨 있다고 말해진다.(앞의 것은 소배심에, 뒤의 것은 대배심에 관련된다.)

권리청원 1628, 권리장전 1689

1628년 권리청원(Petition of Right)에서 마그나카르타 제39조는 인용되어 있다. 편파적인, 부패한 및 무자격의 사람들이 배심으로 선출되는 데에 대하여 1689년 권리장전(Bill of Rights 1689)은 항의하면서 배심원들은 적법하게 선출되어 명부에 올려져야 함을 명시한다.

미국 독립선언 1776

"우리의 가장 소중한 법들"에 속하는 "배심에 의한 정식사실심리의 이익을 다수의 사건에서 우리로부터 박탈"해 온 영국 국왕 조지 3세의 처사들은 1776년 7월 4일 대륙회의(Continental Covention)에서의 독립선언(Declaration of Independence 1776)의 한 가지 이유가 되었다.

미국헌법 1787

"탄핵사건들에서를 제외하고 모든 범죄들에 대한 정식사실심리는 배심에 의한다(The Trial of all Crimes, except in Cases of Impeachment, shall be by Jury;)"고 1787년 합중국헌법 제3조 제2항 제3절은 규정한다.

미국 권리장전 1791

"전시에 있어서의 또는 공중의 위난 시에 있어서의 실제의 복무 중에 육군에서 또는 해군에서 내지는 민병대에서 발생하는 사건들에서의 경우를 제외하고는, 대배심(a Grand Jury)의 고발(presentment)에 내지는 기소(indictment)에 의하지 아니하는 한, 사형에 해당하는 범죄로, 내지는 그 밖의 파렴치한 범죄로 처벌되어야 하는 것으로 사람은 판결되지 아니한다(No person shall be held to answer for a capital, or otherwise infamous crime, unless on a presentment or indictment of a Grand Jury, except in cases arising in the land or naval forces, or in the Militia, when in actual service in time of War or public danger;)"고 1789년 제임스 매디슨(James Madison)에 의하여 제안되어 1791년에 비준된 합중국헌법 수정 제5조는 규정한다(the Fifth Amendment 1791).

"법에 의하여 미리 확정된 장소로서의 범죄가 저질러져 있는 해당 주(State) 지역의 공평한 배심에 의한 신속한 및 공개의 정식사실심리를 받을 권리를 …… 모든 형사적 소송추행들에 있어서 범인으로 주장되는 사람은 향유한다(In all criminal prosecutions, the accused shall enjoy the right to a speedy and public trial, by an impartial jury of the State and district wherein the crime shall have been committed, which district shall have been previously ascertained by law …)"고 위 매디슨에 의하여 같은 날 제안되어 위 같은 날 비준된 수정 제6조는 규정한다(the Sixth Amendment 1791).

"쟁송물의 가치가 20 달러를 초과하는 보통법 소송들(Suits at common law)에 있어서, 배심에 의한 정식사실심리를 받을 권리는 보전되어야 하는 바, 배심에 의하여 정식사실심리된 사실은 보통법 규칙들에 따르지 아니하고는 조금이라도 합중국 법원에서 재심리되지 아니한다(In Suits at common law, where the value in controversy shall exceed twenty dollars, the right of trial by jury shall be preserved, and no fact tried by a jury, shall be otherwise re-examined in any Court of the United States, than according to the rules of the common law)고 역시 위 매디슨에 의하여 같은 날 제안되어 위 같은 날 비준된 수정 제7조는 규정한다(the Seventh Amendment 1791).

적법절차로서의 지위 및 범위

형사재판에 있어서 연방헌법 수정 제6조에 의하여 연방에게 요구되는 배심에 의한 정식사실심리는 연방헌법 수정 제14조의 적법절차 조항을 통하여 주들에게도 요구된다고 Duncan v. Louisiana, 391 U. S. 145 [1968]은 판시한 터이고, 법정형이 최대 6개월을 넘는 범죄들의 경우에 배심의 판단을 받을 피고인의 권리는 부정될 수 없다고 Baldwin v. New York, 399 U. S. 66 [1970]은 판시한 터이다.

6. 대한민국헌법, 마그나 카르타 1215, 권리청원 1628, 권리장전 1689의 비교

1. 재판을 받을 권리, 군사법원의 재판을 받지 아니할 권리; 계엄실시의 제한

가. 대한민국헌법

(1) 제27조

① 모든 국민은 헌법과 법률이 정한 법관에 의하여 법률에 의한 재판을 받을 권리를 가진다.

② 군인 또는 군무원이 아닌 국민은 대한민국의 영역 안에서는 중대한 군사상 기밀·초병·초소·유독음식물공급·포로·군용물에 관한 죄중 법률이 정한 경우와 비상계엄이 선포된 경우를 제외하고는 군사법원의 재판을 받지 아니한다.

③ 모든 국민은 신속한 재판을 받을 권리를 가진다. 형사피고인은 상당한 이유가 없는 한 지체없이 공개재판을 받을 권리를 가진다.

④ 형사피고인은 유죄의 판결이 확정될 때까지는 무죄로 추정된다.

⑤ 형사피해자는 법률이 정하는 바에 의하여 당해 사건의 재판절차에서 진술할 수 있다.

(2) 제77조

① 대통령은 전시·사변 또는 이에 준하는 국가비상사태에 있어서 병력으로써 군사상의 필요에 응하거나 공공의 안녕질서를 유지할 필요가 있을 때에는 법률이 정하는 바에 의하여 계엄을 선포할 수 있다.

② 계엄은 비상계엄과 경비계엄으로 한다.

③ 비상계엄이 선포된 때에는 법률이 정하는 바에 의하여 영장제도, 언론·출판·집회·결사의 자유, 정부나 법원의 권한에 관하여 특별한 조치를 할 수 있다.

④ 계엄을 선포한 때에는 대통령은 지체없이 국회에 통고하여야 한다.

⑤ 국회가 재적의원 과반수의 찬성으로 계엄의 해제를 요구한 때에는 대통령은 이를 해제하여야 한다.

나. 마그나 카르타 1215

제40조 권리를 내지는 정의를 어느 누구에게도 짐은 팔지도 박탈하지도 지연시키지도 아니할 것이노라.

다. 권리청원 1628

최근에 폐하의 국새 아래서 갖가지 위임장들이 발부되어 있고, 이에 의하여 계엄위원들에게 특정의 권한들이 부여되고 위임되어 있는 바, 강도를, 살인을 기타 등등을 저지른 군인들을 및 해병대원들을 상대로 또는 그들을 따라다니는 그 밖의 방종한 사람들을 상대로 영토 내에서 군법재판에 따라서 …… 및 전시에 군대에 의하여 사용되는 종류의 약식절차에 의하여 절차를 밟을, 그러한 범죄행위들에 대한 정식사실심리에 및 유죄판결에 나아갈, 그리하여 그들로 하여금 군법에 따라서 처형되도록 및 사형에 처해지도록 처분할 권한이 및 권위가 그것들입니다 …… 저희는 간절히 바라오니, 영명하신 폐하께서는 …… 위 같은 위임장들이 취소되고 무효화되도록; 그리고 향후에는 그 어떤 사람에게도 내지는 사람들에게도 이러한 종류의 위임장이 발부되어 위처럼 집행되지 않도록, 그것들을 구실삼아 폐하의 신민이 단 한 명이라도 법에 또는 나라의 관행들에 어긋나게 목숨을 잃거나 죽임을 당하는 일이 없도록 조치해 주시기 바랍니다.

2. 신체의 자유, 적법절차

가. 대한민국헌법 제12조

① 모든 국민은 신체의 자유를 가진다. 누구든지 법률에 의하지 아니하고는 체포·구속·압수·수색 또는 심문을 받지 아니하며, 법률과 적법한 절차에 의하지 아니하고는 처벌·보안처분 또는 강제노역을 받지 아니한다.

나. 마그나 카르타 1215 제39조

그 자신과의 동등 지위인 사람들의 적법한 판결에 의하지 아니하거나 국법에 의하지 아니한 채로는 자유인은 어떤 방법으로도 체포되지도, 구금되지도, 그의 권리들을 내지는 소유물들을 빼앗기지도, 법의 보호에서 제외되지도, 추방되지도 아니하고, 그의 지위를 박탈당하지도 아니하며, 짐이 그를 상대로 재판절차를 밟지도 못하고 타인을 보내 그렇게 하지도 못한다.

다. 권리청원 1628

증명되어 있는 이유 없이 자유인은 구금되어서도 구류되어서도 안 된다; 법 아래서의 것을 제외하고는 구금은 불법이다; 국왕에 의하여 구금되었든 추밀원(the Privy Council)에 의하여 구금되었든 상관 없이 어느 누구에게도 인신보호영장(habeas corpus)은 허가되어야 한다; 그들을 상대로 제기된 범죄가 증명될 때까지 피고인들은 재구속될 수 없다

라. 권리장전 1689

과도한 보석금이 요구되어서는 안 되고 과도한 벌금이 요구되어서는 안 되며, 잔인한 및 이상한 형벌들이 가해져서는 안 된다;

3. 선거권

가. 대한민국헌법 제24조

모든 국민은 법률이 정하는 바에 의하여 선거권을 가진다.

나. 권리장전 1689

의회 의원들의 선거는 자유로운 것이어야 한다.

4. 청원권

가. 대한민국헌법 제26조

① 모든 국민은 법률이 정하는 바에 의하여 국가기관에 문서로 청원할 권리를 가진다.
② 국가는 청원에 대하여 심사할 의무를 진다.

나. 권리장전 1689

국왕에게 청원함은 신민들의 권리이고, 그리하여 그러한 청원들을 이유로 하는 소추들은 불법이다.

5. 국회의원의 면책특권

가. 대한민국헌법 제45조

국회의원은 국회에서 직무상 행한 발언과 표결에 관하여 국회외에서 책임을 지지

아니한다.

나. 권리장전 1689

의회 내에서의 말의 및 토론의 자유는 및 절차들은 의회 밖의 어떤 법원에서도 내지는 장소에서도 탄핵되어서도 문제시되어서도 안 된다.

6. 국회의 회기

가. 대한민국헌법 제47조

① 국회의 정기회는 법률이 정하는 바에 의하여 매년 1회 집회되며, 국회의 임시회는 대통령 또는 국회재적의원 4분의 1 이상의 요구에 의하여 집회된다.

② 정기회의 회기는 100일을, 임시회의 회기는 30일을 초과할 수 없다.

③ 대통령이 임시회의 집회를 요구할 때에는 기간과 집회요구의 이유를 명시하여야 한다.

나. 권리장전 1689

모든 고충사항들의 구제를 위하여, 그리고 법률의 개정을, 강화를 및 보전을 위하여 의회들은 빈번히 열려야 한다.

7. 동의 없는 과세의 금지

가. 대한민국헌법 제54조

① 국회는 국가의 예산안을 심의·확정한다.

제55조

① 한 회계연도를 넘어 계속하여 지출할 필요가 있을 때에는 정부는 연한을 정하여 계속비로서 국회의 의결을 얻어야 한다.

② 예비비는 총액으로 국회의 의결을 얻어야 한다. 예비비의 지출은 차기국회의 승인을 얻어야 한다.

제58조

국채를 모집하거나 예산외에 국가의 부담이 될 계약을 체결하려 할 때에는 정부는 미리 국회의 의결을 얻어야 한다.

제59조

조세의 종목과 세율은 법률로 정한다.

나. 마그나 카르타 1215

제14조 위에 명시된 세 가지 경우들을 제외한 상납금의 산정을 위한, 또는 기사봉직 면제금의 산정을 위한 왕국의 보편적 동의를 얻기 위하여는, 대주교들이, 주교들이, 대 수도원장들이, 백작들이, 그리고 직접수봉 영주들이 서면에 의하여 개별적으로 소환되 도록 짐은 조치하겠노라. 기사 봉직을 조건으로 짐에게의 의무 부담 아래서 토지들을 직 속으로 보유하는 자들에게는 적어도 40일의 여유를 두고서 통지되는 특정일에 특정 장 소에 모이도록 주(州) 장관들을 또는 그 밖의 관공리들을 통하여 전체 소환장들이 발부되 게끔 짐은 조치하겠노라. 모든 소환장들에는 소환의 이유가 기재되어야 한다. 소환장이 발부되고 나면, 회합일의 안건으로 지정된 사항은 그 소환된 사람들 전원이 출석하지 아 니하였을 경우에도 그 출석한 사람들의 의결에 따라 진행된다.

다. 권리청원 1628

선물을, 대여금을, 또는 세금을 제공하도록 의회의 법률이 없이 아무도 강제되어서는 안 된다; 강제에 의한 대여금 류의 의회의 동의 없는 과세는 불법이다.

라. 권리장전 1689

의회의 동의 없는 과세는 불법이다.

8. 취임선서

가. 대한민국헌법 제69조

대통령은 취임에 즈음하여 다음의 선서를 한다. "나는 헌법을 준수하고 국가를 보위 하며 조국의 평화적 통일과 국민의 자유와 복리의 증진 및 민족문화의 창달에 노력하여 대통령으로서의 직책을 성실히 수행할 것을 국민 앞에 엄숙히 선서합니다."

나. 마그나 카르타 1215

이 모든 것이 선의 속에서 기망 없이 준수되어야 함을 짐은 및 직접수봉 영주들은 다 같이 선서한 터이노라. 위에 언급된 사람들이 및 그 밖의 많은 사람들이 이에 대한 증인들이노라.

다. 권리장전 1689

이 영국왕국의 및 이에 부속하는 영토들의 국민을 합의된 의회에서의 제정법들에 따라, 그리고 그 법들에와 관습들에 따라 통치할 것을 엄숙히 약속하고 선서하노라.[1688년 대관식 선서법(the Coronation Oath Act 1688)]

9. 상비군

가. 대한민국헌법 제74조

① 대통령은 헌법과 법률이 정하는 바에 의하여 국군을 통수한다.
② 국군의 조직과 편성은 법률로 정한다.

나. 권리장전 1689

상비군을 평화시에 유지함은, 의회의 동의가 이에 수반되지 아니하는 한, 법에 어긋난다.

📖_ 박승옥

계엄의 실시 요건이 갖추어지지 아니하였음에도 불구하고 계엄을 실시해 온 우리의 근래의 역사는 1628년의 권리청원에 의하여 그 불법임이 확인된 바 있는 사항이었습니다. 우리가 이것을 더 일찍 알았더라면 5.16, 10월유신, 10.26, 5.18 등의 비상계엄을 저지할 수 있었을 것입니다. 더 적은 희생으로도 말입니다.

📖_ 김@배

수고하셨습니다!

📖_ 박승옥

연방의 무기류를 훔치고자 및 전쟁포로 수용소들을 침공하고자 계획한 범인으로 1864년에 램딘 P. 밀리건은 및 그 밖의 네 명은 주장되었고 군사법원에 의하여 교수형이 선고되었다. 그러나 그들의 집행은 1865년 5월까지 실시되지 않았고, 그리하여 전쟁이 끝난 뒤에 그 사건에 관하여 그들은 주장을 펼 수 있었다. 민간법정들이 열려 있는 및 작동 중인 상황에서는 시민들을 유죄로 판정하기 위하여 군사법정들 앞에서 재판할 권한을 영장에 대한 1863년의 연방의회의 정지는 대통령에게 부여하지 않았다고 Ex Parte Milligan (1866)[29]에서 미합중국 대법원은 판결하였다.

⋮

진주만에 대한 일본의 공격의 여파로 하와이에 계엄이 선포되었고 하와이기본법의 해당 절에 따라 인신보호영장은 정지되었다. 1944년 10월에 하와이에서의 계엄기간은 종료되었다. 진주만 공격으로 및 임박한 침공의 위협으로 인하여 비록 1941년 12월의 당초의 계엄설정은 적법한 것이었을 수 있다 하더라도, 1944년이 되어서는 그 임박한 위협은 감퇴한 상태였고 따라서 민간법원들이 다시 하와이에서 기능할 수 있었다고 Duncan v. Kahanamoku (1946)[35]에서 판시되었다. 따라서 민간법정들을 폐쇄 상태로 계속 유지할 권한을 군대에게 하와이기본법은 부여하지 아니하였다.

원문출처 : http://wikipedia.org/wiki/Habeas_Corpus_in_the_United_States

📖_ 박승옥

진주만 침공이 바로 엊그제이고 태평양 전쟁이 한창인 상황인데도 태평양에 있는 하와이에서의 계엄령에 의한 군법재판을 무효라고 판결한 것이지요..

놀랍지 않은지요?

7. 사법부의 독립으로는 오히려 부족하다

사법부의 독립으로는 오히려 부족하다;
통제되지 않는 판사들로부터는 누가 지켜주는가

사법부의 독립을 확보하는 것으로는 충분하지 아니합니다. 그것은 국민에게 또 다른 위협이 될 수 있습니다. 국민을 판사들의 자의적 처분으로부터 지키기 위하여는 사법부의 독립에 이어, 국민을 위한 추가적인 보호장치가 마련되어야 합니다. 자신의 동등 지위인 이웃들에 의한 재판을 받을 권리인 배심제도가 그것입니다. 미국 연방대법원의 Duncan v. Louisiana 판결 [391 U. S. 145, 155-156 (1968)]은 배심재판을 받을 권리를 이렇게 설명하고 있습니다.

The guarantees of jury trial in the Federal and State Constitutions reflect a profound judgment about the way in which law should be enforced and justice administered. A right to jury trial is granted to criminal defendants in order to prevent oppression by the Government.

법이 시행되어야 할 및 재판이 운영되어야 할 방법에 관한 심원한 판단을 배심재판의 보장사항들은 반영한다. 형사피고인들에게 배심재판의 권리가 부여되는 것은 정부에 의한 압제를 방지하기 위함이다.

Those who wrote our constitutions knew from history and experience that it was necessary to protect against unfounded criminal charges brought to eliminate enemies and against judges too responsive to the voice of higher authority.

적들을 제거하기 위하여 제기된 근거 없는 형사고발들에 대처하여, 그리고 보다 높은 권력을 지닌 사람들의 목소리에 너무 쉽게 응하는 판사들에 대처하여, 보호를 제공함이 필요하다는 것을 우리의 헌법들을 쓴 사람들은 역사로부터와 경험으로부터 알고 있었다.

The framers of the constitutions strove to create an independent judiciary but insisted upon further protection against arbitrary action.

독립적인 사법부를 창설하기 위하여 헌법의 입안자들은 노력하였으나, 그러면서도 자의적 처분에 대처한 추가적인 보호를 그들은 역설하였다.

Providing an accused with the right to be tried by a jury of his peers gave him an inestimable safeguard against the corrupt or overzealous prosecutor and against the compliant, biased, or eccentric judge

피고인 자신과의 동등 신분인 동료들로 구성된 배심에 의한 판단을 받을 권리를 피고인에게 제공함은 부패한, 지나치게 열심인 검찰에게 맞섬(against), 남에게 고분고분한, 편견을 가진, 또는 중심을 벗어난 판사에게 맞섬(against) 더 없이 귀중한 보장을 그에게 부여하였다.

If the defendant preferred the common-sense judgment of a jury to the more tutored but perhaps less sympathetic reaction of the single judge, he was to have it.

훈련은 더 많이 받았으나 교감에서는 미달하는 판사 한 명의 판단을보다는 배심의 상식적 판단을 더 낫게 피고인이 여긴다면, 그것을 그는 가질 수 있어야 하였다.

Beyond this, the jury trial provisions ⋯⋯ in the Constitutions reflect a fundamental decision about the exercise of official power - a reluctance to entrust plenary powers over the life and liberty of the citizen to one judge or to a group of judges.

이를 넘어, 공권력의 행사에 관한 근본적인 결정을 - 즉 시민의 생명·자유에 대한 절대적 권한을 판사 한 명에게 또는 판사들 집단에게 맡기는 데 대한 거리낌을 - 헌법들의 배심재판 규정들은 나타낸다.

Fear of unchecked power ⋯⋯ found expression in the criminal law in this insistence upon community participation in the determination of guilt or innocence.

⋯⋯ 통제되지 않는 권력에 대한 두려움은 그 표현을 유무죄 판단에 있어서의 공동체의 참여에 대한 이 강조에서 찾았다.

8. 사법주권 회복이 길입니다

국민은 그냥 구경꾼도 못 되는데 어찌 국민을 두려워하겠습니까?

그런 경찰관은 쫓겨나거나 보직이 바뀔 테니 혼자서 용 써서 무엇 한답니까?

그러니 대배심 소배심으로 판단결정 권한을 국민이 손에 쥐어야 하지요. 그 때라야 그들은 자연히 국민의 편이 되게 됩니다. 부디 사법주권 회복 운동에 참여해 주시기 바랍니다.

특정사건을 수사하는 담당자들은 지휘계통 속에서 곧바로 특정되는데 그들을 회유 압박 매수 기망하기란 숨은 손이 손쉽게 할 수 있는 일이지요.

불특정된 국민의 눈이 한 곳에 모여서 사건을 조사하여 처분을 결정한다면 숨은 손을 이길 수 있습니다. 유일한 길입니다. 우리가 가야 할.

📖_ 안@식

사법권, 수사권, 경찰권도 국민이 주인입니다. 그런데 현실은 몇몇 엘리트 법관, 검사, 경찰이 임의로 농단할 수 있는 구조이고, 뒤에서 이를 조정하려는 검은 세력은 항상 있게 마련이지요. 말씀대로 다수 국민의 눈을 한 곳에 모을 수 있는 제도적 방안을 하루빨리 마련해야겠습니다.

9. 대형을 이루고 무기를 쥐어야

아프리카 탄자니아 세렝게티 또는 몽고롱고로 초원에서는 물소들이 풀을 뜯는다. 들개무리가, 하이에나 떼가, 사자들이 먹잇감을 노리는데, 무리로부터 떨어져 있거나 약해 보이거나 어린 놈이 이 포식자들의 표적이 된다.

물소들이 떼를 지어 있을 때는 그들의 튼튼한 뿔로 대형을 이루어 포식자들을 대적할 수 있지만, 그들을 교란하여 대형을 흩뜨리고 표적을 탈취하는 것은 포식자들의 전형적 수법이다.

무리로부터 떨어진 새끼물소를 들개 떼들이 하이에나 무리가 사자 가족이 이리 물고 저리 뜯어 형체가 없어져 버리는 데에는 시간이 걸리지 않는다.

국민으로부터 유리된 공직자들은 사람 모습을 한 어떤 포식자들의 상시적 표적이다. 그러므로 누군가가 늘 지키지 않으면 안 된다. 그들은 튼튼한 대형을 이루어야 하고, 강력한 무기를 쥐어야 한다. 대배심이 그것이다.

📱 _ 문@주 : 꼭 이루어지기를 바랍니다~

📱 _ K@m M@n : 맞습니다맞고요
　　　　　　　항상응원합니다^^

📱 _ 김@윤 : 바로바로 ■ ■ 세력균형 !

📱 _ 박승옥

그렇습니다. 맞습니다. 1215년 마그나카르타에서 대배심 소배심의 채택 등으로 국왕과 신민 사이의 세력균형이 달성되자 민주주의 법치주의 적법절차 공정한 재판이 실현되어 세계사의 흐름이 길을 찾았습니다.

라틴어를 해독하는 귀족 층 이외에는 태반이 문맹이던 시절의 일입니다. 오늘 우리가 못할 이유가 없습니다.

10. 국민은 알아야 합니다

더 찾을 것 없이 대배심이 답입니다. 불특정의 선거인명단에서 20여 명이 그때그때 추첨으로 선발되면 숨은 손이 그들의 과반수를 압박 회유하기 어렵습니다.

그런 시도를 한다 해도 쉽게 폭로되고 말 것입니다.
숨은 손의 영향력을 받지 않는 사람들이 있게 마련이니까요.

관료조직 속에 있는 공무원들에 대하여는 그들의 지휘계통상의 윗선을 회유하면 담당공무원들을 숨은 손은 요리할 수 있습니다. 직업관계상으로 승진에, 보직에, 친분관계에, 은혜갚음에 등 묶여 있게 마련이니 열 번 찍어 안 넘어가기 어려운 것이 인간의 속성이지요.

대배심은 그러한 계통으로부터 벗어난 전혀 이질적인 표본에서 뽑혀서 구성되니 숨은 손이 손 쓰기가 어렵습니다.

이러한 구성원리로 일반국민들에서 선발되어 실질적 권한을 지니는 대배심을 설치하기를 기피하는 개혁논의들은 그 성과에 한계가 클 것임을 국민은 알아야 합니다.

11. 대배심이 설치되었을 경우에 공무원들의 행동이 어떻게 달라지게 되는가?

상관 A에 의하여 부당한 지시명령이 수사담당 경찰관 B에게 가해질 때 이에 저항할 무기가 B에게 있다면 B는 이를 방패로 삼아 자신의 업무의 공정성을 지켜낼 수 있을 것입니다. B 자신의 행동을 시민들(대배심)이 법적으로 지지해 줄 것으로 B가 믿을 수 있을 때가 그 경우입니다.

상관 A에 의하여 B에게 보복이 가해지고 이에 대하여 형사고소를 B가 제기하였다고 칠 때, 상관 A로부터 청탁과 뇌물을 받은 검사 C가 A에 대하여 불기소 처분을 내리더라도, 대배심에 B가 호소할 수 있다면, 무작위 추첨으로 뽑히는 시민들 20여 명으로 대배심이 그 때에 구성되게 되고, 사건기록을 검찰로부터 넘겨받아 B의 진술을 듣는 등 증거를 조사한 위에 대배심원들 스스로 아는 바를 종합하여 A에 대하여 기소평결을 대배심은 내릴 수 있습니다. 일반시민들의 상식적 판단에 의하여 과반수로 결정이 내려집니다.

이렇듯, 대배심의 기소평결에 따라 A는 재판을 받아야 하고 유죄가 인정되면 감옥에 가게 될 것입니다. 검사 C를 재력으로 권력으로 A가 회유할 수 있었다 하더라도, 20여 명의 대배심원들을 A가 회유할 여지는 매우 적으므로, 시민들의 상식을 B는 믿고서 A의 부당한 요구를 B는 거절할 수 있게 됩니다.

만약 A의 부당한 요구에 응하여 부정한 수사를 B가 하였다가는 피해자 D로부터 형사고소를 B는 제기당할 수 있습니다. 이 때에 A의 및 C의 보호를 B가 받는다 하더라도 대배심에 D가 호소하면 대배심이 사건을 심리하여 B에 대하여 기소평결을 내릴 것이니, A의 및 C의 권력의 및 금력의 보호는 별로 의미가 없게 됩니다. 그것을 아는 B는 자신을 지키기 위해서라도 A의 부당한 압력에 맞서게 됩니다.

또한 뇌물을 받고서 위와 같은 부당한 처분을 검사 C가 내려 A를 두둔하였다가는 대배심에 의하여 조사를 받게 될 수 있고, 기소평결에 의하여 재판에 넘겨질 수 있습니다. 그러므로 C는 뇌물을 받기를 거부하고 업무의 공정성을 지키는 쪽을 택하게 될 것입니다.

이렇게 하여 경찰이 검찰이 법원이 모두 바르게 되고 국민의 신뢰를 얻게 됩니다. 국민이 대배심으로써 법절차에 관여하게 되면 모두가 밝아지게 되는 것입니다. 공정한 업무집행으로 국민을 보호하라고 공직자들에게 요구하는 것은 마땅하지만, 그들로 하여금 그러한 올바른 길을 갈 수 있도록 하는 데에는 대배심을 도입하여 국민의 상식에 바탕한 보호를 공직자들에게 제공해 줌이 매우 필요합니다.

📱_ 안@식
현 상태에서 국민 대배심원단을 꾸릴 방안을 연구해 보심이 어떨까요.?

12. 거듭 대배심의 설치를 요구함

권력의, 돈의, 지위의, 학력의, 학연의, 지연의 손을 국민에게서 유리된 검찰법원은 본질적으로 벗어나기 어렵다. 특정된 검찰법원의 공무원들을 표적 삼아 청탁, 회유, 기망하기란 그들에게 어려운 일이 아니다. 그런 일은 힘 없는 사람들이 당사자가 된 사건들에서 상시적으로 벌어진다.

실권을 지닌 국민의 밝은 눈이 사건의 전모를 언제든 심사·판단할 수 있을 때라야 사법개혁은 달성된다. 법원 검찰은 비로소 국민의 믿을 수 있는 기관으로 태어날 수 있다.

그러므로 검찰·사법을 개혁하는 가까운 길은 국민으로 구성되는 대배심을 검찰절차에 도입·설치하는 데 있다. 국민을 권한 없는 구경꾼으로서만 대하는 것은 가식이고 위선이다.

📓 _ 이@립
> 변호사님 오랫만에 소식을 주시네요.

📓 _ 이@수
> 저도, 제가 관여하는 민주사법연석회의도, 기소배심을 주장합니다. 도입해야 합니다.

📓 _ 안@식
> 사법주권회복운동에 찬성합니다..^^

📓 _ 강@근
> 사법개혁은 검찰과 법원만 있는 것이 아니라 변호를 하는 변호사들에게도 있어야 한다.고 생각합니다.
> 300억을 부정하게 삼켜도 비싼 변호사를 선임하면 죄가 가벼워지는 것이 현실입니다.
> 이에 반해 돈이 없고 당장 먹을 것이 없어 3000원 생필품을 훔친 사람은 상습범이라는 이유를 들어 변호사를 선임하지 못 해 철창신세를 지는 것이 우리의 슬픈 변호 현실입니다.

13. 아니면 죽음을 달라

또다시 국민의 손에 아무 것도 쥐어지지 않는 무방비 상태를 국민에게 강제하려는 자칭 사법개혁 논의를 국민의 한 사람으로서 거부한다.

대배심의 무기를 국민에게 보장하라.

아니면 죽음을 달라.

📕_ 박승옥

페친들 놀라지들 마오시길~~

죽을 힘으로 싸울 터라는 뜻 ㅎㅎ

📕_ 안@식

적극 응원합니다

14. 〈고백 그리고 고발〉 소감 몇 가지

안천식 변호사의 역작 〈고백 그리고 고발〉을 읽으면서, 우리나라 법정에서의 재판진행 관행에 관한 몇 가지의 생각을 보충적으로 떠올려 본다. 보충적일 수밖에 없는 이유는, 그의 책 전체가 우리나라 재판운영의 부실을 성의를 기울여 포괄적으로 구체적으로 실증하는 풍부한 내용의 것이기 때문이다. 10년 동안 23차례나 싸워온 사건의 진행경과에 관하여 무엇을 덧붙인들, 사족이 될 것이 분명해서이다.

● 진술·주장의 사후적 짜맞추기(tailoring)가 상시적으로 먹힌다

사건의 쟁점은 아파트 건설을 위하여 H건설이 노리는 향산리 소재 토지를 그 소유자 기노걸이 팔았는지 여부이다. 전혀 판 적이 없다고 기노걸이 일관되게 부인하는 사건에서, 이를 기노걸에게서 샀다는 H건설 측의 주장이 매매계약의 체결시기에 있어서, 기노걸 명의의 도장을 찍는 장면 등에 있어서 일관성이 현저히 결여되어 있으며, 거짓 주장이라는 판단이 불가피할 정도로 앞뒤가 스스로 배치되는 부분들이 적지 않다.

이러한 H건설 측의 모순되는 주장과 진술은 이에 대한 기노걸 측의 지적과 반증이 제시될 때마다 이를 보완하기 위하여 사후적으로 단계적으로 이루어져 있는데, 더 이상 변명이 어려운 국면에 이르면 "이유를 모르겠다"고 딴전을 피운다.

가령 계약서에 기재된 작성일자인 1999. 11. 24.에 기노걸의 집을 (이미 죽고 없는 사람인) 망 이지학과 함께 A 자신이 방문하여 계약서가 작성되었다고; 기노걸의 몸이 불편하여 서랍에서 도장을 가져와 이지학에게 전달하여 이지학이 직접 날인하는 것을 A 자신이 지켜 보았다고 자신의 최초의 진술서에서 A는 주장하였는데(33-34쪽),

향산리 개발에 90% 이상의 주민이 동의하여 계약을 완료한 상태라는 취지의, 그 반면에 기노걸만이 계약에 불응하고 있어 토지수용권을 부여받아 사업을 하고자 한다는 취지의 Y종합건설의 2007. 7. 28.자 통고서가 반증으로 기노걸 측에 의하여 제시되자(35쪽),

법정에 증인으로 출석한 A는 자신의 진술서에서의 주장을 바꾸어 위 모순점을 덮는다. "계약서를 작성한 시기는 2000. 9~10월경이었다; 나중에 생각해 보니 날짜 관계는 정확하게 기억이 나지 않은 상태에서……"(37쪽).

또한 계약서에 기재된 기노걸의 통장계좌 번호에 관하여, "계약서 작성하면서 기노걸이 (농협계좌) 통장을 보면서 계좌번호를 불러주어 계약서에 기재하여 넣었다."고 A는 증언하였으나(38), 그 통장계좌는 이미 1997. 9. 24.에 해지된 것이고 통장 뒷면 표지의 절반은 마그네틱선 제거를 위하여 훼손된 것이었다(39쪽).

그러자 법원은 종결되었던 변론을 재개하여 다시 A를 증인으로 불러 모순을 덮을 기회를 준다. "증인으로서는 왜 해지된 계좌번호가 적혀 있는지에 대해서는 알 수 없다. 다만, 불러주는 대로 적었으니까 다른 것은 없다."이런 식이다.

먼저 진술서로 주장을 폈다가 모순이 반증에 의하여 제기되면 이를 보완하고 또 보완하는 과정을 여러 번 거쳐, 당초의 주장으로부터 크게 달라진 새로운 주장을 퍼즐조각 맞추듯 맞추어가는 과정이 우리의 법정에서의 소송절차인 것이다. 상대방의 반증을 피해가기 위한 진술·주장의 개작이 상시적으로 허용되고 받아들여지고 있다. 이러한 식의 주장이 그대로 통하여, H건설은 승소를 거둔다.

미국의 경우 정식사실심리의 상황을 통제할 판사의 권한은 증인들을 격리할 광범위한 권한을 포함한다. 증인들을 격리하는 목적은 자신들의 증언을 앞에서의 증인들의 증언에 "짜맞추는"것을 방지하는 것이고, 솔직함에 미달하는 증언을 간파해 내는 것을 조력하는 것이다. 증언이 종결되기 이전에 선언된 휴정기간 동안 증인을 격리하는 것은 이미 이루어진 증언에 비추어 보면서 증언을 움직이려는 부당한 시도들을 방지한다. 판사가 증인더러 정식사실심리가 끝날 때까지 그의 또는 그녀의 증언에 관하여 제3의 당사자들과 의논하지 말라고 지시하는 것은 일반적 관행이다. 피고인이 자신을 위하여 증인이 된 사건에서 - 미국의 경우 그는 증인이 될 수 있다 - 그의 변호인과의 상담을 그의 증언 도중에 선포된 일정 범위의 휴정기간 중에 법원이 금지함은, 피고인으로서 변호인의 조력을 받을 권리를 그가 지님에도 불구하고, 합헌이다. (Geders v. United States, 425 U. S. 80 (1976); Perry v. Leeke, 488 U. S. 272 (1989)).

우리의 재판운영은, 이에 사뭇 달라서, 거의 무한정의 증언의 짜맞추기가 사전에는 물론이고 사후에도 허용되는데, 진실을 확보하려는 현명하고 사려깊은 재판진행으로부터 꽤 멀다고 느껴진다.

● 법원 앞에서의 거짓말에 법원이 관대하다

계약서를 기노걸의 집에서 기노걸 있는 자리에서 이지학이 작성했다는 A의 증언에 전혀 어긋나게, "이지학의 지시에 의하여 이지학이 시키는 대로 W공영 사무실에서 이지학이 가지고 있던 도장으로 계약서를 C 자신이 직접 작성했다."는 진술을 C로부터 2008. 4. 기노걸 측이 확보하였고 경찰에서 C가 그렇게 진술하였으며, 국립과학수사연구소에서의 필적감정에서 계약서의 필적이 C의 필적임이 확인되었다. A가 위증한 것임이, 각고의 노력 끝에 이제 드러났다.

그런데, 위증죄로 기소된 A를 벌금 500만원에 법원은 처한다. 그것도, 계좌번호를 기재하는 것을 보았다는 A의 증언 부분만을 유죄로 판단하고 기노걸의 도장을 날인하는 것을 보았다는 부분에 대하여는 무죄로 하고서이다.(147~148쪽) 이것이 증언석에 오르는 증인들더러 진실을 말하라고, 만약 거짓을 말하면 위증죄로 처벌받는다고 그토록 재판장이 경고하는 위증의 죄책이다. 차라리, "위증을 하셔도 그다지 큰 벌은 받지 아니함을 덧붙입니다."라고 안내하지 그러는가.

● 허튼 분석으로 전체를 죽인다

추정이다, 입증책임이다, 증명책임이다, 엄격한 증명이다, 뭐다 하는 법리적 분석의 틀을 곡예하듯이 몇 차례 넘고 나면, "…… 못 볼 바 아니고," "…… 라고 인정하기에 부족하고," "…… 단정할 수 없고. ."식의 마술 끝에 실체는 사라지고 괴물스런 결론이 도출된다. "결국, 위와 같이 제출된 증거만으로는 증인 A의 증언 등을 뒤집고 이 사건 계약서 등이 위조되었다고 인정하기에 부족하다."는 것인데, 계약서에 기노걸 명의의 서명 날인이 있으니 진정성립이 추정되고 이를 뒤집을 증거는 부족하다는 것으로 이해된다. 앞뒤 안 맞는 거짓말을 A는 도대체 왜 하였다는 말인가?

임금님의 화려한 옷을 있는 그대로 본 것이 어린아이였듯이, 사건의 전체를 관통하는 공평한 마음이 유지되고서야 위 법리들은 유용한 분석의 틀이 된다. 그것을 잃으면 만사가 뒤틀린다. 마치 선명한 이미지를 렌즈의 각도가 틀어진 천체망원경이 맺을 수가 없듯이. 그리하여 분석이 앞서면 사물을 알 수 없게 됨을 어떤 사람은 시적으로 갈파하였다.

"왜냐하면 그것은 나무들에 있어서도 마찬가지지만, 네가 인간들 내부에서 전개시켜 보거나 또는 그 차이점에 따라서 분류해 놓으면, 너는 인간에 대하여 아무 것도 알지 못하게 되기 때문이다. 나무란 것은 씨앗도 아니고, 가지도 아니며, 바람에 흔들리는 줄기도 아니며, 또한 죽어버린 재목도 아니다. 나무, 그것은 하늘과 천천히 혼인을 하는 그위력이다. 애야, 너도 그렇단다 …… 너는 국민학생도 아니고, 남편도 아니고, 아이도 아니며, 노인도 아니다. 너는 이루어지고 있는 인간이다."(생떽쥐페리. 성채)

● 전문직 법관들만에 의한 재판의 상식이탈을 실증하고 있다

이 책에 의하여 전문직 법관들만에 의한 재판의 상식이탈이 실증되었다고 나는 생각한다. 이제는 재판이 더 이상 판사들만에 의하여가 아니라, 국민의 상식에 의하여 이루어지도록, 배심제, 참심제 등이 도입되어야 하고. 검찰에도 대배심이 설치되어야 한다는 주장의 당위성을 이 책은 증명한다.

"서울중앙지방법원의 2005가합99041호 판결은, 기노걸의 자필도 없고 한글 막도장이 날인되었을 뿐인 이 사건 계약서에 대하여, 단지 H건설과 이해관계를 같이 하는 〈증인 A〉의 증언에 의지하여 그 진정성립을 인정하였습니다. 계약서에 기재된 기노걸의 계좌번호가 1997년 9월 24일자로 예금계약이 해지된 것이었음에도, 담당재판부는 75세의 기노걸이 2000년 9월경 계약을 체결하면서 예금계약이 해지된 통장을 보고 잘못 불러주었을 수도 있다고 판단하였습니다. 보통의 사람으로서는 도저히 상상할 수 없는, 오로지 그들만이 할 수 있는 독선적, 억압적, 형식적 패권주의의 전형적인 모습입니다."라는 그의 절규를 그대로 인용하여 나의 독후감을 마감한다. 거듭, 더 이상은 사족이 될 테니까. 우리의 벌거벗은 모습을 보여준 저자에게 감사를 표한다.

15. 인문정신에 고함

문학을 논하고 역사 철학을 논해서 뭐한단 말인가?
인간의 존립기반인 생명 자유 재산의 박탈을 외면한다면?

 그것들의 박탈을 논하여 뭐한단 말인가?
그 박탈을 실행하는 법에 맞서 싸우지 않는다면?

법에 맞서 싸워 뭐한단 말인가?
법을 쟁취하여 그 주인이 될 줄을 모른다면?

 인문의 궁극이요 종합인 법을 남에게 맡겨두고서 인간답게 살기를 바랄손가, 인문을
논할손가?

16. 살았는가 죽었는가?

인문정신이든 시민정신이든, 법치에서 소외되어 구경하는 정신은 없습니다.

"자유 아니면 죽음을 달라"에서의 자유, 그것은 법의 주인자리로서의 자유입니다.

자유를 아는 자라야 삶을 알고, 죽음을 알면 곧 삶을 아는 법,

살았는가 죽었는가?

17. "말"이 아니라 "창"이었다

판사들은 공정해야 한다고, 청렴해야 한다고 "말"하는 것은 아무런 의미가 없다. 그걸 모르는 판사들은 단 한 명도 없으니까. 귀 아프게 들었을 테니까.

군주가 내린 사약사발을 북향삼배 후 들어마시면서 하였던 "전하, 성군이 되시옵소서~"가 오늘날 유효하지 않듯이, 사건을 공정히 판단해 달라는 사법부에의 호소는 가느다란 신음소리만큼의 효력밖에는 없다.

군주 임명의 판사들에게서가 아닌 동등 지위의 이웃사람들에게서 판단받을 권리를, 802년 전 영국에서 군주의 목줄에 창끝을 겨누어 신민들이 쟁취해 내고부터서야 공정한 법정은 그 보장이 자리잡히기 시작하였다.

말로써가 아니라 창으로써였고, 믿고 맡김으로써가 아니라 쟁취하여 행사함으로써였다. 오늘 그 사람들은 법을 굳건히 신뢰하며 법관들을 깊이 존중한다. 함께 법의 혜택을 구가한다.

18. 조윤선에 대한 집행유예 석방,
양형기준을 제대로 세워야[4]

1. 문체부장관으로서의 청문회 위증

국회 국정조사 청문회에서의 조윤선 전 문체부장관의 위증혐의에 대하여 유죄를 인정하면서도 징역 1년에 집행유예 2년의 선고로써 그녀를 석방한 서울 중앙지방법원 황병헌 부장판사 재판부에 대하여 비난 여론이 비등하다. 정부지원에서 배제될 대상 문화예술계 인사들을 해당부처가 분류하여 목록화해 놓은 이른바 블랙리스트가 존재함에도 불구하고 이에 관하여 허위의 진술을 국회에서 그녀가 했다는 것인 이상, 이는 국민으로부터 부여받은 지위·권한·책무를 가지고서 5천만 국민을 속인 행위인 점에 대하여 다툼의 여지가 있을 수 없다. 그녀에 대한 가장 올바른 처벌이 집행유예 석방이라는 재판부의 판단은 그러나 자신들의 법 감정에 어긋난다고 국민들은 느끼고 있다. 판결을 내릴 권한은 사법부 재판부에 있고 그 권한을 법률에 따라 재판부가 행사했는데 무엇이 문제라는 말인가?

2. 법정형과 양형기준

범죄행위를 및 그 처벌의 범위를 모든 형사법에서 국민은 정해놓고 있는데, 형사법 자체에서 정해두는 처벌의 범위는 해당범죄 전체의 법정형으로서 최소에서 최대까지에 걸치는 것이 될 수밖에 없다. 그것이 죄형법정주의의 일차적 구현이다. 한편, 동일죄명의 범죄행위라 하더라도 그것이 이루어지는 형태와 상황은 다양하게 마련이므로, 개개사건을 심리한 결과로 드러나는 범행의 내용에 따라 구체적으로 어떤 형량을 법정형의 범위 내에서 택함이 올바른지를 산정하기 위한 기준을 다시 구체적으로 정해 놓아야 할 필요가 있다. 그 기준이 없이 재판부의 권한에만 맡기게 될 경우에는 재판부의 자의가 작용할 소지가 있고 재판부에 따라 처벌에 차이가 생겨 법 앞에서의 평등의 구현이 저해된다. 그러

---

4) 유죄로 판결된 범죄사실의 범위 내에서 양형의 문제만을 다루었다.

므로 국민은 개개사건에서의 양형의 기준을 정해놓아야만 죄형법정주의의 및 법치주의의 실질적 구현을 달성할 수 있다. 그것이 이른바 양형기준(sentencing guidelines)이다.

3. 우리나라의 양형위원회, 양형기준

우리나라는 독립 이래로 별도의 양형기준을 정하지 아니한 채로 법정형의 범위 내에서 재판부의 전적인 재량으로 심리·판단하도록 해 오다가 2007. 1. 26. 법률 제8270호 개정 법원조직법에 근거하여 2007. 4. 27. 양형위원회가 대법원에 설치되기에 이르렀고, 현재까지 38 가지 범죄유형에 대한 양형기준을 양형위원회는 제정하여 놓고 있다. 그러나, 양형위원회가 정하는 양형기준은 법관에 대한 구속력이 없이 단지 양형에 참고하기 위한 것일 뿐으로서, 양형의 이유를 판결서에 기재하면 양형 기준을 벗어나는 판결을 하는 데에 아무런 장애가 없다.(법원조직법 제81조의 6. 같은 조의 7)

4. 위증죄의 법정형과 양형기준, 집행유예의 요건

가. 형법상의 위증죄의 법정형은 단순위증의 경우 5년 이하의 징역 또는 1천만원 이하의 벌금이고(형법 제152조 제1항), 형사사건에 또는 징계사건에 관하여 피고인을, 피의자를 또는 징계혐의자를 모해할 목적으로 위증한 모해위증의 경우에 10년 이하의 징역이다(형법 제152조 제2항). 국회 국정조사 청문회에서의 위증의 경우의 법정형은 1년 이상 10년 이하의 징역이다(국회에서의증언·감정등에관한법률 제14조 제1항).

나. 대법원 양형위원회 홈페이지에서 확인되는 단순위증죄 양형기준의 기본은 징역 6월 ~ 1년 6월, 가중의 경우가 10월 ~ 3년, 감경의 경우가 10월 이하이다. 모해위증의 경우 기본은 징역 10월 ~ 2년, 가중의 경우가 1년 ~ 4년, 감경의 경우가 6월 ~ 1년 6월이다. 국회에서의증언·감정등에관한법률 소정의 위증죄의 양형기준은 형법상의 모해위증죄에 포섭되는 것으로 하고 있다.

다. 집행유예에 관하여 "3년 이하의 징역이나 금고 또는 500만원 이하의 벌금의 형을 선고할 경우에 제51조의 사항을 참작하여 그 정상에 참작할 만한 사유가 있는 때에는 1년 이상 5년 이하의 기간 형의 집행을 유예할 수 있다."라고 법률은 규정한다(형법 제62조 제1항). 형법 제51조가 정하는 사항은 "1. 범인의 연령, 성행, 지능과 환경 2. 피해자에 대한 관계 3. 범행의 동기, 수단과 결과 4. 범행후의 정황" 등 4 가지 항목들이다.

5. 양형기준의 문제

위증죄는 진실을 규명하는 재판절차에서 또는 국정조사 절차에서 등 증인으로 출석하여 선서한 사람이 허위의 진술을 함으로써 성립하는 범죄인데, 규명해야 할 문제의 답을 재판부도 국회도 알 수 없게 되니, 책임자를 색출할 수도 문책할 수도 없고, 대책을 수립할 수도 없다. 재판의 승패가 갈리고, 범인이 무죄로 풀려나고 억울한 사람이 유죄로 판결된다. 국가·국민의 진실규명은 좌절되고 국가의 기능은 마비된다. 중대한 범죄가 아닐 수 없다.

그런데도 현행양형기준은 기본이 6월 ~ 1년 6월 (단순위증), 또는 10월 ~ 2년(모해위증. 국회에서 의증언·감정등에관한법률 소정의 위증)이고, 가중기준을 적용하더라도 10월에서 4년이면 감옥을 나서게 되니, 최대 가중기준이 법정형의 최대형기 10년의 절반에도 못 미치는 이 기준에 의하여 공익과 진실이 보호될 수가 있으리라고는 기대할 수 없을 것이다.

더군다나, 고위 공직자 등 그 책임이 중대한 자가 위증을 저지를 때는 일반인의 경우보다도 더 큰 죄책을 그가 져야 함이 마땅할 것임을 반영하여, 그러한 사람들에 대하여는 형량을 높여 놓아야 할 것이고, 집행유예에 있어서도 고위공직자들 자신의 권한·책무 사항들에 관련한 그들의 범죄에 대하여는 집행유예 등의 은전을 원칙적으로 배제하도록 정해 놓아야 할 것이다. 결국, 현행의 양형기준은 국민으로서 받아들이기 어려운 만큼, 대법원 양형위원회가 그 본연의 역할을 다 했다고 하기가 어려운 것이다. 물론, 5천만 국민에게 거짓을 고하여 그 중대한 공익을 침해한 범죄 앞에 집행유예의 은전을 베풀어 준 재판부의 처분은 법의 엄정함을 보이고 정의를 수호할 국민의 마지막 보루로서의 사법부의 역할을 스스로 방기한 점에서 비판되어 마땅하지 않을 수 없을 것이다.

6. 법 앞에서의 평등한 정의를 위하여

국민의 혈세를 들인 재판절차를 애써 거쳐 끝내 피고인의 유죄를 선고하면서도, 형량을 정함에 있어서 그 마땅히 처해야 할 처벌에 피고인을 처하지 아니하거나 그 마땅한 처벌에보다도 더 중대한 처벌에 그를 처한다면, 법치주의는 그 마지막 단계에서 의미를 잃게 되고 만다. 유전무죄 무전유죄, 전관예우, 판사와의 유착 등등에 대한 당연한 의심들이 법치주의의 토대를 위협하고 사회 공동체의 통일과 단결을 저해한다.

"법 아래서의 평등한 재판을 제공하기 위한 우리의 민주 사회의 약속(the promise of our democratic society to provide equal justice under the law)"을 이행하기 위하여[Betts v. Brady (1942), 블랙

(Black) 판사]; "법 앞에 모든 피고인이 평등하게 서는 공정한 법정들 앞에서의 공정한 재판(fair trials before impartial tribunals in which every defendant stands equal before the law)"을 제공하기 위하여 [Gideon v. Wainwright (1963), Brennan(브레넌) 판사]; "가난한 사람들에게와 부유한 사람들에게, 약한 사람들에게와 강한 사람들에게 다 같이 평등한 재판을 제공하[고자 하는 희망]([the hope of] providing equal justice for poor and rich, weak and powerful alike)"을 유지하기 위하여 [Griffin v. Illinois, 351 U. S. 12 (1956), 블랙(Black) 판사], 합리적이고 과학적이면서 국민의 법 감정을 충실히 반영하는 양형기준을 제정할 것이, 그리고 그 기준을 엄격히 준수할 것이 절실히 요구된다. 미국 연방양형기준의 경우 횡으로 범죄전력 여섯 열, 종으로 범행등급 43 열로 그룹을 나누고 한 개의 그룹 내에서는 6개월 또는 25% 이내에서만 차이가 허용됨은 참고가 될 수 있다. 또한 미국 연방양형기준은 상한을 넘는 형량을 선고할 수 있다는 점에서도 참고가 될 만하다고 본다. [당초에 의무적인 것이었던 미국연방양형기준은, 그 의무적 성격을 규정하던 조항을, 상향이동에 필요한 사실판단에는 배심재판의 권리가 적용된다고 판시한 United States v. Booker (2005) 판결 뒤에 삭제함으로써 권고적인 것으로 바뀌었고, 이에 따라 기준을 초과하는 형량을 판사는 배심의 사실인정 없이도 선고할 수 있게 되었다.]

19. 진짜 시시한 법정 이야기

시골에서 초등을 마치고 올라온 중학 시절에 광주지방법원 목포지원은 유달산 자락의 원도심 번화가 가까이에 있었다. 일제 때부터 있었던 법원이었던 것 같은데, 거기에는 한 번도 들어가 보지 못하였다. 부근에 변호사 사무소 간판들이 몇 개쯤 있었던 것으로 기억된다. 그러고 보니 그 때 광주지방검찰청 목포지청은 어디에 있었는지, 같은 건물은 아니었을 텐데 특별히 들어본 적이 없는 것 같다. 아마도 검찰청이 뭔지 아예 개념이 없는 때였던 탓일 것이다.

고등까지 마치고 서울에 진학하여 법대를 다닐 무렵 언저리에는 법원청사가 구도심의 다른 곳으로 옮겨져 있었다. 3층 슬래브 건물이었다. 거의 같은 구조를 한 광주지방검찰청 목포지청 청사가 나란히 왼쪽 15미터 거리에 있다는 것을 그 때쯤에는 알게도 되었다.

법대를 졸업하고 사법연수원을 수료하고 군복무를 마치고 나서 서울에서 4년 동안 변호사를 하다가 목포로 사무소를 옮겼을 때도 청사들은 그대로였다. 2011년에 남악신도시 입구에 신청사가 지어져 옮겨오기까지 18년 동안을 그 슬래브 건물의 법정들에서 변론을 하였다.

2011년 신축된 새 청사는 대로변으로부터 벗어난 부주산 기슭에 위치하여 대지도 넓고 분위기도 조용하다. 150 미터쯤 멀찌감치 왼쪽으로 검찰청사도 보인다. 법원정문 바로 맞은편 건물에 들어 있는 나의 사무실에서 창문으로 내다보이는 풍경은 그래서 썩 괜찮은 편이다.

법정들은 크기에 따라 대·중·소 법정들로, 그 열리는 재판의 종류에 따라 민사법정과 형사법정으로 나뉘고 조정실도 서너 개 있다. 2층에 있는 형사 중법정에서 나의 이야기는 시작된다.

신청사에서의 변론생활이 시작된 지 한두 달이 지났을 무렵 어느 날 보니 그 법정에를 법관출입문으로 공판담당 검사가 걸어 들어오는 것이었는데, 조금도 거리낌이 없는 모습이었다. 석연치 못한 느낌이 든다 싶었는데, 그 뒤 어느 날은 그 법정에서 제일 늦은 순

번의 재판을 마치고 보니 검사는 역시 법관출입문을 통하여 퇴정하고 있었고, 또 어느 날엔가는 법정 개정 직전에 법정에 이어지는 통로에서 공판검사와 재판장이 정겹게 인사를 주고 받는 모습이 그 열린 법관출입문을 통하여 나의 눈에 목격되었다.

공판검사의 법정출입을 법관전용 출입문을 통하여 하도록 허용함이 재판에 빚어낼 시비의 여지와 의구심을 조금이라도 인식하고 있는 것 같지가 않다는 것이 나의 불편함의 원인이었다. 국가기관인 검찰에게 저토록 공공연히 예우를 해 주는 법원과 재판장의 처사를 보면서 재판 당사자들은 무엇을 느낄 것인가!

검사를 피고인 자신하고 동등하게 대우하지 않는다고 피고인의 입장에서는 불식간에 생각하게 되지 않겠는가! 검사는 피고인에게가 아니라 재판장에게 대등하다는 사실[1]을 모두에게 보여주는 것이 아니고 무엇일 수 있겠는가 !

피고인의 항쟁의지가 절반은 꺾이고, 피고인을 옹호하려 했던 방청객들과 증인들은 드높은 법정의 저 함께 드높은 검사와 재판장을 보고서 생각을 거두거나 주저하게 될 수도 있지 않겠는가! 공정한 재판에 대한 신뢰에 끼쳐질 손상이 생각되어 편하지가 못하였다.

시정을 구하는 민원을 고심 끝에 개인자격으로 대법원에 접수하였는데, 사실 여부의 확인을 목포지원에 대법원이 요구하는 등의 과정을 거쳤던 것 같다. 다른 변호사들은 이의가 없는데도 내가 민원을 낸 것이 개인자격으로서인지를 법원 측이 내게 물었던 것으로 기억된다. (그 때 나는 지역변호사지회 대표직을 맡고 있었다.) 그 얼마 뒤에 공판검사의 출입은 변호사들처럼 일반인 출입문을 통해서 이루어졌다. 문제가 해결된 것으로 알고 다행이라고 생각하였다.

그런데, 그것은 잠깐이었다. 해가 바뀌고 법원 검찰의 인사이동철이 지난 어느 날 보니 다시 법관출입문으로 공판검사가 들어오고 나가고 있었다.

마침, 봄철에 정기적으로 열게 되어 있는 지역 변호사단체와 법원의 간담회가 열리는 시점이었기에 그 석상에서 문제점을 개진하고 적절한 시정조치를 요청하였다. 그 지원장은 평소에 여러 모로 내가 존경하는 분이었다. 상황을 알아보고 나서 입장을 통지하겠다고 그분은 석상에서 정중히 말하였다.

10여 일 뒤에 들은 설명은 전국적으로 신축되고 있는 법원청사의 설계가 그렇게 되어 그 법정에는 검사출입문이 따로 설치되어 있지 않다는 것, 이를 새로 설치하기가 건물구조상 어렵다는 것, 재판준비를 위한 공판검사용 사무실 한 칸을 법정 통로 쪽에 내주고 있는데 법정출입을 일반인들의 출입문으로 하게 할 경우에는 엘리베이터를 타고 1층으로 내려간 다음 걸어서 법정동으로 이동하여 엘리베이터로 갈아타고 법정에까지 다시 올라와야 히는 불편이 있다는 것, 검사의 바쁜 업무를 배려할 필요가 있다는 것, 공판검사용 사무실을 다른 곳에 배치하는 것은 검찰업무의 비밀성 등에 적절하지 못한 상황이라는 것 등이었다.

그러니 이 문제를 일개 재판장으로서나 지원 단위의 법원으로서는 달리 처리하기가 쉽지 않다는 진솔한 말씀이었다.

이제 어쩐다? 이 정도의 성의 있는 확인과 설명을 듣고서도 내 생각을 더 고집할 수 있을까...

더 이상 그 문제에 신경이 쓰이지 않으면 좋으련만, 어떻게 생겨먹었는지 그 법정에 드나들 때면 그 생각이 떠나지 않았다. 피고인을 국가에 대등한 위치에 두지 못하는 법정은 공정하지(impartial) 못하고 따라서 유지되어서는 안 된다... 그것은 어떤 불편을 감수하고라도 피고인에게 제공해 주어야 할 우선적인 가치이고 그 책무는 법원에 있다..

이유 여하를 불문하고 검사의 법정출입을 법관전용 출입문으로 하게 함은 피고인에게와 국민들에게는 검찰을 우월하게 대우하는 것이 아닐 수 없다..

그리고 게다가 이건 또 뭐란 말인가, 검사의 법원 사무실을 판사들이 배치된 동일공간에 두게 하다니..

이런 생각이 들어 법관출입문 쪽을 애써 외면하는 버릇이 생겼다.

또 해가 바뀌고였을까, 지방변호사회 회장 앞으로 민원성 서신을 보냈다. 공판검사의 법정출입을 법관출입문으로 하게 하고 검사사무실을 판사들하고의 동일공간에 두게 하고 있는 상황을 시정하도록 노력해 달라는 취지로.

여러 달만에 회신이 왔다. 나의 민원에 대하여 집행부가 검토하면서 회원들의 견해를 들어본 결과, 나의 생각에 공감하는 회원들도 상당히 많으나 그 정도의 배려를 검찰이 받는 것은 문제시할 성격의 것이 아니라는 의견이 더 지배적이어서 나의 요청을 받아들이지 못하니 부디 이해해 달라는 내용이었다.

지난 2017년 봄, 법원과의 간담회 자리에는 일정 관계상 참석하지 못하였다. 검찰하고의 간담회에는 참석하였고, 발언을 자청하여 형사 중법정에의 출입을 수고로이 일반인 출입문으로 해 달라는 요청을 지청장을 포함한 검사들에게 감히도 하였다. 긍정적인 반응은 아니었던 것 같고, 여전히 법관출입문이 애용되고 있어 보인다.

그러므로 이곳에 이 글을 쓰는 것은 피고인에 대한 법정에서의 평등한 처우를 향한 6년여에 걸친 내 나름의 노력의 연장으로서이다.

피고인을 검사와의 대등한 위치에 두는 공정한 법정은 검찰업무의 "능률의 요구에 견

주어 어떻게든 저울질될 수 있는 모종의 불편이 아니"라[Coolidge v. New Hampshire (1971)], "그것을 지키기 위하여는 여러 가지 정부적 편의들을 기꺼이 희생시킬 준비를" 우리 모두가 "항상 갖추고 있어야" 할 모종의 중요하고도 가치 있는 것이며[Brown v. Walker (1896), Field 판사, 반대의견], 우리가 "소중히 여기는 그 [가치]를 위하여" 우리로서 "기꺼이 지불하[여야 할] 대가"인 것이다.[Feldman v. United States (1944), Black 판사, 반대의견.]

이러한 가치를 법정에서 관철시킴에 있어서 법원을 위시한 법조전문직 종사자들은 항상 예리하게 깨어 있지 않으면 안 된다. 법원과 법제도에 대한 국민의 신뢰는 그렇게 해서만 얻어질 수 있다. 향후의 추이를 또 지켜보겠다.

최고예요공감 77 회원님, 전@국님, 강@수님 외 74명

공유 4회 댓글 11개

📙_ 김@석
공판검사 와 재판관 분리 변호사님의견에 동의합니다.

📙_ Chan @@ Park
박변호사님의 깨어 있는 생각에 전적으로 공감합니다. 제가 어제 쓴 안상준 변호사는 박변호사님과 같은 분을 말하는 것이니...무소의 뿔같이 앞으로 나아가시길 응원합니다.

📙_ 김@배
형님의 의견에 100% 공감합니다!

📙_ 황@근
나란히 배치하는 청사도...

📙_ 마@철
사회를 지배하고 운영되는 건
여전히 정치와 기득권층이다
이들은 쉬이 변하지 않는다.
변해야 된다는 필요성을

각성하지 못하고 왜 변해야
되는지를 인지하지 못한다
변화시키기 위해선 또다른
변화를 바라는 사람들의
노력이 함께 필요하다
그것을 준비하고 있습니다
감사합니다 항상 옳은 의지!

_ Jong@@Park
옳은 지적입니다. 지금도 여전히 이런 현상이 바뀌지 않은 듯합니다

_ 이@립
변호사님 대단하십니다.

_ 문@주
우리가 소중히 여기는 가치를 위하여 기꺼이 희생할 준비가 되지 않은 모든 이에게 ~
아직 그렇지 않은 검찰들의
무감각화된 뇌 세포에 일침을~...더 보기

_ 최@석
내부에서도 가는 곳마다 그러면 안된다고 시비하는 사람이 있다는 것을 알아주십시오.
바로잡은 곳도 있고 그러지 못한 곳도 있습니다. 남들도 다 그러는데.., 옛날부터 그래 왔
는데...관행과 타성이란게 무서운 것이더군요.

_ 조@규
전적으로 동의합니다

박승옥 변호사가 말하는
사법개혁 쟁취의 길

시민 배심원제 그리고 **양형기준**

[자료 1] 대배심(Grand Jury) (위키피디아)

Grand jury

From Wikipedia, the free encyclopedia

A grand jury is a legal body empowered to conduct official proceedings and investigate potential criminal conduct, and determine whether criminal charges should be brought. A grand jury may compel the production of documents and compel sworn testimony of witnesses to appear before it. A grand jury is separate from the courts, which do not preside over its functioning.[1]

The United States and Liberia are the only countries that retain grand juries,[2][3] though other common law jurisdictions formerly employed them, and most others now employ some other form of preliminary hearing. Grand juries perform both accusatory and investigatory functions. The investigatory functions of grand juries include obtaining and reviewing documents and other evidence, and hearing sworn testimonies of witnesses who appear before it; the accusatory function determines whether there is probable cause to believe that one or more persons committed a certain offence within the venue of a district court.

A grand jury in the United States is usually composed of 16 to 23 citizens, though in Virginia it has fewer members for regular or special grand juries. In Ireland, they also functioned as local government authorities. In Japan, the Law of July 12, 1948 created the Kensatsu Shinsakai (Prosecutorial Review Commission or PRC system), inspired by the American system.[4]

The grand jury is so named because traditionally it has more jurors than a trial jury, sometimes called a petit jury (from the French word petit meaning "small").[5]

대배심(Grand jury)

From Wikipedia, the free encyclopedia

대배심은 공식의 절차들을 수행할, 잠재적 범죄활동을 조사할, 그리고 형사소추들이 제기되어야 할지 여부를 결정할 권한을 부여받는 법체이다. 대배심은 문서들의 제출을 강제할 수 있고, 증인들을 자신 앞에 출석시켜 선서증언을 강제할 수 있다. 대배심은 법원들로부터 분리되어 있으며, 대배심의 기능에 대하여 법원들은 지휘하지 않는다.[1]

대배심을 유지하는 나라는 미합중국과 리베리아이며, [2][3] 보통법(common law) 관할들의 다른 나라은 한 때 대배심을 두었다가 폐지하였고, 그 밖의 나라들 대부분은 다른 형태의 예비심문 제도(preliminary hearing)를 두고 있다. 고발적 기능을 및 수사적 기능을 다 같이 대배심은 수행한다. 문서들을 및 여타의 증거들을 수집하고 검토함을, 자신 앞에 출석하는 증인들의 선서증언들을 청취함을 대배심의 수사기능들은 포함한다. 대배심의 고발적 기능은 지방법원 관할 내의 특정 범죄를 한 명이 또는 두 명 이상이 범했다고 믿을 만한 상당한 이유가 있는지 여부를 결정하는 것이다.

미합중국에서의 대배심은 일반적으로 16명에서 23명의 시민들로 구성되는데, 다만 버지니아주에서는 정규의(regular) 대배심이든 특별(special) 대배심이든 더 적은 숫자로 구성된다. 아일랜드에서는 그것들은 지역의 정부기관들로서 기능하기도 하였다. 일본에서는 검찰심사회(Prosecutorial Review Commission or PRC system)를 1948년 7월 12일자 법률이 창설하였는데, 미국제도에서 따온 것이다.[4]

때때로 소배심(a petit jury; 프랑스어 petit는 "작다"는 의미임)이라고 불리는 정식사실심리 배심이보다도 전통적으로 더 많은 숫자의 배심원들을 지니는 데에서 대배심(Grand jury)이라는 명칭은 유래한다.[5]

Purpose

The function of a grand jury is to accuse persons who may be guilty of an offense, but the institution is also a shield against unfounded and oppressive prosecution. It is a means for lay citizens, representative of the community, to participate in the administration of justice. It can also make presentments on crime and maladministration in its area. The traditional number of the grand jury is 23.

The mode of accusation is by a written statement in solemn form (indictment) describing the offense with proper accompaniments of time and circumstances, and certainty of act and person or by a mode less formal, which is usually the spontaneous act of the grand jury, called presentment.[6] No indictment or presentment can be made except by concurrence of at least twelve of the jurors. The grand jury may accuse upon their own knowledge, but it is generally done upon the testimony of witnesses under oath and other evidence heard before them. The proceedings of grand jury are, in the first instance, at the instigation of the government or other prosecutor, and ex parte and in secret deliberation. The accused has no knowledge nor right to interfere with their proceedings.[7]

If they find the accusation true, which is usually drawn up in form by the prosecutor or an officer of the court, they write upon the indictment the words "a true bill" which is signed by the foreman of the grand jury and presented to the court publicly in the presence of all the jurors. If the indictment is not proven to the satisfaction of the grand jury, the word "ignoramus" or "not a true bill" is written upon it by the grand jury, or by their foreman and then said to be ignored, and the accusation is dismissed as unfounded. (The potential defendant is said to have been "no-billed" by the grand jury.) If the grand jury returns an indictment as a true bill("billa vera"), the indictment is said to be founded and the party to stand indicted and required to be put on trial.[8]

Origins

The first instance of a grand jury can be traced back to the Assize of Clarendon in 1166, an Act of Henry II of England.[9] Henry's chief impact on the development of the English monarchy was to increase the jurisdiction of the royal courts at the expense of the feudal

목적

대배심의 기능은 범죄의 범인일 수 있는 사람들을 기소하는 것이지만, 이 제도는 근거 없는 및 압제적인 소추에 대처한 방패이기도 하다. 그것은 지역공동체를 대표하는 보통시민들이 사법운영에 참여하기 위한 수단이다. 그것은 그 관할 내에서의 범죄에와 부패에 대하여 고발을 제기할 수도 있다. 대배심의 통례적 숫자는 23명이다.

기소의 양식은 시각에 및 상황들에 관한, 그리고 행위에 및 사람에 관한 정확한 기재를 덧붙여 범죄를 적시하는 엄격한 형식의 서면(대배심기소장, indictment)에 의하거나, 일반적으로 대배심의 임의의 처분인 대배심고발장(presentment)이라고 불리는 덜 엄격한 형식에 의하거나이다.[6] 적어도 배심원 열두 명의 찬성이 없이는 대배심기소는 내지 대배심고발은 제기될 수 없다. 그 자신의 지식에 기해서도 대배심은 기소할 수 있으나, 일반적으로는 선서를 거친 증인들의 증언에 의거하여 및 대배심 앞에서 심리된 여타의 증거에 의거하여 이루어진다. 대배심 절차들은 첫째로 정부의 내지는 검사의 요청으로 개시되는데, 일방절차(ex parte)로 비밀리에 이루어진다. 대배심의 절차들에 관여하기 위한 지식을 내지는 권리를 범인으로 주장되는 사람은 가지지 않는다.[7]

대개는 검사에 또는 법원직원에 의하여 양식에 따라 작성된 기소장이 진실하다고 그들이 평결하면, "대배심기소 평결(a true bill)"라는 문구를 그 위에 그들은 기입하고 대배심의 배심장(foreman)에 의하여 그것은 서명되며 배심원들 전원의 출석 하에 공개적으로 법원에 제출된다. 대배심의 납득을 얻을 만큼 기소장이 증명되지 않으면, "불기소 평결(우리는 알 수 없음; ignoramus)"이라는 또는 "불기소 평결(not a true bill)"이라는 문구가 대배심에 의하여 내지는 배심장에 의하여 그 위에 기재되고 기각이 선언되면 기소장은 이유 없는 것으로 기각된다. 기소장을 대배심기소장("billa vera")으로 대배심이 제출하면, 기소장은 이유 있는 것으로 취급되고 당사자는 대배심기소에 처해져 정식사실심리(재판)을 받도록 요구된다.[8]

기원

대배심의 최초의 사례는 영국 헨리 2세의 법률인 1166년의 클라렌덴법(the Assize of Clarendon in 1166)으로 거슬러 올라갈 수 있다.[9] 영국 군주제의 발전에 끼친 헨리의 주된 영향력은 영주법원들의 관할을 줄이고 국왕의 법원들의 관할을 늘리는 데 있었다. "국왕의 평화"를 시행하기 위하여 정규의 순회구들에 순회판사들은 매년 파견되었다. 이 국왕의 형사재판 제도를 보

courts. Itinerant justices on regular circuits were sent out once each year to enforce the "King's Peace". To make this system of royal criminal justice more effective, Henry employed the method of inquest used by William the Conqueror in the Domesday Book. In each shire, a body of important men was sworn (juré) to report to the sheriff all crimes committed since the last session of the circuit court. Thus originated the more recent grand jury that presents information for an indictment.[10] The grand jury was later recognized by King John in Magna Carta in 1215 on demand of the nobility.[11]

The Grand Jury can be said to have "celebrated" its 800th birthday in 2015, because a precursor to the Grand Jury is defined in Article 61, the longest of the 63 articles of Magna Carta, also called Magna Carta Libertatum(Latin: "the Great Charter of Liberties") executed on 15 June 1215 by King John and by the Barons. The document was primarily composed by the Archbishop of Canterbury, Stephen Langton(1150–1228). He and Cardinal Hugo de Sancto Caro developed schemas for division of the Bible into chapters and it is the system of Archbishop Langton which prevailed.[12][13][14] He was a Bible scholar, and the concept of the Grand Jury may possibly derive from Deuteronomy 25:1: "If there be a controversy between men, and they come unto judgment, that the judges may judge them; then they shall justify the righteous, and condemn the wicked." (King James Version) Thus the Grand Jury has been described as the "Shield and the Sword" of the People, as a "Shield for the People" from abusive indictments of the government, or malicious indictments of individuals, and as the "Sword of the People" to cut away crime by any private individual, or cut away crime by any public servant, whether in the Judicial, Executive, or Legislative branches.

Notable cases

On 2 July 1681, a popular statesman, Anthony Ashley Cooper, 1st Earl of Shaftesbury was arrested on suspicion of high treason and committed to the Tower of London. He immediately petitioned the Old Bailey on a writ of habeas corpus, but the Old Bailey said it did not have jurisdiction over prisoners in the Tower of London, so Cooper had to wait for the next session of the Court of King's Bench. Cooper moved for a writ of habeas corpus on 24 October 1681, and his case finally came before a grand jury on 24 November 1681.

다 더 효율적인 것이 되게 하기 위하여, 정복자 윌리엄에 의하여 토지대장(Domesday Book)에 사용된 평결 방법을 헨리는 이용하였다. 각각의 주(州; shire)에서, 순회법원의 지난 빈 개정기 이래로 저질러진 모든 범죄들을 주 장관에게 보고하기 위하여 중요인물들의 조직체가 선서절차에 처해졌다. 대배심기소장을 위한 고발을 제공하는 보다 더 근래의 대배심은 이렇게 창설되었다.[10] 나중에 1215년에 귀족들의 요구에 따라 존 왕에 의하여 마그나카르타에서 대배심은 승인되었다.[11]

마그나카르타 제61조에는 대배심의 전신에 해당하는 것이 규정되어 있기에 대배심은 2015년에 그 자신의 800회 생일을 "경축했다"고 할 수 있는데, 그 조항은 자유의 대헌장(Magna Carta Libertatum; 라틴어로서 "the Great Charter of Liberties"의 의미)이라고도 불리는, 1215년 6월 15일 존 왕에 의해서와 귀족들에 의하여 시행된 마그나 카르타 63개 조항들 중 가장 긴 것이다. 당초에 캔터베리(Canterbury) 대주교 스티븐 랭턴(Stephen Langton, 1150-1228)에 의하여 그 문서는 기초되었다. 여러 장(章)들(chapters)로의 성경의 장(章) 절(節) 구분을 위한 도식들을 그는 및 추기경 휴고 드 상토 카로(Hugo de Sancto Caro)는 개발하였고 그것이 당시에 널리 유행한 대주교 랭턴의 체계이다.[12][13][14] 그는 성경학자였고, 대배심의 개념은 필시 신명기(Deuteronomy) 제25장 제1절로부터 도출된 것일 수 있다: "사람들 사이에 분쟁이 생겨 그들이 판결을 받으러 가면 판사들은 그들을 판결해야 한다; 물론 옳은 사람에게 무죄를 선고해야 하고 그른 사람에게 유죄를 선고해야 한다." (King James 판) 그리하여 사람들의 "방패 및 검(Shield and the Sword)"으로서, 정부의 부정한 기소로부터의 또는 개인들의 악의적 기소로부터의 "사람들을 위한 방패(Shield for the People)"로서, 그리고 어느 누구에 의한 것이든지를 막론하고 사적 개인들에 의한 범죄를 쳐내기 위한, 또는 사법부의, 행정부의, 입법부의 어느 누구에 의한 것이든지를 막론하고 공직자의 범죄를 쳐내기 위한 "사람들의 검(Sword of the People)"으로서 대배심은 설명되어 왔다.

유명한 사건들

1681년 7월 2일, 저명한 정치인이었던 초대 섀프츠베리(Shaftesbury) 백작 앤써니 애슐리 쿠퍼(Anthony Ashley Cooper)는 대역죄 혐의로 체포되고 런던탑에 구금되었다. 인신보호영장을 중앙형사법원에 그는 즉시 청구하였으나, 런던탑 내의 죄수들에 대하여는 관할권을 자신이 가지지 않는다고 중앙형사법원은 말하였고, 이에 따라 왕좌법원의 다음 번 개정기를 백작은 기다려야 하였다. 인신보호영장을 1681년 10월 24일에 쿠퍼는 신청하였고, 마침내 1681년 11월 24일에 대배심 앞에 그의 사건은 왔다.

The government's case against Cooper was particularly weak — the government admitted that most of the witnesses brought against Cooper had already perjured themselves, and the documentary evidence was inconclusive; and the jury was handpicked by the Whig Sheriff of London. For these reasons the government had little chance of securing a conviction, and on 13 February 1682 the case was dropped when the Grand Jury issued an ignoramus bill, rather than comply with the King's intent of a "True Bill", known as a Grand Jury Indictment.

The grand jury's theoretical function against abuse of executive power was seen during the Watergate crisis in America, in United States v. Nixon, the U.S. Supreme Court ruled 8 to 0 on 23 July 1974 (Justice William Rehnquist who had been appointed by Nixon recused himself from the case) that executive privilege applied only to the co-equal branches, the legislative and judicial, not to grand jury subpoenas, thus implying a grand jury constituted protections equaled to a "fourth branch of government". The second Watergate grand jury indicted seven lawyers in the White House, including former Attorney General John Mitchell and named President Nixon as a "secret, un-indicted, co-conspirator." Despite evading impeachment, Nixon was still required to testify before a grand jury.

Similarly, in 1998, President Clinton became the first sitting president required to testify before a grand jury as subject of an investigation by the Office of Independent Counsel. The testimony came after a four-year investigation into Clinton and his wife Hillary's alleged involvement in several scandals including Whitewater and the Rose Law Firm. Revelations from the investigation sparked a battle in Congress over whether or not to impeach Clinton.[15]

Grand juries have also been of importance in earlier history. President Jefferson tried unsuccessfully to obtain a bill of indictment of Aaron Burr in the Commonwealth of Kentucky, the Missouri Territory, and the Louisiana Territory for treason. Though eventually indicted in Virginia, Burr would be found not guilty by the Supreme Court.

Criticism of grand juries in relation to cases of police brutality were also highlighted in

섀프츠베리 백작에 대한 정부의 주장은 근거가 현저히 취약하였다 – 백작에게 불리한 증인들로서 불려온 사람들의 대부분은 이미 그들 스스로 위증을 한 터임을 정부는 인정하였고 문서증거는 결정적인 것이 되지 못하였다; 게다가 배심은 런던의 휘그당 소속 주 장관에 의하여 그의 형편에 맞게 골라졌다. 이러한 이유들에 따라 정부는 유죄평결을 얻을 가망이 거의 없었고 그리하여 1682년 2월 13일 대배심기소장이라고 알려진 "기소평결"을 바란 국왕의 의중에 부합하기는커녕 오히려 불기소평결을 대배심이 내림에 따라 사건은 각하되었다.

행정권한의 남용에 대처한 대배심의 이론상의 기능은 미국에서의 워터게이트 위기 동안에 드러났는데, United States v. Nixon 사건에서, 대등한 부서들에 대하여서만, 즉 입법부에 및 사법부에 대해서만 대통령 특권은 적용될 뿐 대배심의 소환장들에는 적용되지 않는다고 1974년 7월 23일 8 대 0으로 미합중국 연방대법원은 결정하였고(닉슨에 의하여 임명되었던 윌리엄 렌퀴스트 판사는 사건으로부터 기피하였다), 이로써 "정부의 제4부서"에 맞먹는 보호들을 대배심이 구성함을 그것은 함축하였다. 전직 법무장관 존 미첼(John Mitchell)을 포함한 백악관 내의 일곱 명의 변호사들을 두 번째 워터게이트 대배심은 기소하였고, 대통령 닉슨을 "비밀의, 기소에서 빠진, 공동 공모자"로 칭하였다. 탄핵을 피하였음에도, 여전히 대배심 앞에서 증언하도록 닉슨은 요구되었다.

이에 비슷하게 1998년에 대통령 클린턴은 특별검사 사무소에 의한 조사의 대상으로서 대배심 앞에서 증언하도록 요구된 최초의 현직 대통령이 되었다. 화이트워터 및 로즈로펌 사건을 포함하는 몇 가지 추문들에의 클린턴의 및 그의 처 힐러리의 연루에 대한 4년의 조사 뒤에 그 증언은 나왔다. 클린턴을 탄핵할지 말지 여부에 관한 연방의회에서의 싸움을 그 조사에서 드러난 사실들은 촉발하였다.[15]

역사상으로 보다 일찍부터 대배심들은 중요한 것이 되어 왔다. 아론 버(Aaron Burr)에 대한 대배심기소장을 얻고자 켄터키주에서, 미주리 준주에서, 루이지애나 준주에서 대통령 제퍼슨(Jefferson)은 시도하였으나 실패하였다. 비록 궁극적으로 버지니아주에서 대배심기소되었으나, 연방대법원에 의하여 무죄로 버는 판결되었다.

마이클 브라운(Michael Brown)을 쏜 경찰관 다렌 윌슨(Darren Wilson)에 대한 사건에를 포함한 몇

the grand juries held in several cases in 2014, such as the case against Officer Darren Wilson in the shooting of Michael Brown.

In 2016, a grand jury was seated in order to obtain and issue subpoenas in the Federal Bureau of Investigation's criminal investigation into presidential candidate Hillary Clinton's mishandling of classified information.[16]

In August 2017, information that a grand jury had been empanelled by Robert Mueller for the investigation into Russian collusion during the United States Presidential Election, 2016 was leaked to The Washington Post.[17]

By jurisdiction

England and Wales

The sheriff of every county was required to return to every quarter sessions and assizes (or more precisely the commission of oyer and terminer and of gaol delivery), 24 men of the county "to inquire into, present, do and execute all those things which, on the part of our Lord the King (or our Lady the Queen), shall then be commanded them". Grand jurors at the assizes or at the borough quarter sessions did not have property qualifications; but, at the county quarter sessions, they had the same property qualification as petty jurors. However, at the assizes, the grand jury generally consisted of gentlemen of high standing in the county.

After the court was opened by the crier making proclamation, the names of those summoned to the grand jury were called and they were sworn. They numbered at least 14 and not more than 23. The person presiding (the judge at the assizes, the chairman at the county sessions, the recorder at the borough sessions) gave the charge to the grand jury, i.e. he directed their attention to points in the various cases about to be considered which required explanation.

The charge having been delivered, the grand jury withdrew to their own room, having received the bills of indictment. The witnesses whose names were endorsed on each bill were sworn as they came to be examined, in the grand jury room, the oath being adminis-

몇 사건들에 관하여 2014년에 소집된 대배심들에서 경찰 잔혹행위에 관련한 대배심들의 비판은 두드러졌다.

기밀정보에 대한 대통령 후보 힐러리 클린턴의 잘못된 취급에 관한 연방수사국의 범죄조사에서 소환장들을 얻기 위하여 및 발부하기 위하여 2016년에 대배심이 소집되었다.[16]

2016년 미국 대통령 선거기간 동안의 러시아의 공모에 대한 조사를 위하여 로버트 뮐러에 의하여 2017년 8월에 대배심이 소집되었다는 정보가 워싱턴포스트지에 흘러나왔다.[17]

관할

영국과 웨일즈

"그 자신들에게 명령되는 모든 사항들을 우리의 군주이신 국왕 폐하(우리의 군주이신 여왕 폐하)편에서 조사할, 제기할, 처분하고 집행할" 카운티의 24명을 모든 지방 사계(四季)재판소들에와 순회법원들에(보다 정확히는 형사순회 재판관에게 및 미결수석방 재판관에게) 제출하도록 모든 카운티의 주 장관은 요구되었다. 순회법원들에서의 또는 자치도시 사계(四季)재판소들에서의 대배심원들에게는 재산 자격요건이 요구되지 않았으나; 카운티 사계(四季)재판소들에서는 소배심원들에게 요구되는 동일한 자격요건이 요구되었다. 그러나, 순회법원들(assizes)에서는 일반적으로 카운티 내의 상류층 신사들로 대배심은 구성되었다.

개정선언을 하는 정리에 의하여 법정이 열리고 나서, 대배심에 소환된 사람들의 이름들이 호창되었고 그들은 선서절차에 처해졌다. 그들은 적어도 14명에서 23명 이하였다. 공소사실을 대배심에게 지휘재순회법원들에서의 판사, 카운티 사계(四季)재판소들에서의 의장, 자치도시 사계(四季)재판소들에서의 기록자는 알려주었는 바, 즉 그들의 주의를 그 심리되어야 할 다양한 사건들에서의 설명을 필요로 하는 항목들에 그는 돌렸다.

공소사실이 전달되고 나면 대배심 기소장안들을 받아들고서 그들 자신의 방으로 대배심원들은 물러갔다. 개개 기소장에 그 이름이 기입된 증인들은 신문을 위하여 출석하여 대배심원 방에서 선서절차에 처해졌고, 선서는 배심장에 의하여 진행되었는데, 자신의 이름의 첫글

tered by the foreman, who wrote his initials against the name of the witness on the back of the bill. Only the witnesses for the prosecution were examined, as the function of the grand jury was merely to inquire whether there was sufficient ground to put the accused on trial. If the majority of them (and at least 12) thought that the evidence so adduced made out a sufficient case, the words "a true bill" were endorsed on the back of the bill. If they were of the opposite opinion, the phrase "not a true bill", or the single Latin word ignoramus ["we do not know" or "we are ignorant (of)"], was endorsed instead and the bill was said to be "ignored" or thrown out. They could find a true bill as to the charge in one count, and ignore that in another; or as to one defendant and not as to another; but they could not, like a petty jury, return a special or conditional finding, or select part of a count as true and reject the other part. When some bills were "found", some of the jurors came out and handed the bills to the clerk of arraigns (in assizes) or clerk of the peace, who announced to the court the name of the prisoner, the charge, and the endorsements of the grand jury. They then retired and considered other bills until all were disposed of; after which they were discharged by the judge, chairman, or recorder.

If a bill was thrown out, although it could not again be preferred to the grand jury during the same assizes or sessions, it could be preferred at subsequent assizes or sessions, but not in respect of the same offence if a petty jury had returned a verdict.

Ordinarily, bills of indictment were preferred after there had been an examination before the magistrates. But this need not always take place. With certain exceptions, any person could prefer a bill of indictment against another before the grand jury without any previous inquiry into the truth of the accusation before a magistrate. This right was at one time universal and was often abused. A substantial check was put on this abuse by the Vexatious Indictments Act 1859.[18] This Act provided that for certain offences which it listed (perjury, libel, etc.), the person presenting such an indictment must be bound by recognizance to prosecute or give evidence against the accused, or alternatively had judicial permission (as specified) so to do.

자들을 기소장 뒤 증인의 이름에 마주 대하여 그는 기재하였다. 소추 측 증인들만이 신문되었는데, 대배심의 기능은 단지 피고인을 정식사실심리에 처할 충분한 근거가 있는지 여부를 조사하는 것이었기 때문이다. 한 개의 충분한 사건을 그렇게 제시된 증거가 만들어 낸다고 만약 그들 중 다수가(그리고 적어도 12명이) 생각하면, 기소장안의 뒷면에 "기소평결(a true bill)"이라는 문구가 기재되었다. 만약 그들의 의견이 그 반대이면, "불기소 평결(not a true bill)"이라는 문구가, 또는 ignoramus("우리는 알지 못한다" 또는 "우리는 모르는 일이다")라는 라틴어 단어 한 개가 기재되었고 이로써 기소장안은 "기각"된 것이 내지는 폐기된 것이 되었다. 소인(count) 한 개 안의 혐의에 대하여 기소평결을, 나머지 혐의에 대하여는 기소평결 기각을 그들은 내릴 수 있었고; 또는 피고인 한 명에게는 이러한 평결을 내리면서도 다른 피고인에게는 내리지 아니할 수 있었다; 그러나 소배심이처럼, 특별평결을 내지는 조건부 평결을 그들은 내릴 수 없었고, 한 개의 소인 중의 일부를 기소평결하면서 나머지 부분을 기각할 수는 없었다. 기소장들 일부가 "기소평결"되면, 배심원들 중 일부가 나와서 기소장들을 신문법정들(arraigns)의 서기에게 (순회법원들에서) 또는 치안판사의 서기에게 건네주었는데, 그러면 죄수의 이름을, 공소사실을, 그리고 대배심의 승인을 법정에 대하여 그는 선언하였다. 그러면 그들은 물러가 전부가 처리될 때까지 기소장안들을 검토하였다; 그 뒤에 그들은 판사에, 의장에, 또는 기록자에 의하여 임무로부터 풀려났다.

만약 기소장안이 폐기되면, 비록 동일 회기 동안에는 대배심에 그것은 다시 제출될 수 없었음에도 불구하고, 뒤이은 순회법원들에 또는 사계(四季)재판소들에 그것은 제출될 수 있었으나, 다만 평결을 소배심이 내리고 난 경우에는 동일 범죄에 관하여는 다시 제출될 수 없었다.

일반적으로, 치안판사들 앞에서의 심문이 있은 뒤에 대배심 기소장안들은 제출되었다. 그러나 이것이 항상 필요했던 것은 아니다. 몇 가지 예외들이 있기는 하지만, 타인에 대한 대배심 기소장안을, 고소의 진실성에 대한 치안판사 앞에서의 사전 조사 없이 대배심 앞에 누구든 제출할 수 있었다. 이 권리는 한 때 일반적인 것이 되었고 그리하여 자주 남용되었다. 이 남용에 대하여는 1859년 소송남용 정식기소장 금지법(the Vexatious Indictments Act 1859)에 의하여 중대한 제약이 가해졌다.[18] 그 열거된 특정 범죄들(위증. 문서비방 등)을 위하여는 이러한 대배심 기소장안을 제출하는 사람은 범인으로 주장되는 사람을 겨냥하여 소추를 제기하도록 또는 증거를 제출하도록 서약담보금에 의하여 구속을 받지 않으면 안 된다고, 또는 그렇게 하기 위한 법원의 허가를(그 규정된 바에 따라) 받았어야 한다고 이 법률은 규정하였다.

If an indictment was found in the absence of the accused, and he/she was not in custody and had not been bound over to appear at assizes or sessions, then process was issued to bring that person into court, as it is contrary to the English law to "try" an indictment in the absence of the accused.

The grand jury's functions were gradually made redundant by the development of committal proceedings in magistrates' courts from 1848 onward when the (three) Jervis Acts,[19] such as the Justices Protection Act 1848, codified and greatly expanded the functions of magistrates in pre-trial proceedings; these proceedings developed into almost a repeat of the trial itself. In 1933 the grand jury ceased to function in England, under the Administration of Justice (Miscellaneous Provisions) Act 1933[20] and was entirely abolished in 1948, when a clause from 1933 saving grand juries for offences relating to officials abroad was repealed by the Criminal Justice Act 1948.

Scotland

The grand jury was introduced in Scotland, solely for high treason, a year after the union with England, by the Treason Act 1708, an Act of the Parliament of Great Britain. Section III of the Act required the Scottish courts to try cases of treason and misprision of treason according to English rules of procedure and evidence.[21] This rule was repealed in 1945.[22]

The first Scottish grand jury under this Act met at Edinburgh on 10 October 1748 to take cognisance of the charges against such rebels as had not surrendered, following the Jacobite rising of 1745.

An account of its first use in Scotland illustrates the institution's characteristics. It consisted of 23 good and lawful men, chosen out of 48 who were summoned: 24 from the county of Edinburgh (Midlothian), 12 from Haddington (East Lothian) and 12 from Linlithgow (West Lothian). The court consisted of three judges from the High Court of Justiciary (Scotland's highest

만약 한 개의 대배심기소가 범인으로 주장되는 사람의 부재 중에 평결되었는데도 그가/그녀가 구금되어 있지 않았고 그리하여 순회재판소들에 또는 사계(四季)재판소들에 출석하도록 끌려오지 않았으면, 그 경우에는 그 사람을 법정에 데려오도록 영장이 발부되었는데, 왜냐하면 범인으로 주장되는 사람의 부재 상태에서 대배심기소를 "정식사실심리함"은 영국 법에 위배되는 것이었기 때문이다.

1846년 이래로 치안판사들의 법정들에서의 수감절차들의 발전에 따라 대배심의 기능들은 점차적으로 풍부해져 갔는데, 그 무렵에 정식사실심리 이전 절차들에 있어서의 치안판사들의 기능들을 1848년 법관보호법(the Justices Protection Act 1848) 등 (세 개의) 저비스법들(Jervis Acts)[19]은 법전화하고 획기적으로 확대시켰다; 정식사실심리 자체의 거의 되풀이가 되게끔 이 절차들은 발전되어 갔다. 1933년에 사법운영에(및 여러 규정들에) 관한 법률[the Administration of Justice (Miscellaneous Provisions) Act 1933]에 따라 영국에서 대배심은 기능을 멈췄고[20], 1948년에 완전히 폐지되었는데, 즉 해외에서의 공무원들에 관련한 범죄들을 위하여 대배심들을 존속시키고 있던 1933년 법률의 절 한 개가 1948년의 형사재판법(the Criminal Justice Act 1948)에 의하여 그 때 폐지되었다.

스코틀랜드

스코틀랜드에 대배심이 도입된 것은 오직 대역죄만을 위해서였는데, 영국하고의 병합 한 해 뒤로서 1708년 영국의회 법률인 대역죄처벌법(the Treason Act 1708)에 의해서였다. 대역죄 사건들을 및 대역죄 범인은닉 사건들을 영국의 절차규칙들에 및 증거규칙들에 따라 정식사실심리하도록 스코틀랜드 법원들에게 그 법률 제3절은 요구하였다.[21] 이 규칙은 1945년에 폐지되었다.[22]

이 법률 아래서의 스코틀랜드 최초의 대배심은 1748년 10월 10일에 에딘버러에서 소집되었는데, 1745년의 제임스 2세 지지자들의 반란에 이은, 그 진압되지 못한 반란자들에 대한 혐의들을 인정하기 위해서였다.

이 제도의 특징을 스코틀랜드에서의 대배심의 최초의 사용에 대한 설명은 예시한다. 23명의 선량한 준법적인 사람들로 그것은 구성되었으며 소환된 48명에서 선발되었다: 24명은 에딘버러 카운티(Midlothian 지역) 출신이고, 12명은 해딩턴(East Lothian 지역) 출신이고 12명은 린리뜨고우(Linlithgow; (West Lothian 지역) 출신이었다. 고등법원(스코틀랜드 최고 형사법원)으로부터의 3명의 판사들

criminal court), of whom Tinwald (Justice Clerk) was elected preses (presiding member). Subpoenas under the seal of the court and signed by the clerk were executed on a great number of persons in different shires, requiring them to appear as witnesses under the penalty of £100 each. The preses named Sir John Inglis of Cramond as Foreman of the Grand Jury, who was sworn first in the English manner by kissing the book; the others followed three at a time; after which Lord Tinwald, addressing the jurors, informed them that the power His Majesty's advocate possessed before the union, of prosecuting any person for high treason, who appeared guilty on a precognition taken of the facts, being now done away, power was lodged with them, a grand jury, 12 of whom behoved to concur before a true bill could be found. An indictment was then preferred in court and the witnesses endorsed on it were called over and sworn; on which the jury retired to the exchequer chambers and the witnesses were conducted to a room near it, whence they were called to be examined separately. Two solicitors for the crown were present at the examination but no-one else; and after they had finished and the sense of the jury was collected, the indictment was returned a "true bill", if the charges were found proved, or "ignoramus" if doubtful. The proceedings continued for a week, in which time, out of 55 bills, 42 were sustained and 13 dismissed.[23]

Further Acts of Parliament in the 19th century regarding treason did not specify this special procedure and the Grand Jury was used no longer.

Ireland

In Ireland, grand juries were active from the Middle Ages during the Lordship of Ireland in parts of the island under the control of the English government (The Pale), that was followed by the Kingdom of Ireland. They mainly functioned as local government authorities at the county level. The system was so-called as the grand jurors had to present their public works proposals and budgets in court for official sanction by a judge. Grand jurors were usually the largest local payers of rates, and therefore tended to be the larger landlords, and on retiring they selected new members from the same background.

로 법원은 구성되었고, 그들 중에서 틴월드(Tinwald; Justice Clerk)가 지휘자로 선발되었다. 법원의 인증이 찍힌, 그리고 틴월드에 의하여 서명된 소환장들이 여러 주들에서 수많은 사람들에게 집행되었는 바, 불응하면 각각 100파운드의 벌금에 처한다는 조건 아래서 증인들로서 출석하도록 그들에게 소환장들은 요구하였다. 크래먼드(Cramond)의 존 잉글리스 경(Sir John Inglis)을 배심장으로 지휘자는 지명하였고, 책에 입맞춤으로써 영국 방식으로 첫 번째로 선서절차에 그는 처해졌다; 나머지 사람들은 한 번에 세 명씩 그를 뒤따랐다; 그 뒤에 배심원들에게 틴월드 경은 설명하면서, 영연방 앞에서 국왕폐하의 옹호자가 보유하는, 사실관계에 관하여 지금 행해지는 터인 증인의 예비심문에 의거하여 유죄로 드러나는 누구든지를 대역죄 혐의로 소추할 권한이 그들에게, 즉 대배심에게 맡겨져 있음을, 대배심 기소평결이 제출되기 위하여는 그들 중 12명이 찬성해야 할 필요가 있음을 그들에게 틴월드 경은 고지하였다. 그 뒤에 법원에 대배심기소장이 제출되었고 그 위에 기입된 증인들이 소환되어 선서절차에 처해졌다; 이에 따라 재정법원 방들로 배심은 물러갔고 거기에 가까운 한 개의 방으로 증인들은 안내되었으며, 그때부터 그들은 불러나가 개별적으로 신문에 처해졌다. 신문에는 국왕 측의 두 명의 사무변호사들이 출석하였으나 그 밖에는 아무도 출석하지 않았다; 그들이 마치고 나서 배심의 의견이 취합되어 혐의사실들이 증명된 경우에는 "대배심 기소평결"로, 또는 의문스러운 경우에는 "우리는 알지 못한다"로 정식기소장안은 제출되었다. 일주일에 걸쳐 절차들은 계속되었고, 그 동안 55개의 기소장안들 중에서 42개가 유지되고 13개가 기각되었다.[23]

이 특별한 절차를 대역죄에 관한 추후의 19세기의 영국의회 법률들은 명시하지 아니하였고, 대배심은 더 이상 사용되지 않았다.

아일랜드

아일랜드에서는 중세 때부터 영국정부의 통제 아래에 놓인 부분들에서 아일랜드 영주의 지배 기간 동안 대배심들은 활동하였는데(The Pale), 그것은 아일랜드 왕국에 이어졌다. 카운티 단위에서의 지방 정부 당국으로서 그것들은 주로 기능하였다. 그 제도가 그렇게 칭해진 것은 그들의 공공 업무 계획들을 및 예산들을 판사에 의한 공식의 승인을 위하여 법원들에 대배심원들이 제출해야 했기 때문이다. 대배심원들은 대개는 최대의 지방세 납세자들이었고, 따라서 대규모 지주들인 경우가 많았으며, 그리하여 그들이 사퇴할 경우에는 동일 지위를 지닌 새로운 구성원들을 선출하였다.

Distinct from their public works function, as property owners they also were qualified to sit on criminal juries hearing trials by jury, as well as having a pre-trial judicial function for serious criminal cases. Many of them also sat as magistrates judging the less serious cases.

They were usually wealthy "country gentlemen" (i.e. landowners, landed gentry, farmers and merchants): A country gentleman as a member of a Grand Jury...levied the local taxes, appointed the nephews of his old friends to collect them, and spent them when they were gathered in. He controlled the boards of guardians and appointed the dispensary doctors, regulated the diet of paupers, inflicted fines and administered the law at petty sessions.[24]

From 1691 to 1793, Dissenters and Roman Catholics were excluded from membership. The concentration of power and wealth in a few families caused resentment over time. The whole local government system started to become more representative from the passing of the Municipal Corporations (Ireland) Act 1840. Grand juries were replaced by democratically elected County Councils by the Local Government (Ireland) Act 1898, as regards their administrative functions.[25]

After the formation of Irish Free State in 1922, grand juries were not required, but they persisted in Northern Ireland until abolished by the Grand Jury (Abolition) Act of the Parliament of Northern Ireland in 1969.[26]

United States

The Fifth Amendment to the Constitution of the United States reads, "No person shall be held to answer for a capital, or otherwise infamous crime, unless on a presentment or indictment of a grand jury ..."

A grand jury investigating the fire that destroyed the Arcadia Hotel in Boston, Massachusetts in 1913.

그들의 공공 업무 기능하고는 별개로, 토지 소유자들로서 그들은 배심에 의한 정식사실심리들을 심리하는 형사 배심들로서도 복무하도록 자격이 부여되었고, 그 밖에도 중대 형사사건들을 위한 정식사실심리 이전의 사법기능을 지니기도 하였다. 보다 덜 중대한 사건들을 판결하는 치안판사들로서도 그들 중 다수는 복무하였다.

그들은 대개가 부유한 "지역 신사계층" (즉, 지주들, 자작 젠트리 계층, 농장주들과 상인들)이었다: 각종의 지방세를 대배심 구성원으로서의 지역 신사(country gentleman)는 징수하였는데, 그것들을 징수하도록 자신의 오랜 친구들의 조카들을 지명하였고, 그것들이 징수되어 들어오면, 그것들을 소비하였다. 빈민구제위원회들을 그는 통제하였고 빈궁자 진료소 의사들을 그는 지명하였으며, 빈궁자들의 식단을 그는 규제하였고, 즉결 재판소에서 벌금을 부과하고 법을 집행하였다.[24]

1691년부터 1793년까지, 비국교도들은 및 로마 카톨릭 신자들은 구성원에서 배제되었다. 소수 가족들에게의 권력의 및 부의 집중은 시간이 지남에 따라 분노를 불렀다. 1840년 지방자치체법[the Municipal Corporations (Ireland) Act 1840]의 통과 이래로 전체 지방정부 제도는 보다 더 대의적인 것이 되기 시작하였다. 1868년 지방정부법[the Local Government (Ireland) Act 1898]에 의하여 민주적으로 선출된 카운티 의회들에 의하여 대배심들은 그들의 행정적 기능들에 관하여 대체되었다.[25]

1922년 아일랜드 자유국가의 구성 뒤에 대배심들은 요구되지 않았으나, 북아일랜드에서는 1969년 북아일랜드 의회의 대배심 (폐지)법[the Grand Jury (Abolition) Act]에 의하여 폐지될 때까지 지속되었다.[26]

합중국

합중국에서의 대배심

"…… 대배심(a Grand Jury)의 고발(presentment)에 내지는 기소(indictment)에 의하지 아니하는 한, 사형에 해당하는 범죄로, 내지는 그 밖의 파렴치한 범죄로 처벌되어야 하는 것으로 사람은 판결되지 아니한다(No person shall be held to answer for a capital, or otherwise infamous crime, unless on a present-ment or indictment of a grand jury ……)"고 연방헌법 수정 제5조는 규정한다.

[사진설명] 1913년 매사추세츠주 보스톤에서의 아카디아 호텔을 파괴한 화재를 조사하는 대배심

In the early decades of the United States grand juries played a major role in public matters. During that period counties followed the traditional practice of requiring all decisions be made by at least 12 of the grand jurors, (e.g., for a 23-person grand jury, 12 people would constitute a bare majority). Any citizen could bring a matter before a grand jury directly, from a public work that needed repair, to the delinquent conduct of a public official, to a complaint of a crime, and grand juries could conduct their own investigations.

In that era most criminal prosecutions were conducted by private parties, either a law enforcement officer, a lawyer hired by a crime victim or his family, or even by laymen. A layman could bring a bill of indictment to the grand jury; if the grand jury found there was sufficient evidence for a trial, that the act was a crime under law, and that the court had jurisdiction, it would return the indictment to the complainant. The grand jury would then appoint the complaining party to exercise the authority[clarification needed] of an attorney general, that is, one having a general power of attorney to represent the state in the case.

The grand jury served to screen out incompetent or malicious prosecutions.[27] The advent of official public prosecutors in the later decades of the 19th century largely displaced private prosecutions.[28]

While all states currently have provisions for grand juries,[29] today approximately half of the states employ them[30] and 22 require their use, to varying extents.[31] The constitution of Pennsylvania required, between 1874 and 1968, that a grand jury indict all felonies.[27]

Canada

Grand juries were once common across Canada. The institution of British civil government in 1749 at Nova Scotia brought the judicature system peculiar to that form, and the grand jury was inherent to it. A similar form derived in Quebec from the promise of the Royal Proclamation of 1763 that a faithful copy of Laws of England would be instituted in the North American possessions of the Crown.[32] Archival records are found that docu-

공공의 문제들에 있어서의 주요한 역할을 합중국의 초기 수십 년 동안 대배심들은 수행하였다. 적어도 대배심원들 12명에 의하여 모든 결정들이 이루어질 것을 요구하는 전통적 관행을 그 시기 동안 카운티들은 따랐다. (예컨대. 23명으로 구성된 대배심의 경우에 12명은 가까스로 과반수를 구성할 것이다.) 수리를 요하는 공공시설에서부터, 공무원의 태만한 업무수행에, 또는 범죄의 고발에 이르기까지, 사안을 대배심 앞에 직접적으로 시민 누구나가 가져올 수 있었고, 그들 독자의 조사들을 대배심들은 수행할 수 있었다.

그 시기 동안에는 대부분의 범죄 소추들이 사적 당사자들에 의하여 이루어졌는데, 경찰관이거나, 범죄 피해자에게 또는 그의 가족에게 고용된 변호사이거나, 또는 심지어는 일반인들이거나였다. 대배심 기소장안을 대배심에 일반인은 제출할 수 있었고; 정식사실심리 재판을 위한 충분한 증거가 있다고, 법 아래서의 범죄에 그 행위가 해당한다고, 그리고 관할권을 법원이 가진다고 대배심이 인정하면, 대배심기소장을 고소인에게 대배심은 발부하였다. 그 다음에 검찰총장의 권한을 행사하도록, 즉 그 사건에서의 국가를 대변하기 위한 전권위임장을 지니는 고소 측 당사자를 대배심은 지명하였다. 그 다음에 검찰총장의 권한을 행사하도록, 즉 그 사건에서의 국가를 대변하기 위한 전권위임장을 지니는 고소 측 당사자를 대배심은 지명하였다.

부적당한 내지는 악의적인 소추들을 걸러내는 임무에 대배심은 복무하였다.[27] 19세기 후반에 있어서의 공무원 검사들의 출현은 사적 소추들을 대부분 대체하였다.[28]

대배심들을 위한 규정들을 모든 주들이 현재 가지고 있지만,[29] 오늘 그것들을 사용하는 주들은 대략 절반 정도이고[30] 그것들의 사용을 상이한 범위들에 걸쳐 22개의 주들은 요구한다. [31] 모든 중죄들을 대배심이 기소하도록 1874년에서부터 1968년까지 사이에 펜실베니아주 헌법은 요구하였다.[27]

캐나다

대배심들은 한 때 캐나다에 걸쳐 보편적인 것이었다. 그 형태에 특유한 사법제도를 1749년 노바스코티아(Nova Scotia)에서의 영국의 시민정부는 도입하였고, 대배심은 거기에 고유한 것이었다. 영국의 것들을 충실히 모방한 법 제도가 국왕의 북아메리카 보유지들에 시행되게 하겠다는 1763년의 국왕포고에서의 약속으로부터 퀘벡에서 한 개의 유사 형태가 파생하였다.[32] 일찍이 1764년 10월 16일자로 퀘벡에서의 대배심 고발장들을 기록하는 기록보관서 문서들이

ment the presentments of a grand jury in Quebec as early as 16 October 1764. One of the chief complaints was related to the jury trial, and the use of language.[33] The desire for English law was a driver for the division in 1791 of Quebec, as it was then known, at the Ottawa river into Upper Canada and Lower Canada, as each of the two groups (French and English) desired to maintain their traditions. In point of fact, the second law passed in Upper Canada relates to (petit) jury trial. This was continued so that Chapter 31 of the 1859 Consolidated Statutes of Upper Canada specifies the constitution of Grand and Petit Juries in the province (now known as Ontario).[34] The colony at St. John's Island, ceded by France in 1763, and separated on 30 May 1769 from Nova Scotia,[35] became Prince Edward Island on 29 November 1798. Prince Edward Island derived its grand jury from its administrative parent between 1763 and 1769, Nova Scotia, as did Sunbury County when it was split off in 1784 to become the Colony of New Brunswick.[35] The Colony of British Columbia, when it was formed on 2 August 1858, instituted a grand jury,[36] along with the Colony of the Queen Charlotte Islands (1853–1863) and the Colony of Vancouver Island (1848–1866) when the latter were absorbed by the former.

Old courthouses with the two jury boxes necessary to accommodate the 24 jurors of a grand jury can still be seen.[37] The grand jury would evaluate charges and return what was called a "true bill (of indictment)" if the charges were to proceed.[38] or a verdict of nolle prosequi if not.[36] The practice gradually disappeared in Canada over the course of the twentieth century, after being the subject of extended discussions late in the 19th.[36] It was ultimately abolished in 1984 when the Nova Scotia courts formally ended the practice. [35][39] Prince Edward Island maintained a grand jury as recently as 1871.[40]

Australia

The grand jury existed in New South Wales for a short period in the 1820s.[41] The New South Wales Act 1823 (UK) enabled the establishment of Quarter Sessions, as a subsidiary court structure below that of the Supreme Court. Francis Forbes, Chief Justice, reasoned that this entailed the creation of Quarter Sessions as they existed in England. Thus, inadvertently, trial by jury and indictment by grand jury were introduced, but only for these subsidiary courts. Grand Juries met in Sydney, Parramatta, Windsor and other places. This

발견된다. 주된 불만들 중 한 가지는 배심에 의한 정식사실심리에 및 언어의 사용에 관련된 것이었다.[33] 영국법을 바라는 희망은 당시에 알려진 바로서의 퀘벡의 오타와 강에서의 상부 캐나다(Upper Canada)로와 하부 캐나다(Lower Canada)로의 1791년의 분할을 위한 몰이꾼이었는데, 자신들의 전통들을 유지하기를 두 그룹들(프랑스 측 및 영국 측)이 각각 원하였기 때문이다. 사실의 관점에서, 상부 캐나다에서 통과된 두 번째 법은 (소)배심에 의한 정식사실심리에 관련된다. 이 것은 지속되었고 그리하여 그 지역(지금은 온타리오로 알려져 있다)에서의 대배심의 및 소배심의 구성을 상부 캐나다의 1859년 통합 제정법령집 제31장은 명시한다.[34] 1763년에 프랑스에 의하여 할양된, 그리고 1769년 5월 30일 노바스코티아로부터 분리된 세인트 존스 아일랜드 식민지[35]는 1798년 11월 29일에 프린스 에드워드 아일랜드(Prince Edward Island)가 되었다. 자신의 대배심을 1763년부터 1769년 사이의 자신의 행정적 부모격인 노바스코티아로부터 프린스 에드워드 아일랜드는 도출하였는데, 1784년에 선베리 카운티(Sunbury County)가 분리되어 뉴 브룬스윅 식민지(the Colony of New Brunswick)가 되었을 때 했던 것하고 같다.[35] 브리티시 컬럼비아(British Columbia) 식민지는 1858년 8월 2일에 성립되었을 때 대배심을 설치하였는데,[36] 퀸 샬롯 아일랜즈(Queen Charlotte Islands) 식민지(1853-1863)가, 그리고 퀸 샬롯 아일랜즈 식민지에 흡수되었을 때의 밴쿠버 아일랜드(Vancouver Island) 식민지(1848-1866)가 이에 잇따랐다.

24명의 배심원들을 수용하는 데 필요한 두 개의 배심석들을 지는 낡은 법원건물들은 여전히 찾아볼 수 있다.[37] 혐의사실들을 대배심은 판정하고서 만약 혐의사실들이 소송을 일으킬 만한 것들이면 "대배심 기소평결"이라고 불리는 것을[38], 만약 그렇지 아니하면 불기소 평결을 제출하였다.[36] 20세기에 캐나다에서 이 관행은 점차적으로 소멸하였는데, 19세기 후반의 광범위한 논의를 거친 뒤였다.[36] 그 관행을 노바스코티아 법원들이 공식적으로 종료시킨 1984년에 궁극적으로 그것은 폐지되었다.[35][39] 프린스 에드워드 아일랜드는 1871에 이르기까지 대배심을 유지하였다.[40]

오스트레일리아

뉴사우드웨일즈(New South Wales)에서 1820년대에 짧은 기간 동안 대배심은 존속하였다.[41] 사계(四季)재판소들의 설립을 1823년 뉴사우드웨일즈법(the New South Wales Act 1823 (UK))은 가능하게 하였는데, 대법원 아래서의 보조법원 구조로서였다. 영국에 존재하는 것들에 동등한 사계(四季)재판소들의 창설을 이것은 포함한다고 법원장 프랜시스 포브스(Francis Forbes)는 추론하였다. 그리하여 무심코 배심에 의한 정식사실심리가 및 대배심에 의한 기소가 도입되었는데, 그러나 이는 오직 이러한 보조법원들만을 위한 것이었다. 시드니(Sydney)에서, 파라마타

democratic method of trial proved very popular, but was resented by conservatives. Eventually, conservative elements in the colony were successful in having these innovations suppressed by the Australian Courts Act 1828 (UK). George Forbes, a member of the Legislative Council, unsuccessfully moved for the reintroduction of Grand Juries in 1858, but this was thwarted by the Attorney-General and the Chief Justice.[42]

In South Australia and Western Australia, grand juries existed for longer periods of time.[43] In South Australia, the first Grand Jury sat on 13 May 1837, but it was abolished in 1852. In Western Australia, by the Grand Jury Abolition Act Amendment Act 1883 (WA), the Grand Jury was abolished (section 4: A Grand Jury shall not be summoned for the Supreme Court of Western Australia, nor for any General Quarter Sessions for the said Colony).[44]

The Australian state of Victoria maintained, until 2009, provisions for a grand jury in the Crimes Act 1958 under section 354 indictments, which had been used on rare occasions by individuals to bring other persons to court seeking them to be committed for trial on indictable offences. Grand juries were introduced by the Judicature Act 1874 and have been used on a very limited number of occasions. Their function in Victoria particularly relates to alleged offences either by bodies corporate or where magistrates have aborted the prosecution.[45]

New Zealand

New Zealand abolished the grand jury in 1961.[39]

Cape Colony

Trial by jury was introduced in the Cape Colony by Richard Bourke, Lieutenant Governor and acting Governor of the colony between 1826-28. The acting Governor, who was later influential in the establishment of jury trial in New South Wales, obtained the consent of the Secretary of State for the Colonies in August 1827 and the first Charter of Justice was issued on 24 August 1827.[46]

(Parramatta)에서, 윈저(Windsor)에서 및 여타의 장소들에서 대배심들은 소집되었다. 이 민주적 정식사실심리 방식은 매우 인기가 높은 것으로 드러났으나, 보수주의자들에게서는 분노를 샀다. 궁극적으로, 이 혁신들로 하여금 1928년 오스트레일리아 법원법(the Australian Courts Act 1828 (UK))에 의하여 폐기되게 함에 있어서 식민지 내의 보수주의적 요소들은 성공을 거두었다. 대배심의 재도입을 1858년에 입법부 의원 조지 포브스(George Forbes)가 발의하였으나 실패하였고, 검찰총장에 및 법원장에 의하여 좌절되었다.[42]

사우스오스트레일리아(South Australia)에서와 웨스턴오스트레일리아(Western Australia)에서 대배심들은 더 오래 존속하였다.[43] 사우스오스트레일리아에서, 최초의 대배심은 1837년 5월 13일에 소집되었으나, 1852년에 폐지되었다. 웨스턴오스트레일리아에서, 1883년 대배심 폐지법에 의하여, 대배심은 폐지되었다 (4절: 대배심은 웨스턴오스트레일리아 대법원을 위하여 또는 해당 식민지에 대한 어떤 일반 사계(四季)재판소들을 위해서도 소집되지 아니한다).[44]

1958년 형사법(the Crimes Act 1958) 354절 대배심기소 조항들 아래서의 대배심 규정들을 2009년까지 빅토리아주는 유지하였는데, 대배심 기소 대상 범죄들을 위한 정식사실심리를 위하여 구금되게 하고자 타인들을 법원에 불러오기 위한 것으로는 개인들에 의하여는 드물게 사용되어 왔다. 1874년 법원법에 의하여 대배심들은 도입되었고 매우 한정된 숫자의 사건들에서 사용되어 왔다. 법인체들에 의한 것으로 주장된 범죄들에, 또는 소추를 치안판사들이 거부한 경우에, 빅토리아주에서의 그것들의 기능은 특별히 관련된다.[45]

뉴질랜드

대배심을 1961년에 뉴질랜드는 폐지하였다.[39]

케이프 식민지

케이프 식민지에 배심에 의한 정식사실심리는 1826년에서 1828년 사이의 식민지의 부총독이며 총독대행인 리차드 부르크(Richard Bourke)에 의하여 도입되었다. 나중에 뉴사우스웨일즈(New South Wales)에서의 배심에 의한 정식사실심리의 수립에 영향력을 발휘한 총독대행은 1827년 8월에 식민지들을 위한 국무장관의 동의를 얻었고 1827년 8월 24일에 최초의 사법헌장이 공표되었다.[46]

Jury trial was brought into practical operation in 1828 and the 1831 Ordinance 84 laid down that criminal cases would be heard by a panel of nine, selected from males aged between 21 and 60, owning or renting property to a value of £1:17 shillings per annum or having liability for taxes of 30 shillings in Cape Town and 20 shillings outside the town. Black (i.e. non-white) jurors were not entirely excluded and sat occasionally.[47] This is not to imply, however, that juries did not operate in an oppressive manner towards the Black African and Asian residents of the Cape, whose participation in the jury lists was, in any event, severely limited by the property qualification.[48] The property qualification was amended in 1831 and 1861 and, experimentally, a grand jury came into operation.

The grand jury was established for Cape Town alone.[49] It met quarterly. In 1842 it was recorded[50] that it served a district of 50,000 inhabitants and in one quarterly session there were six presentments (1 homicide, 2 assaults, 1 robbery, 1 theft, 1 fraud).

As elsewhere, the judge could use his charge to the Grand Jury to bring matters of concern to him to the attention of the public and the government.[51] In May 1879 Mr. Justice Fitzpatrick, returning from circuit in the northern and western parts of Cape Colony, gave a charge to the grand jury at the Criminal Sessions at Cape Town, in which, after congratulating them upon the lightness of the calendar, he observed there were indications in the country of a growing mutual bad feeling between the races, etc. This was reported in the Cape Argus and was a subject of a question to the government in the House of Commons in London.[52]

The grand jury continued in operation until 1885, by which time the Cape was under responsible government, when it was abolished by Act 17 of 1885[53] of the Cape Parliament.

France

Grand juries were established in France in 1791 under the name jury d'accusation, but they were abolished with the introduction of the Code of Criminal Instruction in 1808.[54]

배심에 의한 정식사실심리는 1828년에 실제 운영에 들어갔고, 매년 1파운드 17실링 상당의 재산을 소유하는 내지는 임대하는 또는 케이프타운(Cape Town)에서 30실링의, 그리고 케이프타운 이외 지역에서는 20실링의 납세의무를 지는 21세에서 60세 사이의 남성들로 구성된 아홉 명의 배심에 의하여 형사사건들은 심리되어야 한다고 1831년 조례 84는 규정하였다. 흑인 (즉 백인 이외의) 배심원들은 전부 배제되지는 아니하였고 드물게이기는 하나 배심석에 앉았다.[47] 그러나 케이프 타운의 아프리카계 흑인 거주자들에게 및 아시아계 거주자들에게 압제적 방법으로 배심들이 작동하지 않았음을 이것은 함축하지 않으며, 어쨌든 배심원 명단들에의 그들의 참여는 재산보유 조건에 의하여 극도로 제약되었다.[48] 재산보유 자격은 1831년에와 1861년에 개정되었고, 그리고 실험적으로 대배심이 시행에 들어갔다.

대배심은 케이프타운에만 설치되었다.[49] 그것은 4분기마다 소집되었다. 1842년에 인구 5만의 지역을 관할하였음이, 그리고 한 번의 4분기 회기에 여섯 건(살인 1건, 폭행 2건, 강도 1건, 절도 1건, 사기 1건)의 대배심고발이 있었음이 기록되어 있다.[50]

다른 곳에서처럼, 그에게의 관심 사안들을 공중의 및 정부의 주의에 불러오도록 대배심에게의 지시를 판사는 사용할 수 있었다.[51] 1879년 5월에 대법관 피츠파트릭(Fitzpatrick)은 케이프 식민지 북부에의 및 서부에의 순회로부터 돌아와, 케이프타운에서의 형사 사계(四季)재판소들의 대배심에게의 지시를 내렸는데, 거기서 법정일정의 가벼움에 대하여 그들을 축하하고 난 뒤에, 나라 안에 인종들 사이의 점증하는 상호 악감정의 징표들이 있다는 등의 말을 그는 하였다. 이것은 일간지 케이프 아르구스(Cape Argus) 지에 보도되었고 런던 하원에서 정부에 대한 질문의 주제가 되었다.[52]

1855년까지 대배심은 작동이 지속되었는데, 그 시점에서는 케이프타운은 책임성 있는 정부 아래에 있었고, 케이프 의회 1855년 법률 17에 의하여 대배심은 폐지되었다[53].

프랑스

1791년에 프랑스에 기소배심(jury d'accusation)이라는 이름으로 대배심들이 설치되었으나, 그것들은 1808년 형사절차법전의 도입에 따라 폐지되었다.[54]

The jury law of 1791 created an eight-man jury d'accusation in each arrondissement (a subdivision of the departement) and a 12-man jury de jugement in each departement. In each arrondissement the procureur-syndic drew up a list of 30 jurors from the electoral roll every three months for the jury d'accusation. There was no public prosecutor or juge d'instruction. Instead the police or private citizens could bring a complaint to the Justice of the Peace established in each canton (a subdivision of the arrondissement). This magistrate interrogated the accused to determine whether grounds for prosecution existed and if so sent the case to the directeur du jury (the director of the jury d'accusation), who was one of the arrondissement's civil court judges, and who served in the post for six months on a rotating basis. He decided whether to dismiss the charges or, if not, whether the case was a délit (misdemeanour) or a crime (felony, i.e. imprisonable for 2 years or more). Délits went to the tribunal de police correctionnelle of the arrondissement, while for crimes the directeur de jury convoked the jury d'accusation of the arrondissement, in order to get an indictment. The directeur du jury drew up the bill of indictment (act d'accusation) summarising the charges to be presented to the jury d'accusation. The directeur made a presentation to the jury in the absence of the accused and the jury heard the witnesses. The jury then decided by majority vote whether there were sufficient grounds for the case to go to the tribunal criminel of the departement. Between 1792-5 there was no property qualification for jurors.[55]

The functions of the jury d'accusation were prescribed in the law of 1791 passed by the Constituent Assembly and were maintained and re-enacted in the Code des Délits et des Peines of 3 Brumaire, Year 4 (25 October 1795) and this was the operative law until it was abolished in 1808.[56] Special juries and special grand juries were originally defined in law, for cases thought to require more qualified jurors, but these were abolished in Year 8 (1799). [57]

Belgium

From 1795 to 1808 Grand Juries also operated in Belgium,[58] which was divided into French departements in October 1795.

여덟 명으로 구성된 기소배심을 개개 군[arrondissement; 도(departement)의 하부단위]에 및 12명의 판결배심을 개개 도(departement)에 1791년의 배심법은 창설하였다. 선거인명부로부터의 30명의 배심원들의 명단을 기소배심을 위하여 3개월마다 개개 군에서 치안판사는 뽑았다. 검찰관이나 검사는 없었다. 그 대신에 고소장을 개개 칸톤(canton; 군의 하부단위)에 배치된 치안판사에게 경찰은 내지는 사적 시민들은 제출할 수 있었다. 소추를 위한 이유들이 존재하는지 여부를 판정하기 위하여 피고소인을 이 치안판사가 신문하였고, 존재한다고 판단되면 사건을 배심장(기소배심의 책임자)에게 보냈는데, 배심장은 군 민사법원 판사들 중의 일원으로서 교대로 6개월간 그 직책에 복무하는 사람이었다. 고소들을 각하할지, 아니면 사건이 경죄(délit (misdemeanour))에 해당하는지 중죄(2년 이상의 징역형이 가능한 범죄)에 해당하는지 여부를 그는 판정하였다. 경죄들은 군(arrondissement)의 경범재판소(tribunal de police correctionnelle)에 보내졌고, 중죄들에 대하여는 군의 기소배심장이 기소배심을 소집하여 배심기소장을 얻었다. 기소배심에게 제출될 혐의들을 요약하는 배심기소장안(act d'accusation)을 배심장은 작성하였다. 피고소인의 부재 가운데 배심에게 진술을 배심장은 하였고 증인들을 배심은 청취하였다. 사건을 도(departement) 형사재판소에 보내기 위한 충분한 이유가 있는지 여부를 그 뒤에 다수결로 배심은 결정하였다. 1792년에서 1795년 사이에는 배심원들에 대한 재산보유 조건이 없었다.[55]

제헌의회에 의하여 통과된 1791년 법률에 기소배심의 기능들은 규정되었고 브뤼메르 3일 혁명력 4년 (1795년 10월 25일)의 형법전(the Code des Délits et des Peines)에 유지되고 재입법되었는 바, 이것은 1808년에 폐지되기까지 법으로서 효력을 유지하였다.[56] 보다 더 자격을 갖춘 배심원들을 요구한다고 생각되는 사건들을 위한 특별배심들은 및 특별대배심들은 최초로 법 안에 규정되었으나, 혁명력 8년 (1799년)에 폐지되었다.[57]

벨기에

1795년부터 1808년 사이에 대배심들이 벨기에에서 운영되었는데,[58] 벨기에는 1795년 10월에 프랑스의 도(departements)로 나뉘어졌다.

Japan

After World War II, under the influence of the Allies, Japan passed the Prosecutorial Review Commission Law on July 12, 1948, which created the Kensatsu Shinsakai [or Prosecutorial Review Commission (PRC) system], a figure analogue to the grand jury system. However, until 2009 the PCR's recommendations were not binding, and were only regarded as advisory.[59] Additionally, a survey conducted by the Japanese Cabinet Office on October 1990 showed that 68. 8% of surveyed Japanese citizens were not familiar with the PRC system.[59] On May 21, 2009, the Japanese government introduced new legislation which would make the PRC's decisions binding. A PRC is made up of 11 randomly selected citizens, is appointed to a six-month term, and its primary purpose is examining cases prosecutors have chosen not to continue prosecuting.[60] It has therefore been perceived as a way to combat misfeasance in public officials.[61]

From 1945 to 1972 Okinawa was under American administration. Grand Jury proceedings were held in the territory from 1963 - 1972.[62] By an ordinance of the civil administration of the Ryukyu Islands promulgated in 1963, grand jury indictment and petit jury trial were assured for criminal defendants in the civil administration courts.[62] This ordinance reflected the concern of the U.S. Supreme Court [63] that U.S. civilians tried for crimes abroad under tribunals of U.S. provenance should not be shorn of the protections of the U.S. Bill of Rights. Indeed, the District Court in Washington twice held that the absence of the jury system in the civil administration courts in Okinawa invalidated criminal convictions[64]

Liberia

By article 21 of the Constitution of Liberia,[65] "No person shall be held to answer for a capital or infamous crime except in cases of impeachment, cases arising in the Armed Forces and petty offenses, unless upon indictment by a Grand Jury". For example, the national Port Authority's managing director was indicted by the Monteserrado County Grand Jury in July 2015, on charges of economic sabotage, theft of property and criminal conspiracy.[66]

일본

검찰심사회법을 2차대전 뒤인 1948년 7월 12일에 연합국들의 영향력 아래서 일본은 통과시켰는데, 대배심 제도에 유사한 기구인 검찰심사회(PRC)를 이로써 창설하였다. 그러나 2009년까지 검찰심사회의 권고들은 구속력을 지니지 않았고, 단지 권고적인 것에 불과하였다.[59] 이에 더하여, 조사에 응한 일본 시민들 중 68.8%가 검찰심사회 제도에 친숙하지 않음을 1990년에 내각부에 의하여 수행된 조사는 보여주었다.[59] 검찰심사회의 결정들을 구속력 있는 것으로 만드는 새로운 입법을 2009년 5월 1일 일본정부는 도입하였다. 무작위로 선발된 11명의 시민들로 검찰심사회는 구성되고, 6개월의 임기로 임명되는데, 소추절차에 나아가지 아니하기로 검찰관들이 결정한 사건들을 심사하는 데에 그 일차적 목적은 있다.[60] 그러므로 그것은 공무원들의 부당한 권한행사에 맞서 싸울 수단으로 인식되어 왔다.[61]

1945년부터 1972년까지 사이에 미국의 관리 아래에 오키나와는 있었다. 1963년부터 1972년까지 오키나와 영역 내에서 대배심 절차들이 열렸다.[62] 1963년에 선포된 류큐열도의 민정조례에 의하여 대배심기소는 및 소배심 정식사실심리는 민간법정들에서 형사 피고인들을 위하여 보장되었다.[62] 해외에서의 범죄들로 미합중국 소속 재판소들에서 정식사실심리되는 미합중국 민간인들은 미합중국 권리장전(Bill of Rights)의 보호들을 박탈당해서는 안 된다는 미합중국 대법원의 관심[63]을 이 조례는 반영하였다. 실제로 오키나와 민간법정들에서의 배심제도의 결여는 형사 유죄판정들을 무효화한다고 워싱턴 지방법원은 두 차례 판시하였다.[64]

리베리아

헌법 제21조에 의하면,[65] '탄핵 사건들에서의, 군대에서 발생하는 사건들의 및 경범죄들의 경우를 제외하고는, 대배심에 의한 기소장에 의거하지 아니하는 한, 사형에 해당하는 범죄에 또는 파렴치한 범죄에 대하여 책임을 지도록 어느 누구도 판결되어서는 안 된다'. 실례로서, 경제교란 혐의로, 재물절도 혐의로 및 범죄공모 혐의로 몬테세라도(Monteserrado) 카운티 대배심에 의하여 2015년 7월에 국가 항만청장이 기소되었다.[66]

Grand Jury in Liberia dates from the time of the original constitution in 1847.[67]

Sierra Leone

Under the administration of the Sierra Leone Company, which began in 1792, the Governor and Council or any two members thereof, being also Justices of the Peace, held Quarter Sessions for the trial of offences committed within the colony. The process for indictment etc. was the same as the practice in England or as near as possible thereto. To effect this, they were empowered to issue their warrant or precept to the Sheriff, commanding him to summon a Grand Jury to sit at the court of Quarter Sessions. Grand Jury continued in operation after the transfer to the colony to the Crown in 1807.[68]

Governor Kennedy (1852–1854) was concerned that jurors were frustrating government policy by being biased in certain cases; in particular he felt that Liberated Africans on the Grand Jury would never convict another Liberated African on charges of owning or importing slaves.[69] He promulgated the Ordinance of 29 Nov 1853 which abolished the grand jury.[70] Opposition was immediately mounted in Freetown. A public meeting launched a petition with 550 names to the Colonial Secretary in London, and the opposition declared that the Kennedy ordinance was a reproach upon the loyalty of the Community. Grand Jury had been considered one colonial body representative of local opinion and the Colonial Secretary's support for Kennedy upholding the abolition inspired a round of agitation for local voice in government decision-making.[69]

https://en.wikipedia.org/wiki/Grand_jury

1847년의 최초의 헌법 제정 시점에서 리베리이에서의 대배심은 시작된다.[67]

시에라레온

1792년에 시작된 시에라레온 회사의 통치 아래서, 치안판사들이기도 한 총독은 및 또는 평의회는 내지는 누구든 평의회 의원 2인은 식민지 내에서 저질러진 범죄들의 정식사실심리를 위한 사계(四季)재판소들을 열었다. 대배심기소를 위한 절차 등은 영국에서의 실무에 동일하거나 가능한 한 그것에 근접하였다. 이것을 달성하기 위하여 그들 자신들의 영장을 내지는 명령을 집행관에게 발부할 권한을 그들은 부여받았는데, 이로써 대배심을 소집하여 사계(四季)재판소 법정에 출석시킬 것을 그에게 명령하였다. 대배심은 시에라레온 식민지에 대한 1807년의 국왕에게의 양도 뒤에도 기능을 계속하였다.[68]

몇몇 사건들에서 한 쪽에 치우침으로써 정부를 배심원들이 좌절시키는 데 대하여 총독 케네디(Kennedy. 1852-1854)는 우려하였다; 특히 노예들을 소유한 내지는 수입한 혐의로 재판을 받는 해방 흑인들을 유죄로 판정하기를 대배심에 들어와 있는 다른 해방 흑인들이 결코 하지 않으려 한다고 그는 생각하였다.[69] 대배심을 폐지하는 1853년 11월 29일자 조례를 그는 반포하였다.[70] 프리타운(Freetown)에서 반대운동이 즉각 발생하였다. 대중집회는 500명의 서명을 단 청구서를 런던의 식민부장관에게 발송하였고, 케네디 조례는 지역사회의 충성심에 치욕을 끼치는 것이라고 반대자들은 선언하였다. 지역 여론을 대변하는 식민지 통치기구로 대배심은 간주되어 온 터였기에, 대배심 폐지를 단행한 케네디에 대한 식민부장관의 지지는 정부의 정책결정에 있어서의 지역 여론을 위한 동요를 촉발하였다.[69]

원문출처 https://en.wikipedia.org/wiki/Grand_jury

각주출처(References)

1. 112 S.Ct. 1735 504 U.S. 36 118 L.Ed.2d 352 UNITED STATES, Petitioner v. John H. WILLIAMS, Jr. No. 90-1972. Argued Jan. 22, 1992. Decided May 4, 1992

2. Nestmann, Mark (2011). The Lifeboat Strategy. The Nestmann Group. p. 110. ISBN 9781891266409. Retrieved 1 December 2014.

3. Zapf, Patricia A.; Roesch, Ronald; Hart, Stephen D. (2009). Forensic Psychology and Law. Hoboken, NJ: Wiley. p. 182. ISBN 978-0-470-57039-5. Retrieved 2 December 2014.

4. Fukurai, Hiroshi (August 4, 2017). "e Rebirth of Japan's Petit Quasi-Jury and Grand Jury Systems: A Cross-National Analysis of Legal Consciousness and the Lay Participatory Experience in Japan and the U,S".

5. A Law Dictionary by Henry Campbell Black 2nd ed , publ. by West, St Paul, Minnesota,1910. Entry for Grand Jury

6. Commentaries on the Laws of England, by William Blackstone, Book 4, Ch.23 (p. 586 in 1840 ed. of John Bethune Bayly)

7. British Cyclopedia of Literature, History,Geography, Law and Politics, publ. by Orr and Smith, London, 1836, Vol 2, p.591

8. The Criminal Law. by Seymour F. Harris, 7th ed., publ. Stevens & Haynes, London, 1896. Book 3, Ch 7 Grand Jury (4th para)

9. Medieval Sourcebook: Assize of Clarendon 1166

10. The Making of Modern Britain

11. Turley, Hugh: "The Grand Jury", Hyattsville Life & Times, 2007

12. Hebrew Bible article in the Catholic Encyclopedia.

13. Moore, G.F. The Vulgate Chapters and Numbered Verses in the Hebrew Bible, 1893, at JSTOR.

14. Bruce M. Metzger, The early versions of the New Testament: Their origin, transmission and limitations, Oxford University Press (1977), p.347. Cited in Stephen Langton and the modern chapter divisions of the bible by British translator Roger Pearse, 21 June 2013.

15. http://www.history.com/this-day-in-history/clinton-testifies-before-grand-jury.

16. http://www.politico.com/blogs/under-the-radar/2017/04/27/hillary-clinton-emails-subpoenas-fbi-237712

17. Wilber, Del Quentin; Tau, Byron (2017-08-03). "Special Counsel Robert Mueller Impanels

Washington Grand Jury in Russia Probe". Wall Street Journal. ISSN 0099-9660. Retrieved 2017-08-03.

18. 22 & 23 Vict. c. 17, s. 1.

19. See Indictable Offences Act 1848 (11 and 12 Vict c. 42); title: An Act to facilitate the Performance of the Duties of Justices of the Peace out of Sessions within England and Wales with respect to Persons charged with indictable Offences

20. legislation.gov.uk: "Administration of Justice (Miscellaneous Provisions) Act 1933" (23 & 24 Geo 5 c 36)

21. Treason Act, 1708 (7 Ann c 21)

22. Treason Act 1945 (c. 44), section 2(2) and Schedule.

23. The "History of Scotland, With Notes, and a Continuation to the Present Time", by George Buchanan (up to 16th Century) and James Aikman, Edinburgh 1829. See Vol. 6, p.486

24. McDowell, R. B (1975). Moody, T.W.; Beckett, J.C.; Kelleher, J.V., eds. The Church of Ireland, 1869—1969. Routledge & Kegan Paul. p. 2. ISBN 0 7100 8072 7. Retrieved 2011-09-03.

25. Chandler, J. A (1993). J. A. Chandler, ed. Local government in liberal democracies: an introductory survey. Routledge. p. 31. ISBN 978-0-415-08875-6. Retrieved 2009-08-19.

26. Acts of the Northern Ireland Parliament, 1969 c.15

27. Jump up to: a b Edwards, George John (1906). Ward, Richard H., ed. The Grand Jury: Considered from an Historical, Political and Legal Standpoint, and the Law and Practice Relating Thereto. University of Michigan: G.T. Bisel. ISBN 0-404-09113-X. Retrieved 22 May 2011.

28. Roots, Roger (1999—2000). "If It's Not a Runaway, It's Not a Real Grand Jury". Creighton L.R. 33 (4): 821.

29. Brenner, Susan; Lori Shaw (2003). "State Grand Juries". University of Dayton School of Law. Archived from the original on 3 July 2016. Retrieved 2010-08-02.

30. "Frequently Asked Questions About the Grand Jury System". American Bar Association. Archived from the original on 2011-04-24. Retrieved 2011-05-11.

31. Brenner, Susan; Lori Shaw (2003). "Power to abolish Grand Jury". University of Dayton School of Law. Retrieved 2007-03-29.

32. Royal Proclamation of 1763

33. Doughty

34. archive.org: "Consolidated Statutes of Upper Canada, 1859".

35. Jump up to: a b c "Timeline History of the Nova Scotia Supreme Court" Archived 2013-10-17 at the Wayback Machine.

36. Jump up to: a b c Parker, Nancy (1995). "Swift Justice and the Decline of the Criminal Trial Jury: The Dynamics of Law and Authority in Victoria, BC 1858–1905". In Flaherty, David H.; McLaren, John; Foster, Hamar. Essays in the History of Canadian Law: The Legal History of British Columbia and the Yukon. University of Toronto Press.

37. Stokes, Mary: "Grand Juries and 'Proper Authorities': Low Law, Soft Law and Local Governance in Canada West/Ontario, 1850–1880".

38. Phillips Cables Ltd. v. United Steelworkers of America, Local 7276 (Nicolosi grievance), [1974] O.L.A.A. No. 13, at para. 15.

39. Jump up to: a b "Who invented the grand jury?". The Straight Dope. 2006-07-18. Retrieved 2010-10-17.

40. (Consolidated) Acts of the General Assembly of Prince Edward Island, 1871

41. Bennett, J.M. (1961). The Establishment of Jury Trial in New South Wales. Faculty of Law, University of Sydney.

42. A History of Criminal Law in New South Wales: The Colonial Period, 1788-1900, by G.D. Woods QC, Federation Press 2002, p.56-59.

43. Taylor, Greg (October 2001). "The Grand Jury of South Australia". American Journal of Legal History. 45 (4): 468–516. doi:10.2307/3185314.

44. "Grand Jury Abolition Act Amendment Act 1883". Retrieved 9 May 2013.

45. Histed, Elise (September 1987). "The introduction and use of the grand jury in Victoria". Journal of Legal History. 8 (2): 167–177. doi:10.1080/01440368708530896.

46. Crown Commission of Inquiry into the Administration of Justice in the Colony of the Cape of Good Hope (Records of the Cape Colony xxviii (1905) I-III, George McCall Theale)

47. E. Kahn: South African Law Journal(1991), pp.672-87; SALJ(1992), pp.87-111, 307-18, 666-79; SALJ(1993), pp.322-37

48. The international development of the jury : the role of the British empire, by Richard Vogler in Revue internationale de droit pénal, 2001 (vol 72)

49. Cape Law Journal, 10 Cape LJ. page 216 (1893)

50. Wilkes Narrative of the U.S. Exploring Expedition. Page 302

51. See "Grand Jury", by George Edwards, pub. Philadelphia 1906. Part IV p.124

52. HC Deb 19 June 1879 vol 247 cc169-71

53. Statutes of the Cape of Good Hope, 1652-1895: Vol 1872-1886, pub. by J.C. Juta, Cape Town, 1895

54. History of Trial by Jury, by William Forsyth, pub J.W. Parker, London 1852. Page 348.

55. Donovan, James (2010). Juries and the Transformation of Criminal Justice in France in the 19th and 20th Centuries. University of North Carolina Press. Ch. 1. ISBN 978-0-8078-3363-6.

56. Oudot, Charles-François (1845). Théorie du Jury. Paris: Joubert. p. 327.

57. Archives de Droit et de Legislation, Tome 5, 2nd Semester, Brussels 1841. Page 83: Loi Belge du 15 Mai 1838 Relative au Jury Expliquée

58. Archives de Droit et de Legislation, Tome 5, 2nd Semester, Brussels 1841. Page 73: Loi Belge du 15 Mai 1838 Relative au Jury Expliquée

59. Jump up to: a b Fukurai, Hiroshi (2011). "Japan's Prosecutorial Review Commissions: Lay Oversight of the Government's Discretion of Prosecution". University of Pennsylvania East Asia Law Review: 5—10. Retrieved 2 December 2014.

60. Gastil, John; Fukurai, Hiroshi; Anderson, Kent; Nolan, Mark (September 13, 2014). "Seeing Is Believing: The Impact of Jury Service on Attitudes Toward Legal Institutions and the Implications for International Jury Reform" (PDF). Court Review. 48: 126. Archived from the original (PDF) on 26 February 2015. Retrieved 2 December 2014.

61. Fukurai, Hiroshi (January 2011). "Japan's Quasi-Jury and Grand Jury Systems as Deliberative Agents of Social Change: De-Colonial Strategies and Deliberative Participatory Democracy". Chicago-Kent Law Review. 86 (2): 825. Retrieved 2 December 2014.

62. Jump up to: a b Japan and Civil Jury Trials: The Convergence of Forces by Matthew J. Wilson, Hiroshi Fukurai and Takashi Maruta, pub Edward Elgar Publications, October 2015. Page 134

63. U.S. Supreme Court decision: Reid v. Covert, 354 U.S. 1, 77 S.Ct. 1222, 1 L.Ed.2d 1148 (1957)

64. District (i.e. federal) court of the District of Columbia decisions: re Nicholson, H.C. 141-61, D.D.C., Nov. 19, 1963, and Ikeda v. McNamara, H.C. 416-62, D.D.C., Oct. 19, 1962

65. Constitution of Liberia, 1984

66. The Maritime Executive journal, see web site http://maritime-executive.com/article/liberian-

grand-jury-indicts-port-director retrieved Jan 2016

67. Constitution of Liberia, 1847, Sec 7

68. George, Claude (1904). The Rise of British West Africa: Comprising the Early History of the Colony of Sierra Leone, Gambia, Lagos, Gold Coast, etc. London: Houlston & sons. pp. 146, 147, 171.

69. Jump up to: a b Walker, James W. St. G. (1993). The Black Loyalists: The Search for a Promised Land in Nova Scotia and Sierra Leone, 1783-1870. University of Toronto Press. pp. 364–365.

70. House of Commons. Reports from Committees, Vol 5, Session 7 Feb-6 Jul 1865

[자료 2] 일본의 대배심

검찰심사회법

(소화 23년 7월 12일 법률 제147호)

최종개정 : 평성 28년 6월 3일 법률 제54호

(최종개정까지의 미시행 법령)

평성 28년 6월 3일 법률 제54호^(미시행)

제1장 총칙(제1조~제4조)

제2장 검찰심사원 및 검찰심사회의 구성(제5조~제18조의 2)

제3장 검찰심사회사무국 및 검찰심사회사무관(제19조~제20조)

제4장 검찰심사회의(제21조~제29조)

제5장 심사신청(제30조~제32조)

제6장 심사절차(제33조~제41조의 8)

제7장 기소의결에 기한 공소의 제기 등(제41조의 9~제41조의 12)

제8장 건의 및 권고(제42조)

제9장 검찰심사원 및 보충원의 보호를 위한 조치(제42조의2)

제10장 벌칙(제43조~제45조)

제11장 보칙(제45조의2~제48조)

부칙

제1장 총칙

제1조 공소권의 실행에 관하여 민의를 반영시켜 그 적정을 기하기 위하여 정령으로 정하는 지방재판소 및 지방재판소지부의 소재지에 검찰심사회를 둔다.다만, 각 지방재판소의 관할구역 내에 적어도 그 하나를 두지 않으면 안 된다.

○ 2 검찰심사회의 명칭 및 관할구역은 정령으로 이를 정한다.

제2조 검찰심사회는 아래의 사항을 관장한다.

1 검찰관의 공소를 제기하지 않는 처분의 당부의 심사에 관한 사항

2 검찰사무의 개선에 관한 건의 또는 권고에 관한 사항

○ 2 검찰심사회는 고소 또는 고발을 한 자, 청구를 기다려 수리해야 할 사건에 관한 청구를 한 자 또는 범죄에 의하여 해를 입은 자(범죄에 의하여 해를 입은 자가 사망한 경우에는 그 배우자, 직계의 친족 또는 형제자매)의 신청이 있을 때에는 전항 제1호의 심사를 행하지 않으면 안 된다.

○ 3 검찰심사회는 그 과반수에 의한 의결이 있을 때에는 스스로 알 수 있는 자료에 기하여 직권으로 제1항 제1호의 심사를 행할 수 있다.

제3조 검찰심사회는 독립하여 그 직권을 행한다.

제4조 검찰심사회는 당해 검찰심사회의 관할구역 내의 중의원의원의 선거권을 가지는 자 중에서 추첨으로 선정한 11인의 검찰심사원으로 조직한다.

제2장 검찰심사원 및 검찰심사회의 구성

제5조 아래에 열거된 자는 검찰심사원이 될 수 없다.

1. 학교교육법 (소화 22년 법률 제26호)에 정한 의무교육을 종료하지 않은 자. 다만, 의무교육을 종료한 자와의 동등 이상의 학식을 가지는 자는 그러하지 아니하다.

2. 1년의 징역 또는 금고 이상의 형에 처해진 자

제6조 아래에 열거된 자는 검찰심사원의 직무에 취임할 수 없다.

　　1. 천황, 황후, 태황태후, 황태후 및 황태자

　　2. 국무대신

　　3. 재판관

　　4. 검찰관

　　5. 회계검사원검사관

　　6. 재판소의 직원(비상근자를 제외한다.)

　　7. 법무성의 직원(비상근자를 제외한다.)

　　8. 국가공안위원회위원 및 都^(도)道^(도)府^(부)県^(현)공안위원회위원 및 경찰직원(비상
　　　근자를 제외한다.)

　　9. 사법경찰직원으로서의 직무를 행하는 자

　　10. 자위관^(自衛官)

　　11. 都^(도)道^(도)府^(부)県^(현) 지사 및 시^(市)정^(町)촌^(村)장(특별구장을 포함한다.)

　　12. 변호사(외국법 사무변호사를 포함한다.) 및 변리사

　　13 공증인 및 사법서사

제7조 검찰심사원은 다음에 열거된 경우에는 직무의 집행으로부터 제척된다.

　　1. 검찰심사원이 피의자 또는 피해자인 때.

　　2. 검찰심사원이 피의자 또는 피해자의 친족인 때, 또는 친족이었던 때.

　　3. 검찰심사원이 피의자 또는 피해자의 법정대리인, 후견감독인, 보좌인, 보좌감
　　　독인, 보조인 또는 보조감독인인 때.

　　4. 검찰심사원이 피의자 또는 피해자의 동거인 또는 피용자인 때.

　　5. 검찰심사원이 사건에 관하여 고발 또는 청구를 한 때.

　　6. 검찰심사원이 사건에 관하여 증인 또는 감정인이 되었을 때.

　　7. 검찰심사원이 사건에 관하여 피의자의 대리인 또는 변호인이었을 때.

　　8. 검찰심사원이 사건에 관하여 검찰관 또는 사법경찰직원으로서 직무를 행하였
　　　을 때.

제8조 아래에 열거된 자는 검찰심사원의 직무를 거절할 수 있다.

　　1. 연령 70 이상의 자

2. 국회 또는 지방공공단체의 의회의 의원.다만, 회기 중에 한한다.

3. 전호 본문에 열서된 자 이외의 국가 또는 지방공공단체의 직원 및 교원

4. 학생 및 생도

5. 과거 5년 이내에 검찰심사원 또는 보충원의 직에 있던 자

6. 과거 5년 이내에 재판원이 참가하는 형사재판에 관한 법률 (평성 16년 법률 제 63호)의 규정에 의한 재판원 또는 보충재판원의 직에 있었던 자

7. 과거 3년 이내에 재판원이 참가하는 형사재판에 관한 법률의 규정에 의한 선임예정재판원이었던 자

8. 과거 1년 이내에 재판원후보자로서 재판원이 참가하는 형사재판에 관한 법률 제27조 제1항에 규정하는 재판원 등 선임절차의 기일에 출두한 적이 있는 자(동법 제34조 제7항 (동법 제38조 제2항 (동법 제46조 제2항에 있어서 준용하는 경우를 포함한다.), 제47조 제2항 및 제92조 제2항에 있어서 준용하는 경우를 포함한다.)의 규정에 의한 불선임의 결정이 있었던 자를 제외한다.)

9. 중질병, 해외여행 그 밖의 불가피한 사유가 있어서 검찰심사회로부터 직무면제를 승인받은 자

제9조 검찰심사회사무국장은 매년 9월 1일까지 검찰심사원후보자의 인원수를 당해 검찰심사회의 관할구역 내의 시(市)정(町)촌(村)에 할당하여 이를 시(市)정(町)촌(村)의 선거관리위원회에 통지하지 않으면 안 된다.

○ 2 검찰심사원후보자는 각 검찰심사회마다 제1군으로부터 제4군까지의 4군으로 나누되, 각 군의 인원수는 각각 100인으로 한다.

제10조 시(市)정(町)촌(村)의 선거관리위원회는 전조 1항의 통지를 받은 때에는 당해 시(市)정(町)촌(村)의 선거인명부에 등록되어 있는 자 가운데서 각각 제1군부터 제4군까지에 속할 검찰심사원후보자의 예정자로서 당해 통지에 정해진 인원수의 자(공직선거법(소화 25년 법률 제100호) 제27조 제1항의 규정에 의하여 선거인명부에 동법 제11조 제1항 또는 제252조 또는 정치자금규정법 (소화 23년 법률 제194호) 제218조의 규정에 의하여 선거권을 지니지 않게 된 취지의 표시가 되어 있는 자를 제외한다.)을 추첨으로 선정하지 않으면 안 된다.

○ 2 시(市)정(町)촌(村)의 선거관리위원회는 전항의 규정에 의하여 선정한 자에 관하여 선거인명부에 기재(공직선거법 제19조 제3항의 규정에 의하여 자기디

스크를 가지고서 조제한 선거인명부의 경우에는 기록)되어 있는 성명, 주소 및 생년월일의 기재(다음 항의 규정에 의하여 자기디스크를 가지고서 조제하는 검찰심사원후보자예정자명부에는 기록)를 한 검찰심사원후보자예정자명부를 조제하지 않으면 안 된다.

○ 3 검찰심사원후보자예정자명부는 자기디스크(이에 준하는 방법에 의하여 일정한 사항을 확실히 기록해 둘 수 있는 물건을 포함한다.이하 같다.)를 가지고서 조제할 수 있다.

제11조 시(市)정(町)촌(村)의 선거관리위원회는 제9조 제1항의 통지를 받은 해의 10월 15일까지 검찰심사원후보자예정자명부를 관할검찰심사회사무국에 송부하지 않으면 안 된다.

제12조 시(市)정(町)촌(村)의 선거관리위원회는 제10조 제1항의 규정에 의하여 선정된 검찰심사원후보자의 예정자에 관하여 사망한 사실 또는 중의원의원의 선거권을 지니지 않게 된 사실을 안 때에는 전조의 규정에 의하여 검찰심사원후보자예정자명부를 송부한 검찰심사회사무국에 그 뜻을 통지하지 않으면 안 된다. 다만, 당해 검찰심사원후보자의 예정자가 속하는 군(郡)의 검찰심사원의 임기가 종료한 때에는 그러하지 아니하다.

제12조의2 검찰심사회사무국장은 제11조의 규정에 의한 검찰심사원후보자예정자명부의 송부가 있을 때에는 이에 기하여 정령으로 정하는 바에 의하여 검찰심사원후보자의 성명, 주소 및 생년월일의 기재(다음 항의 규정에 의하여 자기디스크를 가지고 조제하는 검찰심사원후보자명부에 있어서는 기록. 제3항의 경우에도 동일.)를 한 검찰심사원후보자명부를 조제하지 않으면 안 된다.

○ 2 검찰심사원후보자명부는 자기디스크를 가지고 조제할 수 있다.

○ 3 검찰심사회사무국장은 검찰심사원후보자명부에 기재된 자에게 그 뜻을 통지하지 않으면 안 된다.

제12조의 3 검찰심사회사무국장은 검찰심사원후보자에 관하여 다음에 열거하는 사유에 해당하는지 여부에 관한 검찰심사회의 판단에 자료가 되는 사정을 조사하지

않으면 안 된다.

　1. 제5조 각호에 열거된 사인지.

　2. 제6조 각호에 열거된 자인지.

　3. 제8조 각호에 열거된 자인지.

제12조의 4　검찰심사회사무국장은 전조 각호에 열거된 사유에 해당하는지 여부에 관한 검찰심사회의 판단에 자료가 되는 사정을 조사하기 위하여 검찰심사원후보자에 대하여 질문표를 사용하여 필요한 질문을 할 수 있다.

제12조의 5　제12조의2 제3항의 규정에 의한 통지를 받은 검찰심사원후보자 가운데 제8조 제1호부터 제8호까지에 열거된 자 또는 동조 제9호에 규정하는 사유에 해당하는 자는 검찰심사회에 대하여 검찰심사원 또는 보충원으로 되는 일에 관하여 사퇴의 신청을 할 수 있다.

제12조의 6　검찰심사회사무국장은 검찰심사원후보자 또는 검찰심사원 또는 보충원에 관하여 제12조의 3 각호에 열거된 사유에 해당하는지 여부에 관한 검찰심사회의 판단에 자료가 되는 사정을 조사하기 위하여 공무소 또는 공사(公私)의 단체에 조회하여 필요한 사항의 보고를 구할 수 있다.

제12조의 7　검찰심사회사무국장은 검찰심사원후보자에 관하여 다음에 열거하는 사유에 해당하는 때에는 정령으로 정하는 때에는 바에 의하여 당해 검찰심사원후보자를 검찰심사원후보자명부로부터 삭제하지 않으면 안 된다.

　1. 사망한 사실 또는 중의원의원의 선거권을 가지지 아니하게 된 사실을 검찰심사회가 안 때.

　2 검찰심사회가 제12조의 3 각호에 열거된 사유에 해당하는 취지의 판단을 한 때.

　3 검찰심사원 또는 보충원에 선정된 때.

제13조　검찰심사회사무국장은 매년 12월 28일까지 제1군 검찰심사원후보자 중에서 각 5인의, 3월 31일까지 제2군 검찰심사원후보자 중에서 각 6인의, 6월 30일까지 제3군 검찰심사원후보자 중에서 각 5인의, 9월 30일까지 제4군 검찰심사원후보자

중에서 각 6인의 검찰심사원 및 보충원을 추첨으로 선정하지 않으면 안 된다.

　○ 2 전항의 추첨은 지방재판소의 판사 및 지방검찰청의 검사 각 1인의 입회 아래서 행하지 않으면 안 된다.이 경우에 입회를 한 자는 검찰심사원 및 보충원의 선정의 증명을 하지 않으면 안 된다.

제14조 검찰심사원 및 보충원의 임기는 제1군에 관하여는 2월 21일부터 7월 31일까지, 제2군에 관하여는 5월 1일부터 10월 31일까지, 제3군에 관하여는 8월 1일부터 익년 1월 31일까지, 제4군에 관하여는 11월 1일부터 익년 4월 30일까지로 한다.

제15조 전조에 규정하는 각 군의 검찰심사원 및 보충원의 어느 누구든지의 임기가 개시된 때에는 그 때마다 신속하게 검찰심사회의를 열어 검찰심사회장을 호선하지 않으면 안 된다.이 경우에 검찰심사회장이 호선될 때까지는 검찰심사회사무국장이 검찰심사회장의 직무를 행한다.

　○ 2 검찰심사회장은 검찰심사회의의 의장이 되고, 검찰심사회의 사무를 장리하며, 검찰심사회사무관을 지휘감독한다.

　○ 3 검찰심사회장의 임기는 그 호선 후 최초의 전조에 규정하는 각 군의 검찰심사원 및 보충원의 임기가 종료하는 날까지로 한다.

　○ 4 제1항의 규정은 검찰심사회장이 결원이거나 또는 직무의 집행을 정지당한 경우에 이를 준용한다.

　○ 5 전항에 규정하는 경우를 제외하고는, 검찰심사회장에게 사고가 있을 때에는 미리 검찰심사회가 정하는 순서에 의하여 다른 검찰심사원이 임시로 검찰심사회장의 직무를 행한다.

제16조 지방재판소장 또는 지방재판소지부에 근무하는 재판관은 전조 제1항의 검찰심사회의의 개회 전에 검찰심사원 및 보충원에 대하여 검찰심사원 및 보충원의 권한, 의무 그 밖의 필요한 사항을 설명하고, 선서를 하게 하지 않으면 안 된다.

　○ 2 선서는 선서서에 의하여 하지 않으면 안 된다.

　○ 3 선서서에는 양심에 따라 공평성실하게 그 직무를 행할 것을 맹세하는 취지를 기재하지 않으면 안 된다.

　○ 4 지방재판소장 또는 지방재판소지부에 근무하는 재판관은 기립하여 선서서

를 낭독하고, 검찰심사원 및 보충원으로 하여금 이에 서명날인하게 하지 않으면 안 된다.

제17조 다음 각호의 어느 하나에 해당하는 검찰심사원은 그 직무의 집행이 정지된다.
  1. 금고 이상의 형에 해당하는 죄로 기소되어 그 피고사건의 종결이 이르지 아니한 자
  2 체포 또는 구류되어 있는 자
  ○ 2 제12조의 6의 규정은 전항 각호에 열거된 자에 해당하는지 여부에 관한 검찰심사회의 판단에 자료가 되는 사정의 조사에 관하여 준용한다.

제18조 검찰심사원이 결원인 때 또는 직무의 집행을 정지당한 때에는 검찰심사회장은 보충원 중에서 추첨으로 보궐의 검찰심사원을 선정하지 아니하면 안 된다.
  ○ 2 전항의 추첨은 검찰심사회사무관의 입회 하에 행하지 않으면 안 된다.

제18조의2 검찰심사회장은 검찰심사원 또는 보충원이 결원이 된 경우에 필요하다고 인정하는 인원수의 보충원(이하 이 조에서 「추가 보충원」이라 한다.)을 선정할 수 있다. 다만, 추가 보충원을 포함하여 검찰심사원 및 보충원의 인원수의 합계 22인을 넘을 수 없다.
  ○ 2 전항의 규정에 의한 선정은 정령으로 정하는 바에 의하여 결원인 검찰심사원 또는 보충원이 속하는 군의 검찰심사원후보자 중에서 검찰심사회사무국장이 추첨으로 행한다.
  ○ 3 추가 보충원의 임기는 그 자가 속하는 군의 검찰심사원의 임기와 동일하다. 다만, 제1항의 선정이 그 군의 검찰심사원의 임기가 개시된 뒤에 행해진 때에는 그 임기는 당해 선정이 행해진 날의 익일부터 개시하는 것으로 한다.
  ○ 4 제13조 제2항의 규정은 추가 보충원의 선정에 관한 제2항의 추첨에 관하여 , 제16조의 규정은 추가 보충원에 대한 설명 및 그 선서에 관하여 각각 준용한다. 이 경우에 동조 제1항 중 「전조 제1항의 」로 된 부분은 「제18조의2 제1항의 규정에 의한 선정 후 최초의」로 바꾸어 읽는 것으로 한다.

제3장   검찰심사회사무국 및 검찰심사회사무관

제19조 각 검찰심사회에 사무국을 둔다.

제20조 각 검찰심사회에 최고재판소가 정하는 인원수의 검찰심사회사무관을 둔다.
> ○ 2 검찰심사회사무관은 재판소사무관 중에서 최고재판소가 이를 명하고, 검찰심사회사무관이 근무하는 검찰심사회는 최고재판소의 정하는 바에 의하여 각 지방재판소가 이를 정한다.
> ○ 3 최고재판소는 각 검찰심사회의 검찰심사회사무관 가운데 1인에게 각 검찰심사회사무국장을 명한다.
> ○ 4 검찰심사회사무국장 및 그 밖의 검찰심사회사무관은 검찰심사회장의 지휘 감독을 받아 검찰심사회의 사무를 관장한다.

제4장   검찰심사회의

제21조 검찰심사회는 매년 3월, 6월, 9월 및 12월에 각각 검찰심사회의를 열지 않으면 안 된다.
> ○ 2 검찰심사회장은 특히 필요하다고 인정할 때에는 언제든지 검찰심사회의를 소집할 수 있다.

제22조 검찰심사회의의 소집장은 검찰심사회장이 검찰심사원 및 보충원 전원에 대하여 발한다.

제23조 검찰심사원 및 보충원에 대한 소집장에는 출두할 일시, 장소 및 소집에 응하지 아니한 때에는 과료에 처해질 수 있다는 뜻을 기재하지 않으면 안 된다.

제24조 검찰심사원 및 보충원은, 질병 그 밖의 불가피한 사유로 인하여 소집에 응할 수 없는 경우에는, 당해 회의기일에서의 직무를 사퇴할 수 있다. 이 경우에는, 서면으로 그 사유를 소명하지 않으면 안 된다.

제25조 검찰심사회는 검찰심사원 전원의 출석이 없으면, 회의를 열어 의결할 수 없다.

  ○ 2 검찰심사원이 회의기일에 출두하지 않을 때에는, 또는 제34조의 규정에 의하여 제척의 의결이 있을 때에는 검찰심사회장은 보충원 중에서 추첨으로 임시로 검찰심사원의 직무를 행하는 자를 선정하지 않으면 안 된다.

  ○ 3 제18조 제2항의 규정은 전항의 경우에 준용한다.

제25조의2 보충원은 검찰심사회의 허가를 얻어 검찰심사회의를 방청할 수 있다.

제26조 검찰심사회의는 공개하지 않는다.

제27조 검찰심사회의의 의사는 과반수로 결정한다.

제28조 검찰심사회의의 의사에 관하여는 회의록을 작성하지 않으면 안 된다.

  ○ 2 회의록은 검찰심사회사무관이 작성한다.

제29조 검찰심사원 및 보충원에게는 정령의 정하는 바에 의하여 여비, 일당 및 숙박료를 지급한다. 다만, 그 액수는 형사소송비용등에관한법률 (소화 46년 법률 제41호)의 규성에 의하여 증인에게 지급해야 할 액수보다 적어서는 안 된다.

제5장 심사신청

제30조 제2조 제2항에 열거된 자는 검찰관의 공소를 제기하지 않는 처분에 불복이 있을 때에는 그 검찰관이 속하는 검찰청의 소재지를 관할하는 검찰심사회에 그 처분의 당부의 심사의 신청을 할 수 있다.다만, 재판소법 제16조 제4호에 규정하는 사건 및 사적독점의 금지 및 공정거래의 확보에 관한 법률 의 규정에 위반한 죄에 관한 사건에 관하여는 그러하지 아니하다.

제31조 심사의 신청은 서면에 의하되 신청의 이유를 명시하지 않으면 안 된다.

제32조 검찰관의 공소를 제기하시 않는 처분의 당부에 관하여 검찰심사회의의 의결이 있는 때에는 동일사건에 관하여 다시 심사의 신청을 할 수 없다.

제6장   심사절차

제33조 신청에 의한 심사의 순서는 심사신청의 순서에 의한다 .다만, 검찰심사회장은 특히 긴급을 요한다고 인정할 때에는 그 순서를 변경할 수 있다.

　○ 2   직권에 의한 심사의 순서는 검찰심사회장이 정한다.

제34조 검찰심사회장은 검찰심사원에 대하여 피의자의 성명, 직업 및 주거를 고지하고, 그 직무의 집행으로부터 제척될 이유가 있는지 여부를 묻지 않으면 안 된다.

　○ 2 검찰심사원은 제척의 이유가 있을 때에는 그 취지의 신청을 하지 않으면 안 된다.

　○ 3 제척의 이유가 있을 때에는 검찰심사회의는 제척의 의결을 하지 않으면 안 된다.

제35조 검찰관은 검찰심사회의 요구가 있을 때에는 심사에 필요한 자료를 제출하고, 또는 회의에 출석하여 의견을 진술하지 않으면 안 된다.

제36조 검찰심사회는 공무소 또는 공사(公私)의 단체에 조회하여 필요한 사항의 보고를 구할 수 있다.

제37조 검찰심사회는 심사신청인 및 증인을 호출하여 심문할 수 있다.

　○ 2 검찰심사회는 증인이 그 호출에 응하지 아니한 때에는 당해 검찰심사회의 소재지를 관할하는 간이재판소에 대하여 증인의 소환을 청구할 수 있다.

　○ 3   전항의 청구가 있을 때에는 재판소는 소환장을 발부하지 않으면 안 된다.

　○ 4   전항의 소환에 관하여는 형사소송법 (소화 23년 법률 제131호)를 준용한다.

제38조 검찰심사회는 상당하다고 인정하는 자의 출두를 요구하여 법률 그 밖의 사항에 관하여 전문적 보조를 받을 수 있다.

제38조의2 심사신청인은 검찰심사회에 의견서 또는 자료를 제출할 수 있다.

제39조 증인 및 제38조의 규정에 의하여 조언을 한 자에게는 정령이 정하는 바에 의하여 여비, 일당 및 숙박료를 지급한다. 다만, 그 액수는 형사소송비용등에관한법률의 규정에 의하여 증인에게 지급할 액수보다 적어서는 안 된다.

제39조의2 검찰심사회는 심사를 행함에 있어서 법률에 관한 전문적인 식견을 보조받을 필요가 있다고 인정할 때에는 변호사 중에서 사건마다 심사보조원을 위촉할 수 있다.
    ○ 2 심사보조원의 수는 1인으로 한다.
    ○ 3 심사보조원은 검찰심사회의에서 검찰심사회장의 지휘감독을 받아 법률에 관한 학식경험에 기하여 다음에 열거하는 직무를 행한다 .
        1. 당해 사건에 관련되는 법령 및 그 해석을 설명하는 일.
        2 당해 사건의 사실상 및 법률상의 문제점을 정리하고 이에 아울러 당해 문제점에 관한증거를 정리하는 일.
        3 당해 사건의 심사에 관하여 법적 견지로부터 필요한 조언을 행하는 일.
    ○ 4 검찰심사회는 전항의 직무를 행한 심사보조원에게 제40조의 규정에 의한 의결서의 작성을 보조하게 할 수 있다.
    ○ 5 심사보조원은 그 직무를 행함에 있어서 검찰심사회가 공소권의 실행에 관하여 민의를 반영시켜 그 적정을 기하기 위하여 설치된 것임에 입각하여 그 자주적인 판단을 방해하지 않도록 언동을 하지 않으면 안 된다.

제39조의 3 검찰심사회는 위촉의 필요가 없게 되었다고 인정할 때, 또는 심사보조원에게 계속 그 직무를 행하게 하는 것이 적당하지 않다고 인정할 때에는 그를 해촉할 수 있다.

제39조의 4 심사보조원에는 따로 법률로 정하는 바에 의하여 수당을 지급하고, 아울러 정령으로 정하는 바에 의하여 여비, 일당 및 숙박료를 지급한다.

제39조의 5 검찰심사회는 검찰관의 공소를 제기하지 않는 처분의 당부에 관하여 다음

각호에 열거된 경우에는 당해 각호에 정한 의결을 한다.

1. 기소를 상당하다고 인정할 때　기소를 상당하다고 하는 의결
2. 전 호에 열거된 경우를 제외하고, 공소를 제기하지 않는 처분을 부당하다고 인정할 때 공소를 제기하지 않는 처분을 부당하다고 하는 의결
3. 공소를 제기하지 않는 처분을 상당하다고 인정할 때 공소를 제기하지 않는 처분을 상당하다고 하는 의결
○ 2. 전항 제1호의 의결을 함에는 제27조의 규정에 관계없이 검찰심사원 8인 이상의 다수에 의하지 않으면 안 된다.

제40조 검찰심사회는 심사의 결과 의결을 한 때에는 이유를 첨부한 의결서를 작성하여 그 등본을 당해 검찰관을 지휘감독하는 검사정 및 검찰관적격심사회에 송부하고 그 의결 후 7일간 당해 검찰심사회사무국의 게시장에 의결의 요지를 게시하며, 또한 제30조의 규정에 의한 신청을 한 자가 있을 때에는 그 신청에 관한 사건에 대한 의결의 요지를 이에 통지하지 않으면 안 된다.

제41조 검찰심사회가 제39조의 5 제1항 제1호의 의결을 한 경우에 전조의 의결서의 등본의 송부가 있을 때에는 검찰관은 신속하게 당해 의결을 참고하여, 공소를 제기할지 여부를 검토한 위에 당해 의결에 관한사건에 관하여 공소를 제기하거나 또는 공소를 제기하지 않는 처분을 하지 않으면 안 된다.
○ 2. 검찰심사회가 제39조의 5 제1항 제2호의 의결을 한 경우에 전조의 의결서의 등본의 송부가 있을 때에는 검찰관은 신속하게 당해 의결을 참고하여 당해 공소를 제기하지 않는 처분의 당부를 검토한 위에 당해 의결에 관한 사건에 대하여 공소를 제기하거나 또는 공소를 제기하지 않는 처분을 하지 않으면 안 된다.
○ 3. 검찰관은 전2항의 처분을 한 때에는 곧바로 전2항의 검찰심사회에 그 뜻을 통지하지 않으면 안 된다.

제41조의2 제39조의 5 제1항 제1호의 의결을 한 검찰심사회는 검찰관으로부터 전조 제3항의 규정에 의한 공소를 제기하지 않는 처분을 한 취지의 통지를 받은 때에는 당해 처분의 당부의 심사를 행하지 않으면 안 된다.다만, 다음 항의 규정에 의한

심사가 행해진 때에는 그러하지 아니하다.

○2 제39조의 5제1항 제1호의 의결을 한 검찰심사회는 제40조의 규정에 의하여 당해 의결에 관한의결서의 등본의 송부를 한 날로부터 3월(검찰관이 당해 검찰심사회에 대하여 3월을 넘지 않는 범위에서 연장을 요한다고 하는 기간 및 그 이유를 통지한 때에는 그 기간을 더한 기간) 이내에 전조 제3항의 규정에 의한 통지가 없을 때에는 그 기간이 경과한 때에 당해 의결이 있는 공소를 제기하지 않는 처분과 동일한 처분이 있는 것으로 간주하여 당해 처분의 당부의 심사를 행하지 않으면 안 된다. 다만, 심사의 결과 의결을 하기 전에 검찰관으로부터 동항의 규정에 의한 공소를 제기하지 않는 처분을 한 취지의 통지를 받은 때에는 당해 처분의 당부의 심사를 행하지 않으면 안 된다.

제41조의 3 검찰심사회는 전조의 규정에 의한 심사를 행하는 경우에, 동조에 규정하는 의결이 제2조 제2항에 열거된 자의 신청에 의한 심사에 관한 것으로서 그 신청을 한 자(그 자가 2인 이상일 때에는 그 전부)가 검찰심사회에 대하여 검찰관이 공소를 제기하지 않는 데에 불복이 없다는 취지의 신고를 한 때에는 당해 심사를 종료시킬 수 있다.

제41조의 4 검찰심사회는 제41조의2의 규정에 의한 심사를 행함에 있어서는 심사보조원을 위촉하고 법률에 관한 전문적인 식견을 근거로 해 가면서 그 심사를 행하지 않으면 안 된다.

제41조의 5 검찰심사회는 제41조 제1항의 공소를 제기하지 않는 처분에 관하여는 제41조의 2의 규정에 의한 경우에 한하여 그 당부의 심사를 행할 수 있다.

제41조의 6 검찰심사회는 제41조의 2의 규정에 의한 심사를 행한 경우에 기소를 상당하다고 인정할 때에는 제39조의 5 제1항 제1호의 규정에도 불구하고, 기소를 해야 한다는 취지의 의결(이하 「기소의결」이라고 한다.)을 한다. 기소의결을 함에는 제27조의 규정에도 불구하고 검찰심사원 8인 이상의 다수에 의하지 않으면 안 된다.

○2 검찰심사회는 기소의결을 하는 때에는 미리 검찰관에 대하여 검찰심사회

의에 출석하여 익견을 진술할 기회를 부여하지 않으면 안 된다.

○ 3 검찰심사회는 제41조의2의 규정에 의한 심사를 행한 경우에, 공소를 제기하지 않는 처분의 당부에 관하여 기소의결을 함에 이르지 아니한 때에는 제39조의 5 제1항의 규정에도 불구하고 그 취지의 의결을 하지 않으면 안 된다.

제41조의 7 검찰심사회는 기소의결을 한 때에는 의결서에 그 인정한 범죄사실을 기재하지 않으면 안 된다. 이 경우에 검찰심사회는 가능한 한 일시, 장소 및 방법에 의하여 범죄를 구성하는 사실을 특정하지 않으면 안 된다.

○ 2 검찰심사회는 심사보조원에게 전항의 의결서의 작성을 보조하게 하지 않으면 안 된다.

○ 3 검찰심사회는 제1항의 의결서를 작성한 때에는 제40조에 규정하는 조치를 취하는 이외에 그 의결서의 등본을 당해 검찰심사회의 소재지를 관할하는 지방재판소에 송부하지 않으면 안 된다. 다만, 적당하다고 인정할 때에는 기소의결에 관한 사건의 범죄지 또는 피의자의 주소, 거소 또는 현재지를 관할하는 그 밖의 지방재판소에 송부할 수 있다.

제41조의 8 검찰관이 동일한 피의사건에 관하여 앞에 하였던, 공소를 제기하지 않는 처분과 동일한 이유에 의하여 제41조 제2항의 공소를 제기하지 않는 처분을 한 때에는 제2조 제2항에 열거된 자는 그 처분의 당부의 심사의 신청을 할 수 없다.

제7장 기소의결에 기한 공소의 제기 등

제41조의 9 제41조의 7 제3항의 규정에 의한 의결서의 등본의 송부가 있을 때에는 재판소는 기소의결에 관한 사건에 관하여 공소의 제기 및 그 유지를 담당할 자를 변호사 중에서 지정하지 않으면 안 된다.

○ 2 전항의 경우에 의결서의 등본의 송부를 받은 지방재판소가 제41조의 7 제3항 단서에 규정하는 지방재판소에 해당하지 아니할 때에도, 전항의 규정에 의하여 재판소가 한 지정은 그 효력을 잃지 아니한다.

○ 3 지정변호사(제1항의 지정을 받은 변호사 및 제41조의 11 제2항의 지정을 받은 변호사를 말한다. 이하 같다.)는 기소의결에 관한 사 건에 대하여 다음 조

의 규정에 의하여 공소를 제기하고, 그 공소의 유지를 하기 위하여 검찰관의 직무를 행한다 .나만, 검찰사무관 및 사법경찰직원에 대한 수사의 지휘는 검찰관에 위탁하여 하지 않으면 안 된다.

○4 제1항의 재판소는 공소의 제기 전에 지정변호사가 그 직무를 행함에 적당하지 않다고 인정할 때 그 밖의 특별한 사정이 있을 때는 언제든지 그 지정을 취소할 수 있다.

○5 지정변호사는 법령에 의하여 공무에 종사하는 직원으로 간주한다.

○6 지정변호사에게는 정령으로 정하는 액수의 수당을 지급한다.

제41조의 10 지정변호사는 신속하게 기소의결에 관한 사건에 대하여 공소를 제기하지 않으면 안 된다. 다만 다음 각호의 어느 하나에 해당하는 때에는 그러하지 아니하다.

1. 피의자가 사망하거나 또는 피의자인 법인이 존속하지 않게 된 때.

2 당해 사건에 관하여 이미 공소가 제기되어 그 피고사건이 재판소에 계속 중인 때, 확정판결(형사소송법 제329조 및 제338조의 판결을 제외한다.)을 거친 때, 형이 폐지된 때 또는 그 죄에 관하여 사면이 있는 때.

3 기소의결 뒤에 생긴 사유에 의하여, 당해 사건에 관하여 공소를 제기하면 형사소송법 제337조 제4호 또는 제338조 제1호 또는 제4호에 열거된 경우에 해당하는 것으로 됨이 명백할 때.

○2 지정변호사는 전항 단서의 규정에 의하여 공소를 제기하지 않는 때에는 신속하게 전조 제1항의 재판소에 동항의 지정취소를 신청하지 않으면 안 된다. 이 경우에 당해 재판소는 전항 단서 각호에 열거된 사유의 어느 하나가 있다고 인정할 때에는 그 지정을 취소하여야 한다.

○3 전항의 재판소는 동항의 규정에 의하여 지정을 취소한 때에는 기소의결을 한 검찰심사회에 그 뜻을 통지하지 않으면 안 된다.

제41조의 11 지정변호사가 공소를 제기한 경우에 그 피고사건이 계속하는 재판소는 당해 지정변호사가 그 직무를 행하기에 적당하지 않다고 인정할 때 그 밖의 특별한 사정이 있을 때에는 언제든지 그 지정을 취소할 수 있다.

○2 전항의 재판소는 동항의 규정에 의하여 지정을 취소한 때 또는 심리의 경과 그 밖의 사정에 비추어 필요하다고 인정할 때에는 그 피고사건에 관하여 공소의 유지를 담당할 자를 변호사 중에서 지정할 수 있다.

제41조의 12 지정변호사는 공소를 제기한 경우에 동일한 사건에 관하여 형사소송법 제
262조 제1항의 청구가 제기된 지방재판소가 있을 때에는 이에 공소를 제기한 취
지를 통지하지 않으면 안 된다.

제8장 건의 및 권고

제42조 검찰심사회는 언제든지 검찰사무의 개선에 관하여 검사정에게 건의 또는 권고
를 할 수 있다.

  O 2 전항의 건의 또는 권고를 받은 검사정은 신속하게 검찰심사회에 대하여 당
해 건의 또는 권고에 기하여 취한 조치의 유무 및 그 내용을 통지하지 않으
면 안 된다.

제9장 검찰심사원 및 보충원의 보호를 위한 조치

제42조의2 노동자가 검찰심사원의 직무를 행하기 위하여 휴가를 취득한 사실, 그 밖의
검찰심사원 보충원 또는 검찰심사원후보자인 사실 또는 그러한 자들이었던 사실
을 이유로 해고 그 밖의 불이익한 취급을 하여서는 안 된다.

제10장 벌칙

제43조 검찰심사원 및 보충원은 다음의 경우에는 10만엔 이하의 과료에 처한다.

  1. 정당한 이유 없이 소집에 응하지 아니한 때.

  2 선서를 거부한 때.

  O 2 제37조 제3항의 규정에 의하여 소환을 받은 증인이 정당한 이유 없이 소환
에 응하지 아니한 때에도, 전항과 같다.

제44조 검찰심사원, 보충원 또는 심사보조원이 검찰심사회의에 있어서 검찰심사원이 행
하는 평의의 경과 또는 각 검찰심사원의 의견(제25조 제2항의 규정에 의하여 임
시로 검찰심사원의 직무를 행하는 자의 의견을 포함한다.이하 이 조에서 같다.)
또는 그 다소의 수(이하 이 조에서 「평의의 비밀」이라고 한다.) 그 밖의 직무상 알

게 된 비밀을 누설한 때에는 6월 이하의 징역 또는 50만엔 이하의 벌금에 처한다.

○ 2 검찰심사원, 보충원 또는 심사보조원의 직에 있던 자가 다음 각호의 어느 하나에 해당하는 때에도 전항과 같다.

1. 직무상 알게 된 비밀 (평의의 비밀을 제외한다.)을 누설한 때.

2 평의의 비밀 가운데 각 검찰심사원의 의견 또는 그 다소의 수를 누설한 때.

3 재산상의 이익 그 밖의 이익을 얻을 목적으로 평의의 비밀(전호에 규정하는 것을 제외한다.)을 누설한 때.

○ 3 전항 제3호의 경우를 제외하고, 검찰심사원, 보충원 또는 심사보조원의 직에 있던 자가 평의의 비밀(동항 제2호에 규정하는 것을 제외한다.)을 누설한 때에는 50만엔 이하의 벌금에 처한다.

제44조의2 검찰심사회가 심사를 행하거나 또는 심사를 행한 사건에 관하여 그 검찰심사원 또는 보충원 또는 그러한 직에 있던 자 또는 그들의 친족에 대하여 면회, 문서의 송부, 전화를 걸거나 그 밖의 방법 여하를 묻지 아니하고 협박의 행위를 한 자는 2년 이하의 징역 또는 20만엔 이하의 벌금에 처한다.

제45조 제2조 제1항 제1호 에 규정하는 직무에 관하여 검찰심사원에 대하여 부정한 청탁을 한 자는 2년 이하의 징역 또는 20만엔 이하의 벌금에 처한다.

제11장   보칙

제45조의2 검찰심사회의 휴일에 관하여는 재판소의 휴일에 관한 법률 (소화 63년 법률 제93호)제1조 의 규정을 준용한다.

제45조의 3 제10조부터 제12조까지의 규정에 의하여 시(市)정(町)촌(村)이 처리하는 사무는 지방자치법 (소화 22년 법률 제67호)제2조 제9항 제1호에 규정하는 제1호 법정수탁사무로 한다.

제46조 검찰심사회에 관한 경비는 재판소의 경비의 일부로서 국가의 예산에 계상하지 않으면 안 된다.

제47조 지방자치법 제252조의 19 제1항의 지정도시에서는 이 법률 가운데 시에 관한 규정은 구 및 총합구에 적용한다.

제48조 이 법률의 시행에 관하여 필요한 규정은 정령으로 정한다.

부칙 (생략)

부칙

이 법률은 공포일부터 시행한다.

부칙 (소화 24년 5월 31일 법률 제136호)

이 법률 가운데 법무부설치법 제13조의 7의 규정은 범죄자예방갱생법이 시행되는 날부터, 그 밖의 규정은 소화 24년 6월 1일부터 시행한다.

부칙 (소화 25년 4월 14일 법률 제96호)

이 법률 가운데 재판소법 제61조의2, 제61조의 3 및 제65조의 개정규정, 검찰심사회법 제6조 제6호의 개정규정 가운데 소년 조사관 및 소년 조사관보에 관한 것과 아울러 소년법의 개정규정은 공포일부터 기산하여 30일을 경과한 날부터, 그 밖의 부분은 공포일부터 시행한다.

부칙 (소화 25년 4월 15일 법률 제101호)

이 법률은 공직선거법시행일부터 시행한다.

부칙 (소화 26년 3월 30일 법률 제59호)

이 법률 가운데 재판소법 제65조의2 및 국가공무원법 제2조의 개정규정은 소화 27년 1월 1일부터, 그 밖의 규정은 소화 26년 4월 1일부터 시행한다.

부칙 (소화 27년 5월 29일 법률 제155호)

이 법률은 공포일부터 시행한다.

부칙　(소화 27년 7월 31일 법률 제265호)

이 법률은 소화 27년 8월 1일부터 시행한다.

부칙　(소화 27년 7월 31일 법률 제268호)

이 법률은 소화 27년 8월 1일부터 시행한다.

부칙　(소화 29년 5월 27일 법률 제126호)

1　이 법률은 소화 29년 6월 1일부터 시행한다.

부칙　(소화 29년 6월 8일 법률 제163호)

(시행기일)

이 법률 가운데 제53조의 규정은 교통사건즉결재판절차법의 시행일부터, 그 밖의 부분은 경찰법(소화 29년 법률 제162호.동법 부칙 제1항 단서에 관한 부분을 제외한다.)의 시행일부터 시행한다.

부칙　(소화 29년 6월 9일 법률 제164호)

이 법률은 공포일부터 기산하여 1월을 넘지 아니하는 범위 내에서 정령으로 정하는 날부터 시행한다.

부칙　(소화 29년 6월 17일 법률 제187호)

이 법률은 공포일부터 시행한다.

부칙　(소화 31년 6월 12일 법률 제148호)

이 법률은 지방자치법의일부를개정하는법률(조화 31년 법률 제147호)의 시행일부터 시행한다.

부칙　(소화 32년 5월 1일 법률 제91호)

이 법률은 공포일부터 시행한다.

부칙　(소화 36년 3월 31일 법률 제19호)

이 법률은 소화 36년 4월 1일부터 시행한다.

부칙　(소화 40년 3월 31일 법률 제27호)

(시행기일)

이 법률은 소화 40년 4월 1일부터 시행한다.

부칙　(소화 41년 6월 1일 법률 제77호)

(시행기일)

제1조 이 법률은 공포일부터 기산하여 8월을 넘지 아니하는 범위 내에서 정령으로 정하
　　는 날부터 시행한다.

부칙　(소화 41년 7월 11일 법률 제111호)

(시행기일)

제1조 이 법률은 공포일부터 기산하여 6월을 넘지 아니하는 범위 내에서 정령으로 정하
　　는 날부터 시행한다.

부칙　(소화 46년 4월 6일 법률 제42호)

이 법률(제1조를 제외한다.)은 소화 46년 7월 1일부터 시행한다.

부칙　(소화 48년 4월 12일 법률 제10호)

(시행기일)

이 법률은 공포일부터 시행한다.

부칙　(소화 63년 12월 13일 법률 제93호)

(시행기일)

제1조 이 법률은 공포일부터 기산하여 6월을 넘지 아니하는 범위 내에서 정령으로 정하
　　는 날부터 시행한다.

부칙　(평성 11년 7월 16일 법률 제87호)

(시행기일)

제1조 이 법률은 평성 12년 4월 1일부터 시행한다. 다만, 다음 각호에 열거된 규정은 당
　　해 각호에 정한 날부터 시행한다.

1. 제1조 가운데 지방자치법 제250조의 다음에 5조, 절 이름 및 2관 및 관 이름을 보태는 개정규정(동법 제250조의 9 제1항에 관한 부분(양 의원의 동의를 얻는 것에 관한 부분에 한한다.)에 한한다.), 제40조 가운데 자연공원법부칙 제9항 및 제10항의 개정규정(동법 부칙 제10항에 관한 부분에 한한다.), 제244조의 규정(농업개량조장법 제14조의 3의 개정규정에 관한 부분을 제외한다.) 및 제472조의 규정(시(市)정(町)촌(村)의합병의특례에관한법률 제6조, 제8조 및 제17조의 개정규정에 관한 부분을 제외한다.) 및 부칙 제7조, 제10조, 제12조, 제59조 단서, 제60조 제4항 및 제5항, 제73조, 제77조, 제157조 제4항부터 제6항까지, 제160조, 제163조, 제164조 및 제202조의 규정 : 공포일

(국가 등의 사무)

제159조 이 법률에 의한 개정 전의 각각의 법률에 규정하는 것 이외에, 이 법률의 시행 전에 지방공공단체의 기관이 법률 또는 이에 기한 정령에 의하여 관리하거나 또는 집행하는 국가, 다른 지방공공단체 그 밖의 공공단체의 사무(부칙 제161조에서 「국가 등의 사무」라고 한다.)는 이 법률의 시행 이후에는 지방공공단체가 법률 또는 이에 기한 정령에 의하여 당해 지방공공단체의 사무로서 처리한다.

(처분, 신청 등에 관한 경과조치)

제160조 이 법률(부칙 제1조 각호에 열거된 규정에 관하여는 당해 각 규정. 이하 이 조 및 부칙 제163조에서 같다.)의 시행 전에 개정 전의 각각의 법률의 규정에 의하여 이루어진 허가 등의 처분 그 밖의 행위(이하 이 조에서 「처분 등의 행위」라고 한다.) 또는 이 법률의 시행 당시에 개정 전의 각각의 법률의 규정에 의하여 내려져 있는 허가 등의 신청 그 밖의 행위(이하 이 조에서 「신청 등의 행위」라고 한다.)로서, 이 법률의 시행일 당시에 이러한 행위에 관한 행정사무를 행할 자가 달라지게 된 것은, 부칙 제2조부터 전조까지의 규정 또는 개정 뒤의 각각의 법률(이에 기한 명령을 포함한다.)의 경과조치에 관한 규정에 정한 것을 제외하고, 이 법률의 시행일 이후에 있어서의 개정뒤의 각각의 법률의 적용에 관하여는, 개정 뒤의 각각의 법률의 해당규정에 의하여 이루어진 처분 등의 행위 또는 신청 등의 행위로 본다.

2 이 법률의 시행 전에 개정 전의 각각의 법률의 규정에 의하여 국가 또는 지방

공공단체의 기관에 대하여 보고, 신고, 제출 그 밖의 절차를 거치지 않으면 안되는 사항으로서 이 법률의 시행일 전에 그 절차가 이루어지지 아니한 것에 관하여는, 이 법률 및 이에 기한 정령에 별도의 정함이 있는 것 이외에는, 이를 개정 뒤의 각각의 법률의 해당규정에 의하여 국가 또는 지방공공단체의 해당의 기관에 대하여 보고, 신고, 제출 그 밖의 절차를 취하지 않으면 안 되는 사항에 관하여 그 절차가 이루어지지 아니한 것으로 간주하여, 이 법률에 의한 개정 뒤의 각각의 법률의 규정을 적용한다.

(불복신청에 관한 경과조치)

제161조 시행일 전에 이루어진 국가 등의 사무에 관한 처분으로서 당해 처분을 한 행정청(이하 이 조에서 「처분청」이라고 한다.)에 시행일 전에 행정불복심사법에 규정하는 상급행정청(이하 이 조에서 「상급행정청」이라고 한다.)이 있는 것에 관한 동법에 의한 불복신청에 관하여는, 시행일 이후에도 당해 처분청에 계속하여 상급행정청이 있는 것으로 간주하여 행정불복심사법의 규정을 적용한다. 이 경우에 당해처분청의 상급행정청으로 보는 행정청은 시행일 전에 당해처분청의 상급행정청이었던 행정청으로 한다.

2 전항의 경우에 상급행정청으로 보는 행정청이 지방공공단체의 기관인 때에는 당해 기관이 행정불복심사법의 규정에 의하여 처리하는 것으로 되는 사무는 새로운 지방자치법 제2조 제9항 제1호 에 규정하는 제1호 법정수탁사무로 한다.

(수수료에 관한 경과조치)

제162조 시행일 전에서 이 법률에 의한 개정 전의 각각의 법률(이에 기한 명령을 포함한다.)의 규정에 의하여 납부해야 하였던 수수료에 관하여는 이 법률 및 이에 기한 정령에 별도의 정함이 있는 것 이외에는, 여전히 종전의 예에 의한다.

(벌칙에 관한 경과조치)

제163조 이 법률의 시행 전에 한 행위에 대한 벌칙의 적용에 관하여는 여전히 종전의 예에 의한다.

(그 밖의 경과조치의 정령에의 위임)

제164조 이 부칙에 규정하는 것 이외에 이 법률의 시행에 따라 필요한 경과조치(벌칙에 관한 경과조치를 포함한다.)는정령으로 정한다.

    2 부칙 제18조, 제51조 및 제184조의 규정의 적용에 관하여 필요한 사항은 정령으로 정한다.

(검토)

제250조 새로운 지방자치법 제2조 제9항 제1호에 규정하는 제1호 법정수탁사무에 관하여는, 가능한 한 새로이 설정함이 없도록 함과 아울러 새로운 지방자치법 별표 제1에 열거된 것 및 새로운 지방자치법에 기한 정령에 명시하는 것에 관하여는 지방분권을 추진하는 관점에서 검토를 더하여 적의, 적절한 재검토를 행하여야 한다.

제251조 정부는 지방공공단체가 사무 및 사업을 자주적으로 및 자립적으로 집행할 수 있도록 국가와 지방공공단체와의 역할분담에 응한 지방세재원의 충실확보의 방도에 관하여 경제상황의 추이 등을 감안하면서 검토하여 그 결과에 기하여 필요한 조치를 강구하여야 한다.

제252조 정부는 의료보험제도, 연금제도 등의 개혁에 따라 사회보험의 사무처리의 체제, 이에 종사하는 직원의 상태 등에 관하여 피보험자 등의 편리성의 확보, 사무처리의 효율화 등의 시점에 입각하여 검토하고, 필요가 있다고 인정할 때에는 그 결과에 기하여 요구되는 조치를 강구하여야 한다.

부칙   (평성 11년 12월 8일 법률 제151호)

(시행기일)

제1조 이 법률은 평성 12년 4월 1일부터 시행한다.

제4조 이 법률의 시행 전에 한 행위에 대한 벌칙의 적용에 관하여는 여전히 종전의 예에 의한다.

부칙 (평성 12년 5월 19일 법률 제74호)

(시행기일)

1 이 법률은 공포일부터 기산하여 6월을 넘지 아니하는 범위 내에서 정령으로 정하는 날부터 시행한다. 다만, 다음 각호에 열거된 규정은 각각 당해 각호에 정한 날부터 시행한다.

1 제1조 가운데 형사소송법 제235조의 개정규정 및 제2조의 규정 : 공포일부터 기산하여 20일을 경과한 날

(경과조치)

2 전항 제1호에 정한 날 이전에 범한 제1조의 규정에 의한 개정 뒤의 형사소송법 제235조 제1항 제1호에 열거된 죄에 관하여 고소를 할 수 있는 기간에 관하여는 여전히 종전의 예에 의한다.

부칙 (평성 16년 3월 31일 법률 제8호)

(시행기일)

제1조 이 법률은 평성 16년 4월 1일부터 시행한다.

부칙 (평성 16년 5월 28일 법률 제62호)

(시행기일)

제1조 이 법률은 공포일부터 기산하여 1년 6월을 넘지 아니하는 범위 내에서 정령으로 정하는 날부터 시행한다. 다만, 다음 각호에 열거된 규정은 당해 각호에 정한 날부터 시행한다.

2 제1조(형사소송법 제267조의 다음에 한 개의 조문을 보태는 개정규정에 한한다.), 제2조, 제3조(검찰심사회법 제8조 제4호의 다음에 세 개의 호를 보태는 개정규정을 제외한다.) 및 부칙 제7조(부칙 제3조의 규정을 교체하여 준용하는 부분에 한한다.) 및 제8조의 규정 : 공포일부터 기산하여 5년을 넘지 아니하는 범위 내에서 정령으로 정하는 날

3 제3조(검찰심사회법 제8조 제4호의 다음에 세 개의 호를 보태는 개정규정에 한한다.)의 규정 : 재판원이참가하는형사재판에관한법률(평성 16년 법률 제613호)의 시행일

(검찰심사회법의 일부 개정에 따른 벌칙에 관한 경과조치)

제8조 제3조의 규정의 시행 전에 한 행위에 대한 검찰심사회법의 벌칙의 적용에 관하여
　는 여전히 종전의 예에 의한다 .

부칙 　(평성 17년 5월 25일 법률 제50호)

(시행기일)

제1조 이 법률은 공포일부터 기산하여 1년을 넘지 아니하는 범위 내에서 정령으로 정하
　는 날부터 시행한다.

(검토)

제41조 정부는 시행일부터 5년 이내에 이 법률의 시행의 상황에 관하여 검토를 더하여
　필요가 있다고 인정할 때에는 그 결과에 기하여 요구되는 바의 조치를 강구하여
　야 한다.

부칙 　(평성 18년 6월7일 법률 제53호)

(시행기일)

제1조 이 법률은 평성 19년 4월 1일부터 시행한다. 다만, 다음 각호에 열거된 규정은 당
　해 각호에 정한 날부터 시행한다.

　　1 제195조 제2항, 제196조 제1항 및 제2항, 제199조의 3 제1항 및 제4항, 제252조
　　의 17, 제252조의 22 제1항 및 제252조의 23의 개정규정 및 부칙 제4조, 제6조,
　　제8조부터 제10조까지 및 제50조의 규정 : 공포일

　　2 제96조 제1항의 개정규정, 제100조의 다음에 한 개의 조문을 보태는 개정규정 및
　　제101조, 제102조 제4항 및 제5항, 제109조, 제109조의2, 제110조, 제121조, 제123
　　조, 제130조 제3항, 제138조, 제179조 제1항 , 제207조, 제225조, 제231조의2, 제234
　　조 제3항 및 제5항, 제237조 제3항, 제238조 제1항, 제238조의2 제2항, 제238조의
　　4, 제238조의 5, 제263조의 3 및 제314조 제1항의 개정규정 및 부칙 제22조 및 제
　　32조의 규정, 부칙 제37조 가운데 지방공영기업법(소화 27년 법률 제292호) 제33
　　조 제3항의 개정규정, 부칙 제47조 가운데 구 시(市)정(町)촌(村)의합병의특례에관한
　　법률(소화 40년 법률 제6호)부칙 제2조 제6항의 규정에 의하여 여전히 그 효력을
　　지니는 것으로 되는 동법 제5조의 29의 개정규정 및 부칙 제51조 가운데 시(市)정

㉧촌㉬의합병의특례등에관한법률(평성 16년 법률 제519호)제47조의 개정규정 : 공포일부터 기산하여 1년을 넘지 아니하는 범위 내에서 정령으로 정하는 날

부칙　(평성 19년 5월 30일 법률 제60호)

(시행기일)

제1조 이 법률은 공포일부터 시행한다. 다만, 다음 각호에 열거된 규정은 당해 각호에 정한 날부터 시행한다.

　　1 제3조(검찰심사회법 제5조, 제6조 및 제9조부터 제12조까지의 개정규정, 동법 제12조의 다음에 여섯 개의 조문을 보태는 개정규정, 동법 제13조부터 제15조까지의 개정규정 및 동법 제7장의 다음에 한 개의 장을 보태는 개정규정에 한한다.) 및 다음 조부터 부칙 제4조까지의 규정 : 공포일부터 기산하여 1년 6월을 넘지 아니하는 범위 내에서 정령으로 정하는 날

　　2 제3조(검찰심사회법 제7조 제4호 및 제16조 제1항의 개정규정, 동법 제17조에 한 개의 항을 보태는 개정규정, 동법 제18조의 다음에 한 개의 조문을 보태는 개정규정 및 동법 제20조 제1항 및 제21조의 개정규정에 한한다.) 및 부칙 제5조의 규정 : 형사소송법등의일부를개정하는법률(평성 16년 법률 제612호)부칙 제1조 제2호에 열거된 규정의 시행일

　　3 제2조 및 제3조(검찰심사회법 제8조의 개정규정에 한한다.)의 규정 : 재판원이 참가하는형사재판에관한법률의 시행일

(경과조치)

제2조 전조 제1호 에 열거된 규정의 시행 당시에 선정되어 있는 검찰심사원후보자에 관한 검찰심사원으로서의 자격, 당해 자격에 관한 시㉧정㉧촌㉬의 선거관리위원회에 의한 통지, 당해 검찰심사원후보자부터 의 검찰심사원 및 보충원의 선정 및 그 임기에 관하여는, 제3조(같은 호에 규정하는 개정규정에 한한다.)의 규정에 의한 개정 뒤의 검찰심사회법(다음 항 및 다음 조에서 「신법」이라고 한다.) 제5조, 제6조, 제12조, 제13조 및 제14조의 규정에 불구하고 여전히 종전의 예에 의한다 .

　　2 신법 제12조의2부터 제12조의 7까지의 규정은 전조 제1호 에 열거된 규정의 시행 뒤에 선정된 검찰심사원후보자 및 당해 검찰심사원후보자부터 선정된 검찰심사원 및 보충원에 관하여 적용한다.

3 제3조(전조 제2호에 규정하는 개정규정에 한한다.)의 규정에 의한 개정 뒤의 검찰심사회법 제18조의2의 규정은 전조 제1호 에 열거된 규정의 시행 뒤에 선정된 검찰심사원후보자부터 선정된 검찰심사원 및 보충원(다른 군의 검찰심사원이 당해 규정의 시행 전에 선정된 검찰심사원후보자부터 선정된 검찰심사원인 경우를 제외한다.)에 관하여 적용한다.

제3조 형사소송법등의일부를개정하는법률 부칙 제1조 제3호에 열거된 규정의 시행일이 부칙 제1조 제1호에 열거된 규정의 시행일 뒤인 경우에는 동법 부칙 제1조 제3호에 열거된 규정의 시행일의 전일까지의 사이에 있어서의 신법 제12조의 5의 규정의 적용에 관하여는 동조 가운데 「제8호」를 「제4호」로, 「동조 제9호」를 「동조 제5호」로 한다.

부칙 (평성 26년 5월 30일 법률 제42호)

(시행기일)

제1조 이 법률은 공포일부터 기산하여 2년을 넘지 아니하는 범위 내에서 정령으로 정하는 날부터 시행한다.

부칙 (평성 28년 6월3일 법률 제54호)

(시행기일)

제1조 이 법률은 공포일부터 기산하여 3년을 넘지 아니하는 범위 내에서 정령으로 정하는 날부터 시행한다. 다만, 다음 각호에 열거된 규정은, 당해 각호에 정한 날부터 시행한다.

4 제2조(형사소송법 제301조의 다음에 한 개의 조문을 붙이는 개정규정을 제외한다.) 및 제4조의 규정 및 부칙 제7조 및 제11조(전호에 열거된 개정규정을 제외한다.)의 규정 : 공포일부터 기산하여 2년을 넘지 아니하는 범위 내에서 정령으로 정하는 날

MAGNA CARTA

Johannes Dei gracia rex Anglie, Dominus Hibernie, dux Normannie, Aquitannie et comes Andegavie, archiepiscopis, episcopis, abbatibus, comitibus, baronibus, justiciariis, forestariis, vicecomitibus, prepositis, ministris et omnibus ballivis et fidelibus suis salutem. Sciatis nos intuitu Dei et pro salute anime nostre et omnium antecessorum et heredum nostrorum ad honorem Dei et exaltacionem sancte Ecclesie, et emendacionem regi nostri, per consilium venerabilium patrum nostrorum, Stephani Cantuariensis archiepsicopi, tocius Anglie primatis et sancte Romane ecclesie cardinalis, Henrici Dublinensis archiepiscopi, Willelmi Londoniensis, Petri Wintoniensis, Joscelini Bathoniensis et Glastoniensis, Hugonis Lincolniensis, Walteri Wygorniensis, Willelmi Coventriensis, et Benedicti Roffensis, episcoporum; magistri Pandulfi domini pape subdiaconi et familiaris, fratris Aymerici magistri milicie Templi in Anglia; et nobilium virorum Willelmi Mariscalli comitis Penbrocie, Willelmi comitis Sarisberie, Willelmi comitis Warennie, Willelmi comitis Arundellie, Alani de Galewey a constabularii Scocie, Warini filii Geroldi, Petri filii Hereberti, Huberti de Burgo senescalli Pictavie, Hugonis de Nevilla, Mathei filii Hereberti, Thome Basset, Alani Basset, Philippi de Albiniaco, Roberti de Roppel., Johannis Mariscalli, Johannis filii Hugonis et aliorum fidelium nostrum.

1. In primis concessisse Deo et hac presenti carta nostra confirmasse, pro nobis et heredibus nostris in perpetuum quod Anglicana ecclesia libera sit, et habeat jura sua integra, et libertates suas illesas; et ita volumus observari; quod apparet ex eo quod libertatem electionum, que maxima et magis necessaria reputatur Ecclesie Anglicane, mera et sponta-

마그나 카르타(대헌장)[1]

짐의 대주교들에게, 주교들에게, 대수도원장들에게, 백작들에게, 귀족들에게, 재판관들에게, 임정관들(foresters)에게, 주(州) 장관들에게, 관리들에게, 그리고 짐의 모든 관공리들에게와 충직한 신민들에게, 신의 은총에 의하여 영국의 국왕인, 아일랜드의 군주인, 노르만디의 및 아키텐주(州)의 대공인, 앙주의 백작인 존이 인사하노라.

짐의 영혼의 건강을 및 짐의 선조들의 및 상속인들의 영혼의 건강을 위하여, 신에게 맹세코, 성교회의 찬양을 위하여, 그리고 짐의 왕국의 보다 나은 정돈을 위하여, 짐의 경애하는 아버지들인 영국 전체의 수석주교이고 성스러운 로마교회의 추기경인 캔터베리 대주교 스티븐(Stephen)의, 더블린 대주교 헨리(Henry)의, 런던 주교 윌리엄(William)의, 윈체스터 주교 피터(Peter)의, 바뜨(Bath)의 및 글래스턴베리의 주교 조슬린(Jocelin)의, 링컨 주교 휴(Hugh)의, 워시스터 주교 월터(Walter)의, 코벤트리 주교 윌리엄(William)의, 로체스터 주교 베네딕트(Benedict)의, 우리 주 교황의 차부제(次副祭)이며 교황청의 일원인 판둘프(Pandulf)의, 영국 템플기사단장 아이메릭(Aymeric)의, 그리고 저명한 사람들인 펨브로크 백작 윌리엄 마샬(William Marshal)의, 솔즈베리 백작 윌리엄(William)의, 워렌 백작 윌리엄(William)의, 아룬델 백작 윌리엄(William)의, 스코틀랜드 갤로웨이 시종무관장 알랜(Alan)의, 제럴드의 아들 워린(Warin)의, 허버트의 아들 피터(Peter)의, 포아투 집사 휴버트 드 버그(Hubert de Burgh)의, 휴 드 네빌(Hugh de Neville)의, 허버트의 아들 매튜(Matthew)의, 토마스 바셑(Thomas Basset)의, 알랜 바셑(Alan Basset)의, 필립 도브니(Philip Daubeny)의, 로버트 드 로펠리(Robert de Roppeley)의, 존 마샬(John Marshal)의, 휴의 아들 존(John)의, 그리고 그 밖의 충성스러운 신하들의 조언에 따라 아래 사항을 신 앞에서 알지라:

1. 첫째, 짐을 위하여 및 짐의 상속인들을 위하여 영구토록 신에게 짐은 인정한 터이고 지금의 이 헌장에 의하여 확인한 터인 바, 즉 영국교회는 자유이고, 그 자신의 권리들을 감소되지 아니한 상태로, 그리고 그 자신의 자유들을 손상되지 않은 상태로 영국교회는 보유하노

---

1) 대영도서관(The British Library)의, Katherine Fischer Drew의 및 J. C. Holt의 영어번역본을 라틴어 원문에 아울러 참조하였다.

nea voluntate, ante discordiam inter nos et barones nostros motam, concessimus et carta nostra confirmavimus, et eam obtinuimus a domino papa Innocentio tercio confirmari; quam et nos observabimus et ab heredibus nostris in perpetuum bona fide volumus observari. Concessimus eciam omnibus liberis hominibus regni nostri, pro nobis et heredibus nostri in perpetuum, omnes libertates subscriptas, habendas et tenendas eis et heredibus suis, de nobis et heredibus nostris.

2. Si quis comitum vel baronum nostrorum, sive aliorum tenencium de nobis in capite per servicium militare, mortuus fuerit, et cum decesserit heres suus plene etatis fuerit et relevium debeat, habeat hereditatem suam per antiquum relevium; scilicet heres vel heredes comitis de baronia comitis integra per centum libras; heres vel heredes baronis de baronia per centum libras; heres vel heredes militis de feodo militis integro per centum solidos ad plus; et qui minus debuerit minus det secundum antiquam consuetudinem feodorum.

3. Si autem heres alicujus talium fuerit infra etatem et fuerit in custodia, cum ad etatem pervenerit, habeat hereditatem suam sine relevio et sine fine.

4. Custos terre hujusmodi heredis qui infra etatem fuerit, non capiat de terra heredis nisi racionabiles exitus, et racionabiles consuetudines, et racionabilia servicia, et hoc sine destructione et vasto hominum vel rerum; et si nos commiserimus custodiam alicujus talis terre vicecomiti vel alicui alii qui de exitibus illius nobis respondere debeat, et ille destructionem de custodia fecerit vel vastum, nos ab illo capiemus emendam, et terra committatur duobus legalibus et discretis hominibus de feodo illo, qui de exitibus respondeant nobis vel ei cui eos assignaverimus; et si dederimus vel vendiderimus alicui custodiam alicujus talis terre, et ille destructionem inde fecerit vel vastum, amittat ipsam custodiam, et tradatur duobus legalibus et discretis hominibus de feodo illo qui similiter nobis respondeant sicut predictum est.

라. 교회의 선거들의 자유를 - 교회에게 최고로 필요하고 중요한 것으로 간주되는 권리를 - 짐과 짐의 귀족들 사이의 현재의 분란의 발발 이전에 짐 스스로의 의지로써 짐의 특허장에 의하여 짐이 인정하고 확인하였다는 사실로부터, 그리고 교황 이노켄트 3세에 의하여 이것이 승인되게끔 짐이 조치하였다는 사실로부터, 이것이 그렇게 준수되기를 짐이 바란다는 점은 확인되노라. 이 자유를 짐은 스스로 존중할 것이며, 또한 짐의 상속인들에 의하여 이 자유가 영구토록 충실히 존중되기를 짐은 바라노라.

아래에 기재되는 모든 자유들을 짐에게서와 짐의 상속인들에게서 그들이 및 그들의 상속인들이 보유할 것을 및 유지할 것을 짐을 위하여 및 짐의 상속인들을 위하여 영구토록, 짐의 왕국의 모든 자유인들에게 짐은 또한 허여하였노라:

2. 만약 조금이라도 백작이, 귀족이, 또는 기사 봉직을 조건으로 토지들을 짐에게서 직속으로 보유하는 그 밖의 사람이 죽으면, 그리하여 그의 사망 시에 그의 상속인이 성년에 달해 있고 상속료 납부의무를 지면, 예로부터의 율에 따른 상속료의 지불에 의하여 그의 상속재산을 상속인은 보유한다. 즉, 백작의 상속인은 또는 상속인들은 영지 전체에 대하여 100 파운드를 지급해야 하고, 귀족의 상속인은 또는 상속인들은 영지 전체에 대하여 100 파운드를 지급해야 하며, 나이트(knight)작의 상속인은 또는 상속인들은 기사 봉직 조건부 봉토 전체에 대하여 최대 100 실링을 지급하여야 하는 바; 조금이라도 지불의무가 적은 사람은 적게 지불하되, 봉토들에 관한 예로부터의 관행에 따른다.

3. 그러나 만약 이러한 사람 누구든지의 상속인이 미성년으로서 후견 아래에 있으면, 그가 성년에 달할 때 그의 상속재산을 상속료 또는 상납금 없이 그는 보유한다.

4. 미성년인 상속인의 토지의 후견인은 오직 상당한 범위 내에서만 총수입을, 관례의 요금을, 그리고 역무를 그것으로부터 취해야 한다. 이를 행함에 있어서 파괴를 또는 손상을 사람에게 또는 재산에게 그는 끼쳐서는 안 된다. 만약 토지의 후견권을 주(州) 장관에게 또는 그 총수입에 대하여 짐에게 책임을 지는 누구에게든 짐이 부여했다면, 그런데 파괴를 내지는 손상을 그가 가한다면, 배상금을 그에게서 짐은 징수할 것이며, 총수입에 대하여 짐에게 책임을 지는 동일 봉토 내의 두 명의 준법적인 및 사려 깊은 사람들에게 또는 그 총수입을 짐이 할당한 사람에게 그 토지는 맡겨진다. 이러한 토지의 후견권을 만약 어느 누구에게라도 짐이 부여했거나 매각했다면, 그런데 파괴를 또는 손상을 그가 야기하면, 그것에 대한 후견권을 그는 상실하고, 마찬가지로 짐에게 책임을 지는 동일 봉토 내의 두 명의 준법적인 및 사려 깊은 사람들에게 그것은 이전된다.

5. Custos autem, quamdiu custodiam terre habuerit, sustentet domos, parcos, vivaria, stagna, molendina, et cetera ad terram illam pertinencia, de exitibus terre ejusdem; et reddat heredi, cum ad plenam etatem pervenerit, terram suam totam instauratam de carucis et waynagiis, secundum quod tempus waynagii exiget et exitus terre racionabiliter poterunt sustinere.

6. Heredes maritentur absque disparagacione, ita tamen quod, antequam contrahatur matrimonium, ostendatur propinquis de consanguinitate ipsius heredis.

7. Vidua post mortem mariti sui statim et sine difficultate habeat maritagium et hereditatem suam, nec aliquid det pro dote sua, vel pro maritagio suo, vel hereditate sua, quam hereditatem maritus suus et ipsa tenuerint dit obitus ipsius mariti, et maneat in domo mariti sui per quadraginta dies post mortem ipsius, infra quos assignetur ei dos sua.

8. Nulla vidua distringatur ad se maritandum, dum voluerit vivere sine marito, ita tamen quod securitatem faciat quod se non maritabit sine assensu nostro, si de nobis tenuerit, vel sine assensu domini sui de quo tenuerit, si de alio tenuerit.

9. Nec nos nec ballivi nostri seisiemus terram aliquam nec redditum pro debito aliquo, quamdiu catalla debitoris sufficiunt ad debitum reddendum; nec plegii ipsius debitoris distringantur quamdiu ipse capitalis debitor sufficit ad solucionem debiti; et si capitalis debitor defecerit in solucione debiti, non habens unde solvat, plegii respondeant de debito; et, si voluerint, habeant terras et redditus debitoris, donec sit eis satisfactum de debito quod ante pro eo solverint, nisi capitalis debitor monstraverit se esse quietum inde versus eosdem plegios.

10. Si quis mutuo ceperit aliquid a Judeis, plus vel minus, et moriatur antequam debitum illud solvatur, debitum non usuret quamdiu heres fuerit infra etatem, de quocumque teneat; et si debitum illud inciderit in manus nostras, nos non capiemus nisi catallum contentum in carta.

5. 이러한 토지에 대한 후견권을 후견인이 보유하는 한, 가택들을, 공원들을, 물고기 금렵지들을, 연못들을, 물방앗간들을, 그리고 거기에 속하는 그 밖의 모든 것을 토지 사체의 총수입으로써 그는 유지해야 한다. 상속인이 성년이 되면, 쟁기들을 및 농기구들을, 그리고 계절이 요구하는 및 토지로부터의 총수입이 적절하게 감당할 수 있는 정도의 농업 도구들을 갖춘 상태의 토지 전체를 상속인에게 후견인은 회복시켜야 한다.

6. 상속인들은 결혼할 수 있으나, 사회적 지위가 더 낮은 사람에게 해서는 안 된다. 결혼이 거행되기 전에, 상속인의 최근친자에게 그것은 알려져야 한다.

7. 남편의 사망 뒤에는 그녀의 결혼지참금을 즉시로 무탈하게 과부는 보유할 수 있다. 그녀의 미망인으로서의 상속분에 대하여, 결혼지참금에 대하여, 또는 그의 사망일 현재로 조금이라도 그녀가 및 그녀의 남편이 공동으로 보유한 상속재산에 대하여 그녀는 지불하지 아니한다. 그녀의 남편의 사망 이후 40일 동안 그의 집에 그녀는 머물 수 있고, 이 기간 내에 그녀의 미망인으로서의 상속분은 그녀에게 배당되어야 한다.

8. 남편 없이 지내기를 그녀가 원하는 한 결혼하도록 과부는 강제되지 아니한다. 그러나 짐의 토지들을 그녀가 보유할 경우에는 짐의 동의 없이는, 또는 여타 귀족의 토지들을 그녀가 보유할 경우에는 그 귀족의 동의 없이는 결혼하지 아니한다는 데 대한 보증을 그녀는 제공하지 않으면 안 된다.

9. 채무를 이행하기에 충분한 동산을 채무자가 가지고 있는 한, 조금이라도 토지를 또는 임차지를 채무의 지급으로서 짐은 또는 짐의 집행관들은 몰수하지 아니한다. 그의 채무를 채무자 자신이 이행할 수 있는 한 채무자의 보증인들은 압류당하지 아니한다. 만약 그의 채무를 자력 부족으로 인하여 채무자가 이행할 수 없으면, 이에 대하여 책임을 그의 보증인들은 진다. 만약 그들이 원하면 채무자를 위하여 보증인들이 변제한 채무에 대한 보상을 그들이 수령할 때까지 채무자의 토지들을 및 임차지들을 그들은 보유할 수 있되, 다만 그들에 대한 자신의 의무사항들을 그가 지불했음을 채무자가 증명할 수 있으면 그러하지 아니하다.

10. 만약 유대인들로부터 금전을 차용한 어느 누구가든 채무가 변제되기 전에 사망하면, 그가 미성년으로 남아 있는 한, 그의 토지들을 누구에게서 그가 보유하는지에 상관 없이 채무에 대한 이자를 그의 상속인은 지불해서는 안 된다. 만약 짐의 손 안에 이러한 채무가 떨어지면, 증서에 명시된 원금을 이외에는 아무 것도 짐은 취하지 아니하겠노라.

11. Et si quis moriatur, et debitum debeat Judeis, uxor ejus habeat dotem suam, et nichil reddat de debito illo; et si liberi ipsius defuncti qui fuerint infra etatem remanserint, provideantur eis necessaria secundum tenementum quod fuerit defuncti, et de residuo solvatur debitum, salvo servicio dominorum; simili modo fiat de debitis que debentur aliis quam Judeis.

12. Nullum scutagium vel auxilium ponatur in regno nostro, nisi per commune consilium regni nostri, nisi ad corpus nostrum redimendum, et primogenitum filium nostrum militem faciendum, et ad filiam nostram primogenitam semel maritandam, et ad hec non fiat nisi racionabile auxilium; simili modo fiat de auxiliis de civitate London.

13. Et civitas London. habeat omnes antiquas libertates et liberas consuetudines suas, tam per terras, quam per aquas. Preterea volumus et concedimus quod omnes alie civitates, et burgi, et ville, et portus, habeant omnes libertates et liberas consuetudines suas.

14. Et ad habendum commune consilium regni de auxilio assidendo aliter quam in tribus casibus predictis, vel de scutagio assidendo, summoneri faciemus archiepiscopos, episcopos, abbates, comites, et majores barones sigillatim per litteras nostras; et preterea faciemus summoneri in generali per vicecomites et ballivos nostros omnes illos qui de nobis tenent in capite ad certum diem, scilicet ad terminum quadraginta dierum ad minus, et ad certum locum; et in omnibus litteris illius summonicionis causam summonicionis exprimemus; et sic facta summonicione negocium ad diem assignatum procedat secundum consilium illorum qui presentes fuerint, quamvis non omnes summoniti venerint.

15. Nos non concedemus de cetero alicui quod capiat auxilium de liberis hominibus suis, nisi ad corpus suum redimendum, et ad faciendum primogenitum filium suum militem, et ad primogenitam filiam suam semel maritandam, et ad hec non fiat nisi racionabile auxilium.

11. 만약 유대인들에게 금전채무를 지는 남자가 죽으면, 자신의 미망인으로서의 상속분을 그의 처는 보유할 수 있고 따라서 그 채무를 그의 처는 변제할 의무가 없다. 만약 미성년의 자녀들을 그가 남기면, 그의 토지 보유의 크기에 상응하는 율에 따라 그들의 필요물들은 마찬가지로 제공될 수 있다. 그 나머지 재산에서 채무는 변제되어야 하며, 그의 봉건귀족들에 대하여 지는 역무를 위한 몫을 떼어두어야 한다. 유대인들 이외의 사람들에 대한 채무는 이에 유사하게 처리된다.

12. 기사봉직 면제금은 또는 상납금은 보편적 동의 없이는 짐의 왕국 내에서 징수될 수 없으나, 짐의 신체를 되사기 위한 경우에, 짐의 가장 먼저 태어난 아들을 기사로 만들기 위한 경우에, 그리고 짐의 가장 먼저 태어난 딸을 결혼시키기 위한 한 번의 경우에는 예외로 한다. 이 목적들을 위한 경우에도 상납금은 적당한 액수의 것이 되지 않으면 안 된다. 런던 시로부터의 상납금 항목들은 이에 비슷하게 처리되어야 한다.

13. 예로부터의 모든 자유들을 및 자유관습들을 육지를 통해서든 해상을 통해서든 런던 시는 향유한다. 그들의 모든 자유들을 및 자유관습들을 그 밖의 모든 도시들이, 자치 성들이, 마을들이, 그리고 항구들이 향유하기를 짐은 바라고 허여하노라.

14. 위에 명시된 세 가지 경우들을 제외한 상납금의 산정을 위한, 또는 기사봉직 면제금의 산정을 위한 왕국의 보편적 동의를 얻기 위하여는, 대주교들이, 주교들이, 대수도원장들이, 백작들이, 그리고 귀족들이 서면에 의하여 개별적으로 소환되도록 짐은 조치하겠노라. 짐에게서 토지들을 직속으로 보유하는 자들에게는 적어도 40일의 여유를 두고서 통지되는 특정 일에 특정 장소에 모이도록 주^(州) 장관들을 또는 그 밖의 관공리들을 통하여 전체 소환장들이 발부되게끔 짐은 조치하겠노라. 모든 소환장들에는 소환의 이유가 기재되어야 한다. 소환장이 발부되고 나면, 회합일의 안건으로 지정된 사항은 그 소환된 사람들 전원이 출석하지 아니하였을 경우에도 그 출석한 사람들의 의결에 따라 진행된다.

15. 그의 신체를 되사기 위한 경우를, 그의 가장 먼저 태어난 아들을 기사로 만들기 위한 경우를, 그의 가장 먼저 태어난 딸을 결혼시키기 위한 한 번의 경우를 제외하고는, 상납금을 그의 자유인들로부터 징수함을 장래에 있어서 어느 누구에게도 짐은 허용하지 아니하겠노라. 이 목적들을 위한 경우에도 상납금은 적당한 액수의 것이 되지 않으면 안 된다.

16. Nullus distringatur ad faciendum majus servicium de feodo militis, nec de alio libero tenemento, quam inde debetur.

17. Communia placita non sequantur curiam nostram, set teneantur in aliquo loco certo.

18. Recogniciones de nova disseisina, de morte antecessoris, et de ultima presentacione, non capiantur nisi in suis comitatibus et hoc modo : nos, vel si extra regnum fuerimus, capitalis justiciarius noster, mittemus duos justiciarios per unum quemque comitatum per quatuor vices in anno, qui, cum quatuor militibus cujuslibet comitatus electis per comitatum, capiant in comitatu et in die et loco comitatus assisas predictas.

19. Et si in die comitatus assise predicte capi non possint, tot milites et libere tenentes remaneant de illis qui interfuerint comitatui die illo, per quos possint judicia sufficenter fieri, secundum quod negocium fuerit majus vel minus.

20. Liber homo non amercietur pro parvo delicto, nisi secundum modum delicti; et pro magno delicto amercietur secundum magnitudinem delicti, salvo contenemento suo; et mercator eodem modo, salva mercandisa sua; et villanus eodem modo amercietur salvo waynagio suo, si inciderint in misericordiam nostram; et nulla predictarum misericordiarum ponatur, nisi per sacramentum proborum hominum de visneto.

21. Comites et barones non amercientur nisi per pares suos, et non nisi secundum modum delicti.

22. Nullus clericus amercietur de laico tenemento suo, nisi secundum modum aliorum predictorum, et non secundum quantitatem beneficii sui ecclesiastici.

23. Nec villa nec homo distringatur facere pontes ad riparias, nisi qui ab antiquo et de jure facere debent.

16. 정당한 범위를 넘는 역무를 기사 봉직 조건부 봉토의 대가로 또는 그 밖의 자유 토지보유권의 대가로 이행하도록 어느 누구도 강제되지 아니한다.

17. 보통의 소송들은 짐의 법정을 쫓아 돌아다니지 아니하며, 지정된 장소에서 열려야 한다.

18. 신침탈 부동산점유 회복소송의, 상속부동산점유 회복소송의, 및 최종점유 항변의 신문들은 각각의 상응하는 법정에서 열려야 한다. 두 명의 재판관들을 일 년에 네 차례 카운티마다에 짐이 스스로, 또는 짐이 해외에 있어 부재 중인 경우에는 짐의 재판장이 보낼 것인 바, 카운티 자신에 의하여 선발된 네 명의 기사들을 대동하고서 카운티 법정에서의 순회재판들을 법정이 열리는 날에 및 장소에서 이 재판관들은 연다.

19. 카운티 법원의 기일에 순회재판이 열릴 수 없으면, 법정에 출석한 자들 가운데서 그 처리되어야 할 업무의 양을 고려하여 재판운영을 충족할 숫자만큼의 기사들이 및 자유 토지보유권자들이 남겨져야 한다.

20. 자유인에게 부과되는 벌금은 사소한 범죄의 경우에는 그의 범죄의 정도에 비례하는 것이어야 하고, 중대한 범죄의 경우에도 그에 상응하는 것이어야 하는 바, 그러나 그의 생계를 박탈할 정도로 무거운 것이어서는 안 된다. 마찬가지로, 짐의 법정의 자비에 상인이 또는 농부가 맡겨지면, 상인에게는 그의 상품이 남겨져야 하고, 농부에게는 그의 경작도구들이 남겨져야 할 것이노라. 인근의 훌륭한 사람들의 선서 위에서의 평가가 없이는 이 벌금들은 부과되어서는 안 된다.

21. 백작들은 및 귀족들은 그들과의 동등 지위인 사람들에 의해서만 벌금에 처해지는 바, 그들의 범죄의 중대성에 비례하는 것이어야 한다.

22. 상급성직 내의 교회 서기의 일반재산에 부과되는 벌금은 이에 동일한 원칙들에 따라 평가되어야 하며, 그의 성직록의 가치를 고려해서는 안 된다.

23. 교량들을 강들 위에 건설함이 예로부터의 의무인 경우가 아닌 한 마을은 또는 사람은 이를 건설하도록 강제되어서는 안 된다.

24. Nullus vicecomes, constabularius, coronatores, vel alii ballivi nostri, teneant placita corone nostre.

25. Omnes comitatus, hundredi, wapentakii, et trethingi' sint ad antiquas firmas absque ullo incremento, exceptis dominicis maneriis nostris.

26. Si aliquis tenens de nobis laicum feodum moriatur, et vicecomes vel ballivus noster ostendat litteras nostras patentes de summonicione nostra de debito quod defunctus nobis debuit, liceat vicecomiti vel ballivo nostro attachiare et imbreviare catalla defuncti inventa in laico feodo, ad valenciam illius debiti, per visum legalium hominum, ita tamen quod nichil inde amoveatur, donec persolvatur nobis debitum quod clarum fuerit, et residuum relinquatur executoribus ad faciendum testamentum defuncti; et, si nichil nobis debeatur ad ipso, omnia catalla cedant defuncto, salvis uxori ipsius et pueris racionabilibus partibus suis.

27. Si aliquis liber homo intestatus decesserit, catalla sua per manus propinquorum parentum et amicorum suorum, per visum ecclesie distribuantur, salvis unicuique debitis que defunctus ei debebat.

28. Nullus constabularius, vel alius ballivus noster, capiat blada vel alia catalla alicujus, nisi statim inde reddat denarios, aut respectum inde habere possit de voluntate venditoris.

29. Nullus constabularius distringat aliquem militem ad dandum denarios pro custodia castri, si facere voluerit custodiam illam in propria persona sua, vel per alium probum hominem, si ipse eam facere non possit propter racionabilem causam; et si nos duxerimus vel miserimus eum in exercitum, erit quietus de custodia, secundum quantitatem temporis quo per nos fuerit in exercitu.

30. Nullus vicecomes, vel ballivus noster, vel aliquis alius, capiat equos vel carettas alicujus liberi hominis pro cariagio faciendo, nisi de voluntate ipsius liberi hominis.

24. 짐의 재판관들에 의하여 판결되어야 하는 소송들을 주(州) 장관은, 시종무관장은, 검시관들은, 또는 그 밖의 짐의 관공리들은 제기해서는 안 된다.

25. 짐의 직속지(demesne manors)를 제외하고는 모든 카운티는, 그 하급단위인 헌드러드(hundred)는 및 와펜테이크(wapentake)는, 그리고 10호반(tithing)은 예로부터의 임대료를 인상 없이 유지한다.

26. 짐에게 지는 채무를 위한 짐의 공개문서(letters patent) 소환장들을 짐의 세속적 봉토권을 보유하는 남자의 사망 시에 만약 주(州) 장관이 또는 짐의 관공리가 제출하면, 준법적인 사람들에 의하여 평가되는 바에 따라 채무액에 달하기까지 망인의 세속적 봉토권 내에서 발견되는 동산들을 그들이 압류함은 및 그 목록을 작성함은 적법하다. 짐에게 채무액 전부가 변제되기까지는 그 물건들은 옮겨져서는 안 된다; 망인의 유언을 집행하기 위하여 지정 유언집행자들에게 잔여재산은 인도되어야 한다. 짐에 대한 채무가 없으면, 모든 동산들은 망인의 재산으로 간주되어야 하되, 다만 그의 처의 및 자녀들의 정당한 몫들은 제외한다.

27. 만약에 자유인이 유언 없이 죽으면, 교회의 감독 아래서 그의 최근친에 및 친구들에 의하여 그의 동산들은 분배된다. 그의 채권자들의 권리들은 보전되어야 한다.

28. 지급의 연기를 매도인이 자발적으로 제의하지 아니하는 한, 즉시의 지급 없이는 곡물을 또는 그 밖의 동산들을 어느 누구로부터도 시종무관장은 또는 그 밖의 짐의 관공리들은 가져가서는 안 된다.

29. 성문수비를 기사가 몸소 이행하고자 하는 한, 또는 그것을 이행할 적절한 다른 사람을 정당한 이유에 따라 기사가 제공하고자 하는 한, 성문수비에 대신하는 돈을 기사로 하여금 지불하도록 시종무관장은 강제해서는 안 된다. 군무에 차출된 내지는 파견된 기사는 그 역무의 기간 동안에는 성문수비 임무로부터 면제된다.

30. 수송 임무를 위하여 말들을 또는 수레들을 어느 자유인으로부터도 그의 동의 없이 주(州) 장관은, 짐의 관공리는, 또는 그 밖의 사람은 가져가서는 안 된다.

31. Nec nos nec ballivi nostri capiemus alienum boscum ad castra vel alia agenda nostra, nisi per voluntatem ipsius cujus boscus ille fuerit.

32. Nos non tenebimus terras illorum qui convicti fuerint de felonia, nisi per unum annum et unum diem, et tunc reddantur terre dominis feodorum.

33. Omnis kidelli de cetero deponantur penitus de Tamisia, et de Medewaye, et per totam Angliam, nisi per costeram maris.

34. Breve quod vocatur "Precipe" de cetero non fiat alicui de aliquo tenemento unde liber homo amittere possit curiam suam.

35. Una mensura vini sit per totum regnum nostrum, et una mensura cervisie, et una mensura bladi, scilicet quarterium Londoniense, et una latitudo pannorum tinctorum et russetorum et halbergettorum, scilicet due ulne infra listas; de ponderibus autem sit ut de mensuris.

36. Nichil detur vel capiatur de cetero pro brevi inquisicionis de vita vel membris, set gratis concedatur et non negetur.

37. Si aliquis teneat de nobis per feodifirmam, vel per sokagium, vel per burgagium, et de alio terram teneat per servicium militare, nos non habebimus custodiam heredis nec terre sue que est de feodo alterius, occasione illius feodifirme, vel sokagii, vel burgagii; nec habebimus custodiam illius feodifirme, vel sokagii, vel burgagii, nisi ipsa feodifirma debeat servicium militare. Nos non habebimus custodiam heredis vel terre alicujus, quam tenet de alio per servicium militare, occasione alicujus parve serjanterie quam tenet de nobis per servicium reddendi nobis cultellos, vel sagittas, vel hujusmodi.

38. Nullus ballivus ponat decetero aliquem ad legem simplici loquela sua, sine testibus fidelibus ad hoc inductis.

31. 짐의 성을 위하여든 또는 그 밖의 어떤 목적을 위하여든 소유자의 동의 없이는 나무를 짐은 내지는 짐의 관공리는 어느 누구이든 가져가지 아니할 것이노라.

32. 중죄로 유죄판정된 사람의 토지들을 1년 1일을 넘기도록 짐의 손 안에 짐은 두지 아니할 것이며, 그 뒤에는 관련 봉토들의 귀족들에게 그것들은 반환될 것이노라.

33. 템즈 강으로부터, 메드웨이 강으로부터 그리고 영국 전체를 통하여, 모든 어살들(fish-weirs)은 치워져야 하노니, 다만 해변은 제외하노라.

34. 그 자신의 귀족들의 법정에서의 재판을 받을 권리를 이로써 자유인이 박탈당할 수 있는 경우에는, 지시영장(precipe)이라고 불리는 영장은 조금이라도 토지의 보유에 관련하여서는 향후에 누구에게도 발부되어서는 안 된다.

35. 왕국 전체를 통하여 포도주의, 에일맥주의, 그리고 곡물의 표준적 도량기준을 두어야 하는 바, 곡물의 경우 런던 쿼터이다. 염색된 천의, 황갈색 수직 천의, 해버젝트(halberget) 천의 표준적 폭을 마찬가지로 두어야 하는 바, 즉 천의 변폭들(selvedges) 사이는 두 엘(two ells)이다. 무게에 관하여도 유사하게 표준이 두어져야 한다.

36. 생명이 또는 수족들이 걸린 규문영장(writ of inquisition)의 발부의 대가는 향후에는 지불되지도 수령되지도 않아야 한다. 그것은 무료로 발부되어야 하며, 거부되어서는 안 된다.

37. 지대지불 봉토권(fee-farm)에 의하여, 가래봉사 토지보유(socage)에 의하여, 자치도시 토지보유(burgage)에 의하여 짐의 토지를 사람이 보유하면, 그리고 기사봉직을 조건으로 누군가의 토지를 사람이 보유하면, 그 지대지불 봉토권을 이유로, 가래봉사 토지보유를 이유로, 자치도시 토지보유를 이유로 그의 상속인의 후견권을 짐은 지니지 아니하겠으며 그 타인들의 봉토권에 속하는 토지의 후견권을, 기사봉직 의무를 그 지대지불 봉토권이 부담하는 경우가 아닌 한, 짐은 지니지 아니하겠노라. 짐에 대한 도검류의, 화살류의, 또는 기타 등등의 진상역무를 조건으로 그가 보유하는 소액의 재산을 이유로 그 사람의 상속인에 대한 후견권을, 또는 타인에게서 그가 보유하는 토지의 후견권을, 짐은 지니지 아니하겠노라.

38. 그 자신의 입증되지 않는 진술에 의거해서는 그것의 진실성에 대한 신빙성 있는 증인들을 제출함이 없이는 향후에 사람을 재판에 관공리는 처하지 못한다.

39. Nullus liber homo capiatur, vel imprisonetur, aut disseisiatur, aut utlagetur, aut exuletur, aut aliquo modo destruatur, nec super eum ibimus, nec super eum mittemus, nisi per legale judicium parium suorum vel per legem terre.

40. Nulli vendemus, nulli negabimus, aut differemus rectum aut justiciam.

41. Omnes mercatores habeant salvum et securum exire de Anglia, et venire in Angliam, et morari, et ire per Angliam, tam per terram quam per aquam, ad emendum et vendendum, sine omnibus malis toltis, per antiquas et rectas consuetudines, preterquam in tempore gwerre, et si sint de terra contra nos gwerrina; et si tales inveniantur in terra nostra in principio gwerre, attachientur sine dampno corporum et rerum, donec sciatur a nobis vel capitali justiciario nostro quomodo mercatores terre nostre tractentur, qui tunc invenientur in terra contra nos gwerrina; et si nostri salvi sint ibi, alii salvi sint in terra nostra.

42. Liceat unicuique decetero exire de regno nostro, et redire, salvo et secure, per terram et per aquam, salva fide nostra, nisi tempore gwerre per aliquod breve tempus, propter communem utilitatem regni, exceptis imprisonatis et utlagatis secundum legem regni, et gente de terra contra nos gwerrina, et mercatoribus, de quibus fiat sicut predictum est.

43. Si quis tenuerit de aliqua eskaeta, sicut de honore Walligefordie, Notingeham, Bolonie, Lancastrie, vel de aliis eskaetis que sunt in manu nostra et sunt baronie, et obierit, heres ejus non det aliud relevium, nec faciat nobis aliud servicium quam faceret baroni si baronia illa esset in manu baronis; et nos eodem modo eam tenebimus quo baro eam tenuit.

44. Homines qui manent extra forestam non veniant decetero coram justiciariis nostris

39. 그 자신과의 동등 지위인 사람들의 적법한 판결에 의하지 아니하거나 국법에 의하지 아니한 채로는 자유인은 어떤 방법으로도 체포되지도, 구금되지도, 그의 권리들을 내지는 소유물들을 빼앗기지도, 법의 보호에서 제외되지도, 추방되지도 아니하고, 그의 지위를 박탈당하지도 아니하며, 짐이 그를 상대로 재판절차를 밟지도 못하고 타인을 보내 그렇게 하지도 못한다.

40. 권리를 내지는 정의를 어느 누구에게도 짐은 팔지도 박탈하지도 지연시키지도 아니할 것이노라.

41. 영국을 무사히 및 두려움 없이 모든 상인들은 입국할 수 있고 출국할 수 있으며, 상업 목적을 위하여 육지로든 바다로든 예로부터의 적법한 관습에 따라 모든 불법적 대가징수 없이 그 안에서 그들은 체류할 수 있고 여행할 수 있다. 그러나 전시에는 짐하고의 교전 상태인 나라로부터 오는 상인들에게 이것은 적용되지 않는다. 개전 때에 조금이라도 짐의 나라 안에서 발견되는 그러한 상인들은, 짐하고의 교전 중인 나라에서 짐 자신의 상인들이 어떻게 취급되고 있는지를 짐이 또는 짐의 재판장이 알아냈을 때까지 그들의 신체에든 재산에든 아무런 위해 없이 억류될 수 있다. 만약 짐의 상인들이 안전하면 그들 또한 안전할 것이노라.

42. 향후로는 전시에서의 경우를 제외하고는 짐에 대한 그의 충성을 유지한 채로 왕국의 보편적 이익을 위하여 무사히 및 두려움 없이 육지로든 바다로든 짐의 왕국을 짧은 기간 동안 떠남은 및 짐의 왕국에 돌아옴은 적법하다. 국법에 따라 구금되어 있었거나 법의 보호 밖에 놓여 있던 사람들은, 짐하고의 전쟁 상태인 나라로부터 오는 사람들은, 그리고 상인들은 - 위에서 명시한 바에 따라 그들은 처리된다 - 이 규정의 적용에서 제외된다.

43. 조금이라도 월링포드(Wallingford)의, 노팅햄(Nottingham)의, 불로뉴(Boulogne)의, 랭카스터(Lancaster)의 등 직접수봉자소령(直接受封者所領) 부동산복귀(escheat) 토지들을 또는 그 밖의 조금이라도 짐의 손 안의 귀족의 영지들인 직접수봉자소령 부동산복귀(escheat) 토지들을 보유하는 사람이 죽을 경우에는, 귀족에게 그 영지가 있었더라면 그가 부담했을 상속료만을 및 봉사만을 짐에게 그의 상속인은 부담한다. 그 부동산복귀 토지를 그 귀족이 보유했던 방법대로 이를 짐은 보유할 것이노라.

44. 임야 밖에서 거주하는 사람들은, 절차들에 실제로 연루되어 있는 경우가 아닌 한 내지

de foresta per communes summoniciones, nisi sint in placito, vel plegii alicujus vel aliquorum, qui attachiati sint pro foresta.

45. Nos non faciemus justiciarios, constabularios, vicecomites, vel ballivos, nisi de talibus qui sciant legem regni et eam bene velint observare.

46. Omnes barones qui fundaverunt abbacias, unde habent cartas regum Anglie, vel antiquam tenuram, habeant earum custodiam cum vacaverint, sicut habere debent.

47. Omnes foreste que afforestate sunt tempore nostro, statim deafforestentur; et ita fiat de ripariis que per nos tempore nostro posite sunt in defenso.

48. Omnes male consuetudines de forestis et warennis, et de forestariis et warennariis, vicecomitibus et eorum ministris, ripariis et earum custodibus, statim inquirantur in quolibet comitatu per duodecim milites juratos de eodem comitatu, qui debent eligi per probos homines ejusdem comitatus, et infra quadraginta dies post inquisicionem factam, penitus, ita quod numquam revocentur, deleantur per eosdem, ita quod nos hoc sciamus prius, vel justiciarius noster, si in Anglia non fuerimus.

49. Omnes obsides et cartas statim reddemus que liberate fuerunt nobis ab Anglicis in securitatem pacis vel fidelis servicii.

50. Nos amovebimus penitus de balliis parentes Gerardi de Athyes, quod decetero nullam habeant balliam in Anglia, Engelardum de Cygony, Petrum et Gionem et Andream de Cancellis, Gionem de Cygony, Galfridum de Martinny et fratres ejus, Philippum Marc. et fratres ejus, et Galfridum nepotem ejus, et totam sequelam eorundem.

51. Et statim post pacis reformacionem amovebimus de regno omnes alienigenas milites,

는 임야법 위반으로 체포되어 있는 누군가를 위한 보증인들인 경우가 아닌 한, 향후에는 일반소환장들에 응하여 짐의 임야 재판관들 앞에 출석할 필요가 없다.

45. 왕국의 법을 아는 및 이를 충실히 지키려는 마음을 지니는 사람들만을 재판관들로, 시종무관장들로, 주^(州) 장관들로, 또는 기타의 관공리들로 짐은 지명할 것이노라.

46. 대수도원들을 설립해 놓은, 그리하여 영국 국왕들의 특허장들을 내지는 예로부터의 토지보유를 이에 대한 증거로서 지니는 모든 귀족들은 대수도원장이 없을 때는 그것들에 대한 후견권을 당연한 권리로서 보유할 수 있다.

47. 짐의 치세 동안에 만들어져 있는 모든 임야들은 즉시 숲으로서의 용도가 폐지된다. 짐의 치세 동안에 막아진 강둑들은 이에 동일하게 처리된다.

48. 임야들에 및 야생조수 양육특허장들에, 임정관들^(foresters)에, 야생조수 양육특허장 관리인들^(warreners)에, 주^(州) 장관들에 및 그들의 종복들에 또는 강둑들에 및 그 감독관들에 관한 모든 악습들은 즉시로 모든 카운티마다에서 선서를 거친 열두 명의 해당 카운티의 기사들에 의하여 조사되어야 하고, 조사일로부터 40일 내에 악습들은 다시는 돌이킬 수 없도록 완전히 폐지되어야 한다. 그러나 짐은, 또는 짐이 영국 내에 없으면 짐의 재판장은 이에 관하여 최우선으로 고지받아야 한다.

49. 평화의 또는 충성의 보증으로서 영국인들에 의하여 짐에게 인도된 모든 인질들을 및 날인증서들을 짐은 즉시로 돌려주겠노라.

50. 제라르드 드 아테^(Gerard de Athée)의 혈족들을 그들의 직책들로부터 짐은 완전히 제거하겠으며, 그리하여 영국 내에서의 직책을 향후에 그들은 보유하지 못할 것이노라. 문제의 인물들은 엥글라드 드 시고녜^(Engelard de Cigogné), 피터^(Peter), 가이^(Guy), 및 앤드류 드 샹소^(Andrew de Chanceaux), 가이 드 시고녜^(Guy de Cigogné), 조프리 드 마르티니^(Geoffrey de Martigny) 및 그의 형제들, 필립 마르크^(Philip Marc) 및 그의 형제들, 그의 조카 조프리^(Geoffrey), 그리고 그들의 추종자들 전부이노라.

51. 평화가 회복되는 즉시로, 모든 외국 기사들을, 격발식 활잡이들을, 그들의 종자들을,

balistarios, servientes, stipendiarios, qui venerint cum equis et armis ad nocumentum regni.

52. Si quis fuerit disseisitus vel elongatus per nos sine legali judicio parium suorum, de terris, castellis, libertatibus, vel jure suo, statim ea ei restituemus; et si contencio super hoc orta fuerit, tunc inde fiat per judicium viginti quinque baronum, de quibus fit mencio inferius in securitate pacis. De omnibus autem illis de quibus aliquis disseisitus fuerit vel elongatus sine legali judicio parium suorum, per Henricum regem patrem nostrum vel per Ricardum regem fratrem nostrum, que in manu nostra habemus, vel que alii tenent, que nos oporteat warantizare, respectum habebimus usque ad communem terminum crucesignatorum; exceptis illis de quibus placitum motum fuit vel inquisicio facta per preceptum nostrum, ante suscepcionem crucis nostre : cum autem redierimus de peregrinacione nostra, vel si forte remanserimus a peregrinacione nostra, statim inde plenam justiciam exhibebimus.

53. Eundem autem respectum habebimus et eodem modo de justicia exhibenda, de forestis deafforestandis vel remanseris forestis quas Henricus pater noster vel Ricardus frater noster afforestaverunt, et de custodiis terrarum que sunt de alieno feodo, cujusmodi custodias hucusque habuimus occasione feodi quod aliquis de nobis tenuit per servicium militare, et de abbaciis que fundate fuerint in feodo alterius quam nostro, in quibus dominus feodi dixerit se jus habere; et cum redierimus, vel si remanserimus a peregrinacione nostra, super hiis conquerentibus plenam justiciam statim exhibebimus.

54. Nullus capiatur nec imprisonetur propter appellum femine de morte alterius quam viri sui.

55. Omnes fines qui injuste et contra legem terre facti sunt nobiscum, et omnia amerciamenta facta injuste et contra legem terre, omnino condonentur, vel fiat inde per judicium viginti quinque baronum de quibus fit mencio inferius in securitate pacis, vel per judicium majoris partis eorundem, una cum predicto Stephano Cantuarensi archiepiscopo, si inter-

그리고 말들을 및 무기들을 지닌 채 왕국에 와서 손해를 입힌 용병들을 왕국으로부터 짐은 제거하겠노라.

52. 조금이라도 토지들을, 성들을, 자유들을, 또는 권리들을 그와의 동등 지위인 사람들의 적법한 판결 없이 짐이 박탈해 놓은 내지는 빼앗아 놓은 사람에게, 그것들을 짐은 즉시 회복시키겠노라. 다툼이 있을 경우에는, 평화를 확보함을 위한 아래의 절에서 언급하는 스물 다섯 명의 귀족들의 판결에 의하여 사안은 결정될 것이노라. 그러나 짐의 부친이신 국왕 헨리에 의해서 또는 짐의 형이신 국왕 리차드에 의해서 그와의 동등 지위인 사람들의 적법한 판결 없이 무엇인가를 박탈당하거나 빼앗긴 사람의 경우에는, 그런데 그것이 짐의 손에 남아있거나 또는 짐의 보증 아래에 있는 타인에 의하여 보유되고 있는 경우에는, 십자군으로서의 십자장식을 짐이 달기 전에 소송이 개시되어 있지 아니한 한, 내지는 짐의 명령으로 조사가 실시되어 있지 아니한 한, 십자군들에게 일반적으로 허용되는 기간의 변제유예를 짐은 가지겠노라. 십자군으로부터의 짐의 복귀 때에, 또는 그것을 짐이 포기하면 그 때에, 법을 즉시로 온전히 짐은 실행하겠노라.

53. 짐의 부친이신 국왕 헨리에 의하여 또는 짐의 형이신 국왕 리차드에 의하여 임야화된 것들로서 용도폐지되어야 할 또는 임야들로 남아야 할 임야들에 관련하여, 그리고 기사 봉직을 조건으로 짐에게서 타인이 보유해 온 봉토권을 이유로 짐이 지금껏 보유해 온 그 타인의 봉토권에 속하는 토지들에 대한 후견권의 문제에 관련하여, 그리고 짐 자신의 봉토권 내에가 아닌 타인들의 봉토권 내에 설립된, 그 권리가 자신에게 있다고 그 봉토의 귀족이 주장하는 대수도원들의 문제에 관련하여 법을 실행함에 있어서 이에 유사한 변제유예를 이에 유사한 방법으로 짐은 가지겠노라. 십자군으로부터의 복귀 때에 또는 만약 그것을 짐이 포기하면 그 때에, 이 사항들에 관한 호소들에 대하여 법을 즉시로 온전히 짐은 실행하겠노라.

54. 그녀의 남편의 사망에 대한 경우를 제외하고는 어느 누구든지의 사망에 대한 것이든 여인의 호소에 의거해서는 아무도 체포되거나 구금되지 아니한다.

55. 부당하게 및 국법에 반하여 짐에게 납부된 모든 벌금들은 및 부당하게 짐이 징수해 놓은 모든 벌금들은 완전히 반환되거나, 또는 평화를 확보함을 위한 아래의 절에서 언급하는 스물 다섯 명의 귀족들의 및 그들에 더하여 그 출석이 가능한 경우의 컨터베리 대주교 스티븐(Stephen)의 및 그 밖의 이 목적을 위하여 그가 대동하기를 원하는 다른 사람들의 판결에 의

esse poterit, et aliis quos secum ad hoc vocare voluerit. Et si interesse non poterit, nichilominus procedat negocium sine eo, ita quod, si aliquis vel aliqui de predictis viginti quinque baronibus fuerint in simili querela, amoveantur quantum ad hoc judicium, et alii loco eorum per residuos de eisdem viginti quinque, tantum ad hoc faciendum electi et jurati substituantur.

56. Si nos disseisivimus vel elongavimus Walenses de terris vel libertatibus vel rebus aliis, sine legali judicio parium suorum, in Anglia vel in Wallia, eis statim reddantur; et si contencio super hoc orta fuerit, tunc inde fiat in Marchia per judicium parium suorum; de tenementis Anglie secundum legem Anglie; de tenementis Wallie secundum legem Wallie; de tenementis Marchie secundum legem Marchie. Idem facient Walenses nobis et nostris.

57. De omnibus autem illis de quibus aliquis Walensium disseisitus fuerit vel elongatus, sine legali judicio parium suorum, per Henricum regem patrem nostrum vel Ricardum regem fratrem nostrum, que nos in manu nostra habemus, vel que alii tenent que nos oporteat warantizare, respectum habebimus usque ad communem terminum crucesignatorum, illis exceptis de quibus placitum motum fuit vel inquisicio facta per preceptum nostrum ante suscepcionem crucis nostre; cum autem redierimus, vel si forte remanserimus a peregrinatione nostra, statim eis inde plenam justitiam exhibebimus, secundum leges Walensium et partes predictas.

58. Nos reddemus filium Lewelini statim, et omnes obsides de Wallia, et cartas que nobis liberate fuerunt in securitate pacis.

59. Nos faciemus Alexandro regi Scottorum de sororibus suis, et obsidibus reddendis, et libertatibus suis, et jure suo, secundum formam in qua faciemus aliis baronibus nostris Anglie, nisi aliter esse debeat per cartas quas habemus de Willelmo patre ipsius, quondam rege Scottorum; et hoc erit per judicium parium suorum in curia nostra.

하여 그 사안이 결정되거나 할 것이노라. 대주교 스티븐(Stephen)이 출석할 수 없으면, 그의 출석 없이 절차들은 진행되어야 하되, 다만 유사한 소송에 스물 다섯 명의 귀족들 중 한 명 이상이 연루되어 있으면 문제의 사건의 판단에서 그 연루된 자들은 배제되어야 하고, 그 사건만을 위하여 그 연루된 자들을 대신하여 다른 사람들이 그 연루되지 아니한 사람들에 의하여 선정되고 선서절차에 처해져야 한다.

56. 토지를, 자유들을, 또는 그 밖의 무엇이든지를 영국에서든 웨일즈에서든 웨일즈 사람들에게서 그들과의 동등 지위인 사람들의 적법한 판결 없이 만약 짐이 박탈하여 놓았거나 빼앗아 놓았다면, 즉시 그들에게 그것들은 반환될 것이노라. 이에 대한 다툼은 웨일즈 변경지방재판소인 마치스(Marches) 재판소에서의 그와의 동등 지위인 사람들의 판결에 의하여 결정되어야 할 것이노라. 영국에서의 토지보유 사항들에는 영국법이 적용되어야 하고, 웨일즈에서의 그것들에는 웨일즈 법이 적용되어야 하며, 마치스(Marches)에 있는 것들에는 마치스(Marches) 법이 적용되어야 한다. 짐을 및 짐의 것들을 같은 방법으로 웨일즈 사람들은 처리하여야 한다.

57. 무엇이든지를 그와의 동등 지위인 사람들의 적법한 판결 없이 짐의 부친이신 국왕 헨리에 의하여 또는 짐의 형이신 국왕 리차드에 의하여 웨일즈 사람이 박탈당하거나 빼앗긴 경우에는, 그런데 그것이 짐의 손에 남아 있거나 짐의 보증 하의 타인들에 의하여 보유되고 있는 경우에는, 십자군으로서의 십자장식을 짐이 달기 전에 소송이 개시되어 있지 아니한 한, 내지는 짐의 명령으로 조사가 실시되어 있지 아니한 한, 십자군들에게 일반적으로 허용되는 기간의 변제유예를 짐은 가지겠노라. 십자군으로부터의 짐의 복귀 때에, 또는 그것을 짐이 포기하면 그 때에, 웨일즈의 및 해당지역들의 법들에 따라 법을 즉시로 온전히 짐은 실행하겠노라.

58. 평화의 보증으로서 짐에게 인도된 리웰린(Llywelyn)의 아들을, 모든 웨일즈 인질들을 및 날인증서들을 짐은 즉시로 돌려주겠노라.

59. 스코틀랜드의 국왕 알렉산더(Alexander)의 누이들을 및 인질들을, 그의 자유들을 및 권리들을 돌려줌에 관하여, 영국의 다른 귀족들에 대해서와의 같은 방법으로 짐은 취급할 것이되, 다만 그가 다르게 취급되어야 함이 스코틀랜드의 국왕이었던 그의 부친 윌리엄(William)으로부터 짐이 보유하는 날인증서들에 의하여 나타나지 않는 경우에 한하노라. 짐의 법정에서의 그와의 동등 지위인 사람들의 판결에 의하여 이 사안은 결정될 것이노라.

60. Omnes autem istas consuetudines predictas et libertates quas nos concessimus in regno nostro tenendas quantum ad nos pertinet erga nostros, omnes de regno nostro, tam clerici quam laici, observent quantum ad se pertinet erga suos.

61. Cum autem pro Deo, et ad emendacionem regni nostri, et ad melius sopiendum discordiam inter nos et barones nostros ortam, hec omnia predicta concesserimus, volentes ea integra et firma stabilitate in perpetuum gaudere, facimus et concedimus eis securitatem subscriptam; videlicet quod barones eligant viginti quinque barones de regno quos voluerint, qui debeant pro totis viribus suis observare, tenere, et facere observari, pacem et libertates quas eis concessimus, et hac presenti carta nostra confirmavimus; ita scilicet quod, si nos, vel justiciarius noster, vel ballivi nostri, vel aliquis de ministris nostris, in aliquo erga aliquem deliquerimus, vel aliquem articulorum pacis aut securitatis transgressi fuerimus, et delictum ostensum fuerit quatuor baronibus de predictis viginti quinque baronibus, illi quatuor barones accedant ad nos vel ad justiciarium nostrum, si fuerimus extra regnum, proponentes nobis excessum; petent ut excessum illum sine dilacione faciamus emendari. Et si nos excessum non emendaverimus, vel, si fuerimus extra regnum, justiciarius noster non emendaverit infra tempus quadraginta dierum computandum a tempore quo monstratum fuerit nobis vel justiciario nostro, si extra regnum fuerimus, predicti quatuor barones referant causam illam ad residuos de illis viginti quinque baronibus, et illi viginti quinque barones cum communia tocius terre distringent et gravabunt nos modis omnibus quibus poterunt, scilicet per capcionem castrorum, terrarum, possessionum, et aliis modis quibus poterunt, donec fuerit emendatum secundum arbitrium eorum, salva persona nostra et regine nostre et liberorum nostrorum; et cum fuerit emendatum intendent nobis sicut prius fecerunt. Et quicumque voluerit de terra juret quod ad predicta omnia exequenda parebit mandatis predictorum viginti quinque baronum, et quod gravabit nos pro posse suo cum ipsis, et nos publice et libere damus licenciam jurandi cuilibet qui jurare voluerit, et nulli umquam jurare prohibebimus. Omnes autem illos de terra qui per se et sponte sua noluerint jurare viginti quinque baronibus de distringendo et gravando nos cum eis, faciemus jurare eosdem de mandato nostro sicut predictum est. Et si aliquis de viginti quinque baronibus decesserit,

60. 짐의 신민들에 대한 짐 자신의 관계에 관련되는 한 짐의 왕국에서, 짐이 허여해 놓은 이 모든 관습들은 및 자유들은 준수되어야 할 것이노라. 성식자들로든 속인들로든 짐의 왕국의 모든 사람들로 하여금 그것들을 그들 자신의 사람들에 대한 그들의 관계에서 마찬가지로 준수하게 할지니라.

61. 그러나 신을 위하여 그리고 짐의 영토의 개선을 위하여, 그리고 짐과 짐의 귀족들 사이에 발생해 있는 불일치에 대한 보다 나은 진정을 위하여 전술의 모든 것들을 짐이 허여하였기에, 그것들을 순전한 및 확고한 보장 속에서 영구토록 향유하기를 바라면서 이하의 보장을 그들에게 짐은 제정하고 허여하노라 : 즉 그들이 선정하고자 하는 바에 따라 25명의 귀족들을 영토 내에서 귀족들은 선정하여야 하노니, 그들에게 짐이 허여하는 평화를 및 자유들을 그들의 모든 권한에 더불어 그들은 보전하여야 하고, 또 보유하여야 하고, 그리고 보전되게 하여야 하며, 그리하여 짐의 이 헌장에 의하여 확인하노니, 그리하여 만약 어떤 사건에서든 어느 누구에게든 불의를 짐이, 또는 짐의 최고재판관이, 또는 짐의 집행관들이, 내지는 조금이라도 짐의 종복들 어느 누구가든 행하면, 내지는 조금이라도 평화의 및 안전의 조항들을 짐이 위반하면, 그리하여 전술의 25명의 귀족들 중 4명에게 그 위반이 증명되면 짐에게 또는 영토 밖에 짐이 있을 때는 짐의 최고재판관에게 그 4명의 귀족들은 와서 그 불의를 제시해야 한다; 그 불의가 지체없이 시정되게 짐이 조치할 것을 그들은 요구하여야 한다.

그리하여 짐에게 또는 짐이 영토 밖에 있을 경우에는 짐의 최고재판관에게 불의가 제시된 때로부터 40일 내에 만약 짐이, 또는 영토 밖에 짐이 있을 경우에는 짐의 최고재판관이 이를 시정하지 않으면 사건을 25명의 귀족들 중 나머지 귀족들 앞에 위 4명의 귀족들은 가져가야 하고, 짐을 그 25명의 귀족들은 전체 영토의 지역사람들에 더불어 그 할 수 있는 모든 방법으로 압류하고 강제할 수 있는 것이니, 즉 그들의 의지에 따라 권리가 실현될 때까지 성들의, 토지들의, 재산의 점령에 및 그들이 취할 수 있는 그 밖의 방법들에 의하되, 단지 짐의 신체를 및 짐의 왕비의 및 짐의 자녀들의 신체를 제외하노라; 그리하여 권리가 실현되면 그들은 종전대로 짐에게의 복종에 돌아와야 한다. 그리고 위 모든 것들을 실행함에 있어서 위 25명의 귀족들의 명령에 자신이 복종하겠노라는, 그리고 그들을 따라 자신이 할 수 있는 한도껏 최대한으로 짐을 강제하겠노라는 선서를 영토 내의 원하는 사람은 누구든 할 수 있고, 그 원하는 사람 모두로 하여금 그렇게 선서하도록 공개적으로 및 자유로이 짐은 허가하며, 그렇게 선서하기를 어느 누구에 대하여도 짐은 금지하지 아니하노라. 그러나 25명의 귀족들을 따라 짐을 압류함에 및 강제함에 관하여 그 25명에게 선서하기를 그들 스스로의 뜻에 따라서 원하지 아니하는 영토 내의 모든 사람들에 대하여는 전술한 대로 짐의 명령들에 의하여 선

vel a terra recesserit, vel aliquo alio modo impeditus fuerit, quominus ista predicta possent exequi, qui residui fuerint de predictis viginti quinque baronibus eligant alium loco ipsius, pro arbitrio suo, qui simili modo erit juratus quo et ceteri. In omnibus autem que istis viginti quinque baronibus committuntur exequenda, si forte ipsi viginti quinque presentes fuerint, et inter se super re aliqua discordaverint, vel aliqui ex eis summoniti nolint vel nequeant interesse, ratum habeatur et firmum quod major pars eorum qui presentes fuerint providerit, vel preceperit ac si omnes viginti quinque in hoc consensissent; et predicti viginti quinque jurent quod omnia antedicta fideliter observabunt, et pro toto posse suo facient observari. Et nos nichil impetrabimus ab aliquo, per nos nec per alium, per quod aliqua istarum concessionum et libertatum revocetur vel minuatur; et, si aliquid tale impetratum fuerit, irritum sit et inane et numquam eo utemur per nos nec per alium.

62. Et omnes malas voluntates, indignaciones, et rancores, ortos inter nos et homines nostros, clericos et laicos, a tempore discordie, plene omnibus remisimus et condonavimus. Preterea omnes transgressiones factas occasione ejusdem discordie, a Pascha anno regni nostri sextodecimo usque ad pacem reformatam, plene remisimus omnibus, clericis et laicis, et quantum ad nos pertinet plene condonavimus. Et insuper fecimus eis fieri litteras testimoniales patentes domini Stephani Cantuariensis archiepiscopi, domini Henrici Dublinensis archiepiscopi, et episcoporum predictorum et magistri Pandulfi, super securitate ista et concessionibus prefatis.

63. Quare volumus et firmiter precipimus quod Anglicana ecclesia libera sit et quod homines in regno nostro habeant et teneant omnes prefatas libertates, jura, et concessiones, bene et in pace, libere et quiete, plene et integre, sibi et heredibus suis, de nobis et heredibus nostris, in omnibus rebus et locis, in perpetuum, sicut predictum est. Juratum est autem tam ex parte nostra quam ex parte baronum, quod hec omnia supradicta bona fide et sine malo ingenio observabuntur. Testibus supradictis et multis aliis. Data per manum nostram in prato quod vocatur Ronimed. inter Windlesoram et Stanes, quinto decimo die junii, anno regni nostri decimo septimo.

서하도록 짐은 조치할 것이노라. 그리고 만약 25명의 귀족들 중 어느 누구가라도 죽으면 또는 나라를 떠나면, 또는 전술한 바를 이행할 수 있는 처지로부터 어떤 이유로는 제약되면, 그의 자리를 대신해 들일 다른 귀족을 전술의 25명의 귀족들 중 남은 귀족들은 그들의 재량으로 선정할 수 있으니, 여타의 귀족들이 선서한 바에 따라 그 취임하는 귀족은 선서해야 한다.

그 실행이 귀족들에게 맡겨진 모든 사항들에 있어서 만약 이 25명의 귀족들이 출석하였으나 조금이라도 쟁점에 관하여 불일치할 경우에는, 또는 그 소환된 일부가 출석하지 않거나 출석할 수 없을 경우에는, 마치 25명 전원이 이에 동의한 경우에처럼 그 출석한 귀족들 다수가 정하는 내지는 판단하는 바에 따라 사안이 정해지는 것으로 및 확정되는 것으로 간주되지 않으면 안 되노니, 전술의 모든 것을 자신들의 모든 권한을 지니고서 충실히 준수하겠음을 및 그것들이 준수되게 조치하겠음을 전술의 25명은 선서해야 한다.

그리고 이러한 양여사항들이 취소되게 하거나 축소되게 할 그 무엇을도 그 누구로부터도 짐 스스로를 통해서든 타인을 통해서든 짐은 결코 요구하지 않겠노라; 조금이라도 그러한 것을 만약 짐이 참으로 획득한다 하더라도 그것은 무효가 될 것이니, 짐 스스로를 통해서든 타인을 통해서든 그것을 짐은 결코 사용하지 않겠노라.

62. 분란의 개시 이래로 조금이라도 짐과 짐의 신민들 사이에 발생해 있는 악의에 대하여, 상처에 대하여, 또는 원한에 대하여 성직자들을이든 속인들을이든 막론하고 모든 사람들을 완전히 짐은 면제하고 용서하였노라. 이에 더하여 조금이라도 짐의 재위 16년 부활절부터 평화의 회복 시점까지 사이의 분란의 결과로서 저질러진 모든 범죄들에 대하여 성직자들을 및 속인들을 완전히 짐은 면제하였고 짐 스스로의 쪽에서 또한 용서한 터이노라. 그 외에도 이 보증에 대한 및 위에서 밝힌 양여사항들에 대한 증인이 되는 귀족들을 위한 공개문서(letters patent)가 캔터베리 대주교 스티븐(Stephen)의, 더블린 대주교 헨리(Henry)의, 위에 이름이 기재된 그 밖의 주교들의, 그리고 판둘프(Pandulf)의 봉인들 위에 작성되도록 짐은 조치하였노라.

63. 따라서 영국교회가 자유로워야 한다는 것은, 그들을 및 그들의 상속인들을 위하여 짐에게서와 짐의 상속인들에게서 이 모든 자유들을, 권리들을 및 양여사항들을 그 모든 사항들에 있어서와 모든 장소들에 있어서 영구토록 그 충분함 속에서와 완전함 속에서 충분히 및 평온히 짐의 왕국 내의 사람들이 보유하고 간직하여야 한다는 것은 짐의 바람이고 명령이노라. 이 모든 것이 선의 속에서 기망 없이 준수되어야 함을 짐은 및 귀족들은 다 같이 선서한 터이노라. 위에 언급된 사람들이 및 그 밖의 많은 사람들이 이에 대한 증인들이노라.

윈저(Windsor) 땅과 스테인즈(Staines) 땅 사이의 러니미드(Runnymede)라고 불리는 풀밭에서 짐의 치세 17년 6월 15일에 짐의 손에 의하여 내려지노라.

[자료 4] 마그나 카르타 (위키피디아)

Magna Carta

From Wikipedia, the free encyclopedia

Magna Carta Libertatum (Medieval Latin for "the Great Charter of the Liberties"), commonly called Magna Carta [also Magna Charta; "(the) Great Charter"],[a] is a charter agreed to by King John of England at Runnymede, near Windsor, on 15 June 1215.[b] First drafted by the Archbishop of Canterbury to make peace between the unpopular King and a group of rebel barons, it promised the protection of church rights, protection for the barons from illegal imprisonment, access to swift justice, and limitations on feudal payments to the Crown, to be implemented through a council of 25 barons. Neither side stood behind their commitments, and the charter was annulled by Pope Innocent III, leading to the First Barons' War. After John's death, the regency government of his young son, Henry Ⅲ, reissued the document in 1216, stripped of some of its more radical content, in an unsuccessful bid to build political support for their cause. At the end of the war in 1217, it formed part of the peace treaty agreed at Lambeth, where the document acquired the name Magna Carta, to distinguish it from the smaller Charter of the Forest which was issued at the same time. Short of funds, Henry reissued the charter again in 1225 in exchange for a grant of new taxes; his son, Edward I, repeated the exercise in 1297, this time confirming it as part of England's statute law.

The charter became part of English political life and was typically renewed by each monarch in turn, although as time went by and the fledgling English Parliament passed new laws, it lost some of its practical significance. At the end of the 16th century there was an upsurge in interest in Magna Carta. Lawyers and historians at the time believed that

마그나 카르타(Magna Carta)

From Wikipedia, the free encyclopedia

일반적으로 마그나 카르타(Magna Carta)라고 [아울러 Magna Charta; "(the) Great Charter"라고도] 불리는 Magna Carta Libertatum ("자유의 대헌장"의 중세 라틴어)[a]은 1215년 6월 15일에 윈저성(Windsor)에 가까운 러니미드(Runnymede)에서 영국 국왕 존(Jonh)에 의하여 동의가 이루어진 헌장이다.[b] 인망이 없었던 국왕의, 그리고 반란 귀족들 그룹의 그 양자 사이의 평화관계를 회복하기 위하여 최초에 캔터베리 대주교에 의하여 초안된 것으로서, 교회 권리들에 대한 보호가, 귀족들에 대한 불법구금으로부터의 보호가, 신속한 재판에의 접근이, 그리고 국왕에게 내는 봉토권 지불액의 제한들이 25명의 귀족들의 평의회를 통하여 시행되도록 그것은 약속하였다. 그것들에 대한 약속사항들을 그 어느 쪽이도 후원하지 아니하였고, 교황 이노켄트 3세에 의하여 헌장은 무효로 선언되었으며, 이에 따라 제1차 귀족들의 전쟁(the First War of Barons)이 발발하였다. 마그나카르타를 존의 사후인 1216년에 그의 어린 아들 헨리 3세의 섭정정부는 재반포하였고, 급진적 내용 일부를 삭제하였는데, 그들의 대의명분을 위한 정치적 지지를 얻으려는 성공적이지 못한 시도 속에서였다. 1217년에 전쟁이 끝나자, 램베뜨(Lambeth)에서 체결된 평화조약의 일부를 그것은 구성하였고, 마그나 카르타(Magna Carta)라는 이름을 거기서 그 문서는 얻었는데, 그것을 동시에 반포된 더 작은 숲 헌장(Charter of the Forest)으로부터 구분짓기 위해서였다. 자금 부족으로, 1225년에 새로운 세금항목들의 부과에 맞바꾸어 헌장을 헨리는 재반포하였다; 그 의식을 1297년에 그의 아들 에드워드 1세는 반복하였는데, 이번에는 그것을 영국 제정법(statute law)의 일부로서 그는 확인하였다.

시간이 지남에 따라, 그리고 새로운 법들을 깃털 단 의회가 통과시킴에 따라, 그것의 실질적 중요성 얼마간을 잃었음에도 불구하고 헌장은 영국 정치생활의 일부가 되었고 군주 각각에 의하여 차례차례 상징적으로 그것은 갱신되었다. 16세기 끝 무렵에는 마그나 카르타에의 관심에 대한 급증이 있었다. 개개 영국인의 자유들을 보호하는 앵글로색슨 시대에까지 거슬

there was an ancient English constitution, going back to the days of the Anglo-Saxons, that protected individual English freedoms. They argued that the Norman invasion of 1066 had overthrown these rights, and that Magna Carta had been a popular attempt to restore them, making the charter an essential foundation for the contemporary powers of Parliament and legal principles such as habeas corpus. Although this historical account was badly flawed, jurists such as Sir Edward Coke used Magna Carta extensively in the early 17th century, arguing against the divine right of kings propounded by the Stuart monarchs. Both James I and his son Charles I attempted to suppress the discussion of Magna Carta, until the issue was curtailed by the English Civil War of the 1640s and the execution of Charles.

The political myth of Magna Carta and its protection of ancient personal liberties persisted after the Glorious Revolution of 1688 until well into the 19th century. It influenced the early American colonists in the Thirteen Colonies and the formation of the American Constitution in 1787, which became the supreme law of the land in the new republic of the United States.[c] Research by Victorian historians showed that the original 1215 charter had concerned the medieval relationship between the monarch and the barons, rather than the rights of ordinary people, but the charter remained a powerful, iconic document, even after almost all of its content was repealed from the statute books in the 19th and 20th centuries. Magna Carta still forms an important symbol of liberty today, often cited by politicians and campaigners, and is held in great respect by the British and American legal communities, Lord Denning describing it as "the greatest constitutional document of all times — the foundation of the freedom of the individual against the arbitrary authority of the despot".[4]

In the 21st century, four exemplifications of the original 1215 charter remain in existence, held by the British Library and the cathedrals of Lincoln and Salisbury. There are also a handful of the subsequent charters in public and private ownership, including copies of the 1297 charter in both the United States and Australia. The original charters were written on parchment sheets using quill pens, in heavily abbreviated medieval Latin, which was the convention for legal documents at that time. Each was sealed with the royal great

러 오르는 고래의 영국헌법이 있다고 그 시기의 법률가들은 및 역사가들은 믿었다. 이 권리들을 1066년의 노르만 침입이 무너뜨렸었다고, 그런데 마그나 카르타는 그것들을 회복시키려는 대중의 시도였었다고 그들은 주장하였는 바, 이로써 헌장을 당대의 의회 권한들을 위한 및 인신보호영장(habeas corpus) 류의 법 원칙들을 위한 불가결의 토대로 그들은 만들었다. 비록 이 역사적 설명은 대단히 결함 있는 것임에도 불구하고, 스튜어트 군주들에 의하여 내세워진 왕들의 신성한 권한에 대항하는 주장을 펴면서 마그나 카르타를 17세기 초에 에드워드 코우크 경(Sir Edward Coke) 같은 법학자들은 광범위하게 사용하였다. 마그나 카르타에 관한 논의를 억압하고자 제임스 1세는 및 그의 아들 찰스 1세는 다 같이 시도하였는데, 1640년대의 영국 시민전쟁에 및 찰스 1세의 처형에 의하여 그 문제가 축소되기까지 그 시도는 계속되었다.

마그나 카르타의 정치적 신화는 및 고래의 개인적 자유들에 대한 그것의 보호는 1688년 명예혁명 뒤에 19세기에 들어서까지도 한참이나 지속되었다. 열 세 개의 식민지들에서의 초기 미국 식민지인들에게, 그리고 1787년 미국헌법의 성립에 영향을 그것은 미쳤는데, 그것은 새로운 공화국인 미합중국에서의 최고국법이 되었다.[c] 일반인들의 권리사항들을보다는 군주의 및 귀족들의 양자 사이의 봉건적 관계를 최초의 1215년 헌장은 다룬 것이었음을 빅토리아 시대의 역사가들에 의한 연구는 보여주었으나, 그러함에도 불구하고 심지어 19세기에 및 20세기에 들어 제정법령집들로부터 헌장의 내용 대부분이 폐지된 뒤에까지도 강력한 우상적 문서로 헌장은 남았다. 자유의 중요한 상징을 오늘날에 마그나 카르타는 여전히 구성하고, 정치인들에 의하여 및 운동가들에 의하여 자주 인용되며, 영국의 및 미국의 법조계 인사들에 의하여 커다란 경의 속에 그것은 간직되고 있는 바, 그것을 "모든 세대들에 걸쳐 가장 위대한 헌법문서"로 – "압제자의 자의적 권한에 맞선 개인의 자유의 토대"로 데닝 경(Lord Denning)은 설명한다.[4]

21세기에 당초의 1215년 헌장의 네 개의 인증등본들이 남아서 존재하는데, 대영도서관(the British Library)에, 링컨(Lincoln) 대성당에 및 솔즈베리(Salisbury) 대성당에 의하여 소장되고 있다. 공적으로 및 사적으로 소유되는 몇 개의 뒤이은 헌장들이 있는데, 미합중국에와 오스트레일리아에 다 같이 있는 1297년 헌장의 등본들을 그것들은 포함한다. 당시의 법률문서들을 위한 관례에 따라 몹시도 단축된 중세 라틴어로 양피지들 위에 깃촉 펜들을 사용하여 최초의 헌장들은 쓰였다. 국왕의 국새로써 각각은 날인되었다(밀랍으로 및 수지 봉랍으로 만들어짐): 국새들 중

seal (made of beeswax and resin sealing wax): very few of the seals have survived. Although scholars refer to the 63 numbered "clauses" of Magna Carta, this is a modern system of numbering, introduced by Sir William Blackstone in 1759; the original charter formed a single, long unbroken text. The four original 1215 charters were displayed together at the British Library for one day, 3 February 2015, to mark the 800th anniversary of Magna Carta.

History

13th century

Background

Magna Carta originated as an unsuccessful attempt to achieve peace between royalist and rebel factions in 1215, as part of the events leading to the outbreak of the First Barons' War. England was ruled by King John, the third of the Angevin kings. Although the kingdom had a robust administrative system, the nature of government under the Angevin monarchs was ill-defined and uncertain.[5][6] John and his predecessors had ruled using the principle of vis et voluntas, or "force and will", taking executive and sometimes arbitrary decisions, often justified on the basis that a king was above the law.[6] Many contemporary writers believed that monarchs should rule in accordance with the custom and the law, with the counsel of the leading members of the realm, but there was no model for what should happen if a king refused to do so.[6]

John had lost most of his ancestral lands in France to King Philip Ⅱ in 1204 and had struggled to regain them for many years, raising extensive taxes on the barons to accumulate money to fight a war which ended in expensive failure in 1214.[7] Following the defeat of his allies at the Battle of Bouvines, John had to sue for peace and pay compensation.[8] John was already personally unpopular with many of the barons, many of whom owed money to the Crown, and little trust existed between the two sides.[9][10][11] A triumph would have strengthened his position, but in the face of his defeat, within a few months after his return from France John found that rebel barons in the north and east of England were organising resistance to his rule.[12][13]

남아 있는 것은 거의 없다. 비록 마그나 카르타의 63 개의 "조항들(clauses)"을 학자들은 언급하지만, 이는 1759년에 윌리엄 블랙스톤 경(Sir William Blackstone)에 의하여 도입된 숫자먹임의 현대적 체계이다; 단일하고도 긴, 끊어지지 아니한 한 개의 문장을 당초의 헌장은 구성하였다. 마그나 카르타 800주년을 기념하기 위하여 2015년 2월 3일 하루 동안 대영도서관에서 네 개의 당초의 1215년 헌장들이 함께 전시되었다.

역사

13세기

배경

존 왕 지지파의 및 반란파의 양자 사이에 평화를 달성하려는 성공적이지 못한 한 개의 시도로서 1215년에 마그나 카르타는 생겨났는데, 그것은 제1차 귀족들의 전쟁의 발발로 이어진 일련의 상황전개의 일부분이었다.

앙주 왕가의 세 번째 왕인 존 왕에 의하여 영국은 통치되었다. 비록 강건한 행정체계를 왕국은 가졌음에도 불구하고, 앙주 왕가 군주들 아래서의 정부의 성격은 애매하고도 불확실하였다.[5][6] 법 위에 국왕은 있다는 논거 위에서 자주 정당화된 행정적 및 때로는 자의적 결정들을 취하면서 vis et voluntas의 원칙들을, 즉 "힘"의 및 "의지"의 원칙들을 사용하여 존은 및 그의 선임자들은 통치하였었다.[6] 왕국의 지도적 구성원들의 조언을 받아 관습에와 법에 합치되게 군주들은 통치해야 한다고 당대의 많은 문필가들은 믿었으나, 그렇게 하기를 국왕이 거부할 경우에 어떤 일이 생겨나야 하는지에 대한 모델은 없었다.[6]

프랑스 내의 그의 선조들의 영토를 1204년에 필립 2세에게 존은 상실한 상태였고 이를 되찾으려고 여러 해 동안 애써오고 있었는데, 전쟁을 수행하기 위한 자금을 모으고자 광범위한 증세조치들을 귀족들에게 부과하였으나, 1214년에 값비싼 패배로 그 전쟁은 귀결되었다.[7] 부빈느(Bouvines) 전투에서의 패배에 따라 존은 화친을 제의해야 하였고 보상금을 지불해야 하였다.[8] 존은 귀족들 다수로부터 개인적으로 이미 인망을 잃었고, 그들 중 다수는 국왕에게 돈을 빚지고 있었으며, 따라서 양 측 사이에 신뢰는 존재하지 않다.[9][10][11] 그의 지위를 승리는 강화해 주었을 것이지만, 그의 패배 앞에서, 그의 통치에 대한 저항을 영국 북부의 및 동부의 반란 귀족들이 조직하고 있음을 프랑스로부터의 그의 귀환 뒤 수 개월 내에 존은 발견하였다.[12][13]

The rebels took an oath that they would "stand fast for the liberty of the church and the realm", and demanded that the King confirm the Charter of Liberties that had been declared by King Henry I in the previous century, and which was perceived by the barons to protect their rights.[14][13][15] The rebel leadership was unimpressive by the standards of the time, even disreputable, but were united by their hatred of John;[16] Robert FitzWalter, later elected leader of the rebel barons, claimed publicly that John had attempted to rape his daughter,[17] and was implicated in a plot to assassinate John in 1212.[18]

John held a council in London in January 1215 to discuss potential reforms, and sponsored discussions in Oxford between his agents and the rebels during the spring.[19] Both sides appealed to Pope Innocent III for assistance in the dispute.[20] During the negotiations, the rebellious barons produced an initial document, which historians have termed "the Unknown Charter of Liberties", which drew on Henry I's Charter of Liberties for much of its language; seven articles from that document later appeared in the "Articles of the Barons" and the subsequent charter.[21][22][23]

It was John's hope that the Pope would give him valuable legal and moral support, and accordingly John played for time; the King had declared himself to be a papal vassal in 1213 and correctly believed he could count on the Pope for help.[24][20] John also began recruiting mercenary forces from France, although some were later sent back to avoid giving the impression that the King was escalating the conflict.[19] In a further move to shore up his support, John took an oath to become a crusader, a move which gave him additional political protection under church law, even though many felt the promise was insincere.[25][26]

Letters backing John arrived from the Pope in April, but by then the rebel barons had organised into a military faction. They congregated at Northampton in May and renounced their feudal ties to John, marching on London, Lincoln, and Exeter.[27] John's efforts to appear moderate and conciliatory had been largely successful, but once the rebels held London, they attracted a fresh wave of defectors from the royalists.[28] The King offered to submit the problem to a committee of arbitration with the Pope as the supreme arbiter, but

"교회의 및 왕국의 자유를 위하여" 자신들은 "완강히 버틸" 것임을 반란자들은 맹세하였고, 지난 세기에 헨리 1세에 의하여 선언된 바 있는, 그리고 자신들의 권리들을 보호하는 것으로 귀족들에 의하여 인식된 자유의 헌장(the Charter of Liberties)을 국왕더러 승인하라고 그들은 요구하였다.[14][13][15] 반란자들의 지도부는 당시의 기준에 의하면 그다지 영향력이 있지는 않았고 심지어 평판이 나쁘기조차 하였으나, 존에 대한 그들의 혐오에 의하여 그들은 결합되어 있었다;[16] 자신의 딸을 강간하려고 존이 시도했었다고 나중에 반란귀족들의 대표에 선출된 로버트 피츠월터(Robert FitzWalter)는 공개적으로 주장하였고,[17] 1212년에는 존을 암살하려는 음모에 그는 연루되어 있었다.[18]

잠재적 개혁조치들을 논의하기 위하여 평의회를 1215년 1월에 런던에서 존은 열었고, 자신의 대리인들의 및 반란자들의 양자 사이의 옥스퍼드에서의 논의들을 봄철 동안 존은 후원하였다.[19] 논쟁에서의 지원을 구하여 교황 이노켄트 3세에게 양측은 다 같이 호소하였다.[20] 협상이 진행되는 동안, 그 문언의 대부분을 헨리 1세의 자유의 헌장으로부터 끌어온, "알려지지 않은 자유의 헌장"이라고 역사가들은 명명한 최초의 문서를 반란귀족들은 제안하였다; 그 문서로부터의 일곱 개 조항들은 나중에 "귀족들의 조항들(Articles of the Barons)"에와 이에 이어지는 헌장에 나타났다.[21][22][23]

유용한 법적 도덕적 지지를 자신에게 교황이 부여해 주리라는 것이 존의 희망이었기에, 그리하여 이에 따라 시간을 벌기 위하여 존은 궁리하였다; 자신이 국왕의 봉신임을 1213년에 국왕은 선언한 터였고 도움을 교황에게 자신이 기대할 수 있다고 국왕은 믿었는데, 그 믿음은 옳았다.[24][20] 프랑스로부터의 용병부대를 존은 또한 모으기 시작하였으나, 다만 분쟁을 국왕이 확대시키고 있다는 인상을 주는 것을 피하기 위하여 나중에 그 일부는 되돌려 보내졌다.[19] 십자군이 되겠노라고 그의 지지를 불러오려는 추가적 노력 속에서 존은 맹세하였는데, 비록 그 약속이 진실하지 않다고 많은 사람들이 느꼈음에도 불구하고 그것은 특별한 정치적 보호를 교회법 아래서 그에게 부여해 줄 만한 조치였다.[25][26]

4월에 교황으로부터 존을 지지하는 서신들이 도착하였으나, 그 시점에서는 반란귀족들은 군사집단으로 조직되어 들어간 상태였다. 5월에 노스햄턴에서 그들은 결집하였고, 존에게의 봉건적 결합관계들을 포기하고서 런던으로, 링컨으로, 엑스터로 진격하였다.[27] 중도적으로 및 회유적으로 보이려는 존의 노력들은 대부분 성공을 거두었으나, 일단 런던을 반란자들이 점령하자 국왕 지지자들로부터의 배반자들의 새로운 물결을 그들은 끌었다.[28] 교황을 최고 중재자로 하는 중재위원회에 문제를 회부할 것을 국왕은 제의하였지만, 반란자들에게 이것

this was not attractive to the rebels.[29] Stephen Langton, the Archbishop of Canterbury, had been working with the rebel barons on their demands, and after the suggestion of papal arbitration failed, John instructed Langton to organise peace talks.[28][30]

Great Charter of 1215

John met the rebel leaders at Runnymede, a water-meadow on the south bank of the River Thames, on 10 June 1215. Runnymede was a traditional place for assemblies, but it was also located on neutral ground between the royal fortress of Windsor Castle and the rebel base at Staines, and offered both sides the security of a rendezvous where they were unlikely to find themselves at a military disadvantage.[31][32] Here the rebels presented John with their draft demands for reform, the 'Articles of the Barons'.[28][30][33] Stephen Langton's pragmatic efforts at mediation over the next ten days turned these incomplete demands into a charter capturing the proposed peace agreement; a few years later, this agreement was renamed Magna Carta, meaning "Great Charter".[34][30][33] By 15 June, general agreement had been made on a text, and on 19 June, the rebels renewed their oaths of loyalty to John and copies of the charter were formally issued.[33][30]

Although, as the historian David Carpenter has noted, the charter "wasted no time on political theory", it went beyond simply addressing individual baronial complaints, and formed a wider proposal for political reform.[28][35] It promised the protection of church rights, protection from illegal imprisonment, access to swift justice, and, most importantly, limitations on taxation and other feudal payments to the Crown, with certain forms of feudal taxation requiring baronial consent.[36][12] It focused on the rights of free men — in particular the barons.[35] However, the rights of serfs were included in articles 16, 20, and 28.[37][d] Its style and content reflected Henry I's Charter of Liberties, as well as a wider body of legal traditions, including the royal charters issued to towns, the operations of the Church and baronial courts and European charters such as the Statute of Pamiers.[40][41]

은 매력적인 것이 되지 못하였다.[29] 반란귀족들의 요구조건들에 관하여 그들에 더불어 캔터베리 대주교 스티븐 랭턴(Stephen Langton)은 논의하여 오던 중이었기에, 랭턴더러 평화를 위한 논의를 조직할 것을 교황 중재의 제안이 실패한 뒤에 존은 지시하였다.[28][30]

1215년 대헌장

반란귀족들의 지도자들을 템즈강 남쪽 제방 위의 강가 목초지인 러니미드에서 1215년 6월 10일에 존은 만났다. 러니미드는 집회행사들을 위한 전통적 장소였으나, 윈저성 국왕 측 요새의 및 스테인즈(Staines) 반란군 측 기지의 둘 사이의 중립의 장소에 그것은 위치해 있기도 하였고, 그리하여 군사적 핸디캡에 놓여 있는 스스로를 그들이 발견할 가능성이 없는 회합의 안전을 그들 양측에게 그 곳은 제공하였다.[31][32] 개혁을 위한 그들의 초안된 요구사항들인 '귀족들의 조항들(Articles of the Barons)'을 존에게 여기서 반란귀족들은 제시하였다.[28][30][33] 이 불완전한 요구사항들을 한 개의 헌장으로 그 뒤 10일에 걸친 스티븐 랭턴(Stephen Langton)의 실용주의적 중재 노력들은 바꾸어 놓았고 이로써 그 목적된 화해합의를 이끌어냈다; 수 년 뒤에 마그나 카르타(Magna Carta)라는 이름으로 이 합의는 재명명되었는 바, "큰 헌장(Great Charter)"을 그 이름은 의미한다.[34][30][33] 6월 15일 시점에서 본문에 관한 일반적 합의는 이루어진 상태였고, 그들의 충성맹세들을 6월 19일에 존에게 반란귀족들은 새로이 하였으며, 헌장의 등본들이 정식으로 발부되었다.[33][30]

비록 역사가 데이빗 카펜터(David Carpenter)가 특별히 언급해 놓았듯이, 헌장은 "정치적 이론에 관하여는 시간을 소모하지 아니하였음에도" 불구하고, 단순히 개개 귀족의 불만사항들을 중점 두어 다루는 것을 그것은 넘어섰고, 그리하여 정치개혁을 위한 보다 더 넓은 제안을 그것은 구성하였다.[28][35] 교회의 권리들에 대한 보장을, 불법구금으로부터의 보호를, 신속한 재판에의 접근권을, 그리고 가장 중요하게도, 일정 형식들의 봉건적 과세에는 귀족의 동의를 요구하는 등에 의하여 과세에 대한 및 국왕에의 여타 봉건적 지불사항들에 대한 제약들을 그것은 약속하였다.[36][12] 자유인들의 – 특히 귀족들의 - 권리들 위에 초점을 그것은 두었다.[35] 그러나, 제16조에, 제20조에, 그리고 제28조에 농노들의 권리들이 포함되었다.[37][d] 마을들에 수여된 왕립헌장들을 포함하는, 교회법원들의 및 영주법원들의 운용들을 포함하는, 파미에르 제정법(the Statute of Pamiers) 등의 유럽 헌장들을 포함하는 법적 전통의 보다 더 넓은 몸체를 아울러 헨리 1세의 자유헌장을 그것의 형식은 및 내용은 반영하였다.[40][41]

Under what historians later labelled "clause 61", or the "security clause", a council of 25 barons would be created to monitor and ensure John's future adherence to the charter.[42] If John did not conform to the charter within 40 days of being notified of a transgression by the council, the 25 barons were empowered by clause 61 to seize John's castles and lands until, in their judgement, amends had been made.[43] Men were to be compelled to swear an oath to assist the council in controlling the King, but once redress had been made for any breaches, the King would continue to rule as before. In one sense this was not unprecedented; other kings had previously conceded the right of individual resistance to their subjects if the King did not uphold his obligations. Magna Carta was however novel in that it set up a formally recognised means of collectively coercing the King.[44] The historian Wilfred Warren argues that it was almost inevitable that the clause would result in civil war, as it "was crude in its methods and disturbing in its implications".[45] The barons were trying to force John to keep to the charter, but clause 61 was so heavily weighted against the King that this version of the charter could not survive.[43]

John and the rebel barons did not trust each other, and neither side seriously attempted to implement the peace accord.[42][46] The 25 barons selected for the new council were all rebels, chosen by the more extremist barons, and many among the rebels found excuses to keep their forces mobilised.[47][48][49] Disputes began to emerge between those rebels who had expected the charter to return lands that had been confiscated and the royalist faction.[50]

Clause 61 of Magna Carta contained a commitment from John that he would "seek to obtain nothing from anyone, in our own person or through someone else, whereby any of these grants or liberties may be revoked or diminished".[51][52] Despite this, the King appealed to Pope Innocent for help in July, arguing that the charter compromised the Pope's rights as John's feudal lord.[53][50] As part of the June peace deal, the barons were supposed to surrender London by 15 August, but this they refused to do.[54] Meanwhile, instructions from the Pope arrived in August, written before the peace accord, with the result that papal commissioners excommunicated the rebel barons and suspended

"제61조(clause 61)"라고 내지는 "보장조항(security clause)"이라고 역사가들이 나중에 이름붙인 조항에 따라, 헌장에 대한 존의 장래의 준수를 감시하고 보장하기 위하여 25명의 귀족들의 평의회가 창설되게 되어 있었다.[42] 평의회에 의하여 위반이 고지된 날로부터 40일 이내에 헌장에 합치되게끔 만약 존이 조치하지 않으면, 그들의 판단으로 시정조치들이 이루어졌을 때까지 존의 성들을 및 토지들을 압류할 권한을 제61조에 의하여 25명의 귀족들은 지니게 되어 있었다.[43] 국왕을 통제함에 있어서 평의회를 조력하게 하기 위하여 선서에 처해지도록 사람들이 강제되게 되어 있었으나, 어떤 위반사항들에 대해서든 일단 구제조치가 취해지고 났으면 통치를 그 이전에처럼 국왕은 계속하게 되어 있었다. 한 가지 의미에서는 이것은 전례가 없지 않은 것이었다; 만약 자신의 의무사항들을 국왕이 확인하여 주지 아니하였을 경우에는 개인적 저항의 권리를 자신들의 신민들에게 다른 국왕들은 이전에 용인한 바 있었다. 그러나 국왕을 집단적으로 강압하는 공식적으로 인정되는 수단들을 그것이 설정했다는 점에서 마그나 카르타는 새로운 것이었다.[44] 내전으로 그 조항이 귀결됨은 거의 불가피하였다고, 왜냐하면 그것은 "그 방법들에 있어서 노골적이었고 그 함축들에 있어서 교란적인 것이었기" 때문이라고 역사가 윌프레드 워렌(Wilfred Warren)은 주장한다.[45] 존으로 하여금 헌장을 준수하도록 강제하고자 귀족들은 시도하고 있었으나, 제61조는 국왕에게 너무나 현저히도 불리하게 되어 있었고 그리하여 이 종류의 헌장은 지탱될 수가 없었다.[43]

존은 및 반란귀족들은 서로를 믿지 아니하였고, 그리하여 평화합의를 이행하려고 어느 쪽이도 진지하게 시도하지 않았다.[42][46] 새로운 평의회를 위하여 선출된 25명의 귀족들은 모두가 반란자들이었고 보다 더 극단주의적인 귀족들에 의하여 선출된 자들이었으며 자신들의 군사력을 동원 상태로 유지할 핑계거리를 반란자들 중 다수는 찾았다.[47][48][49] 몰수되었던 토지들을 헌장이 반환하여 줄 것으로 기대하였던 반란자들의 및 국왕파의 양자 사이에서 논쟁이 일기 시작하였다.[50]

"이러한 양여사항들이 내지는 자유들이 취소되게 하거나 축소되게 할 그 무엇을도 그 누구로부터도 짐 스스로를 통해서든 타인을 통해서든 획득하기를 결코 추구하지 않겠노라."는 존으로부터의 한 개의 약속을 마그나 카르타 제61조는 포함하였다.[51][52] 이에도 불구하고, 7월에 도움을 교황 이노켄트에게 국왕은 호소하였고, 존에 대한 봉건영주로서의 교황의 권리들을 헌장은 손상시킨다고 국왕은 주장하였다.[53][50] 6월의 평화교섭의 일부분으로서 런던을 8월 15일까지는 귀족들이 내 놓을 것으로 기대되고 있었으나, 이것을 하기를 그들은 거부하였다.[54] 그러는 사이에, 8월의 평화협정 이전에 쓰여진 교황으로부터의 훈령들이 8월에 도착하였는데, 9월 초에 반란귀족들을 교황의 대리인들이 파문하는 결과를, 그리고 랭턴을

Langton from office in early September.[55] Once aware of the charter, the Pope respond-ed in detail: in a letter dated 24 August and arriving in late September, he declared the charter to be "not only shameful and demeaning but also illegal and unjust" since John had been "forced to accept" it, and accordingly the charter was "null, and void of all valid-ity for ever"; under threat of excommunication, the King was not to observe the charter, nor the barons try to enforce it.[56][50][57][54]

By then, violence had broken out between the two sides; less than three months after it had been agreed, John and the loyalist barons firmly repudiated the failed charter: the First Barons' War erupted.[58][59][50] The rebel barons concluded that peace with John was impossible, and turned to Philip II's son, the future Louis VIII, for help, offering him the English throne.[60][50][e] The war soon settled into a stalemate. The King became ill and died on the night of 18 October, leaving the nine-year-old Henry III as his heir.[61]

Great Charter of 1216

Although the Charter of 1215 was a failure as a peace treaty, it was resurrected under the new government of the young Henry III as a way of drawing support away from the rebel faction. On his deathbed, King John appointed a council of thirteen executors to help Henry reclaim the kingdom, and requested that his son be placed into the guardian-ship of William Marshal, one of the most famous knights in England.[68] William knighted the boy, and Cardinal Guala Bicchieri, the papal legate to England, then oversaw his coro-nation at Gloucester Cathedral on 28 October.[69][70][71]

The young King inherited a difficult situation, with over half of England occupied by the rebels.[72][73] He had substantial support though from Guala, who intended to win the civil war for Henry and punish the rebels.[74] Guala set about strengthening the ties between England and the Papacy, starting with the coronation itself, during which Henry gave homage to the Papacy, recognising the Pope as his feudal lord.[75][69] Pope Honorius III declared that Henry was the Pope's vassal and ward, and that the legate had complete authority to protect Henry and his kingdom.[69] As an additional measure, Henry took the cross, declaring himself a crusader and thereby entitled to special protection from Rome.[69]

직무로부터 정지시키는 결과를 그것들은 가져왔다.[55] 헌장에 관하여 알게 되자 세세하게 교황은 반응하였다: 헌장은 "수치스럽고도 천박스러운 것일 뿐만 아니라 불법이기도 하고 불의이기도 하다."고, 왜냐하면 존은 "이를 받아들이도록 강제된" 상태였기 때문이라고, 그리하여 이에 따라 헌장은 "영구히 효력이 없고 전적으로 정당성을 결여한" 것이라고 8월 24일자로 쓰이고 9월 늦게 도착한 편지에서 그는 선언하였다; 파문의 위협 아래서 헌장을 국왕은 준수해서는 안 되었고 그것을 강제하고자 귀족들은 시도해서도 안 되었다.[56][50][57][54]

그 시점 당시에 양 측 사이에는 충돌이 발생해 있었다; 그것이 합의에 도달된 뒤로 3개월이 안 되어 그 실패한 헌장을 존은 및 충성파 귀족들은 확고히 거부하였다: 제1차 귀족들의 전쟁이 발발하였다.[58][59][50] 존과의 평화는 불가능하다고 반란귀족들은 결론지었고 필립 2세의 아들인 장래의 루이 8세에게 도움을 구하면서 영국 국왕의 지위를 그에게 제의하였다.[60][50][i] 전쟁은 금방 교착상태에 빠졌다. 국왕은 병이 들어 10월 18일에 사망하였는데, 아홉 살인 헨리 3세를 그의 후계자로 남겼다.[61]

1216년 대헌장

비록 1215년 헌장은 평화조약으로서는 실패였음에도 불구하고, 어린 헨리 3세의 새로운 정부 아래서 지지를 반란파에게서 빼앗아 내는 한 가지 수단으로서 그것은 부활되었다. 왕국을 되찾도록 헨리를 도울 열세 명의 유언집행자들의 평의회를 죽음의 침상 머리에서 국왕 존은 지명하였고 영국 내의 가장 명망 있는 기사들 중 한 명인 윌리엄 마샬(William Marshal)의 후견에 자신의 아들이 놓여져야 함을 국왕은 당부하였다.[68] 기사작위를 소년에게 윌리엄은 수여하였고, 그러자 영국에의 교황의 특사인 추기경 구알라 베치에리(Guala Bicchieri)는 10월 28일에 그의 대관식을 글루체스터 대성당에서 집전하였다.[69][70][71]

반란자들에 의하여 영국의 절반 이상이 점령되어 있는 어려운 상황을 어린 국왕은 물려받았다.[72][73] 이에도 불구하고 상당한 지원을 구알라로부터 그는 받았고, 헨리를 위하여 내전을 승리하리라고 및 반란자들을 처벌하리라고 구알라는 다짐하였다.[74] 영국의 및 교황청의 양자 사이의 유대관계를 강화하는 일에 구알라는 착수하였는데, 교황을 자신에 대한 봉건영주로 인정하는 신하로서의 예를 교황청에게 헨리가 바친 대관식 자체로부터 그것은 시작하였다.[75][69] 헨리는 교황의 봉신임을 및 피후견인임을, 헨리를 및 그의 왕국을 보호하기 위한 모든 권한을 교황의 특사는 지님을 교황 호노리우스 3세(Honorius III)는 선언하였다.[69] 추가적 조치로서 자신을 십자군이라고 선언하면서 십자군에 헨리는 참가하였는데, 이로써 로마로부터의 특별한 보호의 자격을 그는 지니게 되었다.[69]

The war was not going well for the loyalists, but Prince Louis and the rebel barons were also finding it difficult to make further progress.[76][77] John's death had defused some of the rebel concerns, and the royal castles were still holding out in the occupied parts of the country.[78][77] Henry's government encouraged the rebel barons to come back to his cause in exchange for the return of their lands, and reissued a version of the 1215 Charter, albeit having first removed some of the clauses, including those unfavourable to the Papacy and clause 61, which had set up the council of barons.[79][80] The move was not successful, and opposition to Henry's new government hardened.[81]

Great Charter of 1217

The Charter of the Forest, 1217, held by the British Library.

In February 1217, Louis set sail for France to gather reinforcements.[82] In his absence, arguments broke out between Louis' French and English followers, and Cardinal Guala declared that Henry's war against the rebels was the equivalent of a religious crusade.[83] This declaration resulted in a series of defections from the rebel movement, and the tide of the conflict swung in Henry's favour.[84] Louis returned at the end of April, but his northern forces were defeated by William Marshal at the Battle of Lincoln in May.[85][86]

Meanwhile, support for Louis' campaign was diminishing in France, and he concluded that the war in England was lost.[87] He negotiated terms with Cardinal Guala, under which Louis would renounce his claim to the English throne; in return, his followers would be given back their lands, any sentences of excommunication would be lifted, and Henry's government would promise to enforce the charter of the previous year.[88] The proposed agreement soon began to unravel amid claims from some loyalists that it was too generous towards the rebels, particularly the clergy who had joined the rebellion.[89]

In the absence of a settlement, Louis remained in London with his remaining forces, hoping for the arrival of reinforcements from France.[89] When the expected fleet did arrive in August, it was intercepted and defeated by loyalists at the Battle of Sandwich.[90] Louis entered into fresh peace negotiations, and the factions came to agreement on the final Treaty of Lambeth, also known as the Treaty of Kingston, on 12 and 13 September 1217.[90] The treaty was similar to the first peace offer, but excluded the rebel clergy,

전쟁은 충성파들에게 유리하게 돌아가고 있지 않았으나, 더 이상의 전진을 하는 데에 곤란을 왕자 루이(Louis)는 및 반란귀족들은 마찬가지로 느끼고 있었다.[76][77] 반란 측의 염려들 일부를 존의 사망은 제거해 주었고, 게다가 나라의 점령 부분들에서 충성파 성들은 여전히 저항하고 있었다.[78][77] 그들의 토지들의 반환을 대가로 그의 대의에 복귀하라고 반란귀족들에게 헨리 정부는 종용하였고, 비록 교황권에 불리한 것들을 및 귀족들의 평의회를 설치하였던 제61조를 포함하여 조항들 일부를 먼저 삭제하기는 하였음에도 1215년 헌장의 변형판을 새 정부는 재발행하였다.[79][80] 그 조치는 성공을 거두지 못하였고, 헨리의 새 정부에 대한 저항은 강화되었다.[81]

1217년 대헌장

증원부대를 모으기 위하여 1217년 2월에 루이(Louis)는 배를 타고 프랑스로 떠났다.[82] 그의 부재 중에 루이의 프랑스 측 및 영국 측 추종자들 사이에 논쟁들이 일어났고, 반란자들에 맞서는 헨리의 싸움은 종교적 십자군에 대등하다고 추기경 구알라(Guala)는 선언하였다.[83] 반란운동으로부터의 일련의 이탈들로 이 선언은 귀결되었고, 분쟁의 조류는 헨리에게 유리하게 돌아섰다.[84] 4월 말에 루이가 돌아왔으나, 그의 북부군은 5월에 링컨(Lincoln) 전투에서 분쇄되었다.[85][86]

그 사이에 루이의 군사행동에 대한 지지는 프랑스에서 감퇴하고 있었고, 그리하여 영국에서의 전쟁은 실패했다고 그는 결론지었다.[87] 영국 국왕의 지위에 대한 그의 주장을 루이가 포기할 만한 조건을 추기경 구알라와의 사이에서 그는 협상하였다; 그 대가로 그의 추종자들에게는 그들의 토지들이 반환되었으면 하였고 조금이라도 있었던 파문의 선고는 해제되었으면 하였으며, 전 해의 헌장을 강화하기로 헨리의 정부가 약속해 주었으면 하였다.[88] 반란자들을 향하여, 특히 반란에 가담한 성직자들을 향하여 그것은 너무 관대하다는 충성파 일부로부터의 주장들 가운데서 그 제안된 합의는 곧 풀어 없어지기 시작하였다.[89]

합의의 부재 가운데서, 프랑스로부터의 증원병력의 도착을 바라면서 그의 잔존 병력들을 대동한 채로 런던에 루이는 남았다.[89] 고대하던 함대가 8월에 도착하였으나, 샌드위치 (Sandwich) 전투에서 충성파들에 의하여 그것은 저지되고 분쇄되었다.[90] 새로운 평화교섭에 루이는 들어갔고, 램베뜨(Lambeth)의 최종 조약의 합의에 양 측은 이르렀는 바, 킹스턴 조약(the Treaty of Kingston)이라고 알려진 것으로서 날짜는 1217년 9월 12일 및 13일이었다.[90] 최초의 평화안에 조약은 유사하였으나, 반란 성직자들을 배제함으로써 그들의 토지들은 및 임명직들

whose lands and appointments remained forfeit; it included a promise, however, that Louis' followers would be allowed to enjoy their traditional liberties and customs, referring back to the Charter of 1216.[91] Louis left England as agreed and joined the Albigensian Crusade in the south of France, bringing the war to an end.[87]

A great council was called in October and November to take stock of the post-war situation; this council is thought to have formulated and issued the Charter of 1217.[92] The charter resembled that of 1216, although some additional clauses were added to protect the rights of the barons over their feudal subjects, and the restrictions on the Crown's ability to levy taxation were watered down.[93] There remained a range of disagreements about the management of the royal forests, which involved a special legal system that had resulted in a source of considerable royal revenue; complaints existed over both the implementation of these courts, and the geographic boundaries of the royal forests.[94] A complementary charter, the Charter of the Forest, was created, pardoning existing forest offences, imposing new controls over the forest courts, and establishing a review of the forest boundaries.[94] To distinguish the two charters, the term magna carta libertatum, "the great charter of liberties", was used by the scribes to refer to the larger document, which in time became known simply as Magna Carta.[95][96]

Great Charter of 1225

Magna Carta became increasingly embedded into English political life during Henry III's minority.[97] As the King grew older, his government slowly began to recover from the civil war, regaining control of the counties and beginning to raise revenue once again, taking care not to overstep the terms of the charters.[98] Henry remained a minor and his government's legal ability to make permanently binding decisions on his behalf was limited. In 1223, the tensions over the status of the charters became clear in the royal court, when Henry's government attempted to reassert its rights over its properties and revenues in the counties, facing resistance from many communities that argued—if sometimes incorrectly—that the charters protected the new arrangements.[99][100] This resistance resulted in an argument between Archbishop Langton and William Brewer over whether the King had any duty to fulfil the terms of the charters, given that he had been forced to agree to them.[101] On this occasion, Henry gave oral assurances that he

은 몰수 상태로 남았다; 그러나 그들의 전통적 자유들을 및 관습들을 루이의 추종자들은 향유하도록 허용된다는 약속을 그것은 포함하였는데, 216년 헌장을 그것은 돌이켜 인용하였다.[91] 영국을 합의된 대로 루이는 떠났고 프랑스에서의 알비 십자군(the Albigensian Crusade)에 가담함으로써 전쟁을 종식시켰다.[87]

전후(post-war) 상황을 조사하기 위하여 10월에와 11월에 대회의가 소집되었다; 1217년 헌장을 이 평의회가 만들어내서 공표한 것으로 생각된다.[92] 1216년의 것에 헌장은 유사하였으나, 다만 그들의 봉건 신민들에 대한 귀족들의 권리들을 보호하기 위하여 몇 가지 추가적 조항들이 보태졌고, 세금을 부과할 수 있는 국왕의 능력에 대한 제약들이 희석되었다.[93] 상당한 왕실수입의 원천으로 귀결되어 있던 특별 재판제도를 포함하여, 국왕의 숲들의 관리에 관한 다양한 불합치 사항들이 남았다; 이 법원들의 설치에 대하여 및 국왕의 숲들의 지리적 경계들에 관하여 다 같이 불만사항들이 존속하였다.[94] 보충적 헌장인 숲 헌장(the Charter of the Forest)이 창출되어 기존의 위반행위들을 사면하였고, 임야법원들에 대한 새로운 통제들을 부과하였으며, 숲 경계들에 대한 조사를 실시하였다.[94] 두 헌장들을 구분짓기 위하여 더 큰 문서를 지칭하는 데에 자유의 대헌장(magna carta libertatum, "the great charter of liberties")이라는 용어가 필경자들에 의하여 사용되었는데, 시간이 지남에 따라 단지 마그나 카르타라고 그것은 알려지게 되었다.[95][96]

1225년 헌장

헨리 3세의 미성년기 동안에 마그나 카르타는 영국의 정치적 생활 속에 갈수록 새겨진 것이 되어 갔다.[97] 국왕이 나이가 차 가자, 그의 정부는 천천히 내전으로부터 회복하기 시작하였는데, 카운티들에 대한 통제권을 되찾으면서, 그리고 세입을 한 번 더 인상하기 시작하면서, 헌장들의 조항들을 침범하지 아니하고자 주의를 기울였다.[98] 헨리는 여전히 미성년자였고, 그리하여 그를 대신하여 항구적으로 구속력 있는 결정들을 내릴 그의 정부의 법적 능력은 제한되었다. 1223년에 국왕의 법정에서 헌장들의 지위를 둘러싼 긴장상황은 명백해졌는데, 카운티들에서의 자신의 재산들에 및 수입들에 대한 그 자신의 권리들을 다시 주장하기를 당시에 헨리의 정부는 시도하였고, 새로운 조정들을 헌장이 보장한다고 – 때때로 부정확하게이기는 했을지언정 - 주장하는 다수 집단들로부터의 저항에 헨리 정부는 직면하였다.[99][100] 그것들에 동의하도록 국왕이 강요됐었던 점을 감안할 때 헌장들의 조건들을 이행할 조금이나마의 의무를 국왕이 지는지 여부를 둘러싼 대주교 랭턴(Langton)의 및 윌리엄 브루어(William Brewer)의 두 사람 사이의 논쟁으로 이 저항은 귀결되었다.[101] 이 상황에 대하여 헌

considered himself bound by the charters, enabling a royal inquiry into the situation in the counties to progress.[102]

Two years later, the question of Henry's commitment to the charters re-emerged, when Louis VIII of France invaded Henry's remaining provinces in France, Poitou and Gascony. [103][104] Henry's army in Poitou was under-resourced, and the province quickly fell.[105] It became clear that Gascony would also fall unless reinforcements were sent from England.[106] In early 1225, a great council approved a tax of £40,000 to dispatch an army, which quickly retook Gascony.[107][108] In exchange for agreeing to support Henry, the barons demanded that the King reissue Magna Carta and the Charter of the Forest.[109] [110] The content was almost identical to the 1217 versions, but in the new versions, the King declared that the charters were issued of his own "spontaneous and free will" and confirmed them with the royal seal, giving the new Great Charter and the Charter of the Forest of 1225 much more authority than the previous versions.[111][110]

The barons anticipated that the King would act in accordance with these charters, subject to the law and moderated by the advice of the nobility.[112][113] Uncertainty continued, and in 1227, when he was declared of age and able to rule independently, Henry announced that future charters had to be issued under his own seal.[114][115] This brought into question the validity of the previous charters issued during his minority, and Henry actively threatened to overturn the Charter of the Forest unless the taxes promised in return for it were actually paid.[114][115] In 1253, Henry confirmed the charters once again in exchange for taxation.[116]

Henry placed a symbolic emphasis on rebuilding royal authority, but his rule was relatively circumscribed by Magna Carta.[117][71] He generally acted within the terms of the charters, which prevented the Crown from taking extrajudicial action against the barons, including the fines and expropriations that had been common under his father, John.[117] [71] The charters did not address the sensitive issues of the appointment of royal advisers and the distribution of patronage, and they lacked any means of enforcement if the King chose to ignore them.[118] The inconsistency with which he applied the charters over the course of his rule alienated many barons, even those within his own faction.[71]

장들의 구속을 자신이 받는 것으로 자신은 생각한다는 구두보증을 헨리는 하였고, 이로써 카운티들에서의 상황에 대한 국왕 측의 조사가 진행될 수 있게끔 그는 만들었다.[102]

2년 뒤에 헌장들에 대한 헨리의 약속의 문제가 다시 등장하였는데, 그 때에 프랑스 내의 헨리의 잔존영토들인 포아투(Poitou)를 및 가스코니(Gascony)를 프랑스의 루이 8세가 침입하였다.[103][104] 포아투에 주둔한 헨리의 군대는 보급이 부족하였고, 그리하여 지역은 순식간에 함락되었다.[105] 영국으로부터 증원부대가 파병되지 않는다면 가스코니 역시 함락될 것이 명백해 졌다.[106] 군대를 보내기 위한 4만 프랑의 증세를 1225년 초에 대회의는 승인하였고, 신속하게 가스코니를 군대는 회복하였다.[107][108] 마그나 카르타를 및 숲 헌장을 국왕은 재발행해야 한다고, 헨리를 지지하는 데에 동의하는 대가로, 귀족들은 요구하였다.[109][110] 내용은 1217년 판들의 것에 거의 동일하였으나, 그 자신의 "자발적인 및 자유로운 의지"에 따라서 헌장들이 발부됨을 새 판들에서 국왕은 선언하였고 그것들을 국새로써 확인하였는데, 이로써 이전의 판들에 부여되었던 것을보다도 훨씬 더 큰 권위를 1225년판 새로운 대헌장에 및 숲 헌장에 그는 부여하였다.[111][110]

이 헌장들에 부합되게, 법에 종속된 채로 및 귀족계급의 조언에 의하여 절제된 상태에서 국왕이 행동할 것으로 귀족들은 기대하였다.[112][113] 불확실성이 지속되었고, 1227년에 그의 성년이 선언되어 독립적으로 통치할 수 있게 되자, 장래의 헌장들은 그 자신의 날인 아래서 발행되어야 한다고 헨리는 선언하였다.[114][115] 그의 미성년 중에 발행된 이전의 헌장들의 유효성에 의문을 이는 불렀고, 숲 헌장을 대가로 약속된 세금들이 실제로 납부되지 아니하면 그것을 파기하겠노라고 헨리는 적극적으로 위협하였다.[114][115] 과세를 대가로 헌장들을 1253년에 다시 한 번 헨리는 확인하였다.[116]

국왕의 권위를 재건하는 데에 상징적 강조를 헨리는 두었으나, 마그나 카르타에 의하여 그의 통치는 상대적으로 제한되었다.[117][71] 일반적으로 헌장들의 조건 내에서 그는 행동하였고, 그의 부친인 존(John) 치하에서 늘상 있었던 벌금들을을 및 몰수들을을 포함하여 귀족들에 대한 법 외적 행동을 국왕으로 하여금 취하지 못하도록 그것은 방지해 주었다.[117][71] 국왕의 고문들의 임명의 및 성직수여권 배분의 민감한 사안들을 헌장들은 중점두어 다루지 아니하였고, 게다가 그것들을 무시하는 쪽을 국왕이 택할 경우의 조금이나마의 강제수단을 그것들은 결여하였다.[118] 헌장들을 그의 통치과정에 그가 적용함에 있어서 보인 헌장들에의 불일치는 다수 귀족들을, 심지어 그 자신의 편이었던 귀족들을마저도 따돌리는 것이 되었다.[71]

Despite the various charters, the provision of royal justice was inconsistent and driven by the needs of immediate politics: sometimes action would be taken to address a legitimate baronial complaint, while on other occasions the problem would simply be ignored. [119] The royal courts, which toured the country to provide justice at the local level, typically for lesser barons and the gentry claiming grievances against major lords, had little power, allowing the major barons to dominate the local justice system.[120] Henry's rule became lax and careless, resulting in a reduction in royal authority in the provinces and, ultimately, the collapse of his authority at court.[120][71]

In 1258, a group of barons seized power from Henry in a coup d'état, citing the need to strictly enforce Magna Carta and the Charter of the Forest, creating a new baronial-led government to advance reform through the Provisions of Oxford.[121] The barons were not militarily powerful enough to win a decisive victory, and instead appealed to Louis IX of France in 1263–1264 to arbitrate on their proposed reforms. The reformist barons argued their case based on Magna Carta, suggesting that it was inviolable under English law and that the King had broken its terms.[122]

Louis came down firmly in favour of Henry, but the French arbitration failed to achieve peace as the rebellious barons refused to accept the verdict. England slipped back into the Second Barons' War, which was won by Henry's son, Prince Edward. Edward also invoked Magna Carta in advancing his cause, arguing that the reformers had taken matters too far and were themselves acting against Magna Carta.[123] In a conciliatory gesture after the barons had been defeated, in 1267 Henry issued the Statute of Marlborough, which included a fresh commitment to observe the terms of Magna Carta.[124]

Great Charter of 1297: statute

King Edward I reissued the Charters of 1225 in 1297 in return for a new tax.[126] It is this version which remains in statute today, although with most articles now repealed.[127][128]

다양한 헌장들에도 불구하고, 국왕의 재판에 관한 규정은 일관성이 없었고 즉시의 정치상황의 필요들에 의하여 내몰리는 것이 되었다: 때때로 적법한 귀족의 불만을 다루기 위하여 재판이 열리고는 하는가 하면 이에 반하여 다른 경우들에서는 문제가 그냥 무시되고는 하였다.[119] 지역 차원에서, 특히 대귀족들을 상대로 불만사항들을 주장하는 낮은 등급의 귀족들에게 및 신사계층에게 재판을 제공하기 위하여 나라를 순회하는 국왕의 법정들은 권한이 없었고, 지역 재판제도를 대귀족들로 하여금 지배하도록 그것들은 허용하였다.[120] 헨리의 통치는 느슨한 것이 및 무관심한 것이 되었고, 지방들에 있어서의 국왕의 권위의 감퇴에, 그리하여 궁극적으로, 법정에서의 그의 권위의 붕괴에 그것은 귀결되었다.[120][71]

1258년에 쿠데타에서 권력을 헨리로부터 한 무리의 귀족들이 찬탈하였는데, 마그나 카르타를 및 숲 헌장을 엄격하게 시행할 필요성을 그들은 주장하였고, 옥스퍼드 조항들(the Provisions of Oxford)을 통하여 개혁을 추진하기 위한 새로운 귀족 주도의 정부를 그들은 창설하였다.[121] 그 귀족들은 군사적으로는 결정적인 승리를 얻을 만큼 충분히 강력하지 못하였고, 오히려 자신들의 개혁제의를 중재해 달라고 프랑스의 루이 9세(Louis IX)에게 1263년에서 1264년까지 호소하였다. 자신들의 주장은 마그나 카르타에 토대한 것임을 개혁파 귀족들은 주장하였는데, 그것은 영국법 아래서 불가침이라고, 그런데 그 조항들을 국왕은 파괴해 왔다고 그들은 말하였다.[122]

헨리에게 유리한 입장을 루이는 단호하게 취하였으나, 평결을 받아들이기를 반란귀족들이 거부함으로써 프랑스의 중재는 평화를 달성하는 데 실패하였다. 제2차 귀족들의 전쟁에 영국은 다시 떨어졌고, 그 싸움에서 헨리의 아들 왕자 에드워드(Edward)가 승리를 거두었다. 자신의 대의를 들어올림에 있어서 마그나 카르타를 에드워드는 마찬가지로 원용하였고, 문제를 개혁파가 너무 멀리 가지고 가는 바람에 마그나 카르타를 그들 스스로 위반하고 있다고 그는 주장하였다.[123] 귀족들이 분쇄되고 난 뒤에 화해조치로서 말버러 제정법(the Statute of Marlborough)을 1267년에 헨리는 공포하였는 바, 마그나 카르타의 조항들을 준수하겠다는 새로운 약속을 그것은 포함하였다.[124]

1297년 대헌장: 제정법

1225년 헌장을 새로운 세금의 대가로 1297년에 국왕 에드워드 1세(Edward I)는 재발행하였다.[126] 오늘날 제정법으로 남아 있는 것은 이 판이지만, 다만 대부분의 조항들은 지금은 폐지되어 있다.[127][128]

The Confirmatio Cartarum (Confirmation of Charters) was issued in Norman French by Edward I in 1297.[129] Edward, needing money, had taxed the nobility, and they had armed themselves against him, forcing Edward to issue his confirmation of Magna Carta and the Forest Charter to avoid civil war.[130] The nobles had sought to add another document, the De Tallagio, to Magna Carta. Edward I's government was not prepared to concede this, they agreed to the issuing of the Confirmatio, confirming the previous charters and confirming the principle that taxation should be by consent,[126] although the precise manner of that consent was not laid down.[131]

A passage mandates that copies shall be distributed in "cathedral churches throughout our realm, there to remain, and shall be read before the people two times by the year",[132] hence the permanent installation of a copy in Salisbury Cathedral.[133] In the Confirmation's second article, it is confirmed that

if any judgement be given from henceforth contrary to the points of the charters aforesaid by the justices, or by any other our ministers that hold plea before them against the points of the charters, it shall be undone, and holden for nought.[134][135]

With the reconfirmation of the Charters in 1300, an additional document was granted, the Articuli super Cartas (The Articles upon the Charters).[136] It was composed of 17 articles and sought in part to deal with the problem of enforcing the Charters. Magna Carta and the Forest Charter were to be issued to the sheriff of each county, and should be read four times a year at the meetings of the county courts. Each county should have a committee of three men who could hear complaints about violations of the Charters.[137]

Pope Clement V continued the papal policy of supporting monarchs (who ruled by divine grace) against any claims in Magna Carta which challenged the King's rights, and annulled the Confirmatio Cartarum in 1305. Edward I interpreted Clement V's papal bull annulling the Confirmatio Cartarum as effectively applying to the Articuli super Cartas, although the latter was not specifically mentioned.[138] In 1306 Edward I took the opportunity given by

헌장들에 대한 확인서(The Confirmatio Cartarum; Confirmation of Charters)는 1297년에 에드워드 1세에 의하여 노르만프렌취(Norman French)어(語)로 발행되었다.[129] 돈이 필요하였던 에드워드는 귀족들에게 과세했었고, 그들은 그에 맞서서 무장을 하고서는 내전을 피하려면 마그나 카르타에 및 숲 헌장에 대한 그의 확인서를 발행하도록 에드워드를 강제하였다.[130] 또 한 개의 문서인 부과금에 관한 문서를 마그나 카르타에 추가하고자 귀족들은 추구하였었다. 이것을 인정할 준비를 에드워드 1세의 정부는 갖추고 있지 않았기에, 이전의 헌장들을 확인하는 및 과세는 동의에 의하여 이루어져야 한다는 원칙을 확인하는 확인서를 발행하는 데에 그들은 동의하였으나,[126] 다만 그 동의의 정확한 방법은 정해지지 못하였다.[131]

"짐의 영토 전체에 걸쳐 성당들 안에" 등본들이 배부되어야 함을, "거기에 그것이 비치되어 사람들 앞에서 일 년에 두 번 낭송되어야 함"을 절 한 개는 명령하고 있고,[132] 그리하여 솔즈베리 대성당 안에의 등본의 항구적 설치가 이로써 이루어졌다.[133] 확인서의 두 번째 조항에서는 이렇게 확인된다 :

만약 조금이라도 앞에서 설명된 헌장들의 항목들에 어긋나는 판결이 향후에 법관들에 의하여 내지는 조금이라도 헌장들의 사항들을 재판하는 그 밖의 우리의 대행자들에 의하여 내려지면, 그것은 무효로 만들어져야 하고, 무효로 간주되어야 한다.[134][135]

1300년에 헌장들에 대한 재확인에 더불어, 한 개의 추가적 문서가 승인되었는데, 헌장들에 관한 사항들(the Articuli super Cartas; The Articles upon the Charters)이 그것이다.[136] 열일곱 개 조항들로 그것은 구성되었고 헌장들을 시행하는 문제를 다루고자 부분적으로 그것은 추구하였다. 마그나 카르타는 및 숲 헌장은 개개 카운티의 주장관(州(주)장관; sheriff)에게 발부되어야 하였고, 일 년에 네 번 카운티 법원들의 회합들에서 낭송되어야 하였다. 헌장들에 대한 위반행위들에 관한 불만사항들을 들을 수 있는 세 명의 위원회를 개개 카운티는 두어야 하였다.[137]

국왕의 권리들을 문제 삼는 마그나 카르타에서의 그 어떤 주장들에 맞서서도 (신성한 자비에 의하여 통치하는) 군주들을 지지하는 교황의 정책을 교황 클레멘트 5세(Clement V)는 계속하였고, 헌장들에 대한 확인서(the Confirmatio Cartarum)를 1305년에 그는 무효화하였다. 헌장들에 대한 확인서를 무효화하는 교황 클레멘트 5세의 교서를 헌장들에 관한 사항들(the Articuli super Cartas)에 결과적으로 적용되는 것으로 에드워드 1세는, 비록 후자가 구체적으로 언급되지 않았음에도 불구하고, 해석하였다.[138] "숲으로부터 해제되어" 있던 광대한 영역들에 대하여 임야법을

the Pope's backing to reassert forest law over large areas which had been "disafforested". Both Edward and the Pope were accused by some contemporary chroniclers of "perjury", and it was suggested by Robert McNair Scott that Robert the Bruce refused to make peace with Edward I's son, Edward II, in 1312 with the justification: "How shall the king of England keep faith with me, since he does not observe the sworn promises made to his liege men..."[139][140]

Magna Carta's influence on English medieval law

The Great Charter was referred to in legal cases throughout the medieval period. For example, in 1226, the knights of Lincolnshire argued that their local sheriff was changing customary practice regarding the local courts, "contrary to their liberty which they ought to have by the charter of the lord king".[141] In practice, cases were not brought against the King for breach of Magna Carta and the Forest Charter, but it was possible to bring a case against the King's officers, such as his sheriffs, using the argument that the King's officers were acting contrary to liberties granted by the King in the charters.[142]

In addition, medieval cases referred to the clauses in Magna Carta which dealt with specific issues such as wardship and dower, debt collection, and keeping rivers free for navigation.[143] Even in the 13th century, some clauses of Magna Carta rarely appeared in legal cases, either because the issues concerned were no longer relevant, or because Magna Carta had been superseded by more relevant legislation. By 1350 half the clauses of Magna Carta were no longer actively used.[144]

14th—15th centuries

During the reign of King Edward III six measures, later known as the Six Statutes, were passed between 1331 and 1369. They sought to clarify certain parts of the Charters. In particular the third statute, in 1354, redefined clause 29, with "free man" becoming "no man, of whatever estate or condition he may be", and introduced the phrase "due process of law" for "lawful judgement of his peers or the law of the land".[145]

다시 주장할, 교황의 후원에 의하여 부여된 기회를 1306년에 에드워드 1세는 잡았다. 어떤 동시대의 기록자에 의하여 에드워드는 및 교황은 둘 다 "거짓 맹세"로 비난되었고, 그리하여 에드워드 1세의 아들 에드워드 2세에게 화해하기를 1312년에 이러한 이유로 로버트 더 브루스(Robert the Bruce)가 거부했음이 로버트 맥네어 스콧(Robert McNair Scott)에 의하여 시사되었다: "그의 가신들에게 이루어진 맹세에 의한 약속들을 영국의 국왕이 지키지 아니하는 터에 어떻게 신의를 내게 그가 지킬 것이라는 말인가..."[139][140]

증세 영국법에 미친 마그나 카르타의 영향력

중세 기간 전체를 통하여 법적 사건들에서 대헌장은 인용되었다. 예컨대, 지역법원들에 관한 관습을, "군주이신 국왕의 헌장에 의하여 자신들이 보유하여야 하는 자신들의 자유에 반하여" 자신들의 주장관(州長官; sheriff)이 변경시키려 하고 있다고 1226년에 링컨셔(Lincolnshire)의 기사들은 주장하였다.[141] 실제에서는, 마그나 카르타에 및 숲 헌장에 대한 위반을 이유로 국왕을 상대로 하여 사건들이 제기되지는 않으나, 헌장들에서 국왕에 의하여 인정된 자유들에 위반되게 국왕의 관리들이 행동하고 있다는 주장을 사용함으로써 국왕의 관리들을 상대로 소송을 제기하는 것은 가능하였다.[142]

이에 더하여, 피후견인으로서의 지위를, 미망인의 상속분을, 채권추심을, 및 항해에 자유롭도록 강들을 유지함을 비롯한 특정 쟁점들을 다룬 마그나 카르타 안의 조항들을 중세의 사건들은 인용하였다.[143] 심지어 13세기에조차도 사건들에서 마그나 카르타의 일부 조항들이 나타나는 경우는 드물었는데, 관련 쟁점들이 더 이상 타당하지 아니하게 되었기 때문이거나 또는 보다 더 관련성 있는 입법에 의하여 마그나 카르타가 대체되어 있었기 때문이다. 1350년 시점에서는 마그나 카르타 조항들의 절반은 더 이상 활발히 사용되지 아니하게 되었다.[144]

14세기 – 15세기

에드워드 3세의 치세 동안 나중에 여섯 개의 제정법들로 알려지게 된 여섯 가지 조치들이 1331년에서 1369년 사이에 통과되었다. 헌장들의 특정 부분들을 명확히 하기를 그것들은 추구하였다. 특히 제29조를 1354년의 세 번째 제정법은 재규정하였는데, 이로써 "자유인(free man)"은 "계급 여하에 및 지위 여하에 상관 없이 어느 누구든(no man, of whatever estate or condition he may be)"이 되었고, "그와의 동등지위인 이웃들의 적법한 판결 또는 국법(lawful judgement of his peers or the law of the land)"을 위하여 "적법절차(due process of law)"를 도입하였다.[145]

Between the 13th and 15th centuries Magna Carta was reconfirmed 32 times according to Sir Edward Coke, and possibly as many as 45 times.[146][147] Often the first item of parliamentary business was a public reading and reaffirmation of the Charter, and, as in the previous century, parliaments often exacted confirmation of it from the monarch.[147] The Charter was confirmed in 1423 by King Henry VI.[148][149][150]

By the mid-15th century, Magna Carta ceased to occupy a central role in English political life, as monarchs reasserted authority and powers which had been challenged in the 100 years after Edward I's reign.[151] The Great Charter remained a text for lawyers, particularly as a protector of property rights, and became more widely read than ever as printed versions circulated and levels of literacy increased.[152]

16th century

During the 16th century, the interpretation of Magna Carta and the First Barons' War shifted.[153] Henry VII took power at the end of the turbulent Wars of the Roses, followed by Henry VIII, and extensive propaganda under both rulers promoted the legitimacy of the regime, the illegitimacy of any sort of rebellion against royal power, and the priority of supporting the Crown in its arguments with the Papacy.[154]

Tudor historians rediscovered the Barnwell chronicler, who was more favourable to King John than other 13th-century texts, and, as historian Ralph Turner describes, they "viewed King John in a positive light as a hero struggling against the papacy", showing "little sympathy for the Great Charter or the rebel barons".[155] Pro-Catholic demonstrations during the 1536 uprising cited Magna Carta, accusing the King of not giving it sufficient respect.[156]

The first mechanically printed edition of Magna Carta was probably the Magna Carta cum aliis Antiquis Statutis of 1508 by Richard Pynson, although the early printed versions of the 16th century incorrectly attributed the origins of Magna Carta to Henry III and 1225, rather than to John and 1215, and accordingly worked from the later text.[157][158][159] An abridged English-language edition was published by John Rastell in 1527. Thomas

13세기에서 15세기 사이에 마그나 카르타는 에드워드 코우크 경(Sir Edward Coke)에 따르면 서른 두 번에 걸쳐, 그리고 필시는 마흔 다섯 차례에까지 이르도록 재확인되었다.[146][147] 의회 업무의 최초의 항목은 헌장의 공개낭송 및 재확인인 경우가 흔하였고, 앞선 세기에서 처럼, 그것에 대한 군주로부터의 확인을 의회들은 자주 강제하였다.[147] 헌장은 1423년에 헨리 6세에 의하여 확인되었다.[148][149][150]

15세기 중엽에 이르러서는 영국 정치생활에서의 핵심적 역할을 수행하기를 마그나 카르타는 그쳤는데, 왜냐하면 에드워드 1세의 치세 뒤로 100년 동안 도전받아 온 권위를 및 권력들을 군주들이 다시 주장하였기 때문이다.[151] 대헌장은 법률가들을 위한 본문으로, 특히 재산의 권리들의 보호자로 남았고, 인쇄본들이 유통됨에 따라 및 교육의 수준들이 증대됨에 따라 그 이전의 어느 때보다도 더 널리 읽히는 것이 되었다.[152]

16세기

16세기 동안에 마그나 카르타에 대한 및 제1차 귀족의 전쟁에 대한 해석은 바뀌었다.[153] 몹시 거친 장미전쟁(the Wars of the Roses) 끝에 권력을 헨리 7세(Henry VII)가 잡았고, 헨리 8세(Henry VIII)에 의하여 승계되었는데, 통치권의 적법성을, 국왕의 권력에 맞선 반란의 종류 여하에 불문한 불법성을, 그리하여 교황권과의 논쟁들 속에서의 국왕을 지지함의 우선권을 그 통치자들 둘 아래서의 확장적 선전은 다 같이 제고시켰다.[154]

여타의 13세기 본문들이보다도 국왕 존에 대하여 더 호의적이었던 반웰(Barnwell) 연대기 편자를 튜더 역사가들은 재발견하였고, 역사가 랠프 터너(Ralph Turner)가 기술하듯이, "국왕 존을 교황권에 맞서서 투쟁하는 한 명의 영웅으로 긍정의 빛 속에서" 그들은 "바라보았"으며, "동정을 대헌장에 대하여도 반란귀족들에 대하여도" 그들은 보이지 "않았다."[155] 1536년 반란 동안의 친 카톨릭 계열의 시위들은 마그나 카르타를 상기시켰고, 충분한 경의를 거기에 부여하지 않는다고 국왕을 비난하였다.[156]

마그나 카르타의 최초의 기계인쇄 판은 아마도 리차드 핀슨(Richard Pynson)에 의한 1508년의 Magna Carta cum aliis Antiquis Statutis(다른 오래 된 제정법들을 동반한 마그나 카르타)였는데, 마그나 카르타의 기원들을 1215년의 존에게가 아니라 1225년의 헨리 3세에게 16세기의 초기 인쇄판들은 부정확하게 돌리고 있었고, 이에 따라 더 나중의 원문을 토대로 작업하고 있었다.[157][158][159] 1527년에 축소된 영어판이 존 라첼(John Rastell)에 의하여 출판되었다. 1530년에서 1547년

Berthelet, Pynson's successor as the royal printer during 1530–1547, printed an edition of the text along with other "ancient statutes" in 1531 and 1540.[160] In 1534, George Ferrers published the first unabridged English-language edition of Magna Carta, dividing the Charter into 37 numbered clauses.[161]

At the end of the 16th century, there was an upsurge in antiquarian interest in England. [156] This work concluded that there was a set of ancient English customs and laws, temporarily overthrown by the Norman invasion of 1066, which had then been recovered in 1215 and recorded in Magna Carta, which in turn gave authority to important 16th century legal principles.[162][156][163] Modern historians note that although this narrative was fundamentally incorrect—many refer to it as a "myth"—it took on great importance among the legal historians of the time.[163][g]

The antiquarian William Lambarde, for example, published what he believed were the Anglo-Saxon and Norman law codes, tracing the origins of the 16th-century English Parliament back to this period, albeit misinterpreting the dates of many documents concerned.[162] Francis Bacon argued that clause 39 of Magna Carta was the basis of the 16th-century jury system and judicial processes.[168] Antiquarians Robert Beale, James Morice, and Richard Cosin argued that Magna Carta was a statement of liberty and a fundamental, supreme law empowering English government.[169] Those who questioned these conclusions, including the Member of Parliament Arthur Hall, faced sanctions.[170][171]

17th–18th centuries

Political tensions

Jurist Edward Coke made extensive political use of Magna Carta.

In the early 17th century, Magna Carta became increasingly important as a political document in arguments over the authority of the English monarchy.[172] James I and Charles I both propounded greater authority for the Crown, justified by the doctrine of the divine right of kings, and Magna Carta was cited extensively by their opponents to challenge the monarchy.[165]

사이의 기간 중의 왕실인쇄소 책임자로서의 핀슨(Pynson)의 상속인인 토마스 베르텔렛(Thomas Berthelet)은 1531년에와 1540년에 다른 "오래 된 제정법들"을에 나란히 원문의 판을 인쇄하였다.[160] 최초의 생략되지 않은 영문판을 1534년에 조지 페러스(George Ferrers)는 출판하였는데, 장을 37개의 숫자 붙인 절들로 나누었다.[161]

16세기 끝 무렵에 영국에서는 고문서에 대한 관심의 고조가 있었다.[156] 1066년의 노르만 침입에 의하여 일시적으로 파괴된 한 묶음의 고래의 영국적 관습들이 및 법들이 있다고, 1215년에 그것들이 회복되어 마그나 카르타에 기록되게 되었다고, 중요한 16세기 법 원칙들에 권위를 결과적으로 그것은 부여한다고 이 연구는 결론지었다.[162][156][163] 비록 이 서술은 기본적으로 부정확한 것이었음에도 불구하고 – 그것을 "신화"라고 많은 이들은 부른다 – 커다란 중요성을 당시의 법 역사가들 사이에 그것은 지녔다고 현대의 역사가들은 특별히 언급한다.[163][g]

예컨대 앵글로 색슨의 및 노르만의 법전들이라고 자신이 믿는 바를 고문서 연구가 윌리엄 램바드(William Lambarde)는 공표하였는데, 16세기 영국 의회의 근원들을 이 시기에까지 그는 거슬러 올렸으나, 다만 다수의 관련문서들의 시기들을 그는 잘못 해석하였다.[162] 마그나 카르타 제39조는 16세기의 배심제도의 및 사법절차들의 토대라고 프랜시스 베이컨(Francis Bacon)은 주장하였다.[168] 마그나 카르타는 자유의 명령문이라고, 그리고 권력을 영국 정부에게 부여하는 기본적인 최고의 법이라고 고문서 연구가들인 로버트 비에일(Robert Beale)은, 제임스 모리스(James Morice)는, 그리고 리차드 코신(Richard Cosin)은 주장하였다.[169] 의회 의원 아더 홀(Arthur Hall)을 포함하여 이 결론들에 대하여 의문을 제기한 사람들은 제재에 직면하였다.[170][171]

17세기 – 18세기

정치적 긴장상황들

마그나 카르타에 대한 극단적인 광범위한 정치적 사용을 법학자 에드워드 코우크(Edward Coke)는 하였다.

17세기 초기에 마그나 카르타는 영국 군주의 권한들에 관한 주장들에 있어서의 정치적 문서로서 갈수록 중요한 것이 되었다.[172] 국왕들의 신성한 권한의 학설에 의하여 정당화되는 보다 더 큰 국왕의 권한을 제임스 1세(James I)는 및 찰스 1세(Charles I)는 둘 다 주장하였고, 마그나 카르타는 그들의 반대자들에 의하여 군주에 대항하기 위하여 널리 인용되었다.[165]

Magna Carta, it was argued, recognised and protected the liberty of individual Englishmen, made the King subject to the common law of the land, formed the origin of the trial by jury system, and acknowledged the ancient origins of Parliament: because of Magna Carta and this ancient constitution, an English monarch was unable to alter these long-standing English customs.[165][172][173][174] Although the arguments based on Magna Carta were historically inaccurate, they nonetheless carried symbolic power, as the charter had immense significance during this period; antiquarians such as Sir Henry Spelman described it as "the most majestic and a sacrosanct anchor to English Liberties". [165][172][163]

Sir Edward Coke was a leader in using Magna Carta as a political tool during this period. Still working from the 1225 version of the text—the first printed copy of the 1215 charter only emerged in 1610—Coke spoke and wrote about Magna Carta repeatedly.[163] His work was challenged at the time by Lord Ellesmere, and modern historians such as Ralph Turner and Claire Breay have critiqued Coke as "misconstruing" the original charter "anachronistically and uncritically", and taking a "very selective" approach to his analysis. [165][175] More sympathetically, J. C. Holt noted that the history of the charters had already become "distorted" by the time Coke was carrying out his work.[176]

John Lilburne criticised Magna Carta as an inadequate definition of English liberties.

In 1621, a bill was presented to Parliament to renew Magna Carta; although this bill failed, lawyer John Selden argued during Darnell's Case in 1627 that the right of habeas corpus was backed by Magna Carta.[177][178] Coke supported the Petition of Right in 1628, which cited Magna Carta in its preamble, attempting to extend the provisions, and to make them binding on the judiciary.[179][180] The monarchy responded by arguing that the historical legal situation was much less clear-cut than was being claimed, restricted the activities of antiquarians, arrested Coke for treason, and suppressed his proposed book on Magna Carta.[178][181] Charles initially did not agree to the Petition of Right, and refused to confirm Magna Carta in any way that would reduce his independence as King.[182][183]

개인으로서의 영국인들의 자유를 마그나 카르타는 인정하였다고 및 보장하였다고, 이로써 국왕을 국가의 보통법에 종속되도록 그것은 만들었다고, 배심제도에 의한 정식사실심리의 근원을 그것은 구성하였다고, 그리고 의회의 고래의 기원들을 그것은 인정하였다고; 마그나 카르타로 및 이 고래의 헌법으로 인하여 이 오래된 영국의 관습을 영국군주는 변경시킬 수 없다고 주장되었다.[165][172][173][174] 비록 마그나 카르타에 토대한 주장들은 역사적으로 부정확하였음에도 불구하고, 무한한 중요성을 이 기간 중에 헌장이 지녔던 까닭에 상징적 힘을 이에도 불구하고 그것들은 수반하였다; 그것을 "가장 장엄한, 그리고 영국 자유들을 위한 신성불가침의 의지처"라고 헨리 스펠만 경(Sir Henry Spelman) 같은 고문서 연구가들은 설명하였다.[165][172][163]

마그나 카르타를 이 기간 동안에 정치적 도구로 사용함에 있어서 에드워드 코우크 경(Sir Edward Coke)은 선두였다. 여전히 1225년 판의 본문을 근거로 삼으면서 – 1215년 헌장의 최초 인쇄본은 1610년에서야 등장하였다 – 마그나 카르타에 관하여 반복적으로 코우크는 말하였고 집필하였다.[163] 그의 저작은 당시에 엘레스미어 경(Lord Ellesmere)에 의하여 이의제기되었고, 그리고 당초의 헌장을 "시대에 뒤떨어지게 및 무비판적으로" "잘못 해석하는" 사람으로 및 "매우 선별적인" 접근법을 그의 분석에 취하는 사람으로 코우크를 현대의 역사가들인 랠프 터너(Ralph Turner)는 및 클레어 브레이(Claire Breay)는 비판해 왔다.[165][175] 그의 작업을 코우크가 하고 있던 시대에 즈음해서는 헌장들의 역사는 이미 "일그러뜨려진" 것이 되어 있었다고 보다 더 동조적인 입장에서 J. C. 홀트(J. C. Holt)는 특별히 언급하였다.[176]

영국 자유들에 대한 불충분한 개념으로서 마그나 카르타를 존 릴번(John Lilburne)은 비판하였다.

1621년에 마그나 카르타를 회복하기 위한 새로운 법안이 의회에 제출되었다; 비록 법안은 실패하였음에도 불구하고, 마그나 카르타에 의하여 인신보호영장의 권리(the right of habeas corpus)가 지지된다고 1627년 다넬 사건(Darnell's Case) 동안에 법률가 존 셀던(John Selden)은 주장하였다.[177][178] 1628년에 권리청원(the Petition of Right)을 코우크(Coke)는 지지하였는데, 마그나 카르타의 규정들을 확대시키기를 및 그것들을 사법부에 대하여 구속력 있는 것으로 만들기를 시도하면서 마그나 카르타를 그 서문에서 권리청원은 인용하였다.[179][180] 역사적 법적 상황이 그 주장되는 만큼이보다도 훨씬 덜 명확하다고 주장함으로써 군주국은 대응하였고, 고서연구가들을 제약하였으며, 코우크를 반역혐의로 체포하였고, 마그나 카르타에 관한 그의 준비된 저서의 발매를 금지하였다[178][181] 권리청원에 찰스는 당초에 동의하지 않았고, 국왕으로서의 그의 독립을 감소시킬 만한 어떤 방법으로도 마그나 카르타를 확인하기를 그는 거부하였다.[182][183]

England descended into civil war in the 1640s, resulting in Charles I's execution in 1649. Under the republic that followed, some questioned whether Magna Carta, an agreement with a monarch, was still relevant.[184] An anti-Cromwellian pamphlet published in 1660, The English devil, said that the nation had been "compelled to submit to this Tyrant Nol or be cut off by him; nothing but a word and a blow, his Will was his Law; tell him of Magna Carta, he would lay his hand on his sword and cry Magna Farta".[185] In a 2005 speech the Lord Chief Justice of England and Wales, Lord Woolf, repeated the claim that Cromwell had referred to Magna Carta as "Magna Farta".[186]

The radical groups that flourished during this period held differing opinions of Magna Carta. The Levellers rejected history and law as presented by their contemporaries, holding instead to an "anti-Normanism" viewpoint.[187] John Lilburne, for example, argued that Magna Carta contained only some of the freedoms that had supposedly existed under the Anglo-Saxons before being crushed by the Norman yoke.[188] The Leveller Richard Overton described the charter as "a beggarly thing containing many marks of intolerable bondage".[189] Both saw Magna Carta as a useful declaration of liberties that could be used against governments they disagreed with.[190] Gerrard Winstanley, the leader of the more extreme Diggers, stated "the best lawes that England hath, [viz., the Magna Carta] were got by our Forefathers importunate petitioning unto the kings that still were their Task-masters; and yet these best laws are yoaks and manicles, tying one sort of people to be slaves to another; Clergy and Gentry have got their freedom, but the common people still are, and have been left servants to work for them."[191][192]

Glorious Revolution

The first attempt at a proper historiography was undertaken by Robert Brady,[193] who refuted the supposed antiquity of Parliament and belief in the immutable continuity of the law. Brady realised that the liberties of the Charter were limited and argued that the liberties were the grant of the King. By putting Magna Carta in historical context, he cast doubt on its contemporary political relevance;[194] his historical understanding did not survive

1640년대에 내란으로 영국은 빠져들었고, 1649년에 찰스 1세의 처형으로 귀결되었다. 이에 이은 공화국 아래서, 군주하고의 사이에서의 합의인 마그나 카르타가 여전히 타당한지 여부에 관하여 의문을 일부는 표하였다.[184] "이 독재자 놀(Nol)에게 굴복하도록 또는 그렇지 아니하면 그에 의하여 베어지도록" 국가는 "강제되어" 왔다고; "말 한 마디에 주먹질 한 번이면 끝, 그의 뜻이 그의 법이었다; 마그나 카르타에 관하여 그에게 말하기라도 할라치면, 그의 손을 그의 검 위에 얹고서는 마그나 파르타(Magna Farta)라고 그는 외치곤 하였다."고 1660년에 발행된 반 크롬웰 파 소책자인 The English devil(영국의 악마)은 말하였다.[185] 마그나 카르타를 "마그나 파르타(Magna Farta)"라고 크롬웰이 언급한 바 있음을 2005년 연설에서 영국의 및 웨일즈의 왕좌재판부 수석재판관(the Lord Chief Justice of England and Wales) 울프 경(Lord Woolf)은 반복하였다.[186]

마그나 카르타에 대한 다양한 견해들을 이 기간 동안에 번성한 급진주의자 집단들은 소유하였다. 그들의 동시대인들에 의하여 제시된 것으로서의 역사를 및 법을 평등파들(the Levellers)은 거부하였는데, 그 대신에 "반노르만주의(anti-Normanism)"적 견해를 그들은 취하였다.[187] 예를 들면, 노르만 지배에 의하여 분쇄되기 이전의 앵글로 색슨 족들의 치세 아래서 추정적으로 존재하였던 자유들의 일부만을 마그나 카르타는 담았다고 존 릴번(John Lilburne)은 주장하였다.[188] "견딜 수 없는 속박의 수많은 표지들을 포함하는 거지 같은 것"으로 헌장을 평등파 리처드 오버턴(Richard Overton)은 기술하였다.[189] 자신들이 동의하지 않는 정부들에 대항하여 사용될 수 있는 자유들의 유용한 선언으로 마그나 카르타를 둘은 다 같이 보았다.[190] "여전히 그들의 감독자들인 국왕들에게 호소한 끈질긴 우리의 선조들에 의하여, 영국이 지니는 최선의 법들은, [즉 마그나 카르타는] 얻어졌다; 그리하여 여전히 이 최선의 법들은 멍에들이고 속박들이라서 한 부류의 사람들을 다른 부류의 사람들에게 노예로서 묶는다; 그들의 자유를 성직자 계급은 및 신사계급은 얻었으나, 그들을 위하여 일하여야 하는 노예들로 보통 사람들은 여전히 남아 있고 노예들로 남아 있어 왔다."고 보다 더 극단적 평등파들의 지도자인 제르라르드 윈스탠리(Gerrard Winstanley)는 말하였다.[191][192]

명예혁명

정확한 역사편찬의 최초의 시도는 로버트 브레디(Robert Brady)에 의하여 이루어졌는데,[193] 영국의회의 고대성(antiquity)을 가정하는 주장을 및 법의 불가변적 연속성에 대한 믿음을 그는 논박하였다. 헌장의 자유들은 한정되어 있음을 브레디는 깨달았고 그 자유들은 국왕의 양여 사항이었음을 그는 주장하였다. 마그나 카르타를 역사의 맥락 속에 놓음에 의하여, 그것의 당대의 정치적 연관성 위에 의문을 그는 던졌다;[194] 명예혁명 뒤에까지는 그의 역사적 이해

the Glorious Revolution, which, according to the historian J. G. A. Pocock, "marked a setback for the course of English historiography."[195]

According to the Whig interpretation of history, the Glorious Revolution was an example of the reclaiming of ancient liberties. Reinforced with Lockean concepts, the Whigs believed England's constitution to be a social contract, based on documents such as Magna Carta, the Petition of Right, and the Bill of Rights.[196] The English Liberties (1680, in later versions often British Liberties) by the Whig propagandist Henry Care (d. 1688) was a cheap polemical book that was influential and much-reprinted, in the American colonies as well as Britain, and made Magna Carta central to the history and the contemporary legitimacy of its subject.[197]

Ideas about the nature of law in general were beginning to change. In 1716, the Septennial Act was passed, which had a number of consequences. First, it showed that Parliament no longer considered its previous statutes unassailable, as it provided for a maximum parliamentary term of seven years, whereas the Triennial Act (1694) (enacted less than a quarter of a century previously) had provided for a maximum term of three years.[198]

It also greatly extended the powers of Parliament. Under this new constitution, monarchical absolutism was replaced by parliamentary supremacy. It was quickly realised that Magna Carta stood in the same relation to the King-in-Parliament as it had to the King without Parliament. This supremacy would be challenged by the likes of Granville Sharp. Sharp regarded Magna Carta as a fundamental part of the constitution, and maintained that it would be treason to repeal any part of it. He also held that the Charter prohibited slavery.[198]

Sir William Blackstone published a critical edition of the 1215 Charter in 1759, and gave it the numbering system still used today.[199] In 1763, Member of Parliament John Wilkes was arrested for writing an inflammatory pamphlet, No. 45, 23 April 1763; he cited Magna Carta continually.[200] Lord Camden denounced the treatment of Wilkes as a contravention of Magna Carta.[201] Thomas Paine, in his Rights of Man, would disregard Magna Carta and the Bill of Rights on the grounds that they were not a written constitution devised by elected representatives.[202]

는 살아남지 못하였는데, 역사가 J. G. A. 포콕(J. G. A. Pocock)에 의하면, "영국의 역사편찬 과정의 역류를" 그것은 "기록하였기" 때문이다.[195]

역사에 대한 휘그(Whig) 파 해석에 따르면, 명예혁명은 고래의 자유들의 회복의 본보기였다. 로크 류의 개념들로 강화된 나머지, 영국의 헌법은 마그나 카르타 류의, 권리청원 류의, 그리고 권리장전 류의 문서들에 토대한 사회계약이라고 휘그 파 사람들은 믿었다.[196] 휘그 파 선전가 헨리 케어(Henry Care, 1688년 사망)가 쓴 영국의 자유들[the English Liberties (1680, 나중 판들에서는 종종 British Liberties)]은 값싼 논쟁 서적으로서 영국에서는 물론 미국 식민지들에서도 영향력을 발휘했고 여러 번 재인쇄되었는데, 마그나 카르타를 역사에 및 그것의 주제의 당대의 적법성에 핵심적인 것으로 그것은 만들었다.[197]

법 일반의 성격에 관한 사상들이 바뀌기 시작하고 있었다. 1716년에 7년임기법(the Septennial Act)이 통과되었는데, 여러 가지 결과들을 그것은 불러왔다. 첫째로, 3년의 최장임기를 1694년의 3년임기법(the Triennial Act) (불과 4분의 1세기도 안 된 과거에 제정됨)이 규정했었음에 반하여 의회의 7년의 최장임기를 그것은 규정하였기에, 자신의 이전의 제정법들을 불멸의 것으로 의회가 더 이상 간주하지 아니함을 그것은 보여주었다.[198]

영국의회의 권한들을 그것은 또한 크게 확대하였다. 이 새로운 헌법 아래서, 의회 우월주의에 의하여 군주의 절대주의는 대체되었다. 의회 없는 국왕에게 마그나 카르트가 위치해 있었던 그 동일한 관계 속에 마그나 카르타가 의회 안에서의 국왕에게 위치함은 신속히 자각되었다. 이 우월성에 대하여 는 그랜빌 샤프(Granville Sharp) 같은 사람들에 의하여 이의가 제기되고는 하였다. 마그나 카르타를 헌법의 기본적 구성부분으로 샤프는 간주하였고 그것의 어느 부분이든지를 폐지하는 것은 반역이라고 그는 주장하였다. 노예제도를 헌장은 금지한다고도 그는 생각하였다.[198]

1215년 헌장의 정밀한 인쇄본을 1759년에 윌리엄 블랙스톤 경(Sir William Blackstone)은 출판하였고, 지금까지도 사용되는 조항번호 체계를 거기에 그는 부여하였다.[199] 한 개의 선동적인 팜플렛 1763년 4월 23일자 제45번을 작성한 혐의로 1763년에, 의회 의원인 존 윌키스(John Wilkes)는 체포되었다; 마그나 카르타를 지속적으로 그는 인용하였다.[200] 윌키스에 대한 처분을 마그나 카르타에 대한 위반이라고 캄덴 경(Lord Camden)은 비난하였다.[201] 마그나 카르타를 및 권리장전(the Bill of Rights)을 그의 저서 인권(Rights of Man)에서 토마스 페인(Thomas Paine)은 무시하였으면 하였는데 그것들은 선출된 대표자들에 의하여 안출된 성문헌법이 아니라는 것이 그 논거였다.[202]

Use in the Thirteen Colonies and the United States

When English colonists left for the New World, they brought royal charters that established the colonies. The Massachusetts Bay Company charter, for example, stated that the colonists would "have and enjoy all liberties and immunities of free and natural subjects." [203] The Virginia Charter of 1606, which was largely drafted by Sir Edward Coke, stated that the colonists would have the same "liberties, franchises and immunities" as people born in England.[204] The Massachusetts Body of Liberties contained similarities to clause 29 of Magna Carta; when drafting it, the Massachusetts General Court viewed Magna Carta as the chief embodiment of English common law.[205] The other colonies would follow their example. In 1638, Maryland sought to recognise Magna Carta as part of the law of the province, but the request was denied by Charles I.[206]

In 1687, William Penn published The Excellent Privilege of Liberty and Property: being the birth-right of the Free-Born Subjects of England, which contained the first copy of Magna Carta printed on American soil. Penn's comments reflected Coke's, indicating a belief that Magna Carta was a fundamental law.[207] The colonists drew on English law books, leading them to an anachronistic interpretation of Magna Carta, believing that it guaranteed trial by jury and habeas corpus.[208]

The development of parliamentary supremacy in the British Isles did not constitutionally affect the Thirteen Colonies, which retained an adherence to English common law, but it directly affected the relationship between Britain and the colonies.[209] When American colonists fought against Britain, they were fighting not so much for new freedom, but to preserve liberties and rights that they believed to be enshrined in Magna Carta.[210]

In the late 18th century, the United States Constitution became the supreme law of the land, recalling the manner in which Magna Carta had come to be regarded as fundamental law.[210] The Constitution's Fifth Amendment guarantees that "no person shall be deprived of life, liberty, or property, without due process of law", a phrase that was derived from Magna Carta.[211] In addition, the Constitution included a similar writ in the Suspension

열세 개의 식민지들에서와 미합중국에서의 사용

식민지들을 수립하는 국왕의 헌장들을 신천지를 찾아 영국 이주자들이 떠났을 때 그들은 가져왔다. 이주자들은 "자유로운 및 보통의 신민들의 모든 자유들을 및 면제들을 보유하고 향유"할 것임을 예컨대 매사추세츠 만 캄퍼니 면허장(the Massachusetts Bay Company charter)은 표명하였다.[203] 영국에 태어난 사람들이 지니는 것들에 동일한 "자유들을, 특권들을 및 면제들을" 이주자들은 지닐 것임을 그 대부분이 에드워드 코우크 경(Sir Edward Coke)에 의하여 초안된 1606년 버지니아 헌장은 천명하였다.[204] 마그나 카르타 제29조에 유사한 내용들을 매사추세츠주 자유법(the Massachusetts Body of Liberties)은 포함하였다; 이를 초안할 때에, 마그나 카르타를 영국 보통법의 체현으로 매사추세츠주 의회는 간주하였다.[205] 그들의 사례를 그 밖의 식민지들은 따르고자 하였다. 마그나 카르타를 주 법의 일부로 인정하고자 1638년에 메릴랜드주는 추구하였으나, 그 요청은 찰스 1세에 의하여 거부되었다.[206]

자유의 및 재산의 탁월한 특권: 자유인으로 태어난 영국 신민들의 태생의 권리(The Excellent Privilege of Liberty and Property: being the birth-right of the Free-Born Subjects of England)를 1687년에 윌리엄 펜(William Penn)은 발간하였는데, 미국 땅에서 인쇄된 마그나 카르타의 최초본을 그것은 포함하였다. 코우크(Coke)의 견해들을 펜(Penn)의 견해들은 반영하였는데, 마그나 카르타는 한 개의 기본법(a fundamental law)이라는 믿음을 이는 나타낸다.[207] 영국의 법률서적들을 이주자들은 뽑아들었고, 마그나 카르타에 대한 시대에 뒤진 해석으로 그들을 이는 이끌었는 바, 배심에 의한 정식 사실심리(trial by jury)를 및 인신보호영장(habeas corpus)을 그것이 보장한다고 그들은 믿었다.[208]

영국 보통법에의 고수를 유지한 열세 개 식민지들에게 영향을 영국제도(the British Isles)에서의 의회 우월주의의 전개가 헌법적으로는 미치지 않았으나, 영국의 및 식민지들의 양자 사이의 관계에 대하여는 직접적으로 영향을 그것은 미쳤다.[209] 영국에 대항하여 미국 이주자들이 싸웠을 때, 새로운 자유를 위하여 싸웠다기보다는 마그나 카르타에 성스럽게 간직되어 있다고 그들이 믿은 자유들을 및 권리들을 보전하기 위하여 그들은 싸운 것이었다.[210]

18세기 후반에 미합중국 헌법은 미국의 최고법이 되었고, 마그나 카르타가 기본법으로 간주되기에 이르렀던 그 방법을 그것은 상기시켰다.[210] "적법절차 없이는 어느 누구도 생명을, 자유를, 재산을 박탈당하지 아니"함을 연방헌법 수정 제5조는 보장하는데, 이는 마그나 카르타로부터 이끌어내진 구절이다.[211] 이에 더하여, 유사한 영장을 제1조 제9항의 정지조항(the Suspension Clause)에서 연방헌법은 포함하였다: "반란의 내지는 외침의 경우에 공공의 안

Clause, Article 1, Section 9: "The privilege of the writ of habeas corpus shall not be suspended, unless when in cases of rebellion or invasion, the public safety may require it."[212]

Each of these proclaim that no person may be imprisoned or detained without evidence that he or she committed a crime. The Ninth Amendment states that "The enumeration in the Constitution, of certain rights, shall not be construed to deny or disparage others retained by the people." The writers of the U.S. Constitution wished to ensure that the rights they already held, such as those that they believed were provided by Magna Carta, would be preserved unless explicitly curtailed.[213][214]

The Supreme Court of the United States has explicitly referenced Lord Coke's analysis of Magna Carta as an antecedent of the Sixth Amendment's right to a speedy trial.[215]

19th–21st centuries

Interpretation

Initially, the Whig interpretation of Magna Carta and its role in constitutional history remained dominant during the 19th century. The historian William Stubbs's Constitutional History of England, published in the 1870s, formed the high-water mark of this view.[216] Stubbs argued that Magna Carta had been a major step in the shaping of the English nation, and he believed that the barons at Runnymede in 1215 were not just representing the nobility, but the people of England as a whole, standing up to a tyrannical ruler in the form of King John.[216][217]

This view of Magna Carta began to recede. The late-Victorian jurist and historian Frederic William Maitland provided an alternative academic history in 1899, which began to return Magna Carta to its historical roots.[218] In 1904, Edward Jenks published an article entitled "The Myth of Magna Carta", which undermined the traditionally accepted view of Magna Carta.[219] Historians such as Albert Pollard agreed with Jenks in concluding that Edward Coke had largely "invented" the myth of Magna Carta in the 17th century; these historians argued that the 1215 charter had not referred to liberty for the people at large, but rather to the protection of baronial rights.[220]

전이 요구하는 경우가 아닌 한 인신보호영장의 특권은 정지되지 아니한다.”[212]

한 개의 범죄를 그가 내지는 그녀가 저질렀다는 증거가 없이는 아무도 구금되어서는, 구류되어서는 안 됨을 이들 각각은 선언한다. “특정 권리들의 연방헌법 내에의 열거는 사람들에 의하여 보유되는 여타 권리들을 부정하는 것으로 내지는 경시하는 것으로 해석되어서는 안 된다.”고 연방헌법 수정 제9조는 선언한다. 마그나 카르타에 의하여 제공되는 것으로 자신들이 믿고 있는 권리들 류의 그 자신들이 이미 보유해 온 권리들은 그 명시적으로 제약되지 아니하는 한 보전됨을 보장하기를 미합중국 헌법의 집필자들은 원하였다.[213][214]

마그나 카르타에 대한 코우크 경의 분석을 신속한 재판을 받을 연방헌법 수정 제6조의 권리의 선조격으로서 미합중국 대법원은 명시적으로 인용하여 왔다.[215]

19세기 – 21세기

해석

당초에 마그나 카르타에 및 헌법적 역사에 있어서의 그 역할에 대한 휘그 파의 해석은 19세기 동안 지배적인 것으로 남았다. 이 견해의 정점을 1870년에 출판된 역사가 윌리엄 스텁스(William Stubbs)의 영국헌법사는 형성하였다.[216] 영국의 형태결정에 있어서 마그나 카르타는 중요한 발걸음이었다고 스텁스는 주장하였고, 그리고 단지 귀족들만이 아니라 존 왕이라는 형태의 독재자에 대항한 전체로서의 영국 국민을 1215년의 러니미드에서의 귀족들은 대표하였다고 그는 믿었다.[216][217]

마그나 카르타에 대한 이 견해는 퇴조하기 시작하였다. 이를 대체하는 이론적 역사를 1899년에 후기 빅토리아 시대의 법학자이자 역사가인 프레데릭 윌리엄 메이틀랜드(Frederic William Maitland)는 제시하였는데, 마그나 카르타를 그 역사적 근원들에로 그것은 되돌리기 시작하였다.[218] “마그나 카르타의 신화(The Myth of Magna Carta)”라는 제목의 논문을 1904년에 에드워드 젱크스(Edward Jenks)는 발표하였는데, 마그나 카르타에 관한 전통적으로 받아들여진 견해의 토대를 그것은 침식하였다.[219] 마그나 카르타의 신화는 17세기에 에드워드 코우크가 대부분 “꾸며낸” 것들이라고 결론지음에 있어서 젱크스에게 앨버트 폴라드(Albert Pollard) 등의 역사가들은 동의하였다; 일반국민을 위한 자유를 1215년 헌장은 언급한 바 없다고, 그보다는 귀족들의 권리들의 보호를 그것은 언급하였을 뿐이라고 이 역사가들은 주장하였다.[220]

This view also became popular in wider circles, and in 1930 Sellar and Yeatman published their parody on English history, 1066 and All That, in which they mocked the supposed importance of Magna Carta and its promises of universal liberty: "Magna Charter was therefore the chief cause of Democracy in England, and thus a Good Thing for everyone (except the Common People)".[221][222]

In many literary representations of the medieval past, however, Magna Carta remained a foundation of English national identity. Some authors used the medieval roots of the document as an argument to preserve the social status quo, while others pointed to Magna Carta to challenge perceived economic injustices.[218] The Baronial Order of Magna Charta was formed in 1898 to promote the ancient principles and values felt to be displayed in Magna Carta.[223] The legal profession in England and the United States continued to hold Magna Carta in high esteem; they were instrumental in forming the Magna Carta Society in 1922 to protect the meadows at Runnymede from development in the 1920s, and in 1957, the American Bar Association erected the Magna Carta Memorial at Runnymede.[211][224][225] The prominent lawyer Lord Denning described Magna Carta in 1956 as "the greatest constitutional document of all times — the foundation of the freedom of the individual against the arbitrary authority of the despot".[226]

Repeal of articles and constitutional influence

Radicals such as Sir Francis Burdett believed that Magna Carta could not be repealed,[227] but in the 19th century clauses which were obsolete or had been superseded began to be repealed. The repeal of clause 36 in 1829, by the Offences against the Person Act 1828 (9 Geo. 4 c. 31 s. 1),[228] was the first time a clause of Magna Carta was repealed. Over the next 140 years, nearly the whole of Magna Carta (1297) as statute was repealed,[229] leaving just clauses 1, 9, and 29 still in force (in England and Wales) after 1969. Most of the clauses were repealed in England and Wales by the Statute Law Revision Act 1863, and in modern Northern Ireland and also in the modern Republic of Ireland by the Statute Law (Ireland) Revision Act 1872.[228]

보다 더 넓은 영역들에서 이 견해는 인기를 얻었고, 영국사에 관한 그들의 희문(戱文) "1066년 기타 등등(1066 and All That)"을 1930년에 셀라(Sellar)는 및 예츠먼(Yeatman)은 공표하였는데, 소위 마그나 카르타의 중요성이라는 것에 관하여 및 보편적 자유에 대한 그것의 약속들이라는 것에 관하여 거기서 그들은 조소하였다: "마그나 카르타는 그러므로 영국에서의 민주주의의 주된 근원이었고 그리하여 모든 사람에게 좋은 것이었습니다(보통사람들을 제외하고 말이지요)".[221][222]

그러나 중세적 과거에 대한 다수의 문학적 묘사들에 있어서 마그나 카르타는 영국의 국가적 정체성의 토대로 남았다. 사회적 현재상태를 유지하기 위한 주장으로서 몇몇 작가들은 문서의 중세적 근원들을 사용하였고, 이에 반하여 자신들이 느끼는 경제적 불의에 이의하기 위하여 마그나 카르타를 다른 사람들은 가리켰다.[218] 마그나 카르타에 표현되어 있다고 생각되는 고래의 원칙들을 촉진하기 위하여 1898년에 마그나 카르타 헌창회(the Baronial Order of Magna Charta)가 결성되었다.[223] 마그나 카르타를 높은 경의 속에서 간직하기를 영국에서와 합중국에서 법조전문직은 계속하였다; 1920년대에 러니미드 평원을 개발로부터 지키기 위하여 1922년에 마그나 카르타 학회(the Magna Carta Society)를 결성하는 데에 그들은 기여하였고, 그리고 1957년에 마그나 카르타 기념관(the Magna Carta Memorial)을 러니미드에 미국법률가협회(the American Bar Association)는 세웠다.[211][224][225] 마그나 카르타를 "모든 시대를 통하여 가장 위대한 헌법문서 – 압제자의 자의적 권한에 대처한 개인의 자유의 토대"라고 1956년에 저명한 법률가 데닝 경(Lord Denning)은 기술하였다.[226]

조항들의 폐지 및 헌법적 영향력

마그나 카르타는 폐지될 수 없다고 프랜시스 버뎃 경(Sir Francis Burdett)을 위시한 급진파들은 믿었으나,[227] 19세기에 이르러 쓸모 없게 된 조항들은 내지는 대체되어 있던 조항들은 폐지되기 시작하였다. 1828년 법률인 신체에 대한 범죄행위 처벌법[조지 4세 재위 9년 제정법 제31장 제1절(the Offences against the Person Act 1828 (9 Geo. 4 c. 31 s. 1)]],[228] 은 마그나 카르타가 폐지된 첫 사례였다. 그 이후 140년에 걸쳐, 제정법으로서의 1207년 마그나 카르타 거의 전부가 폐지되었고,[229] 1969년 이후에는 단지 제1조, 제9조, 및 제29조 등만이 (영국에서와 웨일즈에서) 여전히 효력을 지니는 것으로 남았다. 대부분의 조항들은 영국에서와 웨일즈에서 1863년 제정법 개정에 관한 법률(the Statute Law Revision Act 1863)에 의하여, 폐지되었고, 그리고 현재의 북아일랜드(Northern Ireland)에서와 현재의 아일랜드 공화국(the Republic of Ireland)에서는 1872년 제정법 개정에 관한 법률[the Statute Law (Ireland) Revision Act 1872]에 의하여 폐지되었다 .[228]

Many later attempts to draft constitutional forms of government trace their lineage back to Magna Carta. The British dominions, Australia and New Zealand,[230] Canada[231] (except Quebec), and formerly the Union of South Africa and Southern Rhodesia, reflected the influence of Magna Carta in their laws, and the Charter's effects can be seen in the laws of other states that evolved from the British Empire.[232]

Modern legacy

Magna Carta continues to have a powerful iconic status in British society, being cited by politicians and lawyers in support of constitutional positions.[226][233] Its perceived guarantee of trial by jury and other civil liberties, for example, led to Tony Benn's reference to the debate in 2008 over whether to increase the maximum time terrorism suspects could be held without charge from 28 to 42 days as "the day Magna Carta was repealed".[234] Although rarely invoked in court in the modern era, in 2012 the Occupy London protestors attempted to use Magna Carta in resisting their eviction from St. Paul's Churchyard by the City of London. In his judgment the Master of the Rolls gave this short shrift, noting somewhat drily that although clause 29 was considered by many the foundation of the rule of law in England, he did not consider it directly relevant to the case, and the two other surviving clauses actually concerned the rights of the Church and the City of London. [235][236]

Magna Carta carries little legal weight in modern Britain, as most of its clauses have been repealed and relevant rights ensured by other statutes, but the historian James Holt remarks that the survival of the 1215 charter in national life is a "reflexion of the continuous development of English law and administration" and symbolic of the many struggles between authority and the law over the centuries.[237] The historian W. L. Warren has observed that "many who knew little and cared less about the content of the Charter have, in nearly all ages, invoked its name, and with good cause, for it meant more than it said". [238]

헌법의 형식들을 입안하려는 뒤이은 수많은 시도들의 계보는 마그나 카르타에까지 거슬러 오른다. 영연방 국가들인 오스트레일리아는 및 뉴질랜드는,[230] 캐나다는[231] (퀘벡 주 제외), 그리고 이전에 남아프리카 연방(the Union of South Africa)은 및 남로데지아(Southern Rhodesia)는 자신의 법들에 마그나 카르타의 영향력을 반영하였고, 대영제국으로부터 발전한 다른 나라들의 법들에서도 헌장의 영향력은 발견될 수 있다.[232]

현대적 유산

헌법적 입장들의 근거로서 정치인들에 의해서와 법률가들에 의해서 인용되는 등 영국 사회에서의 강력한 우상적 지위를 지니기를 마그나 카르타는 지속한다.[226][233] 예컨대, 테러 용의자들이 기소 없이 구류될 수 있는 최대시간을 28일에서 "마그나 카르타가 폐지된 날"처럼 42일로 늘릴지 여부에 관한 2008년 토론에 대한 토니 벤(Tony Benn)의 논급으로, 마그나 카르타가 제공하는 것으로 인식되는 배심에 의한 정식사실심리(trial by jury)의 및 여타 시민적 자유들의 보장은 이끌렸다.[234] 비록 지금의 시기에는 법정에서 원용되는 경우가 드물지만, 런던시 당국에 의한 세인트 폴 성당 경내로부터의 자신들의 축출에 저항하면서 마그나 카르타를 사용하고자 2012년에 런던을 점령하라 항의자들(the Occupy London protestors)은 시도하였다. 이 짧은 그의 판결에서 기록보관관(the Master of the Rolls; 항소법원 판사)은 이를 가차없이 다루면서, 비록 제29조는 영국에서의 법의 지배의 토대로 많은 사람에 의하여 간주됨에도 불구하고 그것을 직접적으로 사건에 관련 있는 것으로 자신은 여기지 않는다고, 그리고 나머지 두 개의 살아 있는 조항들은 교회의 및 런던 시의 권리들을 다루는 것들이라고 약간 건조하게 그는 말하였다.[235][236]

대부분의 조항들이 폐지되어 있는 데다가 별도의 제정법들에 의하여 관련 권리들이 보장되고 있기에 현대의 영국에서 마그나 카르타가 지니는 법적 중요성은 거의 없음에도, 그러나 국가적 생활에 있어서의 1215년 헌장의 생존은 "영국 법의 및 행정의 지속적 발전의 반영"이라고, 그리고 수 세기에 걸친 권력의 및 법의 양자 사이의 무수한 투쟁들의 상징이라고 역사가 제임스 홀트(James Holt)는 말한다.[237] "헌장의 내용에 관하여 알지 못한 채로 관심이 없었던 다수는 모든 세대에서 그것의 이름을 불러내 왔고, 거기에는 그럴 만한 이유가 있는 바, 왜냐하면 그 자신이 말한 것보다도 더 많은 것을 그것은 의미하였기 때문이다."라고 역사가 W. L. 워렌(W. L. Warren)은 표명한 바 있다.[238]

It also remains a topic of great interest to historians; Natalie Fryde characterised the charter as "one of the holiest of cows in English medieval history", with the debates over its interpretation and meaning unlikely to end.[217] In many ways still a "sacred text", Magna Carta is generally considered part of the uncodified constitution of the United Kingdom; in a 2005 speech, the Lord Chief Justice of England and Wales, Lord Woolf, described it as the "first of a series of instruments that now are recognised as having a special constitutional status".[239][186]

The document also continues to be honoured in the United States as an antecedent of the United States Constitution and Bill of Rights.[240] In 1976, the UK lent one of four surviving originals of the 1215 Magna Carta to the United States for their bicentennial celebrations and also donated an ornate display case for it. The original was returned after one year, but a replica and the case are still on display in the United States Capitol Crypt in Washington, D.C.[241]

Celebration of the 800th anniversary

The 800th anniversary of the original charter occurred on 15 June 2015, and organisations and institutions planned celebratory events.[242] The British Library brought together the four existing copies of the 1215 manuscript in February 2015 for a special exhibition. [243] British artist Cornelia Parker was commissioned to create a new artwork, Magna Carta (An Embroidery), which was shown at the British Library between May and July 2015.[244] The artwork is a copy of an earlier version of this Wikipedia page (as it appeared on the document's 799th anniversary, 15 June 2014), hand-embroidered by over 200 people.[245]

On 15 June 2015, a commemoration ceremony was conducted in Runnymede at the National Trust park, attended by British and American dignitaries.[246]

The copy held by Lincoln Cathedral was exhibited in the Library of Congress in Washington, D.C., from November 2014 until January 2015.[247] A new visitor centre at Lincoln Castle will also be opened for the anniversary.[248] The Royal Mint released two commemorative two-pound coins.[249][250]

역사가들에게도 커다란 관심의 주제로 그것은 남아 있다; 그것의 해석을 및 의미를 둘러 싼 끝날 것 같지 않는 논쟁들을에 아울러 헌장을 "영국 중세 역사에 있어서 가장 놀라운 것들 중 한 가지"로 나탈리 프라이드(Natalie Fryde)는 규정하였다.[217] 여러 가지 면에서 여전히 한 개의 "신성한 본문(sacred text)"인 마그나 카르타는 연합왕국의 불문헌법의 일부분으로 일반적으로 간주된다; 그것을 "특별한 헌법적 지위를 지니는 것으로 지금은 인정되는 일련의 문서들 가운데 최초의 것"이라고 2005년 연설에서 왕좌재판부 수석재판관(Lord Chief Jutice) 울프 경(Lord Woolf)은 표현하였다.[239][186]

미합중국 헌법의 및 권리장전(Bill of Rights)의 선조격으로서 미합중국에서 존중받기를 문서는 계속한다.[240] 1215년 마그나 카르타의 현존하는 원본들 중 한 개를 그들의 200주년 기념행사를 위하여 합중국에게 1976년에 연합왕국은 빌려주었고, 아울러 그것을 위한 화려한 조판 상자를 기증하였다. 1년 뒤에 원본은 반환되었으나, 복제물은 및 상자는 여전히 워싱턴 D. C.의 미합중국 의회 의사당 지하실에서 전시되고 있다.[241]

800주년 기념행사

최초의 헌장의 800주년 기념행사는 2015년 6월 15일에 열렸고, 축하 이벤트들을 단체들은 및 기관들은 준비하였다.[242] 네 개의 현존하는 1215년 필사본들을 특별전시를 위하여 2015년 2월에 대영도서관은 모았다.[243] 영국의 예술인 코르넬리아 파커(Cornelia Parker)는 새로운 예술작품 (刺繡(자수)) 마그나 카르타(Magna Carta)를 만들도록 위촉되었고 그 작품은 2015년 5월에서 6월 사이에 대영도서관에서 공개되었다.[244] 그 예술작품은 이 위키피디아 페이지의 이전 판의 복사본으로서(그 문서의 799 번째 기념일인 2014년 6월 15일에 그것은 실렸으므로), 200 명 이상에 의하여 수공으로 자수된 것이다.[245]

러니미드 소재 내셔널트러스트 파크(the National Trust park)에서 2015년 6월 15일에 기념행사가 거행되었는데, 영국의 및 미국의 고관들이 참석하였다.[246]

링컨 대성당에 의하여 소장되는 등본은 워싱턴 D. C. 소재 연방의회 도서관에서 2014년 11월부터 2015년 1월까지 전시되었다.[247] 그 기념행사를 위하여 링컨 성에의 새로운 방문자 센터가 개설될 것이다.[248] 이를 기념하는 두 가지의 2 파운드 주화들을 왕립 화폐주조소는 발행하였다.[249][250]

In 2014, Bury St Edmunds in Suffolk celebrated the 800th anniversary of the barons' Charter of Liberties, said to have been secretly agreed there in November 1214.[251]

Content

Physical format

Numerous copies, known as exemplifications, were made of the various charters, and many of them still survive.[252] The documents were written in heavily abbreviated medieval Latin in clear handwriting, using quill pens on sheets of parchment made from sheep skin, approximately 15 by 20 inches (380 by 510 mm) across.[253][254] They were sealed with the royal great seal by an official called the spigurnel, equipped with a special seal press, using beeswax and resin.[255][254] There were no signatures on the charter of 1215, and the barons present did not attach their own seals to it.[256] The charters were not numbered or divided into paragraphs or separate clauses at the time; the numbering system used today was introduced by the jurist Sir William Blackstone in 1759.[199]

Exemplifications

1215 exemplifications

At least 13 original copies of the 1215 charter were issued by the royal chancery at the time, seven in the first tranche distributed on 24 June and another six later; they were sent to county sheriffs and bishops, who would probably have been charged for the privilege. [257] Variations would have existed between each of these copies and there was probably no single "master copy".[258] Of these documents, only four survive, all held in the UK — two in the British Library, one by Lincoln Cathedral, and one in Salisbury Cathedral.[259] Each of these versions is slightly different in size and text, and each is considered by historians to be equally authoritative.[260]

The two 1215 charters held by the British Library, known as Cotton MS. Augustus II.106 and Cotton Charter XIII.31a, were acquired by the antiquarian Sir Robert Cotton in the 17th

귀족들의 자유의 헌장 800주년을 2014년에 서퍽(Suffolk)주 소재 베리세인트에드먼즈(Bury St Edmunds) 선거구는 기념하였는데, 거기서 1214년 11월에 비밀리에 그것은 합의되었다고 선거구 측은 말하였다.[251]

내용

물리적 형식

인증등본들이라고 알려진 여러 등본들이 여러 헌장들로써 만들어졌고, 그것들 중 다수는 여전히 남아 있다.[252] 그 문서들은 깨끗한 필체의 매우 간략화된 중세 라틴어로 쓰였으며, 대략 세로 15인치 가로 20인치(가로 380mm 세로 510mm)의 양가죽으로부터 만들어진 양피지 낱장들 위에 깃촉 펜을 사용하였다.[253][254] 밀랍을 및 수지를 사용하는 특별한 날인 인쇄기를 갖춘 spigurnel(날인 담당자)이라고 불리는 공무원에 의하여 국새로써 그것들은 날인되었다.[255][254] 1215년 헌장에는 서명들이 없었고, 그들 자신의 날인들을 거기에 현장의 귀족들은 붙이지 않았다.[256] 헌장들은 그 당시에는 조항번호를 달지도 장들로 또는 독립의 절들로 구분지어지지도 않았다; 오늘날 사용되는 조항번호 체계는 1759년 법학자 윌리엄 블랙스톤 경(Sir William Blackstone)에 의하여 도입되었다.[199]

인증등본들

1215년 인증등본들

1215년 헌장의 적어도 13개의 당초의 등본들이 당시에 왕실 대법관부(the royal chancery)에 의하여 발부되었는데, 6월 24에 배부된 최초 분으로 일곱 개가, 그리고 더 뒤에 여섯 개가 그것들이다; 그것들은 카운티 주장관들(sheriffs)에게와 주교들에게 보내졌는데, 그들에게는 아마도 그 특권의 대가로 일정액이 부과되었을 것으로 보인다.[257] 이들 등본들 각각의 사이에는 차이점들이 존재하였을 것이고, 필시 단일의 "원본"은 없었던 것으로 보인다.[258] 이 문서들 가운데 오직 네 개가 남아 있고, 그 모두가 연합왕국에 ‒ 두 개는 대영도서관에, 한 개는 링컨 대성당에, 그리고 한 개가 솔즈베리 대성당에 ‒ 의하여 소장되고 있다.[259] 이 판들 각각은 크기에 및 본문에 있어서 조금씩 다르고, 각각은 동등하게 권위를 지니는 것으로 역사가들에 의하여 간주된다.[260]

대영도서관에 소장되어 있는 1215년 헌장들 두 개는, 코튼 가(家) 수집 필사본 자료실 아우구스투스 황제 흉상 아래의 책장열(Cotton MS. Augustus) II.106으로 및 코튼(Cotton) 헌장 XIII.31a로

century.[261] One of these was originally found by Humphrey Wyems, a London lawyer, who may have discovered it in a tailor's shop.[262] The other was found in Dover Castle in 1630 by Sir Edward Dering. The Dering charter is usually identified as the copy originally sent to the Cinque Ports in 1215.[263] (In 2015 it was announced that David Carpenter had found Dering's copy to be identical to a 1290s transcription made from Canterbury Cathedral's 1215 copy and so he suggests that the Dering copy's destination was the Cathedral rather than the Cinque Ports.[264][265]) This copy was damaged in the Cotton library fire of 1731, when its seal was badly melted. The parchment was somewhat shrivelled but otherwise relatively unscathed, and an engraved facsimile of the charter was made by John Pine in 1733. In the 1830s, however, an ill-judged and bungled attempt at cleaning and conservation rendered the manuscript largely illegible to the naked eye.[266] [267] This is, nonetheless, the only surviving 1215 copy still to have its great seal attached. [268][269]

Lincoln Cathedral's original copy of the 1215 charter has been held by the county since 1215; it was displayed in the Common Chamber in the cathedral before being moved to another building in 1846.[270][259] Between 1939 and 1940 the copy was displayed in the British Pavilion at the 1939 World Fair in New York City, and at the Library of Congress.[271] When the Second World War broke out, Winston Churchill wanted to gift the charter to the American people, hoping that this would encourage the United States, then neutral, to enter the war against the Axis powers, but the cathedral was unwilling and the plans were dropped.[272] After December 1941, the copy was stored in Fort Knox, Kentucky for safety, before being put on display again in 1944 and returned to Lincoln Cathedral in early 1946.[273][274][271]

The copy was put on display in 1976 as part of the cathedral's medieval library.[270] It was subsequently displayed in San Francisco, and was taken out of display for a time to undergo conservation in preparation for another visit to the United States, where it was exhibited in 2007 at the Contemporary Art Center of Virginia and the National Constitution Center in Philadelphia.[270][275][276] The document returned to New York to be displayed at the Fraunces Tavern Museum during 2009.[277]

알려진 것들로서, 17세기에 골동품 수집가 로버트 코튼 경(Sir Robert Cotton)에 의하여 수집되었다.[261] 이것들 중 한 개는 본래 런던의 법률가 험프리 웸즈(Humphrey Wyems)에 의하여 발견되었는데, 그것을 어떤 재단사의 가게에서 그는 발견했던 것 같다.[262] 다른 한 개는 1630년에 도버 성(Dover Castle)에서 에드워드 데링 경(Sir Edward Dering)에 의하여 발견되었다. 그 데링 헌장은 본래 1215년에 셍크포르(Cinque Ports; 오항(五港))에 보내졌던 것으로 일반적으로 인정된다.[263] (켄터베리 대성당의 1215년 등본으로부터 만들어진 1290년의 전사본에 데링본이 일치함을 데이빗 카펜터(David Carpenter)가 확인했었음이 2015년에 선언되었고 그리하여 데링본의 행선지가 셍크포르였다기보다는 대성당이었음을 그는 시사한다.[264][265]) 이 등본은 1731년 코튼 도서관의 화재 때에 손상되었고, 그 때 그 날인이 심하게 녹아내렸다. 양피지는 어느 정도 주름졌으나, 그 외에는 상대적으로 다치지 않았고, 그리하여 동판으로 인쇄한 헌장 복사본이 1733년에 존 파인(John Pine)에 의하여 만들어졌다. 그러나 1830년대에 분별없는 서툰 세탁의 및 보존의 시도가 그 필사본을 맨눈으로는 대부분 읽을 수 없게 만들어 버렸다.[266][267] 이에도 불구하고 이것은 국새를 여전히 달고 있는 유일한 현존의 1215년 판이다.[268][269]

링컨 대성당의 최초의 1215년 헌장의 등본은 1215년 이래로 그 카운티에 의하여 소장되어 오고 있다; 1846년에 다른 건물로 옮겨지기 이전에 대성당 내의 평신도실에 그것은 전시되었다.[270][259] 1939년에서 1940년 사이에 그 등본은 뉴욕시에서 열린 1939년 세계박람회의 영국전시관에, 그리고 연방의회 도서관에 전시되었다.[271] 제2차 세계대전이 발발하자 헌장을 미국 국민에게 증여하기를 윈스턴 처칠은 원하였는데, 당시에는 중립국이던 미합중국으로 하여금 추축국들을 상대로 한 전쟁에 참가하도록 이것이 촉진하기를 희망해서였으나, 대성당 측이 꺼려하였고 그리하여 그 계획들은 중단되었다.[272] 1941년 12월 이후로 그 등본은 안전을 위하여 켄터키주 포트 녹스(Fort Knox)에 보관되었다가 1944년에 다시 전시되었으며 1946년 초경에 링컨 대성당으로 돌아갔다.[273][274][271]

1976년에 그 등본은 대성당의 중세 장서의 일부로서 전시되었다.[270] 나중에 그것은 샌프란시스코에서 전시되었고 또 한 번의 미합중국 방문을 위한 준비로서 보전조치를 취할 시간을 위하여 전시로부터 제외되었다가 2007년에 버지니아주 현대예술센터에서와 필라델피아 국립 헌법기념관에서 전시되었다.[270][275][276] 2009년 중에는 프라운시스태번 박물관(Fraunces Tavern Museum)에서의 전시를 위하여 뉴욕에 문서는 돌아갔다.[277]

The fourth copy, owned by Salisbury Cathedral, was first given in 1215 to its predecessor, Old Sarum Cathedral.[278] Rediscovered by the cathedral in 1812, it has remained in Salisbury throughout its history, except when being taken off-site for restoration work.[279][280] It is possibly the best preserved of the four, although small pin holes can be seen in the parchment from where it was once pinned up.[280][281][282] The handwriting on this version is different from that of the other three, suggesting that it was not written by a royal scribe but rather by a member of the cathedral staff, who then had it exemplified by the royal court.[279][252]

Later exemplifications

Other early versions of the charters survive today. Only one exemplification of the 1216 charter survives, held in Durham Cathedral.[283] Four copies of the 1217 charter exist; three of these are held by the Bodleian Library in Oxford and one by Hereford Cathedral. [283][284] Hereford's copy is occasionally displayed alongside the Mappa Mundi in the cathedral's chained library and has survived along with a small document called the Articuli super Cartas that was sent along with the charter, telling the sheriff of the county how to observe the conditions outlined in the document.[285] One of the Bodleian's copies was displayed at San Francisco's California Palace of the Legion of Honor in 2011.[286]

Four exemplifications of the 1225 charter survive: the British Library holds one, which was preserved at Lacock Abbey until 1945; Durham Cathedral also holds a copy, with the Bodleian Library holding a third.[284][287][288] The fourth copy of the 1225 exemplification was held by the museum of the Public Record Office and is now held by The National Archives.[289][290] The Society of Antiquaries also holds a draft of the 1215 charter (discovered in 2013 in a late 13th-century register from Peterborough Abbey), a copy of the 1225 third re-issue (within an early 14th-century collection of statutes) and a roll copy of the 1225 reissue.[291]

솔즈베리 대성당에 의하여 소장되는 네 번째 등본은 당초에 1215년에는 그 이전의 대성당인 올드사럼 대성당(Old Sarum Cathedral)에 수여되었다.[278] 1812년에 솔즈베리 대성당에 의하여 그것은 재발견되어 그 역사 전체에 걸쳐 솔즈베리에 남아 있는 것이 되어 왔으나, 다만 복원작업을 위한 장소이동은 제외하고서이다.[279][280] 그것은 네 개 가운데 필시 가장 잘 보전된 것인데, 그러함에도 불구하고 핀에 꽂혀 걸렸던 작은 구멍들이 양피지에는 나 있다.[280][281][282] 이 등본 위의 필체는 나머지 세 개의 필체로부터 차이가 있어, 왕실 필기사에 의해서가 아니라 대성당 사제단의 구성원에 의하여 필기되었음을, 그리하여 왕실재판소에 의한 인증을 그 위에 그가 받았음을 이는 시사한다.[279][252]

이후의 인증등본들

헌장들의 그 밖의 초기 판들이 오늘에도 존재한다. 1216년 헌장의 인증등본은 단 한 개만이 남아 있는데, 뒤램 대성당(Durham Cathedral)에 소장되어 있다.[283] 1217년 헌장들의 경우는 네 개의 등본들이 존재한다; 이것들 중 셋은 옥스퍼드 소재 보들레얀 도서관(the Bodleian Library)에 의하여 소장되고 한 개는 헤리포드 대성당(Hereford Cathedral)에 의하여 소장된다.[283][284] 헤리포드 등본은 대성당의 차단 사슬이 설치된 도서관에서 세계지도(the Mappa Mundi)에 나란히 때때로 전시되며, 문서에 개설된 조건들을 어떻게 준수해야 하는지를 카운티의 주(州)장관(sheriff)에게 설명하면서 헌장에 더불어 보내진 Articuli super Cartas(헌장들에 관한 사항들)이라고 불리는 작은 문서에 나란히 그것은 살아남은 것이 되어 있다.[285] 보들레안 등본들 중 한 개는 2011년에 샌프란시스코의 캘리포니아 딜레조노바너 미술관(California Palace of the Legion of Honor)에서 전시되었다.[286]

1225년 헌장은 네 개의 인증등본들이 남아 있다: 한 개를 대영도서관이 소장하고 있는데, 1945년까지 라콕 수도원(Lacock Abbey)에 보관되어 있던 것이다; 등본 한 개를 뒤램 대성당(Durham Cathedral)은 역시 소장하고, 이에 나란히 세 번째의 것을 보들레안 도서관(the Bodleian Library)은 소장한다.[284][287][288] 1225년 인증등본의 네 번째 등본은 정부기록 보관소(the Public Record Office) 박물관에 의하여 소장되었다가 지금은 국립문서기록관리청(the National Archives)에 의하여 소장되고 있다.[289][290] 1215년 헌장의 초안 한 개(13세기 후반의 페테르부르그 수도원으로부터의 기록에서 2013년에 발견됨)를, 1225년 세 번째 재발행본의 등본 한 개를(14세기 초기의 제정법 모음집 속에 담김), 그리고 1225년 재발행본의 두루마리 등본 한 개를 골동품학회(the Society of Antiquaries)는 또한 소장한다.[291]

Only two exemplifications of Magna Carta are held outside England, both from 1297. One of these was purchased in 1952 by the Australian Government for £12,500 from King's School, Bruton, England.[292] This copy is now on display in the Members' Hall of Parliament House, Canberra.[293] The second was originally held by the Brudenell family, earls of Cardigan, before they sold it in 1984 to the Perot Foundation in the United States, which in 2007 sold it to U.S. businessman David Rubenstein for US$21.3 million.[294][295] [296] Rubenstein commented "I have always believed that this was an important document to our country, even though it wasn't drafted in our country. I think it was the basis for the Declaration of Independence and the basis for the Constitution". This exemplification is now on permanent loan to the National Archives in Washington, D.C.[297][298] Only two other 1297 exemplifications survive,[299] one of which is held in the UK's National Archives.[300]

Seven copies of the 1300 exemplification by Edward I survive,[299][301] in Faversham, [302] Oriel College, Oxford, the Bodleian Library, Durham Cathedral, Westminster Abbey, the City of London (held in the archives at the London Guildhall[303]) and Sandwich (held in the Kent County Council archives). The Sandwich copy was rediscovered in early 2015 in a Victorian scrapbook in the town archives of Sandwich, Kent, one of the Cinque Ports.[301] In the case of the Sandwich and Oriel College exemplifications, the copies of the Charter of the Forest originally issued with them also survive.

Clauses

Most of the 1215 charter and later versions sought to govern the feudal rights of the Crown over the barons.[304] Under the Angevin kings, and in particular during John's reign, the rights of the King had frequently been used inconsistently, often in an attempt to maximise the royal income from the barons. Feudal relief was one way that a king could demand money, and clauses 2 and 3 fixed the fees payable when an heir inherited an estate or when a minor came of age and took possession of his lands.[304] Scutage was a form of medieval taxation; all knights and nobles owed military service to the Crown in return for their lands, which theoretically belonged to the King, but many preferred to

마그나 카르타의 인증등본들 중 두 개만이 영국 바깥에 소장되고 있는데, 둘 다 1297년 판이다. 한 개는 오스트레일리아 정부에 의하여 1952년에 12,500 파운드에 영국 브루턴 소재 국왕의 학교(King's School)로부터 구입되었다.[292] 이 등본은 현재 캔버라 의회의사당에 전시되고 있다.[293] 두 번째의 것은 원래 카디건(Cardigan) 백작들인 브룬데넬(Brudenell) 집안에 의하여 소장되었다가 1984년에 미합중국 소재 페로재단(the Perot Foundation)에게 팔았고, 페로재단은 이를 2007년에 미국 사업가 데이빗 루벤스타인(David Rubenstein)에게 미화 2,130만 달러에 팔았다.[294][295][296] "비록 우리 나라에서 초안된 것이 아님에도 이것은 우리 나라에 중요한 문서임을 나는 언제나 믿어왔다. 그것은 독립선언의 토대였다고, 그리고 연방헌법의 토대였다고 나는 생각한다."고 루벤스타인은 말하였다. 이 인증등본은 워싱턴 D. C.의 국립문서기록관리청(the National Archives)에 영구임대되어 있다.[297][298] 1297년 인증등본들은 그 밖에는 두 개가 남아 있을 뿐으로서,[299] 그 중 한 개는 연합왕국의 국립문서기록관리청에 소장되어 있다.[300]

에드워드 1세에 의한 1300년 인증등본은 일곱 개의 등본들이 남아 있는데,[299][301] 페이버쉠(Faversham)에,[302] 옥스퍼드 오리엘 칼리지(Oriel College)에, 보들레안 도서관(the Bodleian Library)에, 뒤램 대성당(Durham Cathedral)에, 웨스트민스터 수도원(Westminster Abbey)에, 런던시에(런던 길드홀(Guildhall) 문서보관소에 보관) [303]) 그리고 샌드위치(Sandwich)에 (켄트(Kent) 카운티 문서보관소에 보관) 그것들은 있다. 샌드위치 등본은 셍크포르(Cinque Ports; 五港) 중의 하나인 켄트(Kent) 소재 샌드위치 마을 문서보관소의 빅토리아 시대 스크랩북에서 2015년 초에 재발견되었다.[301] 샌드위치의 및 오리엘 칼리지의 인증등본들의 경우에는, 당초에 그것들에 따라서 발부된 숲헌장(the Charter of the Forest) 등본들이 마찬가지로 남아 있다.

조항들

귀족들에 대한 국왕의 봉건적 권한들을 규율하기를 1215년 헌장의 및 그 이후의 판들의 대부분은 추구하였다.[304] 앙주 왕들의 치세 아래서, 그리고 특히 존의 치세 동안에, 국왕의 권한들은 자주 일관성 없이 사용되었는데, 귀족들로부터의 국왕의 수입을 극대화하기 위한 경우가 흔하였다. 봉건관계로부터의 제거는 돈을 국왕이 요구할 수 있는 한 가지 수단이었고 그리하여 봉토를 상속인이 상속하였을 때에 내지는 미성년자가 성년이 되어 그의 토지들을 그가 보유하게 되었을 때에 지불될 상납금을 제2조는 및 제3조는 확정지었다.[304] 병역 면제세는 중세 시대의 과세의 한 가지 형태였다; 이론상으로는 국왕에게 속하였던 그들의 토지들의 대가로 병역의무를 국왕에 대하여 모든 기사들은 및 귀족들은 부담하였으나, 이 의무

avoid this service and offer money instead; the Crown often used the cash to pay for mercenaries.[305] The rate of scutage that should be payable, and the circumstances under which it was appropriate for the King to demand it, was uncertain and controversial; clauses 12 and 14 addressed the management of the process.[304]

The English judicial system had altered considerably over the previous century, with the royal judges playing a larger role in delivering justice across the country. John had used his royal discretion to extort large sums of money from the barons, effectively taking payment to offer justice in particular cases, and the role of the Crown in delivering justice had become politically sensitive among the barons. Clauses 39 and 40 demanded due process be applied in the royal justice system, while clause 45 required that the King appoint knowledgeable royal officials to the relevant roles.[306] Although these clauses did not have any special significance in the original charter, this part of Magna Carta became singled out as particularly important in later centuries.[306] In the United States, for example, the Supreme Court of California interpreted clause 45 in 1974 as establishing a requirement in common law that a defendant faced with the potential of incarceration be entitled to a trial overseen by a legally trained judge.[307]

Royal forests were economically important in medieval England and were both protected and exploited by the Crown, supplying the King with hunting grounds, raw materials, and money.[308][309] They were subject to special royal jurisdiction and the resulting forest law was, according to the historian Richard Huscroft, "harsh and arbitrary, a matter purely for the King's will".[308] The size of the forests had expanded under the Angevin kings, an unpopular development.[310]

The 1215 charter had several clauses relating to the royal forests; clauses 47 and 48 promised to deforest the lands added to the forests under John and investigate the use of royal rights in this area, but notably did not address the forestation of the previous kings, while clause 53 promised some form of redress for those affected by the recent changes, and clause 44 promised some relief from the operation of the forest courts.[311] Neither Magna Carta nor the subsequent Charter of the Forest proved entirely satisfactory as a way

를 회피하는 쪽을, 그리하여 그 대신에 돈을 지불하는 쪽을 다수는 선호하였다; 용병들에게 지급하기 위하여 현금을 국왕은 자주 사용하였다.[305] 그 지급되어야 할 병역 면제세의 세율은, 그리고 그것을 국왕이 요구하기에 적합한 상황들은 불확실한 것이었고 그리하여 다툼의 소지가 있었다; 그 절차의 운용을 제12조는 및 제14조는 중점 두어 다루었다.[304]

이전 세기에 걸쳐 영국의 사법제도는 현저히 바뀌어 있는 터였는데, 재판을 시행하는 훨씬 더 큰 역할을 나라 전체에 걸쳐 국왕의 판사들이 수행하기에 이르러 있었기 때문이다. 많은 돈을 귀족들로부터 짜내기 위하여 국왕으로서의 자신의 재량권을 존은 사용해 왔는데, 실질적으로 특정 사건들에서 돈을 받고서 판결을 내려 왔고, 그리하여 판결을 내림에 있어서의 국왕의 역할은 귀족들 사이에서 정치적으로 민감한 사안이 되어 있었다. 국왕의 재판제도에 적법절차가 적용되어야 함을 제39조는 및 제40조는 요구하였고, 식견 있는 국왕의 관공리들을 해당 임무에 국왕이 지명해야 함을 제45조는 요구하였다.[306] 조금이라도 특별한 의미를 최초의 헌장에서 이 조항들이 지녔던 것은 아님에도 불구하고, 마그나 카르타의 이 부분은 뒤이은 수 세기들 동안에 특별히 중요한 것으로서 뽑힌 것이 되었다.[306] 법적으로 훈련된 판사에 의하여 감독되는 정식사실심리를 누릴 권리를 잠재적 구금에 직면하는 피고인은 지닌다는 요구를 보통법 안에 설정하는 것으로 제45조를 예컨대 미합중국에서 1974년에 캘리포니아주 대법원은 해석하였다.[307]

중세 영국에서 국왕의 숲들은 경제적으로 중요하였고 그리하여 왕실에 의하여 보호되기도 하고 개발되기도 하였는데, 사냥터들을, 원자재들을, 그리고 돈을 국왕에게 그것은 공급해 주었다.[308][309] 그것들은 특별 국왕재판권에 종속되었고, 그 결과로서 도출된 임야법은 역사가 리차드 허스크롭트(Richard Huscroft)에 의하면 "가혹하고도 자의적인 것으로서, 순전히 국왕의 의지에 좌우되는 문제"였다.[308] 숲들의 규모는 앙주 왕들 치세 아래서 확대되어 왔는데, 이는 신민들로부터의 인망을 잃게 만드는 상황전개였다.[310]

국왕 소유의 숲들에 관련한 몇 개의 조항들을 1215년 헌장은 두었다; 존의 치세 중에 숲들로 추가된 땅들을 숲에서 해제할 것을, 그리고 이 영역에서의 국왕의 권한들의 사용을 조사할 것을 제47조는 및 제48조는 약속하였으나, 그 이전 국왕들의 치세 동안의 것들에 대하여는 숲으로서의 용도폐지를 명확히 역점 두어 다루지 않았는데, 다만 최근의 변화들에 의하여 피해를 입은 사람들을 위한 모종의 형태의 구제를 제53조가, 그리고 임야법원들의 처분으로부터의 모종의 면제를 제44조가 약속하였을 뿐이다.[311] 국왕의 숲들의 경영에서 발생하

of managing the political tensions arising in the operation of the royal forests.[311]

Some of the clauses addressed wider economic issues. The concerns of the barons over the treatment of their debts to Jewish moneylenders, who occupied a special position in medieval England and were by tradition under the King's protection, were addressed by clauses 10 and 11.[312] The charter concluded this section with the phrase "debts owing to other than Jews shall be dealt with likewise", so it is debatable to what extent the Jews were being singled out by these clauses.[313] Some issues were relatively specific, such as clause 33 which ordered the removal of all fishing weirs—an important and growing source of revenue at the time—from England's rivers.[311]

The role of the English Church had been a matter for great debate in the years prior to the 1215 charter. The Norman and Angevin kings had traditionally exercised a great deal of power over the church within their territories. From the 1040s onwards successive popes had emphasised the importance of the church being governed more effectively from Rome, and had established an independent judicial system and hierarchical chain of authority.[314] After the 1140s, these principles had been largely accepted within the English church, even if accompanied by an element of concern about centralising authority in Rome.[315][316]

These changes brought the customary rights of lay rulers such as John over ecclesiastical appointments into question.[315] As described above, John had come to a compromise with Pope Innocent III in exchange for his political support for the King, and clause 1 of Magna Carta prominently displayed this arrangement, promising the freedoms and liberties of the church.[304] The importance of this clause may also reflect the role of Archbishop Langton in the negotiations: Langton had taken a strong line on this issue during his career.[304]

Clauses remaining in English law

Only three clauses of Magna Carta still remain on statute in England and Wales.[233] These clauses concern 1) the freedom of the English Church, 2) the "ancient liberties" of

는 정치적 긴장상태를 처리하는 수단으로서는 마그나 카르타이든 이에 뒤이은 숲 헌장이든 완전히 만족스러운 것은 아니었다.[311]

보다 더 광범위한 경제적 쟁점들을 몇몇 조항들은 중점 두어 다루었다. 특별한 지위를 중세 영국에서 점하였던, 그리고 전통적으로 국왕의 보호 아래에 있던 유대인 대금업자들에 대한 자신들의 채무의 취급에 관한 귀족들의 염려는 제10조에 및 제11조에 의하여 다루어졌다.[312] 이 절을 "유대인들 이외의 사람들에 대한 채무는 이에 유사하게 처리된다."는 문언으로 헌장은 마무리지었는데, 따라서 이 조항들에 의하여 유대인들로 하여금 차별적으로 취급받게 하려는 정도가 어디까지였는지 다툼의 소지가 있다.[313] 몇 가지 쟁점들은 상대적으로 구체적인 바, 가령 모든 어살들(fish-weirs) – 당시의 중요하고도 점증하는 소득원 - 의 영국 강들로부터의 제거를 제33조는 명령하였다.[311]

영국교회의 역할은 1215년 헌장 이전의 기간 동안에는 커다란 논쟁거리가 되어 왔었다. 대부분의 권한을 자신들의 영토들 내의 교회에 대하여 노르만의 및 앙주 왕가의 국왕들은 전통적으로 행사해 왔었다. 로마 교황청에 의하여 보다 효율적으로 교회가 운영되어야 함의 중요성을 1040년대 이후로 연이은 교황들은 강조해 오고 있었고, 그리하여 독립의 재판제도를 및 계급 조직의 권한체계를 그들은 수립해 놓고 있었다.[314] 비록 권한을 로마에 집중하는 데 대한 우려의 요소가 수반되기는 하였음에도 불구하고, 1140년대 이후로 영국교회 내에 이 원칙들은 일반적으로 받아들여진 터였다.[315][316]

성직 임명행위들에 관한 존 등의 세속 통치자들의 관습적 권한들을 이러한 변화들은 의문스럽게 하였다. [315] 위에서 설명된 대로, 자신에 대한 정치적 지원을 대가로 교황 이노켄트 3세와의 사이에서 타협에 존은 이르러 있는 상태였고, 그리하여 이 합의를 마그나 카르타 제1조는 두드러지게 드러냈는 바, 교회의 자유를 그것은 약속하였다.[304] 교섭에 있어서의 대주교 랭턴의 역할을 이 조항의 중요성은 반영하는 것일 수도 있다: 그의 경력을 통하여 이 문제에 대한 강력한 노선을 랭턴은 취해 온 터였다.[304]

영국법에 남아 있는 조항들

마그나 카르타의 조항들 중 영국에서의 및 웨일즈에서의 제정법에 여전히 남아 있는 것은 오직 세 개만이다.[233] 이 조항들은 1) 영국교회의 자유에, 2) 런던시의 "고래의 자유들"에

the City of London (clause 13 in the 1215 charter, clause 9 in the 1297 statute), and 3) a right to due legal process (clauses 39 and 40 in the 1215 charter, clause 29 in the 1297 statute).[233] In detail, these clauses (using the numbering system from the 1297 statute) state that:

I. FIRST, We have granted to God, and by this our present Charter have confirmed, for Us and our Heirs for ever, that the Church of England shall be free, and shall have all her whole Rights and Liberties inviolable. We have granted also, and given to all the Freemen of our Realm, for Us and our Heirs for ever, these Liberties under-written, to have and to hold to them and their Heirs, of Us and our Heirs for ever.

IX. THE City of London shall have all the old Liberties and Customs which it hath been used to have. Moreover We will and grant, that all other Cities, Boroughs, Towns, and the Barons of the Five Ports, as with all other Ports, shall have all their Liberties and free Customs.

XXIX. NO Freeman shall be taken or imprisoned, or be disseised of his Freehold, or Liberties, or free Customs, or be outlawed, or exiled, or any other wise destroyed; nor will We not pass upon him, nor condemn him, but by lawful judgment of his Peers, or by the Law of the land. We will sell to no man, we will not deny or defer to any man either Justice or Right.[228]

https://en.wikipedia.org/wiki/Magna_Carta

(1215년 헌장 제13조에 및 1297년 제정법 제9조에), 그리고 3) 적법절차의 권리에(1215년 헌장 제39조에 및 제40조에, 1297년 제정법 제29조에) 관련되는 것들이다.[233] 상세히 보자면, 이 조항들은 이렇게 규정한다(1297년 제정법의 번호부여 체계를 사용함):

I. 첫째로, 영국교회는 자유로와야 함을, 그리고 그 모든 권리들을 및 자유들을 불가침의 것으로 영국교회는 보유해야 함을 짐을 위하여와 짐의 상속자들을 위하여 영원토록, 신에게 짐은 인정하였고 이를 짐의 현재의 헌장에 의하여 짐은 확인한 터이노라. 아래에 쓴 이 자유들을 왕국 내의 모든 자유인들에게 짐을 위하여와 짐의 후계자들을 위하여 영원토록 짐은 인정한 터이고 부여한 터이노니, 짐에게서와 짐의 상속자들에게서 영원토록 그들에게와 그들의 상속자들에게 그것들은 소유되고 보유될지라.

IX. 런던시가 원래 보유해 온 모든 옛 자유들을 및 관습들을 런던시는 보유해야 한다. 그들의 모든 자유들을 및 자유관습들을 그 밖의 모든 도시들(Cities)이, 자치도시들(Boroughs)이, 읍들(Towns)이, 그리고 여타의 모든 항구들에 아울러 다섯 항구들의 귀족들이 보유함을 또한 짐은 바라고 허여하노라.

XXIX. 그와의 동등지위인 이웃들의 적법한 판결에 의하지 아니하고는 내지는 국법에 의하지 아니하고는 자유인은 아무도 체포되지도 구금되지도, 내지는 그의 자유토지보유권을 내지는 그의 자유들을 내지는 자유관습들을 박탈당하지도, 내지는 법의 보호를 빼앗기지도, 내지는 추방당하지도, 또는 그 밖의 방법으로 파괴당하지도 아니할 것이며; 짐은 그를 판결하지도 그를 유죄로 판결하지도 아니할 것이노라. 정의를 내지는 권리를 아무에게도 짐은 팔지 아니하겠으며 이를 짐은 어느 누구에게도 거부하지도 유예하지도 아니하겠노라.[228]

원문 링크: https://en.wikipedia.org/wiki/Magna_Carta

Notes

a. The document's Latin name is spelled either Magna Carta or Magna Charta, (the pronunciation is the same) and, in English, with or without the definite article "the". Latin does not have a definite article equivalent to "the". The Oxford English Dictionary recommends usage without the definite article.[1] The spelling Charta originates in the 18th century, as a restoration of classical Latin charta for the Medieval Latin spelling carta.[2] While "Charta" remains an acceptable variant spelling it never became prevalent in English usage.[3]

b. Within this article, dates before 14 September 1752 are in the Julian calendar. Later dates are in the Gregorian calendar. In the Gregorian calendar, however, the date would have been 22 June 1215.

c. The United States (US) Constitution was written in 1787, went into effect in 1788, after ratification by nine of the 13 states, and the US Federal government started operation in 1789.

d. The Runnymede Charter of Liberties did not apply to Chester, which at the time was a separate feudal domain. Earl Ranulf granted his own Magna Carta of Chester.[38] Some of its articles were similar to the Runnymede Charter.[39]

e. Louis' claim to the English throne, described as "debatable" by the historian David Carpenter, derived from his wife, Blanche of Castile, who was the granddaughter of King Henry II of England. Louis argued that since John had been legitimately deposed, the barons could then legally appoint him king over the claims of John's son Henry.[50]

f. Roger de Montbegon is named only in one of the four early sources (BL, Harley MS 746, fol. 64); whereas the others name Roger de Mowbray. However, Holt believes the Harley listing to be "the best", and the de Mowbray entries to be an error.

g. Among the historians to have discussed the "myth" of Magna Carta and the ancient English constitution are Claire Breay, Geoffrey Hindley, James Holt, John Pocock, Danny Danziger, and John Gillingham.[163][164][165][166][167]

주(Notes)

a. 문서의 라틴어 명칭의 철자법은 Magna Carta로 또는 Magna Charta로 쓰이고, (발음은 동일), 그리고 영어에서는 정관사 "the"를 붙이기도 하고 붙이지 않기도 한다. "the"에 해당하는 정관사를 라틴어는 지니지 않는다. 정관사 없는 사용을 옥스퍼드 영어사전은 권장한다.[1] 18세기에 중세 라틴어의 스펠링 carta에 대한 고전 라틴어 charta의 회복으로서 철자법 Charta는 유래한다.[2] 비록 "Charta"는 변형 철자법으로 남아 있음에도 불구하고, 그것은 영국의 용례에서 지배적인 위치에 있어 본 적이 결코 없다.[3]

b. 이 기사 내에서 1752년 9월 14일 이전의 날짜들은 율리우스력에 의한 것들이다. 그 뒤의 날짜들은 그레고리우스력이다. 그러나, 그레고리우스력에서였다면 날짜는 1215년 6월 22일이 되었을 것이다.

c. 1878년에 미합중국 헌법은 쓰여졌고 열세 개 주들 가운데서의 아홉 개 주들의 비준 뒤에 1788년에 발효되었으며, 미합중국 연방정부는 1789년에 작동하기 시작하였다.

d. 러니미드 자유헌장은 체스터(Chester)에는 적용되지 않았는데, 그 곳은 당시에 별개의 봉건영토였다. 그 자신의 체스터 마그나 카르타를 백작 라눌프(Earl Ranulf)는 허가하였다.[38] 그 조항들 일부는 러니미드 헌장에 유사하였다.[39]

e. "다툼의 여지가 있는" 것으로 역사가 데이빗 카펜터에 의하여 기술된 영국 국왕으로서의 지위에 대한 루이의 주장은 그의 처 카스티야의 블랑쉬(Blanche of Castile)로부터 도출되었는데, 그녀는 영국 국왕 헨리 2세의 손녀였다. 존이 적법하게 퇴위되었으므로 귀족들은 존의 아들 헨리를 누르고서 법적으로 자신을 국왕으로 지명할 수 있다고 루이는 주장하였다.[50]

f. 로저 드 몽브공(Roger de Montbegon)은 네 개의 초기 원천들 가운데 한 개에서만 이름이 말해진다(대영도서관, 할리(Harley) 수집 필사본 자료실 746, fol. 64); 이에 반하여 다른 것들은 로저 드 모브레이(Roger de Mowbray)의 이름을 말한다. 그러나, 할리(Harley) 목록이 "최선"이라고, 그리고 모브레이는 완전히 오류라고 홀트(Holt)는 믿는다

g. 마그나 카르타의 및 고래의 영국헌법의 "신화"를 검토해 놓은 역사가들 중에는 클레어 브레이(Claire Breay)가, 조프리 힌들리(Geoffrey Hindley)가, 제임스 홀트(James Holt)가, 존 포콕(John Pocock)이, 대니 댄지거(Danny Danziger)가, 그리고 존 길링햄(John Gillingham)이 있다.[163][164][165][166][167]

각주출처(References)

1. "Magna Carta, n". Oxford English Dictionary. Retrieved 20 November 2014. (Subscription required (help)).

2. Du Cange s.v. 1 carta

3. Garner, Bryan A. (1995). A Dictionary of Modern Legal Usage. Oxford University Press. p. 541. ISBN 978-0195142365. "The usual—and the better—form is Magna Carta. [...] Magna Carta does not take a definite article". Magna Charta is the recommended spelling in German-language literature. (Duden online)

4. Danziger & Gillingham 2004, p. 268.

5. Carpenter 1990, p. 8.

6. Turner 2009, p. 149.

7. Carpenter 1990, p. 7.

8. Danziger & Gillingham 2004, p. 168.

9. Turner 2009, p. 139.

10. Warren 1990, p. 181.

11. Carpenter 1990, pp. 6—7.

12. Carpenter 1990, p. 9.

13. Turner 2009, p. 174.

14. Danziger & Gillingham 2004, pp. 256—58.

15. McGlynn 2013, pp. 131—32.

16. McGlynn 2013, p. 130.

17. Danziger & Gillingham 2004, p. 104.

18. Danziger & Gillingham 2004, p. 165.

19. Turner 2009, p. 178.

20. McGlynn 2013, p. 132.

21. Holt 1992a, p. 115.

22. Poole 1993, pp. 471—72.

23. Vincent 2012, pp. 59—60.

24. Turner 2009, p. 179.

25. Warren 1990, p. 233.

26. Danziger & Gillingham 2004, pp. 258—59.

27. Turner 2009, pp. 174, 179—80.

28. Turner 2009, p. 180.

29. Holt 1992a, p. 112.

30. McGlynn 2013, p. 137.

31. Tatton-Brown 2015, p. 36.

32. Holt 2015, p. 219.

33. Warren 1990, p. 236.

34. Turner 2009, pp. 180, 182.

35. Turner 2009, p. 182.

36. Turner 2009, pp. 184−85.

37. "Magna Carta". British Library. Retrieved 16 March 2016.

38. Hewit 1929, p. 9.

39. Holt 1992b, pp. 379−80.

40. Vincent 2012, pp. 61−63.

41. Carpenter 2004, pp. 293−94.

42. Turner 2009, p. 189.

43. Danziger & Gillingham 2004, pp. 261−62.

44. Goodman 1995, pp. 260−61.

45. Warren 1990, pp. 239−40.

46. Poole 1993, p. 479.

47. Turner 2009, pp. 189−91.

48. Danziger & Gillingham 2004, p. 262.

49. Warren 1990, pp. 239, 242.

50. Carpenter 1990, p. 12.

51. Carpenter 1996, p. 13.

52. "All clauses". The Magna Carta Project. University of East Anglia. Retrieved 9 November 2014.

53. Turner 2009, p. 190−91.

54. Turner 2009, p. 190.

55. Warren 1990, pp. 244−45.

56. Rothwell 1975, pp. 324−26.

57. Warren 1990, pp. 245−46.

58. Holt 1992a, p. 1.

59. Crouch 1996, p. 114.

60. Carpenter 2004, pp. 264−67.

61. Warren 1990, pp. 254−55

62. "Preface". Magna Carta Project. Retrieved 17 May 2015.

63. Holt 1992b, pp. 478−80: the list in the collection of law tracts is at British Library, Harley MS 746, fol. 64; the Reading Abbey list is at Lambeth Palace Library, MS 371, fol. 56v.

64. "Profiles of Magna Carta Sureties and Other Supporters". Baronial Order of Magna Charta. Retrieved 17 May 2015.

65. "The Magna Charta Barons at Runnymede". Brookfield Ancestor Project. Retrieved 4 November 2014.

66. Strickland, Matthew (2004). "Enforcers of Magna Carta (act. 1215−1216)". Oxford Dictionary of National Biography (online ed.). Oxford University Press. doi:10.1093/ref:odnb/93691. (subscription required)

67. Powicke 1929.

68. Carpenter 1990, pp. 14−15.

69. Carpenter 1990, p. 13.

70. McGlynn 2013, p. 189.

71. Ridgeway 2004.

72. Weiler 2012, p. 1.

73. Carpenter 1990, p. 1.

74. Mayr-Harting 2011, pp. 259−60.

75. Mayr-Harting 2011, p. 260.

76. Carpenter 2004, p. 301.

77. Carpenter 1990, pp. 19−21.

78. Aurell 2003, p. 30.

79. Carpenter 1990, pp. 21−22, 24−25.

80. Powicke 1963, p. 5.

81. Carpenter 1990, p. 25.

82. Carpenter 1990, p. 27.

83. Carpenter 1990, pp. 28−29.

84. Carpenter 1990, pp. 127−28.

85. Carpenter 1990, pp. 36−40.

86. McGlynn 2013, p. 216.

87. Hallam & Everard 2001, p. 173.

88. Carpenter 1990, p. 41–42.

89. Carpenter 1990, p. 42.

90. Carpenter 1990, p. 44.

91. Carpenter 1990, pp. 41, 44–45.

92. Carpenter 1990, p. 60.

93. Carpenter 1990, pp. 60–61.

94. Carpenter 1990, pp. 61–62.

95. White 1915, pp. 472–75.

96. White 1917, pp. 545–55.

97. Carpenter 1990, p. 402.

98. Carpenter 1990, pp. 333–35, 382–83.

99. Carpenter 1990, pp. 295–96.

100. Jobson 2012, p. 6.

101. Carpenter 1990, pp. 296–97.

102. Carpenter 1990, p. 297.

103. Hallam & Everard 2001, p. 176.

104. Weiler 2012, p. 20.

105. Carpenter 1990, pp. 371–73.

106. Carpenter 1990, pp. 374–75.

107. Carpenter 1990, pp. 376, 378.

108. Hallam & Everard 2001, pp. 176–77.

109. Carpenter 1990, p. 379.

110. Carpenter 2004, p. 307.

111. Carpenter 1990, p. 383.

112. Carpenter 1990, pp. 2–3, 383, 386

113. Carpenter 2004, p. 307

114. Clanchy 1997, p. 147.

115. Davis 2013, p. 71.

116. Davis 2013, p. 174.

117. Carpenter 1996, pp. 76, 99.

118. Carpenter 1990, p. 3.

119. Carpenter 1996, pp. 26, 29, 37, 43.

120. Carpenter 1996, p. 105.

121. Davis 2013, pp. 195−97.

122. Jobson 2012, p. 104.

123. Davis 2013, p. 224.

124. Jobson 2012, p. 163.

125. Holt 1992b, pp. 510−11.

126. Prestwich 1997, p. 427.

127. "Magna Carta (1297)". The National Archive. Retrieved 29 July 2010.

128. "Magna Carta (1297)". Statutelaw.gov.uk. Retrieved 13 June 2015.

129. Edwards 1943.

130. "Confirmatio Cartarum". britannia.com. Retrieved 30 November 2007.

131. Prestwich 1997, p. 434.

132. Cobbett et al. 1810, p. 980.

133. "Magna Carta". Salisbury Cathedral. Retrieved 25 January 2015.

134. The Statutes at Large Passed in the Parliaments held in Ireland from The Third Year of Edward the Second A.D. 1310 to the First Year of George the Third, A.D. 1761 Inclusive. Boulter Grierson. 1763. p. 132.

135. "Confirmatio Cartarum [26] October 10, 1297". 1215.org. Retrieved 19 January 2015.

136. Holt 2008, p. 62.

137. Fritze & Robison 2002, pp. 34−35.

138. Prestwich 1997, pp. 547−48.

139. Menache 2003, pp. 253−55.

140. Scott 2014.

141. Holt 2008, pp. 44−45.

142. Holt 2008, pp. 45−46.

143. Holt 2008, p. 56.

144. Holt 2008, pp. 56−57.

145. Turner 2003b, p. 123.

146. Thompson 1948, pp. 9−10.

147. Turner 2003a.

148. "800th anniversary of Magna Carta" (PDF). Church of England General Synod. Retrieved 4 November 2014.

149. "Magna Carta". Royal Family History. Retrieved 4 November 2014.

150. Johnson, Ben. "The Origins of the Magna Carta". Historic UK. Retrieved 4 November 2014.

151. Turner 2003b, p. 132.

152. Turner 2003b, p. 133.

153. Hindley 1990, pp. 185–187.

154. Hindley 1990, pp. 185–86.

155. Turner 2003b, p. 138.

156. Hindley 1990, p. 188.

157. Thompson 1948, p. 146.

158. Warren 1990, p. 324.

159. Hindley 1990, p. 187.

160. Magna Carta, cum aliis antiquis statutis ... London: Thomas Berthelet, 1531 Beale S9; STC 9271. Magna carta cvm aliis antiqvis statvtis, qvorvm catalogvm, in fine operis reperies. London: Thomas Berthelet, 1540. Beale S12; STC 9274. revised edition by Thomas Marshe (1556), Magna Carta et cetera antiqua statuta nunc nouiter per diuersa exemplaria examinata et summa diligentia castigata et correcta cui adiecta est noua tabula valde necessaria.

.

161. Thompson 1948, pp. 147–49.

162. Turner 2003b, p. 140.

163. Danziger & Gillingham 2004, p. 280.

164. Hindley 1990, p. 183.

165. Breay 2010, p. 46.

166. Pocock 1987, p. 124.

167. Holt 1992b, p. 9.

168. Eele 2013, p. 20.

169. Thompson 1948, pp. 216–30.

170. Pocock 1987, p. 154.

171. Wright 1919, p. 72.

172. Hindley 1990, pp. 188–89.

173. Pocock 1987, p. 300.

174. Greenberg 2006, p. 148.

175. Turner 2003b, p. 148.

176. Holt 1992b, pp. 20–21.

177. Turner 2003b, p. 156.

178. Hindley 1990, p. 189.

179. Hindley 1990, pp. 189−190.

180. Turner 2003b, p. 157.

181. Danziger & Gillingham 2004, pp. 280−81.

182. Russell 1990, p. 41.

183. Hindley 1990, p. 190.

184. Danziger & Gillingham 2004, p. 271.

185. Woolwrych 2003, p. 95.

186. "Magna Carta: a precedent for recent constitutional change" (PDF). Judiciary of England and Wales Speeches. 15 June 2005. Retrieved 4 November 2014.

187. Pocock 1987, p. 127.

188. Kewes 2006, p. 279.

189. Kewes 2006, p. 226.

190. Danziger & Gillingham 2004, pp. 281−82.

191. Hill 2006, pp. 111−22.

192. Linebaugh 2009, p. 85.

193. Pocock 1987, pp. 182−228.

194. Turner 2003b, p. 165.

195. Pocock 1987, p. 228.

196. Turner 2003b, pp. 169−70.

197. Breay & Harrison 2015, pp. 110−11, 134.

198. Linebaugh 2009, pp. 113−14.

199. Turner 2003b, pp. 67−68.

200. Fryde 2001, p. 207.

201. Goodrich, Chauncey A. "The Speeches of Lord Chatham". Classic Persuasion.

202. "Lord Irvine of Lairg 'The Spirit of Magna Carta Continues to Resonate in Modern Law'". Parliament of Australia. December 2002. Retrieved 7 November 2014.

203. Brink, Robert J. (18 August 2014). "History on display: one lawyer's musings on Magna Carta". Massachusetts Lawyers Weekly. Retrieved 20 November 2014.

204. Howard 2008, p. 28.

205. Hazeltine 1917, p. 194.

206. Hazeltine 1917, p. 195.

207. Turner 2003b, p. 210.

208. Turner 2003b, p. 211.

209. Hazeltine 1917, pp. 183−84.

210. "Magna Carta and Its American Legacy". National Archives and Records Administration. Retrieved 30 January 2015.

211. "The Magna Carta". National Archives and Records Administration. Retrieved 20 November 2014.

212. "Habeas Corpus". Free Dictionary. Retrieved 20 November 2014.

213. Stimson 2004, p. 124.

214. Black 1999, p. 10.

215. "'Klopfer v. North Carolina', 386 U. S. 213 (1967)". Caselaw.lp.findlaw.com. Retrieved 2 May 2010.

216. Turner 2003b, pp. 199−200.

217. Fryde 2001, p. 1.

218. Simmons 1998, pp. 69−83.

219. Galef 1998, pp. 78−79.

220. Pollard 1912, pp. 31−32.

221. Barnes 2008, p. 23.

222. Danziger & Gillingham 2004, p. 283.

223. "Home". The Baronial Order of Magna Charta. Retrieved 19 November 2014.

224. Wright 1990, p. 167.

225. Holt 1992b, p. 2−3.

226. Danziger & Gillingham 2004, p. 278.

227. Burdett 1810, p. 41.

228. "(Magna Carta) (1297) (c. 9)". UK Statute Law Database. Archived from the original on 5 September 2007. Retrieved 2 September 2007.

229. "Magna Carta". Segamore Institute. Retrieved 4 November 2014.

230. Clark 2000.

231. Kennedy 1922, p. 228.

232. Drew 2004, pp. pxvi−pxxiii.

233. Breay 2010, p. 48.

234. "So will the revolution start in Haltemprice and Howden?". The Independent. UK. 14 June 2008. Retrieved 16 June 2008.

235. Green, David Allen (16 June 2014). "The myth of Magna Carta". Financial Times. Retrieved 21 January 2015. (Subscription required (help)). "The sarcasm of the Master of the Rolls

was plain"

236. "The Mayor Commonalty and Citizens of London v Samede". 22 February 2012. Retrieved 21 January 2015.

237. Holt 1992b, p. 2.

238. Warren 1990, p. 240.

239. Holt 1992b, p. 21.

240. "United States Constitution Q + A". The Charters of Freedom. National Archives and Records Administration. Retrieved 4 November 2014.

241. "Magna Carta Replica and Display". Architect of the Capitol. Retrieved 20 November 2014.

242. Doward, Jamie (1 November 2014). "Magna Carta 800 years on: recognition at last for 'England's greatest export'". The Observer. Retrieved 7 November 2014.

243. "Celebrating 800 years of Magna Carta". British Library. Retrieved 7 November 2014.

244. "Magna Carta: Law, Liberty, Legacy". British Library. Retrieved 7 November 2014.

245. Jones, Jonathan (14 May 2015). "Kings and needles: the Magna Carta gets an embroidery update". The Guardian. Retrieved 14 May 2015.

246. Davies, Caroline. "Magna Carta: leaders celebrate 800th anniversary of the Great Charter". the Guardian. Retrieved 2015-06-20.

247. "Magna Carta: Muse and Mentor". Library of Congress. Retrieved 30 January 2015.

248. "Magna Carta 800". Visit Lincoln. Retrieved 7 November 2014.

249. "800th Anniversary of Magna Carta 2015 UK £2 BU Coin". Royal Mint. Retrieved 27 December 2014.

250. "Magna Carta 800th Anniversary 2015 UK £2 Silver Piedfort Coin | The Royal Mint". The Royal Mint. Retrieved 2015-11-24.

251. "Bury St Edmunds Magna Carta 800". Bury St Edmunds: The Bury Society. Retrieved 28 December 2014.

252. Breay 2010, p. 37.

253. Breay 2010, pp. 37−38.

254. Hindley 1990, p. 143.

255. Breay 2010, pp. 38−39.

256. Browning 1898, p. 50.

257. Breay 2010, pp. 34−35.

258. Breay 2010, p. 34.

259. Breay 2010, p. 35.

260. Breay 2010, pp. 34−36.

261. Breay 2010, pp. 35−36.

262. Breay 2010, p. 36.

263. Turner 2003b, p. 65.

264. "Canterbury's Magna Carta rediscovered in time for 800th anniversary". Canterbury Christ Church University. Retrieved 31 January 2015.

265. "Remarkable discovery says copy of Magna Carta in British Library was 'Canterbury charter'". kentnews. Retrieved 31 January 2015.

266. Breay & Harrison 2015, pp. 66, 216−19.

267. Duffy, Christina. "Revealing the secrets of the burnt Magna Carta". British Library. Retrieved 8 June 2016.

268. Breay 2010, pp. 36−37.

269. Davis 1963, p. 36.

270. Knight, Alec (17 April 2004). "Magna Charta: Our Heritage and Yours". National Society Magna Charta Dames and Barons. Archived from the original on 21 August 2004. Retrieved 2 September 2007.

271. "Magna Carta: Muse and Mentor Magna Carta Comes to America".

272. Vincent 2012, p. 107.

273. Pathé, British. "Magna Carta As Exhibit For New York World Fair". www.britishpathe.com. Retrieved 2016-09-15.

274. "Magna Carta in the US, Part I: The British Pavilion of the 1939 New York World's Fair".

275. "Magna Carta on Display Beginning 4 July" (Press release). National Constitution Center. 30 May 2007. Archived from the original on 27 September 2007. Retrieved 2 September 2007.

276. "Magna Carta & Four Foundations of Freedom". Contemporary Art Center of Virginia. 2007. Retrieved 4 November 2014.

277. Kahn, Eve M (13 September 2009). "Copy of Magna Carta Travels to New York in Style". The New York Times. Retrieved 4 January 2015.

278. Salisbury Cathedral (2013). "The Salisbury Connection". Retrieved 13 November 2014.

279. Vincent 2012, p. 104.

280. Salisbury Cathedral (2013). "The Document". Retrieved 13 November 2014.

281. "Award for cathedral Magna Carta". BBC News Online. 4 August 2009. Retrieved 4 January 2015.

282. Salisbury Cathedral (2013). "Visiting Magna Carta". Retrieved 13 November 2014.

283. Vincent 2012, p. 106.

284. "Magna Carta pulls in the crowds". Bodleian Libraries. University of Oxford. Retrieved 13 June 2015.

285. "Magna Carta at Hereford Cathedral". BBC. Retrieved 4 November 2014.

286. "The Magna Carta". Fine Arts Museums of San Francisco. Retrieved 4 January 2015.

287. "Magna Carta, 1225". British Library. Retrieved 22 November 2014.

288. Campbell, Sophie (16 September 2014). "Magna Carta: On the trail of the Great Charter". Telegraph. Retrieved 4 November 2014.

289. Lewis 1987, p. 494.

290. "Magna Carta". The National Archives. Retrieved 19 January 2015.

291. Moss, Richard. "Society of Antiquaries to restore and display Magna Carta for 800th anniversary". Culture 24. Retrieved 13 June 2015.

292. "Harry Evans "Bad King John and the Australian Constitution: Commemorating the 700th Anniversary of the 1297 Issue of Magna Carta*"". Papers on Parliament No. 31. Parliament of Australia. Retrieved 4 November 2014.

293. Metherell, Mark (4 January 2006). "Rare Magna Carta copy not such a big deal after all". Sydney Morning Herald. Retrieved 4 November 2014.

294. Barron, James (25 September 2007). "Magna Carta is going on the auction block". The New York Times. Retrieved 19 December 2007.

295. "Magna Carta copy fetches $24m". Sydney Morning Herald. 19 December 2007. Retrieved 19 December 2007.

296. Edgers, Geoff (31 October 2014). "Two Magna Cartas in D. C". The Washington Post. Retrieved 4 November 2014.

297. Vincent 2015, p. 160.

298. Hossack, James (19 December 2007). "Magna Carta Sold at Auction for $21.3 Million". The Sydney Morning Herald. Retrieved 14 June 2015.

299. Harris, Carolyn. "Where is Magna Carta Today?". Magna Carta 2015 Canada. Retrieved 13 June 2015.

300. "Magna Carta". National Archives. Retrieved 13 June 2015.

301. "Magna Carta edition found in Sandwich archive scrapbook". BBC. 8 February 2015. Retrieved 13 June 2015.

302. "Faversham gets ready to celebrate its Magna Carta artefact". Faversham Times. 17

September 2014. Retrieved 13 June 2015.

303. "New City of London Heritage Gallery to open at the Guildhall". Museums and Heritage Advisor. Retrieved 13 June 2015.

304. Breay 2010, p. 28.

305. Poole 1993, pp. 16−17.

306. Breay 2010, p. 29.

307. Gordon v. Justice Court, 12 Cal. 3d 323 (1974).

308. Huscroft 2005, p. 97.

309. Poole 1993, pp. 29−30.

310. Poole 1993, p. 29.

311. Breay 2010, p. 32.

312. Poole 1993, pp. 353, 474.

313. Hillaby 2013, p. 23.

314. Huscroft 2005, p. 190.

315. Huscroft 2005, p. 189.

316. Turner 2009, p. 121.

317. Breay 2010, pp. 49−54.

318. Sharples, Barry. "Magna Carta Liberatum (The Great Charter of Liberties) The First Great Charter of King Edward The First Granted October 12th 1297,". Retrieved 13 November 2014.

319. "Magna Carta (1297)". Uk Government. Retrieved 15 November 2014.

320. Hindley 1990, p. 201.

Bibliography

Aurell, Martin (2003). L'Empire de Plantagenêt, 1154–1224 (in French). Paris, France: Tempus. ISBN 978-2-262-02282-2.

Barnes, Thomas Garden (2008). Shaping the Common Law: From Glanvill to Hale, 1188–1688. Stanford University Press. ISBN 978-0804779593.

Black, Charles (1999). A New Birth of Freedom: Human Rights, Named and Unnamed. New Haven, US: Yale University Press. ISBN 978-0300077346.

Breay, Claire (2010). Magna Carta: Manuscripts and Myths. London, UK: The British Library. ISBN 978-0-7123-5833-0.

Breay, Claire; Harrison, Julian, eds. (2015). Magna Carta: Law, Liberty, Legacy. London: The British Library. ISBN 978-0-7123-5764-7.

Browning, Charles Henry (1898). "The Magna Charta Described". The Magna Charta Barons and Their American Descendants with the Pedigrees of the Founders of the Order of Runnemede Deduced from the Sureties for the Enforcement of the Statutes of the Magna Charta of King John. Philadelphia. OCLC 9378577.

Burdett, Francis (1810). Sir Francis Burdett to His Constituents. R. Bradshaw.

Carpenter, David A. (1990). The Minority of Henry III. Berkeley, US and Los Angeles, US: University of California Press. ISBN 978-0413623607.

Carpenter, David (1996). The Reign of Henry III. London, UK: Hambledon Press. ISBN 9781852851378.

Carpenter, David A. (2004). Struggle for Mastery: The Penguin History of Britain 1066–1284. London, UK: Penguin. ISBN 978-0-14-014824-4.

Clanchy, Michael T. (1997). Early Medieval England. The Folio Society.

Clark, David (2000). "The Icon of Liberty: The Status and Role of Magna Carta in Australian and New Zealand Law". Melbourne University Law Review. 24 (3).

Cobbett, William; Howell, Thomas Bayly; Howell, Th. J.; Jardine, William (1810). Cobbett's Complete Collection of State Trials and Proceedings for High Treason and Other Crimes and Misdemeanors from the Earliest Period to the Present Time. Bagshaw.

Crouch, David (1996). William Marshal: Court, Career and Chivalry in the Angevin Empire 1147–1219. Longman. ISBN 978-0582037861.

Danziger, Danny; Gillingham, John (2004). 1215: The Year of Magna Carta. Hodder Paperbacks. ISBN 978-0340824757.

Davis, G. R. C. (1963). Magna Carta. The British Library Publishing Division. ISBN 978-0712300148.

Davis, John Paul (2013). The Gothic King: A Biography of Henry III. London, UK: Peter Owen. ISBN 978-0-7206-1480-0.

Drew, Katherine F. (2004). Magna Carta. Greenwood Press. ISBN 978-0313325908.

Edwards, J. G. (1943). "Confirmatio Cartarum and Baronial Grievances in 1297". The English Historical Review. 58 (231): 273–300. doi:10.1093/ehr/lviii.ccxxxi.273. JSTOR 554340.

Eele, Caroline (2013). Perceptions of Magna Carta: Why has it been seen as significant? (PDF) (Thesis). 2014 Magna Carta 2015 Committee. Retrieved 18 November 2014.

Fryde, Natalie (2001). Why Magna Carta? Angevin England Revisited. Munster, Germany: LiT. ISBN 978-3825856571.

Fritze, Ronald; Robison, William (2002). Historical Dictionary of Late Medieval England 1272–1485. Greenwood Press. ISBN 978-0313291241.

Galef, David (1998). Second Thoughts: Focus on Rereading. Detroit, US: Wayne State University Press. ISBN 978-0814326473.

Goodman, Ellen (1995). The Origins of the Western Legal Tradition: From Thales to the Tudors. Federation Press. ISBN 978-1862871816.

Greenberg, Janelle (2006). The Radical Face of the Ancient Constitution: St Edward's 'Laws' in Early Modern Political Thought. Cambridge, UK: Cambridge University Press. ISBN 978-0521024884.

Hallam, Elizabeth M.; Everard, Judith A. (2001). Capetian France, 987–1328 (2nd ed.). Harlow, UK: Longman. ISBN 978-0-582-40428-1.

Hazeltine, H. D. (1917). "The Influence of Magna Carta on American Constitutional Development". In Malden, Henry Elliot. Magna Carta commemoration essays. BiblioBazaar. ISBN 978-1116447477.

Hewit, H. J. (1929). Mediaeval Cheshire. Manchester, UK: Manchester University Press.

Hill, Christopher (2006). Winstanley 'The Law of Freedom' and Other Writings. Cambridge University Press. ISBN 978-0521031608.

Hillaby, Caroline (2013). The Palgrave Dictionary of Medieval Anglo-Jewish History. Palgrave Macmillan. ISBN 978-1137308153.

Hindley, Geoffrey (1990). The Book of Magna Carta. London, UK: Constable. ISBN 978-0094682405.

Holt, James C. (1992a). The Northerners: A Study in the Reign of King John. Oxford, UK:

Oxford University Press. ISBN 978-0198203094.

Holt, James C. (1992b). Magna Carta. Cambridge, UK: Cambridge University Press. ISBN 978-0521277785.

Holt, James C. (2015). Magna Carta (3rd ed.). Cambridge, UK: Cambridge University Press. ISBN 9781107093164.

Holt, James C. (2008) [1993]. The Ancient Constitution in Medieval England (PDF). Liberty Fund. ISBN 978-0865977099.

Howard, A. E. Dick (2008). "Magna Carta Comes To America". Fourscore. 58 (4).

Huscroft, Richard (2005). Ruling England, 1042–1217. Harlow, UK: Pearson. ISBN 978-0-582-84882-5.

Jobson, Adrian (2012). The First English Revolution: Simon de Montfort, Henry III and the Barons' War. London, UK: Bloomsbury. ISBN 978-1-84725-226-5.

Kennedy, William Paul McClure (1922). The Constitution of Canada. Oxford, UK: Oxford University Press.

Kewes, Paulina (2006). The Uses of History in Early Modern England. Berkeley, US: University of California Press. ISBN 978-0873282192.

Lewis, Suzanne (1987). The Art of Matthew Paris in the Chronica Majora. University of California Press. ISBN 9780520049819.

Linebaugh, Peter (2009). The Magna Carta Manifesto: Liberties and Commons for All. Berkeley, US: University of California Press. ISBN 978-0520260009.

Mayr-Harting, Henry (2011). Religion, Politics and Society in Britain, 1066–1272. Harlow, UK: Longman. ISBN 978-0-582-41413-6.

McGlynn, Sean (2013). Blood Cries Afar: The Forgotten Invasion of England, 1216. London, UK: Spellmount. ISBN 978-0752488318.

Menache, Sophia (2003). Clement V. Cambridge, UK: Cambridge University Press. ISBN 978-0521521987.

Pocock, J. G. A. (1987). The Ancient Constitution and the Feudal Law: A Study of English Historical Thought in the Seventeenth Century. Cambridge, UK: Cambridge University Press. ISBN 978-0521316439.

Pollard, Albert Frederick (1912). The history of England; a study in political evolution. H. Holt.

Poole, Austin Lane (1993) [1951]. From Domesday Book to Magna Carta 1087–1216 (2nd ed.). Oxford, UK: Oxford University Press.

Powicke, F. M. (1929). "The Bull 'Miramur Plurimum' and a Letter to Archbishop Stephen

Langton, 5 September 1215". English Historical Review. 44: 87–93. doi:10.1093/ehr/xliv.clxxiii.87.

Powicke, Frederick Maurice (1963). The Thirteenth Century 1216–1307. Oxford, UK: Oxford University Press. ISBN 978-0198217084.

Prestwich, Michael (1997). Edward I. New Haven, US: Yale University Press. ISBN 978-0300071573.

Ridgeway, Huw W. (2004). "Henry III (1207–1272)". Oxford Dictionary of National Biography, online edition. Oxford University Press (published September 2010). doi:10.1093/ref:odnb/12950. Archived from the original on 3 August 2013. Retrieved 17 August 2013.

Rothwell, Harry (1975). English Historical Documents 1189–1327. London, UK: Eyre & Spottiswoode. ISBN 0413233006.

Russell, Conrad (1990). Unrevolutionary England, 1603–1642. Continnuum-3PL. ISBN 978-1852850258.

Scott, Robert McNair (2014). Robert The Bruce: King Of Scots. Canongate Books. ISBN 9781847677464.

Simmons, Clare A. (1998). "Absent Presence: The Romantic-Era Magna Charta and the English Constitution". In Shippey, Richard; Utz, Tom. Medievalism in the Modern World. Essays in Honour of Leslie J. Workman. Brepols Publishers.

Stimson, Frederick Jessup (2004). The Law Of The Federal And State Constitutions Of The United States. Lawbook Exchange Ltd. ISBN 978-1584773696.

Tatton-Brown, Tim (July 2015). "Magna Carta at 800: Uncovering its Landscape Archaeology". Current Archaeology (304): 34–37.

Thompson, Faith (1948). Magna Carta—Its Role In The Making Of The English Constitution 1300–1629. Minneapolis, US: University of Minnesota Press. ISBN 978-1299948686.

Turner, Ralph V. (2003a). "The Meaning of Magna Carta since 1215". History Today. 53 (9).

Turner, Ralph (2003b). Magna Carta:Through the Ages. Routledge. ISBN 978-0582438262.

Turner, Ralph (2009). King John: England's Evil King?. Stroud, UK: History Press. ISBN 978-0-7524-4850-3.

Vincent, Nicholas (2012). Magna Carta: A Very Short Introduction. Oxford, UK: Oxford University Press. ISBN 978-0-19-958287-7.

Vincent, Nicholas (2015). "From World War to World Heritage: Magna Carta in the Twentieth Century". In Vincent, Nicholas. Magna Carta: The Foundation of Freedom, 1215–2015.

London, UK: Third Millennium Publishing. pp. 154−169. ISBN 9781908990488.

Warren, W. Lewis (1990). King John. London, UK: Methuen. ISBN 978-0413455208.

Weiler, Björn K. U. (2012). Henry III of England and the Staufen Empire, 1216−1272. Paris, France: Royal Historical Society: Boydell Press. ISBN 978-0-86193-319-8.

White, Albert Beebe (1915). "The Name Magna Carta". The English Historical Review. XXX (CXIX): 472−475. doi:10.1093/ehr/XXX.CXIX.472.

White, Albert Beebe (1917). "Note on the Name Magna Carta". The English Historical Review. XXXII (CXXVIII): 545−555. doi:10.1093/ehr/XXXII.CXXVIII.554.

Woolrych, Austin Herbert (2003). Smith, David Lee, ed. Cromwell and Interregnum: The Essential Readings. Wiley-Blackwell. ISBN 978-0631227250.

Wright, Herbert G. (1919). The Life And Works Of Arthur Hall Of Grantham, Member Of Parliament, Courtier And First Translator Of Homer Into English. Book on Demand.

Wright, Patrick (1990). The River: A Thames Journey. London, UK: BBC Books. ISBN 978-0563384786.

This page was last edited on 23 November 2017, at 20:26.

The Petition of Right, 1628

To the King's most excellent Majesty.

Soit droit fait come est desire

HUMBLY shew unto our Sovereign Lord the King, the Lords Spiritual and Temporal, and Commons, in Parliament assembled, That whereas it is declared and enacted by a Statute made in the time of the Reign of King Edward the First, commonly called Statutum de Tallagio non concedendo, that no Tallage or Aid shall be laid or levied by the King or his Heirs in this Realm, without the good Will and Assent of the Archbishops, Bishops, Earls, Barons, Knights, Burgesses and other the Freemen of the Commonalty of this Realm; and by the Authority of Parliament holden in the Five and twentieth Year of the Reign of King Edward the Third, it is declared and enacted, that from thenceforth no Person should be compelled to make any Loans to the King against his Will, because such Loans were against Reason and the Franchise of the Land; and by other Laws of this Realm it is provided, that none should be charged by any Charge or Imposition called a Benevolence, nor by such like Charge; by which the Statutes before mentioned, and other the good Laws and Statutes of this Realm, Your Subjects have inherited this Freedom, that they should not be compelled to contribute to any Tax, Tallage, Aid or other like Charge not set by Common Consent in Parliament.

Yet nevertheless, of late divers Commissions directed to sundry Commissioners in sever-

권리청원(The Petition of Right) 1628

영명하신 국왕폐하께

바라는 대로 즉시 시행될지어다(Soit droit fait come est desire)

소집된 이 현재의 의회에서, 신민들의 다양한 권리들에 및 자유들에 관하여 폐하에게 상원의원들에 및 하원의원들에 의하여 제출된, 이에 대하여 정규의회에서의 국왕폐하의 국왕으로서의 답변이 이루어진 청원 소집된 의회에서 우리의 군주이신 국왕에게 상원의원들은 및 하원의원들은 겸손되이 개진하오니, 대주교들의, 주교들의, 백작들의, 남작들의, 기사들의, 시민들의 및 그 밖의 이 왕국의 평민계층 자유인들의 선의가 내지는 동의가 없이는 국왕에 내지는 그의 상속인들에 의하여 이 왕국 내에서 지대는 내지는 헌금은 부과될 수 없음이 국왕 에드워드 1세(King Edward the First) 치세 때에 만들어진 동의 없는 지대 금지법(Statutum de Tallagio non concedendo)이라고 일반적으로 불리는 한 개의 제정법에 의하여 선언되어 있음에도 및 입법되어 있음에도; 그리고 조금이라도 대부금들을 그의 의지에 반하여 국왕에게 제공하도록 그 때부터는 아무가도 강제되어서는 안 됨이, 왜냐하면 그러한 대부금들은 이성에와 나라의 특권에 위반되기 때문임이 국왕 에드워드 3세(King Edward the Third)의 재위 25년에 열린 의회의 권위에 의하여 선언되어 있음에도 및 입법되어 있음에도; 그리고 덕세(benevolence)라고 불리는 부과금을 내지는 과세를 또는 그 유사의 부과금을 아무가도 징수당하지 아니함이 이 왕국의 다른 법들에 의하여 규정되어 있음에도; 상기의 제정법들에 의하여 그리고 조금이라도 의회에서의 일반적 동의에 의하여 정해지지 아니한 세금을, 지대를, 헌금을 내지는 그 밖의 유사한 부과금을 강제당하지 아니할 이 자유를 이 왕국의 그 밖의 훌륭한 법들에 및 제정법들에 의하여 폐하의 신민들이 상속받은 터임에도

그런데도 이에 불구하고, 근년에 들어 여러 카운티들에서의 잡다한 위원들에게 지시사항

al Counties, with Instructions, have issued; by means whereof Your People have been in divers Places assembled, and required to lend certain Sums of Money unto Your Majesty, and many of them, upon their Refusal so to do, have had an Oath administered unto them not warrantable by the Laws or Statutes of this Realm; and have been constrained to become bound to make Appearance and give Attendance before Your Privy Council and in other Places; and others of them have been therefore imprisoned, confined, and sundry other Ways molested and disquieted; and divers other Charges have been laid and levied upon Your People in several Counties by Lord Lieutenants, Deputy Lieutenants, Commissioners for Musters, Justices of Peace and others, by Command or Direction from Your Majesty, or Your Privy Council, against the Laws and Free Customs of the Realm.

And where also by the Statute called The Great Charter of the Liberties of England, it is declared and enacted, That no Freeman may be taken or imprisoned, or be disseised of his Freehold or Liberties, or his Free Customs, or be outlawed or exiled, or in any manner destroyed, but by the lawful Judgment of his Peers, or by the Law of the Land.

And in the Eight and twentieth Year of the Reign of King Edward the Third, it was declared and enacted by Authority of Parliament, That no Man of what Estate or Condition that he be, should be put out of his Land or Tenements, nor taken, nor imprisoned, nor disherited, nor put to Death, without being brought to answer by due Process of Law.

Nevertheless against the Tenor of the said Statutes, and other the good Laws and Statutes of Your Realm to that End provided, divers of Your Subjects have of late been imprisoned without any Cause shewed; and when for their Deliverance they were brought before your Justices by Your Majesty's Writs of Habeas Corpus, there to undergo and receive as the Court should order, and their Keepers commanded to certify the Causes of their Detainer, no Cause was certified, but that they were detained by Your Majesty's special Command, signified by the Lords of Your Privy Council, and yet were returned back

들을 동반한 여러 가지의 위임장들이 발부되어 있는 바; 이에 의하여 폐하의 신민들이 도처에서 소집되어 일정액을 폐하께 꾸어주도록 요구되어 왔고, 그렇게 하기를 그들이 거절하였다는 이유로 이 왕국의 법들에 내지는 제정법들에 의하여 정당화되지 아니하는 맹세에 그들 중 다수가 처해졌으며; 그리하여 폐하의 추밀원(Privy Council) 앞에의 및 기타의 장소들에의 출두를 하여야만 하도록 및 출석을 하여야만 하도록 그들은 강요되어 왔습니다; 그리고 그들 중 어떤 사람들은 그로 말미암아 구금되어 왔고 감금되어 왔으며, 갖가지 여타의 방법들로써 괴롭힘 당해 왔고 동요되어 왔으며; 그리고 여러 카운티들에서 주 지사들(Lord Lieutenants)에 의하여, 주 부지사들(Deputy Lieutenants)에 의하여, 검열위원들(Commissioners for Musters)에 의하여, 치안판사들(Justices of Peace)에 및 그 밖의 사람들에 의하여, 폐하로부터의, 또는 폐하의 추밀원으로부터의 명령에 내지는 지시에 의하여 왕국의 법들에와 자유관습에 어긋나게 폐하의 신민들 위에 다양한 그 밖의 부과금들이 씌워져 왔고 부과되어 왔습니다.

그런데 이에 대하여는 영국의 자유들의 위대한 헌장(The Great Charter of the Liberties of England)으로 불리는 제정법에 의하여도, 그 자신과의 동등 지위인 사람들의 적법한 판결에 의하지 아니한 채로는 내지는 국법에 의하지 아니한 채로는 자유인은 체포되지도, 구금되지도, 그의 자유토지보유권을 내지는 자유들을 내지는 그의 자유로운 관습들을 빼앗기지도, 법의 보호에서 제외되지도, 추방되지도 아니함이 또는 어떤 방법으로도 파괴되지 아니함이 선언되어 있고 입법되어 있습니다.

계급의 내지는 신분의 여하에 막론하고 사람은 그 답변하도록 적법절차(due Process of Law)에 의하여 불려오지 아니한 채로는 그의 토지로부터 내지는 보유재산들로부터 쫓겨나지도, 체포되지도, 구금되지도, 상속권을 박탈당하지도, 죽임에 처해지지도 아니함이 또한 국왕 에드워드 3세 재위 28년에 의회의 권위에 의하여 선언되고 입법되었습니다.

이에도 불구하고 상기 제정법들의 취지에 어긋나게 및 그 목적으로 규정된 폐하의 왕국의 여타의 훌륭한 법들에 및 제정법들에 어긋나게, 조금이라도 증명된 이유 없이 폐하의 신민들 중 몇몇이 최근에 구금당하여 왔습니다; 게다가 그들의 석방을 위하여 법원이 명령하여야 할 바대로를 받기 위하여 및 수령하기 위하여 폐하의 인신보호영장들(Writs of Habeas Corpus)에 의하여 폐하의 판사들 앞에 그들이 불려왔을 때, 그리하여 그들에 대한 구금의 원인들을 증명하도록 그들의 간수들이 명령되었을 때, 폐하의 추밀원 의원들에 의하여 표시된 폐하의 특별명령에 의하여 그들이 구류되었다는 것이 이외에는 아무런 원인도 증명되지 못하였

to several Prisons, without being charged with any Thing to which they might make Answer according to the Law.

And whereas of late great Companies of Soldiers and Mariners have been dispersed into divers Counties of the Realm, and the Inhabitants against their Wills have been compelled to receive them into their Houses, and there to suffer them to sojourn, against the Laws and Customs of this Realm, and to the great Grievance and Vexation of the People:

And whereas also by Authority of Parliament, in the Five and twentieth Year of the Reign of King Edward the Third, it is declared and enacted, That no Man should be fore-judged of Life or Limb against the Form of the Great Charter and the Law of the Land; and by the said Great Charter and other the Laws and Statutes of this Your Realm, no Man ought to be adjudged to Death but by the Laws established in this Your Realm, either by the Customs of the same Realm, or by Acts of Parliament: And whereas no Offender of what Kind soever is exempted from the Proceedings to be used, and Punishments to be inflicted by the Laws and Statutes of this Your Realm: Nevertheless of late times divers Commissions under Your Majesty's Great Seal have issued forth, by which certain Persons have been assigned and appointed Commissioners, with Power and Authority to proceed within the Land, according to the Justice of Martial Law, against such Soldiers or Mariners, or other dissolute Persons joining with them, as should commit any Murther, Robbery, Felony, Mutiny or other Outrage or Misdemeanour whatsoever, and by such summary Course and Order as is agreeable to Martial Law, and as is used in Armies in time of War, to proceed to the Trial and Condemnation of such Offenders, and them to cause to be executed and put to Death according to the Law Martial:

By Pretext whereof some of Your Majesty's Subjects have been by some of the said Commissioners put to Death, when and where, if by the Laws and Statutes of the Land they had deserved Death, by the same Laws and Statutes also they might, and by no other ought to have been judged and executed:

And also sundry grievous Offenders, by colour thereof claiming an Exemption, have

고, 그런데도 여러 감옥들로 그들은 되돌려 보내졌는 바, 답변을 법에 따라 그들이 할 수 있는 그 어떤 사항으로도 그들은 고발된 바가 없는 채로였습니다.

그리고 최근에 왕국의 여러 카운티들 내에 엄청난 숫자의 병사들이 및 해원들이 배치되어 왔고 그리하여 그들을 자신들의 가택들 안으로 받아들이도록 및 그리하여 거기에 그들이 머무름을 견디도록 그들의 의지에 반하여 주민들은 강제되어 왔는 바, 이는 이 왕국의 법들에와 관습들에 어긋나는 바인 터에 및 신민들의 커다란 고충이 및 괴로움이 되는 바인 터에:

그리고 마찬가지로 국왕 에드워드 3세(King Edward the Third) 재위 25년에 의회의 권위에 의하여 사람은 대헌장(the Great Charter)의 및 국법(the Law of the Land)의 방식에 어긋나게 목숨 형(刑)을 내지는 팔다리 형(刑)을 예단받아서는 안 됨이 선언되어 있는 터에 및 입법되어 있는 터에; 그리고 이 왕국의 관습들에 의해서든 또는 의회의 법률들에 의해서든 이 왕국에 확립되어 있는 법들에 의하지 아니하고는 사람은 사형을 선고받아서는 안 됨이 상기의 대헌장에 및 이 왕국의 여타의 법들에 및 제정법들에 의하여 선언되어 있는 터에 및 입법되어 있는 터에; 그리고 폐하의 왕국의 법들에 및 제정법들에 의하여 범죄자는 범죄의 종류 여하를 막론하고 그 사용될 절차들로부터 및 그 가해질 처벌들로부터 면제되지 아니하는 터에: 이에도 불구하고, 최근에 폐하의 국새 아래서 갖가지 위임장들이 발부되어 있고, 이에 의하여 특정의 사람들이 계엄위원들로 선임되어 및 지명되어 있으며 그들에게 권한이 및 권위가 부여되어 있는 바, 즉 조금이라도 살인을, 강도를, 중죄를, 폭동을 내지는 그 밖의 종류 여하를 불문하고 난폭을 내지는 경죄(Misdemeanour)를 저지른 군인들을 및 해원들을 상대로 또는 그들에 가담한 그 밖의 방종한 사람들을 상대로 영토 내에서 군법재판에 따라서 및 계엄에 부합되는 및 전시에 군대들에서 사용되는 종류의 약식절차에 의하여 및 명령에 의하여 절차를 밟을, 그러한 범죄행위자들에 대한 정식사실심리에 및 유죄판결에 나아갈, 그리하여 그들로 하여금 군법에 따라서 처형되도록 및 사형에 처해지도록 처분할 권한이 및 권위가 그것들입니다.

그 구실 아래서 상기 위원들 일부에 의하여 사형에 폐하의 신민들 중 일부는 처해졌는 바, 나라의 법들에 및 제정법들에 의하여 사형을 그들이 받을 만하였더라면 바로 그 법들에 및 제정법들에 의하여 마찬가지로 그들이 판결되었을 및 집행되었을 및 다른 것들에 의하여는 그들이 판결되지 및 집행되지 아니하였을 때에 및 장소에서였습니다:

그리고 이에 아울러, 그 구실을 들어 면제를 주장하는 잡다한 극악한 범죄자들은 폐하의

escaped the Punishments due to them by the Laws and Statutes of this Your Realm, by reason that divers of your Officers and Ministers of Justice have unjustly refused or forborn to proceed against such Offenders according to the same Laws and Statutes, upon Pretence that the said Offenders were punishable only by Martial Law, and by Authority of such Commissions as aforesaid: Which Commissions, and all other of like Nature, are wholly and directly contrary to the said Laws and Statutes of this Your Realm:

They do therefore humbly pray Your most excellent Majesty, That no Man hereafter be compelled to make or yield any Gift, Loan, Benevolence, Tax or such like Charge, without Common Consent by Act of Parliament; and that none be called to make Answer, or take such Oath, or to give Attendance, or be confined, or otherwise molested or disquieted concerning the same, or for Refusal thereof; and that no Freeman, in any such Manner as is before mentioned, be imprisoned or detained; and that Your Majesty would be pleased to remove the said Soldiers and Mariners; and that Your People may not be so burthened in time to come; and that the aforesaid Commissions for proceeding by Martial Law, may be revoked and annulled; and that hereafter no Commissions of like Nature may issue forth to any Person or Persons whatsoever to be executed as aforesaid, lest by colour of them any of Your Majesty's Subjects be destroyed, or put to Death contrary to the Laws and Franchise of the Land.

All which they most humbly pray of Your most excellent Majesty as their Rights and Liberties according to the Laws and Statutes of this Realm; and that Your Majesty would also vouchsafe to declare, that the Awards, Doings and Proceedings, to the Prejudice of Your People in any of the Premises shall not be drawn hereafter into Consequence or Example; and that Your Majesty would be also graciously pleased, for the further Comfort and Safety of Your People, to declare Your Royal Will and Pleasure, that in the Things aforesaid all your Officers and Ministers shall serve You according to the Laws and Statutes of this Realm, as they tender the Honour of Your Majesty, and the Prosperity of this Kingdom.

이 왕국의 법들에 의하여 및 제정법들에 의하여 그들에게 적용될 합당한 처벌들을 면하여 왔는 바, 그러한 범죄자들을 상대로 절차를 바로 그 법들에 및 제정법들에 따라 밟기를, 계엄에 의해서만 및 상기한 대로의 위원회의 권위에 의해서만 상기의 범죄들이 처벌될 수 있다는 구실을 들어 폐하의 여러 사법공무원들이 및 각료들이 부당하게 거부해 왔기 때문이고 삼가왔기 때문입니다: 그 위임장들은 그리고 동일 성격의 그 밖의 모든 것들은 폐하의 이 왕국의 상기의 법들에 및 제정법들에 전적으로 및 직접으로 배치됩니다:

그러므로 영명하신 폐하께 그들은 간절히 간청하오니, 조금이라도 선물을, 대여금을, 덕세(Benevolence)를, 세금을 또는 유사의 부과금을 제공하도록 의회의 법률에 의한 일반적 동의 없이 사람이 강제되지 않게끔; 그리고 답변하도록, 내지는 그러한 맹세를 하도록, 내지는 출석하도록 아무가도 요구되지 않게끔, 내지는 구금되지 않게끔, 또는 그러한 사항들에 관련하여 내지는 그 거부를 이유로 그 밖의 방법으로 아무가도 괴롭힘 당하지 않게끔 내지는 동요되지 않게끔; 그리고 자유인은 조금이라도 앞에 언급된 방법으로 구금되지도 억류되지도 않게끔 조치해 주시기 바라오며; 그리고 상기의 병사들을 및 해원들을 폐하께서 기꺼이 내쫓아 주시기를 바랍니다; 그리고 그러한 부담을 향후로는 폐하의 신민들이 지지 않게끔; 그리고 계엄에 의한 절차를 위한 상기의 위원회들은 취소되게끔 및 무효화되게끔; 그리하여 향후로는 상기처럼 집행될 유사한 성격의 위임장들이 그 어떤 사람에게도 내지는 사람들에게도 발부되지 않게끔, 그리하여 그것들을 구실삼아 폐하의 신민들이 단 한 명이라도 법들에 및 나라의 특권에 어긋나게 파괴되는 일이 내지는 사형에 처해지는 일이 없게끔 조치해 주시기 바랍니다.

이 모든 것들을 영명하신 폐하께 이 왕국의 법들에 및 제정법들에 따라 그들의 권리들로서 및 자유들로서 가장 겸손되이 그들은 간청하오니; 그리하여 조금이라도 전술한 사항들의 그 어느 것에 있어서든 폐하의 신민들을 손상시키는 판정들은, 행위들은 내지는 절차들은 향후에 결과로서 내지는 사례로서 끌어들여져서는 안 됨을 폐하께서는 선언해 주시기를; 그리고 상기의 사항들에 있어서 이 왕국의 법들에 및 제정법들에 따라서 폐하를 폐하의 모든 공직자들이 및 각료들이 섬겨야 함에 대한 폐하의 국왕으로서의 의지를 및 기쁨을 폐하의 신민들의 향후의 안락을 및 안전을 위하여 폐하께서 자애롭게도 기꺼이 선언해 주시기를 바라는 바, 폐하의 영예를 및 이 왕국의 번영을 그들은 제공하기 때문입니다.

Petition of Right

From Wikipedia, the free encyclopedia

The Petition of Right[1]

Long title

The Petition Exhibited to His Majestie by the Lordes Spirituall and Temporall and Commons in this present Parliament assembled concerning divers Rightes and Liberties of the Subjectes: with the Kinges Majesties Royall Aunswere thereunto in full Parliament.[2]

Purpose

The protection of civil liberties

The Petition of Right is a major English constitutional document that sets out specific liberties of the subject that the king is prohibited from infringing. Passed on 7 June 1628, the Petition contains restrictions on non-Parliamentary taxation, forced billeting of soldiers, imprisonment without cause, and the use of martial law. Following disputes between Parliament and King Charles I over the execution of the Thirty Years' War, Parliament refused to grant subsidies to support the war effort, leading to Charles gathering "forced loans" without Parliamentary approval and arbitrarily imprisoning those who refused to pay. Moreover, the war footing of the nation led to the forced billeting of soldiers within the homes of private citizens, and the declaration of martial law over large swathes of the country.

In response, the House of Commons prepared a set of four Resolutions, decrying these actions and restating the validity of Magna Carta and the legal requirement of habeas cor-

<h1 style="text-align: center">권리청원(Petition of Right)</h1>

From Wikipedia, the free encyclopedia

The Petition of Right[1]

긴 제목(Long title)

신민들의 다양한 권리들에 및 자유들에 관하여 모인 영적인 및 세속적인 귀족들에 의하여 및 평민들에 의하여 국왕폐하에게 제출된 청원: 의회 전체회의에서 국왕폐하에 의하여 이에 대한 답변이 있었음.[2]

목적

시민적 자유의 보호

권리청원(the Petition of Right)은 국왕의 침해가 금지되는 신민의 특정 자유들을 규정하는 영국의 주요한 헌법문서이다. 1628년 6월 7일에 통과된 것으로서, 의회의 동의 없는 과세들에의, 군인들의 강제숙영에의, 이유 없는 구금에의, 및 계엄의 사용에의 제한들을 청원은 포함한다. 전쟁노력을 지원하기 위한 보조금들을 승낙하기를 30년 전쟁의 수행을 둘러싼 의회의 및 국왕 찰스 1세(Charles I)의 양자 사이의 논의들 뒤에 의회는 거부하였고, 이는 "강제된 대여금들"을 의회의 승인 없이 모금하기에, 그리고 이를 지불하기를 거부한 사람들을 자의적으로 구금하기에 찰스가 이른 원인이 되었다. 게다가, 나라의 넓은 영역들에 걸쳐 사적 시민들의 주거들 내의 병사들의 강제숙영에로 및 계엄의 선언에로 국가의 전쟁 체제는 이끌었다.

한 세트로 된 네 개의 결의들을 이에 대응하여 하원은 준비하였고, 이 행위들을 공공연히 비난하면서 마그나 카르타(Magna Carta)의 유효성을 및 인신보호영장(habeas corpus)의 법적 요구

pus. These were rejected by Charles, who also announced that Parliament would be dissolved; in response, the Commons met on 6 May to discuss alternatives, and concluded that a petition of right was the way forward. Accordingly, a committee under Sir Edward Coke drafted such a petition, and it was passed by the Commons on 8 May and sent to the House of Lords. After three weeks of debates and conferences between the two chambers, the Petition of Right was ratified by both houses on the 26th and 27 May. Following additional debates in which the King restricted the right of the Commons to freely speak, he bowed to the pressure; in need of Parliamentary support for the war effort, the Petition was accepted on 2 June. Unhappy with the method chosen, both houses joined together and demanded the King fully ratify the Petition, which he did on 7 June.

Despite debates over its legal status, the Petition of Right was highly influential. Domestically, the Petition is seen as "one of England's most famous constitutional documents",[3] of equal value to the Magna Carta and Bill of Rights 1689. In a period in which Charles's main protection from the Commons was the House of Lords, the willingness of both chambers to work together marked a new stage in the constitutional crisis that would eventually lead to the English Civil War. The Petition remains in force in the United Kingdom and, thanks to Imperial legislation, many parts of the Commonwealth of Nations including Australia and New Zealand. Internationally, it helped influence the Massachusetts Body of Liberties, and is seen as a predecessor to the Third, Fifth, Sixth and Seventh amendments to the Constitution of the United States.

On 27 March 1625, King James I of England died, and was succeeded by his son, who became Charles I. Along with the throne, Charles inherited the Thirty Years' War, in which Christian IV of Denmark and Frederick V, Elector Palatine, who was married to Charles's sister Elizabeth, were attempting to take back their hereditary lands and titles from the Habsburg Monarchy.[4] James had caused significant financial problems with his attempts to support Christian and Frederick, and it was expected that Charles would be more amenable to prosecuting the war responsibly. After he summoned a new Parliament to meet in April 1625, it became clear that he was not; he demanded over £700,000 to assist in prosecuting the war. The House of Commons refused, and instead passed two bills granting him only £112,000. In addition, rather than renewing the customs due from Tonnage and

의 유효성을 새로 하원은 주장하였다. 찰스에 의하여 이것들은 거부되었는데, 의회는 해산될 것임을 그는 또한 선언하였다; 그 대응으로 대안을 논의하기 위하여 5월 6일에 하원의원들은 만나 한 개의 권리청원이 향후에 가야 할 길이라고 결론지었다. 이에 따라서 그러한 청원을 에드워드 코우크 경(Sir Edward Coke) 아래의 한 개의 위원회가 초안하였고, 5월 8일에 하원에 의하여 그것은 통과되어 상원에 송부되었다. 양원 사이의 3주 동안의 논의의 및 협의의 끝에, 양원 모두에 의하여 5월 26일에 및 27일에 권리청원은 비준되었다. 자유로이 발언할 하원의 원들의 권리를 국왕이 제한하기에 이른 추가적 논의들에 이어, 압력에 그는 굴복하였다; 전쟁수행에 대한 의회의 지원의 필요 속에서 6월 2일에 청원은 승인되었다. 국왕에 의하여 선택된 방법에 만족하지 못한 나머지, 상하 양원은 결속하였고 청원을 완전히 재가하도록 국왕에게 그들은 요구하였으며, 그것을 6월 7일에 그는 하였다.

그것의 법적 지위를 둘러싼 논란들에도 불구하고, 대단히 큰 영향을 권리청원은 미쳤다. 국내적으로 청원은 "영국의 가장 유명한 헌법문서들 중 한 가지"라고,[3] 마그나 카르타(Magna Carta)에 및 1689년의 권리장전(the Bill of Rights 1689)에 대등한 가치를 지니는 것이라고 간주된다. 궁극적으로 청교도 혁명(the English Civil War)에 이르게 되어 있던 헌법적 위기에서의 새로운 국면을, 하원으로부터의 찰스의 주된 보호자가 상원이었던 시기에 기꺼이 함께 노력하려는 양원의 의지는 기록하였다. 연합왕국에서, 그리고 제국의 입법에 힘입어 오스트레일리아에서를 및 뉴질랜드에서를 포함하는 영연방의 여러 나라들에서 청원은 여전히 유효하다. 국제적으로, 매사추세츠주 자유법(the Massachusetts Body of Liberties)에 영향을 주는 데에 그것은 기여하였고, 합중국 헌법 수정 제3조의, 제5조의, 제6조의 및 제7조의 선조격으로 그것은 간주된다.

1625년 3월 27일에 영국국왕 제임스 1세(James I)가 사망하였고, 그의 아들에 의하여 계승되었는데, 그는 찰스 1세(Charles I)가 되었다. 왕관을에 나란히, 30년 전쟁을 찰스는 상속하였는데, 거기서 그들의 상속영토들을 및 지위들을 합스부르크 군주국으로부터 되찾고자 덴마크의 크리스티안 4세(Christian IV)는 및 찰스의 누이 엘리자베드에게 혼인한 팔츠 선제후(Elector Palatine) 프레데릭 5세(Frederick V)는 시도하고 있었다.[4] 크리스티안을 및 프레데릭을 지원하려는 그의 시도들의 와중에서 중대한 재정적 문제들을 제임스는 야기해 놓고 있었고, 그리하여 찰스는 그 전쟁을 책임 있게 진행시키는 데 더욱 더 충고를 받아들일 것으로 예상되었다. 1625년 4월에 모이도록 새로운 의회를 그가 소집하고 난 뒤에 그가 그렇지 아니함이 명백해졌다; 전쟁을 수행하도록 조력하기 위한 70만 파운드가 넘는 돈을 그는 요구하였다. 하원은 거부하고서, 단지 112,000 파운드를 그에게 허용하는 두 개의 법안들을 통과시켰다. 이에 더하여, 전통적인 총톤

Poundage for the entire life of the monarch, which was traditional, the Commons only voted them in for one year. Because of this, the House of Lords rejected the bill, leaving Charles without any money to provide for the war effort.[5]

Displeased with this, Charles adjourned it on 11 July, but finding himself in need of money recalled the Members on 1 August, when they met in Oxford. Not only did the Commons continue to refuse to provide money, led by Robert Phelips and Sir Edward Coke they began investigating the Duke of Buckingham. Buckingham, Charles's favourite, was in charge of prosecuting the war, and with it going badly the Commons inquired into Buckingham's use of previous grants, and various controversies within the admiralty. This was a pretext to impeachment, and Charles reacted by dissolving Parliament less than two weeks later on 12 August.[6] By 1627, with England still at war, Charles decided to raise "forced loans"; taxes not authorised by Parliament. Anyone who refused to pay would be imprisoned without trial, and if they resisted, sent before the Privy Council. Although the judiciary initially refused to endorse these loans, they succumbed to pressure after the Chief Justice of the King's Bench, Sir Randolph Crewe, was dismissed.[7]

For refusing to contribute to the forced loan, over 70 gentlemen were arbitrarily jailed, without trial or charges brought against them.[8] Five of them, Sir Thomas Darnell, Sir John Corbet, Sir Walter Erle, Sir John Heveningham and Sir Edmund Hampden, attempted to gain their freedom, petitioning the Court of King's Bench for a writ of habeas corpus. These were awarded on 3 November 1627, with the court ordering the bailiffs to present these prisoners to the King's Bench for examination by 8 November. None of the prisoners were presented, because the bailiffs were unable to determine what they were charged with; in an attempt to get a test case to decide on the legality of the forced loans, the Attorney General Sir Robert Heath secured a writ for Darnell. This led to the Five Knights' Case, known as Darnell's Case.[9] Darnell, unnerved by the situation, ceased pursuing his freedom, and the other four secured writs instead, represented by John Bramston, Henry Calthorp and John Selden.[10]

수 단위로 및 파운드 단위로 응당 치러야 할 군주의 전체 생애 동안의 관세를 새롭게 하기는 커녕, 단지 1년 동안의 그것들을 하원은 표결하였다. 이로 인하여, 법안을 상원은 거부하였고, 이로써 전쟁 노력을 제공할 아무런 돈이 없는 상태로 찰스를 그들은 남겨 버렸다.[5]

이것에 불쾌해진 나머지, 그것을 7월 11일에 찰스는 휴회하였으나, 돈의 필요 속에 있는 자신을 발견하고서 의원들을 8월 1일에 재소집하였는데, 그 때 옥스퍼드에서 그들은 회합하였다. 돈을 제공하기를 거부하기를 하원의원들은 계속하였을 뿐만 아니라, 버킹햄 공작(the Duke of Buckingham)을 조사하기를 로버트 펠립스(Robert Phelips)의 및 에드워드 코우크 경(Sir Edward Coke)의 지도 아래서 그들은 시작하였다. 전쟁을 진행시킬 책임을 찰스의 지지자인 버킹햄은 맡고 있었고, 그것이 나쁘게 진행되자 이전의 보조금들에 대한 버킹햄의 사용을 및 해군 내에서의 다양한 논쟁들을 하원의원들은 파들어가 조사하였다. 이것은 탄핵의 구실이었고, 그러자 의회를 2주일도 안 된 8월 12일에 해산함으로써 찰스는 대응하였다.[6] 1627년 시점에서, 영국이 여전히 전쟁 상태에 있는 가운데, "강제된 대여금들"을 인상하기로 찰스는 결정하였다; 그것은 의회에 의하여 승인되지 않는 세금들이었다. 지불하기를 조금이라도 거부하는 사람은 누구든지 정식 사실심리 없이 구금될 것이었고, 만약 그들이 저항하면, 추밀원(the Privy Council) 앞에 그들은 보내질 것이었다. 이 대여금들을 승인하기를 비록 사법부는 당초에는 거부했음에도 불구하고, 왕좌법원의 법원장 랜돌프 크류(Sir Randolph Crewe)가 해임된 뒤에는 압력에 그들은 굴복하였다.[7]

강제된 대여에 기여하기를 거부했음을 이유로 70 명이 넘는 신사계층 인사들이 그들을 상대로 하는 정식사실심리 없이 내지는 고발 없이 자의적으로 투옥되었다.[8] 자신들의 자유를 얻고자 그들 중 다섯 명인 토마스 다넬 경(Sir Thomas Darnell)은, 존 코르벳 경(Sir John Corbet)은, 월터 얼 경(Sir Walter Erle), 존 헤브닝햄 경(Sir John Heveningham)은 및 에드먼드 햄프셔 경(Sir Edmund Hampden)은 시도하였고, 인신보호영장(a writ of habeas corpus)을 왕좌법원(the Court of King's Bench)에 그들은 청구하였다. 1627년 11월 3일에 이것들은 발부되었는데, 신문을 위하여 11월 8일까지 이 죄수들을 왕좌법원에 데려오도록 집행관들에게 법원은 명령하였다. 죄수들 중 아무도 나타나지 않았는데, 무슨 죄목으로 그들이 고발되었는지 집행관들은 판단할 수가 없었기 때문이다; 다넬(Darnell)을 위한 인신보호영장을 강제된 대여금들의 적법성에 관한 시험적 선례를 얻으려는 시도 속에서 검찰총장 로버트 히드 경(Sir Robert Heath)은 확보하였다. 다섯 기사들의 사건으로 이것은 이어졌고, 다넬 사건(Darnell's Case)으로 알려졌다.[9] 상황에 의하여 다넬은 용기를 잃게 된 나머지 그의 자유를 추구하기를 그는 단념하였고, 인신보호영장들을 오히려 다른 네 명은 획득하여 존 브램스톤(John Bramston)의, 헨리 캘또프(Henry Calthorp)의 및 존 셀던(John Selden)의 대변을 그들은 받았다.[10]

The judges denied the defendants bail, concluding that if no charges had been brought, "the [prisoners] could not be freed as the offence was probably too dangerous for publiiscussion".[8] This was merely a ruling on bail, not on the legality of the loans, and Charles decided not to pursue the charges against the knights, fearing that, if asked to rule on the loans themselves, the judges would find them illegal.[11] An unforeseen side effect was that although Charles continued to demand the loans, more and more wealthy landowners refused to pay, reducing the income from the loans and necessitating a new Parliament being called in March 1627. With widespread public opposition to Charles, Buckingham and the war, this resulted in the election of "a preponderance of MPs opposed to the King", including Selden, Coke, John Pym and a young Oliver Cromwell.[12]

Martial law and the Parliamentary response

John Selden, who helped present the Resolutions to the House of Lords.

To cope with the ongoing war situation, Charles had introduced martial law to large swathes of the country; he extended this during 1626 and 1627, as the financial constraints imposed by Parliament began to cut into pay, leading to soldiers rioting. Under the law of the time, martial law was declared by the local military commander, at which point a group of Commissioners would be empowered to decide on the facts of offences, before passing the case to the commander, who would pass judgment. In practice, things worked completely differently. In Dover, the forces were commanded by Lord Conway, who declared martial law. Not only were commissioners authorised to decide on the facts, they were also permitted to authorise summary judgments, including the execution of people they deemed to be guilty.[13] In addition, the commissioners were given the power not only to resolve billeting disputes between soldiers and civilians, but to order civilians to provide quarters for the troops.[14] A later declaration of martial law in Portsmouth extended the commission's remit yet again, allowing for civilians to be tried under martial law and, if necessary, sentenced to death.[15] Even this did not solve the problems, as soldiers would often wander outside the jurisdiction of the commissioners; to deal with this, February 1627 saw a Provost Marshal introduced to each county, bringing the entire nation under martial law.[16]

보석을 피고인들에게 판사들은 거부하였는데, 고소들이 제기되지 않았다고 하더라도 "공개논의를 하기에는 범죄가 필시 너무 위험하였기에 [죄수들은] 석방될 수 없었다."고 그들은 결론지었다.[8] 이것은 대여금들의 적법성에 관한 판단이 아니라 단지 보석에 관한 판단이었고, 그리하여 기사들에 대한 고발들을 추구하지 아니하기로 찰스는 결정하였는 바, 대여금들 그 자체에 관하여 판단하도록 만약 그들이 요구된다면 그것들은 불법이라고 판사들이 판정할 것을 그는 두려워하였기 때문이다.[11] 한 가지 예상하지 못한 부수효과는 대여금들을 요구하기를 찰스가 계속했음에도 불구하고 이를 지급하기를 점점 더 많은 부유한 토지보유자들이 거부하였다는 것인데, 대여금들로부터의 수입이 줄게끔, 그리하여 새로운 의회를 1627년 3월에 소집함이 필요하게끔 그것은 만들었다. 찰스에 대한, 버킹햄(Buckingham)에 대한 및 전쟁에 대한 광범위한 대중의 반대를 동반한 가운데, 셀던(Selden)을, 코우크(Coke)를, 존 핌(John Pym)을 및 젊은 올리버 크롬웰(Oliver Cromwell)을 포함하는, 국왕에게 반대하는 의원들의 압도"적 선출에 이것은 귀결되었다.[12]

계엄 그리고 의회의 대응

진행되는 전쟁 상황에 대처하기 위하여, 계엄을 나라의 많은 부분에 찰스는 도입하였다; 이것을 1626년 중에 및 1627년 중에 그는 연장하였는데, 의회에 의하여 부과된 재정압박 상황들이 급료를 줄게 하여 병사들이 소동을 일으키기에 이르렀기 때문이다. 당시의 법에 따르면, 지역 군대사령관에 의하여 계엄은 선포되었고, 사건을 사령관에게 보내기 이전에 범죄의 사실관계를 판단할 권한을 그 시점에서 일단의 계엄위원들이 부여받게 되어 있었으며, 판결을 사령관은 내리게 되어 있었다. 실제에서는 상황은 완전히 다르게 움직였다. 도버(Dover)에서 군대는 콘웨이 경(Lord Conway)에 의하여 지휘되었는데, 계엄을 그는 선포하였다. 사실관계를 판단할 권한이만이 아니라 약식판결을 내릴 권한이마저 계엄위원들에게 부여되었는데, 유죄라고 그들이 판단하는 사람들에 대한 처형을 그것은 포함하였다.[13] 이에 더하여, 군인들의 및 민간인들의 양자 사이의 숙영관련 분쟁들을 해결할 권한을만이 아니라 군대를 위한 거처를 제공하도록 명령할 권한을마저 계엄위원들은 부여받았다.[14] 위임장의 관할사항을 더 나중의 포츠머드(Portsmouth)에서의 계엄선포는 다시 한 번 확대하였고, 이로써 민간인들로 하여금 군법 아래서 정식사실심리에 처해지도록, 그리고 필요하면 사형에 처해지도록 그것은 허용하였다.[15] 문제들을 심지어 이것이조차도 풀지 못하였는데, 왜냐하면 계엄위원들의 관할 밖으로 병사들은 자주 돌아다니고는 하였기 때문이다; 이에 대처하기 위하여 개개 카운티에 헌병대장이 배치되는 것을, 그리하여 나라 전체를 계엄 아래에 넣는 것을 2월 27일은 목도하였다.[16]

Crucially, martial law as then understood was not a form of substantive law, but instead a suspension of the rule of law; it was the replacement of normal statutes with a law based on the whims of the local military commander.[17] It was, however, based on certain firm rules, primarily that it should only be used "in time of war or open rebellion in the realm". [18] In previous reigns, this had not been a problem, with monarchs such as Elizabeth I instituting martial law without issues. Charles, however, lacked both the public popularity of Elizabeth and the support within Parliament, and his justification for martial law was not as sound. As a result, the opposition in Parliament, already aggrieved with his behaviour, was further inflamed.[19]

All of those imprisoned for failing to pay the loans were released in December 1627, and although martial law remained in force, Charles decided that the only way to prose- cute the war was to again ask Parliament for money. Accordingly, Parliament began meet- ing on 17 March 1628, and "immediately became locked into debates on English liberties", specifically relating to the forced loans, the trial of the five knights, the billeting of soldiers and martial law. Members of Parliament, already angry with Charles, were further enraged when Selden discovered that Heath had attempted to have the decision in the five knights case enrolled as binding precedent on the legality of the forced loans, pressuring the clerk of the King's Bench to do so; MPs reacted by declaring the judgment illegal.[20]

Coke, not satisfied by this, immediately began preparing the Resolutions on 1 April, a series of Parliamentary declarations. The four resolutions were that imprisonment was ille- gal, except under law, that habeas corpus should be granted to anyone, whether they are imprisoned by the King or the Privy Council, that defendants could not be remanded in custody until the crime they were charged with was shown, and that non-Parliamentary taxation such as the forced loans was illegal. This was "a dogmatic summary of subjects' rights as enshrined in English 'due process' legislation since 1225",[21] and the first three later became the foundations of the Habeas Corpus Act 1679.[22] The Resolutions were unanimously accepted by the Commons on 3 April, and Coke, Selden, Dudley Digges and Thomas Littleton presented them to the House of Lords.[23] There, the Resolutions met a

결정적으로, 당시에 이해된 바로서의 계엄은 실체법이 아니었고, 단지 법의 지배(the rule of law)의 정지였다; 그것은 정상적 제정법들에 대한, 지역의 군대사령관의 변덕에 토대한 한 개의 법의 대체였다.[17] 그러나 일정한 확고한 규칙들 위에 그것은 터잡았는 바, 첫째로는 오직 "영역 내에서의 전시에 또는 공공연한 반란 시에" 그것은 사용되어야 한다는 것이었다.[18] 그 이전의 치세들에서는 이것은 문제가 되지 못하였는데, 엘리자베드 1세(Elizabeth I) 등의 군주들은 계엄을 실시해도 문제들이 없었기 때문이다. 그러나 엘리자베스의 대중적 인기를 및 의회 내의 지지를 다 같이 찰스는 결여하였고, 그리하여 계엄을 위한 그의 변명은 그만큼 견실한 것이 되지 못하였다. 그 결과로서 의회 내에서의 반대는, 그의 행실에 의하여 이미 감정이 손상된 상태에서, 더욱 불붙었다.[19]

대여금들을 지급하지 아니하였음을 이유로 한 피구금자들 전원은 1627년 12월에 석방되었고, 그리하여 비록 계엄은 여전히 유효한 것으로 남아 있었음에도 불구하고, 전쟁을 계속 진행시킬 유일한 길은 자금을 의회에 다시 요청하는 것이라고 찰스는 판단하였다. 이에 따라, 1628년 3월 17일에 회합을 의회는 시작하였고, "영국의 자유들에 관한 논쟁들 속으로 즉각적으로" 의회는 "갇혀 들어갔"는데, 그 강제된 대여금에, 다섯 기사들에 대한 정식사실심리에, 군인들의 숙영에 및 계엄에 특히 관련된 것들이었다. 다섯 기사들의 사건에서의 판결을 강요된 대여금들의 적법성에 관한 구속력 있는 선례로서 기록되게 하려고 그렇게 하도록 압력을 왕좌법원(the King's Bench)의 서기에게 가하는 등으로 히드(Heath)가 시도했음을 셀던(Selden)이 발견하였을 때, 찰스에게 이미 화가 나 있던 의원들은 더욱 격분하였다; 판결이 불법임을 선언함으로서 의원들은 대응하였다.[20]

이에 만족하지 못하고서 결의들(Resolutions)을 – 일련의 의회 선언들을 - 준비하는 데에 4월 1일에 즉각 코우크는 착수하였다. 네 개의 결의들의 요지는, 법 아래서의 것을 제외하고는 구금은 불법이라는 것이었고, 국왕에 의하여 구금되었든 추밀원(the Privy Council)에 의하여 구금되었든 상관 없이 어느 누구에게도 인신보호영장(habeas corpus)은 허가되어야 한다는 것이었고, 그들을 상대로 제기된 범죄가 증명될 때까지 피고인들은 재구속될 수 없다는 것이었고, 그리고 강제에 의한 대여금 류의 의회의 동의 없는 과세는 불법이라는 것이었다. 이것은 "1225년 이래의 영국의 '적법절차(due process)' 입법 안에 성스럽게 간직된 것들로서의 신민들의 권리들의 교리적 개괄"이었고,[21] 그리하여 앞의 세 가지는 나중에 1679년의 인신보호영장법(the Habeas Corpus Act 1679)의 토대들이 되었다.[22] 4월 3일에 하원에 의하여 만장일치로 결의들은 승인되었고, 그것들을 상원에 코우크(Coke)는, 셀던(Selden)은, 더들리 디기스(Dudley mixed reception — something rendered moot when Charles refused to accept them,[24] since resolutions of the Commons had no power outside the chamber.[25]

Passage

Formation

With the Resolutions rejected, Charles presented the Commons with an alternative; he was willing to allow them to pass a bill confirming Magna Carta and six other liberty-related statutes, on the condition that such a bill contained "no enlargement of former bills". [26] A majority of MPs, however, rejected this offer; although they did not necessarily distrust Charles, the illegal acts committed by his ministers, both in the war and in relation to the five knights' case, left them loath to accept a state of affairs which would leave the government with the right to interpret the law.[26] Instead, on 3 May, they approved a formal reply to Charles, which assured him that the Commons was "as full of trust and confidence in your royal word as ever House of Commons reposed in any of their best kings" but that, because of the illegal acts publicly committed by his ministers, nothing except a public remedy would "raise the dejected hearts of your loving subjects to a cheerful supply of your Majesty".[26]

Charles conferred with the House of Lords, and then had Lord Coventry deliver his reply; that if the Commons did indeed trust the King, they should not request a public bill, and that Parliament would be prorogued on 13 May. With this, the Commons gave up on pursuing a public bill against Charles's wishes, since it would require his assent to be made law, and on 6 May turned to what to do next.[27] A number of possible alternatives were debated. John Coke and a number of "courtiers" suggested simply trusting Charles, while William Coryton continued to push for an explanatory bill — precisely what Charles had rejected. Nathaniel Rich suggested asking Charles to explain his understanding of the law and declare certain acts illegal. Finally, Sir Edward Coke made a speech suggesting that the Commons join with the House of Lords, and pass their four resolutions as a petition of right.[28] He was not the first to do so — Digges had suggested such a move as early as 26 April — but his proposal on 6 May was the one to be adopted, and he is thus

Digges)는 및 토마스 리틀턴(Thomas Littleton)은 제출하였다.[23] 뒤섞인 대접을 거기서 결의들은 받았다 – 그것들을 받아들이기를 찰스가 거부함에 따라 그것들은 미결의 것이 되었는데,[24] 왜냐하면 하원의 결의들은 그 방 밖에서는 효력을 갖지 못했기 때문이다.[25]

통과

작성

결의들이 거부되자, 한 가지 대안을 하원에 찰스는 제시하였다; 마그나 카르타(Magna Carta)를 확인하는 한 개의 법안을 및 여섯 개의 그 밖의 자유 관련 제정법들을, "이전의 법안들의 확대를" 이러한 법안이 포함하지 아니한다는 조건으로 통과시키도록 그들에게 그는 허락하고 싶어 하였다.[26] 그러나 이 제의를 의원들 중 다수자들은 거부하였다; 찰스를 비록 그들이 꼭 불신하는 것은 아니었음에도, 전쟁에서와 다섯 기사들의 사건에 관련하여 다 같이 그의 부하들에 의하여 저질러진 불법적 행위들은, 그 법을 해석할 권한을 지닌 채로 정부를 남겨두는 것이 될 한 개의 정세를 받아들이는 데 대한 혐오를 그들에게 남겼다.[26] 하지만, 찰스에게의 공식의 답변을 5월 3일에 그들은 승인하였는데, "그들의 가장 훌륭한 국왕들에 대하여 일찍이 하원이 가졌던 만큼의 완전한 신뢰를 및 믿음을 폐하의 국왕으로서의 발언에 대하여" 하원은 "지니고 있"음을, 그러나 그의 부하들에 의하여 공개적으로 자행된 불법행위들로 인하여 오직 공개적 치유책만이 "폐하의 사랑하는 신민들의 기죽은 마음들을 일으켜 폐하에 대한 흔쾌한 지지가 될 수 있게" 할 것임을 그에게 그것은 확인하였다.[26]

상원에게 찰스는 협의하였고, 자신의 답변을 그 뒤에 코벤트리 경(Lord Coventry)으로 하여금 찰스는 내리게 하였다; 즉, 만약에 국왕을 하원이 참으로 신뢰한다면 한 개의 공공관계 법안을 그들은 요청해서는 안 된다는 것이었고, 의회는 5월 13일로 정회된다는 것이었다. 법으로 만들어지기 위하여는 그의 동의를 요구하게 될 것이었기에, 공공관계 법안을 찰스의 의지에 거슬러 추구하기를 이에 따라 하원은 포기하고서 그 다음 번으로 그들이 할 바에 5월 6일에 하원은 착수하였다.[27] 가능한 여러 가지 대안들이 논의되었다. 단순하게 찰스를 믿자고 존 코우크(John Coke)는 및 여러 "쿠르티에들(courtiers; 朝臣들)"은 제안하였으나, 이에 반하여 해명성 법안을 – 정확하게 찰스가 거부한 바를 - 밀어붙이기를 윌리엄 코리턴(William Coryton)은 계속하였다. 법에 대한 그의 이해를 설명하도록 및 특정 행위들을 불법으로 선언하도록 찰스에게 요청할 것을 나다니엘 리치(Nathaniel Rich)는 제안하였다. 궁극적으로, 상원에 더불어 하원이 결합하여야 함을 및 그들의 네 개의 결의안들을 한 개의 권리청원으로서 통과시켜야 함을 제창하는 연설을 에드워드 코우크 경(Sir Edward Coke)은 하였다.[28] 그는 그렇게 한 최초의 사람은

normally seen as the originator of the Petition of Right.[29]

The idea of a petition of right was an established element of Parliamentary procedure, and in addition, had not been expressly prohibited by Charles, allowing the Commons to evade the restrictions placed upon them while still acting legitimately.[30] Once the Commons agreed to move forward with a petition of right, and on its contents, Coke moved that the Commons "join with the Lords" in the petition and then have it "exemplified under the great seal".[31] This was accepted by the Commons almost unanimously, and they formed a drafting committee led by Coke. The committee produced a petition containing the same elements as the Resolutions, covering discretionary imprisonment, non-Parliamentary taxation, martial law and forced billeting,[32] and had its recommendations accepted by the Commons on 8 May.[33]

House of Lords

On 8 May, the Petition was formally presented to the Lords by Coke, accompanied by a bill for subsidies for the King to encourage them to accept the Petition.[34] It was read to the House, and debated on 9 and 10 May. The Lords approved the substance of the petition, but were worried it would be distasteful to Charles and attempted to "sweeten" the wording. On 12 May, before a resolution had been reached, the Lords were presented with a message from Charles, expressing his reservations over the clause on imprisonment. He wrote that although he had attempted to "satisfy all moderate minds, and free them from all just fears on this matter", he insisted that if Parliament accepted that "in no case whatsoever (though they should never so nearly concern matters of state or government) we, or our Privy Council, have power to commit any man without the cause shown", then this "would soon dissolve the foundation and frame of our monarchy [and] without overthrow of our sovereignty... we cannot suffer this power to be impeached".[31]

This message was read to the Commons later in the morning, and the MPs decided to simply ignore it, not even bothering to reply.[35] In response to the message, the Lords proposed eight alterations to the petition and the modification of the imprisonment clause

아니었으나 – 그러한 제안을 이미 4월 26일에 디기스(Digges)는 한 바 있었다 – 5월 6일의 그의 제안은 채택된 것이 되었고, 그리하여 그는 권리청원(the Petition of Right)의 창시자로 일반적으로 간주되고 있다.[29]

권리청원의 관념은 의회절차의 한 가지 확립된 요소였고, 이에 더하여 찰스에 의하여 그것은 명시적으로 금지된 바도 없었던 바, 그들 위에 부과된 제약들을 여전히 적법하게 활동하는 동안에는 면하도록 하원에게 그는 허용하였다.[30] 한 개의 권리청원을 제출하기로, 그리고 그 내용들에 관하여 하원의원들이 일단 합의하자, 청원에서 하원의원들은 "상원의원들에 결합해야 한다"고, 그리고 그것을 "국새 아래서의 인증등본들로 발부되게" 해야 한다고 코우크는 제의하였다.[31] 거의 만장일치로 하원에 의하여 이것은 받아들여졌고, 그리하여 코우크에 의하여 이끌어지는 한 개의 위원회를 그들은 구성하였다. 결의서들(the Resolutions)에서의 바로 그 요소들을 포함하는 한 개의 청원서를 위원회는 제출하였는데, 자의적 구금을, 의회의 동의 없는 과세를, 계엄을 및 군인들의 강제숙영을 그것은 다루었고,[32] 5월 8일에 하원에 의하여 그 권고들로 하여금 채택되게 위원회는 만들었다.[33]

상원

청원을 받아들이라고 상원에게 국왕더러 촉구하도록 특별보조금 법안에 딸린 채로 5월 8일에 코우크에 의하여 정식으로 상원에 청원은 제출되었다.[34] 상원에서 그것은 낭독되었고 5월 9일에와 10일에 토론에 부쳐졌다. 청원의 내용을 상원의원들은 승인하였으나, 찰스에게 그것이 혐오스러울 것을 우려하여 표현을 "누그러뜨리고자" 그들은 시도하였다. 찰스로부터의 한 개의 메시지를 결의서가 도착하기 전인 5월 12일에 상원의원들은 제시받았는데, 구금 관련 조항에 대한 자신의 단서들을 그것은 표명하였다. (국가의 내지는 정부의 업무에 그토록 심하게 그들이 관여해서는 안 되는 터임에도) "모든 온건한 생각들을 만족시키기 위하여, 그리고 그들을 이 문제에 관한 모든 정당한 염려들로부터 자유롭게 해 주기 위하여" 자신이 시도해 왔음에도 불구하고, "그 어느 누구를도 입증된 원인 없이 구금할 권한을 그 어떤 경우에도 짐이, 또는 짐의 추밀원이 지니지 아니함"을 만약 의회가 받아들인다면, 그 경우에 "짐의 군주국의 토대를 및 골격을" 이것은 "금방 분해시킬 것이고 [그리하여] …… 이 권한이 의심되는 것을 짐의 주권의 전복 없이는 짐은 감수할 수 없음"을 자신은 고집한다고 그는 썼다.[31]

오전 더 늦게 하원의원들에게 이 메시지는 읽혀졌고, 그리하여 답변할 필요조차도 없이 그것을 그대로 무시하여 버리기로 의원들은 결정하였다.[35] 국왕을 달래기 위하여 청원에의 여덟 가지 변경사항들을 및 구금조항의 수정을 메시지에 응하여 상원은 제안하였다. 5월 13

to appease the king. When these changes were debated on 13 May, they were all rejected except for one minor change in wording. The Lords still favoured a compromise, and suggested the addition of a paragraph to the petition reading "We humbly present this petition to your majesty, not only with a care of preserving our own liberties, but with due regard to leave entire that sovereign power, wherewith your majesty is trusted, for the protection, safety, and happiness of your people".[36] By 20 May the Commons had agreed to one more minor alteration, but had not decided whether to accept the new paragraph. Coke made a speech urging them to reject all of it, saying that to use the phrase "sovereign power" would mean admitting that the King had the power to destroy any limitations the Petition might place on his power".[37]

After further debate, the Commons informed the Lords that they would not accept the addition. The Lords attempted to rebut the arguments at a conference on 21 May, but were unsuccessful, and then proposed a joint conference of 23 members from each house to find some middle ground. When this was rejected on 24 May, the Lords abandoned any attempt to accommodate the King. Instead, they unanimously voted to join with the Commons on the Petition of Right, while passing their own resolution on 26 May insisting that their intention was "not to lessen or impeach any thing which by the oath of supremacy [we had] sworn to assist and defend", assuring the King of their loyalty.[38] With this, the amended Petition was quickly approved by the Lords on 26 May, the Commons on 27 May,[39] and transmitted back to the Lords, who would present it to Charles.[40]

Acceptance by Charles

Following the acceptance of the Petition by the House of Lords, Charles sent a message to the Commons "forbidding them to meddle with affairs of state", something that produced a furious debate. John Finch, the Speaker of the House of Commons, announced that he had been commanded to interrupt any Member of Parliament who should insult or cast aspersion on a Minister of State, such as the Duke of Buckingham.[41] This produced a "spectacle of passions" in the House; the tradition of free speech within the Commons was a long one, and many MPs found themselves "unable to speak for tears running down their faces at the thought of the destruction of the liberties of Parliament". Coke,

일에 이 변경들이 논의되었을 때, 표현에 있어서의 한 가지 경미한 변경을 제외하고는 그것들은 모두 거부되었다. 타협을 상원의원들은 여전히 지지하였고, 그리하여 "우리 자신의 자유들을 보전하는 데 대한 염려를 지닌 채로만이 아니라 폐하의 신민들의 보호를, 안전을 및 행복을 위하여 폐하에게 위탁된 주권을 온전히 유지하는 데 대한 마땅한 주의를도 지닌 채로, 이 청원을 폐하께 저희들은 황송한 마음으로 제출합니다."라는 내용의 단락 한 개의 추가를 상원의원들은 제의하였다.[36] 한두 개의 소소한 변경에 5월 20일 시점에서 하원의원들은 동의한 상태였으나, 새로운 단락을 받아들일지 여부를 결정짓지 못한 상태였다. 그 전부를 거부할 것을 그들에게 촉구하는 연설을 코우크는 하였는데, 그의 권한 위에 청원이 두게 될 그 어떤 제한들이든지를 파괴할 권한을 국왕이 지님을 "주권(sovereign power)"이라는 구절을 사용하는 것은 의미할 것이라고 그는 말하였다.[37]

추가단락을 자신들은 받아들이지 아니할 것임을 더 많은 논의 뒤에 상원에게 하원은 고지하였다. 그 주장을 논박하고자 5월 21일의 회의에서 상원의원들은 시도하였으나, 성공을 거두지 못하였고, 모종의 중간입장을 찾아보기 위하여 상원 하원 각 23명씩이 참석하는 합동회의를 그 뒤에 상원은 제의하였다. 5월 24일에 이것이 거부되자, 조금이라도 국왕을 수용하려는 시도를 상원은 포기하였다. 그 대신에 권리청원에서 하원에 결합하기로 그들은 만장일치로 표결하였고, 그러면서도 자신들의 의도는 "조금이라도 지상권(至上權) 승인 선서(the oath of supremacy)에 의하여 조력하기로 및 지키기로 우리가 선서한 사항을 감소시키려는 것이 내지는 의문을 제기하려는 것이 아님을" 주장하는 그들 자신의 결의를, 자신들의 충성을 국왕에게 보증하면서, 5월 26일에 그들은 통과시켰다.[38] 이로써 그 수정된 청원은 5월 26일에 상원에 의하여, 5월 27일에 하원에 의하여 신속하게 승인되었고,[39] 상원에 도로 전달되었는데, 이로써 이를 찰스에게 상원은 제출하게 되어 있었다.[40]

찰스에 의한 승인

"국사를 가지고서 간섭하지 말도록 그들을 금지하는" 메시지를 상원에 의한 승인 뒤에 하원에 찰스는 보냈는데, 그것은 격렬한 논쟁을 낳은 조치였다. 버킹햄(Buckingham) 공작을 비롯한 국무성장관을 조금이라도 모욕하는 내지는 중상을 가하는 의원들을 저지하도록 자신은 명령받은 터이라고 하원의장 존 핀치(John Finch)는 선언하였다.[41] "격노의 광경을" 하원에 이것은 낳았다; 하원 내에서의 자유로운 발언의 전통은 오래 된 것이었고 그리하여 "의회의 자유들의 파괴를 생각하면서 자신들의 얼굴들에 흘러내리는 눈물 때문에 말을 할 수 없는" 자신들을 의원들 다수는 발견하였다. 의회에서 다시 말하도록 자신이 허용될지 여부를 자신은 알지 못하였다고 비록 울고 있었음에도 불구하고 코우크는 선언하였으나, 그래도 버킹햄

although crying, declared that he did not know whether he would be allowed to speak in Parliament again, but named Buckingham anyway, saying that "the Duke of Buckingham is the cause of all our miseries, and till the King be informed thereof we shall never go out with honour, or sit with honour here; that man is the grievance of grievances; let us set down the cause of all our disasters and they will reflect upon him".[42]

Selden immediately moved that the commons produce "The Common Remonstrance against the Duke", which demanded his removal from office.[42] Faced with both the Petition of Right and a demand to remove his favourite, while requiring Parliament to provide subsidies for the war effort, Charles accepted defeat. After he gave a grudging assurance that the petition would be accepted on 2 June, saying:

The King willeth that right be done according to the laws and customs of the realm; and that the statutes be put in due execution, that the subject may have no just cause of complaint for any wrong or oppression, contrary to their just rights and liberties, to the preservation whereov he holds himself in conscience as well obliged of his just prerogative.[40]

Unsatisfied, with this vague answer, the Commons and the Lords banded together and demanded "that a clear and satisfactory answer be given by His Majesty in full Parliament". On 7 June, Charles capitulated, appearing within Parliament at 4pm and, following a reading of the full Petition, saying "soit droit fait comme est desire" – the phrase normally used in the acceptance of a Parliamentary bill.[43] This was met with widespread adulation; contemporary accounts report the ringing of church bells and the lighting of bonfires throughout the country.[44] As a symbolic admission of defeat, Charles also picked 7 June to restore to favour all peers in opposition to him, a list that "read like the leadership of the pro-Petition forces in the Lords".[45] After setting out a list of individual grievances and statutes that had been broken, the Petition of Right declares that Englishmen have various "rights and liberties", and provides that no person should be forced to provide a gift, loan or tax without an Act of Parliament, that no free individual should be imprisoned or detained unless a cause has been shown, and that soldiers or members of the Royal Navy

을 거명하면서 "버킹햄 공작은 우리의 모든 고통들의 원인이고, 이에 대하여 국왕이 알게 되기까지 우리는 영예를 지니고서는 결코 나가지 아니할 것이며, 또는 영예를 지니고서 여기에 앉아 있어야 한다; 그 사람은 불평의 씨앗들 중의 씨앗이다; 우리의 모든 재난들의 원인을 우리가 적어 두면 그를 그들은 비난할 것이다."라고 코우크는 말하였다.[42]

그의 직무배제를 요구하는, "공작에 맞서는 하원의 항의"를 하원의원들은 제출하여야 한다고 셀던(Selden)은 즉각 제안하였다.[42] 권리청원 앞에 및 자신에 대한 지지자의 제거의 요구 앞에 다 같이 직면하자, 전쟁수행을 위한 보조금을 제공하여 달라고 의회에 요구하는 한편으로, 패배를 찰스는 받아들였다. 청원은 6월 2일에 받아들여질 것이라는 마지못한 보장을 하고 나서 그는 말하였다:

왕국의 법에 및 관습에 따라 그것이 즉시 시행되도록; 그리고 그 정당한 시행에 제정법들이 놓이도록, 그 보전에 대하여 그의 정당한 대권에 따라 그가 의무지고 있는 바인 및 이에 아울러 그 준비를 그가 갖추고 있는 바인 그들의 정당한 권리들에 및 자유들에 반하는 조금이나마의 불의에 대한 내지는 압제에 대한 불만의 정당한 이유를 신민들이 지니지 않도록 국왕은 조치할 것이노라.[40]

이 막연한 답변에 만족하지 못하고서 하원은 및 상원은 함께 결속하였고 "폐하에 의하여 명확하고도 납득할 만한 답변이 양원 전체회의에서 이루어져야 한다."고 그들은 요구하였다. 6월 7일에 찰스는 항복하였고 오후 4시에 의회에 출석하여, 청원 전문의 낭독이 있은 뒤에, "바라는 대로 즉시 이루어질지어다(soit droit fait comme est desire)" – 의회법안의 수락에서 일반적으로 사용된 구절임 – 라고 말하였다.[43] 광범위한 찬사에 이것은 봉착하였다; 나라 전역에 걸친 교회 종들의 타종을 및 축하 화롯불들의 점화를 당시의 기사들은 보도한다.[44] 패배에 대한 상징적 승인으로서, 자신에게의 반대편에 선 모든 상원의원들에 대한 호의를 회복시키는 계기를 6월 7일을 찰스는 또한 열었는 바, "상원의원들 가운데의 청원 지지세력들의 선두 격인 양 읽힌" 한 개의 목록이 그것이었다.[45] 개개 고충사항들의 및 위반되어 온 제정법들의 목록을 열거한 뒤에, 다양한 "권리들을 및 자유들을" 영국인들은 지님을 권리청원은 선언하고, 선물을, 대여금을, 또는 세금을 제공하도록 의회의 법률이 없이 아무도 강제되어서는 안 됨을, 그리고 증명되어 있는 이유 없이 자유인은 구금되어서도 구류되어서도 안 됨을, 소유자의 자유로운 동의 없이 사유가택들에 군인들을 내지는 해군 구성원을 숙영시켜서

should not be billeted in private houses without the free consent of the owner.[46] In relation to martial law, the Petition first repeated the due process chapter of Magna Carta, and then provided that:

Nevertheless, of late divers commissions under Your Majesty's great seal have issued forth, by which certain powers have been assigned and appointed commissioners, with power and authority to proceed within the land according to the justice of martial law against such soldiers and marines or other dissolute persons going with them as should commit robbery murder, etc... and by such summary course and order as is used by armies in time of war, to proceed to the trial and condemnation of such offenders, and to cause them to be executed and put to death according to the law martial... We do humbly pray, Your most excellent Majesty... that the aforesaid commissions... may be revoked and anulled; and that hereafter no commission of like nature may issue forth to any person or persons whatsoever to be executed as aforesaid, lest by color of them any of Your Majesty's be destroyed or put to death contrary to the laws or practises of the land.[47]

This clause was directly addressed to the various commissions issued by Charles and his military commanders, restricting the use of martial law except in war or direct rebellion and prohibiting the formation of commissions. A state of war automatically activated martial law; as such, the only purpose for commissions, in their view, was to unjustly permit martial law in circumstances that did not require it.[48]

Aftermath

Significance

Historians have traditionally considered the passage of the Petition of Right an important moment in the Stuart period. Whig historians such as Samuel Rawson Gardiner described it as the founding of the United Kingdom's modern constitutional monarchy, and although revisionists have "virtually abolished" Gardiner's works, the Petition of Right is still considered an important moment, with Conrad Russell arguing that it was the "culmination of a national war crisis [and] an ideological watershed".[49] In its own right, the Petition has been described as "one of England's most famous constitutional documents",[3] with writ-

는 안 됨을 그것은 규정한다.[46] 마그나 카르타(Magna Carta)의 적법절차 조항을 계엄에 관련하여 청원은 처음으로 반복하였고, 그 다음에 이렇게 규정하였다:

　이에도 불구하고, 최근에 폐하의 국새 아래서 갖가지 위임장들이 발부되어 있고, 이에 의하여 계엄위원들에게 특정의 권한들이 부여되고 위임되어 있는 바, 강도를, 살인을 기타 등등을 저지른 군인들을 및 해원들을 상대로 또는 그들에 가담한 그 밖의 방종한 사람들을 상대로 영토 내에서 군법재판에 따라서 .. 및 전시에 군대에 의하여 사용되는 종류의 약식절차에 의하여 절차를 밟을, 그러한 범죄행위들에 대한 정식사실심리에 및 유죄판결에 나아갈, 그리하여 그들로 하여금 군법에 따라서 처형되도록 및 사형에 처해지도록 처분할 권한이 및 권위가 그것들입니다 …… 저희는 간절히 바라오니, 영명하신 폐하께서는 …… 위 같은 위임장들이 취소되고 무효화되도록; 그리고 향후에는 그 어떤 사람에게도 내지는 사람들에게도 이러한 종류의 위임장이 발부되어 위처럼 집행되지 않도록, 그것들을 구실삼아 폐하의 신민이 단 한 명이라도 법에 또는 나라의 관행들에 어긋나게 목숨을 잃거나 죽임을 당하는 일이 없도록 조치해 주시기 바랍니다.[47]

　찰스에 의하여 및 그의 군대 사령관들에 의하여 발령된 다양한 위임장들에 이 조항은 직접적으로 향해졌는데, 전시에 또는 직접적 반란사태에 이외에는 계엄령의 사용을 그것은 제한하였고 위임장들의 작성을 그것은 금지하였다. 계엄을 전시상태는 자동적으로 발동시켰다; 그러한 만큼, 계엄을 요구하지 아니하는 상황들 속에서의 계엄을 부당하게 허용하려는 데에 그들의 견지에서 위임장들의 유일한 목적은 있었다.[48]

영향

의미

　권리청원의 통과를 스튜어트 왕조에서의 중요한 순간으로 역사가들은 전통적으로 간주해 왔다. 그것을 연합왕국의 현대 입헌군주제의 초석이라고 사무엘 로슨 가디너(Samuel Rawson Gardiner) 류의 휘그 파 역사가들은 설명하였고, 비록 가디너의 업적들을 수정주의 역사학자들은 "사실상 폐기하였음에도" 불구하고, 그것이 "국가적 전쟁위기의 최고점[이자] 이데올로기적 분수령"이었다고 콘래드 러셀(Conrad Russel)은 주장하는 등, 한 개의 중요한 순간으로 권리청원은 여전히 간주된다.[49] 당연히, "영국의 가장 유명한 헌법문서들 중의 한 가지"로 청원은 설명되어 왔으며, 그것을 마그나 카르타에 및 1689년의 권리장전(the 1689 Bill of Rights)에 맞먹

ers considering it of equal standing to the Magna Carta and the 1689 Bill of Rights.[46] Within what is now the Commonwealth of Nations, the Petition was also heavily influential; through the various statutes which enforced Imperial law, it remains in force in both New Zealand and Australia, as well as the United Kingdom itself.[50]

The Petition profoundly influenced the rights contained by the Constitution of the United States. The clauses relating to the billeting of troops later helped form the Third Amendment to the United States Constitution,[51] which states that "No soldier shall, in time of peace be quartered in any house, without the consent of the owner, nor in time of war, but in a manner to be prescribed by law".[52] Other scholars say that the Criminal Trials Clause of the Sixth Amendment, the Due Process Clause of the Fifth Amendment and the Civil Jury Trial Clause of the Seventh Amendment all are influenced by the Petition of Right,[53] primarily through the Massachusetts Body of Liberties.[54]

Domestically, the Petition marked "a major step on the way to the English Civil War of the 1640s".[55] Although Parliament lacked what would be considered political parties, and would continue to do so until the 18th century, the Petition of Right marked a substantial cooperative work between individual parliamentarians and between the Commons and Lords, something that had previously been lacking. Moreover, it saw Charles lose the "precious initiative in policy direction"; the Commons had only previously been prevented from twisting the King's intentions and policies due to the presence of the Lords, which acted as a buffer. With the Lords now indicating a willingness to work with the lower house, "the Crown's most important protection within Parliament had been shaken as never before and the constitutional crisis between the Stuarts and their Parliaments had entered a new stage of development".[56]

Legal status

Clashes over the interpretation and legality of the Petition began almost immediately, with the Lords and Commons arguing with the King as early as 20 June 1628, leading to the prorogation of Parliament on the 26th.[57] The Petition of Right was not a formal statute, and despite it being reaffirmed as a bill by the Long Parliament in 1641,[44] the legal status of the initial Petition has been debated. It has been considered a declaratory act, a

는 것으로 문필가들은 간주하여 왔다.[46] 지금 영연방(the Commonwealth of Nations)인 나라들 내에서, 마찬가지로 매우 큰 영향을 청원은 끼쳤다; 제국의 법을 시행한 다양한 제정법들을 통하여, 연합왕국 자체에서처럼 뉴질랜드에서와 오스트레일리아에서 다 같이 효력을 그것은 지속한다.[50]

미합중국 헌법에 의하여 포함되는 권리들에 심대하게 영향을 청원은 끼쳤다. 나중에 미합중국 헌법 수정 제3조를 구성하는 데에 도움을 군대의 숙영 관련 조항들은 주었는 바,[51] "소유자의 동의 없이는 어떤 가택에서도 평화시에 군인으로 하여금 숙영하게 해서는 안 되고, 전시에도 법에 의하여 규정되는 방법에 의해서가 아니고서는 숙영하게 해서는 안 된다."고 그것은 규정한다.[52] 연방헌법 수정 제6조의 형사 정식사실심리 조항은, 수정 제5조의 적법 절차 조항은 및 수정 제7조의 배심에 의한 민사 정식사실심리 조항은 모두 권리청원의 영향을, 주로 매사추세츠주 자유법(the Massachusetts Body of Liberties)[54]을 통하여 받은 것들이라고 다른 학자들은 말한다.[53]

국내적으로 "1640년대 청교도 혁명에 이르는 노정상의 한 개의 중대한 걸음"을 청원은 기록하였다.[55] 정당들이라고 간주될 만한 것을 비록 의회는 결여하였음에도 불구하고, 그리고 18세기까지는 계속 결여할 것이었음에도 불구하고, 개개 의원들 사이의 및 하원의원들의 및 상원의원들의 양자 사이의 한 개의 중대한 협력적 작업을 – 이전에는 다소 결여되어 왔던 바를 - 권리청원은 기록하였다. 더욱이, "정책 방향에 있어서의 이전의 주도권을" 찰스가 상실하는 것을 그것은 보았다; 국왕의 의도들의 및 정책들의 방향을 바꾸게 하는 데 있어서의 완충기로서 행동하는 상원의원들의 존재로 인하여 하원의원들은 이전까지는 오직 저지되기만 해 온 터였다. 하원에 더불어서 일하고자 하는 의욕을 상원이 보임에 따라, "의회 내의 국왕의 가장 중요한 보호막은 전례 없이 흔들리는 것이 되어 버렸고, 스튜어트 왕실의 및 그들의 의회의 양자 사이의 헌법적 위기는 새로운 국면의 전개에 돌입하였다".[56]

법적 지위

청원의 해석을 및 적법성을 둘러싼 분규들은 거의 즉각적으로 시작되었는 바, 1628년 6월 20일에는 국왕을 상대로 논쟁을 상원의원들이 및 하원의원들이 벌였고, 이로써 26일의 정회 사태를 가져왔다.[57] 권리청원은 공식의 제정법이 아니었고, 그리고 1641년에 장기의회(the Long Parliament)에 의하여 한 개의 법안으로서 그것은 재확인되었음에도 불구하고,[44] 당초의

private bill, or simply a petition, which permitted an individual harmed by the government to take action against the crown.[58] A petition is the oldest form of Parliamentary proceeding, and the one through which most early statutes were originally passed; the King would be petitioned to take action by Members of Parliament, and would assent to their request; laws passed in this way include Magna Carta and the Statute of Westminster.[59] Whether or not this made it legally binding was debated. Modern historians have either taken two positions on the matter. Either the recognition of the Petition was a judicial matter and at best a private bill, and as such it was not binding on the King or on Parliament, or it had the strength of a public bill; it was a legislative act, and as such legally binding.[60]

Arguments for it being legally binding is based on several points. Firstly, the judiciary of the time were asked by Charles what standing they would give to the Petition were it passed; they concluded that it was a potentially legislative act.[61] Charles's assent to the Petition was also made in Parliament, not in Whitehall, something normally done with statutes, and Henry Elsynge, the Clerk of the House of Commons, had the Petition placed on the statute rolls as if it were an Act of Parliament.[62] It was later enforced by the courts; when Selden and other Members of Parliament were imprisoned, they cited the Petition as a reason to grant habeas corpus, something the judges accepted, and the ship money case, although a victory for Charles, was a victory in spite of the Petition rather than because of it; the judgment concluded that Charles's actions were acceptable under the Royal Prerogative, but would otherwise be in violation of the Petition.[63] The final word remains elusive, since "it seems impossible to establish conclusively which of these interpretations of the petition is correct. The Petition of Right of 1628 was a unique parliamentary act. It was interpreted differently by different people. And there are probably no absolute criteria by which its true nature can be determined".[64]

https://en.wikipedia.org/wiki/Petition_of_Right

청원의 법적 지위는 논란의 대상이 되어 왔다. 한 개의 선언적 결의로, 한 개의 개별법안(a private bill)으로 또는 단순히 정부에 의하여 피해를 입은 개인으로 하여금 국왕을 상대로 조치를 취하도록 허용하는 한 개의 청원으로 그것은 간주되어 왔다.[58] 청원은 의회 절차들 중 가장 오래 된 형식의 것이고, 가장 초기의 제정법들이 당초에 통과되었던 형식이기도 하다; 국왕 더러 조치를 취하도록 의회 의원들에 의하여 청원이 제기되고는 하였고, 그들의 요청에 국왕은 동의하고는 하였다; 마그나 카르타(Magna Carta)를 및 웨스트민스터 제정법(the Statute of Westminster)을 이 방법으로 통과된 법들은 포함한다.[59] 그것을 법적으로 구속력 있는 것으로 이것이 만드는지 여부가 다투어졌다. 이 문제에 대한 두 가지 입장들을 현대의 역사가들은 취해 왔다. 청원에 대한 인정은 사법적 문제이고 기껏해야 한 개의 개별법안이라는, 따라서 그러한 것으로서 국왕에 대하여 내지는 의회에 대하여 그것은 구속력이 없다는 견해이거나, 또는 공공관계 법안의 효력을 그것은 지닌다는, 그것은 입법적 법률이고 따라서 그러한 것으로서 법적으로 구속력이 있다는 견해였다.[60]

법적으로 구속력을 그것이 지닌다는 주장들은 몇 가지 논점들 위에 토대한다. 첫째로, 청원이 통과되면 어떤 지위를 거기에 대하여 사법부가 부여할지 찰스에 의하여 당시의 사법부는 질의되었다; 그것은 잠재적으로 입법적 법률이라고 그들은 결론지었다.[61] 청원에 대한 찰스의 동의는 마찬가지로 화이트홀(Whitehall)에서가 아니라 의회에서 이루어졌는데, 이는 제정법들의 경우에 일반적으로 이루어지는 것이었고 게다가 청원을 마치 그것이 의회의 법률인 양 법령집(the statute rolls)에 하원의장 헨리 엘시뉴(Henry Elsynge)는 올렸다.[62] 법원들에 의하여 그것은 강화되었다; 셀던(Selden)이 및 그 밖의 의원들이 구금되었을 때, 인신보호영장을 허가할 이유로서 청원을 그들은 인용하였고 이를 어느 정도 판사들은 받아들였으며, 그리고 건함세(建艦稅; ship money) 사건은 비록 찰스에게 승리이기는 하였으나, 그것은 청원에 덕입은 승리라기보다는 청원에도 불구한 승리였다; 국왕대권(the Royal Prerogative) 아래서 찰스의 행위들은 용인될 수 있다고, 그러나 여타의 조건에서는 그것들은 청원에 위배되는 것이라고 판결은 결론지었다.[63] 최종결정은 여전히 포착하기 어려운 것으로 남는 바, 왜냐하면 "청원에 대한 이 해석들 중 어느 쪽이 옳은지를 결정적으로 증명하기란 불가능한 것으로 보이기" 때문이다. "1628년의 권리청원은 독특한 의회입법이었다. 다양한 사람들에 의하여 다양하게 그것은 해석되었다. 그리하여 그것의 참다운 성격이 판단될 수 있는 절대적 기준은 필시 존재하지 않는다".[64]

원문링크 : https://en.wikipedia.org/wiki/Petition_of_Right

각주출처(References)

1. The citation of this Act by this short title was authorised by section 5 of, and Schedule 2 to, the Statute Law Revision Act 1948. Due to the repeal of those provisions, it is now authorised by section 19(2) of the Interpretation Act 1978.

2. These words are printed against this Act in the second column of Schedule 2 to the Statute Law Revision Act 1948, which is headed "Title".

3. Flemion 1973, p. 193.

4. Kishlansky 1999, p. 59.

5. Hostettler 1997, p. 119.

6. White 1979, p. 190.

7. Hostettler 1997, p. 125.

8. Hostettler 1997, p. 126.

9. Guy 1982, p. 291.

10. Guy 1982, p. 292.

11. Guy 1982, p. 293.

12. Hostettler 1997, p. 127.

13. Boynton 1964, p. 258.

14. Boynton 1964, p. 259.

15. Boynton 1964, p. 260.

16. Boynton 1964, p. 263.

17. Capua 1977, p. 152.

18. Capua 1977, p. 153.

19. Capua 1977, p. 170.

20. Guy 1982, p. 297.

21. Guy 1982, p. 298.

22. Hostettler 1997, p. 129.

23. Hostettler 1997, p. 130.

24. Hostettler 1997, p. 132.

25. Guy 1982, p. 299.

26. c Guy 1982, p. 307.

27. Guy 1982, p. 308.

28. Hulme 1935, p. 303.

29. Young 1984, p. 452.

30. Hulme 1935, p. 304.

31. White 1979, p. 265.

32. Guy 1982, p. 310.

33. Hulme 1935, p. 306.

34. Christianson 1994, p. 561.

35. Christianson 1994, p. 562.

36. White 1979, p. 266.

37. White 1979, p. 267.

38. White 1979, p. 268.

39. Christianson 1994, p. 563.

40. White 1979, p. 270.

41. Hostettler 1997, p. 136.

42. Hostettler 1997, p. 137.

43. Young 1990, p. 232.

44. Hostettler 1997, p. 139.

45. Flemion 1973, p. 208.

46. Hostettler 1997, p. 138.

47. Capua 1977, p. 171.

48. Capua 1977, p. 172.

49. Reeve 1986, p. 257.

50. Clark 2000, p. 886.

51. Kemp 2010, p. 26.

52. Samaha 2005, p. 556.

53. Bachmann 2000, pp. 281–6.

54. Bachmann 2000, p. 276.

55. Ryan 2005, p. 16.

56. Flemion 1973, p. 210.

57. Flemion 1973, p. 209.

58. Foster 1974, p. 21.

59. Foster 1974, p. 24.

60. Reeve 1986, p. 258.

61. Reeve 1986, p. 260.

62. Reeve 1986, p. 261.

63. Reeve 1986, p. 262.

64. White 1979, p. 263.

Bibliography

Bachmann, Steve (2000). "Starting again with the Mayflower...England's Civil War and America's Bill of Rights". Quinnipiac Law Review. Quinnipiac law school. 20 (2). ISSN 1073-8606.

Boynton, Lindsay (1964). "Martial Law and the Petition of Right". The English Historical Review. Oxford University Press. 79 (311): 255−284. doi:10.1093/ehr/lxxix.cccxi.255. ISSN 0013-8266.

Capua, J.V. (1977). "The Early History of Martial Law in England from the Fourteenth Century to the Petition of Right". Cambridge Law Journal. Cambridge University Press. 36 (1). ISSN 0008-1973.

Christianson, Paul (1994). "Arguments on Billeting and Martial Law in the Parliament of 1628". The Historical Journal. Cambridge University Press. 37 (3). ISSN 0018-246X.

Clark, David (2000). "The Icon of Liberty: The Status and Role of Magna Carta in Australian and New Zealand Law". Melbourne University Law Review. Melbourne University Law School. 24 (1). ISSN 0025-8938.

Flemion, Jess Stoddart (1973). "The Struggle for the Petition of Right in the House of Lords: The Study of an Opposition Party Victory". The Journal of Modern History. University of Chicago Press. 45 (2). ISSN 0022-2801.

Foster, Elizabeth Read (1974). "Petitions and the Petition of Right". Journal of British Studies. University of Chicago Press. 14 (1): 21. doi:10.1086/385665. ISSN 0021-9371.

Guy, J.A. (1982). "The Origin of the Petition of Right Reconsidered". The Historical Journal. Cambridge University Press. 25 (2). ISSN 0018-246X.

Hostettler, John (1997). Sir Edward Coke: A Force for Freedom. Barry Rose Law Publishers. ISBN 1-872328-67-9.

Hulme, Harold (1935). "Opinion in the House of Commons on the Proposal for a Petition of Right, 6 May, 1628". The English Historical Review. Oxford University Press. L: 302−306. doi:10.1093/ehr/l.cxcviii.302. ISSN 0013-8266.

Kemp, Roger L. (2010). Documents of American Democracy: A Collection of Essential Works. McFarland. ISBN 0-7864-4210-7.

Kishlansky, Mark (1999). "Tyranny Denied: Charles I, Attorney General Heath and the Five Knights' Case". The Historical Journal. Cambridge University Press. 42 (1). ISSN 0018-

246X.

Reeve, L.J. (1986). "The Legal Status of the Petition of Right". The Historical Journal. Cambridge University Press. 29 (2). ISSN 0018-246X.

Ryan, Kevin (2005). "Coke, the Rule of Law, and Executive Power". Vermont Bar Journal. Vermont Bar Association. 2005 (Spring). ISSN 0748-4925.

Samaha, Joel (2005). Criminal Justice (7 ed.). Cengage Learning. ISBN 978-0-534-64557-1.

White, Stephen D. (1979). Sir Edward Coke and the Grievances of the Commonwealth. University of North Carolina Press. ISBN 0-8078-1335-4.

Young, Michael B. (1984). "The Origin of the Petition of Right Reconsidered Further". The Historical Journal. Cambridge University Press. 27 (2). ISSN 0018-246X.

Young, Michael B. (1990). "Charles I and the Erosion of Trust: 1625−1628". Albion. Appalachian State University. 22 (2). ISSN 0095-1390.

The 1689 Bill of Rights

An Act for declaring the rights and liberties of the subject and settling the succession of the crown.

WHEREAS THE LORDS SPIRITUAL AND TEMPORAL, AND COMMONS, ASSEMBLED AT WESTMINSTER, LAWFULLY, FULLY, AND FREELY REPRESENTING ALL THE ESTATES OF THE PEOPLE OF THIS REALM, DID UPON THE THIRTEENTH DAY OF FEBRUARY, IN 1689, PRESENT UNTO THEIR MAJESTIES THEN CALLED AND KNOWN BY THE NAMES AND STYLE OF WILLIAM AND MARY, PRINCE AND PRINCESS OF ORANGE, BEING PRESENT IN THEIR PROPER PERSONS, A CERTAIN DECLARATION IN WRITING, MADE BY THE SAID LORDS AND COMMONS, IN THE WORDS FOLLOWING:

Whereas the late King James the Second, by the assistance of divers evil counselors, judges, and ministers employed by him, did endeavour to subvert and extirpate the protestant religion, and the laws and liberties of this kingdom.

By assuming and exercising a power of dispensing with and suspending of laws, and the execution of laws, without consent of parliament.

By committing and prosecuting divers worthy prelates, for humbly petitioning to be excused concurring to the said assumed power.

By issuing and causing to be executed a commission under the great seal for erecting a court called, The court of commissioners for ecclesiastical causes.

권리장전(English Bill of Rights) 1689

신민의 권리들을 및 자유들을 선언하는 및 왕위계승을 정하는 법률(An Act Declaring the Rights and Liberties of the Subject and Settling the Succession of the Crown)

이 나라 국민의 모든 계급을 적법하게 완전히 및 자유로이 대변하는 웨스트민스터에 소집된 상원의원들 및 하원의원들에 의하여 아래의 말들로써 작성된 서면에 의한 일정한 선언을, 윌리엄(William)의 및 메리(Mary)의, 오렌지공의 및 오렌지공비의 이름들로써 및 칭호로써 당시에 호칭된 및 알려진, 그 몸소 출석한 양 폐하들에게 우리 주님의 1688년 2월 13일에 위 상원의원들이 및 하원의원들이 정히 제출하였는 바, 즉:

프로테스탄트 신앙을 및 이 왕국의 법들을 및 자유들을 전복하고자 및 박멸하고자 그에 의하여 고용된 여러 사악한 조언자들의, 판사들의 및 각료들의 조력에 의하여;

의회의 동의 없이 법들을 및 법들의 집행을 무시할 및 정지시킬 권한을 사칭하고 행사함에 의하여;

전술의 사칭된 권한에 찬동함으로부터 면제되게 해 달라고 겸손하게 청원함을 이유로 여러 훌륭한 고위성직자들을 구금함에 및 소추함에 의하여;

종무법원(宗務法院; the court of commissioners for ecclesiastical causes)이라고 불리는 법원을 설치하기 위한 국새 아래의 위임장을 발부함에 의하여 및 집행되게 함에 의하여;

By levying money for and to the use of the crown, by pretence of prerogative, for other time, and in other manner, than the same was granted by parliament.

By raising and keeping a standing army within this kingdom in time of peace, without consent of parliament, and quartering soldiers contrary to law.

By causing several good subjects, being protestants, to be disarmed, at the same time when papists were both armed and employed, contrary to law.

By violating the freedom of election of members to serve in parliament.

By prosecutions in the court of King's bench, for matters and causes cognizable only in parliament; and by divers other arbitrary and illegal courses.

And whereas of late years, partial, corrupt, and unqualified persons have been returned and served on juries in trials and particularly divers jurors in trials for high treason, which were not freeholders.

And excessive bail hath been required of persons committed in criminal cases, to elude the benefit of the laws made for the liberty of the subject.

And excessive fines have been imposed; and illegal and cruel punishments inflicted.

And several grants and promises made of fines and forfeitures, before any conviction or judgment against the persons, upon whom the same were to be levied.

All of which are utterly and directly contrary to the known laws and statutes, and freedom of this realm.

의회에 의하여 승인되지 아니한 때를 위하여 및 방법으로 국왕대권의 구실 아래 국왕을 및 국왕의 사용을 위하여 세금들을 부과함에 의하여;

상비군을 의회의 동의 없이 평화시에 이 왕국 내에 일으킴에 및 유지함에 의하여, 그리고 병사들을 법에 어긋나게 숙영시킴에 의하여;

가톨릭 교도들은 법에 어긋나게 무장을 갖추는 및 고용되는 상황에서 프로테스탄트 교도들인 각각의 선량한 신민들로 하여금은 무장을 해제당하게 만듦에 의하여;

의회에서 복무할 구성원들의 선거의 자유를 침해함에 의하여;

선왕 제임스 2세는 시도하였기에 오직 의회에서만 심리되어야 할 사항들에 및 원인들에 대한 왕좌법원에서의 소추들에 의하여 및 그 밖의 다양한 자의적인 및 불법적인 절차들에 의하여;

그리고 근년간에 정식사실심리들에서의 배심들로 편파적인 부패한 및 무자격의 사람들이 선출되었기에 및 복무하였기에, 그리고 특히 대역죄(high treason)를 위한 정식사실심리들에서의 가지각색의 배심원들이 자유토지보유권자들이 아니었기에;

그리고 신민들의 자유를 위하여 제정된 법들의 이익을 박탈하기 위하여 형사사건들로 구금된 사람들에게 과도한 보석금이 요구되어 왔기에;

그리고 과도한 벌금들이 부과되어 왔기에; 그리고 불법적인 및 잔인한 형벌들이 가해져 왔기에;

그리고 벌금들이 및 몰수들이 가해질 사람들에게 불리하게 조금이라도 유죄판정이 내지는 판결이 있기 이전에 벌금들에 및 몰수들에 관하여 가지각색의 여러 가지의 허가들이 및 약속들이 이루어져 왔기에;

이 영토의 알려진 법들에와 제정법들에와 자유에 이 모든 것들은 철저히 및 직접적으로 어긋나기에;

And whereas the said late King James II having abdicated the government, and the throne being thereby vacant, his highness the Prince of Orange (whom it hath pleased Almighty God to make the glorious instrument of delivering this kingdom from popery and arbitrary power) did (by the advice of the lords spiritual and temporal, and divers principal persons of the commons) cause letters to be written to the lords spiritual and temporal, being protestants; and other letters to the several counties, cities, universities, boroughs, and cinque-ports, for the choosing of such persons to represent them, as were of right to be sent to parliament, to meet and sit at Westminster upon the 22 January, 1689 in order to make such an establishment, as that their religion, laws, and liberties might not again be in danger of being subverted; upon which letters, elections have been accordingly made,

And thereupon the said lords spiritual and temporal, and commons, pursuant to their respective letters and elections, being now assembled in a full and free representative of this nation, taking into their most serious consideration the best means for attaining the ends aforesaid; do in the first place (as their ancestors in like cases have usually done) for the vindicating and asserting their ancient rights and liberties, declare:

That the pretended power of suspending of laws, or the execution of laws, by regal authority, without consent of parliament, is illegal.

That the pretended power of dispensing with laws, or the executions of laws, by regal authority, as it hath been assumed and exercised of late, is illegal.

That the commission for erecting the late court of commissioners for ecclesiastical causes, and all other commissions and courts of like nature are illegal and pernicious.

That levying money for or to the use of the crown, by pretence of prerogative, without grant of parliament, for longer time, or in other manner than the same is or shall be granted, is illegal.

That it is the right of the subjects to petition the King, and all commitments and prosecutions for such petitioning are illegal.

그리고 정부를 전술의 선왕 제임스 2세가 포기하였기에, 그리하여 왕위가 이로써 빈 것이 되었기에, 전복될 위험에 그들의 신앙이, 법들이 및 자유들이 다시는 놓이지 않게 할 수 있는 체제를 위하여 그들을 대표하여 정당한 권리로서 의회에 보내질, 올해인 1688년 1월 22일에 웨스트민스터에서 회합할 및 착석할 사람들을 선정하고자 프로테스탄트 교도들인 상원의원들에게 편지들이 쓰여지도록 및 여러 카운티들에, 도시들에, 대학들에, 자치도시들에 및 오항(五港; cinque ports)에 다른 편지들이 쓰여지도록 (이 왕국을 가톨릭으로부터 및 자의적 권력으로부터 구원하는 영광스러운 도구로 삼음이 전능하신 신을 기쁘시게 하는 바가 되어 오신) 오렌지공 전하께서 (상원의원들의 조언에 및 하원의 원들 중의 여러 주요 인사들의 조언에 의하여) 조치하셨는 바, 그 편지들에 의거하여 선거들이 거행된 바 있다;

그리하여 그들 각각의 편지들에 및 선거들에 따른 상기의 상원의원들은 및 하원의원들은, 이 나라의 완전한 및 자유로운 대의체에 이제 소집되었기에, 전술의(前述의; aforesaid) 목적들을 달성하는 최선의 수단을 그들의 가장 신중한 고려 속에 넣으면서, 가장 우선하여 그들의 고래의 권리들을 및 자유들을 지킴을 및 주장함을 위하여 (유사한 사건에서 그들의 선조들이 늘상 해 온 대로) 선언하나니

법들을 및 법들의 시행을 의회의 동의 없이 국왕의 권위에 의하여 정지시키기 위한 외양만의 권한은 불법이다;

최근에 사칭되어 왔듯이 및 행사되어 왔듯이 법들을 내지는 법들의 시행을 의회의 동의 없이 국왕의 권위에 의하여 무시하는 외양만의 권한은 불법이다;

최근의 종무법원(the Court of Commissioners for Ecclesiastical Causes)의 수립을 위한 위원회는, 및 유사한 성격의 그 밖의 모든 위원회들은 및 법원들은 불법이고 유해하다;

승인된 내지는 승인되어야 할 기간보다도 더 오래도록 내지는 승인된 내지는 승인되어야 할 방법 이외의 방법으로 국왕대권의 구실 아래 국왕을 및 국왕의 사용을 위하여 세금들을 의회의 승인 없이 부과함은 불법이다;

국왕에게 청원함은 신민들의 권리이고, 그리하여 그러한 청원들을 이유로 하는 모든 구금들은 및 소추들은 불법이다;

That the raising or keeping a standing army within the kingdom in time of peace, unless it be with consent of parliament, is against law.

That the subjects which are protestants, may have arms for their defence suitable to their conditions, and as allowed by law.

That election of members of parliament ought to be free.

That the freedom of speech, and debates or proceedings in parliament, ought not to be impeached or questioned in any court or place out of parliament.

That excessive bail ought not to be required,nor excessive fines imposed; nor cruel and unusual punishments inflicted.

That jurors ought to be duly impanelled and returned, and jurors which pass upon men in trials of high treason ought to be freeholders.

That all grants and promises of fines and forfeitures of particular persons before conviction, are illegal and void.

And that for redress of all grievances, and for the amending, strengthening and preserving of the laws, parliaments ought to be held frequently.

And they do claim, demand, and insist upon all and singular the premisses, as their undoubted rights and liberties; and that no declarations, judgments, doings, or proceedings, to the prejudice of the people in any of the said premisses, ought in any wise to be drawn hereafter into consequence or example; to which demand of their rights they are particularly encouraged by the declaration of this highness the prince of Orange, as being the only means for obtaining a full redress and remedy therein.

Having therefore an entire confidence, That his said highness the Prince of Orange will

상비군을 평화시에 왕국 내에 일으킴은 및 유지함은, 의회의 동의가 이에 수반되지 아니하는 한, 법에 어긋난다;

자신들의 상황들에 적합한 및 법에 의하여 허용되는 무기를 자신들의 방어를 위하여 프로테스탄트 교도들인 신민들은 보유할 수 있다;

의회 의원들의 선거는 자유로운 것이어야 한다;

의회 내에서의 말의 및 토론의 자유는 내지는 절차들은 의회 밖의 어떤 법원에서도 내지는 장소에서도 탄핵되어서도 문제시되어서도 안 된다;

과도한 보석금이 요구되어서도 안 되고 과도한 벌금이 부과되어서도 안 되며, 잔인한 및 이상한 형벌들이 가해져서도 안 된다;

배심원들은 적법하게 명부에 올려져야 하고 선출되어야 하며, 대역죄(high treason)에 대한 정식사실심리들에서 사람들을 판단하는 배심원들은 자유토지보유권자들(freeholders)이어야 한다;

유죄판정 이전의 특정인들에 대한 벌금들의 및 몰수들의 모든 허가들은 및 약속들은 불법이고 무효이다;

그리고 모든 고충사항들의 구제를 위하여, 그리고 법률의 개정을, 강화를 및 보전을 위하여 의회들은 빈번히 열려야 한다.

그리하여 전술한 사항들을 그들의 의심할 여지 없는 권리들로서와 자유들로서 그들은 모두가 주장하고 요구하고 강조하는 바, 그리하여 조금이라도 전술한 사항들의 그 어느 것에 있어서든 사람들을 손상시키는 선언들은, 판결들은, 행위들은 내지는 절차들은 향후에 그 어떠한 방법으로도 결과로서 내지는 사례로서 끌어들여져서는 안 된다; 그들의 권리들에 대한 이 요구는 그 점들에서의 완전한 구제를 및 시정을 확보하기 위한 유일한 수단이라는 오렌지공 전하의 선언에 의하여 그 요구를 향하여 그들은 특별히 고무된다.

그러므로 여태껏 그에 의하여 진척되어 온 구제를 전술의 오렌지공 전하가 완성지을 것임

perfect the deliverance so far advanced by him, and will still preserve them from the violation of their rights, which they have here asserted, and from all other attempts upon their religion, rights, and liberties, the said lords spiritual and temporal, and commons, assembled at Westminster, do resolve, That William and Mary prince and princess of Orange, be, and be declared, King and Queen of England, France and Ireland, and the dominions thereunto belonging, to hold the crown and royal dignity of the said kingdoms and dominions to them the said prince and princess during their lives, and the life of the survivor of them; and that the sole and full exercise of the regal power be only in, and executed by the said prince of Orange, in the names of the said prince and princess, during their joint lives; and after their deceases, the said crown and royal dignity of the said kingdoms and dominions to be to the heirs of the body of the said princess; and for default of such issue to the princess Anne of Denmark and the heirs of her body; and for default of such issue to the heirs of the said prince of Orange. And the lords spiritual and temporal, and commons, do pray the said prince and princess to accept the same accordingly.

And that the oaths hereafter mentioned be taken by all persons of whom the oaths of allegiance and supremacy might be required by law, instead of them; and that the said oaths of allegiance and supremacy may be abrogated.

"I, A.B. do sincerely promise and swear, That I will be faithful, and bear true allegiance, to their Majesties, King William and Queen Mary: So help me God."

"I, A.B. do swear, That I from my heart abhor, detest, and abjure as impious and heretical, that damnable doctrine and position, That princes excommunicated or deprived by the pope, or any authority of the see of Rome, may be deposed or murdered by their subjects, or any other whatsoever. And I do declare, That no foreign prince, person, prelate, state, or potentate hath, or ought to have any jurisdiction, power, superiority, pre-eminence, or authority, ecclesiastical or spiritual, within this realm, So help me God."

에 대한, 그리고 그것들을, 그들이 여기서 주장해 놓은 그들의 권리들에 대한 침해로부터 및 그들의 신앙에, 권리들에 및 자유들에 대한 여타의 모든 시도들로부터 더욱 보전할 것임에 대한 완전한 신뢰를 지닌 채로, 웨스트민스터에 소집된 상기의 상원의원들은 및 하원들은 정히 결의하는 바 : 오렌지공인 및 오렌지공비인 윌리엄(William)은 및 메리(Mary)는 영국의, 프랑스의, 아일랜드의 및 이에 부속되는 영토들의 국왕이며 및 여왕이며 그리하여 국왕으로 및 여왕으로 선언되나니, 상기 왕국들의 및 영토들의 왕위를 및 왕실의 존엄을 그들의 생존기간 중에 및 그들 중의 생존자의 생존기간 중에 그들 자신에게, 즉 상기의 오렌지공에게 및 오렌지공비에게 그들은 보유하며; 국왕의 권한의 유일한 및 완전한 행사는 오직 상기의 오렌지공에게 있고 그들의 동시생존 중에는 상기의 오렌지공의 및 오렌지공비의 이름들 속에서 오렌지공에 의하여 집행되어야 하며; 그들의 사망 뒤에는 상기의 왕국들의 및 영토들의 왕위는 및 왕실의 존엄은 상기의 오렌지공비의 신체의 후계자들에게; 그러한 자손이 없을 때에는 덴마크의 앤 공주(the Princess Anne)에게 및 그녀의 신체의 후계자들에게; 그리고 그러한 자손이 없을 때에는 상기의 오렌지공의 신체의 후계자들에게 계승된다. 그러므로 이러한 것들을 상기의 오렌지공이 및 오렌지공비가 받아들여 주기를 상원의원들은 및 하원의원들은 정히 기원한다.

또한 그들에 의하여가 아니라 법에 의하여 충성의 및 지상권 승인의 맹세들이 요구될 수 있는 모든 사람들에 의하여 아래의 선서들이 이루어져야 한다; 상기의 충성의 및 지상권 승인의 선서들은 취소될 수 있다.

"국왕폐하 윌리엄(William)에게와 여왕폐하 메리(Mary)에게 진실할 것을 및 진실한 충성을 지닐 것을 나 아무개는 엄숙히 약속하고 맹세합니다: 그러므로 신께서는 나를 도우소서."

"교황에 의하여 내지는 조금이라도 로마 주교에 권위에 의하여 파문된 내지는 파면된 군주들이 그들의 신민들에 의하여 내지는 그 밖의 다른 어느 누구에 의해서도 퇴위당할 수 내지는 살해당할 수 있다는 저 가증스러운 교의를 및 견해를 불경스러운 및 이단적인 것들로서 나는 충심으로 거부함을, 몹시 싫어함을, 포기함을 나 아무개는 맹세합니다. 조금이라도 관할권을, 권한을, 우월을, 탁월을, 또는 권위를 교회의 것을이든 종교상의 것을이든 이 영토 내에서 외국의 군주는, 사람은, 고위 성직자는, 나라는 내지는 권력자는 가지지 아니함을 내지는 가져서는 안 됨을 또한 나는 선언합니다, 그러므로 신께서는 나를 도우소서."

Upon which their said Majesties did accept the crown and royal dignity of the kingdoms of England, France, and Ireland, and the dominions thereunto belonging, according to the resolution and desire of the said lords and commons contained in the said declaration.

And thereupon their Majesties were pleased, that the said lords spiritual and temporal, and commons, being the two houses of parliament, should continue to sit, and with their Majesties royal concurrence make effectual provision for the settlement of the religion, laws and liberties of this kingdom, so that the same for the future might not be in danger again of being subverted; to which the said lords spiritual and temporal, and commons, did agree and proceed to act accordingly.

Now in pursuance of the premisses, the said lords spiritual and temporal, and commons, in parliament assembled, for the ratifying, confirming and establishing the said declaration, and the articles, clauses, matters, and things therein contained, by the force of a law made in due form by authority of parliament, do pray that it may be declared and enacted; that all and singular the rights and liberties asserted and claimed in the said declaration are the true, ancient, and indubitable rights and liberties of the people of this kingdom, and so shall be esteemed, allowed, adjudged, deemed, and taken to be, and that all and every the particulars aforesaid shall be firmly and strictly holden and observed, as they are expressed in the said declaration; and all the officers and ministers whatsoever shall serve their Majesties and their successors according to the same in all times to come.

And the said Lords Spiritual and Temporal and Commons seriously considering how it hath pleased Almighty God in his marvellous Providence and merciful Goodness to this Nation to provide and preserve their said Majesties Royal Persons most happily to reign over us upon the Throne of their Ancestors for which they render unto him from the bottom of their Hearts their humblest Thanks and Praises do truely firmly assuredly and in the Sincerity of their Hearts think and do hereby recognize acknowledge and declare That King James the Second having abdicated the Government and their Majesties having accepted the Crown and Royal Dignity [as] aforesaid Their said Majesties did become were are and of right ought to be by the Laws of this Realm our Sovereign Liege Lord and Lady

상기 선언에 포함된 상기 상원의원들의 및 하원의원들의 결의에 및 열망에 따라 영국의, 프랑스의, 아일랜드의 및 이에 부속된 영토들의 왕국의 왕위를 및 왕실의 존엄을 그 위에서 양 폐하들은 받아들였다.

그런 까닭에 양 폐하들은 기뻐하였고, 그리하여 의회의 양원을 이루는 상기의 상원의원들은 및 하원의원들은 계속하여 그 지위에 앉아서 양 폐하들의 국왕으로서의 동의에 더불어 이 왕국의 신앙의, 법들의 및 자유들의 정리를 위한 유효한 규정을 만들어야 하고, 그리하여 그 전복될 위험에 다시는 그것들이 처해지지 아니하도록 그들은 조치해야 한다; 이에 대하여 상기의 상원의원들은 및 하원의원들은 정히 동의하였고 이에 따라 행동하기 위하여 나아갔다.

상기의 선언을, 및 거기에 포함된 조항들을, 절들을, 문제들을, 사항들을 의회의 권한에 의하여 정식의 형식 속에서 만들어진 법의 효력으로써 재결함을, 확인함을 및 확립함을 위하여 소집된 의회 내의 상기의 상원의원들은 및 하원의원들은, 이제 상기의 사항들의 추구에 있어서, 이하의 것들이 선언될 수 있기를 및 입법될 수 있기를 정히 간구하나니; 상기의 선언에서 주장된 및 요구된 권리들은 및 자유들은 그 모두가 진실한, 고래의, 및 의심의 여지가 없는 이 왕국 국민의 권리들이라는 및 자유들이라는 점이고, 그리하여 그러한 것들로서 그것들은 존중되어야, 허용되어야, 수여되어야, 여겨져야, 간주되어야 한다는 점이며, 상기의 모든 특정항목들은 상기의 선언에 그것들이 표명되어 있는 대로 확고히 및 엄격히 지켜져야 및 준수되어야 한다는 점이다; 그러므로 지위의 고하를 막론하고 모든 관리들은 및 각료들은 양 폐하들에게와 그들의 계승자들에게 향후에 항상 그것들에 따라서 복무해야 한다.

그리고 그들의 가장 겸손한 감사들을 및 찬양들을 그들의 가장 깊은 충심으로부터 그에게 바치는 까닭인, 그들의 선조들의 왕좌 위에서 가장 행복하게 우리를 통치할 상기의 양 폐하들의 국왕으로서의 신체들을 제공함이 및 보전함이 그 전능하신 신을 이 나라에 대한 신의 놀라운 섭리 속에서와 은혜로운 자애 속에서 어떻게 기쁘게 하였는지를 상기의 상원의원들은 및 하원의원들은 이에 진지하게 숙고하면서, 정부를 국왕 제임스 2세가 포기하였으므로 및 상기의 왕위를 및 왕가의 존엄을 양 폐하들이 받아들였으므로 이 왕국의 법들에 의하여 양 폐하들이 우리의 주권자인 영국의, 프랑스의, 아일랜드의 및 이에 부속하는 영토들의 주군이 및 그 부인이, 국왕이 및 여왕이 되었음을, 양 폐하들이 그러한 지위였음을, 그러한 지위임을, 그리고 당연한 권리로서 그러한 지위여야 함을, 바로 그들에게 속하는 및 부속되는

King and Queen of England France and Ireland and the Dominions thereunto belonging in and to whose Princely Persons the Royal State Crown and Dignity of the said Realms with all Honors Styles Titles Regalities Prerogatives Powers Jurisdictions and Authorities to the same belonging and appertaining are most fully rightfully and entirely invested and incorporated united and annexed And for preventing all Questions and Divisions in this Realm by reason of any pretended Titles to the Crown and for preserving a Certainty in the Succession thereof in and upon which the Unity Peace Tranquility and Safety of this Nation doth under God wholly consist and depend The said Lords Spiritual and Temporal and Commons do beseech their Majesties That it may be enacted established and declared That the Crown and Regal Government of the said Kingdoms and Dominions with all and singular the Premises thereunto belonging and appertaining shall be and continue to their said Majesties and the Survivor of them during their Lives and the Life of the Survivor of them And that the entire perfect and full Exercise of the Regal Power and Government be onely in and executed by his Majesty in the Names of both their Majesties during their joint Lives And after their deceases the said Crown and Premises shall be and remain to the Heirs of the Body of her Majesty and for default of such Issue to her Royal Highness the Princess Anne of Denmark and the Heirs of her Body and for default of such Issue to the Heirs of the Body of his said Majesty And thereunto the said Lords Spiritual and Temporal and Commons do in the Name of all the People aforesaid most humbly and faithfully submit themselves their Heirs and Posterities for ever and do faithfully promise That they will stand to maintain and defend their said Majesties and also the Limitation and Succession of the Crown herein specified and contained to the utmost of their Powers with their Lives and Estates against all Persons whatsoever that shall attempt any thing to the contrary.

Whereas it hath been found by experience, that it is inconsistent with the safety and welfare of this protestant kingdom, to be governed by a popish prince, or by any King or Queen marrying a papist.

The said lords spiritual and temporal, and commons, do further pray that it may be enacted, that all and every person and persons that is, are or shall be reconciled to, or shall hold communion with, the see or church of Rome, or shall profess the popish religion, or shall marry a papist, shall be excluded, and be for ever incapable to inherit, possess, or

모든 명예들이에 칭호들이에 자격들이에 왕권들이에 국왕대권들이에 권한들이에 관할권들이에 및 권위들이에 더불어 왕국의 왕위가 및 상기의 영토들의 존엄이 그들의 군주로서의 신체들에 가장 완전하게 정당하게 및 완벽하게 수여됨을, 및 구현됨을, 결합됨을 및 부수됨을 상기의 상원의원들은 및 하원의원들은 그들의 충심 속에서 생각하며 이에 인정하고 인식하고 선언한다. 왕위에의 조금이라도 사칭된 자격들로 인한 이 왕국에 있어서의 의문들을 및 분열들을 방지하기 위하여, 및 그 안에와 그 위에 이 나라의 통일이 평화가 평정이 및 안전이 신 아래서 완전히 이루어지는 및 의존하는 그 계승에 있어서의 확실함을 보전하기 위하여 상기의 상원의원들은 및 하원의원들은 양 폐하들에게 탄원하나니, 상기 왕국들의 및 영토들의 왕위가 및 국왕의 정부가 이에 속하는 및 부속하는 전술한 사항 모두가에 더불어 상기의 양 폐하들의 생존 동안에는 및 그들 중의 생존자의 생존 동안에는 상기의 양 폐하들의 및 그들 중의 생존자의 것이어야 함이 및 계속 그러하여야 함이, 그리고 국왕의 권한의 온전한 완전한 및 정식의 행사는 및 정부는 양 폐하들의 동시생존 동안에는 오직 오렌지공 폐하에게 있음이 및 오렌지공 폐하에 의하여 양 폐하들의 공동이름들 속에서 집행되어야 함이, 그리고 그들의 사망 뒤에는 상기 왕위는 및 전술한 사항들은 오렌지공비의 신체의 후계자들에게 계승됨이, 그러한 자손이 없을 때에는 덴마크의 앤 공주 전하(her Royal Highness the Princess Anne)에게 및 그녀의 신체의 후계자들에게, 그리고 그러한 자손이 없을 때에는 상기의 오렌지공의 신체의 후계자들에게 계승됨이 입법되어야 하고 확립되어야 하고 선언되어야 한다.

그러므로 거기에 그 자신들을, 그들의 상속인들을 및 후손들을 영구토록 상기의 모든 사람들의 이름으로 가장 겸손되게 및 충직하게 상기의 상원의원들은 및 하원의원들은 정히 맡기며, 상기의 양 폐하들을, 그리고 이에 아울러 여기에 명시된 및 담긴 왕위의 제한을 및 계승을 그들의 힘들이 닿는 한도의 마지막 끝까지 그들의 생명들을 및 지위들을 다하여 신분의 고하를 막론하고 조금이라도 이에 어긋나는 바를 시도하는 모든 사람들에 맞서서 지탱하기를 및 옹호하기를 계속할 것을 그들은 진실되게 약속한다.

가톨릭 군주에 의하여 내지는 조금이라도 가톨릭 신자에게 혼인하는 국왕에 내지는 여왕에 의하여 통치됨은 이 프로테스탄트 왕국의 안전에 및 복지에 부합되지 아니함이 경험에 의하여 확인되어 온 터이기에, 로마의 주교에 내지는 교회에 더불어 화해해 있는 내지는 화해할 또는 교단을 함께 할, 또는 가톨릭 신앙을 고백할 내지는 가톨릭 신자에게 혼인할 모든 사람은 내지는 사람들은 배제되도록 및 그리하여 이 왕국의, 아일랜드의, 및 이에 부속되는 영토들의, 또는 조금이라도 그 일부의, 왕위를 및 정부를 및 영구토록 상속할 수가, 보유할 수가, 향유할 수가 없도록, 내지는 조금이라도 국왕의 권한을, 권위를, 내지는 관할권을 그

enjoy the crown and government of this realm, and Ireland, and the dominions belonging thereunto, or any part of the same, or to have, use, or exercise any regal power, authority, or jurisdiction within the same. In all and every such case or cases the people of these realms shall be, and are hereby absolved of their allegiance. The said crown and government shall from time to time descend to, and be enjoyed by such person or persons, being protestants, as should have inherited and enjoyed the same, in case the said person or persons so reconciled, holding communion, or professing, or marrying as aforesaid, were naturally dead.

Every King and Queen of this realm, who at any time hereafter shall come to and succeed in the imperial crown of this kingdom, shall on the first day of the meeting of the first parliament, next after his or her coming to the crown, sitting his or her throne in the house of peers, in the presence of the lords and commons therein assembled, or at his or her coronation, before such person or persons who shall administer the coronation oath to him or her, at the time of his or her taking the said oath (which shall first happen) make, subscribe, and audibly repeat the declaration mentioned in the statute made in the thirtieth year of the reign of King Charles the Second, intituled, An act for the more effectual preserving the King's person and government, by disabling papists from sitting in either house of parliament. But if it shall happen, that such King or Queen, upon his or her succession to the crown of this realm, shall be under the age of twelve years, then every such King or Queen shall make, subscribe, and audibly repeat the said declaration at his or her coronation, or the first day of the meeting of the first parliament as aforesaid, which shall happen after such King or Queen shall have attained the said age of twelve years.

All which their Majesties are contented and pleased shall be declared, enacted, and established by authority of this present parliament, and shall stand, remain, and be the law of this realm for ever; and the same are by their said Majesties, by and with the advice and consent of the lords spiritual and temporal, and commons, in parliament assembled, and by the authority of the same, declared, enacted, and established accordingly.

It further declared and enacted by the authority aforesaid, that from and after this pres-

영역 내에서 가질 수가, 사용할 수가, 또는 행사할 수가 없도록 입법이 이루어지기를 상기의 상원의원들은 및 하원의원들은 정히 간구한다. 이러한 모든 경우에 내지는 경우들에 이 영토들의 국민은 그들의 충성의무로부터 해제될 것이고 이로써 해제된다. 상기한 바대로 그렇게 화해한, 교단을 함께 하는, 또는 고백하는 내지는 혼인하는 상기의 사람이 내지는 사람들이 자연대로 사망했을 경우라면 상기의 왕위를 및 정부를 상속받았어야 할 및 향유하였어야 할 프로테스탄트 교도인 사람에 내지는 사람들에 의하여 그 왕위는 및 정부는 때때로 내려갈 것이고 향유될 것이다.

지금 이후로 이 왕국의 왕위를 받을 및 계승할 이 왕국의 모든 국왕은 및 여왕은 그의 또는 그녀의 취임 뒤에 가장 가까운 첫 의회의 회합 첫째 날에, 상원에서 그의 또는 그녀의 왕좌에 취임하면서, 거기에 소집된 상원의원들의 및 하원의원들의 출석 가운데서, 내지는 그의 내지는 그녀의 대관식에서, 대관식 선서를 그에게 내지는 그녀에게 거행할 사람의 내지는 사람들의 앞에서, 그의 내지는 그녀의 상기의 선서를 할 때에(그것이 맨 처음에 이루어진다) 국왕 찰스 2세 재위 30년에 제정된, 가톨릭 신자들로 하여금 상원에도 하원에도 앉을 수 없도록 능력을 박탈함에 의한, 국왕의 신체에 및 정부에 대한 보다 더 효과적인 보전을 위한 법률이라는 제목의 제정법에 명시된 선언을 해야 하고, 서명해야 하고, 들릴 수 있는 소리로 반복해야 한다. 그러나 만약 그러한 국왕이 내지는 여왕이 그의 내지는 그녀의 이 왕국의 왕위 계승 당시에 열두 살 미만인 경우가 발생하면, 그 경우에는 상기의 선언을 상기의 열두 살에 그러한 국왕이 내지는 여왕이 이르고 난 뒤에 그의 내지는 그녀의 대관식에서 또는 첫 번째 의회의 회합의 첫째 날에 상기한 대로 그러한 모든 국왕은 내지는 여왕은 해야 하고, 서명해야 하고, 들릴 수 있는 소리로 반복해야 한다.

이 현재의 의회의 권위에 의하여 양 폐하들이 만족하는 및 흡족해 하는 모든 사항들이 선언되어야 하고 입법되어야 하고 확립되어야 하며, 그리하여 영구토록 유지되어야 하고 존속되어야 하며 이 왕국의 법이 되어야 한다; 바로 그러한 것들은 소집된 의회에서 양 폐하들에 의하여서, 상원의원들의 및 하원의원들의 조언에 및 동의에 의하여서와 더불어, 그리고 바로 그것들의 권위에 의하여 이에 따라 선언되고 입법되고 확립된다.

상기의 권위에 의하여 의회의 현재의 회기가 끝난 이후로는 조금이라도 제정법에도 "불구

ent session of parliament, no dispensation by "notwithstanding" of or to any statute, or any part thereof, shall be allowed, but that the same shall be held void and of no effect, except a dispensation be allowed of in such a statute, and except in such cases as shall be specially provided for by one or more bill or bills to be passed during this present session of parliament.

Provided that no charter, or grant, or pardon, granted before the three and twentieth day of October [1689] shall be any ways impeached or invalidated by this act, but that the same shall be and remain of the same force and effect in law, and no other than as if this act had never been made.

한" 내지는 조금이라도 제정법에 대한 내지는 조금이라도 그 일부분에 대한 무시는 허용되지 아니함을, 그러한 법률에서 무시가 허용되는 경우가 아닌 한, 및 이 현재의 의회 회기 동안에 통과되는 한 개 이상의 법률에서 내지는 법률들에서 명시적으로 규정되는 경우들에서가 아닌 한, 그것은 무효로 및 효력 없는 것으로 간주되어야 함을 그것은 추가로 선언하였고 입법하였다.

다만, 10월 23일 이전에 승인된 헌장은, 허가서는, 특사(pardon)는 이 법률에 의하여 탄핵되지도 무효화되지도 아니하는 한, 그것들은 법에서의 동일한 효력을 및 효과를 지니며 그러한 것으로 존속하는 바, 이 법률이 결코 제정된 바 없었을 경우에와 다르지 아니하다.

Bill of Rights 1689

From Wikipedia, the free encyclopedia

The Bill of Rights[nb 1]

Long title

An Act Declaring the Rights and Liberties of the Subject and Settling the Succession of the Crown.

The Bill of Rights, also known as the English Bill of Rights, is an Act of the Parliament of England that deals with constitutional matters and sets out certain basic civil rights. It received the Royal Assent on 16 December 1689 and is a restatement in statutory form of the Declaration of Right presented by the Convention Parliament to William III and Mary II in February 1689, inviting them to become joint sovereigns of England. The Bill of Rights lays down limits on the powers of the monarch and sets out the rights of Parliament, including the requirement for regular parliaments, free elections, and freedom of speech in Parliament. It sets out certain rights of individuals including the prohibition of cruel and unusual punishment and reestablished Protestants to have arms for their defence within the rule of law. Furthermore, the Bill of Rights described and condemned several misdeeds of James II of England.[1]

These ideas reflected those of the political thinker John Locke and they quickly became popular in England.[2] It also sets out—or, in the view of its drafters, restates—certain constitutional requirements of the Crown to seek the consent of the people, as represented in Parliament.[3]

권리장전(Bill of Rights) 1689

From Wikipedia, the free encyclopedia

The Bill of Rights[nb 1]

긴 제목(Long title)

신민의 권리들을 및 자유들을 선언하는 및 왕위계승을 정하는 법률(An Act Declaring the Rights and Liberties of the Subject and Settling the Succession of the Crown).

영국 권리장전(the English Bill of Rights)이라고도 알려진 권리장전(the Bill of Rights)은 헌법사항들을 다루는 및 일정한 기본적 시민권들을 입안하는 영국의회의 법률이다. 국왕의 동의를 1689년 12월 16일에 그것은 받았고 그리하여 그것은 영국의 공동군주들이 되어 달라고 윌리엄 3세(William Ⅲ)를 및 메리 2세(Mary Ⅱ)를 초청하면서 자력소집 의회(the Convention Parliament)에 의하여 그들에게 1689년 2월에 제출된 권리선언(the Declaration of Right)에 대한 제정법 형식의 재정립이다. 군주의 권한들에 대한 제한들을 권리장전은 규정하고, 정규 의회들의 요구를, 자유선거들의 요구를, 그리고 의회 내에서의 말의 자유의 요구를 포함하여 의회의 권리들을 그것은 명시한다. 잔인한 및 이상한 형벌의 금지를 포함하는 개인들의 일정한 권리들을 그것은 규정하며 그들의 방어를 위하여 법의 지배 내에서 무기를 보유할 프로테스탄트 교도들의 권리를 그것은 회복시켰다. 그 밖에도 영국 제임스 2세(James Ⅱ)의 여러 가지 악행들을 권리장전은 기술하고 비난하였다.[1]

정치사상가 존 로크(John Locke)의 주장들을 이 생각들은 반영하였고 그것들은 영국에서 신속하게 널리 보급되었다.[2] 의회에 대표되는 것으로서의 국민의 동의를 구하여야 한다는 국왕에 대한 일정한 헌법적 요구사항들을 그것은 또한 규정한다 — 또는 그 초안자들의 견해로는 재정립한다.[3]

In the United Kingdom, the Bill of Rights is further accompanied by Magna Carta, the Petition of Right, the Habeas Corpus Act 1679 and the Parliament Acts 1911 and 1949 as some of the basiocuments of the uncodified British constitution. A separate but similar document, the Claim of Right Act 1689, applies in Scotland. The Bill of Rights 1689 was one of the inspirations for the United States Bill of Rights.

Along with the Act of Settlement 1701, the Bill of Rights is still in effect in all Commonwealth realms. Following the Perth Agreement in 2011, legislation amending both of them came into effect across the Commonwealth realms on 26 March 2015.

Background

During the 17th century, there was renewed interest in Magna Carta.[4] The Parliament of England passed the Petition of Right in 1628 which established certain liberties for subjects. The English Civil War (1642–1651) was fought between the King and an oligarchic but elected Parliament,[5][6] during which the idea of a political party took form with groups debating rights to political representation during the Putney Debates of 1647.[7] Subsequently, the Protectorate (1653–59) and the English Restoration (1660) restored more autocratic rule although Parliament passed the Habeas Corpus Act in 1679, which strengthened the convention that forbade detention lacking sufficient cause or evidence.

Glorious Revolution

Objecting to the policies of King James II of England (James VII of Scotland and James II of Ireland), a group of English Parliamentarians invited the Dutch stadtholder William III of Orange-Nassau (William of Orange) to overthrow the King. William's successful invasion with a Dutch fleet and army led to James fleeing to France. In December 1688, William took over the provisional government by appointment of the peers of the realm, as was the legal right of the latter in circumstances when the King was incapacitated, and summoned an assembly of certain members of parliament. This assembly called for an English Convention Parliament to be elected, which convened on 22 January 1689.[8][9]

Declaration of Right

An 18th-century engraving, based on a drawing by Samuel Wale, of the Bill of Rights

연합왕국 내에서 영국 불문헌법의 기본적 문서들의 일부로서의 마그나 카르타(Magna Carta)에, 권리청원(the Petition of Right)에, 1679년의 인신보호영장법(the Habeas Corpus Act 1679)에 및 1911년 및 1949년 의회법(the Parliament Acts 1911 and 1949)에 나란히 권리장전은 위치한다. 별개의 것이면서 유사한 문서인 1689년 권리청구법(the Claim of Right Act 1689)은 스코틀랜드에 적용된다. 1689년 권리장전은 합중국 권리장전에 영감을 준 것들 중 한 가지였다.

1701년 왕위계승법(the Act of Settlement 1701)에 아울러, 영연방 국가들 내에서 권리장전은 여전히 유효하다. 2011년 퍼쓰 합의(Perth Agreement)에 따라 그것들을 다 같이 개정한 입법은 영연방 영역들 전체에 걸쳐 효력을 2015년 3월 26일에 개시하였다.

배경

17세기 동안, 마그나 카르타에 대한 새로워진 관심이 있었다.[4] 신민들을 위한 일정한 자유들을 확립하는 권리청원(the Petition of Right)을 1628년에 영국의회는 통과시켰다. 국왕의, 및 소수독재임에도 선출에 의한 의회의 그 양자 사이에서 청교도혁명(642-1651)은 겨루어진 것이었는데,[5][6] 그 과정에서, 정치적 대변의 권리들을 1647년의 푸트니 논쟁들 동안에 토론한 그룹들에 더불어 정당의 개념이 형성되었다.[7] 그 뒤에, 충분한 이유를 내지는 증거를 결여하는 구금을 금지하는 관례를 강화시키는 인신보호영장법(the Habeas Corpus Act)을 1679년에 의회가 통과시켰음에도 불구하고 보다 더 독재적인 통치를 호민관 체제(the Protectorate; 1653-59)는 및 왕정복고(the English Restoration; 1660)는 복원시켰다.

명예혁명(Glorious Revolution)

영국국왕 제임스 2세(James II; 스코틀랜드의 제임스 7세이면서 아일랜드의 제임스 2세)의 정책들에 반대하여, 국왕을 타도하고자 오랑쥬 나소(Orange-Nassau)의 네덜란드 총독 윌리엄 3세(William III; 오렌지 공 윌리엄)를 한 무리의 영국의회 의원들이 불러들였다. 네덜란드 함대를 및 육군을 동반한 윌리엄의 성공적 침입은 제임스의 프랑스로의 도망으로 귀결되었다. 국왕이 자격박탈된 상황들에 있어서의 영토 내의 귀족들의 적법한 권리인 바에 따라 임시정부를 그들의 지명에 의하여 1688년 12월에 윌리엄은 인수하였고, 의회의 특정 구성원들의 회의를 1689년 1월 22일에 그는 소집하였다.[8][9]

권리선언(Declaration of Right)

권리들의 및 자유들의 및 그것들에 대한 제임스의 위반행위의 선언문을 작성하자는 제안

being presented to William III and Mary II

The proposal to draw up a statement of rights and liberties and James's violation of them was first made on 29 January 1689 in the House of Commons, with members arguing that the House "cannot answer it to the nation or Prince of Orange till we declare what are the rights invaded" and that William "cannot take it ill if we make conditions to secure ourselves for the future" in order to "do justice to those who sent us hither". On 2 February a committee specially convened reported to the Commons 23 Heads of Grievances, which the Commons approved and added some of their own. However, on 4 February the Commons decided to instruct the committee to differentiate between "such of the general heads, as are introductory of new laws, from those that are declaratory of ancient rights". On 7 February the Commons approved this revised Declaration of Right, and on 8 February instructed the committee to put into a single text the Declaration (with the heads which were "introductory of new laws" removed), the resolution of 28 January and the Lords' proposal for a revised oath of allegiance. It passed the Commons without division.[10]

On 13 February the clerk of the House of Lords read the Declaration of Right, and the Marquess of Halifax, in the name of all the estates of the realm, asked William and Mary to accept the throne. William replied for his wife and himself: "We thankfully accept what you have offered us". They then went in procession to the great gate at Whitehall. The Garter King at Arms proclaimed them King and Queen of England, France and Ireland, whereupon they adjourned to the Chapel Royal, with the Bishop of London preaching the sermon.[11] They were crowned on 11 April, swearing an oath to uphold the laws made by Parliament. The Coronation Oath Act 1688 had provided a new coronation oath, whereby the monarchs were to "solemnly promise and swear to govern the people of this kingdom of England, and the dominions thereunto belonging, according to the statutes in parliament agreed on, and the laws and customs of the same". They were also to maintain the laws of God, the true profession of the Gospel, and the Protestant Reformed faith established by law.[12] This replaced an oath which had deferred more to the monarch. The previous oath required the monarch to rule based on "the laws and customs... granted by the Kings of England".[13]

들은 1689년 1월 29일에 하원에서 최초로 이루어졌는 바, "그 침해된 권리들이 무엇인지를 우리가 선언할 때까지는 그것에 대하여 국민에게도 오렌지 공에게도" 하원은 "답변할 수 없다."고, 그리고 "우리를 여기에 보낸 사람들을 공정하게 대변하"기 위하여 "우리 자신을 장래에 보장하는 조건들을 설령 우리가 만든다 하여 그것을 나쁘게" 윌리엄은 "여길 수 없다."고 의원들은 주장하였다. 고충사항들의 스물 세 가지 우선적 항목들을 2월 2일에 특별히 소집된 한 개의 위원회는 하원에 보고하였고, 그것을 하원은 승인하면서 그들 스스로의 몇 가지 항목들을 추가하였다. 그러나 "새로운 법들을 필요로 하는 일반적 항목들"의 및 "고래의 권리들에 대한 선언적인 것들"의 양자 사이를 구분짓도록 위원회에게 지시하기로 2월 4일에 하원은 결정하였다 개정된 권리선언을 2월 7일에 하원은 승인하였고, ("새로운 법들을 필요로 하는" 항목들을 제외한 채로) 선언을, 1월 28일의 결의를 및 새로운 충성선서를 위한 상원의 제안을 한 개의 단일본문 안에 넣도록 위원회에 2월 8일에 하원은 지시하였다. 그것은 하원을 무투표로 통과하였다.[10]

권리선언을 2월 13일에 상원 서기는 낭독하였고, 그러자 왕위를 받아달라고 윌리엄(William)에게와 메리(Mary)에게 영토의 모든 계급들의 이름으로 핼리팩스(Halifax) 후작은 요청하였다. 그의 처를 대신하여서와 그 스스로를 위하여 윌리엄은 답변하였다: "우리에게 귀하들이 제의한 바를 우리는 감사로이 수락합니다". 화이트홀(Whitehall)의 큰 문으로 그 다음에 그들은 행렬지어 갔다. 그들을 영국의, 프랑스의 및 아일랜드의 국왕으로 및 여왕으로 문장원(紋章院)의 가터 문장관(紋章官;the Garter King at Arms)은 선포하였고, 그 뒤에 왕실 예배당으로 그들은 옮겨갔으며, 런던 대주교가 설교를 하였다.[11] 4월 11일에 그들에게 대관식이 거행되었는데, 의회에 의하여 제정되는 법들을 준수하겠다는 선서를 그들은 하였다. 새로운 대관식 선서를 1688년 대관식 선서법(the Coronation Oath Act 1688)은 규정해 놓고 있었는데, 이에 의하면, "이 영국왕국의 및 이에 부속하는 영토들의 국민을 합의된 의회에서의 제정법들에 따라, 그리고 그 법들에와 관습들에 따라 통치할 것을" 군주들은 "엄숙히 약속하고 선서하게" 되어 있었다. 신의 법들을, 참다운 성직을 및 법에 의하여 규정된 프로테스탄트 개혁신앙을 그들은 아울러 유지하여야 하였다.[12] 더 많은 것들을 군주에게 양보하였던 선서를 이것은 교체하였다. "영국 국왕들에 의하여 허가된 …… 법들에와 관습들에" 터잡아 통치할 것을 군주에게 이전의 선서는 요구하였다.[13]

Provisions of the Act

The Declaration of Right was enacted in an Act of Parliament, the Bill of Rights 1689, which received the Royal Assent in December 1689.[14] The Act asserted "certain ancient rights and liberties" by declaring that:[15]

the pretended power of suspending the laws and dispensing with[nb 2] laws by regal authority without consent of Parliament is illegal;

the commission for ecclesiastical causes is illegal;

levying taxes without grant of Parliament is illegal;

it is the right of the subjects to petition the king, and prosecutions for such petitioning are illegal;

keeping a standing army in time of peace, unless it be with consent of Parliament, is against law;[nb 3]

Protestants may have arms for their defence suitable to their conditions and as allowed by law;

election of members of Parliament ought to be free;

the freedom of speech and debates or proceedings in Parliament ought not to be impeached or questioned in any court or place out of Parliament;

excessive bail ought not to be required, nor excessive fines imposed, nor cruel and unusual punishments inflicted;

jurors in trials for high treason ought to be freeholders;

promises of fines and forfeitures before conviction are illegal and void;

for redress of all grievances, and for the amending, strengthening and preserving of the laws, Parliaments ought to be held frequently.

The Act declared James' flight from England following the Glorious Revolution to be an abdication of the throne. It listed twelve of James's policies by which James designed to "endeavour to subvert and extirpate the protestant religion, and the laws and liberties of this kingdom".[16] These were:[17]

by assuming and exercising a power of dispensing with and suspending of laws and the execution of laws without consent of Parliament;

by prosecuting the Seven Bishops; by establishing of the court of commissioners for

법률의 규정내용

의회법률인 1689년 권리장전(the Bill of Rights 1689)으로 권리선언(the Declaration of Right)은 입법되어 국왕의 승인을 1689년 12월에 받았다.[14] 이렇게 선언함으로써 "일정한 고래의 권리들을 및 자유들을" 그 법률은 주장하였다:[15]

의회의 동의 없이 국왕의 권한에 의하여 법들을 정지시키기 위한 및 법들을 무시하기 위한[nb 2] 외양만의 권한은 불법이다;

종무(宗務)위원회(the commission for ecclesiastical causes)는 불법이다;

의회의 동의 없는 과세는 불법이다;

국왕에게 청원함은 신민들의 권리이고, 그리하여 그러한 청원들을 이유로 하는 소추들은 불법이다;

상비군을 평화시에 유지함은, 의회의 동의가 이에 수반되지 아니하는 한, 법에 어긋난다;[nb 3]

상황들에 적합한 및 법에 의하여 허용되는 무기를 그들의 방어를 위하여 프로테스탄트 교도들은 보유할 수 있다;

의회 의원들의 선거는 자유로운 것이어야 한다;

의회 내에서의 말의 및 토론의 자유는 및 절차들은 의회 밖의 어떤 법원에서도 내지는 장소에서도 탄핵되어서도 문제시되어서도 안 된다;

과도한 보석금이 요구되어서는 안 되고 과도한 벌금이 요구되어서는 안 되며, 잔인한 및 이상한 형벌들이 가해져서는 안 된다;

대역죄(high treason)를 심리하는 배심원들은 자유토지보유권자들(freeholders)이어야 한다;

유죄판정 이전의 벌금들의 및 몰수들의 약속들은 불법이고 무효이다;

모든 고충사항들의 구제를 위하여, 그리고 법률의 개정을, 강화를 및 보전을 위하여 의회들은 빈번히 열려야 한다.

명예혁명에 이은 제임스의 영국으로부터의 도망을 왕위의 포기라고 법률은 선언하였다. "프로테스탄트 신앙을 및 이 왕국의 법들을 및 자유들을 전복하기를 및 박멸하기를 꾀하고자" 시도하면서 그 수법으로 삼은 제임스의 정책들 중 열두 가지를 그것은 열거하였다.[16] 이것들은 이러하였다:[17]

의회의 동의 없이 법들을 및 법들의 집행을 무시할 및 정지시킬 권한을 사칭하고 행사한 점;

일곱 명의 대주교들을 소추한 점; 종무법원(宗務法院; the court of commissioners for ecclesiastical causes) ecclesiastical causes;

by levying taxes for the use of the Crown by pretence of prerogative as if the same was granted by Parliament;

by raising and keeping a standing army within this kingdom in time of peace without consent of Parliament;

by causing Protestants to be disarmed at the same time when papists were both armed and employed contrary to law;

by violating the freedom of election of members to serve in Parliament;

by prosecutions in the Court of King's Bench for matters and causes cognizable only in Parliament, and by divers other arbitrary and illegal courses;

by employing unqualified persons on juries in trials, and jurors in trials for high treason which were not freeholders;

by imposing excessive bail on persons committed in criminal cases against the laws made for the liberty of the subjects;

by imposing excessive fines and illegal and cruel punishments;

by making several grants and promises made of fines and forfeitures before any conviction or judgment against the persons upon whom the same were to be levied;

all which are utterly and directly contrary to the known laws and statutes and freedom of this realm.

In a prelude to the Act of Settlement to come twelve years later, the Bill of Rights barred Roman Catholics from the throne of England as "it hath been found by experience that it is inconsistent with the safety and welfare of this Protestant kingdom to be governed by a papist prince"; thus William III and Mary II were named as the successors of James II and that the throne would pass from them first to Mary's heirs, then to her sister, Princess Anne of Denmark and her heirs (and, thereafter, to any heirs of William by a later marriage).

Date and title

The Bill of Rights is commonly dated in legal contexts to 1688. This convention arises from the legal fiction [prior to the passage of the Acts of Parliament (Commencement) Act 1793] that an Act of Parliament came into force on the first day of the session in which it was passed. The

을 설치한 점;

　의회에 의하여 승인된 사항인 양 국왕대권의 구실 아래 국왕의 사용을 위하여 세금들을 부과한 점;

　의회의 동의 없이 상비군을 이 왕국 내에 평화 시에 일으키고 유지한 점;

　가톨릭 교도들은 법에 어긋나게 무장을 갖추고 고용되는 상황에서 프로테스탄트 교도들로 하여금은 무장을 해제당하게 만든 점;

　의회에서 복무할 구성원들의 선거의 자유를 침해한 점;

　의회에 의하여서만 심리되어야 할 사항들에 및 원인들에 대한 왕좌법원(the Court of King's Bench)에의 소추들을 제기한 점 및 그 밖의 다양한 자의적인 및 불법적인 절차들을 운영한 점;

　자격 없는 사람들을 정식사실심리들에서의 배심들로 사용한 점 및 자유토지보유권자들 아닌 배심원들을 대역죄 정식사실심리들에서 사용한 점;

　신민들의 자유를 위하여 제정된 법들에 위반하여, 형사사건들로 구금된 사람들 위에 과도한 보석금을 부과한 점;

　과도한 벌금들을 및 불법적인 및 잔인한 형벌들을 부과한 점;

　벌금들이 및 몰수들이 가해질 사람들에게 불리하게 조금이라도 유죄판정이 내지는 판결이 있기 이전에 벌금들에 및 몰수들에 관하여 여러 가지의 허가들을 및 약속들을 한 점;

　이 영토의 알려진 법들에와 제정법들에와 자유에 이 모든 것들은 철저히 및 직접적으로 어긋난다.

　12년 뒤에 제정될 왕위계승법(the Act of Settlement)의 서곡으로서, 로마 가톨릭 신자들을 영국의 왕위로부터 권리장전은 배제하였는데, "가톨릭 신자인 군주에 의하여 통치됨이 이 프로테스탄트 왕국의 안전에와 복지에 배치됨은 경험에 의하여 확인되어 있는 사항이었기" 때문이다; 이렇게 윌리엄 3세(William III)는 및 메리 2세(Mary II)는 제임스 2세(James II)의 후계자로 지명되었고 이에 따라 왕위는 그들로부터 1번으로 메리의 상속인들에게, 그 다음 순으로 그녀의 누이인 덴마크의 앤 공주(Princess Anne)에게와 그녀의 상속인들에게 (그리고 그 뒤에는 추후의 혼인에 의하여 윌리엄의 상속인들 누구에게든) 승계되게 되었다.

날짜와 제목

　권리장전(the Bill of Rights)은 일반적으로는 법적 맥락들 속에서 1688년으로 날짜매김된다. 의회법률은 그것이 통과된 회기 첫째 날에 효력을 발생한다는[1793년 의회법률들의 (효력개시)법의 통과 이전의] 법적 가설로부터 이 관례는 발생한다. 그러므로 1689년 2월 13일(신력)부터,

Bill was therefore deemed to be effective from 13 February 1689 (New Style), or, under the Old Style calendar in use at the time, 13 February 1688. Under the Short Titles Act 1896, the Bill was given the official short title of "The Bill of Rights", without a calendar year suffix.[18]

Augmentation and effect

The Bill of Rights was later supplemented by the Act of Settlement 1701 (which was agreed to by the Parliament of Scotland as part of the Treaty of Union). The Act of Settlement altered the line of succession to the throne laid out in the Bill of Rights.[19] However, both the Bill of Rights and the Claim of Right contributed a great deal to the establishment of the concept of parliamentary sovereignty and the curtailment of the powers of the monarch.[20][21][22] Leading, ultimately, to the establishment of constitutional monarchy,[23] while also (along with the penal laws) settling the political and religious turmoil that had convulsed Scotland, England and Ireland in the 17th century.

The Bill of Rights (1689) reinforced the Petition of Right (1628) and the Habaes Corpus Act (1679) by codifying certain rights and liberties. The rights expressed in these Acts became associated with the idea of the rights of Englishmen,[24] and described as Fundamental Laws of England. The Bill of Rights directly influenced the 1776 Virginia Declaration of Rights,[nb 4] which in turn influenced the Declaration of Independence.[25]

Although not a comprehensive statement of civil and political liberties, the Bill of Rights stands as one of the landmark documents in the development of civil liberties in the United Kingdom and a model for later, more general, statements of rights;[13] these include the United States Bill of Rights, the French Declaration of the Rights of Man and of the Citizen, the United Nations Universal Declaration of Human Rights and the European Convention on Human Rights.[26][27] For example, as with the Bill of Rights 1689, the US Constitution prohibits excessive bail and "cruel and unusual punishment". Similarly, "cruel, inhuman or degrading treatment or punishment" is banned under Article 5 of the Universal Declaration of Human Rights and Article 3 of the European Convention on Human Rights.

Legal status

The Bill of Rights remains in statute and continues to be cited in legal proceedings in the

또는 당시에 사용되던 구력(Old Style calendar) 하에서는 1688년 2월 13일부터 효력을 지니는 것으로 장전은 간주되었다. 1896년 법률약칭법(the Short Titles Act 1896) 아래서, 장전에게는 "The Bill of Rights"라는 공식의 약칭이 부여되었고, 이에는 연도가 추가되지 않는다.[18]

확대 및 효과

추후에 1701년 왕위계승법(the Act of Settlement 1701)에 의하여 권리장전은 추가되었다 (이에 대하여는 연합조약의 일부로서 스코틀랜드 의회에 의하여 동의가 이루어졌다). 권리장전에 규정된 왕위승계의 순서를 왕위계승법은 변경시켰다.[19] 그러나 의회주권의 및 군주의 권한들의 제한의 개념의 확립에 권리장전은 및 권리청구(the Claim of Right)는 다 같이 크게 기여하였다.[20][21][22] 스코틀랜드를, 영국을 및 아일랜드를 17세기에 진동시켜 놓았던 정치적 종교적 혼란을 (형사법들이에 아울러) 해소하면서 궁극적으로 입헌군주제의 확립으로 그것은 이끌어갔다.

특정 권리들을 및 자유들을 법전화함에 의하여, 1628년 권리청원(the Petition of Right (1628))을 및 1679년 인신보호영장법(the Habaes Corpus Act (1679))을 1689년 권리장전(the Bill of Rights (1689))은 강화하였다. 이들 법들에 표명된 권리들은 영국인들의 권리들이라는 관념에 결합된 것이 되었고,[24] 그리하여 그것들은 영국의 기본적 법들로서 기술되게 되었다. 1776년 버지니아 권리선언(the 1776 Virginia Declaration of Rights)에 직접적으로 영향을 권리장전(the Bill of Rights)은 주었고,[nb 4] 이 번에는 독립선언(the Declaration of Independence)에 영향을 버지니아 권리선언은 주었다.[25]

시민적 정치적 자유들의 포괄적인 선언이 아님에도 불구하고, 연합왕국에서의 시민적 자유들의 전개에 있어서의 기념비적 문서들 중 한 가지로서, 그리고 향후의 보다 더 일반적인 권리선언들의 모범으로서 권리장전은 위치한다;[13] 합중국 권리장전(the United States Bill of Rights)을, 프랑스의 사람의 및 시민의 권리선언(the French Declaration of the Rights of Man and of the Citizen)을, 유엔 세계인권선언(the United Nations Universal Declaration of Human Rights)을 및 유럽 인권보호조약(the European Convention on Human Rights)을 이것들은 포함한다.[26][27] 예를 들어, 1689년 권리장전이 그러하듯, 과도한 보석금을 및 "잔인한 및 이상한 형벌"을 합중국 헌법은 금지한다. 이에 유사하게, "잔인한, 비인간적인 내지는 불명예스런 처우는 내지는 처벌은" 세계인권선언 제5조에 및 유럽인권보호조약 제3조에 따라서 금지된다.

법적 지위

연합왕국 내에서와 여타의 영연방 영역들에서 제정법으로 권리장전은 남아 있고 법적 절

United Kingdom and other Commonwealth realms, particularly Article 9 on parliamentary freedom of speech.[28][29] Following the Perth Agreement in 2011, legislation amending the Bill of Rights and the Act of Settlement 1701 came into effect across the Commonwealth realms on 26 March 2015 which changed the laws of succession to the British throne.[nb 5]

Part of the Bill of Rights remains in statute in the Republic of Ireland.

United Kingdom

The Bill of Rights applies in England and Wales; it was enacted in the Kingdom of England which at the time included Wales. Scotland has its own legislation, the Claim of Right Act 1689, passed before the Act of Union between England and Scotland. There are doubts as to whether, or to what extent, the Bill of Rights applies in Northern Ireland.[28] [nb 6]

On 21 July 1995 a libel case brought by Neil Hamilton (then a member of parliament) against The Guardian was stopped after Justice May ruled that the Bill of Rights' prohibition on the courts' ability to question parliamentary proceedings would prevent The Guardian from obtaining a fair hearing. Section 13 of the Defamation Act 1996, was subsequently enacted to permit MPs to waive their parliamentary privilege and thus cite their own speeches if relevant to litigation.[32]

Following the United Kingdom European Union membership referendum in 2016, the Bill of Rights was quoted in a court ruling on a legal challenge seeking a judicial declaration that triggering EU exit must first be authorised by an act of Parliament.[33][34]

Australia

The ninth article, regarding parliamentary freedom of speech, is actively used in Australia.[28]

Canada

The article on parliamentary freedom of speech is in active use in Canada.[28]

New Zealand

The Bill of Rights was invoked in New Zealand in the 1976 case of Fitzgerald v Muldoon

차들에서 인용되기를 계속하는 바, 특히 의회 내에서의 말의 자유에 관한 제9조가 그러하다.[28][29] 2011년 퍼뜨 합의(the Perth Agreement)에 이어, 권리장전을 및 1701년 왕위계승법을 개정한 입법은 영연방 전역에 걸쳐 2015년 3월 26일에 발효되었는데, 영국 국왕의 계승관련 법들을 그것은 바꾸었다.[nb 5]

아일랜드 공화국에서는 권리장전의 일부가 제정법 안에 남아 있다.

연합왕국

영국에와 웨일즈에 권리장전은 적용된다; 웨일즈를 영국이 포함하던 시기에 그것은 잉글랜드 왕국에서 제정되었다. 그 자신의 입법인 1689년 권리청구법(the Claim of Right Act 1689)을 스코틀랜드는 가지고 있는데, 영국의 및 스코틀랜드의 양자 사이의 연합법(the Act of Union) 이전에 통과된 것이다. 북아일랜드(Northern Ireland)에 권리장전이 적용되는지 여부에 관하여 및 적용되는 정도에 관하여 의문들이 있다.[28][nb 6]

공정한 청문을 가디언지(誌; The Guardian)가 획득함을, 의회절차들을 문제삼을 법원의 능력들에 대한 권리장전의 금지는 방해할 것이라고 대법관 메이(May)가 결정한 뒤인 1995년 7월 21일에, 닐 해밀턴(Neil Hamilton; 당시의 의회의원)에 의하여 제기된 가디언지를 겨냥한 문서비방 사건은 중지되었다. 그들의 의회특권을 포기하도록, 그리하여 소송에 관련될 경우에는 그들 자신의 발언들을 인용하도록 의회의원들에게 허용하기 위하여 추후에 1996년 명예훼손법 제13절이 입법되었다.[32]

유럽연합 잔류 여부에 관한 2016년 연합왕국의 투표에 이어, 유럽연합 탈퇴를 추진함은 의회의 법률에 의하여 먼저 허가되지 않으면 안 된다는 법원의 선언을 구하는 법적 이의신청에 대하여 판결을 내리는 법정에서 권리장전은 인용되었다.[33][34]

오스트레일리아

의회에서의 말의 자유에 관한 제9조는 오스트레일리아에서 활발히 이용된다.[28]

캐나다

의회에서의 말의 자유에 관한 조항은 캐나다에서 활발한 이용 속에 있다.[28]

뉴질랜드

뉴질랜드에서의 1976년 Fitzgerald v Muldoon and Others 사건에서 권리장전은 원용되었

and Others,[35] which centred on the purporting of newly appointed Prime Minister Robert Muldoon that he would advise the Governor-General to abolish a superannuation scheme established by the New Zealand Superannuation Act, 1974, without new legislation. Muldoon felt that the dissolution would be immediate and he would later introduce a bill in parliament to retroactively make the abolition legal. This claim was challenged in court and the Chief Justice declared that Muldoon's actions were illegal as they had violated Article 1 of the Bill of Rights, which provides "that the pretended power of dispensing with laws or the execution of laws by regal authority ... is illegal."[36]

Republic of Ireland

The Act was retained in the Republic of Ireland although sections were repealed by the Statute Law Revision Act 2007 section $2^{(2)(a)}$,[37] and Part 2 of Schedule 1.[38] Section $2^{(3)}$ of that Act repealed:

- all of the Preamble down to "Upon which Letters Elections having been accordingly made"
- the seventh paragraph "Subjects' Arms. That the Subjects which are Protestants may have Arms for their Defence suitable to their Conditions and as allowed by Law."
- all words from "And they doe Claime Demand and Insist" down to, but not including, section 2, bars Roman Catholics from Crown or Government, succession et cetera.

Modern recognition

Two special designs of commemorative two pound coins were issued in the United Kingdom in 1989 to celebrate the tercentenary of the Glorious Revolution. One referred to the Bill of Rights and the other to the Claim of Right. Both depict the Royal Cypher of William and Mary and the mace of the House of Commons, one also shows a representation of the St Edward's Crown and the other the Crown of Scotland.[39]

In May 2011, the Bill of Rights was inscribed in UNESCO's UK Memory of the World Register.[26][40]

As part of the Parliament in the Making programme, the Bill of Rights was on display at the Houses of Parliament in February 2015.[41]

는데.[35] 1974년 뉴질랜드 연금법에 의하여 수립된 연금제도를 새로운 입법 없이 폐지하도록 총독에게 자신이 권유하겠다는 새로이 지명된 수상 로버트 멀둔(Robert Muldoon)의 주장 위에 사건은 집중되었다. 의회해산이 임박할 것으로 멀둔(Muldoon)은 생각하였고, 그 경우에 그 폐지를 소급적으로 적법하게 만들기 위하여 법안을 의회에 그는 제출할 생각이었다. 이 주장은 법원에 이의신청되었는데, "법들을 및 법들의 시행을 국왕의 권위에 의하여 …… 무시하기 위한 외양만의 권한은 불법이다."라고 규정하는 권리장전 제1조를 멀둔의 행위들이 침해하였으므로 그것들은 불법이라고 법원장은 선언하였다.[36]

아일랜드 공화국

비록 2007년 제정법률정비법(the Statute Law Revision Act 2007), 2(2)(a)절에 의하여,[37] 및 표(Schedule) 1의 Part 2에 의하여,[38] 조항들은 폐지되었음에도 불구하고 아일랜드 공화국에서 법률은 유지되었다. 아래의 것들을 그 법률 2(3)절은 폐지하였다:

- "해당문언들에 따라 선거들이 이루어져 있는"에 이르기까지의 서문 전체
- 제7단락 "신민들의 무기(Subjects' Arms). 그들의 상황들에 적합한 및 법에 의하여 허용되는 무기를 그들의 방어를 위하여 프로테스탄트 교도들은 보유할 수 있다".
- "그리고 그들은 청구하고 요구하고 주장한다."에서부터 제2절 로마 가톨릭 신자들을 영국의 왕위로부터 또는 정부로부터, 승계로부터, 기타 등등으로부터 배제한다에 이르기까지(제2절 불포함)의 모든 단어들.

현대의 인식

명예혁명 300주년을 경축하기 위하여 1989년에 연합왕국에서 두 가지 특별 디자인의 2 파운드 기념주화들이 발행되었다. 한 개는 권리장전(the Bill of Rights)을, 그리고 다른 한 개는 권리청구(the Claim of Right)를 인용하였다. 국왕 윌리엄(William)의 및 메리(Mary)의 부호를 및 하원의 직장(職杖; mace)을 둘은 다 같이 묘사하고, 또한 한 개는 세인트 에드워드 왕관(the St Edward's Crown)의 조상(彫像)을, 다른 것은 스코틀랜드 왕관의 조상을 나타낸다.[39]

2011년 5월에 권리장전은 유네스코의 연합왕국 세계기록유산(UNESCO's UK Memory of the World Register)에 등재되었다. [26][40]

제작프로그램의 일부로서, 2015년 2월 11일 의회 의사당에서 전시에 권리장전은 놓였다.[41]

원문링크 https://en.wikipedia.org/wiki/Bill_of_Rights_1689

Notes

1. The Act is cited as "The Bill of Rights" in the United Kingdom, as authorised by section 1 of, and the First Schedule to, the Short Titles Act 1896. Owing to the repeal of those provisions, it is now authorised by section 19(2) of the Interpretation Act 1978. In the Republic of Ireland, it is cited as "The Bill of Rights 1688", as authorised by section 1 of, and the First Schedule to, the Short Titles Act 1896 (as amended by section 5(a) of the Statute Law Revision Act 2007). The short title of this Act was previously "The Bill of Rights".

2. i.e. ignoring

3. Arguably, this right is subject to continuing derogation in modern times; see, for example, Armed Forces Act and discussion of the same in Military Covenant.

4. Section Seven of the Virginia Declaration of Rights reads, That all power of suspending laws, or the execution of laws, by any authority, without consent of the representatives of the people, is injurious to their rights and ought not to be exercised.which strongly echoes the first two "ancient rights and liberties" asserted in the Bill of Rights 1689: That the pretended power of suspending the laws or the execution of laws by regal authority without consent of Parliament is illegal; That the pretended power of dispensing with laws or the execution of laws by regal authority, as it hath been assumed and exercised of late, is illegal; And the Virginia Declaration's Section Nine, That excessive bail ought not to be required, nor excessive fines imposed, nor cruel and unusual punishments inflicted.is borrowed word for word from the Bill of Rights 1689.

5. In Quebec the validity of the Canadian parliament's legislation is under judicial review. Blanchfield, Mike (22 July 2013). "Quebec government to mount legal challenge to new royal succession law". National Post [1]

6. The United Kingdom consists of four countries and three distinct legal systems: England and Wales, Scotland and Northern Ireland.[30][31] These jurisdictions have particular legal considerations of their own, arising from differences in English law, Scots law and Northern Ireland law.

각주출처

1. 연합왕국에서 "The Bill of Rights"로 법률은 인용되는데, 1896년 법률약칭법(the Short Titles Act 1896) 제1절에 의하여 및 표 1에 의하여 허용되는 바에 따른 것이다. 그 규정들의 폐지로 인하여, 지금은 1978년 법률의 해석에 관한 법률(the Interpretation Act 1978) 19(2)절에 의하여 그것은 허용된다. 아일랜드 공화국에서는, "The Bill of Rights 1688"로 그 것은 인용되는 바, 1896년 법률약칭법(the Short Titles Act 1896) (2007년 제정법률정비법 (the Statute Law Revision Act 2007) 5(a)절에 의하여 개정된 것) 제1절에 의하여 및 표 1에 의하여 그것은 허용된다. 이 법률의 약칭은 이전에는 "The Bill of Rights."였다

2. 즉, 무시함이다.

3. 현대에는 지속적인 손상에 아마도 틀림없이 이 권리는 놓여 있다; see, for example, Armed Forces Act and discussion of the same in Military Covenant.

4. 법들을 또는 법들의 시행을 정지시키는 모든 권한은 그 어떤 권위에 의한 것이든, 국민의 대표자들의 동의가 없는 한, 그들의 권리들에 유해하고 따라서 1689년 권리장전에서 주장된 맨 첫 번째 두 가지의 "고래의 권리들을 및 자유들을" 강하게 반향시키는 것들은 행사되어서는 안 된다고: 최근에 사칭되고 행사되어 왔듯이 의회의 동의 없이 국왕의 권위에 의하여 법들을 내지는 법들의 시행을 정지시키는 외양만의 권한은 불법이라고 버지니아주 권리선언 제7절은 규정한다; 그리고 과도한 보석금이 요구되어서는 안 된다는, 과도한 벌금들이 부과되어서도 안 된다는, 잔인한 및 이상한 형벌들이 가해져서도 안 된다는 버지니아주 선언 제9절은 1689년 권리장전으로부터 글자 그대로를 가져온 것이다.

5. 퀘벡(Quebec)주에서 캐나다 의회의 입법의 유효성은 사법적 심사에 놓여 있다. Blanchfield, Mike (22 July 2013). "새로운 왕위계승법에 법적 이의를 퀘벡 주정부가 제기하다". National Post [1]

6. 네 개의 나라들로 및 세 개의 개별 법제도들로 연합왕국은 구성된다: 영국과 웨일즈(England and Wales), 스코틀랜드(Scotland) 및 북아일랜드(Northern Ireland)이다.[30][31] 그들 나름의 특유의 법적 고려요소들을 이 관할들은 지니는데, 영국 법에서의, 스코틀랜드 법에서의 및 아일랜드 법에서의 차이들로부터 이는 기인한다.

References

1. "Britain's unwritten constitution". British Library. Retrieved 27 November 2015. "The key landmark is the Bill of Rights (1689), which established the supremacy of Parliament over the Crown.... The Bill of Rights (1689) then settled the primacy of Parliament over the monarch's prerogatives, providing for the regular meeting of Parliament, free elections to the Commons, free speech in parliamentary debates, and some basic human rights, most famously freedom from 'cruel or unusual punishment'."

2. Schwoerer 1990, pp. 531−548.

3. Maurice Adams; Anne Meuwese; Ernst Hirsch Ballin (2017). Constitutionalism and the Rule of Law: Bridging Idealism and Realism. Cambridge UP. p. 97.

4. "From legal document to public myth: Magna Carta in the 17th century". The British Library. Retrieved 2017-10-16; "Magna Carta: Magna Carta in the 17th Century". The Society of Antiquaries of London. Retrieved 2017-10-16.

5. "Origins and growth of Parliament". The National Archives. Retrieved 7 April 2015.

6. "Rise of Parliament". The National Archives. Retrieved 7 April 2015.

7. "Putney debates". The British Library. Retrieved 22 December 2016.

8. Anon. 2010, pp. 2−4.

9. "Bill of Rights". British Library. Retrieved 23 June 2015.

10. Horwitz 1977, p. 12.

11. Carpenter 1956, pp. 145−46.

12. Williams 1960, pp. 37−39.

13. "The Convention and Bill of Rights". UK Parliament. Retrieved 2 November 2014.

14. Thatcher 1907, pp. 10.

15. Williams 1960, pp. 28−29.

16. Williams 1960, p. 26.

17. Williams 1960, p. 27.

18. "Bill of Rights [1688]". legislation.gov.uk. note X1. Retrieved 14 July 2015.

19. "The Act of Settlement". UK Parliament. Retrieved 8 November 2014.

20. "The Bill of Rights". British Library. Retrieved 27 November 2015. "This vigorous assertion of the rights of the subject meant that the Bill of Rights is often seen as parallel in

각주출처

1. "Britain's unwritten constitution". British Library. Retrieved 27 November 2015. "핵심의 경계표는 1689년 권리장전인 바, …… 국왕에 대한 의회의 우월을 그것은 확립하였다. 의회의 정규적 소집을, 하원에의 자유선거들을, 의회 내에서의 논의들에서의 자유로운 말을, 그리고 몇 가지 기본적 인권을, 가장 유명하게는 '잔인한 및 이상한 형벌(cruel or unusual punishment)'로부터의 자유를 규정함으로써 국왕대권에 대한 의회의 우월을 그 당시에 1689년 권리장전은 정립시켰다."

2. Schwoerer 1990, pp. 531−548.

3. Maurice Adams; Anne Meuwese; Ernst Hirsch Ballin (2017). Constitutionalism and the Rule of Law: Bridging Idealism and Realism. Cambridge UP. p. 97.

4. "From legal document to public myth: Magna Carta in the 17th century". The British Library. Retrieved 2017-10-16; "Magna Carta: Magna Carta in the 17th Century". The Society of Antiquaries of London. Retrieved 2017-10-16.

5. "Origins and growth of Parliament". The National Archives. Retrieved 7 April 2015.

6. "Rise of Parliament". The National Archives. Retrieved 7 April 2015.

7. "Putney debates". The British Library. Retrieved 22 December 2016.

8. Anon. 2010, pp. 2−4.

9. "Bill of Rights". British Library. Retrieved 23 June 2015.

10. Horwitz 1977, p. 12.

11. Carpenter 1956, pp. 145−46.

12. Williams 1960, pp. 37−39.

13. "The Convention and Bill of Rights". UK Parliament. Retrieved 2 November 2014.

14. Thatcher 1907, pp. 10.

15. Williams 1960, pp. 28−29.

16. Williams 1960, p. 26.

17. Williams 1960, p. 27.

18. "Bill of Rights [1688]". legislation.gov.uk. note X1. Retrieved 14 July 2015.

19. "The Act of Settlement". UK Parliament. Retrieved 8 November 2014.

20. "The Bill of Rights". British Library. Retrieved 27 November 2015. "중요성에 있어서 마그나 카르타(Magna Cart) 자체에 대등한 것으로 권리장전은 자주 간주됨을 신민의 권리들에 대한 이 강건한 주장은 의미하였다."

importance with Magna Carta itself."

21. "Rise of Parliament". The National Archives. Retrieved 22 August 2010. "Although the Bill of Rights attacked the abuse of prerogative power rather than prerogative power itself, it had the virtue of enshrining in statute what many regarded as ancient rights and liberties. However, some historians maintain that a more profound change in the relationship between sovereign and Parliament emerged as a result of the financial settlement that Parliament negotiated with William and Mary."

22. "Constitutionalism: America & Beyond". Bureau of International Information Programs (IIP), U.S. Department of State. Archived from the original on 24 October 2014. Retrieved 30 October 2014. "The earliest, and perhaps greatest, victory for liberalism was achieved in England. The rising commercial class that had supported the Tudor monarchy in the 16th century led the revolutionary battle in the 17th, and succeeded in establishing the supremacy of Parliament and, eventually, of the House of Commons. What emerged as the distinctive feature of modern constitutionalism was not the insistence on the idea that the king is subject to law (although this concept is an essential attribute of all constitutionalism). This notion was already well established in the Middle Ages. What was distinctive was the establishment of effective means of political control whereby the rule of law might be enforced. Modern constitutionalism was born with the political requirement that representative government depended upon the consent of citizen subjects.... However, as can be seen through provisions in the 1689 Bill of Rights, the English Revolution was fought not just to protect the rights of property (in the narrow sense) but to establish those liberties which liberals believed essential to human dignity and moral worth. The "rights of man" enumerated in the English Bill of Rights gradually were proclaimed beyond the boundaries of England, notably in the American Declaration of Independence of 1776 and in the French Declaration of the Rights of Man in 1789."

23. Walker 2009, p. 2: "thereby establishing a constitutional monarchy".

24. Billias 2011, p. 54.

25. Maier 1997, pp. 126–28.

26. "2011 UK Memory of the World Register". United Kingdom National Commission for UNESCO. 23 May 2011. Retrieved 4 June 2011. "All the main principles of the Bill of

21. "Rise of Parliament". The National Archives. Retrieved 22 August 2010. "국왕대권 그 자체를이라기보다는 국왕대권의 남용을 비록 권리장전은 공격했음에도 불구하고, 고래의 권리들이라고 및 자유들이라고 많은 사람들이 여겼던 바를 제정법 안에 간직하는 미덕을 그것은 지닌 것이었다. 그러나, 윌리엄에 및 메리에 더불어 의회가 협상하여 타결한 재정적 화해의 결과로서 주권의 및 의회의 양자 사이의 관계에 있어서의 보다 더 심원한 변화가 나타났다고 일부 역사가들은 주장한다."

22. "Constitutionalism: America & Beyond". Bureau of International Information Programs (IIP), U.S. Department of State. Archived from the original on 24 October 2014. Retrieved 30 October 2014. "진보주의를 위한 가장 초기의, 그리고 아마도 가장 위대한, 승리는 영국에서 달성되었다. 16세기에 튜더 왕조를 뒷받침하여 왔던 상인계급의 성장은 17세기에 혁명적 전투를 이끌고, 의회의 우월을, 그리고 궁극적으로 하원의 우월을 확립하는 데 그것은 성공하였다. 현대 입헌주의(constitutionalism)의 독특한 측면으로 떠오른 것은 법에 국왕이 종속된다는 관념(비록 이 개념은 모든 입헌주의의 불가결의 속성이기는 함에도 불구하고)에의 고집이었던 것은 아니다. 이 관념은 중세시대에 이미 충분하게 확립되어 있었다. 독특하였던 바는 법의 지배(the rule of law)가 시행될 수 있는 정치적 통제를 위한 효과적 수단의 확립에 있었다. …… 시민인 신민들의 동의에 대의제 정부가 의존한다는 정치적 요구에 더불어 현대의 입헌주의는 탄생하였다. 그러나, 1689년 권리장전 내의 규정들을 통하여 확인될 수 있듯이, 명예혁명(the English Revolution)은 반드시 (좁은 의미의) 재산권을 보호하기 위해서만 싸워진 것이 아니라, 오히려 인간의 존엄에와 도덕적 가치에 필수불가결의 것들이라고 믿어진 자유들을 확립하기 위하여 싸워진 것이었다. 영국 권리장전에 열거된 "사람의 권리들(rights of man)"은 점차적으로 영국의 경계들 너머로 선포되었던 바, 두드러지게는 1776년 미국의 독립선언(the American Declaration of Independence of 1776)에서였고 1789년 프랑스의 사람의 권리들에 대한 선언(the French Declaration of the Rights of Man in 1789)에서였다."

23. Walker 2009, p. 2: "thereby establishing a constitutional monarchy".

24. Billias 2011, p. 54.

25. Maier 1997, pp. 126-28.

26. "2011 UK Memory of the World Register". United Kingdom National Commission for UNESCO. 23 May 2011. Retrieved 4 June 2011. "권리장전의 주된 원칙들 전부는 오늘에도 여전히 효력을 지니고, 그리하여 연합왕국 내에서의 및 영연방 국가들 내에서의 법적 사건들에서 인용되기를 권리장전은 지속한다. 의회의 권리들을 확립한 및 보편적인 시

Rights are still in force today, and the Bill of Rights continues to be cited in legal cases in the UK and in Commonwealth countries. It has a primary place in a wider national historical narrative of documents which established the rights of Parliament and set out universal civil liberties, starting with Magna Carta in 1215. It also has international significance, as it was a model for the US Bill of Rights 1789, and its influence can be seen in other documents which establish rights of human beings, such as the Declaration of the Rights of Man, the United Nations Declaration of Human Rights and the European Convention on Human Rights."

27. "Facts About the Bill of Rights on Its 220th Anniversary". History.com. 15 December 2011. Archived from the original on 4 October 2013. Retrieved 29 September 2012.

28. Lock 1989, pp. 540−561.

29. Toporoski, Richard (Summer 1996). "Monarchy Canada: The Invisible Crown". Archived from the original on 17 June 1997.

30. "A Guide to the UK Legal System". Hauser Global Law School Program, New York University School of Law. November 2005. Retrieved 16 March 2016.

31. "The Legal System of the United Kingdom". The Chartered Institute of Legal Executives. Archived from the original on 13 March 2016. Retrieved 16 March 2016.

32. Alexander Horne; Oonagh Gay (21 May 2014). "Ending the Hamilton Affair?". UK Constitutional Law Association Blog. Retrieved 19 March 2015.

33. "Miller & Anor, R (On the Application Of) v The Secretary of State for Exiting the European Union [2016] EWHC 2768 (Admin) (03 November 2016)". England and Wales High Court (Administrative Court) Decisions. 3 November 2016. Retrieved 4 November 2016. "This subordination of the Crown (i.e. the executive government) to law is the foundation of the rule of law in the United Kingdom. It has its roots well before the war between the Crown and Parliament in the seventeenth century but was decisively confirmed in the settlement arrived at with the Glorious Revolution in 1688 and has been recognised ever since. Sir Edward Coke reports the considered view of himself and the senior judges of the time in The Case of Proclamations (1610) 12 Co. Rep. 74, that: "the King by his proclamation or other ways cannot change any part of the common law, or statute law, or the customs of the realm" and that: "the King hath no prerogative, but that which the law of the land allows him." The position was con-

민의 자유들을 입안한, 1215년 마그나 카르타(Magna Carta)를 필두로 하는 보다 더 넓은 국가적 역사적 문서들의 이야기에서 주된 위치를 그것은 차지한다. 그것은 1789년 합중국 권리장전(the US Bill of Rights 1789)의 모델이었듯이, 국제적 중요성을 아울러 그것은 지니는 바, 그리고 사람의 권리들의 선언(the Declaration of the Rights of Man)을, 유엔 인권선언(the United Nations Declaration of Human Rights)을, 유럽 인권보호조약(the European Convention on Human Rights)을 비롯한, 인간의 권리들을 확립한 여타의 문서들 안에서도 그것의 영향력은 확인될 수 있다."

27. "Facts About the Bill of Rights on Its 220th Anniversary". History.com. 15 December 2011. Archived from the original on 4 October 2013. Retrieved 29 September 2012.

28. Lock 1989, pp. 540–561.

29. Toporoski, Richard (Summer 1996). "Monarchy Canada: The Invisible Crown". Archived from the original on 17 June 1997.

30. "A Guide to the UK Legal System". Hauser Global Law School Program, New York University School of Law. November 2005. Retrieved 16 March 2016.

31. "The Legal System of the United Kingdom". The Chartered Institute of Legal Executives. Archived from the original on 13 March 2016. Retrieved 16 March 2016.

32. Alexander Horne; Oonagh Gay (21 May 2014). "Ending the Hamilton Affair?". UK Constitutional Law Association Blog. Retrieved 19 March 2015.

33. "Miller & Anor, R (On the Application Of) v The Secretary of State for Exiting the European Union [2016] EWHC 2768 (Admin) (03 November 2016)". England and Wales High Court (Administrative Court) Decisions. 3 November 2016. Retrieved 4 November 2016. "법에 대한 국왕의 (즉 행정부의) 이 복종은 연합왕국에서의 법의 지배(the rule of law)의 토대이다. 그 자신의 뿌리들을 17세기에 있어서의 국왕의 및 의회의 양자 사이의 전쟁이 있기 훨씬 이전의 시점에 그것은 두지만, 1688년 명예혁명에 더불어 도달된 합의 안에서 결정적으로 그것은 확인되었고, 그 이후 한결 같이 그것은 인정되어 왔다. "영토 내의 보통법의, 제정법의, 또는 관습들의 어느 부분을이라도 그의 포고에 의하여 또는 그 밖의 방법들에 의하여 국왕은 변경할 수 없다."는 것으로; 그리고 "그에게 국법이 허용하는 것을 제외하고는, 국왕대권을 국왕은 지니지 않는다."는 것으로 그 자신의 및 당시의 상위판사들의 숙고된 견해를 The Case of Proclamations (1610) 12 Co. Rep. 74에서 에드워드 코우크 경(Sir Edward Coke)은 기록한다. 1688년 권리장전 제1절의 첫 두 부분들에서 그 입장은 확인되었다: "정지권한 – 법들을 내지는 법들의 시행을 의회의 동의 없이 국왕의 권

firmed in the first two parts of section 1 of the Bill of Rights 1688: "Suspending power - That the pretended power of suspending of laws or the execution of laws by regall authority without consent of Parlyament is illegall. Late dispensing power - That the pretended power of dispensing with laws or the execution of laws by regall authoritie as it hath beene assumed and exercised of late is illegall.""

34. "Brexit court ruling: Your questions answered". BBC. Retrieved 4 November 2016.

35. "The Constitutional Setting". States Services Commission, New Zealand. Archived from the original on 16 October 2008.

36. "The legitimacy of judicial review of executive decision-making". New Zealand Law Society. Archived from the original on 4 February 2010.

37. "Statute Law Revision Act 2007 Section 2". Irish Statute Book.

38. "Statute Law Revision Act 2007 Schedule 1". Irish Statute Book.

39. "Two Pound Coin". The Royal Mint. Retrieved 15 February 2015.

40. "Life, death and everything in between". UK Parliament. 23 May 2011. Retrieved 4 June 2011.

41. "Magna Carta & Parliament Exhibition". UK Parliament. Retrieved 15 February 2015.

한에 의하여 정지시키기 위한 외양만의 권한은 불법이다. 최근의 무시권한 – 최근에 사칭되고 행사되어 왔듯이 법들을 내지는 법들의 시행을 의회의 동의 없이 국왕의 권위에 의하여 무시하는 외양만의 권한은 불법이다."

34. "Brexit court ruling: Your questions answered". BBC. Retrieved 4 November 2016.

35. "The Constitutional Setting". States Services Commission, New Zealand. Archived from the original on 16 October 2008.

36. "The legitimacy of judicial review of executive decision-making". New Zealand Law Society. Archived from the original on 4 February 2010.

37. "Statute Law Revision Act 2007 Section 2". Irish Statute Book.

38. "Statute Law Revision Act 2007 Schedule 1". Irish Statute Book.

39. "Two Pound Coin". The Royal Mint. Retrieved 15 February 2015.

40. "Life, death and everything in between". UK Parliament. 23 May 2011. Retrieved 4 June 2011.

41. "Magna Carta & Parliament Exhibition". UK Parliament. Retrieved 15 February 2015.

Bibliography

Anon. (2010). "The Glorious Revolution". Factsheet General Series. G4. House of Commons Information Office.

Billias, George Athan (2011). American constitutionalism heard round the world, 1776-1989 : a global perspective. New York: New York University Press. ISBN 9780814725177.

Blick, Andrew (2015). "Magna Carta and contemporary constitutional change". History and Policy.

Carpenter, Edward (1956). The Protestant Bishop. Being the Life of Henry Compton, 1632–1713. Bishop of London. London: Longmans, Green and Co. OCLC 1919768.

Horwitz, Henry (1977). Parliament, Policy and Politics in the Reign of William III. Manchester University Press. ISBN 978-0-7190-0661-6.

Lock, Geoffrey (1989). "The 1689 Bill of Rights". Political Studies. 37 (4): 540–561. doi:10.1111/j.1467-9248.1989.tb00288.x.

Maier, Pauline (1997). American Scripture: Making the Declaration of Independence. New York: Knopf. ISBN 0-679-45492-6.

Schwoerer, Lois G. (1990). "Locke, Lockean Ideas, and the Glorious Revolution". Journal of the History of Ideas. University of Pennsylvania Press. 51 (4). JSTOR 2709645.

Thatcher, Oliver Joseph (ed.) (1907). The library of original sources. University Research Extension.

Walker, Aileen; Gay, Oonagh; Maer, Lucinda (2009). "Bill of Rights 1689". House of Commons Library.

Williams, E. N. (1960). The Eighteenth-Century Constitution. 1688–1815. Cambridge University Press. OCLC 1146699.

United States Declaration of Independence

From Wikipedia, the free encyclopedia

United States Declaration of Independence

United States Declaration of Independence.jpg
1823 facsimile of the engrossed copy

Created
June–July 1776

Ratified
July 4, 1776

Location
Engrossed copy: National Archives
Rough draft: Library of Congress

Author(s)
Thomas Jefferson et al. (engrosser: probably Timothy Matlack)

Signatories
56 delegates to the Continental Congress

Purpose
To announce and explain separation from Great Britain[1]

미국 독립선언(United States Declaration of Independence

From Wikipedia, the free encyclopedia

미국 독립선언

[사진설명] 미국 독립선언
正書(정서)본에 대한 1823년의 모사(facsimile)

작성
1776년 6월-7월

비준
1776년 7월 4일

장소
정서본 : 국립문서기록관리청(National Archives)
초고: 연방의회 도서관

입안자(들)
토마스 제퍼슨(Thomas Jefferson) 등 (정서자: 티모디 맷랙(Timothy Matlack)(추정)

서명자들
대륙회의(the Continental Congress)에 파견된 56명의 대표자들

목적
영국(Great Britain)으로부터의 분리를 선언하고 설명하기 위함[1]

The United States Declaration of Independence is the statement adopted by the Second Continental Congress meeting at the Pennsylvania State House (Independence Hall) in Philadelphia on July 4, 1776, which announced that the thirteen American colonies,[2] then at war with the Kingdom of Great Britain, regarded themselves as thirteen independent sovereign states, no longer under British rule. These states would found a new nation — the United States of America. John Adams was a leader in pushing for independence, which was passed on July 2 with no opposing vote cast. A committee of five had already drafted the formal declaration, to be ready when Congress voted on independence.

John Adams persuaded the committee to select Thomas Jefferson to compose the original draft of the document,[3] which Congress would edit to produce the final version. The Declaration was ultimately a formal explanation of why Congress had voted on July 2 to declare independence from Great Britain, more than a year after the outbreak of the American Revolutionary War. The next day, Adams wrote to his wife Abigail: "The Second Day of July 1776, will be the most memorable Epocha, in the History of America."[4] But Independence Day is actually celebrated on July 4, the date that the Declaration of Independence was approved.

After ratifying the text on July 4, Congress issued the Declaration of Independence in several forms. It was initially published as the printed Dunlap broadside that was widely distributed and read to the public. The source copy used for this printing has been lost, and may have been a copy in Thomas Jefferson's hand.[5] Jefferson's original draft, complete with changes made by John Adams and Benjamin Franklin, and Jefferson's notes of changes made by Congress, are preserved at the Library of Congress. The best-known version of the Declaration is a signed copy that is displayed at the National Archives in Washington, D. C., and which is popularly regarded as the official document. This engrossed copy was ordered by Congress on July 19 and signed primarily on August 2.[6][7]

The sources and interpretation of the Declaration have been the subject of much scholarly inquiry. The Declaration justified the independence of the United States by listing

미국 독립선언은 1776년 7월 4일 필라델피아 소재 펜실베니아주 의회 의사당(Independence Hall; 독립기념관)에 모인 제2차 대륙회의(the Second Continental Congress)에 의하여 채택된 선언서로서, 당시에 영왕국에 대하여 교전 상태에 있던 열세 개 미국 식민지들[2]이 그들 스스로를 더 이상 영국의 통치 아래에 있지 아니한 열세 개의 독립 주권 국가들로 간주함을 그것은 선언하였다. 새로운 나라를 – 미합중국을 - 이 주들은 세우고자 하였다. 독립을 밀고 나아감에 있어서 존 애덤스(John Adams)는 선도자였고, 7월 2일에 반대표 없이 그것은 통과되었다. 독립에 관한 투표를 대륙회의가 실시할 때 준비를 갖추어 놓고자 공식의 선언서를 다섯 명의 위원회가 이미 입안하여 놓은 상태였다.

토마스 제퍼슨(Thomas Jefferson)을 문서의 최초의 초안을 작성할 사람으로 뽑자고 위원회를 존 애덤스(John Adams)는 설득하였는데,[3] 그 다음에 그것을 대륙회의가 편집하여 최종안으로 만들면 될 것이었다. 선언서는, 영국으로부터의 독립을 선언하기로 미국 독립전쟁 발발로부터 1년이 더 지난 뒤인 7월 2일에 어째서 대륙회의가 궁극적으로 표결했었는지에 대한 한 개의 공식적 해명이었다. 그의 처 아비가일(Abigail)에게 그 다음날 애덤스는 썼다: "1776년 7월의 두 번째 날은 미국의 역사에서 가장 기억될 신기원이 될 것이오."[4] 그러나 독립기념일은 실제로는 7월 4일에 경축되는데, 그 날이 독립선언서가 승인된 날이기 때문이다.

본문을 7월 4일에 비준한 뒤에, 독립선언서를 몇 가지 형식으로 대륙회의는 발행하였다. 대중에게 널리 배포되어 읽힌 보통크기 일면인쇄 던랩(Dunlap) 대판지(大版紙; broadside)본으로서 그것은 최초에 발행되었다. 이 인쇄를 위하여 사용된 원본초고는 행방불명인 상태에 있어 왔는데, 토마스 제퍼슨(Thomas Jefferson)의 수중에 있던 초고가 그것이었을 수 있다.[5] 존 애덤스(John Adams)에 및 벤자민 프랭클린(Benjamin Franklin)에 의하여 이루어진 수정들에 의하여 완성된 제퍼슨의 초안은, 그리고 대륙회의에 의하여 이루어진 수정들에 대한 제퍼슨의 메모들은 연방의회 도서관에 보전되어 있다. 가장 잘 알려진 선언서 판은 워싱턴 D. C 국립문서기록관리청에 전시되어 있는, 그리고 공식의 문서로 일반적으로 간주되는 서명된 초고이다. 이 정서된 초고는 7월 19일에 대륙회의에 의하여 주문되었고 8월 2일에 처음으로 서명되었다.[6][7]

독립선언서의 전거들은 및 해석은 중요한 학문적 탐구의 주제가 되어 왔다. 국왕 조지 3세(George III)에 대한 식민지인들의 불만사항들을 목록으로 제시함으로써, 그리고 혁명의 권리를

colonial grievances against King George III, and by asserting certain natural and legal rights, including a right of revolution. Having served its original purpose in announcing independence, references to the text of the Declaration were few in the following years. Abraham Lincoln made it the centerpiece of his rhetoric (as in the Gettysburg Address of 1863) and his policies. Since then, it has become a well-known statement on human rights, particularly its second sentence:

We hold these truths to be self-evident, that all men are created equal, that they are endowed by their Creator with certain unalienable Rights, that among these are Life, Liberty and the pursuit of Happiness.

This has been called "one of the best-known sentences in the English language",[8] containing "the most potent and consequential words in American history".[9] The passage came to represent a moral standard to which the United States should strive. This view was notably promoted by Abraham Lincoln, who considered the Declaration to be the foundation of his political philosophy and argued that it is a statement of principles through which the United States Constitution should be interpreted.[10]

The U. S. Declaration of Independence inspired many other similar documents in other countries, the first being the 1789 Declaration of Flanders issued during the Brabant Revolution in the Austrian Netherlands (modern-day Belgium). It also served as the primary model for numerous declarations of independence across Europe and Latin America, as well as Africa (Liberia) and Oceania (New Zealand) during the first half of the 19th century.[11]

Background

Thomas Jefferson, the principal author of the Declaration

Believe me, dear Sir: there is not in the British empire a man who more cordially loves a union with Great Britain than I do. But, by the God that made me, I will cease to exist before I yield to a connection on such terms as the British Parliament propose; and in this,

을 포함하는 일정한 자연적(natural) 및 법적 권리들을 주장함으로써 합중국의 독립을 선언서는 정당화하였다. 독립을 선언함에 있어서의 그것의 본래의 목적을 다하고 나자, 선언서 본문에 대한 언급들은 그 뒤로는 거의 없었다. (1863년 게티스버그 연설에서처럼) 그것을 그의 수사(修辭; rhetoric))의 및 그의 정책들의 중심물로 에이브러햄 링컨(Abraham Lincoln)은 삼았다. 그 이래로 그것은 인간의 권리들에 대한 주지의(well-known) 선언이 되어 왔는데, 특히 그 두 번째 문장이 그러하다:

이 진실들은, 즉 모든 사람들이 평등하게 창조된다는 것은, 일정한 양도불능의 권리들을 그들의 창조자에 의하여 그들이 부여받는다는 것은, 이러한 것들 중에는 생명이, 자유가 및 행복의 추구가 있다는 것은 자명한 사항이라고 우리는 본다.

"미국 역사에 있어서의 가장 설득력 있는 및 조리에 닿는 격언들"을 포함하는,[9] "영어에 있어서의 가장 잘 알려진 문장들 가운데의 한 가지"라고 이것은 칭해져 왔다.[8] 그 지켜나가고자 합중국이 노력해야 할 도덕적 기준을 그 문장은 나타내게 되었다. 에이브러햄 링컨에 의하여 이 견해는 주목할 만하게 촉진되었는 바, 독립선언을 자신의 정치적 철학의 토대로 그는 여겼고 그리하여 그것은 합중국 헌법이 해석되는 통로가 되어야 할 원칙들에 대한 한 개의 성명이라고 그는 주장하였다.[10]

다른 나라들에서의 여타의 유사한 문서들에 영감을 합중국 독립선언은 불러일으켰는데, 그 첫 번째가 오스트리아 지배 하의 네덜란드(오늘의 벨기에)에서의 브라반트 혁명(the Brabant Revolution) 동안에 선포된 1789년 플란더스 선언(the 1789 Declaration of Flanders)이다. 19세기 전반기 동안에 아프리카(리베리아)에와 오세아니아(뉴질랜드)에 걸쳐서는 물론이고 유럽에와 라틴 아메리카에까지 걸쳐서 다수의 독립선언들의 중요한 모델로서 그것은 아울러 복무하기도 하였다.[11]

배경

[사진설명] 선언서의 중심저자인 토마스 제퍼슨(Thomas Jefferson)

영국하고의 연합을 충심으로 사랑하기를 제가 사랑하는 것만큼 하는 사람은 영국 내에 없다는 저의 말을 각하께서는 믿으십시오. 그러나 저를 만드신 신을 걸고서 말씀드리건대, 영국 의회가 제시하는 조건들 위에서의 연합에 제가 굴복하기보다는 차라리 그 살아가기를 저는

I think I speak the sentiments of America.

— Thomas Jefferson, November 29, 1775[12]

By the time that the Declaration of Independence was adopted in July 1776, the Thirteen Colonies and Great Britain had been at war for more than a year. Relations had been deteriorating between the colonies and the mother country since 1763. Parliament enacted a series of measures to increase revenue from the colonies, such as the Stamp Act of 1765 and the Townshend Acts of 1767. Parliament believed that these acts were a legitimate means of having the colonies pay their fair share of the costs to keep them in the British Empire.[13]

Many colonists, however, had developed a different conception of the empire. The colonies were not directly represented in Parliament, and colonists argued that Parliament had no right to levy taxes upon them. This tax dispute was part of a larger divergence between British and American interpretations of the British Constitution and the extent of Parliament's authority in the colonies.[14] The orthodox British view, dating from the Glorious Revolution of 1688, was that Parliament was the supreme authority throughout the empire, and so, by definition, anything that Parliament did was constitutional.[15] In the colonies, however, the idea had developed that the British Constitution recognized certain fundamental rights that no government could violate, not even Parliament.[16] After the Townshend Acts, some essayists even began to question whether Parliament had any legitimate jurisdiction in the colonies at all.[17] Anticipating the arrangement of the British Commonwealth,[18] by 1774 American writers such as Samuel Adams, James Wilson, and Thomas Jefferson were arguing that Parliament was the legislature of Great Britain only, and that the colonies, which had their own legislatures, were connected to the rest of the empire only through their allegiance to the Crown.[19]

Congress convenes

The issue of Parliament's authority in the colonies became a crisis after Parliament passed the Coercive Acts (known as the Intolerable Acts in the colonies) in 1774 to punish the Province

그치겠습니다; 그리고 이 점에서, 미국의 지향들을 저는 말하는 것이라고 저는 생각합니다.

— 토마스 제퍼슨(Thomas Jefferson),1775년 11월 29일[12]

1776년 7월에 독립선언이 채택되던 시점에서 열세 개의 식민지들은 및 영국은 1년이 넘게 전쟁상태에 들어가 있었다. 1763년 이래로 식민지들의 몇 모국의 양자 사이의 관계들은 악화되어 온 중이었다. 1765년 인지조례(the Stamp Act of 1765)를 및 1767년 타운젠드 법들(the Townshend Acts of 1767)을 비롯한 식민지들로부터의 수입을 늘리기 위한 일련의 조치들을 의회는 입법하였다. 이 법들은 그들을 대영제국 내에 유지하는 비용들에 대한 그들의 공평한 몫을 식민지들로 하여금 지불하게 만드는 정당한 수단들이라고 의회는 믿었다.[13]

그러나 제국에 관한 상이한 개념을 많은 식민지인들은 밝혀 온 터였다. 의회 내에서 직접 식민지들은 대변되지 않았고, 그리하여 세금들을 그들에게 부과할 권한을 의회는 지니지 않는다고 식민지인들은 주장하였다. 이 세금논쟁은 영국헌법에 대한 및 식민지들 위에 지니는 의회의 권한에 대한 영국식 해석의 및 미국식 해석의 양자 사이의 보다 더 큰 상이(相異; divergence)의 일부였다.[14] 제국 전역에 걸쳐 최고의 권한을 의회는 지닌다는 데에, 그러므로 자명한 사항으로서, 의회가 한 것은 그 어떤 것이든 합헌이라는 데에 1688년 명예혁명부터 기산되는 전통적인 영국식 견해는 있었다.[15] 그러나 정부가, 심지어 의회가조차도 침해할 수 없는 일정한 기본적 권리들을 영국헌법은 인정하였다는 관념이 식민지들에서는 발전해 온 터였다.[16] 식민지들 내에의 조금이라도 적법한 관할을 의회가 지니는지 여부를마저 의문시하기를 타운젠드 법들(the Townshend Acts) 뒤에 일부 문필가들은 시작하였다.[17] 의회는 영국 본토만의 입법부라고, 그러므로 그 자신의 입법부들을 지니는 식민지들은 오직 국왕에의 그들의 충성을 통해서만 제국의 나머지 부분에 연결된다고 1774년 시점에서 새뮤얼 애덤스(Samuel Adams) 류의, 제임스 윌슨(James Wilson) 류의, 그리고 토마스 제퍼슨(Thomas Jefferson) 류의 미국의 문필가들은, 영연방의 조정을 기대하면서,[18] 주장하고 있었다.[19]

대륙회의가 소집되다

(식민지들에서의 참을 수 없는 법들(the Intolerable Acts in the colonies)이라고 알려진) 강압적 법들(the Coercive Acts)을, 1773년의 보스턴 차 사건(the Boston Tea Party)을 이유로 매사추세츠주를 처벌하기 위하여

of Massachusetts for the Boston Tea Party of 1773. Many colonists saw the Coercive Acts as a violation of the British Constitution and thus a threat to the liberties of all of British America. In September 1774, the First Continental Congress convened in Philadelphia to coordinate a response. Congress organized a boycott of British goods and petitioned the king for repeal of the acts. These measures were unsuccessful because King George and the ministry of Prime Minister Lord North were determined not to retreat on the question of parliamentary supremacy. As the king wrote to North in November 1774, "blows must decide whether they are to be subject to this country or independent".[20]

Most colonists still hoped for reconciliation with Great Britain, even after fighting began in the American Revolutionary War at Lexington and Concord in April 1775.[21] The Second Continental Congress convened at the Pennsylvania State House in Philadelphia in May 1775, and some delegates hoped for eventual independence, but no one yet advocated declaring it.[22] Many colonists no longer believed that Parliament had any sovereignty over them, yet they still professed loyalty to King George, who they hoped would intercede on their behalf. They were disappointed in late 1775, when the king rejected Congress's second petition, issued a Proclamation of Rebellion, and announced before Parliament on October 26 that he was considering "friendly offers of foreign assistance" to suppress the rebellion.[23] A pro-American minority in Parliament warned that the government was driving the colonists toward independence.[24]

Toward independence

Thomas Paine's pamphlet Common Sense was published in January 1776, just as it became clear in the colonies that the king was not inclined to act as a conciliator.[25] Paine had only recently arrived in the colonies from England, and he argued in favor of colonial independence, advocating republicanism as an alternative to monarchy and hereditary rule.[26] Common Sense introduced no new ideas[27] and probably had little direct effect on Congress's thinking about independence; its importance was in stimulating public debate on a topic that few had previously dared to openly discuss.[28] Public support for separation from Great Britain steadily increased after the publication of Paine's enormously popular pamphlet.[29]

1774년에 의회가 통과시킨 뒤에 식민지들 내에서의 의회의 권한의 쟁점은 위기가 되었다. 강압적 법들을 영국헌법에 대한 한 개의 위반으로, 그리하여 영국령 북아메리카 전체의 자유들에 대한 한 개의 위협으로 많은 식민지인들은 보았다. 대응을 조율하기 위하여 1774년 9월에 필라델피아에서 제1차 대륙회의(the First Continental Congress)가 소집되었다. 영국상품에 대한 불매를 회의는 조직하였고 법률들의 폐지를 위하여 국왕에게 청원하였다. 의회우월(parliamentary supremacy)의 문제에 관하여 후퇴하지 아니하기로 국왕 조지가 및 수상 노스 경(Lord North)이 결정함으로써 이 조치들은 성공을 거두지 못하였다. 노스에게 1774년 11월에 국왕이 썼듯이, "이 나라의 지배를 받을지 아니면 독립할지를 허풍이들은 결정하지 않으면 안 되"었다.[20]

영국과의 화해를, 심지어 렉싱턴(Lexington)에서와 콩코드(Concord)에서 1775년 4월에 미국독립전쟁의 전투가 시작된 뒤에조차도 대부분의 식민지인들은 여전히 기대하였다.[21] 필라델피아 소재 펜실베니아주 의회 의사당에서 1775년 5월에 제2차 대륙회의는 열렸고, 궁극적인 독립을 일부 대표자들은 희망하였으나, 그것을 선언하는 쪽을 바라는 사람은 아직 없었다.[22] 조금이라도 주권을 그들에 대하여 의회가 지니는 것으로는 다수 식민지인들은 더 이상 믿지 않았으나, 그러함에도 국왕 조지에게의 충성을 여전히 그들은 공언하였는데, 그들을 위하여 국왕이 중재해 주리라고 그들은 기대하였다. 대륙회의의 두 번째 청원을 국왕이 거부하고 반역포고령을 선포하고 반역을 진압하기 위한 "외국원조의 우호적 제안들을"자신이 고려 중임을 의회 앞에서 국왕이 선언하였을 때인 1775년 말경에 그들은 실망하였다.[23] 독립할 수밖에 없도록 식민지인들을 정부가 내몰고 있다고 의회 내의 친미 소수파는 경고하였다.[24]

독립을 향하여

1776년 1월에 토마스 페인(Thomas Paine)의 소책자 상식(Common Sense)이 발행되었는데, 바로 왜냐하면 한 명의 조정자로서 행동할 의도를 국왕이 지니지 아니하고 있음이 식민지인들 사이에서 명백해졌기 때문이다.[25] 페인은 극히 최근에 영국으로부터 식민지들에 도착한 터였고, 그리하여 식민지의 독립을 선호하는 쪽으로 그는 주장하였는데, 군주제에 및 세습적 통치에 대한 대안으로서의 공화정부를 그는 옹호하였다.[26] 새로운 이념을 소책자 상식(Common Sense)이 소개한 것은 없었고 독립에 관한 대륙회의의 생각 위에의 직접적 영향력을 그것은 필시 지니지 아니하였다; 감히 공개적으로 토론하려는 사람들이 이전에는 별로 없었던 한 개의 주제에 대한 공론을 자극한 데에 그것의 중요성은 있었다.[28] 페인의 엄청나게 인기 많은 소책자의 발행 뒤에 영국으로부터의 분리에 대한 대중의 지지는 점차로 확대되었다.[29]

The Assembly Room in Philadelphia's Independence Hall, where the Second Continental Congress adopted the Declaration of Independence

Some colonists still held out hope for reconciliation, but developments in early 1776 further strengthened public support for independence. In February 1776, colonists learned of Parliament's passage of the Prohibitory Act, which established a blockade of American ports and declared American ships to be enemy vessels. John Adams, a strong supporter of independence, believed that Parliament had effectively declared American independence before Congress had been able to. Adams labeled the Prohibitory Act the "Act of Independency", calling it "a compleat Dismemberment of the British Empire".[30] Support for declaring independence grew even more when it was confirmed that King George had hired German mercenaries to use against his American subjects.[31]

Despite this growing popular support for independence, Congress lacked the clear authority to declare it. Delegates had been elected to Congress by thirteen different governments, which included extralegal conventions, ad hoc committees, and elected assemblies, and they were bound by the instructions given to them. Regardless of their personal opinions, delegates could not vote to declare independence unless their instructions permitted such an action.[32] Several colonies, in fact, expressly prohibited their delegates from taking any steps towards separation from Great Britain, while other delegations had instructions that were ambiguous on the issue.[33] As public sentiment grew for separation from Great Britain, advocates of independence sought to have the Congressional instructions revised. For Congress to declare independence, a majority of delegations would need authorization to vote for independence, and at least one colonial government would need to specifically instruct (or grant permission for) its delegation to propose a declaration of independence in Congress. Between April and July 1776, a "complex political war"[34] was waged to bring this about.[35]

Revising instructions

In the campaign to revise Congressional instructions, many Americans formally expressed their support for separation from Great Britain in what were effectively state

[사진설명] 독립선언서를 제2차 대륙회의가 채택하였던 필라델피아 독립기념관 내의 회의실

화해를 바라는 희망을 일부 식민지인들은 견지하였으나, 독립에 대한 대중의 지지를 1776년 초의 상황전개는 더욱 강화하였다. 미국의 항구들의 봉쇄를 명령하는 및 미국선박들이 적국선박들임을 선언하는 교역금지법(the Prohibitory Act)의 의회 통과를 1776년 2월에 식민지인들은 알게 되었다. 미국의 독립을, 대륙회의가 선언할 수 있게 되기도 전에 의회가 결과적으로 선언한 상태임을 독립의 강력한 지지자인 존 애덤스(John Adams)는 믿었다. 교역금지법을 "대영제국의 완전한 토막내기"라고 부르면서 그것을 독립의 법"이라고 애덤스는 딱지 붙였다.[30] 자신의 미국 신민들을 적대시하여 사용하고자 독일 용병들을 국왕 조지가 고용한 터임이 확인되자 독립을 선언함에 대한 지지는 훨씬 더 커졌다.[31]

독립을 위한 이 증대해 가는 지지에도 불구하고, 그것을 선언할 명확한 권위를 대륙회의는 결여하였다. 열세 개의 서로 다른 정부들에 의하여 대표자들은 선출되어 대륙회의에 파견되어 있었는데, 법외의 회의체들을, 임시의 위원회들을, 선출직 의회체들을 그 정부들은 포함하였고, 게다가 그들에게 부여된 지시사항들에 의하여 그들은 묶여 있었다. 독립을 선언하기 위한 투표를, 그들에 대한 지시사항들이 허용하지 아니하는 한, 그들의 개인적 의견들에 상관 없이 대표자들은 할 수가 없었다.[32] 조금이라도 영국으로부터의 분리를 향한 조치들을 그들의 대표자들로 하여금 취하지 못하도록 실제로 몇몇 식민지들은 명시적으로 금지하였고, 이에 반하여 그 문제에 관한 모호한 지시사항들을 다른 대표자들은 지니고 있었다.[33] 영국으로부터의 분리를 바라는 대중의 기운이 자라자, 대륙회의에의 지시사항들을 개정되게 하고자 독립 옹호자들은 추구하였다. 독립을 대륙회의가 선언하기 위하여는 독립을 위한 표결 권한을 대표자들 다수가 필요로 할 것이었고, 그리고 독립선언을 대륙회의에서 제안하도록 자신의 대표단에게 적어도 한 개의 식민지 정부가 명시적으로 지시하여야 할 (또는 허가를 부여하여야 할) 필요가 있을 것이었다. 이것을 가져오기 위하여 1776년 4월에서 7월 사이에 "복잡한 정치적 전쟁"[34]이 수행되었다.[35]

지시사항들의 변경

영국으로부터의 분리에 대한 그들의 지지를 대륙회의 파견 대표자들에게의 지시사항들을 변경하기 위한 조직적 운동 속에서 실제상으로 독립에 대한 주(state)의 또는 지역의 선언들로

and local declarations of independence. Historian Pauline Maier identifies more than ninety such declarations that were issued throughout the Thirteen Colonies from April to July 1776.[36] These "declarations" took a variety of forms. Some were formal written instructions for Congressional delegations, such as the Halifax Resolves of April 12, with which North Carolina became the first colony to explicitly authorize its delegates to vote for independence.[37] Others were legislative acts that officially ended British rule in individual colonies, such as the Rhode Island legislature declaring its independence from Great Britain on May 4, the first colony to do so.[38] Many "declarations" were resolutions adopted at town or county meetings that offered support for independence. A few came in the form of jury instructions, such as the statement issued on April 23, 1776 by Chief Justice William Henry Drayton of South Carolina: "the law of the land authorizes me to declare...that George the Third, King of Great Britain...has no authority over us, and we owe no obedience to him."[39] Most of these declarations are now obscure, having been overshadowed by the declaration approved by Congress on July 2, and signed July 4.[40]

Some colonies held back from endorsing independence. Resistance was centered in the middle colonies of New York, New Jersey, Maryland, Pennsylvania, and Delaware.[41] Advocates of independence saw Pennsylvania as the key; if that colony could be converted to the pro-independence cause, it was believed that the others would follow.[41] On May 1, however, opponents of independence retained control of the Pennsylvania Assembly in a special election that had focused on the question of independence.[42] In response, Congress passed a resolution on May 10 which had been promoted by John Adams and Richard Henry Lee, calling on colonies without a "government sufficient to the exigencies of their affairs" to adopt new governments.[43] The resolution passed unanimously, and was even supported by Pennsylvania's John Dickinson, the leader of the anti-independence faction in Congress, who believed that it did not apply to his colony.[44]

써 다수 미국인들은 공식적으로 표명하였다. 1776년 4월부터 7월까지 열세 개 식민지들 전역에 걸쳐 공표된 아흔 개를 넘는 그 종류의 선언들을 역사가 파울린 메이어(Pauline Maier)는 확인한다.[36] 다양한 형식들을 이 "선언들(declarations)"은 취하였다. 4월 12일의 핼리팩스 결의(Halifax Resolves)의 경우가 그러하듯 일부는 대륙회의에 보낸 대표자들에게의 공식적 서면에 의한 지시들이었는 바, 이에 따라 노스캐럴라이나주(North Carolina)는 독립에 찬성투표를 하도록 자신의 대표자들에게 권한을 부여한 최초의 식민지가 되었다.[37] 여타의 것들은 개개 식민지들에서의 영국의 통치를 공식적으로 종료시키는 입법부의 법률들이었는데, 영국으로부터의 자신의 독립을 5월 4일자로 선언하는 로드아일랜드(Rhode Island)주 입법부의 경우 – 그렇게 한 첫 식민지이다 - 등이 그것들이다.[38] 다수의 "선언들(declarations)"은 읍(town) 모임들에서 또는 카운티 모임들에서 채택된, 독립에 대한 지지를 표명한 결의(resolutions)들이었다. 소수는 배심에 대한 지시사항들의 형식으로 표명되었는데, 1776년 4월 23일에 발표된 사우스캐럴라이나(South Carolina)주 대법원장(Chief Justice) 윌리엄 헨리 드레이턴(William Henry Drayton)의 성명이 그 종류이다 : "아무런 권한을 우리 위에 …… 영국 국왕 조지 3세는 지니지 아니함을, 따라서 그에게의 복종 의무를 우리는 지지 아니함을 …… 선언하도록 나에게 나라의 법은 위임한다." [39] 이 선언들의 대부분은 지금은 세상에 알려져 있지 않은 바, 대륙회의에 의하여 7월 2일에 승인된 및 7월 4일에 서명된 선언에 의하여 가려진 것이 되어 왔기 때문이다.[40]

독립을 선언하기를 몇몇 식민지들은 자제하였다. 중부 식민지들인 뉴욕(New York)주에, 뉴저지(New Jersey)주에, 메릴랜드(Maryland)주에, 펜실베니아(Pennsylvania)주에, 그리고 델라웨어(Delaware)주에 저항은 모아졌다.[41] 독립 옹호자들은 펜실베니아주를 핵심으로 보았다; 만약 독립찬성의 대의 쪽으로 그 식민지가 돌아세워질 수 있다면, 다른 식민지들이 따를 것으로 여겨졌다.[41] 그러나 펜실베니아주 의회에 대한 통제를 5월에 독립의 문제에 초점이 맞추어졌던 특별선거에서 독립 반대자들이 확보하였다.[42] 이에 대응하여, 한 개의 결의를 5월 10일에 대륙회의는 통과시켰는 바, 그것은 존 애덤스(John Adams)에 및 리차드 헨리 리(Richard Henry Lee)에 의하여 추진된 것으로서, "그들의 정세의 요구사항들에 부응하기에 충분한 정부를" 지니지 아니한 식민지들더러 새로운 정부들을 채택하도록 그것은 촉구하였다.[43] 결의는 만장일치로 통과되었고 심지어 대륙회의 내의 독립반대파의 지도자인 펜실베니아주의 존 디킨슨(John Dickinson)에 의해서조차도 지지되었는데, 자신의 식민지에는 그것이 적용되지 않는다고 그는 믿었다.[44]

May 15 preamble

This Day the Congress has passed the most important Resolution, that ever was taken in America.

—John Adams, May 15, 1776[45]

As was the custom, Congress appointed a committee to draft a preamble to explain the purpose of the resolution. John Adams wrote the preamble, which stated that because King George had rejected reconciliation and was hiring foreign mercenaries to use against the colonies, "it is necessary that the exercise of every kind of authority under the said crown should be totally suppressed".[46] Adams's preamble was meant to encourage the overthrow of the governments of Pennsylvania and Maryland, which were still under proprietary governance.[47] Congress passed the preamble on May 15 after several days of debate, but four of the middle colonies voted against it, and the Maryland delegation walked out in protest.[48] Adams regarded his May 15 preamble effectively as an American declaration of independence, although a formal declaration would still have to be made.[49]

Lee's resolution

On the same day that Congress passed Adams's radical preamble, the Virginia Convention set the stage for a formal Congressional declaration of independence. On May 15, the Convention instructed Virginia's congressional delegation "to propose to that respectable body to declare the United Colonies free and independent States, absolved from all allegiance to, or dependence upon, the Crown or Parliament of Great Britain".[50] In accordance with those instructions, Richard Henry Lee of Virginia presented a three-part resolution to Congress on June 7.[51] The motion was seconded by John Adams, calling on Congress to declare independence, form foreign alliances, and prepare a plan of colonial confederation. The part of the resolution relating to declaring independence read:

Resolved, that these United Colonies are, and of right ought to be, free and independent States, that they are absolved from all allegiance to the British Crown, and that all political connection between them and the State of Great Britain is, and ought to be, totally dissolved.[52]

5월 15일 서문

미국에서 채택된 바 있는 것들 중에서 가장 중요한 결의를 이 날 대륙회의는 통과시켰다.

— 존 애덤스(John Adams), 1776년 5월 15일[45]

결의의 목적을 설명하기 위한 서문을 초안할 한 개의 위원회를 관례에 따라 대륙회의는 지명하였다. 그 서문을 존 애덤스(John Adams)가 썼는데, 화해를 국왕 조지가 거부하였기 때문에, 그리고 식민지들을 적대하여 사용하고자 외국용병들을 그가 고용하고 있기 때문에, "그 국왕 아래에 있는 모든 종류의 권한 행사는 완전하게 진압되어야 할 필요가 있다."고 그것은 밝혔다.[46] 펜실베니아주 정부에 대한 및 메릴랜드주 정부에 대한 타도를 애덤스의 서문은 고무할 작정이었는데, 여전히 영주통치(proprietary governance) 하에 그것들은 있었다.[47] 그 서문을 며칠 간의 토론 뒤에 5월 15일에 대륙회의가 통과시켰으나, 반대표를 네 개의 중부 식민지들은 던졌고, 메릴랜드주 대표단은 항의 속에서 퇴장하였다.[48] 자신의 5월 15일자 서문을 실제상의 미국 독립선언으로 애덤스는 간주하였는데, 다만 정식의 선언서는 앞으로 만들어져 나가야 할 것이었다.[49]

리(Lee)의 결의

애덤스의 급진적 서문을 대륙회의가 통과시킨 바로 그 날, 독립에 대한 의회의 공식의 선언을 버지니아주 의회는 준비하였다. "연합식민지들은 영국 국왕에의 내지는 의회에의 모든 충성의무로부터 내지는 의존으로부터 해제된 자유로운 및 독립의 국가들임을 선언할 것을 그 존경스러운 회의체에 제의하도록" 대륙회의에의 버지니아주 대표단에게 5월 15일에 버지니아주 의회는 지시하였다.[50] 세 부분으로 구성된 결의안을 그 지시사항들에 좇아 6월 7일 대륙회의에 버지니아주의 리차드 헨리 리(Richard Henry Lee)는 제출하였다.[51] 존 애덤스에 의하여 제안은 재청되었는데, 독립을 선언하도록, 외국과의 동맹을 형성하도록, 그리고 식민지 연합의 계획을 준비하도록 대륙회의에게 그것은 요구하였다. 독립을 선언함에 관련을 지니는 결의 부분은 이러하였다:

이 연합 식민지들은 자유로운 및 독립의 국가들임이 및 당연한 권리로서 독립의 국가들이어야 함이, 그리하여 영국 국왕에의 모든 충성의무로부터 그들은 해소됨이, 그리고 그들의 및 영국의 양자 사이의 모든 정치적 연결은 완전히 끊어짐이 및 끊어져야 함이 결의됨.[52]

Lee's resolution met with resistance in the ensuing debate. Opponents of the resolution conceded that reconciliation was unlikely with Great Britain, while arguing that declaring independence was premature, and that securing foreign aid should take priority.[53] Advocates of the resolution countered that foreign governments would not intervene in an internal British struggle, and so a formal declaration of independence was needed before foreign aid was possible. All Congress needed to do, they insisted, was to "declare a fact which already exists".[54] Delegates from Pennsylvania, Delaware, New Jersey, Maryland, and New York were still not yet authorized to vote for independence, however, and some of them threatened to leave Congress if the resolution were adopted. Congress, therefore, voted on June 10 to postpone further discussion of Lee's resolution for three weeks.[55] Until then, Congress decided that a committee should prepare a document announcing and explaining independence in the event that Lee's resolution was approved when it was brought up again in July.

The final push

Support for a Congressional declaration of independence was consolidated in the final weeks of June 1776. On June 14, the Connecticut Assembly instructed its delegates to propose independence and, the following day, the legislatures of New Hampshire and Delaware authorized their delegates to declare independence.[56] In Pennsylvania, political struggles ended with the dissolution of the colonial assembly, and a new Conference of Committees under Thomas McKean authorized Pennsylvania's delegates to declare independence on June 18.[57] The Provincial Congress of New Jersey had been governing the province since January 1776; they resolved on June 15 that Royal Governor William Franklin was "an enemy to the liberties of this country" and had him arrested.[58] On June 21, they chose new delegates to Congress and empowered them to join in a declaration of independence.[59]

Only Maryland and New York had yet to authorize independence towards the end of June. Previously, Maryland's delegates had walked out when the Continental Congress adopted Adams's radical May 15 preamble, and had sent to the Annapolis Convention for instructions.[60] On May 20, the Annapolis Convention rejected Adams's preamble, instructing its delegates to remain against independence. But Samuel Chase went to

이어지는 논쟁에서 저항에 리(Lee)의 결의안은 봉착하였다. 영국과의 화해는 가망이 없음을 결의안의 반대자들은 시인하면서도, 독립을 선언하는 것은 시기상조라고, 외국의 원조를 확보함이 우선이어야 한다고 그들은 주장하였다.[53] 영국 내부의 투쟁에 외국정부들은 개입하려 하지 않을 것이라고, 따라서 외국의 원조가 가능하려면 그 이전에 공식의 독립선언이 요구된다고 결의안의 옹호자들은 반박하였다. 대륙회의가 해야 할 사항의 전부는 "이미 존재하는 한 개의 사실을 선언"하는 것일 뿐이라고 그들은 주장하였다.[54] 그러나, 독립에 찬성투표를 할 권한을 펜실베니아주의, 델라웨어주의, 뉴저지주의, 메릴랜드주의, 그리고 뉴욕주의 대표자들은 여전히 아직도 부여받지 못하고 있었고, 만약 결의가 채택되면 대륙회의를 떠나겠다고 그들 중 일부는 위협하였다. 그리하여 리(Lee)의 결의안에 대한 더 이상의 논의를 3주 동안 연기하기로 6월 10일에 대륙회의는 표결하였다.[55] 7월에 리(Lee)의 결의안이 다시 상정되어 승인될 경우에 독립을 선언할 및 설명할 한 개의 문서를 위원회가 마련하기로 그 시점까지 대륙회의는 결정한 터였다.

마지막 노력

1776년 6월 마지막 주들에 이르러 대륙회의의 독립선언에 대한 지지는 공고해졌다. 독립을 제의하도록 자신의 대표자들에게 7월 14일 코네티컷주 의회가 지시하였고, 독립을 선언하도록 권한을 그들의 대표자들에게 그 다음 날 뉴햄프셔주의 및 델라웨어주의 입법부들은 부여하였다.[56] 식민지 의회의 해산에 더불어 펜실베니아주에서 정치적 투쟁들은 끝났고, 독립을 선언하도록 권한을 펜베니아주 대표자들에게 1776년 6월 18일 토마스 매킨(Thomas McKean) 아래서의 새로운 위원회들의 협의회는 부여하였다.[57] 뉴저지주를 1776년 1월 이래로 뉴저지 주의회는 통치해 오고 있었다; 국왕의 총독 윌리엄 프랭클린(William Franklin)은 "이 나라의 자유들에의 적"이라고 6월 15일 그들은 결의하였고 그를 체포하였다.[58] 대륙회의에의 대표자들을 6월 21일에 그들은 선발하였는데, 독립선언에 가담하도록 권한을 대표자들에게 그들은 부여하였다.[59]

6월 말이 되어가도록 독립선언의 권한을 부여하지 아니하고 있는 주들은 단지 메릴랜드주 및 뉴욕주만이었다. 일찍이 애덤스의 급진적인 5월 15일자 서문을 대륙회의가 채택하였을 때, 메릴랜드주 대표자들은 퇴장한 바 있었고, 지시사항들을 구하여 그 서문을 애나폴리스(Annapolis) 회의에 보낸 바 있었다.[60] 애덤스의 서문을 5월 20일에 애나폴리스 회의는 거부하면서, 독립에의 반대입장을 유지하도록 자신의 대표자들에게 지시하였다. 그러나 메릴랜

Maryland and, thanks to local resolutions in favor of independence, was able to get the Annapolis Convention to change its mind on June 28.[61] Only the New York delegates were unable to get revised instructions. When Congress had been considering the resolution of independence on June 8, the New York Provincial Congress told the delegates to wait.[62] But on June 30, the Provincial Congress evacuated New York as British forces approached, and would not convene again until July 10. This meant that New York's delegates would not be authorized to declare independence until after Congress had made its decision.[63]

This idealized depiction was widely reprinted, of (left to right) Franklin, Adams, and Jefferson working on the Declaration (Jean Leon Gerome Ferris, 1900).[64]

Draft and adoption

Political maneuvering was setting the stage for an official declaration of independence even while a document was being written to explain the decision. On June 11, 1776, Congress appointed a "Committee of Five" to draft a declaration, consisting of John Adams of Massachusetts, Benjamin Franklin of Pennsylvania, Thomas Jefferson of Virginia, Robert R. Livingston of New York, and Roger Sherman of Connecticut. The committee left no minutes, so there is some uncertainty about how the drafting process proceeded; contradictory accounts were written many years later by Jefferson and Adams, too many years to be regarded as entirely reliable — although their accounts are frequently cited.[65] What is certain is that the committee discussed the general outline which the document should follow and decided that Jefferson would write the first draft.[66] The committee in general, and Jefferson in particular, thought that Adams should write the document, but Adams persuaded the committee to choose Jefferson and promised to consult with him personally.[3] Considering Congress's busy schedule, Jefferson probably had limited time for writing over the next seventeen days, and likely wrote the draft quickly.[67] He then consulted the others and made some changes, and then produced another copy incorporating these alterations. The committee presented this copy to the Congress on June 28, 1776. The title of the document was "A Declaration by the Representatives of the United States of America, in General Congress assembled."[68]

드에 새뮤얼 체이스(Samuel Chase)는 갔고, 독립에 찬성하는 지역 결의들 덕분에, 애나폴리스 회의의 마음을 6월 28일에 돌리게 할 수 있었다.[61] 변경된 지시사항들을 오직 뉴욕주 대표자들만은 얻을 수 없었다. 독립결의를 6월 8일에 대륙회의가 숙고하고 있을 때, 대표자들더러 기다리라고 뉴욕주 의회는 말하였다.[62] 그러나 영국군대가 진격해 옴에 따라 뉴욕을 6월 30일 주 의회는 철수시켰고 7월 10일까지는 모이려고 하지 않았다. 독립을 선언할 권한을, 그 자신의 결정을 대륙회의가 내리고 난 뒤에까지도 뉴욕주 대표자들이 부여받지 못할 것임을 이것은 의미하였다.[63]

[사진설명] 선언서를 작성 중인 (왼쪽에서 오른 쪽으로) 프랭클린(Franklin)에, 애덤스(Adams)에, 그리고 제퍼슨(Jefferson)에 대한 이 이상화된(idealized) 묘사는 널리 재인쇄되었다. (진 레온 제롬 페리스 작품 (Jean Leon Gerome Ferris), 1900).[64]

초안 그리고 채택

심지어 결정을 설명하는 한 개의 문서가 집필되어 가고 있는 동안에조차도 공식의 독립선언을 정치적 작전은 준비하고 있었다. 선언서를 초안할 "다섯 명의 위원회"를 1776년 6월 11일 대륙회의는 지명하였는데, 매사추세츠주의 존 애덤스(John Adams)로, 펜실베니아주의 벤자민 프랭클린(Benjamin Franklin)으로, 버지니아주의 토마스 제퍼슨(Thomas Jefferson)으로, 뉴욕주의 로버트 R. 리빙스턴(Robert R. Livingston)으로 및 코네티컷주의 로저 셔먼(Roger Sherman)으로 그것은 구성되었다. 의사록을 위원회는 남기지 않았고, 그리하여 초안 작업이 어떻게 진행되었는지에 관하여 약간의 불확실이 있다; 여러 해가 지난 뒤에 제퍼슨에 및 애덤스에 의하여 서로 배치되는 설명들이 기록되었는데, 완전히 신뢰할 만한 것들로 간주되기에는 너무 여러 해가 지난 터였다 – 그러함에도 그들의 설명들은 빈번히 인용된다.[65] 확실한 것은 문서가 좋아야 할 일반적 윤곽을 위원회가 논의했다는 점이고 최초의 초안을 제퍼슨이 쓰기로 했다는 점이다.[66] 문서를 애덤스가 써야 한다고 전체로서의 위원회는, 그리고 특히 제퍼슨은, 생각하였으나, 제퍼슨을 고르도록 위원회를 애덤스는 설득하였고 그를 직접 조언하기로 애덤스는 약속하였다.[3] 대륙회의의 바쁜 일정을 고려하여, 집필을 위한 시간을 향후 17일간으로 필시 제퍼슨은 제한했었는데, 초안을 그는 신속하게 썼을 것으로 보인다.[67] 그 다음에 다른 위원들의 의견을 그는 구하여 몇 가지 수정들을 가하였으며, 이러한 변경사항들을 담은 별도의 초안을 그 뒤에 그는 제출하였다. 이 초안을 6월 28일에 대륙회의에 위원회는 제출하였다. 문서의 제목은 "소집된 대륙회의 총회에서의 아메리카 연합국가들의 대표자들에 의한 한 개의 선언 (A Declaration by the Representatives of the United States of America, in General Congress assembled)"이었다.[68]

Portable writing desk that Jefferson used to draft and write the Declaration of Independence

Congress ordered that the draft "lie on the table".[69] For two days, Congress methodically edited Jefferson's primary document, shortening it by a fourth, removing unnecessary wording, and improving sentence structure.[70] They removed Jefferson's assertion that Britain had forced slavery on the colonies in order to moderate the document and appease persons in Britain who supported the Revolution.[citation needed] Jefferson wrote that Congress had "mangled" his draft version, but the Declaration that was finally produced was "the majestic document that inspired both contemporaries and posterity," in the words of his biographer John Ferling.[70]

Congress tabled the draft of the declaration on Monday, July 1 and resolved itself into a committee of the whole, with Benjamin Harrison of Virginia presiding, and they resumed debate on Lee's resolution of independence.[71] John Dickinson made one last effort to delay the decision, arguing that Congress should not declare independence without first securing a foreign alliance and finalizing the Articles of Confederation.[72] John Adams gave a speech in reply to Dickinson, restating the case for an immediate declaration.

A vote was taken after a long day of speeches, each colony casting a single vote, as always. The delegation for each colony numbered from two to seven members, and each delegation voted amongst themselves to determine the colony's vote. Pennsylvania and South Carolina voted against declaring independence. The New York delegation abstained, lacking permission to vote for independence. Delaware cast no vote because the delegation was split between Thomas McKean (who voted yes) and George Read (who voted no). The remaining nine delegations voted in favor of independence, which meant that the resolution had been approved by the committee of the whole. The next step was for the resolution to be voted upon by Congress itself. Edward Rutledge of South Carolina was opposed to Lee's resolution but desirous of unanimity, and he moved that the vote be postponed until the following day.[73]

[사진설명] 독립선언을 초안하고 쓰기 위하여 제퍼슨이 사용한 휴대용 서류작성 문갑

초안을 "상정하도록"대륙회의는 명령하였다.[69] 제퍼슨의 기초적 문서를 이틀 동안 조직적으로 대륙회의는 손질하였는데, 그것을 4분의 1의 분량으로 줄이고, 불필요한 문구를 제거하였으며, 문장의 구조를 다듬었다.[70] 노예제도를 식민지들 위에 영국이 강제하였다는 제퍼슨의 주장을, 문서를 완화시키기 위하여 및 혁명을 지지하는 영국 내의 사람들을 달래기 위하여 그들은 삭제하였다.[인용이 필요함] 자신의 초안본을 대륙회의가 "난도질했다"고 제퍼슨은 썼으나, 최종적으로 완성된 선언서는 전기(傳記) 작가 존 펄링(John Ferling)의 표현에 의하면 "동시대인들을 및 후대를 다 같이 고무시킨 장엄한 문서"였다.[70]

선언서 초안을 7월 1일에 대륙회의는 상정하였고 버지니아주의 벤자민 해리슨(Benjamin Harrison)을 의장으로 하는 전체위원회에 그것은 환원되었으며, 그리하여 리(Lee)의 독립 결의에 대한 논의를 그들은 재개하였다.[71] 결정을 미루기 위한 한 개의 마지막 노력을 존 디킨슨(John Dickinson)은 기울였는데, 외국과의 동맹을 먼저 확보함이 없이는 및 연방조항들(the Articles of Confederation)을 마무리 지음이 없이는 독립을 대륙회의는 선언해서는 안 된다는 것이 그 주장이었다.[72] 디킨슨(Dikinson)에 응수하여, 즉시의 선언을 뒷받침하는 논거를 새로이 밝히는 연설을 존 애덤스(John Adams)는 하였다.

하루 종일에 걸친 연설들이 끝난 뒤에 표결이 이루어졌고 단 한 개의 표를 늘 그랬듯이 개개의 식민지는 던졌다. 2명에서 7명에 개개 식민지의 대표단은 걸쳤고, 개개 식민지의 투표를 결정하기 위하여 그들 내부에서 개개 대표단은 표결하였다. 독립을 선언하는 데 대하여 반대표를 펜실베니아주는 및 사우스캐럴라이나주는 던졌다. 뉴욕주 대표단은 기권하였는데, 독립에 대하여 찬성투표를 하기 위한 허가를 그들은 얻지 못했기 때문이다. 토마스 매킨(Thomas McKean; 찬성)의 및 조지 리드(George Read; 반대)의 둘 사이에서 대표단이 갈라진 델라웨어주는 기권하였다. 독립 찬성에 나머지 아홉 개의 대표단들이 투표하였는데, 전체위원회에 의하여 결의가 승인된 터임을 이는 의미하였다. 그 다음 단계는 대륙회의 자체에 의하여 결의가 표결되어야 하는 일이었다. 리(Lee)의 결의에 사우스캐럴라이나주의 에드워드 루틀리지(Edward Rutledge)는 반대하는 입장이었으나, 만장일치를 열망한 까닭에 표결을 그 다음날까지 연기하자고 그는 제의하였다.[73]

"Declaration House", the boarding house at Market and S. 7th Street where Jefferson wrote the Declaration

On July 2, South Carolina reversed its position and voted for independence. In the Pennsylvania delegation, Dickinson and Robert Morris abstained, allowing the delegation to vote three-to-two in favor of independence. The tie in the Delaware delegation was broken by the timely arrival of Caesar Rodney, who voted for independence. The New York delegation abstained once again since they were still not authorized to vote for independence, although they were allowed to do so a week later by the New York Provincial Congress.[74] The resolution of independence had been adopted with twelve affirmative votes and one abstention. With this, the colonies had officially severed political ties with Great Britain.[75]

John Adams predicted in a famous letter, written to his wife on the following day, that July 2 would become a great American holiday.[76] He thought that the vote for independence would be commemorated; he did not foresee that Americans—including himself—would instead celebrate Independence Day on the date when the announcement of that act was finalized.[77]

"I am apt to believe that [Independence Day] will be celebrated, by succeeding Generations, as the great anniversary Festival. It ought to be commemorated, as the Day of Deliverance by solemn Acts of Devotion to God Almighty. It ought to be solemnized with Pomp and Parade, with shews, Games, Sports, Guns, Bells, Bonfires and Illuminations from one End of this Continent to the other from this Time forward forever more."[78]

After voting in favor of the resolution of independence, Congress turned its attention to the committee's draft of the declaration. Over several days of debate, they made a few changes in wording and deleted nearly a fourth of the text and, on July 4, 1776, the wording of the Declaration of Independence was approved and sent to the printer for publication.

[사진설명] 독립선언서를 제퍼슨(Jefferson)이 쓴 마켓 앤 사우스 7번가(Market and S. 7th Street)의 하숙집인 "독립선언서의 집(Declaration House)"

자신의 입장을 7월 2일에 사우스캐럴라이나주는 바꾸었고 독립에 찬성표를 던졌다. 펜실베니아주 대표단 내에서 디킨슨(Dickinson)은 및 로버트 모리스(Robert Morris)는 기권하였는데, 이로써 3 대 2로 독립찬성에 대표단으로 하여금 투표하도록 그들은 허용하였다. 씨저 로드니(Caesar Rodney)의 때맞춘 도착에 의하여 델라웨어주 내에서의 호각은 깨졌고, 독립에 찬성표를 그는 던졌다. 독립에 찬성하기 위한 권한을 여전히 위임받지 못하고 있던 뉴욕주 대표단은 다시 한 기권하였는데, 독립에 찬성하도록 그로부터 일주일 뒤에 뉴욕주 의회에 의하여 그들은 허락되었다.[74] 찬성 열두 표 기권 한 표로써 독립결의는 채택된 것이 되었다. 영국과의 정치적 연결관계들을 이로써 식민지들은 공식적으로 절단시킨 것이었다.[75]

7월 2일은 위대한 미국의 축일이 될 것이라고 그의 처에게 쓴 유명한 편지에서 존 애덤스(John Adams)는 예언하였다.[76] 독립을 위한 표결이 기념될 것으로 그는 생각하였다; 그 법률의 선언이 마무리된 날인 독립기념일(Independence Day)을 미국인들이 - 그 자신이를 포함하여 - 기념하리라고는 그는 예상하지 못하였다.[77]

"세대를 이어가면서 엄숙한 해마다의 축제로 그것[독립기념일]이 경축될 것임을 나는 믿어마지 않소. 전능하신 신께의 헌정들인 엄숙한 법률들에 의하여 해방의 날(the Day of Deliverance)로서 그것은 경축되어야 하오. 이 시점부터 앞으로 영원토록, 그것을 넘어서까지 무궁토록 이 대륙의 한 쪽 끝에서부터 다른 쪽 끝까지 장관(壯觀)으로써와 행진으로써, 흥행들로써, 경기들로써, 운동회들로써, 축포들로서, 타종들로써, 모닥불들로써와 조명들로써 그것은 엄숙히 경축되어야 하오."[78]

독립결의에 찬성하는 표결을 한 뒤에 자신의 주의를 위원회의 선언서 초안에 대륙회의는 돌렸다. 며칠 간의 토론 뒤에, 몇 곳의 자구수정들을 가하고 본문의 거의 4분의 1을 그들은 삭제하였는데, 그리하여 1776년 7월 4일에 독립선언서의 문언이 승인되어 간행을 위하여 인쇄업자에게 보내졌다.

The opening of the original printing of the Declaration, printed on July 4, 1776 under Jefferson's supervision. The engrossed copy was made later ^(shown at the top of this article). Note that the opening lines differ between the two versions.[79]

There is a distinct change in wording from this original broadside printing of the Declaration and the final official engrossed copy. The word "unanimous" was inserted as a result of a Congressional resolution passed on July 19, 1776:

Resolved, That the Declaration passed on the 4th, be fairly engrossed on parchment, with the title and stile of "The unanimous declaration of the thirteen United States of America," and that the same, when engrossed, be signed by every member of Congress.[80]

Historian George Billias says:

Independence amounted to a new status of interdependence: the United States was now a sovereign nation entitled to the privileges and responsibilities that came with that status. America thus became a member of the international community, which meant becoming a maker of treaties and alliances, a military ally in diplomacy, and a partner in foreign trade on a more equal basis.[81]

Annotated text of the engrossed declaration

The declaration is not divided into formal sections; but it is often discussed as consisting of five parts: introduction, preamble, indictment of King George III, denunciation of the British people, and conclusion.[82]

[사진설명] 1776년 7월 4일에 제퍼슨의 감독 아래 인쇄된 선언서 최초의 인쇄본 첫머리 부분. 정서본(正書本)은 나중에 작성되었다(이 기사 첫 부분에 게시됨). 선언서 시작 부분의 문장이 그 두 개의 본(本)들 사이에 차이가 있음을 주목할 것.[79]

선언서의 이 최초의 대판지(大版紙; broadside) 인쇄본의 및 최종의 공식적 정서본의 양자 사이에는 자구사용에 있어서의 명백한 변경이 있다. 1776년 7월 19일에 통과된 대륙회의 결의의 결과로서 "unanimous(만장일치의)"라는 단어가 삽입되었다:

4일에 통과된 선언서는 "열세 개 아메리카 연합국가들의 만장일치의 선언"이라는 제목으로 및 양식으로 양피지 위에 깨끗하게 정서되어야 함이 및 그것이 정서되면 대륙회의의 모든 구성원에 의하여 서명되어야 함이 결의됨.[80]

역사가 조지 빌리아스(George Billias)는 말한다:

상호의존의 새로운 지위에 독립은 이르렀다: 합중국은 이제 그 지위에 더불어 생겨나게 된 특권들을 및 책임들을 부여받을 자격을 지닌 주권국가였다. 미국은 이렇게 국제사회의 구성원이 되었는데, 조약들을, 동맹들을 및 군사동맹을 보다 더 평등한 기준 위에서 체결하는 외교상의 한 개의 주체가 됨을 및 외국통상에서의 한 개의 파트너가 됨을 그것은 의미하였다.[81]

[사진설명] 정서된 선언서 주해본

정식의 절들로 선언서는 나뉘어 있지 아니하다; 그러나 다섯 개의 부분들로써 구성되는 것으로 그것은 자주 논의된다: 도입(introduction)이, 서문(preamble)이, 국왕 조지 3세(George III)에 대한 고발이, 영국인들에 대한 비난이, 그리고 결론이 그것들이다.[82]

Introduction	In CONGRESS, July 4, 1776.
Asserts as a matter of Natural Law the ability of a people to assume political independence; acknowledges that the grounds for such independence must be reasonable, and therefore explicable, and ought to be explained.	The unanimous Declaration of the thirteen United States of America, When in the Course of human events, it becomes necessary for one people to dissolve the political bands which have connected them with another, and to assume among the powers of the earth, the separate and equal station to which the Laws of Nature and of Nature's God entitle them, a decent respect to the opinions of mankind requires that they should declare the causes which impel them to the separation.
Preamble Outlines a general philosophy of government that justifies revolution when government harms natural rights.[82]	We hold these truths to be self-evident, that all men are created equal, that they are endowed by their Creator with certain unalienable Rights, that among these are Life, Liberty and the pursuit of Happiness. That to secure these rights, Governments are instituted among Men, deriving their just powers from the consent of the governed, That whenever any Form of Government becomes destructive of these ends, it is the Right of the People to alter or to abolish it, and to institute new Government, laying its foundation on such principles and organizing its powers in such form, as to them shall seem most likely to effect their Safety and Happiness. Prudence, indeed, will dictate that Governments long established should not be changed for light and transient causes; and accordingly all experience hath shewn, that mankind are more disposed to suffer, while evils are sufferable, than to right themselves by abolishing the forms to which they are accustomed. But when a long train of abuses and usurpations, pursuing invariably the same Object evinces a design to reduce them under absolute Despotism, it is their right, it is their duty, to throw off such Government, and to provide new Guards for their future security.

도입(Introduction)	대륙회의에서 1776년 7월 4일에 이루어진
정치적 독립을 취할 사람의 능력을 한 가지 자연법 사항으로서 주장함; 그러한 독립을 위한 이유들은 합리적이지 않으면 안 됨을 및 따라서 설명이 가능한 것이지 않으면 안 됨을 그리하여 그것은 설명되어야 함을 인정함.	열세 개 아메리카 연합국가들의 만장일치의 선언 인간 세상사의 전개과정에서 자신들을 다른 쪽의 사람들에게 연결시켜 온 정치적 유대관계를 한 쪽의 사람들이 해소함이, 그리하여 그들에게 자연의 법들이 및 자연의 신의 법들이 부여하는 권리로서의 분리된 및 평등한 지위를 지구상의 세력들 가운데서 그들이 취함이 필요해지는 때에, 그 분리를 향하여 그들을 재촉하는 대의들을 선언해야 함을 인류의 판단들에의 예의바른 존중은 요구한다.
서문(Preamble) 자연적 권리들을 정부가 침해하는 경우에 있어서의 혁명을 정당화하는 정부의 일반적 원리를 개설함.[82]	이 진실들은, 즉 모든 사람들은 평등하게 창조된다는 것은, 일정한 양도불능의 권리들을 그들의 창조자에 의하여 그들이 부여받는다는 것은, 이러한 것들 중에는 생명이, 자유가 및 행복의 추구가 있다는 것은, 이 권리들을 보장하기 위하여 정부들이 사람들 가운데에 수립되며 그들의 정당한 권한들을 피치자의 동의로부터 그 정부들이 끌어낸다는 것은, 형태 여하를 불문하고 정부가 이러한 목적들에 유해한 것이 될 경우에는 언제든지 그것을 폐지함이 및 그 토대를 그들의 안전을 및 행복을 가장 잘 성취시켜 줄 것으로 그들에게 여겨지는 원칙들 위에 두는, 및 그 권한들을 그렇게 여겨지는 형식 안에 조직하는, 새로운 정부를 수립함이 사람들의 권리라는 것은 자명한 사항이라고 우리는 본다. 가벼운 및 일시적인 원인들을 이유로 오래도록 수립되어 있는 정부가 변경되어서는 안 됨을 사려는 명령하고는 하는 법이다; 그리하여 그들이 익숙해 있는 형식들을 폐지함에 의하여 그들 스스로를 구제하려 하기보다는, 악폐들이 견딜 만한 것인 동안에는 그것들을 감수하려는 경향이 인류에게는 더 많음을 모든 경험은 증명해 놓은 터이다. 그러나 그들을 절대적 독재 아래에 떨어뜨릴 계획을, 동일한 목적을 항상 추구하는 권한남용들의 및 권리침해들의 긴 행렬이 증명하는 때에는, 그러한 정부를 벗어던짐은 및 그들의 장래의 안전을 위하여 새로운 수비대를 마련함은 그들의 권리이고 그들의 의무이다.

Indictment A bill of particulars documenting the king's "repeated injuries and usurpations" of the Americans' rights and liberties.[82]	Such has been the patient sufferance of these Colonies; and such is now the necessity which constrains them to alter their former Systems of Government. The history of the present King of Great Britain is a history of repeated injuries and usurpations, all having in direct object the establishment of an absolute Tyranny over these States. To prove this, let Facts be submitted to a candid world. He has refused his Assent to Laws, the most wholesome and necessary for the public good. He has forbidden his Governors to pass Laws of immediate and pressing importance, unless suspended in their operation till his Assent should be obtained; and when so suspended, he has utterly neglected to attend to them. He has refused to pass other Laws for the accommodation of large districts of people, unless those people would relinquish the right of Representation in the Legislature, a right inestimable to them and formidable to tyrants only. He has called together legislative bodies at places unusual, uncomfortable, and distant from the depository of their Public Records, for the sole purpose of fatiguing them into compliance with his measures. He has dissolved Representative Houses repeatedly, for opposing with manly firmness of his invasions on the rights of the people. He has refused for a long time, after such dissolutions, to cause others to be elected, whereby the Legislative Powers, incapable of Annihilation, have returned to the People at large for their exercise; the State remaining in the mean time exposed to all the dangers of invasion from without, and convulsions within. He has endeavoured to prevent the population of these States; for that purpose obstructing the Laws for Naturalization of Foreigners;

고발(Indictment)	이러한 것이 이 식민지들의 인내심 강한 감수사항이 되어 왔다; 그리고 이러한 것이 그들의 이전의 정부제도들을 바꾸도록 지금 그들을 강제하는 불가피성이다. 현재의 영국국왕의 역사는 반복된 위법행위들의 및 권리침해들의 역사로서, 그 모든 것들은 이 나라들 위에의 절대적 독재의 수립을 직접적 목적으로 하는 것들이다. 이것을 증명하기 위하여, 사실관계를 진솔한 세계에 제시되게 하라.
미국인들의 권리들에 및 자유들에 대한 국왕의 "반복된 위법행위들 및 권리침해들"을 문서화하는 명세서 목록.[82]	

공공선을 위하여 가장 건전한 것인 및 가장 필요한 것인 법들에의 그의 동의를 그는 거부해 왔다.

즉시의 및 절박한 중요성을 지니는 법들을 통과시키지 못하도록 그의 총독들을, 그의 동의가 얻어지기까지 그들의 기능이 정지되어 있지 않은 한, 그는 금지해 왔다; 그리고 그렇게 정지되어 있는 경우에는 그들을 응대하기를 그는 철저히 게을리 해 왔다.

대부분의 지역 사람들의 편의를 위한 여타의 법들을 통과시키기를, 입법부에서의 대변의 권리를 그들이 포기하지 않는 한, 그는 거부해 왔는 바, 그것은 그들에게는 더없이 귀중한 권리이고 오직 독재자들에게만은 굉장한 권한이다.

입법기관들을 이상한, 불편한, 그리고 그들의 공식기록들의 저장소들로부터 멀리 떨어진 곳들에서 그는 소집해 왔는데, 그들을 피곤하게 만들어 그의 조치들에의 순응을 강제해 내는 데에 그 유일한 목적은 있어 왔다.

사람들의 권리들에 대한 그의 침해행위들에 대하여 대담한 확고부동으로써 반대함을 이유로 의회들을 반복적으로 그는 해산시켜 왔다.

전체로서의 사람들에게로 그 폐지불능인 입법권한들이 그 행사를 위하여 돌아온 것이 되게 하는 수단인 저 타인들로 하여금 선출되게 만들기를 그러한 해산조치들 뒤에 오래도록 그는 거부해 왔다; 외부로부터의 모든 위험들에 및 내부로부터의 동란에 노출된 채로 그 동안 나라는 남게 되었다.

이 나라들의 인구수를 막으려고 그는 노력해 왔다; 그 목적을 위하여 외국인들의 귀화 관련 법들을 그는 막았고; 이 나라들로의 이주

refusing to pass others to encourage their migrations hither, and raising the conditions of new Appropriations of Lands.

He has obstructed the Administration of Justice by refusing his Assent to Laws for establishing Judiciary Powers.

He has made Judges dependent on his Will alone for the tenure of their offices, and the amount and payment of their salaries.

He has erected a multitude of New Offices, and sent hither swarms of Officers to harass our people and eat out their substance.

He has kept among us, in times of peace, Standing Armies without the Consent of our legislatures.

He has affected to render the Military independent of and superior to the Civil Power.

He has combined with others to subject us to a jurisdiction foreign to our constitution, and unacknowledged by our laws; giving his Assent to their Acts of pretended Legislation:

For quartering large bodies of armed troops among us:

For protecting them, by a mock Trial from punishment for any Murders which they should commit on the Inhabitants of these States:

For cutting off our Trade with all parts of the world:

For imposing Taxes on us without our Consent:

For depriving us in many cases, of the benefit of Trial by Jury:

For transporting us beyond Seas to be tried for pretended offences:

For abolishing the free System of English Laws in a neighbouring Province, establishing therein an Arbitrary government, and

를 권장하는 다른 법들을 통과시키기를 그는 거부하였으며, 그리고 토지들의 처분들에 대한 새로운 조건들을 그는 설정하였다.

사법권한들을 수립하기 위한 법들에 대한 그의 동의를 거부함으로써 사법의 운영을 그는 방해해 왔다.

판사들로 하여금 그들의 직책들의 보유를 및 그들의 급료들의 지불을 위하여 그의 의지에만 예속되도록 그는 만들어 왔다.

수많은 새로운 관공서들을 그는 수립해 왔고, 다수의 공직자들을 이 곳에 보내 우리를 괴롭히고 우리의 재산을 침식해 왔다.

상비군을 평화시에 우리 입법부들의 동의 없이 그는 유지해 왔다.

군대로 하여금 민간권력(the Civil Power)으로부터 독립적인 것이 되도록 및 민간권력에 우월한 것이 되도록 악영향을 그는 미쳐 왔다.

우리를 우리 헌법에 맞지 않는 및 우리의 법들에 의하여 인정되지 않는 관할에 복종시키고자 타인들에 더불어 그는 결탁해 왔고; 그리하여 그들의 가장된 법률들에 대한 그의 동의를 그는 부여해 오는 바:

대규모의 군대병력들을 우리들 가운데에 숙박시키기 위한 것이었고:

이 나라들의 주민들에게 그들이 가한 그 어떤 살인범죄들에 대하여도 그들을 모의재판에 의하여 처벌로부터 면제하기 위한 것이었으며:

세계 모든 나라에 대한 우리의 무역을 금지하기 위한 것이었고:

세금들을 우리 위에 우리의 동의 없이 부과하기 위한 것이었으며:

배심에 의한 정식사실심리(Trial by Jury)의 이익을 다수의 사건들에서 우리로부터 박탈하기 위한 것이었고:
우리를 바다 너머로 실어가 가장된 범죄들을 이유로 재판에 처해지게 하기 위한 것이었으며:
영국법들의 자유로운 제도를 이에 인접하는 지역에서 폐지하기 위한 것이었고, 제 멋대로의 정부를 거기에 수립하기 위한 것이었으

enlarging its Boundaries so as to render it at once an example and fit instrument for introducing the same absolute rule into these Colonies

For taking away our Charters, abolishing our most valuable Laws and altering fundamentally the Forms of our Governments:

For suspending our own Legislatures, and declaring themselves invested with power to legislate for us in all cases whatsoever.

He has abdicated Government here, by declaring us out of his Protection and waging War against us.

He has plundered our seas, ravaged our coasts, burnt our towns, and destroyed the lives of our people.

He is at this time transporting large Armies of foreign Mercenaries to compleat the works of death, desolation, and tyranny, already begun with circumstances of Cruelty & Perfidy scarcely paralleled in the most barbarous ages, and totally unworthy the Head of a civilized nation.

He has constrained our fellow Citizens taken Captive on the high Seas to bear Arms against their Country, to become the executioners of their friends and Brethren, or to fall themselves by their Hands.

He has excited domestic insurrections amongst us, and has endeavoured to bring on the inhabitants of our frontiers, the merciless Indian Savages whose known rule of warfare, is an undistinguished destruction of all ages, sexes and conditions.

In every stage of these Oppressions We have Petitioned for Redress in the most humble terms: Our repeated Petitions have been answered only by repeated injury. A Prince, whose character is thus marked by every act which may define a Tyrant, is unfit to be the ruler of a free people.

며, 및 그것으로 하여금 바로 그 절대적 통치를 이 식민지들에 도입함을 위한 한 개의 표본이 및 그 알맞은 수단이 되게 하고자 그것의 경계들을 확대시키기 위한 것이었고

우리의 헌장들을 제거하기 위한 것이었으며, 우리의 가장 소중한 법들을 폐지하기 위한 것이었고, 그리고 우리의 정부들의 형식들을 근본적으로 바꾸기 위한 것이었으며:
우리 자신의 입법부들을 정지시키고자 상황 여하를 불문하고 모든 경우들에서 우리를 대신하여 입법할 권한을 그들 스스로가 부여받았음을 선언하기 위한 것이었다.
그의 보호에서 우리가 제외됨을 그는 선언함으로써 및 우리를 상대로 전쟁을 그는 수행함으로써 여기서의 정부를 그는 포기한 터이다.

우리의 바다들을 그는 약탈해 왔고, 우리의 해변들을 그는 파괴해 왔으며, 우리의 마을들을 그는 불태워 왔고, 이 곳 사람들의 삶들을 그는 짓이겨 왔다.
가장 야만적인 시대에도 전적으로 유례가 없었던 및 문명국가의 우두머리에 전적으로 어울리지 않는 잔인의 및 배반의 상황들에 더불어 이미 시작되어 있는 죽음의, 폐허의 및 폭정의 작업들을 완성시키고자 외국 용병들의 대규모 병력들을 지금 그는 수송하는 중이다.

공해상에서 포로가 된 우리의 동료 시민들로 하여금 그들의 모국을 상대로 무기를 들도록, 그들의 친구들에 및 형제들에 대한 집행자들이 되도록, 아니면 그들의 손들에 죽도록 그는 강제해 왔다.

우리들 가운데서의 반란들을 그는 부추겨 왔고, 그 알려진 전쟁원칙이 모든 연령들에, 성별에 및 상황조건들에 대한 무차별의 파괴인 그 잔인한 인디언 야만족들을 우리의 변경지역들의 주민들에게 데려오고자 그는 노력해 왔다.

이 압제들의 시정을 위하여 가장 겸허한 말들로써 그 모든 단계에서 우리는 청원해 왔다: 반복된 권리침해로써만 우리의 반복된 청원들은 대답되었다. 한 명의 폭군을 나타내는 모든 행위에 의하여 그 성격이 이렇듯 특징지워지는 군주는 자유로운 사람들의 통치자가 되기에 부적합하다.

Denunciation

This section essentially finishes the case for independence. The conditions that justified revolution have been shown.[82]

Nor have We been wanting in attentions to our British brethren. We have warned them from time to time of attempts by their legislature to extend an unwarrantable jurisdiction over us. We have reminded them of the circumstances of our emigration and settlement here. We have appealed to their native justice and magnanimity, and we have conjured them by the ties of our common kindred to disavow these usurpations, which, would inevitably interrupt our connections and correspondence. They too have been deaf to the voice of justice and of consanguinity. We must, therefore, acquiesce in the necessity, which denounces our Separation, and hold them, as we hold the rest of mankind, Enemies in War, in Peace Friends.

Conclusion

The signers assert that there exist conditions under which people must change their government, that the British have produced such conditions and, by necessity, the colonies must throw off political ties with the British Crown and become independent states. The conclusion contains, at its core, the Lee Resolution that had been passed on July 2.

We, therefore, the Representatives of the united States of America, in General Congress, Assembled, appealing to the Supreme Judge of the world for the rectitude of our intentions, do, in the Name, and by Authority of the good People of these Colonies, solemnly publish and declare, That these united Colonies are, and of Right ought to be Free and Independent States; that they are Absolved from all Allegiance to the British Crown, and that all political connection between them and the State of Great Britain, is and ought to be totally dissolved; and that as Free and Independent States, they have full Power to levy War, conclude Peace, contract Alliances, establish Commerce, and to do all other Acts and Things which Independent States may of right do. And for the support of this Declaration, with a firm reliance on the protection of divine Providence, we mutually pledge to each other our Lives, our Fortunes and our sacred Honor.

비난

독립을 위한 논거를 이 절은 본질적으로 마무리짓는다. 혁명을 정당화하는 상황들은 제시된 터이다.[82]

우리의 영국 형제들에 대한 우리의 주의들을 우리는 결여하고 있어 본 적이 없다. 부당한 관할을 우리 위에 연장하려는 그들의 입법에 의한 시도들의 시기에마다 그들에게 우리는 경고해 왔다. 여기에의 우리의 이주의 및 정착의 상황들을 그들에게 우리는 상기시켜 왔다. 그들의 천성적 정의감에 및 도량에 우리는 호소해 왔고, 그리고 우리의 결합들을 및 일치를 불가피하게 가로막을 이러한 권리침해들을 거부하도록 우리의 공통의 혈연의 유대관계에 의하여 그들에게 우리는 기원해 왔다. 정의의 및 혈족의 목소리에 귀를 그들은 마찬가지로 닫아 왔다. 그러므로 우리의 분리를 비난하는 숙명을 우리는 받아들이지 않으면 안 되고, 또한 인류의 나머지 부분들을 그렇게 우리가 생각하지 않으면 안 되듯이 그들을 전시에 있어서의 적들로, 평화시에 있어서의 친구들로 우리는 여기지 않으면 안 된다.

결론

그들의 정부를 사람들이 바꾸지 않으면 안 되는 상황조건들이 존재한다고, 그러한 상황조건들을 영국인들이 제공하였다고, 그리하여 식민지들은 영국 국왕에의 정치적 유대관계를 불가피하게 벗어던지고서 독립의 국가들이 되지 않으면 안 된다고 서명자들은 주장한다. 7월 2일에 통과되어 있던 리(Lee)의 결의를 핵심 부분에서 결론은 포함한다.

그러므로 그 소집된 대륙회의 총회에서 우리의 의도들의 올바름을 위하여 세상의 최고 심판자에게 호소하면서 이 식민지들의 선량한 사람들의 이름으로 및 권위에 의하여 아메리카 연합국가들의 대표자들인 우리는 엄숙히 공표하고 선언하는 바, 즉 이 연합 식민지들은 자유로운 및 독립의 나라들이라는 및 당연한 권리로서 자유로운 및 독립의 나라들이어야 한다는 점이고; 영국 국왕에게의 모든 충성의무로부터 그들은 면제된다는 점이고, 그들의 및 영국의 양자 사이의 모든 정치적 연결은 완전히 해소된다는 및 해소되어야 한다는 점이고; 자유로운 및 독립의 나라들로서 전쟁을 수행할, 화의를 맺을, 동맹관계를 체결할, 통상관계를 수립할 및 그 당연한 권리로서 독립의 나라들이 할 수 있는 기타의 모든 행위들을 및 사항들을 수행할 완전한 권한을 그들은 지닌다는 점이다. 그리하여 이 선언을 지지하여, 신의 섭리의 보호에 대한 확고한 신뢰를 지닌 채로, 우리의 생명들을, 우리의 재산들을 및 우리의 신성한 명예를 서로에게 우리는 거는 바이다.

Signatures

The first and most famous signature on the engrossed copy was that of John Hancock, President of the Continental Congress. Two future presidents (Thomas Jefferson and John Adams) and a father and great-grandfather of two other presidents (Benjamin Harrison) were among the signatories. Edward Rutledge (age 26) was the youngest signer, and Benjamin Franklin (age 70) was the oldest signer. The fifty-six signers of the Declaration represented the new states as follows (from north to south):[83]

New Hampshire: Josiah Bartlett, William Whipple, Matthew Thornton

Massachusetts: Samuel Adams, John Adams, John Hancock, Robert Treat Paine, Elbridge Gerry

Rhode Island: Stephen Hopkins, William Ellery

Connecticut: Roger Sherman, Samuel Huntington, William Williams, Oliver Wolcott

New York: William Floyd, Philip Livingston, Francis Lewis, Lewis Morris

New Jersey: Richard Stockton, John Witherspoon, Francis Hopkinson, John Hart, Abraham Clark

Pennsylvania: Robert Morris, Benjamin Rush, Benjamin Franklin, John Morton, George Clymer, James Smith, George Taylor, James Wilson, George Ross

Delaware: George Read, Caesar Rodney, Thomas McKean

Maryland: Samuel Chase, William Paca, Thomas Stone, Charles Carroll of Carrollton

Virginia: George Wythe, Richard Henry Lee, Thomas Jefferson, Benjamin Harrison, Thomas Nelson, Jr., Francis Lightfoot Lee, Carter Braxton

North Carolina: William Hooper, Joseph Hewes, John Penn

South Carolina: Edward Rutledge, Thomas Heyward, Jr., Thomas Lynch, Jr., Arthur Middleton

Georgia: Button Gwinnett, Lyman Hall, George Walton

서명들

정서본에의 최초의 및 가장 유명한 서명은 대륙회의 의장 존 한콕(John Hancock)의 것이었다. 장래의 대통령 두 명(토마스 제퍼슨(Thomas Jefferson) 및 존 애덤스(John Adams))이 및 다른 두 명의 대통령들의 아버지이면서 증조부 되는 사람(벤자민 해리슨(Benjamin Harrison))이 서명자들 가운데에 있었다. 에드워드 루틀리지(Edward Rutledge; 26세)는 가장 젊은 서명자였고, 벤자민 프랭클린(Benjamin Franklin; 70세)이 최고령의 서명자였다. 아래에 나오는 바대로 새 국가들을 선언서에의 56명의 서명자들은 대표하였다 (북쪽에서 남쪽으로):[83]

- 뉴햄프셔(New Hampshire): 조시아 바틀렛(Josiah Bartlett), 윌리엄 휘플(William Whipple), 매튜 도언턴(Matthew Thornton)
- 매사추세츠(Massachusetts): 새뮤얼 애덤스(Samuel Adams), 존 애덤스(John Adams), 존 한콕(John Hancock), 로버트 트릿 페인(Robert Treat Paine), 엘브리지 게리(Elbridge Gerry)
- 로드아일랜드(Rhode Island): 스티븐 홉킨스(Stephen Hopkins), 윌리엄 엘러리(William Ellery)
- 코네티컷(Connecticut): 로저 셔만(Roger Sherman), 새뮤얼 헌팅턴(Samuel Huntington), 윌리엄 윌리엄즈(William Williams), 올리버 월콧(Oliver Wolcott)
- 뉴욕(New York): 윌리엄 플로이드(William Floyd), 필립 리빙스턴(Philip Livingston), 프랜시스 류이스(Francis Lewis), 류이스 모리스(Lewis Morris)
- 뉴저지(New Jersey): 리차드 스톡턴(Richard Stockton), 존 위더스푼(John Witherspoon), 프랜시스 홉킨슨(Francis Hopkinson), 존 하트(John Hart), 에이브러햄 클라크(Abraham Clark)
- 펜실베이나(Pennsylvania): 로버트 모리스(Robert Morris), 벤자민 러쉬(Benjamin Rush), 벤자민 프랭클린(Benjamin Franklin), 존 모턴(John Morton), 조지 클라이머(George Clymer), 제임스 스미드(James Smith), 조지 테일러(George Taylor), 제임스 윌슨(James Wilson), 조지 로스(George Ross)
- 델라웨어(Delaware): 조지 리드(George Read), 씨저 로드니(Caesar Rodney), 토마스 매킨(Thomas McKean)
- 메릴랜드(Maryland): 새뮤얼 체이스(Samuel Chase), 윌리엄 파카(William Paca), 토마스 스톤(Thomas Stone), 캐럴턴의 찰스 캐럴(Charles Carroll of Carrollton)
- 버지니아(Virginia): 조지 와이드(George Wythe), 리차드 헨리 리(Richard Henry Lee), 토마스 제퍼슨(Thomas Jefferson), 벤자민 해리슨(Benjamin Harrison), 토마스 넬슨 주니어(Thomas Nelson, Jr.), 프랜시스 라잇풋 리(Francis Lightfoot Lee), 카터 브랙스턴(Carter Braxton)
- 노스캐럴라이나(North Carolina): 윌리엄 후퍼(William Hooper), 조셉 휴즈(Joseph Hewes), 존 펜(John Penn)
- 사우스캐럴라이나(South Carolina): 에드워드 루틀리지(Edward Rutledge), 토마스 헤이워드 주니어(Thomas Heyward, Jr.), 토마스 린치 주니어(Thomas Lynch, Jr.), 아더 미들턴(Arthur Middleton)
- 조지어(Georgia): 버튼 귀넷(Button Gwinnett), 라이먼 홀(Lyman Hall), 조지 월튼(George Walton)

Influences and legal status

English political philosopher John Locke (1632–1704)

Historians have often sought to identify the sources that most influenced the words and political philosophy of the Declaration of Independence. By Jefferson's own admission, the Declaration contained no original ideas, but was instead a statement of sentiments widely shared by supporters of the American Revolution. As he explained in 1825:

Neither aiming at originality of principle or sentiment, nor yet copied from any particular and previous writing, it was intended to be an expression of the American mind, and to give to that expression the proper tone and spirit called for by the occasion.[84]

Jefferson's most immediate sources were two documents written in June 1776: his own draft of the preamble of the Constitution of Virginia, and George Mason's draft of the Virginia Declaration of Rights. Ideas and phrases from both of these documents appear in the Declaration of Independence.[85] They were, in turn, directly influenced by the 1689 English Declaration of Rights, which formally ended the reign of King James II.[86] During the American Revolution, Jefferson and other Americans looked to the English Declaration of Rights as a model of how to end the reign of an unjust king.[87] The Scottish Declaration of Arbroath (1320) and the Dutch Act of Abjuration (1581) have also been offered as models for Jefferson's Declaration, but these models are now accepted by few scholars. [88]

Jefferson wrote that a number of authors exerted a general influence on the words of the Declaration.[89] English political theorist John Locke is usually cited as one of the primary influences, a man whom Jefferson called one of "the three greatest men that have ever lived".[90] In 1922, historian Carl L. Becker wrote, "Most Americans had absorbed Locke's works as a kind of political gospel; and the Declaration, in its form, in its phraseology, follows closely certain sentences in Locke's second treatise on government."[91] The extent of Locke's influence on the American Revolution has been questioned by some

영향력 및 법적 지위

[사진설명] 영국의 정치사상가 존 로크(John Locke, 1632-1704)

독립선언서의 문언에와 정치적 철학에 가장 많은 영향을 준 원천들을 확인하고자 역사가들은 자주 추구해 왔다. 제퍼슨(Jefferson) 자신의 시인에 의하면, 독창적 사상들을 선언서는 포함하지 아니하였고 오히려 그것은 미국 독립전쟁의 지지자들에 의하여 널리 공유된 지향들에 대한 한 개의 성명이었다. 1825년에 그가 설명하였듯이:

원칙의 내지는 지향의 독자성을 목표로 하지 아니한 채로 및 그렇다 하여 조금이라도 특정의 및 선행의 저작물로부터 베끼지도 아니한 채로, 미국의 마음에 대한 한 개의 표현이 되게 하려는, 그리하여 상황에 의하여 요구되는 적합한 품격을 및 정신을 그 표현에 부여하려는 의도를 그것은 담은 것이었다.[84]

제퍼슨의 가장 직접의 원천들은 1776년에 집필된 두 개의 문서들이었다: 버지니아주 헌법 서문에 대한 그 자신의 초안이 및 버지니아주 권리선언(the Virginia Declaration of Rights)에 대한 조지 메이슨(George Mason)의 초안이 그것들이다. 독립선언서에는 이 두 가지 문서들 쌍방으로부터 따온 생각들이 및 문언들이 나타난다.[85] 그런데 이 번에는 그것들은 국왕 제임스 2세(James Ⅱ)의 통치를 공식적으로 종결지은 1689년의 영국 권리선언에 의하여 직접적으로 영향을 받은 것들이었다.[86] 불의한 국왕의 통치를 어떻게 끝낼지의 모델로서 영국의 권리선언을 미국 혁명 기간 중에 제퍼슨은 및 여타의 미국인들은 참조하였다.[87] 제퍼슨의 선언서를 위한 모델들로서 스코틀랜드의 아르브로드 선언(the Scottish Declaration of Arbroath, 1320)이 및 네덜란드 독립법(the Dutch Act of Abjuration, 1581)이 함께 제시되었으나, 지금은 단지 일부의 학자들에 의해서만 이 모델들은 받아들여진다.[88]

일반적 영향력을 선언서의 문언에 여러 저작물들이 발휘하였다고 제퍼슨은 썼다.[89] 가장 중요한 영향력을 준 사람들 중 한 명으로서 영국의 정치이론가 존 로크(John Locke)는 일반적으로 인용되는데, 그는 "일찍이 생존한 적이 있는 세 명의 가장 위대한 사람들"가운데 한 명으로 제퍼슨이 부른 사람이다.[90] "로크의 저작들을 일종의 정치적 성서로서 대부분의 미국인들은 흡수한 상태였다; 정부에 관한 로크의 두 번째 논문에서의 특정 문장들을 그 형식에 있어서, 그 문언의 사용에 있어서 선언서는 면밀히 좇는다."고 1922년에 역사가 칼 L. 베커(Carl L. Becker)는 썼다.[91] 그러나 나중의 일부 학자들에 의하여 미국 독립전쟁에의 로크의

subsequent scholars, however. Historian Ray Forrest Harvey argued in 1937 for the dominant influence of Swiss jurist Jean Jacques Burlamaqui, declaring that Jefferson and Locke were at "two opposite poles" in their political philosophy, as evidenced by Jefferson's use in the Declaration of Independence of the phrase "pursuit of happiness" instead of "property".[92] Other scholars emphasized the influence of republicanism rather than Locke's classical liberalism.[93] Historian Garry Wills argued that Jefferson was influenced by the Scottish Enlightenment, particularly Francis Hutcheson, rather than Locke,[94] an interpretation that has been strongly criticized.[95]

Legal historian John Phillip Reid has written that the emphasis on the political philosophy of the Declaration has been misplaced. The Declaration is not a philosophical tract about natural rights, argues Reid, but is instead a legal document—an indictment against King George for violating the constitutional rights of the colonists.[96] Historian David Armitage has argued that the Declaration was strongly influenced by de Vattel's The Law of Nations, the dominant international law treatise of the period, and a book that Benjamin Franklin said was "continually in the hands of the members of our Congress".[97] Armitage writes, "Vattel made independence fundamental to his definition of statehood"; therefore, the primary purpose of the Declaration was "to express the international legal sovereignty of the United States". If the United States were to have any hope of being recognized by the European powers, the American revolutionaries first had to make it clear that they were no longer dependent on Great Britain.[98] The Declaration of Independence does not have the force of law domestically, but nevertheless it may help to provide historical and legal clarity about the Constitution and other laws.[99][100][101][102]

Signing

The signed copy of the Declaration is now badly faded because of poor preserving practices in the 19th century. It is on display at the National Archives in Washington, D. C.

The Declaration became official when Congress voted for it on July 4; signatures of the delegates were not needed to make it official. The handwritten copy of the Declaration of

영향력의 정도는 의문시되어 왔다. 스위스 법학자 장 자크 불라마퀴(Jean Jacques Burlamaqui)의 지배적 영향력을 옹호하여 1937년에 역사가 레이 포레스트 하비(Ray Forrest Harvey)는 주장하면서, "재산(property)"이라는 문구에가 아닌 "행복의 추구(pursuit of happiness)"라는 문구에 대한 독립선언서에서의 제퍼슨의 사용에 의하여 입증되듯이, 그들의 정치적 철학에 있어서 "두 개의 반대되는 극단들"에 제퍼슨은 및 로크는 위치해 있었다고 그는 선언하였다.[92] 로크의 고전적 자유주의의 영향을보다는 공화주의의 영향을 다른 학자들은 강조하였다.[93] 존 로크에 의하여보다는 스코틀랜드의 계몽주의 철학에 의하여, 특히 프랜시스 허치슨(Francis Hutcheson)에 의하여 제퍼슨은 영향을 받았다고 역사가 게리 윌스(Garry Wills)는 주장하였는데, [94] 이 해석은 강력하게 비판되어 왔다.[95]

선언서의 정치철학에의 강조는 장소를 잘못 짚은 것이라고 법사학자 존 필립 레이드(John Phillip Reid)는 써 놓았다. 선언서는 자연적 권리들에 관한 철학적 팜플렛이 아니라 오히려 한 개의 법적 문서라고 - 식민지인들의 헌법적 권리들을 침해함을 이유로 하는 국왕 조지에 대한 한 개의 고발이라고 - 레이드는 주장한다.[96] 당시의 중요한 국제법 논문인 및 "우리 대륙회의 구성원들의 손들 안에 지속적으로"놓여 있었다고 벤자민 프랭클린이 말한 한 권의 책인 드 바텔(de Vattel)의 국제법(The Law of Nations)에 의하여 선언서는 강하게 영향을 받았다고 역사가 데이빗 아미티지(David Armitage)는 주장해 왔다.[97] "독립을 국가에 대한 그의 정의에 기본적인 것으로 바텔은 만들었다."고; 따라서 선언서의 주된 목적은 "연합국가들의 국제적 법적 주권을 표명하기 위함"이었다고 아미티지는 쓴다. 유럽 국가들에 의하여 인정받을 조금이나마의 희망을 만약 연합국가들이 지니고자 한다면, 그들은 더 이상 영국에 예속되어 있지 아니함을 미국 혁명가들은 우선 명백히 하여야 하였다.[98] 법으로서의 효력을 국내적으로 독립선언서는 지니지 아니하지만, 이에도 불구하고 연방헌법에 및 그 밖의 법들에 관한 역사적 및 법적 명확성을 제공하도록 그것은 조력할 수 있다.[99][100][101][102]

서명

[사진설명] 19세기의 빈약한 보전기술들로 인하여 선언서 서명본은 지금은 심하게 색이 바랜 상태이다. 워싱턴 D. C.의 국립문서기록관리청에 그것은 전시되고 있다.

그것을 7월 4일에 대륙회의가 표결하였을 때 선언서는 공식의 것이 되었다; 그것을 공식의 것이 되게끔 만드는 데에 대표자들의 서명들은 요구되지 않았다. 대륙회의에 의하여 서

Independence that was signed by Congress is dated July 4, 1776. The signatures of fifty-six delegates are affixed; however, the exact date when each person signed it has long been the subject of debate. Jefferson, Franklin, and Adams all wrote that the Declaration had been signed by Congress on July 4.[103] But in 1796, signer Thomas McKean disputed that the Declaration had been signed on July 4, pointing out that some signers were not then present, including several who were not even elected to Congress until after that date.[104]

The Declaration was transposed on paper, adopted by the Continental Congress, and signed by John Hancock, President of the Congress, on July 4, 1776, according to the 1911 record of events by the U. S. State Department under Secretary Philander C. Knox.[105] On August 2, 1776, a parchment paper copy of the Declaration was signed by 56 persons. [105] Many of these signers were not present when the original Declaration was adopted on July 4.[105] Signer Matthew Thornton from New Hampshire was seated in the Continental Congress in November; he asked for and received the privilege of adding his signature at that time, and signed on November 4, 1776.[105]

On July 4, 1776, Continental Congress President John Hancock's signature authenticated the United States Declaration of Independence.

Historians have generally accepted McKean's version of events, arguing that the famous signed version of the Declaration was created after July 19, and was not signed by Congress until August 2, 1776.[106] In 1986, legal historian Wilfred Ritz argued that historians had misunderstood the primary documents and given too much credence to McKean, who had not been present in Congress on July 4.[107] According to Ritz, about thirty-four delegates signed the Declaration on July 4, and the others signed on or after August 2.[108] Historians who reject a July 4 signing maintain that most delegates signed on August 2, and that those eventual signers who were not present added their names later.[109]

Two future U. S. presidents were among the signatories: Thomas Jefferson and John Adams. The most famous signature on the engrossed copy is that of John Hancock, who

명된 독립선언서 수기본은 1776년 7월 4일로 날짜가 먹여져 있다. 56명의 대표자들의 서명들은 이에 덧붙여졌다; 그러나 거기에 개개 인물이 서명한 정확한 날짜는 오래도록 논란의 주제가 되어 왔다. 7월 4일에 대륙회의에 의하여 선언서는 서명되었었다고 제퍼슨은, 프랭클린은 및 애덤스는 모두가 썼다.[103] 그러나 7월 4일에 선언서가 서명되었었다는 점을 1796년에 서명자 토마스 매킨(Thomas McKean)은 다투었는데, 그 날짜 뒤에까지 심지어 대륙회의에 선출조차 되지 아니한 몇몇을 포함하여 일부 서명자들은 그 때 출석해 있지 않았음을 그는 지적하였다.[104]

국무장관 필랜더 C. 녹스(Philander C. Knox) 아래서의 미합중국 국무성에 의한 1911년 경과기록에 따르면, 1776년 7월 4일에 종이 위에 선언서는 옮겨졌고 대륙회의에 의하여 채택되었으며 대륙회의 의장 존 한콕(John Hancock)에 의하여 서명되었다.[105] 1776년 8월 2일에 선언서 양피지본이 56명에 의하여 서명되었다.[105] 7월 4일에 최초의 선언서가 채택되었을 때 서명자들 중 다수는 출석해 있지 않았다.[105] 서명자 뉴햄프셔주의 매튜 도언턴(Matthew Thornton)은 11월에 대륙회의의 구성원에 취임하였다; 자신의 서명을 보태는 특권을 그 때 요청하였고 이를 수령하였으며, 그리하여 1776년 11월 4일에 그는 서명하였다.[105]

[사진설명] 미합중국 독립선언서를 1776년 7월 4일에 대륙회의 의장 존 한콕(John Hancock)의 서명은 법적으로 인증하였다.

유명한 선언서 서명본은 7월 19일 이후에 작성되었다고, 그리하여 1776년 8월 2일까지 대륙회의에 의하여 그것은 서명되지 않았다고 역사가들은 주장하면서, 진행경과에 대한 매킨(McKean)의 주장을 역사가들은 일반적으로 받아들여 왔다.[106] 그 중요한 문서들을 역사가들은 오해하여 왔다고 및 과도한 신뢰를 7월 4일에 대륙회의에 출석해 있지 않았던 매킨(McKean)에게 그들은 부여하여 왔다고 1986년에 법사학자 윌프레드 리츠(Wilfred Ritz)는 주장하였다.[107] 리츠에 따르면, 7월 4일에 약 34명의 대표자들이 선언서에 서명하였고, 8월 2일에 또는 그 뒤에 다른 서명자들이 서명하였다.[108] 8월 2일에 대부분의 대표자들이 서명하였다고, 그리고 출석해 있지 않았던 나중의 서명자들은 추후에 그들의 이름들을 보탰다고 7월 4일의 서명을 물리치는 역사가들은 주장한다.[109]

서명자들 중에는 장래의 미국 대통령 두 명이 들어 있었다: 토마스 제퍼슨(Thomas Jefferson)이 및 존 애덤스(John Adams)가 그들이다. 정서본에의 가장 유명한 서명은 존 한콕(John Hancock)의

presumably signed first as President of Congress.[110] Hancock's large, flamboyant signature became iconic, and the term John Hancock emerged in the United States as an informal synonym for "signature".[111] A commonly circulated but apocryphal account claims that, after Hancock signed, the delegate from Massachusetts commented, "The British ministry can read that name without spectacles." Another apocryphal report indicates that Hancock proudly declared, "There! I guess King George will be able to read that!"[112]

Various legends emerged years later about the signing of the Declaration, when the document had become an important national symbol. In one famous story, John Hancock supposedly said that Congress, having signed the Declaration, must now "all hang together", and Benjamin Franklin replied: "Yes, we must indeed all hang together, or most assuredly we shall all hang separately." The quotation did not appear in print until more than fifty years after Franklin's death.[113]

The Syng inkstand used at the signing was also used at the signing of the United States Constitution in 1787.

Publication and reaction

Johannes Adam Simon Oertel's painting Pulling Down the Statue of King George III, N. Y. C., ca. 1859, depicts citizens destroying a statue of King George after the Declaration was read in New York City on July 9, 1776.

After Congress approved the final wording of the Declaration on July 4, a handwritten copy was sent a few blocks away to the printing shop of John Dunlap. Through the night, Dunlap printed about 200 broadsides for distribution. Before long, the Declaration was read to audiences and reprinted in newspapers throughout the thirteen states. The first official public reading of the document was by John Nixon in the yard of Independence Hall on July 8; public readings also took place on that day in Trenton, New Jersey and Easton, Pennsylvania.[114] A German translation of the Declaration was published in Philadelphia by July 9.[115]

것인데, 그는 대륙회의 의장으로서 맨 처음에 서명한 것으로 추정된다.[110] 한콕의 커다란 현란한 서명은 우상이 되었고, 그리하여 John Hancock이라는 단어는 합중국에서 "서명"을 나타내는 비공식의 동의어로서 떠올랐다.[111] "그 이름을 안경 없이도 영국 장관은 읽을 수 있다."고, 한콕이 서명한 뒤에 매사추세츠주 대표자가 말한 것으로, 일반적으로 통용되는, 그러나 출처가 의심스러운 기사는 주장한다. "저 봐! 그것을 국왕 조지가 읽을 수 있을걸!"이라고 한콕이 자랑스럽게 선언했음을 또 다른 출처불명의 보도는 지적한다.[112]

선언서의 서명에 관하여 수 년 뒤에 다양한 전설들이 생겨났는데, 그 시점에서 그 문서는 중요한 국가적 상징이 된 상태였다. 유명한 이야기 한 개에 의하면, 선언서에 서명하였으니 대륙회의는 이제 "모두 단결하"지(hang together) 않으면 안 된다고 존 한콕(John Hancock)이 말한 것으로, 그러자 "그렇지요, 참으로 우리는 모두가 단결하지(hang together) 않으면 안 됩니다, 안 그랬다가는 틀림없이 우리 모두가 따로따로 매달리게(hang separately) 되겠지요."라고 벤자민 프랭클린(Benjamin Franklin)이 응수한 것으로 알려져 있다. 프랭클린의 사후 50년이 더 지나서야 위 인용문은 활자화되어 나왔다.[113]

서명에 사용된 싱 잉크스탠드(the Syng inkstand)는 1787년 미합중국 헌법의 서명에도 사용되었다.

간행 및 반응

[사진설명] 뉴욕시에서 국왕 조지 3세 동상을 끌어내리는 장면을 묘사한 요하네스 애덤 사이먼 오어텔(Johannes Adam Simon Oertel)의 1859년 무렵의 그림; 1776년 7월 9일 뉴욕시에서 선언서가 낭독된 뒤에 국왕 조지의 동상을 파괴하는 시민들을 묘사함.

선언서의 최종 문안을 7월 4일 대륙회의가 승인한 뒤에, 몇 블록 떨어진 존 던랩(John Dunlap)의 인쇄소에 수기본이 보내졌다. 배포를 위한 약 200 장의 대판지본들(broadsides)을 밤이 샐 때까지 던랩은 인쇄하였다. 금방 열세 개 주들의 전역에 걸쳐 선언서는 청중들에게 낭독되었고 신문들에 재인쇄되었다. 문서에 대한 최초의 공식적 공개낭독은 7월 8일 독립기념관(Independence Hall) 마당에서 존 닉슨(John Nixon)에 의하여 이루어졌다; 공개낭독은 같은 날 뉴저지주 트렌턴(Trenton)에서도 및 펜실베니아주 이스턴(Easton)에서도 이루어졌다.[114] 7월 9일에 이르러서는 선언서의 독일어 번역본이 필라델피아에서 간행되었다.[115]

President of Congress John Hancock sent a broadside to General George Washington, instructing him to have it proclaimed "at the Head of the Army in the way you shall think it most proper".[116] Washington had the Declaration read to his troops in New York City on July 9, with thousands of British troops on ships in the harbor. Washington and Congress hoped that the Declaration would inspire the soldiers, and encourage others to join the army.[114] After hearing the Declaration, crowds in many cities tore down and destroyed signs or statues representing royal authority. An equestrian statue of King George in New York City was pulled down and the lead used to make musket balls.[117]

William Whipple, signer of the Declaration of Independence, freed his slave believing that he could not both fight for liberty and own a slave.

British officials in North America sent copies of the Declaration to Great Britain.[118] It was published in British newspapers beginning in mid-August, it had reached Florence and Warsaw by mid-September, and a German translation appeared in Switzerland by October. The first copy of the Declaration sent to France got lost, and the second copy arrived only in November 1776.[119] It reached Portuguese America by Brazilian medical student "Vendek" JoséJoaquim Maia e Barbalho, who had met with Thomas Jefferson in Nîmes.

The Spanish-American authorities banned the circulation of the Declaration, but it was widely transmitted and translated: by Venezuelan Manuel García de Sena, by Colombian Miguel de Pombo, by Ecuadorian Vicente Rocafuerte, and by New Englanders Richard Cleveland and William Shaler, who distributed the Declaration and the United States Constitution among creoles in Chile and Indians in Mexico in 1821.[120] The North Ministry did not give an official answer to the Declaration, but instead secretly commissioned pamphleteer John Lind to publish a response entitled Answer to the Declaration of the American Congress.[121] British Tories denounced the signers of the Declaration for not applying the same principles of "life, liberty, and the pursuit of happiness" to African Americans.[122] Thomas Hutchinson, the former royal governor of Massachusetts, also

대판지본 한 개를 장군 조지 워싱턴(George Washington)에게 보내면서, "가장 적합하다고 귀하가 여기는 방법으로 육군 지휘부에서"그것이 선포되게끔 조치하도록 그에게 대륙회의 의장존 한콕(John Hancock)은 지시하였다.[116] 그의 병사들에게 선언서가 낭독되게끔 7월 9일에 뉴욕시에서 워싱턴은 조치하였는데, 항구에는 선박들 위에 수천 명의 영국 군대가 대기하고있는 상태였다. 병사들을 선언서가 고무시킬 것으로 및 다른 사람들로 하여금 육군에 들어오도록 그것이 고취시킬 것으로 워싱턴(Washington)은 및 대륙회의는 기대하였다.[114] 국왕의권위를 나타내는 표지들을 내지는 동상들을, 선언서를 들은 뒤에 여러 도시들에서 군중들은찢고 부수었다. 뉴욕시에 있던 국왕 조지의 승마상은 끌어내려졌고 머스켓 소총 탄알들을만드는 데 그 납은 사용되었다.[117]

[사진설명] 그의 노예를 독립선언서에의 서명자인 윌리엄 휘플(William Whipple)은 해방시켰는데, 자유를 위해서 싸우기를 및 노예를 소유하기를 자신이 동시에 할 수는 없다고 그는 믿었다.

선언서 사본들을 영국에 북아메리카의 영국 공직자들은 보냈다.[118] 8월 중순 경부터 영국 신문들에 그것은 공표되었고, 9월 중엽에는 플로렌스(Florence)에와 바르샤바(Warsaw)에 그것은 도달한 상태였으며, 10월에는 독일어 번역본이 스위스에 나타났다. 프랑스에 보내진 선언서 최초 사본은 분실되었고, 1776년 11월에서야 두 번째 사본이 도착하였다.[119] 브라질의의과대학생 "벤덱(Vendek)" 호세 요아킴 마야 에 바르발호(JoséJoaquim Maia e Barbalho)에 의하여 포르투갈령 아메리카에 그것은 도달하였는데, 토마스 제퍼슨을 님(Nîmes)에서 그는 만난 바 있었다.

선언서의 유포를 스페인령 아메리카 당국은 금지하였으나, 그것은 광범위하게 전송되고번역되었다: 베네주엘라 사람 마누엘 가르시아 드 세나(Manuel García de Sena)에 의하여, 콜롬비아 사람 미구엘 드 폼보(Miguel de Pombo)에 의하여, 에쿠아도르 사람 빈센트 로카푸에르테(Vicente Rocafuerte)에 의하여, 그리고 뉴잉글랜드 사람들인 리차드 클리블랜드(Richard Cleveland)에와 윌리엄 쉐일러(William Shaler)에 의하여 등이었는 바, 선언서를 및 합중국 헌법을 1821년에 칠레에서의 크리올 사람들 사이에 그리고 멕시코에서의 인디언들 사이에 끝의 두 사람은 유포시켰다.[120] 선언서에 대한 공식적 답변을 영국의 북아메리카부(the North Ministry)는 내놓지 않았으나, 아메리카 대륙회의의 선언서에 대한 대답(Answer to the Declaration of the American Congress)이라는 제목의 응답을 팜플렛 저자 존 린드(John Lind)로 하여금 간행하도록 비밀리에 의뢰하였다.[121] "생명의, 자유의 및 행복추구의"동일한 원칙들을 아프리카계 미국인들에게는 적용

published a rebuttal.[123][124] These pamphlets challenged various aspects of the Declaration. Hutchinson argued that the American Revolution was the work of a few conspirators who wanted independence from the outset, and who had finally achieved it by inducing otherwise loyal colonists to rebel.[125] Lind's pamphlet had an anonymous attack on the concept of natural rights written by Jeremy Bentham, an argument that he repeated during the French Revolution.[126] Both pamphlets asked how the American slaveholders in Congress could proclaim that "all men are created equal" without freeing their own slaves.[127]

William Whipple, a signer of the Declaration of Independence who had fought in the war, freed his slave Prince Whipple because of revolutionary ideals. In the postwar decades, other slaveholders also freed their slaves; from 1790 to 1810, the percentage of free blacks in the Upper South increased to 8.3 percent from less than one percent of the black population.[128] All Northern states abolished slavery by 1804.

History of the documents

The official copy of the Declaration of Independence was the one printed on July 4, 1776 under Jefferson's supervision. It was sent to the states and to the Army and was widely reprinted in newspapers. The slightly different "engrossed copy" (shown at the top of this article) was made later for members to sign. The engrossed version is the one widely distributed in the 21st century. Note that the opening lines differ between the two versions.[79]

The copy of the Declaration that was signed by Congress is known as the engrossed or parchment copy. It was probably engrossed (that is, carefully handwritten) by clerk Timothy Matlack.[129] A facsimile made in 1823 has become the basis of most modern reproductions rather than the original because of poor conservation of the engrossed copy through the 19th century.[129] In 1921, custody of the engrossed copy of the Declaration was transferred from the State Department to the Library of Congress, along with the United States Constitution. After the Japanese attack on Pearl Harbor in 1941, the documents were

하지 아니함을 들어 선언서 서명자들을 영국의 토리당 지지자들(Tories)은 비난하였다.[122] 마찬가지로 반박성명을 매사추세츠주의 전직 총독 토마스 허친슨(Thomas Hutchinson)은 공표하였다.[123][124] 선언서의 여러 측면들을 이 팜플렛들은 공격하였다. 미국의 혁명은 처음부터 독립을 원하였던 몇 명의 공모자들의 작품이라고, 충성스런 식민지 주민들을 반역으로 유인함으로써 그것을 끝내 그들은 달성하였다고 허친슨은 주장하였다.[125] 제레미 벤담(Jeremy Bentham)에 의하여 집필된 자연적 권리들(natural rights)의 개념에 대하여 익명의 공격을 린드(Lind)의 팜플렛은 가하였는데, 그것은 프랑스 대혁명 동안에 벤담이 반복한 주장이기도 하였다.[126] "모든 사람들은 평등하게 창조된다"고, 그들 자신의 노예들을 해방시킴이 없이, 대륙회의 내의 미국 노예소유자들이 어떻게 선포할 수 있는지를 두 팜플렛들은 다 같이 물었다.[127]

전쟁에서 싸운 바 있는 독립선언서의 서명자인 윌리엄 휘플(William Whipple)은 그의 노예 프린스 휘플(Prince Whipple)을 혁명이념들 때문에 해방시켰다. 마찬가지로 그들의 노예들을 전후(postwar) 수십 년 동안 여타의 노예소유자들은 해방시켰다; 1790년부터 1810년까지 사이에, 북부에 가까운 남부에서의 해방흑인들의 비율은 흑인인구의 1% 미만에서 8.3%로 높아졌다.[128] 노예제도를 1804년까지 전체 북부 주들은 폐지하였다.

문서들의 역사

독립선언서 공식본은 제퍼슨의 감독 아래서 1776년 7월 4일에 인쇄된 것이다. 주들에게 및 육군에게 그것은 보내졌고 널리 신문들에 게재되었다. 약간 다른 "정서본(正書本; engrossed copy)"(이 기사 맨 위에 게시됨)은 대표자들의 서명을 위하여 나중에 만들어졌다. 정서본은 21세기에 널리 배포된 것이다. 두 본들 사이에 시작 부분이 다름을 유념하라.[79]

대륙회의에 의하여 서명된 선언서 등본은 정서된 양피지본으로 알려져 있다. 그것은 아마도 서기 티모디 맷랙(Timothy Matlack)에 의하여 정서된 것으로(즉, 주의 깊게 수기된 것으로) 보인다.[129] 1823년에 작성된 모사본은 당초의 것이라기보다는 가장 최근의 복제물들의 토대가 되어 있는 것인 바, 정서본에 대한 19세기 중의 서툰 보전으로 인한 것이다.[129] 1921년에 선언서 정서본의 보관은 합중국 헌법에 나란히 국무성에서 연방의회 도서관으로 이관되었다. 1941년 진주만에 대한 일본의 공격 뒤에, 문서들은 보관을 위하여 켄터키주 포트녹스(Fort Knox) 소재 합중국 지금저장소(the United States Bullion Depository)로 옮겨져, 거기에 1944년까지 보관되었다.

moved for safekeeping to the United States Bullion Depository at Fort Knox in Kentucky, where they were kept until 1944.[130] In 1952, the engrossed Declaration was transferred to the National Archives and is now on permanent display at the National Archives in the "Rotunda for the Charters of Freedom".[131]

The Rotunda for the Charters of Freedom in the National Archives building

The document signed by Congress and enshrined in the National Archives is usually regarded as the Declaration of Independence, but historian Julian P. Boyd argued that the Declaration, like Magna Carta, is not a single document. Boyd considered the printed broadsides ordered by Congress to be official texts, as well. The Declaration was first published as a broadside that was printed the night of July 4 by John Dunlap of Philadelphia. Dunlap printed about 200 broadsides, of which 26 are known to survive. The 26th copy was discovered in The National Archives in England in 2009.[132]

In 1777, Congress commissioned Mary Katherine Goddard to print a new broadside that listed the signers of the Declaration, unlike the Dunlap broadside.[129][133] Nine copies of the Goddard broadside are known to still exist.[133] A variety of broadsides printed by the states are also extant.[133]

Several early handwritten copies and drafts of the Declaration have also been preserved. Jefferson kept a four-page draft that late in life he called the "original Rough draught".[134] It is not known how many drafts Jefferson wrote prior to this one, and how much of the text was contributed by other committee members. In 1947, Boyd discovered a fragment of an earlier draft in Jefferson's handwriting.[135] Jefferson and Adams sent copies of the rough draft to friends, with slight variations.

During the writing process, Jefferson showed the rough draft to Adams and Franklin, and perhaps to other members of the drafting committee,[134] who made a few more

[130] 1952년에 정서본 선언서는 국립문서기록관리청에 이관되었고 지금은 국립문서기록관리청 내의 "자유의 헌장들을 위한 둥근 천장의 홀"에서 영구전시에 놓여 있다.[131]

[사진설명] 국립문서기록관리청 건물 내의 자유의 헌장들(the Charters of Freedom)을 위한 둥근 천장의 홀

대륙회의에 의하여 서명되어 국립문서기록관리청(the National Archives)에 안치된 문서는 독립선언서(the Declaration of Independence)라고 일반적으로 간주되지만, 그러나 선언서는 마그나 카르타(Magna Carta)가 그러하듯, 한 개의 단일문서가 아니라고 역사가 줄리안 P. 보이드(Julian P. Boyd)는 주장하였다. 대륙회의에 의하여 주문된 인쇄된 대판지본들은 마찬가지로 공식의 문서들이라고 보이드는 간주하였다. 필라델피아의 존 던랩(John Dunlap)에 의하여 7월 4일 밤에 인쇄된 대판지본으로서 선언서는 최초로 간행되었다. 약 200부의 대판지본들을 던랩은 인쇄하였는데, 그 가운데 26개가 남아 있는 것으로 알려져 있다. 스물여섯 번째본이 2009년에 영국 공문서관에서 발견되었다.[132]

던랩 대판지본들과는 달리, 선언서의 서명자들의 명단을 기재한 새로운 대판지본을 인쇄하도록 메리 캐더린 고다드(Mary Katherine Goddard)에게 1777년에 대륙회의는 의뢰하였다.[129][133] 고다드 대판지본 아홉 개가 여전히 존재하는 것으로 알려져 있다.[133]주들에 의하여 인쇄된 다양한 대판지본들이 또한 남아 있다.[133]

선언서의 몇 개의 초기 수기본들이 및 초안들이 또한 보전되어 있다. "당초의 대강의 초안"이라고 노년에 그가 부른 4 페이지짜리 초안을 제퍼슨은 보관하였다.[134] 이것에 앞서 얼마나 많은 초안들을 제퍼슨이 썼는지는, 그리고 본문의 얼마나 많은 부분이 여타의 위원회 구성원들에 의하여 기여되었는지는 알려져 있지 않다. 제퍼슨의 수기로 작성된 초기 초안의 조각을 1947년에 보이드는 발견하였다.[135] 대강의 초안본들을 친구들에게 제퍼슨은 및 애덤스는 보냈는데, 약간의 차이들을 그것들은 지닌다.

대강의 초안을 집필과정에서 프랭클린에게, 그리고 아마도 초안위원회의 다른 구성원들에게 제퍼슨은 보여주었고,[134] 몇 가지 추가적 변경들을 그들은 가하였다. 예컨대 "이 진실

changes. Franklin, for example, may have been responsible for changing Jefferson's original phrase "We hold these truths to be sacred and undeniable" to "We hold these truths to be self-evident".[136] Jefferson incorporated these changes into a copy that was submitted to Congress in the name of the committee.[134] The copy that was submitted to Congress on June 28 has been lost, and was perhaps destroyed in the printing process,[137] or destroyed during the debates in accordance with Congress's secrecy rule.[138]

On April 21, 2017 it was announced that a second engrossed copy had been discovered in an archive in Sussex, England. Named by its finders the "Sussex Declaration", it differs from the National Archives copy (which the finders refer to as the "Matlack Declaration") in that the signatures on it are not grouped by States. How it came to be in England is not yet known, but the finders believe that the randomness of the signatures points to an origin with signatory James Wilson, who had argued strongly that the Declaration was made not by the States but by the whole people.[139][140]

Legacy

The Declaration was neglected in the years immediately following the American Revolution, having served its original purpose in announcing the independence of the United States.[141] Early celebrations of Independence Day largely ignored the Declaration, as did early histories of the Revolution. The act of declaring independence was considered important, whereas the text announcing that act attracted little attention. [142] The Declaration was rarely mentioned during the debates about the United States Constitution, and its language was not incorporated into that document.[143] George Mason's draft of the Virginia Declaration of Rights was more influential, and its language was echoed in state constitutions and state bills of rights more often than Jefferson's words.[144] "In none of these documents", wrote Pauline Maier, "is there any evidence whatsoever that the Declaration of Independence lived in men's minds as a classic statement of American political principles."[145]

Influence in other countries

Many leaders of the French Revolution admired the Declaration of Independence[145]

들은 신성한 것으로 및 부인할 수 없는 것으로 우리는 본다"라고 되어 있던 제퍼슨의 당초의 문구를 "이 진실들은 자명한 사항이라고 우리는 본다"로 바꾼 데 있어서의 책임이 프랭클린에게 있었을 수 있다.[136] 이 변경들을, 위원회 이름으로 대륙회의에 제출된 초고 안에 제퍼슨은 통합시켰다.[134] 6월 28일에 대륙회의에 제출된 초고는 사라진 터인데, 그러므로 아마도 인쇄과정에서 파괴되었거나,[137] 또는 대륙회의의 비밀규칙에 따라서 논의 과정에서 파괴되었을 수 있다.[138]

영국 서섹스(Sussex) 소재 문서보관소에서 두 번째 정서본이 발견되었음이 2017년 4월 21일에 선언되었다. 발견자들에 의하여 "서섹스본 선언서(Sussex Declaration)"라고 그것은 명명되었는 바, 그 위에의 서명들이 주들별로 모여 있지 아니한 점에서 국립문서기록관리청본(이를 "맷랙본 선언서"라고 발견자들은 인용한다)과는 차이가 있다. 그것이 어떻게 영국에 오게 되었는지는 아직 알려져 있지 아니하지만, 서명자 제임스 윌슨에 동반한 원천을 서명들의 무작위성은 가리킨다고 발견자들은 믿는 바, 주들에 의해서가 아니라 전체 사람들에 의하여 선언서가 작성되었음을 그는 강력하게 주장하였다.[139][140]

유산(Legacy)

합중국의 독립을 선언함에 있어서의 그 본래의 목적에 기여하고 나자, 미국혁명에 곧바로 뒤이은 기간 동안 선언서는 소홀히 취급되었다.[141] 혁명의 초기 역사들을처럼 선언서를 초기의 독립기념일 경축행사들은 대부분 무시하였다. 독립을 선언한 행위는 중요하게 여겨졌던 반면에, 그 행동을 선언한 문서는 그다지 주의를 끌지 못하였다.[142] 합중국 헌법에 관한 논의들의 과정에서 선언서는 거의 언급되지 아니하였고, 그 문서 안에 선언서의 문언은 통합되지 못하였다.[143] 버지니아주 권리선언에 대한 조지 메이슨(George Mason)의 초안이 더 영향력을 발휘하였고, 그리하여 그 문언은 제퍼슨의 문언들보다도 더 빈번히 주 헌법들에와 주 권리장전들에 반향되었다.[144] "사람들의 마음 속에 미국 정치철학들에 대한 고전적 성명으로서 독립선언서가 살아남았다는 증거는 이 문서들 중 그 어떤 것에도 전혀 없다."고 파울린 메이어(Pauline Maier)는 썼다.[145]

다른 나라들에 끼친 영향력

독립선언서를 프랑스 대혁명의 여러 지도자들은 찬탄하였으나[145] 새로운 아메리카 주

but were also interested in the new American state constitutions.[146] The inspiration and content of the French Declaration of the Rights of Man and Citizen (1789) emerged largely from the ideals of the American Revolution.[147] Its key drafts were prepared by Lafayette, working closely in Paris with his friend Thomas Jefferson. It also borrowed language from George Mason's Virginia Declaration of Rights.[148][149] The declaration also influenced the Russian Empire. The document had a particular impact on the Decembrist revolt and other Russian thinkers.

According to historian David Armitage, the Declaration of Independence did prove to be internationally influential, but not as a statement of human rights. Armitage argued that the Declaration was the first in a new genre of declarations of independence that announced the creation of new states.

Other French leaders were directly influenced by the text of the Declaration of Independence itself. The Manifesto of the Province of Flanders (1790) was the first foreign derivation of the Declaration;[150] others include the Venezuelan Declaration of Independence (1811), the Liberian Declaration of Independence (1847), the declarations of secession by the Confederate States of America (1860–61), and the Vietnamese Proclamation of Independence (1945).[151] These declarations echoed the United States Declaration of Independence in announcing the independence of a new state, without necessarily endorsing the political philosophy of the original.[152]

Other countries have used the Declaration as inspiration or have directly copied sections from it. These include the Haitian declaration of January 1, 1804 during the Haitian Revolution, the United Provinces of New Granada in 1811, the Argentine Declaration of Independence in 1816, the Chilean Declaration of Independence in 1818, Costa Rica in 1821, El Salvador in 1821, Guatemala in 1821, Honduras in (1821), Mexico in 1821, Nicaragua in 1821, Peru in 1821, Bolivian War of Independence in 1825, Uruguay in 1825, Ecuador in 1830, Colombia in 1831, Paraguay in 1842, Dominican Republic in 1844, Texas Declaration of Independence in March 1836, California Republic in November 1836, Hungarian Declaration of Independence in 1849, Declaration of the Independence of New

헌법들에도 관심들을 그들은 가졌다.[146] 1789년 프랑스의 사람의 및 시민의 권리선언(the French Declaration of the Rights of Man and Citizen (1789))의 정신은 및 내용은 대부분 미국혁명의 이념들로부터 출현하였다.[147] 그 핵심적 초안들은 라파예트(Lafayette)에 의하여 마련되었는데, 파리에서 그의 친구 토마스 제퍼슨(Thomas Jefferson)에 밀접히 더불어 그는 작업하였다. 조지 메이슨(George Mason)의 버지니아 권리선언으로부터 용어를 그것은 또한 차용하였다.[148][149] 러시아 제국에도 영향을 독립선언서는 끼쳤다. 특별한 영향력을 데카브리스트 반란에와 여타의 러시아 사상가들에게 그 문서는 끼쳤다.

역사가 데이빗 아미티지(David Armitage)에 의하면, 독립선언서는 국제적으로 영향력을 지녔음이 증명되기는 하였으나, 그것은 인간의 권리들에 대한 한 개의 성명으로서가 아니었다. 선언서는 새로운 국가들의 창설을 선언하는 새로운 장르의 독립선언서들에 있어서 효시였다고 아미티지는 주장하였다.

독립선언서 본문 그 자체에 의하여 직접적으로 영향을 다른 프랑스 지도자들은 받았다. 1790년 플랜더스 선언(the Manifesto of the Province of Flanders (1790))은 독립선언서의 외국에서의 첫 번째 파생물이었다;[150] 1811년 베네주엘라 독립선언서를, 1847년 리베리아 독립선언서를, 1860년에서 1861년의 아메리카 남부연합(the Confederate States of America)의 탈퇴선언서들을, 그리고 1945년 베트남 독립선언서를 그 밖의 것들은 포함한다.[151] 새로운 국가의 독립을 선언함에 있어서 합중국 독립선언서의 정치적 철학을 반드시 승인함이 없는 가운데 합중국 독립선언서를 이 선언서들은 되풀이하였다.[152]

여타의 나라들은 선언서를 착상으로서 사용해 왔거나 또는 직접적으로 절들을 그것으로부터 모방해 왔다. 아이티 독립전쟁(the Haitian Revolution) 도중인 1804년 1월 1일의 아이티 독립선언서를, 1811년 뉴 그라나다 연방을, 1816년 아르헨티나 독립선언서를, 1818년 칠레 독립선언서를, 1821년 코스타리카를, 1821년 엘살바도르를, 1821년 구아테말라를, 1821년 온두라스를, 1821년 멕시코를, 1821년 니카라구아를, 1821년 페루를, 1825년 볼리비아 독립전쟁을, 1825년 우르구아이를, 1830년 에쿠아도르를, 1831년 콜롬비아를, 1842년 파라구아이를, 1844년 도미니크 공화국을, 1836년 3월 텍사스 독립선언서를, 1836년 11월 캘리포니아 공화국을, 1849년 헝가리 독립선언서를, 1835년 뉴질랜드 독립선언서를, 그리고 구촌 보르글룸(Gutzon Borglum)을 초안자들 중 한 명으로 하여 워싱턴 D. C.에서 초안된 1918년 체코슬로바키아 독립선언서를 이것들은 포함한다. 1965년 11월에 비준된 로데지아 독립선언서는 또한 그 토대를

Zealand in 1835, and the Czechoslovak declaration of independence from 1918 drafted in Washington D. C. with Gutzon Borglum among the drafters. The Rhodesian declaration of independence, ratified in November 1965, is based on the American one as well; however, it omits the phrases "all men are created equal" and "the consent of the governed".[120] [153][154][155] The South Carolina declaration of secession from December 1860 also mentions the U. S. Declaration of Independence, though it, like the Rhodesian one, omits references to "all men are created equal" and "consent of the governed".

Revival of interest

Interest in the Declaration was revived in the 1790s with the emergence of the United States's first political parties.[156] Throughout the 1780s, few Americans knew or cared who wrote the Declaration.[157] But in the next decade, Jeffersonian Republicans sought political advantage over their rival Federalists by promoting both the importance of the Declaration and Jefferson as its author.[158] Federalists responded by casting doubt on Jefferson's authorship or originality, and by emphasizing that independence was declared by the whole Congress, with Jefferson as just one member of the drafting committee. Federalists insisted that Congress's act of declaring independence, in which Federalist John Adams had played a major role, was more important than the document announcing it.[159] But this view faded away, like the Federalist Party itself, and, before long, the act of declaring independence became synonymous with the document.

A less partisan appreciation for the Declaration emerged in the years following the War of 1812, thanks to a growing American nationalism and a renewed interest in the history of the Revolution.[160] In 1817, Congress commissioned John Trumbull's famous painting of the signers, which was exhibited to large crowds before being installed in the Capitol.[161] The earliest commemorative printings of the Declaration also appeared at this time, offering many Americans their first view of the signed document.[162] Collective biographies of the signers were first published in the 1820s,[163] giving birth to what Garry Wills called the "cult of the signers".[164] In the years that followed, many stories about the writing and signing of the document were published for the first time.

미국 독립선언에 둔다; 그러나 "모든 사람들은 평등하게 창조된다"는 구절을 및 "피치자의 동의"라는 구절을 그것은 생략한다.[120][153][154][155] 마찬가지로 합중국 독립선언서를 1960년 12월부터의 사우스캐럴라이나주 탈퇴선언은 언급하는 바, 다만 "모든 사람들은 평등하게 창조된다"는 구절에의 및 "피치자의 동의"라는 구절에의 언급들을 로데지아 독립선언서가 그러하듯 그것은 생략한다.

관심의 회복

1790년대에 합중국 최초의 정당들의 등장에 더불어 독립선언서에의 관심이 회복되었다.[156] 1780년대 동안 죽, 선언서를 누가 썼는지를 아는 내지는 이에 관심을 갖는 미국인들은 드물었다.[157] 그러나 선언서의 중요성을 및 그 저자로서의 제퍼슨의 중요성을 다같이 고취함에 의하여 그들의 경쟁자인 연방주의자들에 대한 정치적 이익을 그 다음 10년간 제퍼슨 식의 공화주의자들은 추구하였다.[158] 제퍼슨의 저자로서의 지위에 내지는 독창성에 의문을 던짐으로써, 그리고 제퍼슨을 단지 초안위원회의 구성원 한 명으로만 한 채로 전체 대륙회의에 의하여 독립이 선언되었음을 강조함으로써 연방주의자들은 대응하였다. 주된 역할을 연방주의자 존 애덤스(John Adams)가 수행한, 독립을 선언한 대륙회의의 행동은 그것을 선언한 문서가보다도 더 중요하다고 연방주의자들은 주장하였다.[159] 그러나 연방주의자당(Federalist Party) 자체가 그러하였듯이 이 견해는 쇠퇴하였고, 독립을 선언한 행동은 오래지 않아 그 문서에의 동의어가 되었다.

1812년 전쟁에 이은 기간 중에 선언서에 대한 덜 당파적인 평가가 생겨났는데, 점증하는 미국 국가주의(nationalism)에 및 독립전쟁 역사에의 새로워진 관심에 그것은 힘입은 것이었다.[160] 서명자들에 대한 존 트럼불(John Trumbull)의 유명한 그림을 1817년에 연방의회는 의뢰하였는데, 의사당에 설치되기 전에 많은 군중들에게 그것은 공개되었다.[161] 선언서에 대한 가장 초기의 기념 인쇄물들이 마찬가지로 이 시기에 나타났고, 그리하여 그 서명된 문서에 대한 그들의 최초의 구경을 많은 미국인들에게 그것들은 제공하였다.[162] 1820년대에 서명자들의 집단적 전기(傳記)들이 처음으로 발간되었는데,[163] "서명자들에 대한 숭배"라고 게리 윌스(Garry)가 부른 바로 하여금 이로써 생겨나게 그것은 만들었다.[164] 이에 이은 기간 중에 문서의 작성에 및 서명에 관한 많은 이야기들이 처음으로 간행되었다.

When interest in the Declaration was revived, the sections that were most important in 1776 were no longer relevant: the announcement of the independence of the United States and the grievances against King George. But the second paragraph was applicable long after the war had ended, with its talk of self-evident truths and unalienable rights.[165] The Constitution and the Bill of Rights lacked sweeping statements about rights and equality, and advocates of groups with grievances turned to the Declaration for support.[166] Starting in the 1820s, variations of the Declaration were issued to proclaim the rights of workers, farmers, women, and others.[167] In 1848, for example, the Seneca Falls Convention of women's rights advocates declared that "all men and women are created equal".[168]

John Trumbull's Declaration of Independence (1817–1826)

John Trumbull's famous painting is often identified as a depiction of the signing of the Declaration, but it actually shows the drafting committee presenting its work to the Congress.[169]

A key step marking the evolution of the Declaration in the nation's consciousness is the now well-known painting Declaration of Independence by Connecticut political painter John Trumbull. It was commissioned by the United States Congress in 1817. 12-by-18-foot (3.7 by 5.5 m) in size, it has hung in the United States Capitol Rotunda since 1826. It has been often reproduced, and is the visual image most associated by Americans with the Declaration.

The painting is sometimes incorrectly described as the signing of the Declaration of Independence. In fact, the painting actually shows the five-man drafting committee presenting their draft of the Declaration to the Second Continental Congress, an event that took place on June 28, 1776, and not the signing of the document, which took place later. [170]

The painting, the figures painted from life when possible, does not contain all the signers. Some had died and images could not be located. One figure had participated in the

선언서에 대한 관심이 회복되었을 때, 1776년에 가장 중요했던 절들은 더 이상 타당하지 아니하였다: 즉 연합국가들의 독립의 선언이 및 국왕 조지에 대한 원망사항들이 그것들이었다. 그러나 전쟁이 끝나고 난 오랜 뒤에도, 자명한 진리들에 대한 및 양도불능의 권리들에 대한 언급부분이에 더불어 두 번째 단락은 적용되었다.[165] 권리들에 및 평등에 관한 포괄적 성명들을 연방헌법은 및 권리장전은 결여하였고, 그리하여 고충사항들을 지닌 그룹들의 옹호자들은 지지를 구하여 선언서를 향하였다.[166] 1820년대를 필두로, 노동자들의, 농부들의, 여성들의, 및 그 밖의 계층들의 권리들을 선언하기 위하여 다양한 선언서가 발표되었다.[167] 예를 들어 "모든 남자들은 및 여자들은 평등하게 창조된다."고 1848년에 여성의 권리 옹호자들의 세네카 폴스 회의(the Seneca Falls Convention)는 선언하였다.[168]

존 트럼불(John Trumbull)의 그림 독립선언서 (1817-1826)

[사진설명] 선언서의 서명작업에 대한 묘사인 것으로 존 트럼불의 유명한 그림은 자주 인정되지만, 그러나 그것이 실제로 보여주는 것은 그 자신의 저작물을 대륙회의에 초안위원회가 제출하는 장면이다.[169]

선언서의 전개를 국가의 의식 속에 각인시켜 준 한 가지 핵심적 수단은 지금은 잘 알려진, 코네티컷주 정치화가 존 트럼불(John Trumbull)의 작품인 그림 "독립선언서"이다. 1817년에 합중국 의회에 의하여 그것은 의뢰되었다. 세로 12 피트 가로 18 피트 (세로 3.7미터 가로 5.5 미터)의 크기로서 1826년 이래로 합중국 의회의사당 둥근 천장의 홀에 그것은 걸려 있다. 그것은 자주 모사된 터이고, 그리하여 미국인들에 의하여 선언서에 가장 많이 연상지워 지는 시각적 이미지이다.

독립선언서의 서명 장면의 것인 양 그림은 때때로 부정확하게 설명된다. 실은, 더 나중에 발생한 문서에의 서명 장면을이 아니라, 1776년 6월 28일에 발생한 한 개의 상황전개인, 자신들의 선언서 초안을 제2차 대륙회의에 제출하는 다섯 명의 초안위원회를 실제로 그림은 보여준다.[170]

이 그림은, 그리고 가능한 경우에는 실물의 사생으로 그려진 인물들은, 서명자들 전원을 포함하지 않는다. 일부는 사망한 상태였고 그리하여 그 모습들은 화면에 담길 수 없었다. 한

drafting but did not sign the final document; another refused to sign. In fact the member-ship of the Second Continental Congress changed as time passed, and the figures in the painting were never in the same room at the same time.

It is, however, an accurate depiction of the room in the building known today as Independence Hall, the centerpiece of the Independence National Historical Park in Philadelphia, Pennsylvania. Trumbull visited the room, which was where the Second Continental Congress met, when researching for his painting. At the time it was the Pennsylvania State House.

Slavery and the Declaration

The apparent contradiction between the claim that "all men are created equal" and the existence of American slavery attracted comment when the Declaration was first pub-lished. As mentioned above, Jefferson had included a paragraph in his initial draft that strongly indicted Great Britain's role in the slave trade, but this was deleted from the final version.[171] Jefferson himself was a prominent Virginia slave holder, having owned hun-dreds of slaves.[172] Referring to this seeming contradiction, English abolitionist Thomas Day wrote in a 1776 letter, "If there be an object truly ridiculous in nature, it is an American patriot, signing resolutions of independency with the one hand, and with the other brandishing a whip over his affrighted slaves."[173]

In the 19th century, the Declaration took on a special significance for the abolitionist movement. Historian Bertram Wyatt-Brown wrote that "abolitionists tended to interpret the Declaration of Independence as a theological as well as a political document".[174] Abolitionist leaders Benjamin Lundy and William Lloyd Garrison adopted the "twin rocks" of "the Bible and the Declaration of Independence" as the basis for their philosophies. "As long as there remains a single copy of the Declaration of Independence, or of the Bible, in our land," wrote Garrison, "we will not despair."[175] For radical abolitionists such as Garrison, the most important part of the Declaration was its assertion of the right of revolu-tion. Garrison called for the destruction of the government under the Constitution, and the creation of a new state dedicated to the principles of the Declaration.[176]

명은 초안 작업에는 참가했었으나 최종 문서에 서명하지 않았다; 서명하기를 또 다른 한 명은 거부하였다. 실제로 시간이 지남에 따라 제2차 대륙회의 구성원은 바뀌었고, 그리하여 그림 속의 인물들은 동시에 같은 방에 결코 있지 않았다.

그러나 그것은 펜실베니아주 필라델피아 소재 국립 역사공원의 중심적 존재인 독립기념관(Independence Hall)으로 오늘날 알려진 건물 내의 방에 대한 한 개의 섬세한 묘사이다. 제2차 대륙회의가 열린 그 방을 그의 그림을 위하여 조사할 때 트럼불은 방문하였다. 그 시점에서 그것은 펜실베니아주 의회 의사당이었다.

노예제도와 독립선언서

선언서가 최초로 간행되었을 때, "모든 사람들은 평등하게 창조된다"는 주장의 및 미국 노예제도의 존재의 그 양자 사이의 명백한 모순은 논평을 끌었다. 노예무역에 있어서의 영국의 역할을 강력하게 고발하는 한 개의 단락을 그의 당초의 초안에, 위에서 언급되었듯이, 제퍼슨(Jefferson)은 포함시켜 놓았으나, 최종의 초안에서 이것은 삭제되었다.[171] 제퍼슨 스스로는 수백 명의 노예들을 거느린 한 명의 저명한 버지니아주 노예 소유주였다.[172] 이 외관상의 모순을 가리켜, "만약 세상에서 참으로 우스꽝스러운 한 가지가 있다면, 그것은 한 손으로는 독립결의들에 서명하는, 그리고 다른 손으로는 그의 두려워 떠는 노예들 위에 채찍을 휘두르는 미국의 애국주의자 한 명"이라고 1776년의 편지 한 개에서 영국인 노예 폐지론자 토마스 데이(Thomas Day)는 썼다.[173]

노예폐지 운동을 위한 특별한 의미를 19세기에 선언서는 띠었다. "독립선언서를 한 개의 정치적 문서로서만큼이나 신학적 문서로서도 노예제도 폐지운동가들은 해석하는 경향이 있었다."고 역사가 버트람 와야트 브라운(Bertram Wyatt-Brown)은 썼다.[174] "성경이라는 및 독립선언서라는""쌍둥이 바위들"을 그들의 철학들의 토대로서 폐지운동 지도자들인 벤자민 룬디(Benjamin Lundy)는 및 윌리엄 로이드 개리슨(William Lloyd Garrison)은 받아들였다. "독립선언서의 내지는 성경의 사본이 단 한 장이라도 우리의 땅에 남아 있는 한, 우리는 절망하지 않을 것이다."라고 개리슨은 썼다.[175] 개리슨(Garrison) 류의 급진적 폐지운동가들에게, 선언서의 가장 중요한 부분은 혁명의 권리에 대한 그것의 주장이었다. 연방헌법 아래에 있는 정부의 파괴를 및 선언서의 원칙들에 헌정되는 새로운 나라의 창설을 개리슨은 요구하였다.[176]

The controversial question of whether to add additional slave states to the United States coincided with the growing stature of the Declaration. The first major public debate about slavery and the Declaration took place during the Missouri controversy of 1819 to 1821. [177] Antislavery Congressmen argued that the language of the Declaration indicated that the Founding Fathers of the United States had been opposed to slavery in principle, and so new slave states should not be added to the country.[178] Proslavery Congressmen led by Senator Nathaniel Macon of North Carolina argued that the Declaration was not a part of the Constitution and therefore had no relevance to the question.[179]

With the antislavery movement gaining momentum, defenders of slavery such as John Randolph and John C. Calhoun found it necessary to argue that the Declaration's assertion that "all men are created equal" was false, or at least that it did not apply to black people. [180] During the debate over the Kansas–Nebraska Act in 1853, for example, Senator John Pettit of Indiana argued that the statement "all men are created equal" was not a "self-evident truth" but a "self-evident lie".[181] Opponents of the Kansas–Nebraska Act, including Salmon P. Chase and Benjamin Wade, defended the Declaration and what they saw as its antislavery principles.[182]

Lincoln and the Declaration

Congressman Abraham Lincoln
Shepherd, 1845–1846

The Declaration's relationship to slavery was taken up in 1854 by Abraham Lincoln, a little-known former Congressman who idolized the Founding Fathers.[183] Lincoln thought that the Declaration of Independence expressed the highest principles of the American Revolution, and that the Founding Fathers had tolerated slavery with the expectation that it would ultimately wither away.[10] For the United States to legitimize the expansion of slavery in the Kansas-Nebraska Act, thought Lincoln, was to repudiate the principles of the Revolution. In his October 1854 Peoria speech, Lincoln said:

추가의 노예소유 주들을 합중국에 가담시킬지 여부에 관한 논란 많은 문제는 선언서의 점증하는 크기에 더불어 동시에 발생하였다. 1819년에서 1821년에 걸친 미주리 논쟁(the Missouri controversy) 동안에 노예제도에 및 선언서에 관한 최초의 중요한 공개토의가 이루어졌다.[177] 노예제도에 합중국의 건국의 아버지들이 원칙적으로 반대한 터였음을 선언서의 문언은 나타낸다고, 따라서 노예제도를 허용하는 새로운 주들은 나라에 추가되어서는 안 된다고 노예제도에 반대하는 연방의회 의원들은 주장하였다.[178] 선언서는 연방헌법의 일부가 아니라고, 따라서 그것은 그 문제에는 관계가 없다고 노스캐럴라이나주 상원의원 나다니엘 메이컨(Nathaniel Macon)에 의하여 영도된 노예제 찬성의 연방의회 의원들은 주장하였다.[179]

노예제도 반대운동이 힘을 얻어가면서, "모든 사람들은 평등하게 창조된다"는 선언서의 주장이 허구임을, 또는 적어도 흑인들에게는 그것이 적용되지 아니함을 주장함이 필요함을 존 랜돌프(John Randolph) 류의 및 존 C. 칼하운(John C. Calhoun) 류의 노예제도 옹호자들은 느꼈다.[180] "모든 사람들은 평등하게 창조된다"는 성명은 한 개의 "자명한 진리"가 아니라 한 개의 "자명한 거짓"이라고, 가령 1853년 캔자스-네브라스카법(the Kansas-Nebraska Act)을 둘러싼 논쟁 동안에 인디애나주 출신 상원의원 존 페팃(John Pettit)은 주장하였다.[181] 선언서를 및 선언서의 반노예제도 원칙들이라고 그들이 여긴 바를, 새먼 P. 체이스(Salmon P. Chase)가를 및 벤자민 웨이드(Benjamin Wade)가를 포함하여 캔자스-네브라스카법에 대한 반대자들은 옹호하였다.[182]

링컨과 독립선언서

[사진설명] 연방의회 의원 에이브러햄 링컨

셰퍼드(Shepherd) 작(作), 1845-1846

건국의 아버지들(the Founding Fathers)을 경모하는 별로 알려지지 않은 연방의원 에이브러햄 링컨(Abraham Lincoln)에 의하여 1854년에 노예제도에의 선언서의 관계는 들어올려졌다.[183] 미국 독립전쟁의 최고의 원칙들을 독립선언서는 표명한다고, 그리하여 노예제도는 궁극적으로 소멸할 것이라는 기대를 지닌 채로 그것을 건국의 아버지들은 감내했다고 링컨은 생각하였다.[10] 캔자스-네브라스카법(the Kansas-Nebraska Act)에서의 노예제도의 팽창을 합중국이 합법화함은 독립전쟁의 원칙들을 부인하는 것이라고 링컨은 생각하였다. 1854년의 페오리아(Peoria) 연설에서 링컨은 말하였다:

Nearly eighty years ago we began by declaring that all men are created equal; but now from that beginning we have run down to the other declaration, that for some men to enslave others is a "sacred right of self-government". ⋯ Our republican robe is soiled and trailed in the dust. ⋯ Let us repurify it. Let us re-adopt the Declaration of Independence, and with it, the practices, and policy, which harmonize with it. ⋯ If we do this, we shall not only have saved the Union: but we shall have saved it, as to make, and keep it, forever worthy of the saving.[184]

The meaning of the Declaration was a recurring topic in the famed debates between Lincoln and Stephen Douglas in 1858. Douglas argued that the phrase "all men are created equal" in the Declaration referred to white men only. The purpose of the Declaration, he said, had simply been to justify the independence of the United States, and not to proclaim the equality of any "inferior or degraded race".[185] Lincoln, however, thought that the language of the Declaration was deliberately universal, setting a high moral standard to which the American republic should aspire. "I had thought the Declaration contemplated the progressive improvement in the condition of all men everywhere," he said.[186] During the seventh and last joint debate with Steven Douglas at Alton, Illinois on October 15, 1858, Lincoln said about the declaration:

I think the authors of that notable instrument intended to include all men, but they did not mean to declare all men equal in all respects. They did not mean to say all men were equal in color, size, intellect, moral development, or social capacity. They defined with tolerable distinctness in what they did consider all men created equal—equal in "certain inalienable rights, among which are life, liberty, and the pursuit of happiness." This they said, and this they meant. They did not mean to assert the obvious untruth that all were then actually enjoying that equality, or yet that they were about to confer it immediately upon them. In fact, they had no power to confer such a boon. They meant simply to declare the right, so that the enforcement of it might follow as fast as circumstances should permit. They meant to set up a standard maxim for free society which should be familiar to all, constantly looked to, constantly labored for, and even, though never perfectly

모든 사람들은 평등하게 창조됨을 선언함으로써 거의 80년 전에 우리는 시작했습니다; 그러나 지금 어떤 사람들에게는 타인들을 노예화함이 "자기통치(self-government)의 신성한 권리"라는 다른 선언에 이르도록 그 시작으로부터 우리는 멈춰 서 있습니다. … 우리의 공화주의 예복은 더럽혀지고 먼지 속에 끌립니다.… 그것을 다시 맑게 합시다. 독립선언을, 그리고 그것을 더불어 이에 부합되는 실행들을, 그리고 정책을 다시 채택합시다.… 만약 그것을 우리가 한다면, 그저 연방을 우리가 구해 놓기만 한 것이 되지는 아니할 것입니다: 영구토록 구제할 가치가 있는 것으로 그것을 만들기 위하여 및 지키기 위하여 그것을 우리는 구해놓은 것이 될 것입니다.[184]

선언서의 의미는 1858년의 링컨의 및 스티븐 더글라스(Stephen Douglas)의 그 둘 사이의 유명한 논쟁들에서 되풀이되는 주제였다. 백인들만을, "모든 사람들은 평등하게 창조된다"는 선언서에서의 구절은 가리킨다고 더글라스는 주장하였다. 선언서의 목적은 단지 합중국의 독립을 정당화하는 것이었다고, 그러므로 조금이라도 "저열한 내지는 열등한 인종"의 평등을 선언하기 위함은 아니었다고 그는 말하였다.[185] 그러나 의도적으로 보편성을 선언서의 문언은 지닌다고, 그리하여 아메리카 공화국이 지향하여야 할 한 개의 높은 도덕적 기준을 그것은 설정한다고 링컨은 생각하였다. "모든 곳의 모든 사람들의 상황에 있어서의 진보적 개선을 선언서는 기대하였다고 나는 생각해 왔었다."라고 그는 말하였다.[186] 일리노이주 앨턴(Alton)에서의 1858년 10월 15일자 스티븐 더글라스하고의 제7차의 및 최종의 합동 토론 동안에, 독립선언서에 관하여 링컨은 말하였다:

모든 사람들을 포함시키기를 저 두드러진 문서의 저자들은 의도하였다고 저는 생각하지만, 그러나 모든 사람들이 모든 점들에서 평등함을 그들은 의미하지 아니하였습니다. 피부색에서, 크기에서, 지성에서, 도덕적 발전에서, 또는 사회적 능력에서 모든 사람들이 평등하다고 그들이 말하고자 한 것은 아닙니다. 어떤 점에서 모든 사람들이 평등하게 창조된다고 그들이 여긴 것인지를 상당한 명확성을 지니고서 그들은 규정하였습니다 - 즉 "생명이, 자유가 및 행복의 추구가 그 가운데에 포함되는 일정한 양도불능의 권리들"에서 평등하게 모든 사람들이 창조된다고 말입니다." 이것을 그들은 말하였고, 이것을 그들은 의미하였습니다. 그 평등을 모든 사람들이 그 당시에 실제로 향유하고 있다는 내지는 그것을 그들에게 자신들이 금방 부여해 줄 것이라는 그 명백한 거짓을 그들은 주장하고자 하지 아니하였습니다. 이러한 혜택을 수여할 아무런 힘을 실제로 그들은 지니고 있지 아니하였습니다. 그 권리를 단지 선언하려는 것이 그들이 의도한 바였고, 그리하여 상황들이 허용하는 대로 가능한 한

attained, constantly approximated, and thereby constantly spreading and deepening its influence, and augmenting the happiness and value of life to all people, of all colors, everywhere.[187]

According to Pauline Maier, Douglas's interpretation was more historically accurate, but Lincoln's view ultimately prevailed. "In Lincoln's hands," wrote Maier, "the Declaration of Independence became first and foremost a living document" with "a set of goals to be realized over time".[188]

[T]here is no reason in the world why the negro is not entitled to all the natural rights enumerated in the Declaration of Independence, the right to life, liberty, and the pursuit of happiness. I hold that he is as much entitled to these as the white man.

Abraham Lincoln, 1858[189]

Like Daniel Webster, James Wilson, and Joseph Story before him, Lincoln argued that the Declaration of Independence was a founding document of the United States, and that this had important implications for interpreting the Constitution, which had been ratified more than a decade after the Declaration.[190] The Constitution did not use the word "equality", yet Lincoln believed that the concept that "all men are created equal" remained a part of the nation's founding principles.[191] He famously expressed this belief in the opening sentence of his 1863 Gettysburg Address: "Four score and seven years ago [i.e. in 1776] our fathers brought forth on this continent, a new nation, conceived in Liberty, and dedicated to the proposition that all men are created equal."

Lincoln's view of the Declaration became influential, seeing it as a moral guide to interpreting the Constitution. "For most people now," wrote Garry Wills in 1992, "the Declaration means what Lincoln told us it means, as a way of correcting the Constitution itself without overthrowing it."[192] Admirers of Lincoln such as Harry V. Jaffa praised this

빨리 그것의 시행이 뒤따를 수 있게 하려는 것이 그들이 의도한 바였습니다. 모두에게 친숙한 것이 되어야 할, 항상 응시되어야 할, 항상 노력이 기울여져야 할, 그리고 실로 한 번도 완전하게 달성된 적이 없음에도 불구하고 항상 근접되어야 할, 그리고 이로써 그것의 영향력을 항상 펼쳐야 할 및 심화시켜야 할, 그리하여 행복을 및 삶의 가치를 모든 곳의 모든 피부색의 모든 사람들에게 증대시켜야 할 자유로운 사회를 위한 한 개의 표준적 격률(格率; maxim)을 설정하려는 것이 그들이 의도한 바였습니다.[187]

파울린 메이어(Pauline Maier)에 따르면, 더글라스의 해석이 역사적으로 더 정확하였으나, 궁극적으로 우세를 링컨의 견해는 점하였다. "링컨의 두 손에서 독립선언서는 최초로 및 맨 처음으로 한 개의 살아 있는, 시간을 두고서 실현시켜야 할 일련의 목표들을"지닌 "문서가 되었다."고 메이어는 썼다.[188]

[독]립선언서에 열거된 자연적 권리들을, 생명의, 자유의, 그리고 행복추구의 권리를 누릴 자격을 흑인이 지니지 아니할 이유는 세상천지에 없다. 이러한 것들을 누릴 권리를 백인이 지니는 바로 그 만큼을 그는 지닌다고 나는 본다.

에이브러햄 링컨(Abraham Lincoln), 1858[189]

독립선언서는 합중국의 건국문서라고, 그리하여 선언서 이후로 10년도 더 넘어서 재결된 바 있는 연방헌법을 해석하기 위한 중요한 함축들을 이것은 지닌다고, 그에 앞서서 대니얼 웹스터(Daniel Webster)가, 제임스 윌슨(James Wilson)이, 그리고 조셉 스토리(Joseph Story)가 그러하였듯이 링컨은 주장하였다.[190] "평등(equality)"이라는 낱말을 연방헌법은 사용하지 않았으나, "모든 사람들은 평등하게 창조된다"는 개념은 나라의 건국원칙들의 일부로서 여전히 남는다고 링컨은 믿었다.[191] 이 믿음을 그의 1863년 게티스버그 연설(Gettysburg Address)의 도입문장에서 그는 훌륭하게 표명하였다: "자유를 마음에 담은 및 모든 사람들은 평등하게 창조된다는 명제에 바쳐진 한 개의 새로운 나라를 87년 전에 [즉1776년에] 이 대륙 위에 우리의 아버지들은 낳았습니다."

선언서를 연방헌법을 해석하는 도덕적 안내자로 여기는 링컨의 견해는 영향력을 지닌 것이 되었다. "연방헌법을 무너뜨림이 없이 연방헌법 그 자체를 교정하는 한 개의 길로서 선언서가 의미한다고 우리에게 링컨이 말했던 바를 지금은 대부분의 사람들에게 선언서는 의미한다."고 1992년에 게리 윌스(Garry Wills)는 썼다.[192] 이 전개를 해리 V. 자파(Harry V. Jaffa) 류의

development. Critics of Lincoln, notably Willmoore Kendall and Mel Bradford, argued that Lincoln dangerously expanded the scope of the national government and violated states' rights by reading the Declaration into the Constitution.[193]

Women's suffrage and the Declaration

Elizabeth Cady Stanton and her two sons (1848).

In July 1848, the first woman's rights convention, the Seneca Falls Convention, was held in Seneca Falls, New York. The convention was organized by Elizabeth Cady Stanton, Lucretia Mott, Mary Ann McClintock, and Jane Hunt. In their "Declaration of Sentiments", patterned on the Declaration of Independence, the convention members demanded social and political equality for women. Their motto was that "All men and women are created equal" and the convention demanded suffrage for women. The suffrage movement was supported by William Lloyd Garrison and Frederick Douglass.[194][195]

Twentieth century and later

Presentation of the Declaration depicted on a United States postal issue of 1869

Bicentennial Eisenhower dollar (1976).

Obverse: Eisenhower portrait, US national motto, "Liberty" on top, US Independence year (1776) and year of minting (1976). Reverse: Liberty Bell in front of the moon, country name, face value, two stars, and E pluribus unum (Out of many, one).

Dollar coin made of silver. Minted to commemorate 200th anniversary of United States Independence.

The adoption of the Declaration of Independence was dramatized in the 1969 Tony Award—winning musical 1776, and the 1972 movie of the same name, as well as in the 2008 television miniseries John Adams.[citation needed]

링컨 숭모자들은 찬양하였다. 독립선언서를 연방헌법 안에 해석해 들임으로써 연방정부의 범위를 링컨은 위험하게 확대시켰다고 및 그리하여 주들의 권한들을 그는 침해하였다고 링컨 비판자들은, 특히 윌모어 켄달(Willmoore Kendall)은 및 멜 브래드포드(Mel Bradford)는 주장하였다.[193]

여성들의 참정권과 독립선언

[사진설명] 엘리자베드 케이디 스탠턴(Elizabeth Cady Stanton) 및 그녀의 두 아들들 (1848).

1848년 7월에 최초의 여성 권리를 위한 회의인 세네카 폴스 회의(the Seneca Falls Convention)가 뉴욕주 세네카 폴스에서 열렸다. 엘리자베드 케이디 스탠턴(Elizabeth Cady Stanton)에, 루크레티아 못(Lucretia Mott)에, 메리 앤 맥클린톡(Mary Ann McClintock)에 및 제인 헌트(Jane Hunt)에 의하여 회의는 조직되었다. 여성을 위한 사회적 및 정치적 평등을 독립선언서 위에 본떠진 그들의 "감성선언서(Declaration of Sentiments)"에서 회의 구성원들은 요구하였다. 그들의 표어는 "모든 남자들은 및 여자들은 평등하게 창조된다."였고 여성들을 위한 참정권을 회의는 요구하였다. 참정권 운동은 윌리엄 로이드 개리슨(William Lloyd Garrison)에 및 프레데릭 더글라스(Frederick Douglass)에 의하여 지원되었다.[194][195]

21세기 및 그 이후

[사진설명] 1869년 합중국 우편국 발행물 위에 묘사된 선언서의 제출장면

[사진설명] 200주년 기념 아이젠하워 달러(1976).

앞면: 아이젠하워 초상, 합중국의 국가적 표어 "자유(Liberty)"가 맨 위에 있음. 합중국 독립년도 (1776) 및 주조년도 (1976).

뒷면: 달 앞의 자유의 종(Liberty Bell), 국가 이름, 액면가, 두 개의 별들, 그리고 E pluribus unum (많은 것들 중에 하나).

달러주화는 은으로 만들어짐. 합중국 독립 200주년을 기념하기 위하여 주조됨.

1969년 토니상 수상 뮤지컬 1776에서, 같은 제목의 1972년 영화에서, 그리고 2008년 텔레비전 미니시리즈 존 애덤스(John Adams)에서도 독립선언서의 채택은 극화되었다.[인용필요]

The Declaration was chosen to become the first digitized text (1971).[196]

Since 1976 (the United States Bicentennial), Trumbull's Declaration of Independence has been used on the back of the United States two-dollar bill.

In 1984, the Memorial to the 56 Signers of the Declaration was dedicated in Constitution Gardens on the National Mall in Washington, D. C., where the signatures of all the original signers are carved in stone with their names, places of residence, and occupations.

The new One World Trade Center building in New York City (2014) is 1776 feet high, to symbolize the year that the Declaration of Independence was signed.[197][198][199]

선언서는 최초의 디지털 원문이 되도록 선택되었다(1971).[196]

1976년 이래로(합중국 200 주년인), 트럼불(Trumbull)의 그림 독립선언서는 합중국 2 달러짜리 지폐의 뒷면에 사용되어 왔다.

1984년에, 워싱턴 D. C. 소재 국립몰(the National Mall) 연방헌법 기념공원에 56명의 선언서 서명자들 기념관이 헌정되었는데, 그 곳에는 최초의 서명자들의 서명들이 그들의 이름들에, 거주장소들에, 그리고 직업들에 더불어 새겨져 있다.

뉴욕시 소재의 새로운 세계무역센터 건물(2014년)은 높이가 1776 피트로서 독립선언서가 서명된 해를 이는 상징한다.[197][198][199]

원문링크 : https://en.wikipedia.org/wiki/United_States_Declaration_of_Independence

각주출처(References)

1. Becker, Declaration of Independence, 5.

2. The thirteen colonies were: New Hampshire, Massachusetts Bay, Rhode Island and Providence Plantations, Connecticut, New York, New Jersey, Pennsylvania, Maryland, Delaware, Virginia, North Carolina, South Carolina, and Georgia.

3. "Declaring Independence", Revolutionary War, Digital History, University of Houston. From Adams' notes: "Why will you not? You ought to do it." "I will not." "Why?" "Reasons enough." "What can be your reasons?" "Reason first, you are a Virginian, and a Virginian ought to appear at the head of this business. Reason second, I am obnoxious, suspected, and unpopular. You are very much otherwise. Reason third, you can write ten times better than I can." "Well," said Jefferson, "if you are decided, I will do as well as I can." "Very well. When you have drawn it up, we will have a meeting." 애덤스의 노트들로부터: "어째서 하지 않으려는 겁니까? 당신이 해야 합니다." "난 하지 않겠소." "어째서요?" "이유야 많소." "당신의 이유들이란 뭣들이지요?" "첫 번째 이유, 당신은 버지니아 사람이고, 버지니아 사람은 이 일의 선두에 있어야 하오. 두 번째 이유, 나는 미움을 받고 있고, 의심을 받고 있고, 인기가 없소. 당신은 꽤 다르오. 세 번째 이유, 당신은 나에 비하여 열 배나 더 잘 쓸 수 있소." "좋습니다, 당신이 결정하면 제가 할 수 있는 만큼을 저는 하겠습니다."라고 제퍼슨은 말하였다. "매우 좋아요. 당신이 초안 작성을 끝내면, 우리는 모임을 가지게 될 거요."

4. Letter from John Adams to Abigail Adams, 3 July 1776

5. Boyd (1976), The Declaration of Independence: The Mystery of the Lost Original, p. 438

6. "Did You Know...Independence Day Should Actually Be July 2?" (Press release). National Archives and Records Administration. June 1, 2005. Retrieved July 4, 2012.

7. The Declaration of Independence: A History, The U. S. National Archives and Records Administration.

8. Stephen E. Lucas, "Justifying America: The Declaration of Independence as a Rhetorical Document", in Thomas W. Benson, ed., American Rhetoric: Context and Criticism, Carbondale, Illinois: Southern Illinois University Press, 1989, p. 85.

9. Ellis, American Creation, 55-56.

10. McPherson, Second American Revolution, 126.

11. Armitage, David (2007). The Declaration of Independence: A Global History. Cambridge, Massachusetts: Harvard University Press. pp. 113−126. ISBN 0-674-02282-3.

12. Hazelton, Declaration History, 19.

13. Christie and Labaree, Empire or Independence, 31.

14. Bailyn, Ideological Origins, 162.

15. Bailyn, Ideological Origins, 200−02.

16. Bailyn, Ideological Origins, 180−82.

17. Middlekauff, Glorious Cause, 241.

18. Bailyn, Ideological Origins, 224−25.

19. Middlekauff, Glorious Cause, 241-42. The Writings in question include Wilson's Considerations on the Authority of Parliament and Jefferson's A Summary View of the Rights of British America (both 1774), as well as Samuel Adams's 1768 Circular Letter. 새 뮤얼 애덤스(Samuel Adams)의 1768년 회람장(Circular Letter)을은 물론이고 윌슨 (Wilson)의 Considerations on the Authority of Parliament를 및 제퍼슨(Jefferson)의 A Summary View of the Rights of British America (둘 다 1774년)를 문제의 저작물들은 포 함한다.

20. Middlekauff, Glorious Cause, 168; Ferling, Leap in the Dark, 123−24.

21. Hazelton, Declaration History, 13; Middlekauff, Glorious Cause, 318.

22. Middlekauff, Glorious Cause, 318.

23. Maier, American Scripture, 25. The text of the 1775 king's speech is online, published by the American Memory project.

24. Maier, American Scripture, 25.

25. Rakove, Beginnings of National Politics, 88−90.

26. Christie and Labaree, Empire or Independence, 270; Maier, American Scripture, 31−32.

27. Jensen, Founding, 667.

28. Rakove, Beginnings of National Politics, 89; Maier, American Scripture, 33.

29. Maier, American Scripture, 33−34.

30. Hazelton, Declaration History, 209; Maier, American Scripture, 25−27.

31. Friedenwald, Interpretation, 67.

32. Friedenwald, Interpretation, 77.

33. Maier, American Scripture, 30.

34. Maier, American Scripture, 59.

35. Jensen, Founding, 671; Friedenwald, Interpretation, 78.

36. Maier, American Scripture, 48, and Appendix A, which lists the state and local declarations.

37. Jensen, Founding, 678–79.

38. Jensen, Founding, 679; Friedenwald, Interpretation, 92–93.

39. Maier, American Scripture, 69–72, quoted on 72.

40. Maier, American Scripture, 48. The modern scholarly consensus is that the best-known and earliest of the local declarations is most likely inauthentic, the Mecklenburg Declaration of Independence, allegedly adopted in May 1775 (a full year before other local declarations) 지역선언들 가운데 가장 잘 알려진 및 가장 초기의 것은 진짜의 것이 아닐 가능성이 매우 높은, 버지니아주 메클렌부르크 카운티 독립선언(the Mecklenburg Declaration of Independence)이라는 것이 현대의 학계의 합의인데, 1775년 5월에 그것은 채택된 것으로 주장된다 (여타의 지역 선언들에 비하여 만 1년이나 앞선 것이다); Maier, American Scripture, 174.

41. Jensen, Founding, 682.

42. Jensen, Founding, 683.

43. Jensen, Founding, 684; Maier, American Scripture, 37. For the full text of the May 10 resolve, see the Journals of the Continental Congress.

44. Jensen, Founding, 684.

45. Burnett, Continental Congress, 159. The text of Adams's letter is online.

46. Maier, American Scripture, 37; Jensen, Founding, 684. For the full text of the May 15 preamble see the Journals of the Continental Congress.

47. Rakove, National Politics, 96; Jensen, Founding, 684; Friedenwald, Interpretation, 94.

48. Rakove, National Politics, 97; Jensen, Founding, 685.

49. Maier, American Scripture, 38.

50. Boyd, Evolution, 18; Maier, American Scripture, 63. The text of the May 15 Virginia resolution is online Archived June 20, 2008, at the Wayback Machine. at Yale Law School's

Avalon Project.

51. Jefferson, Thomas (July 4, 1776). "Declaration of Independence. In Congress, July 4, 1776, a Declaration by the Representatives of the United States of America, in General Congress Assembled". World Digital Library. Philadelphia, Pennsylvania. Retrieved July 1, 2013.

52. Maier, American Scripture, 41; Boyd, Evolution, 19.

53. Jensen, Founding, 689–90; Maier, American Scripture, 42.

54. Jensen, Founding, 689; Armitage, Global History, 33–34. The quotation is from Jefferson's notes; Boyd, Papers of Jefferson, 1:311.

55. Maier, American Scripture, 42–43; Friedenwald, Interpretation, 106.

56. Jensen, Founding, 691–92.

57. Friedenwald, Interpretation, 106–07; Jensen, Founding, 691.

58. Jensen, Founding, 692.

59. Jensen, Founding, 693.

60. Jensen, Founding, 694.

61. Jensen, Founding, 694–96; Friedenwald, Interpretation, 96; Maier, American Scripture, 68.

62. Friedenwald, Interpretation, 118; Jensen, Founding, 698.

63. Friedenwald, Interpretation, 119–20.

64. Dupont and Onuf, 3.

65. Maier, American Scripture, 97–105; Boyd, Evolution, 21.

66. Boyd, Evolution, 22.

67. Maier, American Scripture, 104.

68. Becker, Declaration of Independence, 4.

69. Jensen, Founding, 701.

70. John E. Ferling, Setting the World Ablaze: Washington, Adams, Jefferson, and the American Revolution, Oxford University Press. ISBN 978-0-19-513409-4. OCLC 468591593, pp. 131–37

71. Burnett, Continental Congress, 181.

72. Jensen, Founding, 699.

73. Burnett, Continental Congress, 182; Jensen, Founding, 700.

74. Maier, American Scripture, 45.

75. Boyd, Evolution, 19.

76. Jensen, Founding, 703−04.

77. Maier, American Scripture, 160−61.

78. As quoted in Adams, John (2007). My Dearest Friend: Letters of Abigail and John Adams. Harvard University Press. p. 125. ISBN 978-0-674-02606-3. Adams predicted that the celebration date would be July 2, the date the independence resolution was adopted, rather than July 4, the date the declaration was approved. Though he may have predicted the wrong celebration date, his thoughts were prophetic. 경축일은 선언서가 승인된 날인 7월 4일이 아닌 독립결의가 채택된 7월 2일이 될 것으로 애덤스는 예언하였다. 틀린 경축일을 그가 예언했을 수 있을망정, 그의 생각은 예언자적인 것이었다.

79. Julian P. Boyd, "The Declaration of Independence: The Mystery of the Lost Original". Pennsylvania Magazine of History and Biography 100, number 4 (October 1976), p. 456

80. Journals of the Continental Congress − FRIDAY, JULY 19, 1776

81. George Billias American Constitutionalism Heard Round the World, 1776-1989 (2011) p 17.

82. Lucas, Stephen E. "The Stylistic Artistry of the Declaration of Independence". National Archives and Records Administration. Retrieved July 4, 2012.

83. "Index of Signers by State". ushistory.org − Independence Hall Association in Philadelphia. Retrieved October 12, 2006.

84. "TO HENRY LEE − Thomas Jefferson The Works, vol. 12 (Correspondence and Papers 1816−1826; 1905)". The Online Library of Liberty. May 8, 1825. Retrieved March 8, 2008.

85. Malone, Jefferson the Virginian, 221; Maier, American Scripture, 125−26.

86. Maier, American Scripture, 126−28.

87. Maier, American Scripture, 53−57.

88. Maier found no evidence that the Dutch Act of Abjuration served as a model for the Declaration, and considers the argument "unpersuasive" (American Scripture, p. 264). Armitage discounts the influence of the Scottish and Dutch acts, and writes that neither was called "declarations of independence" until fairly recently 선언서를 위한 한 개의 모델로서 네덜란드 독립법(the Dutch Act of Abjuration)이 작용했다고 볼 증거를 메이어는 발견하지 못하였고, 그리하여 그 주장을 "설득력 없는" 것으로 그는 여긴다(American

Scripture, p. 264). 스코틀랜드의 및 네덜란드의 법들의 영향력을 아미티지는 신용하지 않으며, 게다가 극히 최근에까지도 그 두 가지는 그 어느 것이도 "독립선언들"로서 불리지 않았다고 그는 쓴다(Global History, pp. 42-44). For the argument in favor of the influence of the Dutch act, see Stephen E. Lucas, "The 'Plakkaat van Verlatinge': A Neglected Model for the American Declaration of Independence", in Rosemarijn Hofte and Johanna C. Kardux, eds., Connecting Cultures: The Netherlands in Five Centuries of Transatlantic Exchange (Amsterdam, 1994), 189-207, and Barbara Wolff, "Was the Declaration of Independence Inspired by the Dutch?" University of Wisconsin Madison News, June 29, 1988, http://www.news.wisc.edu/3049 Accessed July 3, 2013

89. Boyd, Evolution, 16-17.

90. "The Three Greatest Men". Retrieved June 13, 2009. "Jefferson identified Bacon, Locke, and Newton as "the three greatest men that have ever lived, without any exception". Their works in the physical and moral sciences were instrumental in Jefferson's education and world view." "베이컨(Bacon)을, 로크(Locke)를 및 뉴턴(Newton)을 "조금의 예외도 없이, 일찌기 생존한 적이 있는 세 명의 가장 위대한 사람들"로 제퍼슨은 인정하였다. 물리과학에서의 및 도덕과학에서의 그들의 저술들은 제퍼슨의 교육에와 세계관에 도움이 되었다."

91. Becker, Declaration of Independence, 27.

92. Ray Forrest Harvey, Jean Jacques Burlamaqui: A Liberal Tradition in American Constitutionalism (Chapel Hill, North Carolina, 1937), 120.

93. A brief, online overview of the classical liberalism vs. republicanism debate is Alec Ewald, "The American Republic: 1760-1870" (2004). In a similar vein, historian Robert Middlekauff argues that the political ideas of the independence movement took their origins mainly from the "eighteenth-century commonwealthmen, the radical Whig ideology", which in turn drew on the political thought of John Milton, James Harrington, and John Locke. 전통적인 자유주의 대 공화주의 논쟁에 대한 짧은 온라인상의 개관은 Alec Ewald, "The American Republic: 1760-1870" (2004)이다. 그 기원들을 주로 謂세기 영연방인들의 과격한 휘그파 이념"으로부터 독립운동의 정치이념들은 취하였다고 유사한 맥락에서 역사가 로버트 미들카우프(Robert Middlekauff)는 주장하는데, 그것은 이번에는 존 밀턴(John Milton)의, 제임스 해링턴(James Harrington)의 및 존 로크(John Locke)

의 정치사상에 의존한다. See Robert Middlekauff (2005), The Glorious Cause, pp. 3-6, 51-52, 136

94. Wills, Inventing America, especially chs. 11-13. Wills concludes (p. 315) that "the air of enlightened America was full of Hutcheson's politics, not Locke's". "계몽된 아메리카의 공기는 로크의 정치학으로가 아닌 허치슨의 정치학으로 가득하였다."고 윌스(Wills)는 결론짓는다(p. 315).

95. Hamowy, "Jefferson and the Scottish Enlightenment", argues that Wills gets much wrong (p. 523), that the Declaration seems to be influenced by Hutcheson because Hutcheson was, like Jefferson, influenced by Locke (pp. 508-09), and that Jefferson often wrote of Locke's influence, but never mentioned Hutcheson in any of his writings (p. 514). 윌스 (Wills)가 크게 틀렸다고(p. 523), 허치슨의 영향을 선언서는 받은 것으로 보인다고, 왜 냐하면 로크의 영향을 제퍼슨이 그러했듯이 허치슨은 받았기 때문이라고(pp. 508-09), 그리고 로크의 영향력을 제퍼슨은 자주 썼으나 그의 저술들 어디에서도 허치슨을 제퍼 슨은 언급하지 않았다고(p. 514) 해모우위(Hamowy)의 "Jefferson and the Scottish Enlightenment"는 주장한다. See also Kenneth S. Lynn, "Falsifying Jefferson", Commentary 66 (Oct. 1978), 66-71. Ralph Luker, in "Garry Wills and the New Debate Over the Declaration of Independence" (The Virginia Quarterly Review, Spring 1980, 244-61) agreed that Wills overstated Hutcheson's influence to provide a communitarian read-ing of the Declaration, but he also argued that Wills's critics similarly read their own views into the document. 또한 선언서에 대한 공산사회주의적 해석을 제공하도록 한 데 있어 서의 허치슨의 영향력을 윌스가 과장하였다는 점에 대하여 "Garry Wills and the New Debate Over the Declaration of Independence" (The Virginia Quarterly Review, Spring 1980, 244-61)에서 랠프 루커(Ralph Luker)는 동의하였으나, 마찬가지로 그들 자신의 견 해들을 그 문서에 윌스에 대한 비판자들은 해석해 넣었다고 루커는 역시 주장하였다.

96. John Phillip Reid, "The Irrelevance of the Declaration", in Hendrik Hartog, ed., Law in the American Revolution and the Revolution in the Law (New York University Press, 1981), 46-89.

97. Benjamin Franklin to Charles F.W. Dumas, December 19, 1775, in The Writings of Benjamin Franklin, ed. Albert Henry Smyth (New York: 1970), 6:432.

98. Armitage, Global History, 21, 38-40.

99. Gulf, C. & SFR Co. v. Ellis, 165 US 150 (1897): "While such declaration of principles may not have the force of organic law, or be made the basis of judicial decision as to the limits of right and duty…. it is always safe to read the letter of the Constitution in the spirit of the Declaration of Independence." "기본법으로서의 효력을 원칙들에 대한 이러한 선언이 가질 수 없는 반면에 및 권리의 및 의무의 한계들에 관한 사법적 판단의 토대로 그것이 만들어질 수 없는 반면에…. 연방헌법의 문언을 독립선언서의 정신 안에서 해석함은 항상 안전하다."

100. Wills, Gary. Inventing America: Jefferson's Declaration of Independence, p. 25 (Houghton Mifflin Harcourt, 2002): "the Declaration is not a legal instrument, like the Constitution".

101. Cuomo, Mario. Why Lincoln Matters: Now More Than Ever, p. 137 (Harcourt Press 2004) (it "is not a law and therefore is not subjected to rigorous interpretation and enforcement" "그것은 한 개의 법이 아니고 따라서 엄격한 해석에와 시행에 그것은 종속되지 않는다").

102. Strang, Lee "Originalism's Subject Matter: Why the Declaration of Independence Is Not Part of the Constitution", Southern California Law Review, Vol. 89, 2015.

103. Warren, "Fourth of July Myths", 242–43.

104. Hazelton, Declaration History, 299–302; Burnett, Continental Congress, 192.

105. The U. S. State Department (1911), The Declaration of Independence, 1776, pp. 10, 11.

106. Warren, "Fourth of July Myths", 245–46; Hazelton, Declaration History, 208–19; Wills, Inventing America, 341.

107. Ritz, "Authentication", 179–200.

108. Ritz, "Authentication", 194.

109. Hazelton, Declaration History, 208–19.

110. Hazelton, Declaration History, 209.

111. Merriam-Webster online; Dictionary.com.

112. "TeachAmericanHistory.org: John Hancock" (PDF). Retrieved October 6, 2014.

113. Malone, Story of the Declaration, 91.

114. Maier, American Scripture, 156.

115. Armitage, Global History, 72.

116. Maier, American Scripture, 155.

117. Maier, American Scripture, 156–57.

118. Armitage, Global History, 73.

119. "The Declaration of Independence in World Context". Retrieved October 6, 2014.

120. The Contagion of Sovereignty: Declarations of Independence since 1776

121. Armitage, Global History, 75. Retrieved October 6, 2014.

122. Jessup, John J. (September 20, 1943). "America and the Future". Life: 105. Retrieved March 9, 2011.

123. Hutchinson, Thomas (1776), Eicholz, Hans, ed., Strictures upon the Declaration of the Congress at Philadelphia in a Letter to a Noble Lord, &c., London

124. Armitage, Global History, 74.

125. Bailyn, Ideological Origins, 155–56.

126. Armitage, Global History, 79–80. Retrieved October 6, 2014.

127. Armitage, Global History, 76–77. Retrieved October 6, 2014.

128. Peter Kolchin, American Slavery, 1619–1877 (1993), pp. 77–79, 81

129. "The Declaration of Independence: A History". Charters of Freedom. National Archives and Records Administration. Retrieved July 1, 2011.

130. Malone, Story of the Declaration, 263.

131. "Charters of Freedom Re-encasement Project". National Archives and Records Administration. Retrieved July 1, 2011.

132. "Rare copy of United States Declaration of Independence found in Kew". The Daily Telegraph. July 3, 2009. Retrieved July 1, 2011.

133. Ann Marie Dube (May 1996). "The Declaration of Independence". A Multitude of Amendments, Alterations and Additions: The Writing and Publicizing of the Declaration of Independence, the Articles of Confederation, and the Constitution of the United States. National Park Service. Retrieved July 1, 2011.

134. Boyd, "Lost Original", 446.

135. Boyd, Papers of Jefferson, 1:421.

136. Becker, Declaration of Independence, 142 note 1. 프랭클린에 의하여 수정이 이루어졌다는 베커(Becker)의 믿음에 관하여 의문을 보이드(Boyd) (Papers of Jefferson, 1:427–28)는 던진다.

137. Boyd, "Lost Original", 448−50. Boyd argued that, if a document was signed on July 4 (which he thought unlikely), it would have been the Fair Copy, and probably would have been signed only by Hancock and Thomson. 만약 한 개의 문서가 7월 4일에 서명되었다면 (그 가능성이 없다고 그는 생각하였다), 그것은 정서본이었을 것이라고, 따라서 한콕(Hancock)에 및 톰슨(Thomson)에 의해서만 그것은 서명되었을 것이라고 보이드(Boyd)는 주장하였다.

138. Ritz, "From the Here", speculates that the Fair Copy was immediately sent to the printer so that copies could be made for each member of Congress to consult during the debate. All of these copies were then destroyed, theorizes Ritz, to preserve secrecy. 대륙회의 개개 구성원으로 하여금 논의 과정에서 참고하게 하기 위한 사본들이 만들어질 수 있도록 정서본은 즉각 인쇄업자에게 보내진 것으로 리츠(Ritz), "From the Here", 는 추측한다. 비밀을 유지하기 위하여 이 사본들은 전부가 그 때 파괴되었다고 리츠는 이론화한다.

139. Yuhas, Alan (April 22, 2017). "Rare parchment copy of US Declaration of Independence found in England". The Guardian. Retrieved April 22, 2017.

140. "The Sussex Declaration". Declaration Resources Project. Harvard University. Retrieved April 22, 2017.

141. Armitage, Global History, 87−88; Maier, American Scripture, 162, 168−69.

142. McDonald, "Jefferson's Reputation", 178−79; Maier, American Scripture, 160.

143. Armitage, Global History, 92.

144. Armitage, Global History, 90; Maier, American Scripture, 165−67.

145. Maier, American Scripture, 167.

146. Armitage, Global History, 82.

147. Georges Lefebvre (2005). The Coming of the French Revolution. Princeton UP. p. 212.

148. George Athan Billias, ed. (2009). American Constitutionalism Heard Round the World, 1776−1989: A Global Perspective. NYU Press. p. 92.

149. Susan Dunn, Sister Revolutions: French Lightning, American Light (1999) pp. 143−45

150. Armitage, Global History, 113.

151. Armitage, Global History, 120−35.

152. Armitage, Global History, 104, 113.

153. Palley, Claire (1966). The Constitutional History and Law of Southern Rhodesia 1888–1965, with Special Reference to Imperial Control (First ed.). Oxford: Clarendon Press. p. 750. OCLC 406157.

154. Hillier, Tim (1998). Sourcebook on Public International Law (First ed.). London & Sydney: Cavendish Publishing. p. 207. ISBN 1-85941-050-2.

155. Gowlland-Debbas, Vera (1990). Collective Responses to Illegal Acts in International Law: United Nations action in the question of Southern Rhodesia (First ed.). Leiden and New York: Martinus Nijhoff Publishers. p. 71. ISBN 0-7923-0811-5.

156. McDonald, "Jefferson's Reputation", 172.

157. McDonald, "Jefferson's Reputation", 172, 179.

158. McDonald, "Jefferson's Reputation", 179; Maier, American Scripture, 168–71.

159. McDonald, "Jefferson's Reputation", 180–84; Maier, American Scripture, 171.

160. Detweiler, "Changing Reputation", 571–72; Maier, American Scripture, 175–78.

161. Detweiler, "Changing Reputation", 572; Maier, American Scripture, 175.

162. Detweiler, "Changing Reputation", 572; Maier, American Scripture, 175–76; Wills, Inventing America, 324. See also John C. Fitzpatrick, Spirit of the Revolution (Boston 1924).

163. Maier, American Scripture, 176.

164. Wills, Inventing America, 90.

165. Armitage, "Global History", 93.

166. Maier, American Scripture, 196–97.

167. Maier, American Scripture, 197. See also Philip S. Foner, ed., We, the Other People: Alternative Declarations of Independence by Labor Groups, Farmers, Woman's Rights Advocates, Socialists, and Blacks, 1829–1975 (Urbana 1976).

168. Maier, American Scripture, 197; Armitage, Global History, 95.

169. Wills, Inventing America, 348.

170. John Hazelton, The Historical Value of Trumbull's — Declaration of Independence, The Pennsylvania Magazine of History and Biography — Volume 31, (Historical Society of Pennsylvania, 1907), 38.

171. Maier, American Scripture, 146–50.

172. Cohen (1969), Thomas Jefferson and the Problem of Slavery

173. (1) Armitage, Global History, 77.

  (2) Day, Thomas. Fragment of an original letter on the Slavery of the Negroes, written in the year 1776. London: Printed for John Stockdale (1784). Boston: Re-printed by Garrison and Knapp, at the office of "The Liberator" (1831). p. 10. Retrieved February 26, 2014. "If there be an object truly ridiculous in nature, it is an American patriot, signing resolutions of independency with the one hand, and with the other brandishing a whip over his affrighted slaves." "만약 세상에서 참으로 우스꽝스러운 한 가지가 있다면, 그것은 한 손으로는 독립결의들에 서명하는, 그리고 다른 손으로는 그의 두려워 떠는 노예들 위에 채찍을 휘두르는 미국의 애국주의자 한 명이다." At: Internet Archive: The Johns Hopkins University Sheridan Libraries: James Birney Collection of Antislavery Pamphlets.

174. Wyatt-Brown, Lewis Tappan, 287.

175. Mayer, All on Fire, 53, 115.

176. Maier, American Scripture, 198−99.

177. Detweiler, "Congressional Debate", 598.

178. Detweiler, "Congressional Debate", 604.

179. Detweiler, "Congressional Debate", 605.

180. Maier, American Scripture, 199; Bailyn, Ideological Origins, 246.

181. Maier, American Scripture, 200.

182. Maier, American Scripture, 200−01.

183. Maier, American Scripture, 201−02.

184. McPherson, Second American Revolution, 126−27.

185. Maier, American Scripture, 204.

186. Maier, American Scripture, 204−05.

187. "Abraham Lincoln (1809−1865): Political Debates Between Lincoln and Douglas 1897". Bartleby. p. 415. Retrieved January 26, 2013.

188. Maier, American Scripture, 207.

189. Wills, Lincoln at Gettysburg, 100.

190. Wills, Lincoln at Gettysburg, 129−31.

191. Wills, Lincoln at Gettysburg, 145.

192. Wills, Lincoln at Gettysburg, 147.

193. Wills, Lincoln at Gettysburg, 39, 145—46. See also Harry V. Jaffa, Crisis of the House Divided (1959) and A New Birth of Freedom: Abraham Lincoln and the Coming of the Civil War (2000); Willmoore Kendall and George W. Carey, The Basic Symbols of the American Political Tradition (1970); and M.E. Bradford, "The Heresy of Equality: A Reply to Harry Jaffa" (1976), reprinted in A Better Guide than Reason (1979) and Modern Age, the First Twenty-five Years (1988).

194. Norton, et al (2010), p. 301.

195. "Modern History Sourcebook: Seneca Falls: The Declaration of Sentiments, 1848". Retrieved October 6, 2014.

196. Flood, Alison (September 8, 2011). "Michael Hart, inventor of the ebook, dies aged 64". The Guardian.

197. "Crews finish installing World Trade Center spire". CNN. May 10, 2013. Retrieved July 17, 2013.

198. "Tallest buildings in NY". Skyscraperpage.com. Retrieved June 23, 2012.

199. "Tallest buildings under construction in the world". Skyscraperpage.com. Retrieved June 23, 2012.

Bibliography

Armitage, David. The Declaration Of Independence: A Global History, Cambridge, Massachusetts: Harvard University Press, 2007. ISBN 978-0-674-02282-9.

Bailyn, Bernard. The Ideological Origins of the American Revolution. Enlarged edition. Originally published 1967. Harvard University Press, 1992. ISBN 0-674-44302-0.

Becker, Carl. The Declaration of Independence: A Study in the History of Political Ideas. 1922. Available online from The Online Library of Liberty and Google Book Search. Revised edition New York: Vintage Books, 1970. ISBN 0-394-70060-0.

Boyd, Julian P. The Declaration of Independence: The Evolution of the Text. Originally published 1945. Revised edition edited by Gerard W. Gawalt. University Press of New England, 1999. ISBN 0-8444-0980-4.

Boyd, Julian P., ed. The Papers of Thomas Jefferson, vol. 1. Princeton University Press, 1950.

Boyd, Julian P. "The Declaration of Independence: The Mystery of the Lost Original". Pennsylvania Magazine of History and Biography 100, number 4 (October 1976), 438–67.

Burnett, Edward Cody. The Continental Congress. New York: Norton, 1941.

Christie, Ian R. and Benjamin W. Labaree. Empire or Independence, 1760–1776: A British-American Dialogue on the Coming of the American Revolution. New York: Norton, 1976.

Detweiler, Philip F. "Congressional Debate on Slavery and the Declaration of Independence, 1819–1821", American Historical Review 63 (April 1958): 598–616. in JSTOR

Detweiler, Philip F. "The Changing Reputation of the Declaration of Independence: The First Fifty Years". William and Mary Quarterly, 3rd series, 19 (1962): 557–74. in JSTOR

Dumbauld, Edward. The Declaration of Independence And What It Means Today. Norman: University of Oklahoma Press, 1950.

Ellis, Joseph. American Creation: Triumphs and Tragedies at the Founding of the Republic. New York: Knopf, 2007. ISBN 978-0-307-26369-8.

Dupont, Christian Y. and Peter S. Onuf, eds. Declaring Independence: The Origins and Influence of America's Founding Document. Revised edition. Charlottesville, Virginia: University of Virginia Library, 2010. ISBN 978-0-9799997-1-0.

Ferling, John E. A Leap in the Dark: The Struggle to Create the American Republic. New York:

Oxford University Press, 2003. ISBN 0-19-515924-1.

Friedenwald, Herbert. The Declaration of Independence: An Interpretation and an Analysis. New York: Macmillan, 1904. Accessed via the Internet Archive.

Gustafson, Milton. "Travels of the Charters of Freedom". Prologue Magazine 34, no 4. (Winter 2002).

Hamowy, Ronald. "Jefferson and the Scottish Enlightenment: A Critique of Garry Wills's Inventing America: Jefferson's Declaration of Independence". William and Mary Quarterly, 3rd series, 36 (October 1979), 503—23.

Hazelton, John H. The Declaration of Independence: Its History. Originally published 1906. New York: Da Capo Press, 1970. ISBN 0-306-71987-8. 1906 edition available on Google Book Search

Journals of the Continental Congress,1774—1789, Vol. 5 (Library of Congress, 1904—1937)

Jensen, Merrill. The Founding of a Nation: A History of the American Revolution, 1763—1776. New York: Oxford University Press, 1968.

Mahoney, D. J. (1986). "Declaration of independence". Society. 24: 46—48. doi:10.1007/BF02695936.

Lucas, Stephen E., "Justifying America: The Declaration of Independence as a Rhetorical Document", in Thomas W. Benson, ed., American Rhetoric: Context and Criticism, Carbondale, Illinois: Southern Illinois University Press, 1989

Maier, Pauline. American Scripture: Making the Declaration of Independence. New York: Knopf, 1997. ISBN 0-679-45492-6.

Malone, Dumas. Jefferson the Virginian. Volume 1 of Jefferson and His Time. Boston: Little Brown, 1948.

Mayer, David (2008). "Declaration of Independence". In Hamowy, Ronald. The Encyclopedia of Libertarianism. Thousand Oaks, CA: SAGE; Cato Institute. pp. 113—15. doi:10.4135/9781412965811.n72. ISBN 978-1-4129-6580-4.

Mayer, Henry. All on Fire: William Lloyd Garrison and the Abolition of Slavery. New York: St. Martin's Press, 1998. ISBN 0-312-18740-8.

McDonald, Robert M. S. "Thomas Jefferson's Changing Reputation as Author of the Declaration of Independence: The First Fifty Years". Journal of the Early Republic 19, no. 2 (Summer 1999): 169—95.

McPherson, James. Abraham Lincoln and the Second American Revolution. New York: Oxford University Press, 1991. ISBN 0-19-505542-X.

Middlekauff, Robert. The Glorious Cause: The American Revolution, 1763–1789. Revised and expanded edition. New York: Oxford University Press, 2005.

Norton, Mary Beth, et al., A People and a Nation, Eighth Edition, Boston, Wadsworth, 2010. ISBN 0-547-17558-2.

Rakove, Jack N. The Beginnings of National Politics: An Interpretive History of the Continental Congress. New York: Knopf, 1979. ISBN 0-8018-2864-3.

Ritz, Wilfred J. "The Authentication of the Engrossed Declaration of Independence on July 4, 1776". Law and History Review 4, no. 1 (Spring 1986): 179–204.

Ritz, Wilfred J. "From the Here of Jefferson's Handwritten Rough Draft of the Declaration of Independence to the There of the Printed Dunlap Broadside". Pennsylvania Magazine of History and Biography 116, no. 4 (October 1992): 499–512.

Tsesis, Alexander. For Liberty and Equality: The Life and Times of the Declaration of Independence (Oxford University Press; 2012) 397 pages; explores the impact on American politics, law, and society since its drafting.

Warren, Charles. "Fourth of July Myths". The William and Mary Quarterly, Third Series, vol. 2, no. 3 (July 1945): 238–72. JSTOR 1921451.

United States Department of State, "The Declaration of Independence, 1776, 1911.

Wills, Garry. Inventing America: Jefferson's Declaration of Independence. Garden City, New York: Doubleday, 1978. ISBN 0-385-08976-7.

Wills, Garry. Lincoln at Gettysburg: The Words That Rewrote America. New York: Simon & Schuster, 1992. ISBN 0-671-76956-1.

Wyatt-Brown, Bertram. Lewis Tappan and the Evangelical War Against Slavery. Cleveland: Press of Case Western Reserve University, 1969. ISBN 0-8295-0146-0.

This page was last edited on 2 December 2017, at 14:32.

The Constitution of the United States[1]

Note: The following text is a transcription of the Constitution as it was inscribed by Jacob Shallus on parchment (the document on display in the Rotunda at the National Archives Museum.) *The spelling and punctuation reflect the original.*

We the People of the United States, in Order to form a more perfect Union, establish Justice, insure domestic Tranquility, provide for the common defence, promote the general Welfare, and secure the Blessings of Liberty to ourselves and our Posterity, do ordain and establish this Constitution for the United States of America.

Article. I.

Section. 1.

All legislative Powers herein granted shall be vested in a Congress of the United States, which shall consist of a Senate and House of Representatives.

Section. 2.

The House of Representatives shall be composed of Members chosen every second Year by the People of the several States, and the Electors in each State shall have the Qualifications requisite for Electors of the most numerous Branch of the State Legislature.

No Person shall be a Representative who shall not have attained to the Age of twenty

---

1) "The Constitution of the United States: A Transcription." America's Founding Documents, National Archives, www.archives.gov/founding-docs/constitution-transcript. (visited Dec. 31, 2017.)

합중국 헌법(The Constitution of the United States)[1]

주: 이하의 본문은 제이콥 샬루스에 의하여 양피지 위에 기입된 헌법(국립문서기록관리청 박물관의 둥근천장 홀에 전시되는 문서)대로의 전사임. 철자법은 및 구두법은 원래의 것을 반영함.

합중국 국민인 우리는, 보다 더 완전한 연방을 구성하기 위하여, 정의를 확립하기 위하여, 국내의 평온을 보증하기 위하여, 공통의 방위를 제공하기 위하여, 일반적 복지를 증진시키기 위하여, 그리고 자유의 축복들을 우리 자신들에게와 우리의 후손에게 보증하기 위하여, 미합중국을 위한 헌법을 정히 제정하고 확증한다.

제1조

제1항

이 안에 승인된 모든 입법권들은 합중국 의회에 부여되는 바, 상원으로 및 하원으로 그것은 구성된다.

제2항

개개 주들의 국민에 의하여 2년마다 선출되는 구성원들로 하원은 구성되고, 주 입법부의 최대다수 구성원 부서에의 선거인을 위하여 필요한 자격조건들을 개개 주에서의 선거인들은 지녀야 한다.

25세의 연령에 달해 있지 아니한 내지는 7년 동안 합중국 시민으로 있어 오지 아니한 사

---

[1] "The Constitution of the United States: A Transcription." America's Founding Documents, National Archives, www.archives.gov/founding-docs/constitution-transcript에 의함 (2017년 12월 31일 최종방문.)

five Years, and been seven Years a Citizen of the United States, and who shall not, when elected, be an Inhabitant of that State in which he shall be chosen.

Representatives and direct Taxes shall be apportioned among the several States which may be included within this Union, according to their respective Numbers, which shall be determined by adding to the whole Number of free Persons, including those bound to Service for a Term of Years, and excluding Indians not taxed, three fifths of all other Persons. The actual Enumeration shall be made within three Years after the first Meeting of the Congress of the United States, and within every subsequent Term of ten Years, in such Manner as they shall by Law direct. The Number of Representatives shall not exceed one for every thirty Thousand, but each State shall have at Least one Representative; and until such enumeration shall be made, the State of New Hampshire shall be entitled to chuse three, Massachusetts eight, Rhode-Island and Providence Plantations one, Connecticut five, New-York six, New Jersey four, Pennsylvania eight, Delaware one, Maryland six, Virginia ten, North Carolina five, South Carolina five, and Georgia three.

When vacancies happen in the Representation from any State, the Executive Authority thereof shall issue Writs of Election to fill such Vacancies.

The House of Representatives shall chuse their Speaker and other Officers; and shall have the sole Power of Impeachment.

Section. 3.

The Senate of the United States shall be composed of two Senators from each State, chosen by the Legislature thereof, for six Years; and each Senator shall have one Vote.

Immediately after they shall be assembled in Consequence of the first Election, they shall be divided as equally as may be into three Classes. The Seats of the Senators of the first Class shall be vacated at the Expiration of the second Year, of the second Class at the Expiration of the fourth Year, and of the third Class at the Expiration of the sixth Year, so that one third may be chosen every second Year; and if Vacancies happen by Resignation, or otherwise, during the Recess of the Legislature of any State, the Executive thereof may

람은, 그리고 선출되었을 때 그 선출된 주(州)의 주민이 되지 아니할 사람은 하원의원이 될 수 없다.

이 연방 내에 포함되는 개개 주들 사이에서 하원의원들은 및 직접세는 그들의 각각의 숫자들에 따라 할당되어야 하는 바, 일정기간의 사역 의무에 묶인 사람들을 포함한 및 비과세 인디언들을 배제한 자유인들의 전체 숫자에 그 밖의 모든 사람들의 5분의 3을 더함으로써 그것은 결정된다. 합중국 의회의 최초의 회합 뒤 3년 내에, 그리고 뒤이은 매 10년 내에, 법에 의하여 그들이 규정하는 방법으로 실제의 계산은 이루어져야 한다. 하원의원들의 숫자는 매 3만 명당 1인을 초과해서는 안 되지만, 그러나 적어도 한 명의 하원의원을 개개 주는 가진다; 그리고 이러한 계산이 이루어지기까지 뉴햄프셔주는 세 명을, 매사추세츠주는 여덟 명을, 로드아일랜드주는 한 명을, 코네티컷주는 다섯 명을, 뉴욕주는 여섯 명을, 뉴저지주는 네 명을, 펜실베니아주는 여덟 명을, 델라웨어주는 한 명을, 메릴랜드주는 여섯 명을, 버지니아주는 열 명을, 노스캐럴라이나주는 다섯 명을, 사우스캐럴라이나주는 다섯 명을, 그리고 조지아주는 세 명을 각 선출할 권리가 있다.

어느 주로부터든 하원의원에 궐위들이 생기면, 그러한 궐위들을 채우기 위하여 선거영장들을 그 주 행정부는 발부하여야 한다.

그들의 의장을 및 그 밖의 관리들을 하원은 선출한다; 탄핵의 독점적 권한을 하원은 갖는다.

제3항

개개 주 입법부에 의하여 6년을 위하여 선출되는, 개개 주로부터의 두 명의 상원의원들로 합중국 상원은 구성된다; 한 개의 표결권을 개개 상원의원은 가진다.

최초의 선거 결과로서 그들이 소집된 직후에, 가능한 한 균등하게 세 개의 등급들로 그들은 구분되어야 한다. 첫째 등급의 상원의원들의 의석들은 2차년도의 만료 시에 궐위가 되고, 둘째 등급의 상원의원들의 의석들은 4차년도의 만료 시에 궐위가 되며, 셋째 등급의 상원의원들의 의석들은 6차년도의 만료 시에 궐위가 되는 바, 그리하여 매 2년마다 3분의 1이 선출될 수 있게 해야 한다; 그리고 만약 사임에 의하여 공석들이 생기면, 또는 이와는 다르게 조금이라도 주 입법부의 휴회 동안에 공석들이 생기면, 그 주 입법부의 다음 번 회합 때

make temporary Appointments until the next Meeting of the Legislature, which shall then fill such Vacancies.

No Person shall be a Senator who shall not have attained to the Age of thirty Years, and been nine Years a Citizen of the United States, and who shall not, when elected, be an Inhabitant of that State for which he shall be chosen.

The Vice President of the United States shall be President of the Senate, but shall have no Vote, unless they be equally divided.

The Senate shall chuse their other Officers, and also a President pro tempore, in the Absence of the Vice President, or when he shall exercise the Office of President of the United States.

The Senate shall have the sole Power to try all Impeachments. When sitting for that Purpose, they shall be on Oath or Affirmation. When the President of the United States is tried, the Chief Justice shall preside: And no Person shall be convicted without the Concurrence of two thirds of the Members present.

Judgment in Cases of Impeachment shall not extend further than to removal from Office, and disqualification to hold and enjoy any Office of honor, Trust or Profit under the United States: but the Party convicted shall nevertheless be liable and subject to Indictment, Trial, Judgment and Punishment, according to Law.

Section. 4.

The Times, Places and Manner of holding Elections for Senators and Representatives, shall be prescribed in each State by the Legislature thereof; but the Congress may at any time by Law make or alter such Regulations, except as to the Places of chusing Senators.

The Congress shall assemble at least once in every Year, and such Meeting shall be on the first Monday in December, unless they shall by Law appoint a different Day.

까지 임시 지명들을 그 주 행정부는 해야 하며, 그러한 공석들을 그 때에 그 주 입법부는 채워야 한다.

30세의 연령에 달해 있지 아니한 내지는 9년 동안 합중국 시민으로 있어 오지 아니한 사람은, 그리고 선출되었을 때 그 선출된 주(州)의 주민이 되지 아니할 사람은 상원의원이 될 수 없다.

합중국 부통령은 상원의장이 되지만, 동수로 나뉘는 경우가 아닌 한 표결권을 가지지 아니한다.

그들의 그 밖의 관리들을, 그리고 부통령의 부재 시에 또는 합중국 대통령의 직책을 그가 수행할 경우에 임시의장을 또한 상원은 선출한다.

모든 탄핵들을 심리할 독점적 권한을 상원은 가진다. 그 목적을 위하여 심리할 경우에는, 선서에 또는 무선서 확약(Affirmation)에 그들은 놓인다. 합중국 대통령이 심리될 경우에는 대법원장(the Chief Justice)이 주재한다: 출석한 구성원들의 3분의 2의 찬성이 없이는 아무도 탄핵을 가결당하지 아니한다.

탄핵사건들에서의 판결은 직무로부터의 배제를 넘어서까지 및 조금이라도 미합중국 아래서의 명예의 직책을, 신인(信認)의 직책을 내지는 유보수의 직책을 보유할 및 향유할 자격의 상실을 넘어서까지 미치지 아니한다: 그러나 탄핵가결을 선고받은 당사자는 기소에, 정식사실심리에, 판결에 및 처벌에 처해질 수 있고 이에 종속된다.

제4항

상원의원들을 및 하원의원들을 뽑기 위한 선거들의 실시의 시기들은, 장소들은 및 방법은 개개 주에서 그 주 입법부에 의하여 규정된다; 그러나 상원의원들을 선출할 장소들에 관한 사항을 제외하고는 그러한 규정들을 의회는 언제든지 법에 의하여 제정할 수 있고 또는 개정할 수 있다.

의회는 매년 적어도 한 번 소집되며, 다른 날을 법에 의하여 그들이 지정하지 않는 한, 그러한 회합은 12월 첫 번째 월요일에 이루어진다.

Section. 5.

Each House shall be the Judge of the Elections, Returns and Qualifications of its own Members, and a Majority of each shall constitute a Quorum to do Business; but a smaller Number may adjourn from day to day, and may be authorized to compel the Attendance of absent Members, in such Manner, and under such Penalties as each House may provide.

Each House may determine the Rules of its Proceedings, punish its Members for disorderly Behaviour, and, with the Concurrence of two thirds, expel a Member.

Each House shall keep a Journal of its Proceedings, and from time to time publish the same, excepting such Parts as may in their Judgment require Secrecy; and the Yeas and Nays of the Members of either House on any question shall, at the Desire of one fifth of those Present, be entered on the Journal.

Neither House, during the Session of Congress, shall, without the Consent of the other, adjourn for more than three days, nor to any other Place than that in which the two Houses shall be sitting.

Section. 6.

The Senators and Representatives shall receive a Compensation for their Services, to be ascertained by Law, and paid out of the Treasury of the United States. They shall in all Cases, except Treason, Felony and Breach of the Peace, be privileged from Arrest during their Attendance at the Session of their respective Houses, and in going to and returning from the same; and for any Speech or Debate in either House, they shall not be questioned in any other Place.

No Senator or Representative shall, during the Time for which he was elected, be appointed to any civil Office under the Authority of the United States, which shall have been created, or the Emoluments whereof shall have been encreased during such time; and no Person holding any Office under the United States, shall be a Member of either House during his Continuance in Office.

제5항

각 원은 그 자신의 구성원들의 선거들에 대한, 개표보고들에 대한, 자격들에 대한 판단자이고, 의사정족수를 각각의 과반수가 구성한다; 그러나 각각의 원이 규정하는 방식 속에서 및 벌칙들 아래서 더 적은 숫자는 매일매일 연기할 수 있고 결석 구성원들의 출석을 강제하도록 권한이 부여될 수 있다.

자신의 절차들에 관한 규칙들을 각 원은 결정할 수 있고, 문란행위를 이유로 자신의 구성원들을 처벌할 수 있으며, 3분의 2의 찬성으로 구성원을 추방할 수 있다.

자신의 절차들에 관한 한 개의 정기간행물을 각 원은 운영하여야 하고, 때때로 이를 간행해야 하되, 그들의 판단으로 비밀을 요구하는 부분들은 제외한다; 어떤 문제에 대한 것이든 각 원 구성원들의 찬반은 출석 5분의 1의 희망에 따라 그 정기간행물에 기입되어야 한다.

의회의 회기 중에 각 원은 그 어느 쪽이도 다른 쪽의 동의 없이 3일을 초과하여 휴회해서는 안 되며 조금이라도 양원이 개회할 곳 이외의 장소로 이동해서는 안 된다 .

제6항

법에 의하여 확정되는 및 합중국 국고로부터 지불되는 그들의 봉사에 대한 보수를 상원의원들은 및 하원의원들은 수령한다. 반역(Treason)의, 중죄(Felony)의 및 평온방해(Breach of the Peace)의 경우를 제외한 모든 경우들에 있어서, 그들 각각의 원의 회기에의 그들의 출석 동안에, 그리고 그 곳에의 출근 중에 및 그 곳으로부터의 복귀 중에 체포로부터 면제될 특권을 그들은 지닌다; 그리고 조금이라도 각 원에서의 말을 내지는 토론을 이유로 그 밖의 장소에서 그들은 이의제기 당하지 아니한다.

그 선출되어 있는 기간 동안 상원의원은 내지는 하원의원은 조금이라도 그 기간 중에 창설되는 내지는 그 급료가 인상되는 합중국 권한 아래의 민간공직(civil Office)에 임명될 수 없다; 그리고 조금이라도 합중국 아래의 공직을 맡는 사람은 그의 공직 계속 중에 각 원의 구성원이 될 수 없다.

Section. 7.

All Bills for raising Revenue shall originate in the House of Representatives; but the Senate may propose or concur with Amendments as on other Bills.

Every Bill which shall have passed the House of Representatives and the Senate, shall, before it become a Law, be presented to the President of the United States; If he approve he shall sign it, but if not he shall return it, with his Objections to that House in which it shall have originated, who shall enter the Objections at large on their Journal, and proceed to reconsider it. If after such Reconsideration two thirds of that House shall agree to pass the Bill, it shall be sent, together with the Objections, to the other House, by which it shall likewise be reconsidered, and if approved by two thirds of that House, it shall become a Law. But in all such Cases the Votes of both Houses shall be determined by yeas and Nays, and the Names of the Persons voting for and against the Bill shall be entered on the Journal of each House respectively. If any Bill shall not be returned by the President within ten Days (Sundays excepted) after it shall have been presented to him, the Same shall be a Law, in like Manner as if he had signed it, unless the Congress by their Adjournment prevent its Return, in which Case it shall not be a Law.

Every Order, Resolution, or Vote to which the Concurrence of the Senate and House of Representatives may be necessary (except on a question of Adjournment) shall be presented to the President of the United States; and before the Same shall take Effect, shall be approved by him, or being disapproved by him, shall be repassed by two thirds of the Senate and House of Representatives, according to the Rules and Limitations prescribed in the Case of a Bill.

Section. 8.

The Congress shall have Power To lay and collect Taxes, Duties, Imposts and Excises, to pay the Debts and provide for the common Defence and general Welfare of the United States; but all Duties, Imposts and Excises shall be uniform throughout the United States;

To borrow Money on the credit of the United States;

제7항

세입을 늘리기 위한 모든 법안들은 하원에서 발의되어야 한다; 그러나 여타의 법안들에 대해서처럼 이에 대한 개정안들을 상원은 제의할 수 있고 이에 동의할 수 있다.

하원을 및 상원을 통과한 모든 법안은 그것이 한 개의 법이 되기 이전에 합중국 대통령에게 제출되어야 한다; 만약 그것을 그가 승인하면 그것에 그는 서명하여야 하지만, 그러나 그것을 그가 승인하지 아니하면 그의 반대이유들을 붙여 그것을 그것이 발의된 원에 그는 반송하여야 하고, 그 반대이유들을 상세히 그들의 정기간행물에 그 원은 기입하고서 이를 재심의하는 데 나아가야 한다. 법안을 통과시키기로 그러한 재심의 뒤에 그 원의 3분의 2가 동의하면, 다른 원(the other House)에 그것은 그 반대이유들이에 더불어 송부되어야 하고, 그 원에 의하여 그것은 같은 방법으로 재심의되어야 하며, 그 원의 3분의 2에 의하여 승인되면 그것은 한 개의 법이 된다. 그러나 그러한 모든 경우들에 있어서 양원의 표결들은 찬반으로 결정되어야 하며, 법안에 대한 찬성 의원들의 이름들이 및 반대의원들의 이름들이 각 원의 정기간행물에 각각 기입되어야 한다. 대통령에게 제출된 뒤에 조금이라도 법안이 열흘 내에 (일요일은 제외) 대통령에 의하여 반송되지 아니하면, 그가 그것을 서명하였을 경우에처럼 그것은 한 개의 법이 되는 바, 다만 그것의 반환을 그들의 휴회(Adjournment)에 의하여 의회가 방해할 경우에는 그러하지 아니하며, 그 경우에 그것은 한 개의 법이 되지 아니한다.

상원의 및 하원의 동의가 필요할 수 있는 모든 명령은, 결의는, 또는 표결은 (휴회의 문제에 관한 것은 제외) 합중국 대통령에게 제출되어야 하고; 그것이 발효하기 전에 그에 의하여 승인되어야 하며, 또는 그에 의하여 불승인되면, 한 개의 법안의 경우에 규정된 규칙들에 및 제한조건들에 따라 상원의 및 하원의 3분의 2에 의하여 재통과되어야 한다.

제8항

세금들을, 조세들을, 관세들을 및 소비세들을 부과할 및 징수할 권한을, 부채들을 상환할 및 합중국 공통의 방위비용을 및 일반의 복지비용을 조달할 권한을 의회는 보유한다; 그러나 모든 조세들은, 관세들은 및 소비세들은 합중국 전체를 통하여 균일해야 한다;

합중국의 신용으로 금전을 차용할 권한을 의회는 보유한다;

To regulate Commerce with foreign Nations, and among the several States, and with the Indian Tribes;

To establish an uniform Rule of Naturalization, and uniform Laws on the subject of Bankruptcies throughout the United States;

To coin Money, regulate the Value thereof, and of foreign Coin, and fix the Standard of Weights and Measures;

To provide for the Punishment of counterfeiting the Securities and current Coin of the United States;

To establish Post Offices and post Roads;

To promote the Progress of Science and useful Arts, by securing for limited Times to Authors and Inventors the exclusive Right to their respective Writings and Discoveries;

To constitute Tribunals inferior to the supreme Court;

To define and punish Piracies and Felonies committed on the high Seas, and Offences against the Law of Nations;

To declare War, grant Letters of Marque and Reprisal, and make Rules concerning Captures on Land and Water;

To raise and support Armies, but no Appropriation of Money to that Use shall be for a longer Term than two Years;

To provide and maintain a Navy;

외국 국가들과의, 개개 주들 사이에서의, 그리고 인디언 부족들과의 통상을 규제할 권한을 의회는 보유한다;

합중국 전체를 통하여 한 개의 통일된 귀화규칙을 및 파산들의 문제에 관한 통일된 법들을 확립할 권한을 의회는 보유한다;

화폐를 주조할 권한을, 그것의 가치를 및 외국 주화의 가치를 규제할 권한을, 및 무게들의 및 분량들의 표준들을 정할 권한을 의회는 보유한다;

합중국의 유가증권들을 및 유통주화들을 위조함에 대한 처벌을 규정할 권한을 의회는 보유한다;

우체국들을 및 우편수송 도로들을 설치할 권한을 의회는 보유한다;

그들의 각자의 저술들에 및 발명품들에 대한 독점적 권리를 일정기간 동안 그 저자들에게 및 발명자들에게 보장함에 의하여 과학의 및 유용한 기술들의 진보를 촉진할 권한을 의회는 보유한다;

대법원보다 낮은 재판소들을 구성할 권한을 의회는 보유한다;

공해상에서 저질러지는 해적행위들을 및 중죄들을 및 국제법에 대한 범죄들을 규정할 및 처벌할 권한을 의회는 보유한다;

전쟁을 선언할, 타국선박 나포면허장들을 승인할, 그리고 지상에서의 및 해상에서의 포획에 관한 규칙들을 제정할 권한을 의회는 보유한다;

육군을 설치하고 지원할 권한을 의회는 보유하는 바, 그러나 그 용도에의 예산충당액은 2년을 넘는 기간의 것이어서는 안 된다;

해군을 창설하고 유지할 권한을 의회는 보유한다;

To make Rules for the Government and Regulation of the land and naval Forces;

To provide for calling forth the Militia to execute the Laws of the Union, suppress Insurrections and repel Invasions;

To provide for organizing, arming, and disciplining, the Militia, and for governing such Part of them as may be employed in the Service of the United States, reserving to the States respectively, the Appointment of the Officers, and the Authority of training the Militia according to the discipline prescribed by Congress;

To exercise exclusive Legislation in all Cases whatsoever, over such District (not exceeding ten Miles square) as may, by Cession of particular States, and the Acceptance of Congress, become the Seat of the Government of the United States, and to exercise like Authority over all Places purchased by the Consent of the Legislature of the State in which the Same shall be, for the Erection of Forts, Magazines, Arsenals, dock-Yards, and other needful Buildings;—And

To make all Laws which shall be necessary and proper for carrying into Execution the foregoing Powers, and all other Powers vested by this Constitution in the Government of the United States, or in any Department or Officer thereof.

Section. 9.

The Migration or Importation of such Persons as any of the States now existing shall think proper to admit, shall not be prohibited by the Congress prior to the Year one thousand eight hundred and eight, but a Tax or duty may be imposed on such Importation, not exceeding ten dollars for each Person.

The Privilege of the Writ of Habeas Corpus shall not be suspended, unless when in Cases of Rebellion or Invasion the public Safety may require it.

No Bill of Attainder or ex post facto Law shall be passed.

육군의 및 해군의 관리를 위한 및 규제를 위한 규칙들을 제정할 권한을 의회는 보유한다;

연방의 법들을 집행하도록, 반란들을 진압하도록 및 외침들을 격퇴하도록 민병대를 소집함을 규정할 권한을 의회는 보유한다;

민병대를 조직함을, 무장시킴을, 훈련시킴을 규정할, 그리고 그들 중 합중국 군무에 고용된 사람들을 관리함을 규정할 권한을 의회는 보유하는 바, 장교들의 임명은, 그리고 의회에 의하여 규정되는 규율에 따라 민병대를 훈련시킬 권한은 각각의 주들에게 유보된다;

특정 주들의 할양에 의하여 및 의회의 승인에 의하여 합중국 소재지가 될 수 있는 (10 평방마일 이하의) 지역 위에의 독점적 입법권을 종류 여하를 막론한 모든 경우들에 있어서 행사할 권한을, 및 요새들의, 무기고들의, 병기고들의, 해군공창들의 및 그 밖의 필요한 건물들의 건설을 위하여 그것이 위치하게 될 해당 주 입법부의 동의에 의하여 구매되는 모든 장소들 위에의 유사한 권한을 행사할 권한을 의회는 보유한다; 그리고

전술의 권한들을 시행하기 위하여 및 이 헌법에 의하여 합중국 정부에 부여되는 내지는 조금이라도 그 부서에 내지는 공무원에게 부여되는 그 밖의 모든 권한들을 시행하기 위하여 필요한 및 적절한 모든 법들을 제정할 권한을 및 의회는 보유한다.

제9항

그 받아들임이 적절하다고 조금이라도 현재 존속하는 주들 중 하나가 생각하는 사람들의 이주는 내지는 수입은 1808년 이전에는 의회에 의하여 금지되지 아니하는 바, 다만 그러한 수입 위에 한 명당 10달러를 넘지 아니하는 세금이 내지는 조세가 부과될 수 있다.

반란의 내지는 외침의 경우들에서 공공의 안전이 요구하는 경우를 제외하고는 인신보호영장(the Writ of Habeas Corpus)의 특권은 정지되지 아니한다.

사권박탈법(私權剝奪法; bill of attainder)은 내지는 사후법률(ex post facto law)은 통과될 수 없다.

No Capitation, or other direct, Tax shall be laid, unless in Proportion to the Census or enumeration herein before directed to be taken.

No Tax or Duty shall be laid on Articles exported from any State.

No Preference shall be given by any Regulation of Commerce or Revenue to the Ports of one State over those of another: nor shall Vessels bound to, or from, one State, be obliged to enter, clear, or pay Duties in another.

No Money shall be drawn from the Treasury, but in Consequence of Appropriations made by Law; and a regular Statement and Account of the Receipts and Expenditures of all public Money shall be published from time to time.

No Title of Nobility shall be granted by the United States: And no Person holding any Office of Profit or Trust under them, shall, without the Consent of the Congress, accept of any present, Emolument, Office, or Title, of any kind whatever, from any King, Prince, or foreign State.

Section. 10.

No State shall enter into any Treaty, Alliance, or Confederation; grant Letters of Marque and Reprisal; coin Money; emit Bills of Credit; make any Thing but gold and silver Coin a Tender in Payment of Debts; pass any Bill of Attainder, ex post facto Law, or Law impairing the Obligation of Contracts, or grant any Title of Nobility.

No State shall, without the Consent of the Congress, lay any Imposts or Duties on Imports or Exports, except what may be absolutely necessary for executing it's inspection Laws: and the net Produce of all Duties and Imposts, laid by any State on Imports or Exports, shall be for the Use of the Treasury of the United States; and all such Laws shall be subject to the Revision and Controul of the Congress.

그 이루어지도록 미리 명령된 여기서의 인구조사에 내지는 호별조사에 비례한 것이 아닌 한, 인두세는 내지는 그 밖의 직접세는 부과되지 아니한다.

조금이라도 주로부터 수출되는 물품들 위에 세금은 내지는 조세는 부과되지 아니한다.

조금이라도 통상의 내지는 세입의 규제에 의한 다른 주(州)의 항구들에 우월하는 한 개의 주(州)의 항구들의 우선권은 부여되지 아니한다: 한 개의 주에게로 또는 한 개의 주로부터 항해하는 선박들은 다른 주에 들어갈 의무를, 다른 주에서 조세들을 결제할 내지는 지불할 의무를 지지 아니한다.

법에 의하여 만들어진 세출예산들의 결과로서가 아닌 한, 돈은 국고로부터 인출될 수 없다; 모든 공공자금의 수령들의 및 지출들의 정규의 명세서가 및 설명서가 수시로 공표되어야 한다.

귀족의 칭호는 합중국에 의하여 부여되지 아니한다: 조금이라도 합중국 아래서의 유보수의 내지는 신인(信認)의 공직을 보유하는 사람은 의회의 동의 없이는 종류 여하를 막론하고 조금이라도 선물을, 이득을, 공직을, 칭호를 국왕으로부터, 왕자로부터 내지는 외국으로부터 받아서는 안 된다.

제10항

조금이라도 조약 속에, 동맹 속에, 내지는 연합 속에 주는 들어갈 수 없고; 타국선박 나포 면허장들을 주는 승인할 수 없으며; 지급증권(bills of credit)을 주는 발행할 수 없고; 조금이라도 금화를 내지는 은화를 제외한 것을 채무들의 변제에 있어서의 화폐로 주는 삼을 수 없으며; 조금이라도 사권박탈법(Bill of Attainder)을, 사후법률(ex post facto Law)을, 내지는 계약상의 의무를 손상시키는 법을 주는 통과시킬 수 없고 내지는 조금이라도 귀족의 칭호를 주는 수여할 수 없다.

자신의 검사(inspection) 관련법들을 집행함에 절대적으로 필요할 수 있는 것들을은 제외하고는, 관세들을 및 조세들을 수입품들 위에 내지는 수출품들 위에 의회의 동의 없이 주는 부과할 수 없다: 그리고 조금이라도 수입품들 위에 및 수출품들 위에 주에 의하여 부과되는 모든 조세들의 및 관세들의 순수익은 합중국 국고의 사용에 귀속되어야 한다; 그러한 모든 법들은 의회의 개정에 및 통제에 종속된다.

No State shall, without the Consent of Congress, lay any Duty of Tonnage, keep Troops, or Ships of War in time of Peace, enter into any Agreement or Compact with another State, or with a foreign Power, or engage in War, unless actually invaded, or in such imminent Danger as will not admit of delay.

Article. II.

Section. 1.

The executive Power shall be vested in a President of the United States of America. He shall hold his Office during the Term of four Years, and, together with the Vice President, chosen for the same Term, be elected, as follows

Each State shall appoint, in such Manner as the Legislature thereof may direct, a Number of Electors, equal to the whole Number of Senators and Representatives to which the State may be entitled in the Congress: but no Senator or Representative, or Person holding an Office of Trust or Profit under the United States, shall be appointed an Elector.

The Electors shall meet in their respective States, and vote by Ballot for two Persons, of whom one at least shall not be an Inhabitant of the same State with themselves. And they shall make a List of all the Persons voted for, and of the Number of Votes for each; which List they shall sign and certify, and transmit sealed to the Seat of the Government of the United States, directed to the President of the Senate. The President of the Senate shall, in the Presence of the Senate and House of Representatives, open all the Certificates, and the Votes shall then be counted. The Person having the greatest Number of Votes shall be the President, if such Number be a Majority of the whole Number of Electors appointed; and if there be more than one who have such Majority, and have an equal Number of Votes, then the House of Representatives shall immediately chuse by Ballot one of them for President; and if no Person have a Majority, then from the five highest on the List the said House shall in like Manner chuse the President. But in chusing the President, the Votes shall be taken by States, the Representation from each State having one Vote; A quorum for this Purpose shall consist of a Member or Members from two thirds of the States, and a Majority of all the States shall be necessary to a Choice. In every Case, after the Choice of

실제로 외침된 경우가 아닌 한, 내지는 지체를 허용하지 아니하는 임박한 위험 속에 있는 경우가 아닌 한, 의회의 동의 없이 주(State)는 톤세(Duty of Tonnage)를 부과할 수도, 평화 시에 조금이라도 군대를 내지는 전함들을 유지할 수도, 내지는 조금이라도 다른 주와의 내지는 외부세력과의 합의에 내지는 맹약에 들어갈 수도, 내지는 전쟁을 수행할 수도 없다.

제2조

제1항

미합중국 대통령에게 행정권은 부여된다. 그의 지위를 4년의 기간 동안 그는 보유하며, 동일 기간 동안 선출되는 부통령이에 더불어 아래의 방법으로 그는 선출된다:

의회에서 주가 보유할 수 있는 상원의원들의 및 하원의원들의 전체 숫자에 해당하는 선거인들을 입법부가 정하는 방법에 따라 개개 주는 지명한다: 그러나 상원의원은 내지는 하원의원은, 내지는 합중국 아래서의 신인(信認)의 내지는 유보수의 직책을 보유하는 사람은 선거인으로 지명될 수 없다.

그들 각자의 주들에서 선거인들은 회합하여야 하고, 두 사람들을 위하여 무기명으로 투표해야 하는 바, 그들 중 적어도 한 명은 그들 자신들과의 동일한 주(州) 거주자여서는 안 된다. 득표자들의 및 그들 각각의 득표수의 목록을 그들은 작성하여야 한다; 그 목록에 그들은 서명하고 이를 확인하여 봉인 상태로 합중국 정부 소재지에 상원의장 앞으로 송부한다. 모든 확인서들을 상원의 및 하원의 출석 하에 상원의장은 공개하여야 하는 바, 그 때에 득표수들이 계산되어야 한다. 지명된 선거인들 전체 숫자의 과반수를 최다득표자가 얻을 경우에는 그 사람이 대통령이 되고; 그러한 과반득표자가 두 명 이상이고 득표수가 동등할 경우에 하원은 즉시 비밀투표에 의하여 그들 중 한 명을 대통령으로 선출한다; 만약 과반득표자가 없을 때는, 목록상의 상위 다섯 명 가운데서 같은 방법으로 대통령을 하원은 선출한다. 그러나 대통령을 선출함에 있어서 투표들은 주들에 의하여 이루어져야 하되, 한 개의 투표권을 개개 주 대표단은 가진다; 이 목적을 위한 정족수는 주들의 3분의 2로부터의 구성원으로 내지는 구성원들로 이루어지고, 선출에는 전체 주들의 과반수가 필요하다. 모든 경우에, 대통령의 선출 뒤에, 선거인들의 최다수표를 득표한 사람이 부통령이 된다. 그러나 만약 동등득표자가 두 명 이상이 되면 그들 가운데서 부통령을 비밀투표에 의하여 상원은 선출한다.

the President, the Person having the greatest Number of Votes of the Electors shall be the Vice President. But if there should remain two or more who have equal Votes, the Senate shall chuse from them by Ballot the Vice President.

The Congress may determine the Time of chusing the Electors, and the Day on which they shall give their Votes; which Day shall be the same throughout the United States.

No Person except a natural born Citizen, or a Citizen of the United States, at the time of the Adoption of this Constitution, shall be eligible to the Office of President; neither shall any Person be eligible to that Office who shall not have attained to the Age of thirty five Years, and been fourteen Years a Resident within the United States.

In Case of the Removal of the President from Office, or of his Death, Resignation, or Inability to discharge the Powers and Duties of the said Office, the Same shall devolve on the Vice President, and the Congress may by Law provide for the Case of Removal, Death, Resignation or Inability, both of the President and Vice President, declaring what Officer shall then act as President, and such Officer shall act accordingly, until the Disability be removed, or a President shall be elected.

The President shall, at stated Times, receive for his Services, a Compensation, which shall neither be encreased nor diminished during the Period for which he shall have been elected, and he shall not receive within that Period any other Emolument from the United States, or any of them.

Before he enter on the Execution of his Office, he shall take the following Oath or Affirmation:—"I do solemnly swear (or affirm) that I will faithfully execute the Office of President of the United States, and will to the best of my Ability, preserve, protect and defend the Constitution of the United States."

Section. 2.

The President shall be Commander in Chief of the Army and Navy of the United States, and of the Militia of the several States, when called into the actual Service of the United

선거인들의 선출의 시기를, 그리고 그들의 투표를 그들이 할 날짜를 의회는 결정할 수 있다; 그 날은 합중국 전체를 통하여 동일해야 한다.

이 헌법의 채택 당시에 자연적으로 태어나 있는 시민인 내지는 합중국의 시민인 사람을 제외하고는 아무도 대통령의 지위에 선출될 수 없다; 35세에 달해 있지 아니한 및 합중국 내에서 14년 동안 거주자가 되어 오지 아니한 사람은 또한 그 지위에 선출될 수 없다.

그 지위로부터의 대통령의 해임의 경우에, 또는 그의 사망의, 사임의 경우에, 내지는 상기의 권한들을 및 의무들을 이행할 능력의 상실의 경우에, 부통령에게 그것들은 이전되며, 대통령의 및 부통령의 둘 다(both)의 해임의, 사망의, 사임의, 능력상실의 경우를 위하여 어느 공무원이 대통령으로 행동해야 할지를 법에 의하여 선언함으로써 의회는 이에 대비할 수 있는 바, 그 능력상실이 제거될 때까지 내지는 대통령이 선출될 때까지 그 공무원은 이에 따라 행동해야 한다.

그의 봉사에 대한 보수를 정해진 시기에 대통령은 수령해야 하는 바, 그것은 그의 임기 중에 증액되지도 감액되지도 아니하며, 또한 조금이라도 그 밖의 이득을 합중국으로부터 내지는 조금이라도 그들 중 어느 주로부터도 그 기간 중에 그는 수령해서는 안 된다.

다음의 선서를 내지는 무선서 확약을 그의 직무의 집행에 들어가기 전에 그는 해야 한다: —"합중국 대통령의 직무를 충실하게 집행할 것을, 합중국 헌법을 나의 최선의 능력껏 보전할 것을, 보호할 것을 및 옹호할 것을 나는 엄숙히 선서한다."

제2항
대통령은 합중국 육군의 및 해군의, 그리고 합중국의 실제의 군무에 소환된 경우의 개개 주들의 민병대의 총사령관이다; 조금이라도 그들 각각의 공직들의 임무사항들에 관련되는

States; he may require the Opinion, in writing, of the principal Officer in each of the executive Departments, upon any Subject relating to the Duties of their respective Offices, and he shall have Power to grant Reprieves and Pardons for Offences against the United States, except in Cases of Impeachment.

He shall have Power, by and with the Advice and Consent of the Senate, to make Treaties, provided two thirds of the Senators present concur; and he shall nominate, and by and with the Advice and Consent of the Senate, shall appoint Ambassadors, other public Ministers and Consuls, Judges of the supreme Court, and all other Officers of the United States, whose Appointments are not herein otherwise provided for, and which shall be established by Law: but the Congress may by Law vest the Appointment of such inferior Officers, as they think proper, in the President alone, in the Courts of Law, or in the Heads of Departments.

The President shall have Power to fill up all Vacancies that may happen during the Recess of the Senate, by granting Commissions which shall expire at the End of their next Session.

Section. 3.

He shall from time to time give to the Congress Information of the State of the Union, and recommend to their Consideration such Measures as he shall judge necessary and expedient; he may, on extraordinary Occasions, convene both Houses, or either of them, and in Case of Disagreement between them, with Respect to the Time of Adjournment, he may adjourn them to such Time as he shall think proper; he shall receive Ambassadors and other public Ministers; he shall take Care that the Laws be faithfully executed, and shall Commission all the Officers of the United States.

Section. 4.

The President, Vice President and all civil Officers of the United States, shall be removed from Office on Impeachment for, and Conviction of, Treason, Bribery, or other high Crimes and Misdemeanors.

주제에 대하여 행정부서들의 장관의 서면에 의한 의견을 그는 요구할 수 있고, 또한 합중국에 대한 범죄들에 대하여 집행유예들을 및 사면들을 허가할 권한을, 탄핵사건들에서의 경우를 제외하고, 그는 보유한다.

출석한 상원의원들 3분의 2가 동의함을 조건으로, 상원의 조언에 및 동의에 의하여 및 더불어 조약들을 체결할 권한을 그는 보유한다; 또한 대사들을, 그 밖의 공사들을 및 영사들을, 대법원 판사들을, 그리고 그 임명들에 관하여 여기에서 달리 규정되지 아니하는 및 법에 의하여 정해지는 그 밖의 모든 합중국 공무원들을 상원의 조언에 및 동의에 의하여 및 더불어 그는 지명한다: 그러나 적합하다고 그들이 여기는 하위 공무원들의 임명을 법에 의하여 대통령에게만, 또는 법원들에게, 또는 부서들의 책임자들에게 의회는 부여할 수 있다.

상원의 휴회 도중에 생기는 궐위들을, 그들의 차기회기 종료 시에 만료하는 위임장들을 수여함에 의하여 채울 모든 권한을 대통령은 보유한다.

제3항

연방의 상황에 관한 정보를 의회에 그는 수시로 제공해야 하며, 필요하다고 및 마땅하다고 그가 판단하는 조치들을 그들의 검토를 위하여 그는 권고하여야 한다; 양원을 또는 그들 중 한 개를 특별한 경우들에 그는 소집할 수 있고, 휴회의 시기에 관한 그들 사이의 불일치의 경우에 그들을 그 적합하다고 그가 여기는 때로 그는 휴회시킬 수 있다; 대사들을 및 그 밖의 공사들을 그는 응접해야 한다; 법들이 충실하게 집행되도록 그는 살펴보아야 하며 합중국의 모든 공무원들에게 위탁해야 한다.

제4항

반역으로, 뇌물로, 또는 그 밖의 중대범죄들로 및 경죄들로 인한 탄핵에 내지는 유죄판정에 따라 대통령은, 부통령은, 그리고 합중국의 모든 민간 공무원들은 직무로부터 배제된다.

Article III.

Section. 1.

The judicial Power of the United States, shall be vested in one supreme Court, and in such inferior Courts as the Congress may from time to time ordain and establish. The Judges, both of the supreme and inferior Courts, shall hold their Offices during good Behaviour, and shall, at stated Times, receive for their Services, a Compensation, which shall not be diminished during their Continuance in Office.

Section. 2.

The judicial Power shall extend to all Cases, in Law and Equity, arising under this Constitution, the Laws of the United States, and Treaties made, or which shall be made, under their Authority;—to all Cases affecting Ambassadors, other public Ministers and Consuls;—to all Cases of admiralty and maritime Jurisdiction;—to Controversies to which the United States shall be a Party;—to Controversies between two or more States;— between a State and Citizens of another State,—between Citizens of different States,— between Citizens of the same State claiming Lands under Grants of different States, and between a State, or the Citizens thereof, and foreign States, Citizens or Subjects.

In all Cases affecting Ambassadors, other public Ministers and Consuls, and those in which a State shall be Party, the supreme Court shall have original Jurisdiction. In all the other Cases before mentioned, the supreme Court shall have appellate Jurisdiction, both as to Law and Fact, with such Exceptions, and under such Regulations as the Congress shall make.

The Trial of all Crimes, except in Cases of Impeachment, shall be by Jury; and such Trial shall be held in the State where the said Crimes shall have been committed; but when not committed within any State, the Trial shall be at such Place or Places as the Congress may by Law have directed.

Section. 3.

Treason against the United States, shall consist only in levying War against them, or in

제3조

제1항

대법원에, 그리고 의회가 수시로 제정하는 및 설치하는 하급법원들에 합중국의 사법권은 부여된다. 대법원의 판사들을 및 하급법원들의 판사들을 아울러 판사들은 훌륭한 품행을 그들이 지니는 동안 그들의 지위들을 보유하며, 그들의 봉사에 대한 보수를 정해진 시기에 그들은 수령해야 하는 바, 그것은 그들의 직무 계속 중에 증액되지도 감액되지도 아니한다.

제2항

보통법상의 것을 및 형평법상의 것을 아울러 이 헌법 아래서, 합중국 법들 아래서, 그리고 그것들의 권위 아래서 체결된 내지는 체결될 조약들 아래서 발생하는 모든 사건들에; - 대사들에게, 그 밖의 공사들에게 및 영사들에게 영향을 미치는 모든 사건들에; - 해사법 관할의 모든 사건들에; - 합중국이 당사자가 되는 분쟁들에; - 두 개 이상의 주들 사이의; - 한 개의 주 (a State)의 및 다른 주 시민들의 양자 사이의, - 서로 다른 주들의 시민들 사이의, - 서로 다른 주들의 양도들 아래의 토지들을 주장하는 같은 주 시민들 사이의, 그리고 한 개의 주의 및 그 주 시민들의(a State, or the Citizens thereof) 및 외국들의, 외국 시민들의 내지는 외국 신민들의(foreign States, Citizens or Subjects) 양자 사이의; 분쟁들에 사법권은 적용된다.

대사들에게, 그 밖의 공사들에게 및 영사들에게 영향을 미치는 및 한 개의 주가 당사자가 되는 모든 사건들에서, 최초의 관할을 대법원은 보유한다. 앞에 언급된 그 밖의 모든 사건들에서, 법에 관하여 및 사실에 관하여 다 같이 항소심 관할을 대법원은 보유하되, 의회가 규정하는 예외들이 및 규율들이 적용된다.

탄핵사건들에서를 제외하고 모든 범죄들에 대한 정식사실심리는 배심에 의한다; 그리고 해당 범죄들이 저질러져 있는 주에서 이러한 정식사실심리는 열려야 한다; 그러나 그 저질러진 주가 없을 때는 의회가 법에 의하여 정하는 장소에서 또는 장소들에서 정식사실심리는 열려야 한다.

제3항

합중국을 상대로 하는 전쟁을 수행함으로써만, 내지는 도움을 및 조력을 합중국의 적들에

adhering to their Enemies, giving them Aid and Comfort. No Person shall be convicted of Treason unless on the Testimony of two Witnesses to the same overt Act, or on Confession in open Court.

The Congress shall have Power to declare the Punishment of Treason, but no Attainder of Treason shall work Corruption of Blood, or Forfeiture except during the Life of the Person attainted.

Article. IV.

Section. 1.

Full Faith and Credit shall be given in each State to the public Acts, Records, and judicial Proceedings of every other State. And the Congress may by general Laws prescribe the Manner in which such Acts, Records and Proceedings shall be proved, and the Effect thereof.

Section. 2.

The Citizens of each State shall be entitled to all Privileges and Immunities of Citizens in the several States.

A Person charged in any State with Treason, Felony, or other Crime, who shall flee from Justice, and be found in another State, shall on Demand of the executive Authority of the State from which he fled, be delivered up, to be removed to the State having Jurisdiction of the Crime.

No Person held to Service or Labour in one State, under the Laws thereof, escaping into another, shall, in Consequence of any Law or Regulation therein, be discharged from such Service or Labour, but shall be delivered up on Claim of the Party to whom such Service or Labour may be due.

Section. 3.

New States may be admitted by the Congress into this Union; but no new State shall be

게 제공하면서 그들에 가맹함으로써만 합중국에 대한 반역은 이루어진다. 공공연한 바로 그 행위에 대한 두 명의 증인들의 증언에 의하지 아니하는 한 내지는 공개법정에서의 자백에 의하지 아니하는 한, 반역죄에 대하여 사람은 유죄판정되지 않는다.

반역죄의 처벌을 선언할 권한을 의회는 보유하는 바, 그러나 반역죄의 사권박탈은 사권박탈이 선고된 사람의 생존 동안을 제외하고는 혈통오손(Corruption of Blood)의 내지는 몰수의 효력을 지니지 않는다.

제4조

제1항

다른 모든 주(State)의 법률들에, 기록들에 및 사법절차들에 대한 완전한 신뢰가 및 신용이 개개 주에서 부여되어야 한다. 그리고 그러한 법들이, 기록들이 및 절차들이 및 그 효과가 증명될 방법을 일반적 법들에 의하여 의회는 규정할 수 있다.

제2항

각 주(State) 시민들은 개개 주들에서 시민들의 모든 특권들을 및 면제들을 누릴 권리가 있다.

어떤 주(State)에서든 반역죄로, 중죄로, 또는 그 밖의 범죄로 기소되고서 사법으로부터 도주하여 다른 주에서 발견되는 사람은 그가 도주한 주 행정권한의 요구에 따라서 범죄에 대한 관할을 가지는 주에게로 이송되기 위하여 인도되어야 한다.

한 개의 주에서 그 법들 아래서 사역에 내지는 노역에 수용되었음에도 다른 주로 도주하는 사람은 조금이라도 그 곳에서의 법의 내지는 규칙의 결과로서 그러한 사역으로부터 내지는 노역으로부터 면제되지 아니하며, 그러한 사역이 내지는 노역이 귀속되어야 할 당사자의 요구에 따라 인도되어야 한다.

제3항

의회에 의하여 이 연방 안에 새로운 주들은 받아들여질 수 있다; 그러나 조금이라도 다른

formed or erected within the Jurisdiction of any other State; nor any State be formed by the Junction of two or more States, or Parts of States, without the Consent of the Legislatures of the States concerned as well as of the Congress.

The Congress shall have Power to dispose of and make all needful Rules and Regulations respecting the Territory or other Property belonging to the United States; and nothing in this Constitution shall be so construed as to Prejudice any Claims of the United States, or of any particular State.

Section. 4.

The United States shall guarantee to every State in this Union a Republican Form of Government, and shall protect each of them against Invasion; and on Application of the Legislature, or of the Executive (when the Legislature cannot be convened), against domestic Violence.

Article. V.

The Congress, whenever two thirds of both Houses shall deem it necessary, shall propose Amendments to this Constitution, or, on the Application of the Legislatures of two thirds of the several States, shall call a Convention for proposing Amendments, which, in either Case, shall be valid to all Intents and Purposes, as Part of this Constitution, when ratified by the Legislatures of three fourths of the several States, or by Conventions in three fourths thereof, as the one or the other Mode of Ratification may be proposed by the Congress; Provided that no Amendment which may be made prior to the Year One thousand eight hundred and eight shall in any Manner affect the first and fourth Clauses in the Ninth Section of the first Article; and that no State, without its Consent, shall be deprived of its equal Suffrage in the Senate.

Article. VI.

All Debts contracted and Engagements entered into, before the Adoption of this Constitution, shall be as valid against the United States under this Constitution, as under the Confederation.

주 관할 내에 새로운 주는 성립될 수도 수립될 수도 없다; 의회의 동의 없이와 관련된 주들의 입법부들의 동의 없이는, 두 개 이상의 주들의 연합에 내지는 주들의 부분들의 연합에 의하여 조금이라도 주(State)는 성립될 수 없다.

합중국에 속하는 영토에 및 그 밖의 재산에 관한 모든 필요한 규칙들을 처리할 및 제정할 권한을 의회는 보유한다; 그리고 이 헌법 내의 것은 조금이라도 합중국의 내지는 특정 주(State)의 주장들에 불리하게 영향을 미치도록 해석되어서는 안 된다.

제4항

공화주의 형태의 정부를 이 연방 내의 모든 주에게 합중국은 보장하여야 하며, 그들 각각을 외침에 대처하여, 그리고 입법부의 및 행정부의 (입법부가 소집될 수 없을 경우에) 신청에 따라 내부의 폭력에 대처하여 보호하여야 한다.

제5조

그 필요하다고 양원이 여길 경우에는 언제든 이 헌법에 대한 수정조항들을 의회는 제안하거나, 또는 수정조항들을 제안하기 위한 헌법회의를 개개 주들의 입법부들 3분의 2의 신청에 따라 의회는 소집하는 바, 의회에 의하여 비준의 방법이 제안되는 바에 따라 개개 주들의 입법부들 4분의 3에 의하여 또는 그 헌법회의들 4분의 3에 의하여 비준될 때 그 수정조항들은 위 어떤 경우에든 모든 실제적 의미에서 이 헌법의 일부로서 효력을 지니게 된다; 다만, 1808년이 되기 전에 이루어질 수 있는 수정조항은 어떤 방법으로도 제1조 제9항 첫 번째의 및 네 번째의 절들에 영향을 미칠 수 없음을; 그리고 상원에서의 그 자신의 평등한 투표권을 그 자신의 동의 없이 주는 박탈당하지 아니함을 이는 전제로 한다.

제6조

이 헌법의 채택에 앞서서 계약된 모든 부채들은 및 체결된 모든 채무들은 이 헌법 아래서 연합(Confederation)에 대하여처럼 합중국에 대하여 유효하다.

This Constitution, and the Laws of the United States which shall be made in Pursuance thereof; and all Treaties made, or which shall be made, under the Authority of the United States, shall be the supreme Law of the Land; and the Judges in every State shall be bound thereby, any Thing in the Constitution or Laws of any State to the Contrary notwithstanding.

The Senators and Representatives before mentioned, and the Members of the several State Legislatures, and all executive and judicial Officers, both of the United States and of the several States, shall be bound by Oath or Affirmation, to support this Constitution; but no religious Test shall ever be required as a Qualification to any Office or public Trust under the United States.

Article. VII.

The Ratification of the Conventions of nine States, shall be sufficient for the Establishment of this Constitution between the States so ratifying the Same.

The Word, "the," being interlined between the seventh and eighth Lines of the first Page, The Word "Thirty" being partly written on an Erazure in the fifteenth Line of the first Page, The Words "is tried" being interlined between the thirty second and thirty third Lines of the first Page and the Word "the" being interlined between the forty third and forty fourth Lines of the second Page.

Attest William Jackson Secretary

done in Convention by the Unanimous Consent of the States present the Seventeenth Day of September in the Year of our Lord one thousand seven hundred and Eighty seven and of the Independance of the United States of America the Twelfth In witness whereof We have hereunto subscribed our Names,

Presidt and deputy from Virginia

Delaware

Geo: Read

이 헌법은, 그리고 이에 따라 제정되는 합중국의 법들은; 및 합중국의 권위 아래서 체결된 내지는 체결되는 모든 조약들은 나라의 최고의 법이 된다; 조금이라도 주 헌법에 내지는 법들에 들어 있는 이에 반하는 것들에도 불구하고 모든 주에서의 판사들은 이에 구속된다.

상기의 상원의원들은 및 하원의원들은, 그리고 개개 주 입법부들의 구성원들은, 그리고 합중국의 공무원들을 및 개개 주들의 공무원들을 막론하고 공히 모든 행정부의 및 사법부의 공무원들은 이 헌법을 지지하도록, 선서에 의하여 내지는 무선서 확약에 의하여 구속된다; 그러나 조금이라도 합중국 아래서의 공직에의 내지는 공적 신뢰에의 자격으로서의 종교적 시험은 결코 요구되어서는 안 된다.

제7조

아홉 개 주들의 헌법회의들의 비준은 이를 그렇게 비준하는 주들 사이에서 이 헌법의 확정을 위하여 충분하다.

첫 페이지 일곱째 줄의 및 여덟째 줄의 사이에 "the"라는 낱말이 기입되고, 첫 페이지 열다섯째 줄 안의 삭제 위에 "Thirty"라는 낱말이 부분적으로 기재되고, 첫 페이지 서른 두 번째 줄의 및 서른세 번째 줄의 사이에 "is tried"라는 낱말들이 기입되고 그리고 두 번째 페이지 마흔세 번째 줄의 및 마흔네 번째 줄의 사이에 " the"라는 낱말이 기입된다.

입회 서기 윌리엄 잭슨(William Jackson)

우리 구세주 1787년의 및 미합중국 독립 12년의 9월 17일에 헌법회의에서 출석한 주들의 만장일치의 동의에 의하여 이루어졌다. 이를 증명하기 위하여 여기에 우리는 서명한다.

(서명 생략)

Gunning Bedford jun

John Dickinson

Richard Bassett

Jaco: Broom

Maryland

James McHenry

Dan of St Thos. Jenifer

Danl. Carroll

Virginia

John Blair

James Madison Jr.

North Carolina

Wm. Blount

Richd. Dobbs Spaight

Hu Williamson

South Carolina

J. Rutledge

Charles Cotesworth Pinckney

Charles Pinckney

Pierce Butler

Georgia

William Few

Abr Baldwin

New Hampshire

John Langdon

Nicholas Gilman

Massachusetts

Nathaniel Gorham

Rufus King

Connecticut

Wm. Saml. Johnson

Roger Sherman

New York

Alexander Hamilton

New Jersey

Wil: Livingston

David Brearley

Wm. Paterson

Jona: Dayton

Pennsylvania

B Franklin

Thomas Mifflin

Robt. Morris

Geo. Clymer

Thos. FitzSimons

Jared Ingersoll

James Wilson

Gouv Morris

All Amendments to the United States Constitution[2]
Amendments 1−10 | Amendments 11−27

Congress of the United States

begun and held at the City of New-York, on

Wednesday the fourth of March, one thousand seven hundred and eighty nine.

THE Conventions of a number of the States, having at the time of their adopting the Constitution, expressed a desire, in order to prevent misconstruction or abuse of its powers, that further declaratory and restrictive clauses should be added: And as extending the ground of public confidence in the Government, will best ensure the beneficent ends of its institution.

RESOLVED by the Senate and House of Representatives of the United States of America, in Congress assembled, two thirds of both Houses concurring, that the following Articles be proposed to the Legislatures of the several States, as amendments to the Constitution of the United States, all, or any of which Articles, when ratified by three fourths of the said Legislatures, to be valid to all intents and purposes, as part of the said Constitution; viz.

ARTICLES in addition to, and Amendment of the Constitution of the United States of America, proposed by Congress, and ratified by the Legislatures of the several States, pursuant to the fifth Article of the original Constitution.

Note: The following text is a transcription of the first ten amendments to the Constitution in their original form. These amendments were ratified December 15, 1791, and form what is known as the "Bill of Rights."

---

2) "All Amendments to the United States Constitution, Amendments." Human Rights Library, University of Minnesota, hrlibrary. umn.edu/education/all_amendments_usconst.htm. (visited on Dec. 31, 2017.)

합중국 헌법 수정조항들 전체[2]
수정조항 1-10 | 수정조항 11-27

합중국 의회

뉴욕시에서 1789년 3월 4일 수요일에 개회되어 열림

헌법의 권한들의 오해를 내지는 남용을 방지하기 위하여 추가의 선언적 및 제한적 조항들이 보태져야 한다는 데 대한 열망을 헌법에 대한 그들의 채택 당시에 여러 주들의 헌법회의들이 표명하였기에: 그리고 정부에 대한 공중의 신뢰의 토대를 확대함이 그 제도의 유익한 목적들을 최선으로 보증할 것이기에

개개 주들의 입법부들에게 합중국 헌법의 수정조항들로서 아래 조항들이 제안됨이, 상기 입법부들의 4분의 3에 의하여 그 전부가 또는 조금이라도 그 일부가 비준될 때 모든 실제적 의미에서 상기 헌법의 일부로서 효력을 그것들은 지님이, 소집된 의회에서 미합중국 상원에 및 하원에 의하여 양원의 각 3분의 2의 찬성으로 결의됨; 즉

최초의 헌법 제5조에 따라 의회에 의하여 제안된 및 개개 주들의 입법부들에 의하여 비준된 미합중국 헌법에 보태는 조항들인 미합중국 헌법의 수정조항.

주: 이하의 본문은 첫 열 개 수정조항들의 본래 형식대로의 전사이다. 이 수정조항들은 1791년 12월 15일에 비준되었으며, "권리장전"(the "Bill of Rights")라고 알려진 바를 구성한다.

---

2) 이하 "All Amendments to the United States Constitution, Amendments." Human Rights Library, University of Minnesota, hrlibrary.umn.edu/education/all_amendments_usconst.htm에 의함. (2017. 12. 31. 최종방문)

AMENDMENT I

Congress shall make no law respecting an establishment of religion, or prohibiting the free exercise thereof; or abridging the freedom of speech, or of the press; or the right of the people peaceably to assemble, and to petition the Government for a redress of grievances.

AMENDMENT II

A well regulated Militia, being necessary to the security of a free State, the right of the people to keep and bear Arms, shall not be infringed.

AMENDMENT III

No Soldier shall, in time of peace be quartered in any house, without the consent of the Owner, nor in time of war, but in a manner to be prescribed by law.

AMENDMENT IV

The right of the people to be secure in their persons, houses, papers, and effects, against unreasonable searches and seizures, shall not be violated, and no Warrants shall issue, but upon probable cause, supported by Oath or affirmation, and particularly describing the place to be searched, and the persons or things to be seized.

AMENDMENT V

No person shall be held to answer for a capital, or otherwise infamous crime, unless on a presentment or indictment of a Grand Jury, except in cases arising in the land or naval forces, or in the Militia, when in actual service in time of War or public danger; nor shall any person be subject for the same offence to be twice put in jeopardy of life or limb; nor shall be compelled in any criminal case to be a witness against himself, nor be deprived of life, liberty, or property, without due process of law; nor shall private property be taken

수정 제1조

종교의 창설에 관련한, 또는 그 자유로운 행사를 금지하는; 또는 말의 내지는 언론출판의 자유를 빼앗는; 또는 평화롭게 모일, 그리고 고충사항들의 구제를 위하여 정부에 청원할 국민의 자유를 빼앗는 법을 의회는 제정해서는 안 된다.

수정 제2조

훌륭하게 통제되는 민병대는 자유로운 국가의 방위에 필수이기에, 총기를 보유할 및 휴대할 국민의 권리는 침해되어서는 안 된다.

수정 제3조

병사는 평화 시에 그 소유자의 동의 없이 조금이라도 가택에 숙영하도록 조치되어서는 안되고, 전시에도 법에 의하여 규정되는 방법으로 이외에는 가택에 숙영하도록 조치되어서는 안 된다.

수정 제4조

그들의 신체들에 있어서, 가택들에 있어서, 서류들에 있어서, 그리고 인적재산들(effects)에 있어서 부당한 수색들에 및 압수들에 대처하여 안전할 국민의 권리는 침해될 수 없으며, 상당한 이유에 의거하지 아니하는 영장들은, 선서에 의하여 또는 무선서 확약에 의하여 뒷받침되지 아니하는 영장들은 및 수색될 장소를 및 압수될 사람들을 내지는 물건들을 구체적으로 기재하지 아니하는 영장들은 발부되어서는 안 된다.

수정 제5조

전시에 있어서의 또는 공중의 위난 시에 있어서의 실제의 복무 중에 육군에서 또는 해군에서 내지는 민병대에서 발생하는 사건들에서의 경우를 제외하고는, 대배심(a Grand Jury)의 고발(presentment)에 내지는 기소(indictment)에 의하지 아니하는 한, 사형에 해당하는 범죄로, 내지는 그 밖의 파렴치한 범죄로 처벌되어야 하는 것으로 사람은 판결되지 아니하고; 동일한 범죄를 이유로 생명(life)을 내지는 손발(limb)을 잃을 위험에 어느 누구도 두 번 처해지지 아니하며; 조금이라도 형사사건에서 자기 자신에게 불리한 증인이 되도록 강제되지 아니하고, 적법절

for public use, without just compensation.

AMENDMENT VI

In all criminal prosecutions, the accused shall enjoy the right to a speedy and public trial, by an impartial jury of the State and district wherein the crime shall have been committed, which district shall have been previously ascertained by law, and to be informed of the nature and cause of the accusation; to be confronted with the witnesses against him; to have compulsory process for obtaining witnesses in his favor, and to have the Assistance of Counsel for his defence.

AMENDMENT VII

In Suits at common law, where the value in controversy shall exceed twenty dollars, the right of trial by jury shall be preserved, and no fact tried by a jury, shall be otherwise re-examined in any Court of the United States, than according to the rules of the common law.

AMENDMENT VIII

Excessive bail shall not be required, nor excessive fines imposed, nor cruel and unusual punishments inflicted.

AMENDMENT IX

The enumeration in the Constitution, of certain rights, shall not be construed to deny or disparage others retained by the people.

AMENDMENT X

The powers not delegated to the United States by the Constitution, nor prohibited by it to the States, are reserved to the States respectively, or to the people.

차 없이는 생명을, 자유를, 또는 재산을 박탈당하지 아니하며; 정당한 보상 없이 공공의 사용을 위하여 사유재산은 박탈되지 아니한다.

수정 제6조

법에 의하여 미리 확정된 장소로서의 범죄가 저질러져 있는 해당 주(State) 지역의 공평한 배심에 의한 신속한 및 공개의 정식사실심리를 받을 권리를, 기소의 성격을 및 원인을 통지받을 권리를; 자신에게의 불리한 증인들에게 대면될 권리를; 자신에게의 유리한 증인들을 확보하기 위한 강제절차(compulsory process)를 가질 및 자신의 방어를 위하여 변호인의 조력을 받을 권리를 모든 형사적 소송추행들에 있어서 범인으로 주장되는 사람은 향유한다.

수정 제7조

쟁송물의 가치가 20 달러를 초과하는 보통법 소송들(Suits at common law)에 있어서, 배심에 의한 정식사실심리를 받을 권리는 보전되어야 하는 바, 배심에 의하여 정식사실심리된 사실은 보통법 규칙들에 따르지 아니하고는 조금이라도 합중국 법원에서 재심리되지 아니한다.

수정 제8조

과도한 보석금이 요구되어서도, 과다한 벌금들이 부과되어서도, 잔인한 및 이상한(cruel and unusual) 형벌들이 가해져서도 안 된다.

수정 제9조

특정 권리들의 헌법에의 열거는 국민에 의하여 보유되는 여타의 권리들을 부정하는 것으로 내지는 경시하는 것으로 해석되어서는 안 된다.

수정 제10조

헌법에 의하여 합중국에게 위임되지도 이에 의하여 주들에게 금지되지도 아니한 권한들은 각각의 주들에게 또는 국민에게 유보된다.

AMENDMENT XI

- Passed by Congress March 4, 1794. Ratified February 7, 1795.

Note: Article III, section 2, of the Constitution was modified by amendment 11.

The Judicial power of the United States shall not be construed to extend to any suit in law or equity, commenced or prosecuted against one of the United States by Citizens of another State, or by Citizens or Subjects of any Foreign State.

AMENDMENT XII

- Passed by Congress December 9, 1803. Ratified June 15, 1804.

Note: A portion of Article II, section 1 of the Constitution was superseded by the 12th amendment.

The Electors shall meet in their respective states and vote by ballot for President and Vice-President, one of whom, at least, shall not be an inhabitant of the same state with themselves; they shall name in their ballots the person voted for as President, and in distinct ballots the person voted for as Vice-President, and they shall make distinct lists of all persons voted for as President, and of all persons voted for as Vice-President, and of the number of votes for each, which lists they shall sign and certify, and transmit sealed to the seat of the government of the United States, directed to the President of the Senate; -- the President of the Senate shall, in the presence of the Senate and House of Representatives, open all the certificates and the votes shall then be counted; -- The person having the greatest number of votes for President, shall be the President, if such number be a majority of the whole number of Electors appointed; and if no person have such majority, then from the persons having the highest numbers not exceeding three on the list of those voted for as President, the House of Representatives shall choose immediately, by ballot, the President. But in choosing the President, the votes shall be taken by states, the representation from each state having one vote; a quorum for this purpose shall consist of a member or members from two-thirds of the states, and a majority of all the states shall be

수정 제11조

의회 통과 1794년 3월 4일; 비준 1795년 2월 7일.

주: 헌법 제3조 제2항은 수정 제11조에 의하여 변경됨.

조금이라도 다른 주 시민들에 의하여, 내지는 외국의 시민들에 내지는 신민들에 의하여 연합 주들 중 한 개를 상대로 하여 개시된 내지는 소추된 보통법 소송에 내지는 형평법 소송에 미치는 것으로 합중국의 사법권은 해석되지 아니한다.

수정 제12조

의회 통과 1803년 12월 9일; 비준 1804년 6월 15일.

주: 헌법 제2조 제1항의 일부는 수정 제12조에 의하여 대체됨.

그들 각각의 주들에서 선거인들은 회합해야 하고 대통령을 및 부통령을 위하여 무기명으로 표결해야 하는 바, 그들 중 적어도 한 명은 그들 자신과의 동일한 주(State)의 주민이 아니어야 한다; 대통령으로 뽑혀야 할 사람의 이름을 그들의 무기명투표들에서, 그리고 부통령으로 뽑혀야 할 사람의 이름을 별도의 무기명투표들에서 그들은 밝혀야 하고, 대통령으로서의 표를 얻은 모든 사람들의 별도의 목록들을 및 부통령으로서의 표를 받은 모든 사람들의 목록들을, 그리고 각각의 득표수의 목록들을 그들은 작성해야 하며, 그 목록들에 그들은 서명하고 이를 확인하여 봉인 상태로 합중국 정부의 소재지에 상원의장 앞으로 송부하여야 한다; 모든 확인서들을 상원의 및 하원의 출석 하에 상원의장은 공개하여야 하는 바, 그 때에 득표수들이 계산되어야 한다; 지명된 선거인들 전체 숫자의 과반수를 최다득표자가 얻을 경우에는 대통령으로서의 최다득표를 한 사람이 대통령이 되고; 만약 그러한 과반득표자가 없으면, 그 경우에는 대통령으로서의 표를 얻은 사람들의 목록상의 세 명을 넘지 아니하는 최다득표자들 중에서 대통령을 즉시 무기명투표에 의하여 하원은 선출해야 한다. 그러나 대통령을 선출함에 있어서 투표들은 주들에 의하여 이루어져야 하되, 한 개의 투표권을 개개 주 대표단은 가진다; 이 목적을 위한 정족수는 주들의 3분의 2로부터의 구성원으로 내지는 구성원들로 이루어지고, 선출에는 전체 주들의 과반수가 필요하다. [그리고 선출의 권한이 그들에게 이전되는 경우에 이에도 불구하고 만약 대통령을 다가오는 3월 4일 이전에 어느 때라도 하

necessary to a choice. [And if the House of Representatives shall not choose a President whenever the right of choice shall devolve upon them, before the fourth day of March next following, then the Vice-President shall act as President, as in case of the death or other constitutional disability of the President. --]* The person having the greatest number of votes as Vice-President, shall be the Vice-President, if such number be a majority of the whole number of Electors appointed, and if no person have a majority, then from the two highest numbers on the list, the Senate shall choose the Vice-President; a quorum for the purpose shall consist of two-thirds of the whole number of Senators, and a majority of the whole number shall be necessary to a choice. But no person constitutionally ineligible to the office of President shall be eligible to that of Vice-President of the United States.

*Superseded by section 3 of the 20th amendment.

AMENDMENT XIII

- Passed by Congress January 31, 1865. Ratified December 6, 1865.

Note: A portion of Article IV, section 2, of the Constitution was superseded by the 13th amendment.

Section 1.

Neither slavery nor involuntary servitude, except as a punishment for crime whereof the party shall have been duly convicted, shall exist within the United States, or any place subject to their jurisdiction.

Section 2.

Congress shall have power to enforce this article by appropriate legislation.

AMENDMENT XIV

- Passed by Congress June 13, 1866. Ratified July 9, 1868.

Note: Article I, section 2, of the Constitution was modified by section 2 of the 14th amendment.

원이 선출하지 아니하면, 마치 대통령의 사망의 내지는 그 밖의 헌법적 능력상실의 경우에 그러하듯, 그 경우에는 부통령이 대통령으로서 행동해야 한다.--I* 지명된 선거인들 전체 숫자의 과반수를 부통령으로서의 최다득표자가 얻을 경우에는 그 사람이 부통령이 된다; 만약 과반득표자가 없을 때는, 목록상의 상위 두 명 가운데서 부통령을 상원은 선출한다. 이 목적을 위한 정족수는 상원의원들 전체 숫자의 3분의 2로 이루어지고, 선출에는 전체 숫자의 과반수가 필요하다. 그러나 헌법적으로 대통령에 선출될 수 없는 사람은 합중국 부통령으로 선출될 수 없다.

*수정 제20조 제3항에 의하여 대체됨.

수정 제13조

의회 통과 1865년 1월 31일; 비준 1865년 12월 6일.

주: 헌법 제4조 제2항은 수정 제13조에 의하여 대체됨.

제1항

당사자에게 정당하게 유죄판정이 내려져 있는 범죄에 대한 처벌로서의 경우가 아닌 한, 노예제도는 내지는 강제노동은 합중국 내에서 내지는 조금이라도 그들의 관할에 종속되는 장소에서 존속할 수 없다.

제2항

이 조항을 적절한 입법에 의하여 시행할 권한을 의회는 보유한다.

수정 제14조

의회 통과 1866년 6월 13; 비준 1868년 7월 9일.

주: 헌법 제1조 제2항은 수정 제14조 제2항에 의하여 변경됨.

Section 1.

All persons born or naturalized in the United States, and subject to the jurisdiction thereof, are citizens of the United States and of the State wherein they reside. No State shall make or enforce any law which shall abridge the privileges or immunities of citizens of the United States; nor shall any State deprive any person of life, liberty, or property, without due process of law; nor deny to any person within its jurisdiction the equal protection of the laws.

Section 2.

Representatives shall be apportioned among the several States according to their respective numbers, counting the whole number of persons in each State, excluding Indians not taxed. But when the right to vote at any election for the choice of electors for President and Vice-President of the United States, Representatives in Congress, the Executive and Judicial officers of a State, or the members of the Legislature thereof, is denied to any of the male inhabitants of such State, being twenty-one years of age,* and citizens of the United States, or in any way abridged, except for participation in rebellion, or other crime, the basis of representation therein shall be reduced in the proportion which the number of such male citizens shall bear to the whole number of male citizens twenty-one years of age in such State.

Section 3.

No person shall be a Senator or Representative in Congress, or elector of President and Vice-President, or hold any office, civil or military, under the United States, or under any State, who, having previously taken an oath, as a member of Congress, or as an officer of the United States, or as a member of any State legislature, or as an executive or judicial officer of any State, to support the Constitution of the United States, shall have engaged in insurrection or rebellion against the same, or given aid or comfort to the enemies thereof. But Congress may by a vote of two-thirds of each House, remove such disability.

Section 4.

The validity of the public debt of the United States, authorized by law, including debts

제1항

합중국에서 태어난 내지는 합중국에 귀화한, 그리하여 그 관할에 종속되는 모든 사람들은 합중국의 시민들이면서, 또한 그들이 거주하는 주 시민들이다. 조금이라도 합중국 시민들의 특권들을 내지는 면제들을 빼앗는 법을 주(State)는 제정해서는 내지는 시행해서는 안 된다; 또한 조금이라도 생명을, 자유를, 또는 재산을 적법절차 없이 사람에게서 주가 박탈해서는 안 되고; 법들의 평등한 보호를 그 관할 내의 어느 누구에게라도 주가 거부해서는 안 된다.

제2항

개개 주들 사이에서 하원의원들은 그들의 각각의 숫자에 따라 할당되어야 하는 바, 개개 주 내의 사람들 전체를 셈하되 비과세 인디언들을 배제한다.

그러나 조금이라도 합중국의 대통령을 및 부통령을 뽑기 위한, 의회에서의 하원의원들을 뽑기 위한, 주 행정부 및 사법부 공무원들을 뽑기 위한 또는 그 입법부 구성원들을 뽑기 위한 선거인들의 선출에서의 투표권이 조금이라도 21세의 연령인 그 주(such State)의 남자 거주자들에게* 및 합중국 시민들에게 거부되는 경우에 내지는 어떤 방법으로든 박탈되는 경우에, 반란에의 내지는 그 밖의 다른 범죄에의 가담을 이유로 하는 경우를 제외하고, 그러한 주에서의 21세의 전체 남자 시민들에 대하여 그러한 남자 시민들의 숫자가 차지하는 비율에 따라 거기서의 대표의 기초는 축소된다.

제3항

합중국의 헌법을 지지하기로 선서를 의회의 구성원으로서, 합중국의 공무원으로서, 또는 조금이라도 주 입법부의 구성원으로서, 또는 조금이라도 주 행정부의 내지 사법부의 공무원으로서 이전에 하였음에도 불구하고 합중국에 대한 반란에 내지는 모반에 가담한 바 있는 사람은 내지는 도움을 및 조력을 거기서의 적들에게 제공한 사람은 의회에서의 상원의원이 내지는 하원의원이 내지는 대통령의 또는 부통령의 선거인이 될 수 없고 민간의 것을 및 군대의 것을 막론하고 조금이라도 합중국 아래서의 내지는 조금이라도 주 아래서의 공직을 보유할 수 없다. 그러나 이러한 무자격을 각 원의 3분의 2의 표결에 의하여 의회는 제거할 수 있다.

제4항

반란을 내지는 모반을 진압함에 있어서의 군무들을 위한 연금들의 및 보상금들의 지불을

incurred for payment of pensions and bounties for services in suppressing insurrection or rebellion, shall not be questioned. But neither the United States nor any State shall assume or pay any debt or obligation incurred in aid of insurrection or rebellion against the United States, or any claim for the loss or emancipation of any slave; but all such debts, obligations and claims shall be held illegal and void.

Section 5.

The Congress shall have the power to enforce, by appropriate legislation, the provisions of this article.

Changed by section 1 of the 26th amendment.

AMENDMENT XV

- Passed by Congress February 26, 1869. Ratified February 3, 1870.

Section 1.

The right of citizens of the United States to vote shall not be denied or abridged by the United States or by any State on account of race, color, or previous condition of servitude--

Section 2.

The Congress shall have the power to enforce this article by appropriate legislation.

AMENDMENT XVI

- Passed by Congress July 2, 1909. Ratified February 3, 1913.

Note: Article I, section 9, of the Constitution was modified by amendment 16.

The Congress shall have power to lay and collect taxes on incomes, from whatever source derived, without apportionment among the several States, and without regard to any census or enumeration.

위하여 초래된 채무들을 포함하는, 법에 의하여 허가된 합중국의 공공의 채무의 유효성은 의문시되어서는 안 된다. 그러나 조금이라도 합중국에 대한 반란의 내지는 모반의 조력에서 초래된 채무를 내지는 의무를, 또는 조금이라도 노예의 상실을 내지는 해방을 이유로 하는 청구를 합중국은 내지는 조금이라도 주는 떠맡아서는 내지는 지불해서는 안 된다; 그러나 이러한 모든 채무들은, 의무들은 및 청구들은 불법으로 및 무효로 간주되어야 한다.

제5항

이 조항의 규정들을 적절한 입법에 의하여 시행할 권한을 의회는 보유한다.

수정 제26조 제1항에 의하여 변경됨.

수정 제15조

의회 통과 1869년 2월 26일; 비준 1870년 2월 3일.

제1항

투표할 합중국 시민들의 권리는 인종을, 피부색을, 내지는 이전의 노예신분을 이유로 합중국에 의하여 내지는 조금이라도 주에 의하여 거부되어서도 박탈되어서도 안 된다.

제2항

이 조항의 규정들을 적절한 입법에 의하여 시행할 권한을 의회는 보유한다.

수정 제16조

의회 통과 1909년 7월 2일; 비준 1913년 2월 3일.

주: 헌법 제1조 제9항은 수정 제16조에 의하여 변경됨.

원천 여하를 묻지 아니하고 수입들 위에 세금들을 개개 주들 사이의 할당 없이 및 조금이라도 인구조사에 대한 내지는 호별조사에 대한 고려 없이 부과할 및 징수할 권한을 의회는 보유한다.

AMENDMENT XVII

- Passed by Congress May 13, 1912. Ratified April 8, 1913.

Note: Article I, section 3, of the Constitution was modified by the 17th amendment.

The Senate of the United States shall be composed of two Senators from each State, elected by the people thereof, for six years; and each Senator shall have one vote. The electors in each State shall have the qualifications requisite for electors of the most numerous branch of the State legislatures.

When vacancies happen in the representation of any State in the Senate, the executive authority of such State shall issue writs of election to fill such vacancies: Provided, That the legislature of any State may empower the executive thereof to make temporary appointments until the people fill the vacancies by election as the legislature may direct.

This amendment shall not be so construed as to affect the election or term of any Senator chosen before it becomes valid as part of the Constitution.

AMENDMENT XVIII

- Passed by Congress December 18, 1917. Ratified January 16, 1919. Repealed by amendment 21.

Section 1.

After one year from the ratification of this article the manufacture, sale, or transportation of intoxicating liquors within, the importation thereof into, or the exportation thereof from the United States and all territory subject to the jurisdiction thereof for beverage purposes is hereby prohibited.

Section 2.

The Congress and the several States shall have concurrent power to enforce this article

수정 제17조

의회 통과 1912년 5월 13일; 비준 1913년 4월 8일.

주: 헌법 제1조 제3항은 수정 제17조에 의하여 변경됨.

각 주(State) 국민들에 의하여 6년을 위하여 선출되는 각 주로부터의 두 명의 상원들로 합중국 상원은 구성된다; 한 개의 표결권을 개개 상원의원은 가진다. 주 입법부들의 최대다수 구성원 부서에의 선거인들을 위하여 필요한 자격조건들을 개개 주에서의 선거인들은 지녀야 한다.

어느 주의 것이든 상원에서의 대표에 궐위들이 생기면, 그러한 궐위들을 채우기 위하여 선거영장들을 그 주 행정부는 발부하여야 한다. 다만, 그 주 입법부가 정하는 바에 따라 궐위들을 선거에 의하여 채울 때까지 임시의 지명들을 하도록 그 행정부에게 주 입법부는 위임할 수 있다.

조금이라도 이 수정조항이 헌법의 일부로서 효력을 지니는 것이 되기 전에 선출된 상원의원의 선거에 내지는 임기에 영향을 미치도록 이 수정조항은 해석되어서는 안 된다.

수정 제18조

의회 통과 1917년 12월 18일; 비준 1919년 1월 16일; 수정 제21조에 의하여 폐지됨.

제1항

이 조항의 비준으로부터 1년 뒤에, 합중국 내에서의 및 그 관할에 종속되는 모든 영토 내에서의 음료적 목적들을 위한 주류의 제조는, 판매는, 또는 수송은, 합중국 내로의 및 그 관할에 종속되는 모든 영토 내로의 음료적 목적들을 위한 주류의 수입은, 내지는 합중국으로부터의 및 그 관할에 종속되는 모든 영토로부터의 음료적 목적들을 위한 주류의 수출은 이로써 금지된다.

제2항

이 조항을 적절한 입법에 의하여 시행할 동반적 권한을 의회는 및 개개 주는 보유한다.

by appropriate legislation.

Section 3.

This article shall be inoperative unless it shall have been ratified as an amendment to the Constitution by the legislatures of the several States, as provided in the Constitution, within seven years from the date of the submission hereof to the States by the Congress.

AMENDMENT XIX

- Passed by Congress June 4, 1919. Ratified August 18, 1920.

The right of citizens of the United States to vote shall not be denied or abridged by the United States or by any State on account of sex.

Congress shall have power to enforce this article by appropriate legislation.

AMENDMENT XX

- Passed by Congress March 2, 1932. Ratified January 23, 1933.

Note: Article I, section 4, of the Constitution was modified by section 2 of this amendment. In addition, a portion of the 12th amendment was superseded by section 3.

Section 1.

The terms of the President and the Vice President shall end at noon on the 20th day of January, and the terms of Senators and Representatives at noon on the 3d day of January, of the years in which such terms would have ended if this article had not been ratified; and the terms of their successors shall then begin.

Section 2.

The Congress shall assemble at least once in every year, and such meeting shall begin at noon on the 3d day of January, unless they shall by law appoint a different day.

제3항

의회에 의하여 주들에게 이 조항이 제안된 날로부터 7년 내에 헌법에의 수정조항으로서 헌법에 규정된 바에 따라 개개 주들의 입법부들에 의하여 비준된 것이 되어 있지 않은 한 이 조항은 효력이 없다.

수정 제19조

의회 통과 1919년 6월 4일; 비준 1920년 8월 18일.

합중국 시민들의 투표할 권리는 성별을 이유로 합중국에 의하여 내지는 조금이라도 주에 의하여 거부되어서는 내지는 박탈되어서는 안 된다.

이 조항을 적절한 입법에 의하여 시행할 권한을 의회는 보유한다.

수정 제20조

의회에 의하여 1932년 3월 2일 통과됨; 1933년 1월 23일 비준됨.

주: 헌법 제1조 제4항은 이 수정조항 제2항에 의하여 개정됨. 이에 더하여, 수정 제12조의 일부가 제3항에 의하여 대체됨.

제1항

대통령의 및 부통령의 임기들은 이 조항이 비준되지 않았을 경우라면 그러한 임기들이 종료했을 연도의 1월 20일 정오에 종료하고, 상원의원들의 및 하원의원들의 임기들은 이 조항이 비준되지 않았을 경우라면 그러한 임기들이 종료했을 연도의 1월 3일 정오에 종료한다; 그리고 그들의 후임자들의 임기들이 그 때에 시작된다.

제2항

매년 적어도 1회 의회는 소집되고, 그러한 모임은 법에 의하여 다른 날로 정해지지 아니하는 한 1월 3일 정오에 시작된다.

Section 3.

If, at the time fixed for the beginning of the term of the President, the President elect shall have died, the Vice President elect shall become President. If a President shall not have been chosen before the time fixed for the beginning of his term, or if the President elect shall have failed to qualify, then the Vice President elect shall act as President until a President shall have qualified; and the Congress may by law provide for the case wherein neither a President elect nor a Vice President elect shall have qualified, declaring who shall then act as President, or the manner in which one who is to act shall be selected, and such person shall act accordingly until a President or Vice President shall have qualified.

Section 4.

The Congress may by law provide for the case of the death of any of the persons from whom the House of Representatives may choose a President whenever the right of choice shall have devolved upon them, and for the case of the death of any of the persons from whom the Senate may choose a Vice President whenever the right of choice shall have devolved upon them.

Section 5.

Sections 1 and 2 shall take effect on the 15th day of October following the ratification of this article.

Section 6.

This article shall be inoperative unless it shall have been ratified as an amendment to the Constitution by the legislatures of three-fourths of the several States within seven years from the date of its submission.

AMENDMENT XXI

- Passed by Congress February 20, 1933. Ratified December 5, 1933.

Section 1.

The eighteenth article of amendment to the Constitution of the United States is hereby

제3항

대통령의 임기 개시 시점으로 정해진 때에 만약 대통령 당선자가 사망한 상태이면, 부통령 당선자가 대통령이 된다. 그의 임기 개시 시점으로 정해진 시점 이전에 만약 대통령이 선출되어 있지 아니하면, 또는 만약 대통령 당선자가 자격을 얻지 못한 상태이면, 그 경우에는 대통령이 자격을 얻은 상태가 될 때까지 부통령 당선자가 대통령으로서 행동해야 한다; 대통령 당선자가 및 부통령 당선자가 다 같이 자격을 얻지 못한 상태인 경우에 대비하여 대통령으로서 행동해야 할 사람을 또는 대통령으로서 행동해야 할 사람의 선출될 방법을 선언함으로써 법에 의하여 의회는 정할 수 있고, 그 경우에 대통령이 또는 부통령이 자격을 증명한 상태가 될 때까지 그 사람은 이에 따라 행동해야 한다.

제4항

대통령 선출의 권한이 하원에 이전되었을 경우에 있어서의 조금이라도 그 중에 대통령으로 하원이 선출할 수 있는 사람들의 사망의 상황에 대비하여, 및 부통령 선출의 권한이 상원에 이전되었을 경우에 있어서의 조금이라도 그 중에 부통령으로 상원이 선출할 수 있는 사람들의 사망의 상황에 대비하여 의회는 규정할 수 있다.

제5항

제1항은 및 제2항은 이 조항의 비준에 이은 10월 15일에 발효한다.

제6항

이 조항이 헌법에 대한 수정조항으로서 개개 주들의 입법부들의 4분의 3에 의하여 이 제안으로부터 7년 이내에 비준되어 있지 아니하면 이 조항은 무효가 된다.

수정 제21조

의회통과 1933년 2월 20일; 비준 1933년 12월 5일.

제1항

합중국헌법 수정 제18조는 이로써 폐지된다.

repealed.

Section 2.

The transportation or importation into any State, Territory, or Possession of the United States for delivery or use therein of intoxicating liquors, in violation of the laws thereof, is hereby prohibited.

Section 3.

This article shall be inoperative unless it shall have been ratified as an amendment to the Constitution by conventions in the several States, as provided in the Constitution, within seven years from the date of the submission hereof to the States by the Congress.

AMENDMENT XXII

- Passed by Congress March 21, 1947. Ratified February 27, 1951.

Section 1.

No person shall be elected to the office of the President more than twice, and no person who has held the office of President, or acted as President, for more than two years of a term to which some other person was elected President shall be elected to the office of President more than once. But this Article shall not apply to any person holding the office of President when this Article was proposed by Congress, and shall not prevent any person who may be holding the office of President, or acting as President, during the term within which this Article becomes operative from holding the office of President or acting as President during the remainder of such term.

Section 2.

This article shall be inoperative unless it shall have been ratified as an amendment to the Constitution by the legislatures of three-fourths of the several States within seven years from the date of its submission to the States by the Congress.

제2항

조금이라도 합중국의 법들에 위반되는, 합중국의 주 내에서의, 영토 내에서의, 속령 내에서의 인도를 내지는 사용을 위한 합중국 주 내에의, 영토 내에의, 속령 내에의 주류의 수송은 내지는 수입은 이로써 금지된다.

제3항

이 조항이 헌법에 대한 수정조항으로서 개개 주들의 헌법회의들에 의하여 의회에 의한 주들에게의 제안일로부터 7년 이내에 헌법에 규정되어 있는 바에 따라 비준되어 있지 아니하면 이 조항은 무효가 된다.

수정 제22조

의회통과 1947년 3월 21일; 비준 1951년 2월 27일.

제1항

아무도 대통령에 두 번을 초과하여 선출될 수 없고, 대통령으로 타인이 선출된 임기 중의 2년을 넘는 기간 동안 대통령직을 보유해 온 내지는 대통령으로서 행동해 온 사람은 한 번을 초과하여 대통령에 선출될 수 없다. 그러나 조금이라도 의회에 의하여 이 조항이 제안된 당시에 대통령직을 보유하는 사람에게는 이 조항은 적용되지 아니하며, 조금이라도 대통령직을 보유하고 있는 내지는 대통령으로서 행동하고 있는 사람에 대하여 그 잔여임기 동안 대통령직을 보유할 수 없도록 내지는 대통령으로서 행동할 수 없도록 이 조항은 금지하지 아니한다.

제2항

이 조항이 헌법에 대한 수정조항으로서 개개 주들의 입법부들 4분의 3에 의하여 의회에 의한 주들에게의 제안일로부터 7년 이내에 비준되어 있지 아니하면 이 조항은 무효가 된다.

AMENDMENT XXIII

- Passed by Congress June 16, 1960. Ratified March 29, 1961.

Section 1.

The District constituting the seat of Government of the United States shall appoint in such manner as Congress may direct:

A number of electors of President and Vice President equal to the whole number of Senators and Representatives in Congress to which the District would be entitled if it were a State, but in no event more than the least populous State; they shall be in addition to those appointed by the States, but they shall be considered, for the purposes of the election of President and Vice President, to be electors appointed by a State; and they shall meet in the District and perform such duties as provided by the twelfth article of amendment.

Section 2.

The Congress shall have power to enforce this article by appropriate legislation.

AMENDMENT XXIV

- Passed by Congress August 27, 1962. Ratified January 23, 1964.

Section 1.

The right of citizens of the United States to vote in any primary or other election for President or Vice President, for electors for President or Vice President, or for Senator or Representative in Congress, shall not be denied or abridged by the United States or any State by reason of failure to pay poll tax or other tax.

Section 2.

The Congress shall have power to enforce this article by appropriate legislation.

수정 제23조

의회통과 1960년 6월 16일; 비준 1961년 3월 29일.

제1항

합중국 정부의 소재지를 구성하는 지역은 의회가 규정하는 바에 따라 아래의 방법으로 지명한다:

해당 지역이 한 개의 주였더라면 보유할 자격이 있었을 의회 내의 상원의원들의 및 하원의원들의 전체 숫자에의 대등한 일정숫자의 대통령 선거인들 및 부통령 선거인들; 다만 어떤 경우에도 최소인구의 주가 보유하는 숫자들을 넘어서는 안 된다; 그것들은 주들에 의하여 임명되는 숫자들에 추가되어야 하지만, 대통령의 및 부통령의 선거목적을 위하여는 그것들은 한 개의 주에 의하여 지명되는 선거인들로 간주되어야 한다; 그 지역에서 그들은 회합해야 하고 수정 제12조에 의하여 규정되는 대로의 임무들을 그들은 수행해야 한다.

제2항

이 조항을 적절한 입법에 의하여 시행할 권한을 의회는 보유한다.

수정 제24조

의회통과 1962년 8월 27일; 비준 1964년 1월 23일.

제1항

조금이라도 대통령을 내지는 부통령을 뽑기 위한, 대통령 선거인들을 또는 부통령 선거인들을 뽑기 위한, 내지는 상원의원을 또는 하원의원을 뽑기 위한 예비선거에서 또는 그 밖의 선거에서 투표할 합중국 시민들의 권리는 인두세(poll tax)를 내지는 여타의 세금을 지급하지 아니함을 이유로 합중국에 의하여 또는 조금이라도 주에 의하여 거부되어서는 내지는 박탈되어서는 안 된다.

제2항

이 조항을 적절한 입법에 의하여 시행할 권한을 의회는 보유한다.

AMENDMENT XXV

- Passed by Congress July 6, 1965. Ratified February 10, 1967.

Note: Article II, section 1, of the Constitution was affected by the 25th amendment.

Section 1.

In case of the removal of the President from office or of his death or resignation, the Vice President shall become President.

Section 2.

Whenever there is a vacancy in the office of the Vice President, the President shall nominate a Vice President who shall take office upon confirmation by a majority vote of both Houses of Congress.

Section 3.

Whenever the President transmits to the President pro tempore of the Senate and the Speaker of the House of Representatives his written declaration that he is unable to discharge the powers and duties of his office, and until he transmits to them a written declaration to the contrary, such powers and duties shall be discharged by the Vice President as Acting President.

Section 4.

Whenever the Vice President and a majority of either the principal officers of the executive departments or of such other body as Congress may by law provide, transmit to the President pro tempore of the Senate and the Speaker of the House of Representatives their written declaration that the President is unable to discharge the powers and duties of his office, the Vice President shall immediately assume the powers and duties of the office as Acting President.

Thereafter, when the President transmits to the President pro tempore of the Senate and the Speaker of the House of Representatives his written declaration that no inability exists, he shall resume the powers and duties of his office unless the Vice President and a majori-

수정 제25조

의회통과 1965년 7월 6일; 비준 1967년 2월 10일.

주: 헌법 제2조 제1항은 수정 제25조에 의하여 영향을 받음.

제1항

대통령의 직무로부터의 해임의 경우에 내지는 그의 사망의 내지는 사임의 경우에, 부통령은 대통령이 된다.

제2항

부통령직에 궐위가 있을 때에는 언제든지, 부통령을 대통령은 지명해야 하는 바, 의회 양원들의 과반수의 표결에 의한 비준에 따라 직무에 그는 취임한다.

제3항

자신의 직무상의 권한들을 및 의무들을 자신이 이행할 수 없다는 그의 서면에 의한 선언을 상원 임시의장에게 또는 하원의장에게 대통령이 송부하는 때에는 언제든지, 그리고 그 반대 취지의 서면상의 선언을 그들에게 그가 송부할 때까지, 그러한 권한들은 및 의무들은 대통령으로서 행동하는 부통령에 의하여 이행되어야 한다.

제4항

그의 직무상의 권한들을 및 의무들을 대통령이 이행할 수 없다는 그들의 서면에 의한 선언을 상원 임시의장에게 및 하원의장에게 부통령이 및 행정부서들의 주무장관들의 과반수가든 또는 의회가 법으로 규정하는 여타의 조직체의 과반수가든 송부하는 때에는 언제든지, 대통령 대행으로서의 직무상의 권한들을 및 의무들을 부통령은 즉시 떠맡는다.

무능력이 존재하지 아니한다는 그의 서면상의 선언을 상원 임시의장에게 및 하원의장에게 그 뒤에 대통령이 송부하는 경우에는, 그의 직무상의 권한들을 및 의무들을 대통령이 이행할 수 없다는 그들의 서면상의 선언을 상원 임시의장에게 및 하원의장에게 4일 이내에 부

ty of either the principal officers of the executive department or of such other body as Congress may by law provide, transmit within four days to the President pro tempore of the Senate and the Speaker of the House of Representatives their written declaration that the President is unable to discharge the powers and duties of his office. Thereupon Congress shall decide the issue, assembling within forty-eight hours for that purpose if not in session. If the Congress, within twenty-one days after receipt of the latter written declaration, or, if Congress is not in session, within twenty-one days after Congress is required to assemble, determines by two-thirds vote of both Houses that the President is unable to discharge the powers and duties of his office, the Vice President shall continue to discharge the same as Acting President; otherwise, the President shall resume the powers and duties of his office.

AMENDMENT XXVI

- Passed by Congress March 23, 1971. Ratified July 1, 1971.

Note: Amendment 14, section 2, of the Constitution was modified by section 1 of the 26th amendment.

Section 1.

The right of citizens of the United States, who are eighteen years of age or older, to vote shall not be denied or abridged by the United States or by any State on account of age.

Section 2.

The Congress shall have power to enforce this article by appropriate legislation.

AMENDMENT XXVII

- Originally proposed Sept. 25, 1789. Ratified May 7, 1992.

No law, varying the compensation for the services of the Senators and Representatives, shall take effect, until an election of representatives shall have intervened.

통령이 및 행정부서들의 주무장관들의 과반수가든 또는 의회가 법으로 규정하는 여타의 조직체의 과반수가든 송부하지 아니하는 한, 그의 직무상의 권한들을 및 임무들을 그는 되찾는다. 그 문제를 그 후 즉시 상원은 결정해야 하는 바, 회기 중이 아닐 경우에는 그 목적을 위하여 48시간 내에 모여야 한다. 그의 직무상의 권한들을 및 의무들을 대통령이 이행할 수 없다고, 위 나중의 서면의 선언의 수령일로부터 21일 내에, 또는 의회가 회기 중에 있지 아니하면 그 모이도록 의회가 요구된 뒤로 21일 내에 만약 양원들의 3분의 2의 표결에 의하여 의회가 결정하면, 그것들을 대통령 대행으로서 이행하기를 부통령은 계속하여야 한다; 만약 그 경우가 아니면, 그의 직무상의 권한들을 및 의무들을 대통령은 되찾는다.

수정 제26조

의회통과 1971년 3월 23일; 비준 1971년 7월 1일.

주: 수정 제14조 제2항은 수정 제26조 제1항에 의하여 변경됨.

제1항

18세 이상인 합중국 시민들의 투표할 권리는 연령을 이유로 합중국에 의하여 내지는 조금이라도 주에 의하여 거부되어서는 내지는 박탈되어서는 안 된다.

제2항

이 조항을 적절한 입법에 의하여 시행할 권한을 의회는 보유한다.

수정 제27조

최초제안 1789년 9월 25일; 비준 1992년 5월 7일.

상원의원들의 및 하원의원들의 봉사들에 대한 보수를 변경시키는 법은 하원의원들의 선거가 사이에 끼고 났을 때까지는 효력을 지니지 아니한다.

United States Constitution

From Wikipedia, the free encyclopedia

Constitution of the United States

Page one of the original copy of the Constitution

Created

September 17, 1787

Ratified

June 21, 1788

Date effective

March 4, 1789; 228 years ago

Location

National Archives,

Washington, D. C.

Author(s)

Philadelphia Convention

Signatories

39 of the 55 delegates

합중국 헌법

From Wikipedia, the free encyclopedia

[사진설명]
합중국 헌법 최초본 제1페이지

제정 : 1787년 9월 17일

비준 : 1788년 6월 21일

발효일 : 1789년 3월 4일; 228년 전

보관장소 : 워싱턴 D. C. 국립문서기록관리청(National Archives)

저자(들) : 필라델피아 헌법회의(Philadelphia Convention)

서명자들 : 55명의 대표자들 중 39명

Purpose

To replace the Articles of Confederation (1777)

The United States Constitution is the supreme law of the United States.[1] The Constitution, originally comprising seven articles, delineates the national frame of government. Its first three articles entrench the doctrine of the separation of powers, whereby the federal government is divided into three branches: the legislative, consisting of the bicameral Congress; the executive, consisting of the President; and the judicial, consisting of the Supreme Court and other federal courts. Articles Four, Five and Six entrench concepts of federalism, describing the rights and responsibilities of state governments and of the states in relationship to the federal government. Article Seven establishes the procedure subsequently used by the thirteen States to ratify it.

Since the Constitution came into force in 1789, it has been amended 27 times[2] to meet the changing needs of a nation now profoundly different from the eighteenth-century world in which its creators lived.[3] In general, the first ten amendments, known collectively as the Bill of Rights, offer specific protections of individual liberty and justice and place restrictions on the powers of government.[4][5] The majority of the seventeen later amendments expand individual civil rights protections. Others address issues related to federal authority or modify government processes and procedures. Amendments to the United States Constitution, unlike ones made to many constitutions worldwide, are appended to the document. All four pages[6] of the original U. S. Constitution are written on parchment.[7]

According to the United States Senate: "The Constitution's first three words—We the People—affirm that the government of the United States exists to serve its citizens. For over two centuries the Constitution has remained in force because its framers wisely separated and balanced governmental powers to safeguard the interests of majority rule and minority rights, of liberty and equality, and of the federal and state governments."[3]

The first permanent constitution of its kind,[a] adopted by the people's representatives for an expansive nation, it is interpreted, supplemented, and implemented by a large body of constitutional law, and has influenced the constitutions of other nations.

목적

연합규약(the Articles of Confederation; 1777년)을 대체하기 위함

합중국 헌법은 합중국의 최고의 법이다.[1] 당초에 일곱 개 조항들을 담았던 헌법은 정부의 국가적 구조를 그린다. 권력분립의 원칙을 그것의 처음 세 개의 조항들은 정착시키고, 이에 의하여 연방정부는 세 부문들로 나뉘는 바: 양원제 의회로 구성되는 입법부가; 대통령으로 구성되는 행정부가; 그리고 대법원으로 및 여타의 연방법원들로 구성되는 사법부가 그것들이다. 연방정부에 대한 관계 속에서의 주 정부들의 및 주들의 권리들을 및 책임들을 설명함으로써 연방주의의 개념들을 제4조는, 제5조는 및 제6조는 정착시킨다. 그것을 비준하기 위하여 열세 개 주들에 의하여 향후에 사용되어야 할 절차를 제7조는 수립한다.

1789년에 헌법이 발효된 이래로, 그것의 창조자들이 살았던 18세기 세계로부터 지금은 심대히 다른 것이 된 한 개의 국가의 변화무쌍한 요구들에 대응하기 위하여 그것은 27회에 걸쳐 수정되어 왔다.[3] 일반적으로, 뭉뚱그려 권리장전(the Bill of Rights)이라고 알려진 첫 열 개의 수정조항들은 개인적 자유의 및 정의의 보장들을 제공하며, 제약사항들을 정부의 권한들 위에 부과한다.[4][5] 개인의 시민적 권리들에 대한 보장들을 열일곱 개의 추후의 수정조항들의 대부분은 확대시킨다. 연방의 권한에 관련된 쟁점들을 그 밖의 것들은 중점 두어 다루거나, 정부적 방법들을 및 절차들을 변경한다. 합중국 헌법 수정조항들은 세계적 차원의 수많은 헌법들에 이루진 수정사항들이하고는 다르게 문서에 첨부된다. 전체 네 페이지의[6] 당초의 합중국 헌법은 양피지 위에 쓰여 있다.[7]

합중국 상원에 따르면 : "그 시민들에게 봉사하기 위하여 합중국의 정부는 존재함을 헌법의 최초의 세 개의 단어들은 ─ 즉, We the People(국민인 우리는)은 ─ 확인한다. 두 세기가 넘도록 헌법이 효력을 지속해 온 것은 다수지배의 및 소수 권리들의 이익들을, 자유의 및 평등의 이익들을, 그리고 연방정부의 및 주 정부들의 이익들을 보장하기 위하여 정부의 권한들을 현명하게도 그 입안자들이 나누었기 때문이고 그 균형을 맞추었기 때문이다."[3]

한 개의 개방적 국가를 위한 국민의 대표자들에 의하여 채택된 이 종류의 최초의 영구적 헌법은,[a] 거대한 헌법기관에 의하여 보충되는 것으로 및 채워지는 것으로 이해되는 바, 여타 국가들의 헌법들에 영향을 그것은 미쳐 왔다.

Background

First government

From September 5, 1774 to March 1, 1781, the Continental Congress functioned as the provisional government of the United States. Delegates to the First (1774) and then the Second (1775–1781) Continental Congress were chosen largely through the action of committees of correspondence in various colonies rather than through the colonial or later state legislatures. In no formal sense was it a gathering representative of existing colonial governments; it represented the dissatisfied elements of the people, such persons as were sufficiently interested to act, despite the strenuous opposition of the loyalists and the obstruction or disfavor of colonial governors.[10] The process of selecting the delegates for the First and Second Continental Congresses underscores the revolutionary role of the people of the colonies in establishing a central governing body. Endowed by the people collectively, the Continental Congress alone possessed those attributes of external sovereignty which entitled it to be called a state in the international sense, while the separate states, exercising a limited or internal sovereignty, may rightly be considered a creation of the Continental Congress, which preceded them and brought them into being.[11]

Articles of Confederation

The Articles of Confederation and Perpetual Union was the first constitution of the United States.[12] It was drafted by the Second Continental Congress from mid-1776 through late-1777, and ratification by all 13 states was completed by early 1781. Under the Articles of Confederation, the central government's power was quite limited. The Confederation Congress could make decisions, but lacked enforcement powers. Implementation of most decisions, including modifications to the Articles, required unanimous approval of all thirteen state legislatures.[13]

Although, in a way, the Congressional powers in Article 9 made the "league of states as cohesive and strong as any similar sort of republican confederation in history",[14] the chief problem was, in the words of George Washington, "no money".[15] The Continental Congress could print money but the currency was worthless. (A popular phrase of the times called a useless object or person ... not worth a Continental, referring to the Continental dollar.) Congress could borrow

배경

첫 번째 정부

1774년 9월 5일부터 1781년 3월 1일까지 대륙의회(the Continental Congress)는 합중국의 임시적 정부로서 기능하였다. 제1차 대륙회의(1774년)에의 및 제2차 대륙회의(1775년~1781년)에의 대표자들은 식민지 내지는 나중의 주(State)의 입법부들의 행위를 통해서보다는 대부분 여러 식민지들의 해당 위원회들의 행위를 통하여 선출되었다. 공식적인 의미에서 그것은 현존의 식민지 정부들의 회합 대의기구가 아니었다; 사람들의 불만요소들을 그것은 나타냈는데, 그들은 충성파들의 격렬한 반대에도 및 식민지 총독들의 방해에도 및 냉대에도 불구하고 행동에 나설 만큼 충분히 타산적인 사람들이었다.[10] 중심적 통치기구를 수립함에 있어서의 여러 식민지 사람들의 혁명적 역할을 제1, 2차 대륙회의에의 대표자들의 선출 절차는 뒷받침한다. 사람들에 의하여 집단적으로 권한이 부여됨으로써, 국제적 의미에서의 한 개의 나라로 불릴 자격을 그것에 갖추어 준 그 외부적 주권의 속성들을 보유한 것은 대륙회의 한 개만이었고, 이에 반하여 한정된 내지는 국내적 주권을 행사한 개개 주들은 대륙회의의 창조물이라고 보는 것이 올바를 것인 바, 대륙회의는 개개 주들에 앞서서 성립하여 개개 주들을 생겨나게 한 것이었다.[11]

연합규약(Articles of Confederation)

아메리카 합중국 연합에 및 항구적 연방에 관한 규약(The Articles of Confederation and Perpetual Union)은 합중국 최초의 헌법이었다.[12] 제2차 대륙회의에 의하여 1776년 중엽에서부터 1777년 끝 무렵까지에 걸쳐 그것은 입안되었고, 1781년 초경까지는 13개 주들 전부에 의한 비준이 마무리되었다. 이 연합규약 아래서 중앙정부의 권한은 매우 제한되었다. 연합의 의회는 결정들을 내릴 수 있었으나, 집행권한들은 없었다. 규약에 대한 개정들을 포함하는 대부분의 결정들의 이행은 전체 열세 개 주 입법부들의 만장일치의 승인을 요구하였다.[13]

"주들의 동맹을 역사상 조금이라도 이에 유사한 종류의 그 어떤 공화적 연합이 그랬던 것만큼이나 응집력 있는 및 강력한 것으로" 비록 어떤 점에서는 규약 제9조의 의회 권한들이 만들었음에도 불구하고,[14] 가장 큰 문제는, 조지 워싱턴(George Washington)의 표현에 따르면, "돈이 없다는 것(no money)"이었다.[15] 돈을 의회는 인쇄할 수 있었으나, 화폐는 가치가 없었다. (……가치 없는 물건을 또는 사람을 대륙의 것이만도 못하다고 당시의 유행한 구절 한 개는 불렀는데, 대륙의 달러를 가리키는 말이었다.)

money, but couldn't pay it back.[15] No state paid all their U. S. taxes; some paid nothing. Some few paid an amount equal to interest on the national debt owed to their citizens, but no more.[15] No interest was paid on debt owed foreign governments. By 1786, the United States would default on outstanding debts as their dates came due.[15]

Internationally, the Articles of Confederation did little to enhance the United States' ability to defend its sovereignty. Most of the troops in the 625-man United States Army were deployed facing — but not threatening — British forts on American soil. They had not been paid; some were deserting and others threatening mutiny.[16] Spain closed New Orleans to American commerce; U. S. officials protested, but to no effect. Barbary pirates began seizing American ships of commerce; the Treasury had no funds to pay their ransom. If any military crisis required action, the Congress had no credit or taxing power to finance a response.[15]

Domestically, the Articles of Confederation was failing to bring unity to the diverse sentiments and interests of the various states. Although the Treaty of Paris (1783) was signed between Great Britain and the U. S., and named each of the American states, various individual states proceeded blithely to violate it. New York and South Carolina repeatedly prosecuted Loyalists for wartime activity and redistributed their lands.[15] Individual state legislatures independently laid embargoes, negotiated directly with foreign authorities, raised armies, and made war, all violating the letter and the spirit of the Articles.

In September 1786, during an inter-state convention to discuss and develop a consensus about reversing the protectionist trade barriers that each state had erected, James Madison angrily questioned whether the Articles of Confederation was a binding compact or even a viable government. Connecticut paid nothing and "positively refused" to pay U. S. assessments for two years.[17] A rumor had it that a "seditious party" of New York legislators had opened a conversation with the Viceroy of Canada. To the south, the British

논을 의회는 차용할 수 있었으나 그것을 갚을 수는 없었다.[15] 합중국에 대한 그들의 세금을 전부 지급하는 주는 없었다; 일부는 전혀 지급하지 않았다. 자신들의 시민들에게 할당되는 연방채무에 대한 이자에 해당하는 금액을 겨우 몇몇 주들이 지불했으나, 그 이상은 아니었다.[15] 외국정부들에게 진 채무에 대하여는 이자가 지급되지 않았다. 미결제의 채무들의 변제기일이 다가옴에 따라 1786년 시점에서 합중국은 채무불이행에 빠지려고 하고 있었다.[15]

국제적으로 연합규약은 자신의 주권을 방어할 합중국의 능력을 제고시킨 것이 거의 없었다. 625명의 합중국 육군에 소속된 대부분의 병사들은 미국 영토 위의 영국 요새들을 마주한 채로 - 그러나 위협이 되지 못하는 채로 - 배치되어 있었다. 그들은 급료를 지급받지 못한 상태였고; 일부는 탈영하고 있었고 다른 일부는 반란을 위협하고 있었다.[16] 뉴올리언스(New Orleans) 항구를 스페인은 닫아 미국과의 통상을 끊었다; 합중국 관리들이 항의하였으나, 소용이 없었다. 미국 상선들을 아프리카 북서해안 일대의 해적들은 강탈하기 시작하였다; 그들의 몸값을 치를 자금을 재무부는 가지고 있지 않았다. 설령 행동을 조금이라도 군사적 위기가 요구하였다 하더라도, 대응조치의 자금을 조달할 만한 신용을 내지는 과세권한을 의회는 가지고 있지 않았다.[15]

국내적으로, 다양한 주들의 다양한 생각들에 및 이익들에 통일을 불러오는 데에 연합규약은 실패하고 있었다. 비록 1783년 파리조약[the Treaty of Paris (1783)]이 영국의 및 합중국의 양자 사이에서 서명되었음에도 불구하고, 및 미국의 주들 각각을 그것이 명기하였음에도 불구하고, 그것을 위반하는 데에 여러 개개 주들이 함부로 나아갔다. 전쟁 때의 활동을 이유로 충성파들을 뉴욕주는 및 사우스캐럴라이나주는 반복적으로 소추하였고 그들의 토지들을 분배하였다.[15] 개개 주 입법부들은 독자적으로 통상금지 조치들을 내렸고 직접 외국 당국에 더불어 협상하였으며, 군대를 설치하였고, 전쟁을 수행하였는데, 모두가 규약의 문언을 및 정신을 위반하는 것들이었다.

연합규약이 한 개의 구속력 있는 맹약인지 내지는 심지어 한 개의 생존 가능한 정부이기라도 한지를, 개개 주가 설정해 놓았던 보호주의 무역장벽들을 취소시킴에 관한 합의를 논의하기 위한 및 발전시키기 위한 주간(州間; inter-state) 회의 도중인 1786년 9월에 매디슨(Madison)은 화내어 물었다. 코네티컷주는 아무런 지불을 하지 않았고 합중국 사정액을 지불하기를 2년 동안 "단호히 거부하였다." [17] 캐나다 총독하고의 대화를 뉴욕주 입법부 의원들 중 "선동적 일당"이 개시한 상태라는 소문이 있었다. 남쪽으로는, 조지아주에서의 및 인근 지역에

were said to be openly funding Creek Indian raids on white settlers in Georgia and adjacent territory. Savannah (then-capital of Georgia) had been fortified, and the state of Georgia was under martial law.[18] Additionally, during Shays' Rebellion (August 1786 – June 1787) in Massachusetts, Congress could provide no money to support an endangered constituent state. General Benjamin Lincoln was obliged to raise funds from Boston merchants to pay for a volunteer army.[19]

Congress was paralyzed. It could do nothing significant without nine states, and some legislation required all thirteen. When a state produced only one member in attendance, its vote was not counted. If a state's delegation were evenly divided, its vote could not be counted towards the nine-count requirement.[20] The Articles Congress had "virtually ceased trying to govern".[21] The vision of a "respectable nation" among nations seemed to be fading in the eyes of revolutionaries such as George Washington, Benjamin Franklin, and Rufus King. Their dream of a republic, a nation without hereditary rulers, with power derived from the people in frequent elections, was in doubt.[22]

On February 21, 1787, the Confederation Congress called a convention of state delegates at Philadelphia to propose a plan of government.[23] Unlike earlier attempts, the convention was not meant for new laws or piecemeal alterations, but for the "sole and express purpose of revising the Articles of Confederation". The convention was not limited to commerce; rather, it was intended to "render the federal constitution adequate to the exigencies of government and the preservation of the Union." The proposal might take effect when approved by Congress and the states.[24]

History

1787 Drafting

Signing the Constitution, September 17, 1787

On the appointed day, May 14, 1787, only the Virginia and Pennsylvania delegations were present, and so the convention's opening meeting was postponed for lack of a quorum.[25] A quorum of seven states met and deliberations began on May 25. Eventually

서의 백인 정차민들에 대한 그리크족 인디언들의 습격들을 영국인들이 공개적으로 지원하고 있는 것으로 알려져 있었다. 사반나(Savannah; 당시의 조지아주 수도)는 요새화된 상태였고, 조지아주는 계엄 아래에 있었다.[18] 이에 더하여, 매사추세츠주에서의 셰이즈의 반란(Shays' Rebellion; 1786년 8월 – 1787년 6월) 동안, 위기에 놓인 구성원 주를 지원하기 위한 돈을 의회는 마련할 수 없었다. 지원병 군대에게 지불하기 위한 자금을 보스턴 상인들로부터 장군 벤자민 링컨(General Benjamin Lincoln)은 어쩔 수 없이 조달하여야 하였다.[19]

의회는 마비되었다. 아홉 개 주들 없이는 의미 있는 아무 것도 의회는 할 수 없었고, 게다가 전체 열셋을 일부 법률은 요구하였다. 단 한 명의 의원을 한 개의 주가 출석시키는 경우에, 그 표는 계산되지 아니하였다. 만약 주 대표단이 대등하게 분열되면, 그 표는 아홉 표 요건의 달성을 위하여 계산될 수 없었다.[20] 규약의회는 "통치하기를 시도하기를 사실상 중단한" 상태였다.[21] 조지 워싱턴(George Washington)을, 벤자민 프랭클린(Benjamin Franklin)을, 및 루푸스 킹(Rufus King)을 비롯한 혁명가들의 눈에는 여러 국가들 사이의 "존경할 만한 국가"의 광경은 시들어가는 것처럼 보였다. 세습통치자들이 없는, 빈번한 선거들에서 국민으로부터 도출되는 권력을 지니는 한 개의 나라로서의 한 개의 공화국에 대한 그들의 꿈은 의문시되었다.[22]

정부에 관한 한 개의 계획을 제의하기 위하여 필라델피아에서의 주 대표자들의 헌법회의를 1787년 2월 21일에 규약의회는 소집하였다.[23] 더 이전의 시도들에 같지 않게, 헌법회의는 새로운 법들을 내지는 조금씩의 변경들을 위한 것이 아니라, "연합규약을 개정함이라는 유일한 및 명시된 목적"을 위한 것이었다. 헌법회의는 통상문제(commerce)에 국한 된 것이 아니었다; 오히려, "정부의 긴급상황들에 및 연방의 보전에 적합한 연방헌법을 제공"하려는 데 의도를 그것은 두었다. 규약의회에 및 주들에 의하여 승인될 때 제안은 효력을 발휘할 수 있을 것이었다.[24]

역사

1787년 초안

[그림설명] 헌법에의 서명, 1787년 9월 17일

지정된 날짜인 1787년 5월 14일 버지니아주의 및 펜실베니아주의 대표들만이 출석하였고, 그리하여 의회의 개회는 정족수 미달로 연기되었다.[25] 정족수인 일곱 개 주들이 만나 논의들을 시작한 것은 5월 25일이었다. 궁극적으로 열두 주들이 대표되었다; 74명의 대표자들이

twelve states were represented; 74 delegates were named, 55 attended and 39 signed.[26] The delegates were generally convinced that an effective central government with a wide range of enforceable powers must replace the weaker Congress established by the Articles of Confederation. Their depth of knowledge and experience in self-government was remarkable. As Thomas Jefferson in Paris wrote to John Adams in London, "It really is an assembly of demigods."

Delegates used two streams of intellectual tradition, and any one delegate could be found using both or a mixture depending on the subject under discussion: foreign affairs, the economy, national government, or federal relationships among the states. Two plans for structuring the federal government arose at the convention's outset:

The Virginia Plan (also known as the Large State Plan or the Randolph Plan) proposed that the legislative department of the national government be composed of a Bicameral Congress, with both chambers elected with apportionment according to population. Generally favoring the most highly populated states, it used the philosophy of John Locke to rely on consent of the governed, Montesquieu for divided government, and Edward Coke to emphasize civil liberties.[27]

The New Jersey Plan proposed that the legislative department be a unicameral body with one vote per state. Generally favoring the less-populous states, it used the philosophy of English Whigs such as Edmund Burke to rely on received procedure and William Blackstone to emphasize sovereignty of the legislature. This position reflected the belief that the states were independent entities and, as they entered the United States of America freely and individually, remained so.[28]

On May 31, the Convention devolved into a "Committee of the Whole" to consider the Virginia Plan. On June 13, the Virginia resolutions in amended form were reported out of committee. The New Jersey plan was put forward in response to the Virginia Plan.

A "Committee of Eleven" (one delegate from each state represented) met from July 2 to 16[29] to work out a compromise on the issue of representation in the federal legislature. All agreed to a republican form of government grounded in representing the people in the states. For

호명되었고, 55명이 출석하였으며 39명이 서명하였다.[26] 연합규약에 의하여 수립된 더 허약한 의회를, 광범위한 시행권한들을 지닌 효율적인 중앙정부가 대체하지 않으면 안 된다는데 대하여 대표자들은 대체로 확신하였다. 자치정부에 대한 그들의 지식의 깊이는 및 경험은 놀랄 만한 것이었다. 런던에 있는 존 애덤스(John Adams)에게 파리에서의 토마스 제퍼슨(Thomas Jefferson)은 썼다: "그것은 진짜로 반신반인들(半神半人들; demigods)의 집합입니다."

지적 전통의 두 계열의 흐름들을 대표자들은 사용하였는데, 그 둘 다를 내지는 혼합을 논의 대상인 주제들에 따라 : 외국관계에 관해서든, 경제에 관해서든, 연방정부에 관해서든, 또는 주들 내에서의 연방의 관계들에 대해서든 대표자들 중 어느 누구가든 사용하고 있음이 확인될 수 있었다. 연방정부를 짜기 위한 두 개의 계획들이 의회의 개회 벽두에 제시되었다: 인구 비율로 둘 다 선출되는 양원으로 연방정부의 입법부가 구성될 것을 버지니아 플랜(The Virginia Plan; 인구 위주 플랜(the Large State Plan)이라고 또는 랜돌프 플랜(the Randolph Plan)이라고도 알려진 것)은 제시하였다. 가장 인구가 많은 주들을 일반적으로 우선시하면서, 피치자의 동의에 의존함에 있어서 존 로크(John Locke)의 철학을, 분립된 정부를 위하여 몽테스퀴에(Montesquieu)의 철학을, 및 시민의 자유들을 강조함에 있어서 에드워드 코우크(Edward Coke)의 철학을 그것은 사용하였다.[27]

입법부는 주마다 한 개의 표결권을 지니는 단원제 기구여야 할 것을 뉴저지 플랜(The New Jersey Plan)은 제안하였다. 일반적으로 인구가 더 적은 주들을 우선시하면서, 기존의 받아들여진 절차에 의존함에 있어서 에드먼드 버크(Edmund Burke) 류의 영국 휘그파 사람들의 철학을 및 입법부의 주권을 강조함에 있어서 윌리엄 블랙스톤(William Blackstone)의 철학을 그것은 사용하였다. 주들은 독립의 실체들이라는, 그리고 미합중국에 그들이 가입하는 만큼 그렇게 남아야 한다는 믿음을 이 입장은 반영하였다.[28]

버지니아 플랜을 검토하기 위하여 "전체 위원회"로 5월 31일에 헌법회의는 넘어갔다. 개정된 형태의 버지니아 결의들이 6월 13일에 위원회에 보고되었다. 버지니아 플랜에 대응하여 뉴저지 플랜이 제출되었다.

연방 입법부에서의 대표의 문제에 대한 타협안을 만들어 내기 위하여 7월 2일부터 16일까지[29] "11인 위원회" (대표되는 각 주마다 1인의 대표)가 소집되었다. 주들 내의 국민들을 대변함에 기초를 두는 공화주의 형태의 정부에 모두가 동의하였다. 입법부를 위하여 두 가지 쟁점들이

the legislature, two issues were to be decided: how the votes were to be allocated among the states in the Congress, and how the representatives should be elected. In its report, now known as the Connecticut Compromise (or "Great Compromise"), the committee proposed proportional representation for seats in the House of Representatives based on population (with the people voting for representatives), and equal representation for each State in the Senate (with each state's legislators generally choosing their respective senators), and that all money bills would originate in the House.[30]

The Great Compromise ended the stalemate between "patriots" and "nationalists", leading to numerous other compromises in a spirit of accommodation. There were sectional interests to be balanced by the Three-Fifths Compromise; reconciliation on Presidential term, powers, and method of selection; and jurisdiction of the federal judiciary.

On July 24, a "Committee of Detail" — John Rutledge (South Carolina), Edmund Randolph (Virginia), Nathaniel Gorham (Massachusetts), Oliver Ellsworth (Connecticut), and James Wilson (Pennsylvania) — was elected to draft a detailed constitution reflective of the Resolutions passed by the convention up to that point.[31] The Convention recessed from July 26 to August 6 to await the report of this "Committee of Detail". Overall, the report of the committee conformed to the resolutions adopted by the Convention, adding some elements. A twenty-three article (plus preamble) constitution was presented.[32]

From August 6 to September 10, the report of the committee of detail was discussed, section by section and clause by clause. Details were attended to, and further compromises were effected.[29][31] Toward the close of these discussions, on September 8, a "Committee of Style and Arrangement" — Alexander Hamilton (New York), William Samuel Johnson (Connecticut), Rufus King (Massachusetts), James Madison (Virginia), and Gouverneur Morris (Pennsylvania) — was appointed to distill a final draft constitution from the twenty-three approved articles.[31] The final draft, presented to the convention on September 12, contained seven articles, a preamble and a closing endorsement, of which Morris was the primary author.[26] The committee also presented a proposed letter to accompany the constitution when delivered to Congress.[33]

결정되어야 하였다: 주들 사이에서 의회 내이 표결권들이 어떻게 배정되어야 하는지가 그 하나였고, 그 대표자들이 어떻게 선출되어야 하는지가 다른 하나였다. 지금은 코네티컷 타협안(the Connecticut Compromise)이라고 (또는 "대타협안"이라고) 알려진 그 보고서에서, 하원에서의 의석들을 위한 인구에 토대한 비례적 대표를, 그리고 상원에서의 개개 주를 위한 동등한 대표를 (그들의 상원의원들을 대체로 개개 주 입법자들이 선출함), 그리고 모든 재정관련 법안들(money bills)은 하원에서 발의되어야 함을 위원회는 제의하였다.[30]

"애국파(patriots)"의 및 "연방파(nationalists)"의 양자 사이의 교착상태를 대타협안은 종결시켰고, 화해(accommodation)의 정신 속에서 여타의 여러 타협안들에게로 이는 이끌었다. 5분의 3 타협에 의하여 균형이 잡혀야 할 지방적 이해관계들이 있었다; 즉 대통령의 임기에 및 선출방법에 관한; 그리고 연방 사법부의 관할에 관한 조정이 그것들이었다.

헌법회의에 의하여 그 시점까지 통과된 결의사항들을 반영하는 상세한 헌법을 입안하도록 7월 24일 "세부사항 위원회" – 존 루틀리지(John Rutledge; 사우스캐럴라이나주), 에드먼드 랜돌프 (Edmund Randolph; 버지니아주), 나다니엘 고램(Nathaniel Gorham; 매사추세츠주), 올리버 엘스워드(Oliver Ellsworth; 코네티컷주), 그리고 제임스 윌슨(James Wilson; 펜실베니아주) – 가 선출되었다.[31] 이 "세부사항 위원회"의 보고서를 기다리기 위하여 7월 26일부터 8월 6일까지 헌법회의는 휴회되었다. 의회에 의하여 채택된 결의들에 전체적으로 위원회의 보고서는 부합되었으며, 일부 요소들을 덧붙였다. 스물세 개 조항(서문 포함)으로 된 헌법이 제출되었다.[32]

8월 6일부터 9월 10일까지 항목 단위로 절 단위로 위원회 보고서가 논의되었다. 세부항목들이 곁들여졌고, 추가의 타협들이 이루어졌다.[29][31] 이 논의들의 끝 무렵에 이른 9월 8일에, 최종의 헌법안을 스물세 개 승인된 조항들로부터 증류해 내도록 "윤문(潤文) 위원회 (Committee of Style and Arrangement)" – 알렉산더 해밀턴(Alexander Hamilton; 뉴욕주), 윌리엄 새뮤얼 존슨 (William Samuel Johnson; 코네티컷주), 루프스 킹(Rufus King; 매사추세츠주), 제임스 매디슨(James Madison; 버지니아주), 그리고 구베르뇌르 모리스(Gouverneur Morris; 펜실베니아주) – 가 지명되었다.[31] 일곱 개 조항들을, 한 개의 서문을 및 한 개의 마무리 승인문구를 헌법회의에 9월 12일자로 제출된 최종안은 포함하였는데, 모리스(Morris)가 그 주된 저자였다.[26] 헌법회의에 헌법안이 교부될 때 그 헌법안에 부수하도록 한 개의 제안된 편지를 위원회는 또한 제출하였다.[33]

The final document, engrossed by Jacob Shallus,[34] was taken up on Monday, September 17, at the Convention's final session. Several of the delegates were disappointed in the result, a makeshift series of unfortunate compromises. Some delegates left before the ceremony, and three others refused to sign. Of the thirty-nine signers, Benjamin Franklin summed up, addressing the Convention: "There are several parts of this Constitution which I do not at present approve, but I am not sure I shall never approve them." He would accept the Constitution, "because I expect no better and because I am not sure that it is not the best".[35]

The advocates of the Constitution were anxious to obtain unanimous support of all twelve states represented in the Convention. Their accepted formula for the closing endorsement was "Done in Convention, by the unanimous consent of the States present." At the end of the convention, the proposal was agreed to by eleven state delegations and the lone remaining delegate from New York, Alexander Hamilton.[36]

1788 Ratification

Transmitted to the United States in Congress Assembled then sitting in New York City, the new Constitution was forwarded to the states by Congress recommending the ratification process outlined in the Constitution. Each state legislature was to call elections for a "Federal Convention" to ratify the new Constitution. They expanded the franchise beyond the Constitutional requirement to more nearly embrace "the people". Eleven ratified in 1787 or 1788, and all thirteen had done so by 1790. The Congress of the Confederation certified eleven states to begin the new government, and called the states to hold elections to begin operation. It then dissolved itself on March 4, 1789, the day the first session of the Congress of the United States began. George Washington was inaugurated as President two months later.

Territorial extent of the United States, 1790

It was within the power of the old Congress of the Confederation to expedite or block the ratification of the new Constitution. The document that the Philadelphia Convention presented was technically only a revision of the Articles of Confederation. But the last arti-

제이콥 쉘루스(Jacob Shallus)에 의하여 정서(正書)된 최종의 문서는,[34] 헌법회의의 마지막 회기인 9월 17일 월요일에 상정되었다. 일련의 임시 미봉적 불행한 타협들인 그 결과에 대표들 몇몇은 실망하였다. 일부 대표들은 그 의식에 앞서서 떠났고, 다른 세 명은 서명을 거부하였다. 서른 아홉 명의 서명자들 가운데, 벤자민 프랭클린(Benjamin Franklin)이 요약하여 설명하였는데, 이렇게 연설하였다: "이 헌법에는 현재 내가 승인하지 아니하는 몇몇 부분들이 있습니다만, 그러나 그것들을 내가 결코 승인하지 아니할 것이라고는 나는 확신하지 않습니다." 헌법을 그가 받아들이려고 한 것은 "더 나은 것을 나는 예상하지 아니하기 때문이고 그것이 최선이 아님을 나는 확신하지 아니하기 때문"이었다.[35]

헌법회의에 대표되는 열두 주들 전체의 만장일치의 지지를 얻어내고자 조바심을 헌법 옹호자들은 냈다. 승인을 마무리짓는 그들의 공인된 공식은 "Done in Convention, by the unanimous consent of the States present(출석한 주들의 만장일치의 동의에 의하여 헌법회의에서 이루어짐)"이었다. 헌법회의의 마무리 때에 그 제안은 열한 개 주 대표자들에 의하여와 혼자 남은 뉴욕주 대표자 알렉산더 해밀턴(Alexander Hamilton)에 의하여 동의되었다.[36]

1788년 비준

당시에 뉴욕에 소재한 소집된 의회 내의 합중국에 송부된 것으로서, 헌법에 윤곽 그려진 비준절차를 권유하는 의회에 의하여 주들에게 새 헌법은 제출되었다. 새로운 헌법을 비준하기 위하여는 "연방헌법 회의"를 위한 선거들을 개개 주 입법부는 실시하게 되어 있었다. "사람(the people)"을 더 긴밀하게 품기 위하여 선거권을 헌법의 요구 이상으로 그들은 확대하였다. 1787년에 또는 1788년에 열한 개 주가 비준하였고, 1790년까지는 전체 열세 개 주들이 그렇게 하였다. 새 정부를 시작하도록 자격증을 열한 개 주들에게 연합의 의회는 부여하였고, 운영을 시작하기 위한 선거들을 실시하도록 주들에게 요청하였다. 그 뒤에 1789년 3월 4일자로 그것은 스스로 해산하였는데, 합중국 의회의 첫 회기가 시작한 날짜였다. 두 달 뒤에 조지 워싱턴(George Washington)이 대통령으로서 취임하였다.

[그림설명] 1790년 합중국의 영토 범위

새 헌법의 비준을 진척시킬지 아니면 저지할지는 옛 연합의회의 권한 내에 있었다. 필라델피아 헌법회의가 제출한 문서는 기술적으로는 연합규약의 개정에 불과하였다. 그러나 아홉 개 주들에서의 (즉 당시의 3분의 2에서의) 헌법회의들에 의하여 비준되는 때에 그렇게 행동하는

cle of the new instrument provided that when ratified by conventions in nine states (or two-thirds at the time), it should go into effect among the States so acting.

Then followed an arduous process of ratification of the Constitution by specially consti-tuted conventions. The need for only nine states' approval was a controversial decision at the time, since the Articles of Confederation could only be amended by unanimous vote of all the states.

Three members of the Convention — Madison, Gorham, and King — were also Members of Congress. They proceeded at once to New York, where Congress was in ses-sion, to placate the expected opposition. Aware of their vanishing authority, Congress, on September 28, after some debate, resolved unanimously to submit the Constitution to the States for action, "in conformity to the resolves of the Convention",[37] but with no recom-mendation either for or against its adoption.

Two parties soon developed, one in opposition, the Anti-Federalists, and one in sup-port, the Federalists, of the Constitution; and the Constitution was debated, criticized, and expounded upon clause by clause. Hamilton, Madison, and Jay, under the name of Publius, wrote a series of commentaries, now known as The Federalist Papers, in support of ratification in the state of New York, at that time a hotbed of anti-Federalism. These commentaries on the Constitution, written during the struggle for ratification, have been frequently cited by the Supreme Court as an authoritative contemporary interpretation of the meaning of its provisions. The dispute over additional powers for the central govern-ment was close, and in some states ratification was effected only after a bitter struggle in the state convention itself.

The Continental Congress — which still functioned at irregular intervals — passed a reso-lution on September 13, 1788, to put the new Constitution into operation with eleven states.[38] North Carolina and Rhode Island ratified by May 1790.

주들 사이에서 그것은 발효한다고 새 문서의 마지막 조항은 규정하였다.

특별히 구성된 헌법회의들에 의한 헌법에 대한 힘한 비준절차가 그 뒤에 이어졌다. 단지 아홉 개 주들의 승인만에 대한 요구는 당시에는 한 개의 다툼 있는 결정이었는데, 왜냐하면 전체 주들의 만장일치의 표결에 의해서만 연합규약은 개정될 수 있었기 때문이다.

헌법회의의 구성원들 세 명은 – 즉 매디슨(Madison)은, 고램(Gorham)은, 그리고 킹(King)은 – 의회의 구성원들이기도 하였다. 의회가 회기 중에 있던 뉴욕에 그 예상되는 반대를 회유하기 위하여 그들은 동시에 갔다. 헌법을 "헌법회의의 결의들에 따라" 작동을 위하여 주들에게 제출하기로 약간의 논의 뒤인 9월 28일에 그들의 사라져가는 권위를 인식하면서 의회는 만장일치로 결의하였으나,[37] 그 채택에 관하여는 찬성 권유를이든 반대 권유를이든 붙이지 아니한 채로였다.

두 입장들이 곧 생겨났는데, 하나는 반연방주의자들로서 헌법에 반대하는 입장이었고, 다른 하나는 연방주의자들로서 이에 찬성하는 입장이었다; 헌법은 토론되었고, 비판되었으며, 그리고 조항 조항 해설되었다. 지금은 The Federalist Papers(연방주의자 논설들)라고 알려진 일련의 해설들을 당시의 반연방주의(anti-Federalism)의 온상이던 뉴욕주에서의 비준을 지지하여 해밀턴(Hamilton)은, 매디슨(Madison)은 및 제이(Jay)는 푸블리우스(Publius)라는 이름으로 썼다. 비준을 위한 고투 중에 집필된 헌법에 대한 이 논설들은 그 규정들의 의미에 대한 권위 있는 당대의 해석으로서 대법원에 의하여 자주 인용되어 왔다. 중앙정부를 위한 추가적 권한들에 관한 논쟁은 거의 호각이었고, 그리하여 몇몇 주들에서 주(state) 헌법회의 그 자체에서의 호된 싸움 뒤에서야 가까스로 비준은 달성되었다.

새 헌법을 발효시키기 위한 한 개의 결의를 열한 개 주들에 더불어 1788년 9월 13일 대륙회의(the Continental Congress) – 불규칙한 간격들을 두고서 여전히 그것은 기능하였다 – 는 통과시켰다.[38] 1790년 시점까지 노스캐럴라이나주가 및 로드아일랜드주가 비준하였다.

Influences

Enlightenment and Rule of law

John Locke by Herman Verelst.png

John Locke

Two Treatises of Government

life, liberty and property

Several ideas in the Constitution were new. These were associated with the combination of consolidated government along with federal relationships with constituent states.

The Due Process Clause of the Constitution was partly based on common law and on Magna Carta (1215), which had become a foundation of English liberty against arbitrary power wielded by a ruler.

Among the most prominent political theorists of the late eighteenth century were William Blackstone, John Locke, and Montesquieu.[39]

Both the influence of Edward Coke and William Blackstone were evident at the Convention. In his Institutes of the Lawes of England, Edward Coke interpreted Magna Carta protections and rights to apply not just to nobles, but to all British subjects. In writing the Virginia Charter of 1606, he enabled the King in Parliament to give those to be born in the colonies all rights and liberties as though they were born in England. William Blackstone's Commentaries on the Laws of England were the most influential books on law in the new republic.

British political philosopher John Locke following the Glorious Revolution (1688) was a major influence expanding on the contract theory of government advanced by Thomas Hobbes. Locke advanced the principle of consent of the governed in his Two Treatises of

영향력

[사진설명]

계몽사상과 법의 지배

존 로크(John Locke)

통치에 관한 두 논문(Two Treatises of Government)

생명(life), 자유(liberty) 그리고 재산(property)

헌법에 담긴 몇 가지 관념들은 새로운 것들이었다. 이것들은 구성원 주들에 대한 연방의 관계들에 연관된 것이면서, 이에 나란히, 통합된 정부의 결합에 연관된 것들이었다.

헌법의 적법절차 조항(the Due Process Clause)은 부분적으로 보통법(common law)에 및 마그나 카르타(Magna Carta (1215))에 토대한 것이었는데, 그것들은 통치자에 의하여 휘둘러지는 자의적 권력에 대처한 영국인의 자유의 토대가 되어 온 것들이었다.

18세기 후반의 가장 저명한 정치학 이론가들 중에는 윌리엄 블랙스톤(William Blackstone)이, 존 로크(John Locke)가, 그리고 몽테스키외(Montesquieu)가 있었다.[39]

그러나 에드워드 코우크(Edward Coke)의 영향력은 및 윌리엄 블랙스톤(William Blackstone)의 영향력은 둘 다 헌법회의에서 뚜렷하였다. 단지 귀족들에게만이 아니라 모든 영국 신민들에게 마그나 카르타의 보장사항들은 및 권리들은 적용된다고 그의 영국법 적요(Institutes of the Lawes of England)에서 에드워드 코우크는 해석하였다. 1606년 버지니아 헌장(the Virginia Charter of 1606)을 쓰면서, 만약 그들이 영국에서 태어나는 사람들이라면 그들에게 부여할 바로 그 모든 권리들을 및 자유들을 식민지들에서 태어날 사람들에게 의회 내의 국왕으로 하여금 부여할 수 있게 그는 만들었다. 윌리엄 블랙스톤(William Blackstone)의 영국법 주해(Commentaries on the Laws of England)는 새 공화국 내에서 법에 관한 가장 영향력 있는 서적들이었다.

1688년 명예혁명(the Glorious Revolution (1688)) 이후의 영국의 정치철학자 존 로크는 토마스 홉스(Thomas Hobbes)에 의하여 주창된 정부의 계약이론에 의거한 팽창일로의 주요 영향력의 소유자였다. 피치자의 동의의 원리를 그의 통치에 관한 두 개의 논물들에서 로크는 주창하였다.

Government. Government's duty under a social contract among the sovereign people was to serve the people by protecting their rights. These basic rights were life, liberty and property.

Montesquieu's influence on the framers is evident in Madison's Federalist No. 47 and Hamilton's Federalist No. 78. Jefferson, Adams, and Mason were known to read Montesquieu.[40] Supreme Court Justices, the ultimate interpreters of the Constitution, have cited to Montesquieu throughout the Court's history.[41] (See, e.g., Green v. Biddle, 21 U. S. 1, 1, 36 (1823); United States v. Wood, 39 U. S. 430, 438 (1840); Myers v. United States, 272 U. S. 52, 116 (1926); Nixon v. Administrator of General Services, 433 U. S. 425, 442 (1977); Bank Markazi v. Peterson, 136 U. S. 1310, 1330 (2016).) Montesquieu emphasized the need for balanced forces pushing against each other to prevent tyranny (reflecting the influence of Polybius's 2nd century BC treatise on the checks and balances of the Roman Republic). In his The Spirit of the Laws, Montesquieu argues that the separation of state powers should be by its service to the people's liberty: legislative, executive and judicial.

A substantial body of thought had been developed from the literature of republicanism in the United States, including work by John Adams and applied to the creation of state constitutions.

The constitution was a federal one, and was influenced by the study of other federations, both ancient and extant.

The United States Bill of Rights consists of 10 amendments added to the Constitution in 1791, as supporters of the Constitution had promised critics during the debates of 1788.[42] The English Bill of Rights (1689) was an inspiration for the American Bill of Rights. Both require jury trials, contain a right to keep and bear arms, prohibit excessive bail and forbid "cruel and unusual punishments". Many liberties protected by state constitutions and the Virginia Declaration of Rights were incorporated into the Bill of Rights.

사람들의 권리들을 보호함으로써 그들에게 봉사하는 데에, 주권자인 사람들 사이의 사회적 계약 아래서의 정부의 의무는 있었다. 이 기본적 권리들은 생명(life)이었고 자유(liberty)였으며 재산(property)이었다.

입안자들 위에의 몽테스키외의 영향력은 매디슨(Madison)의 Federalist(연방주의자) 제47호에 및 해밀턴(Hamilton)의 Federalist 제78호에 현저하다. 몽테스키외를 읽는 것으로 제퍼슨(Jefferson)은, 애덤스(Adams)는 및 매디슨(Mason)은 알려졌다.[40] 헌법의 궁극적 해석자들인 대법원 판사들은 대법원의 역사 전체를 통하여 몽테스키외를 인용해 왔다.[41] [예컨대, Green v. Biddle, 21 U. S. 1, 1, 36 (1823)을; United States v. Wood, 39 U. S. 430, 438 (1840)을; Myers v. United States, 272 U. S. 52, 116 (1926)을; Nixon v. Administrator of General Services, 433 U. S. 425, 442 (1977)을; Bank Markazi v. Peterson, 136 U. S. 1310, 1330 (2016)을 보라.] 독재를 방지하기 위하여 서로를 밀어내는 균형 잡힌 권력들의 필요를 몽테스키외는 강조하였다[로마 공화국의 견제에 및 균형에 관한 폴리비우스(Polybius)의 BC 2세기 논문의 영향력을 이는 반영함]. 국가 권력들의 분산은 사람들의 자유에 대한 국가의 봉사에 의하여 : 입법적, 행정적 및 사법적 봉사에 의하여 이루어져야 한다고 그의 저서 The Spirit of the Laws(법의 정신)에서 몽테스키외는 주장한다.

존 애덤스(John Adams)의 저술을 포함한 공화주의의 저술로부터 한 개의 중대한 사유체계가 합중국 내에 발전해 있었고 주(state) 헌법들의 창조에 적용되어 있었다.

헌법은 연방주의적인 것이었고, 다른 연방제도들에 대한 연구에 의하여 영향을 그것은 받았는 바, 그것들은 고래의 것들이기도 하였고 현존하는 것들이기도 하였다.

1788년 논쟁 동안에 비판자들에게 헌법 지지자들이 약속했던 바에 따른, 1791년의 헌법에 보태진 10개의 수정조항들로 합중국 권리장전(the United States Bill of Rights)은 구성된다.[42] 1689년 영국의 권리장전(the English Bill of Rights (1689))은 미국 권리장전을 위한 한 개의 시사였다. 배심에 의한 정식사실심리들을 둘은 다 같이 요구하고, 총기를 보유할 및 소지할 권리를 둘은 다 같이 포함하며, 과도한 보석금을, 그리고 "잔인한 및 이상한 형벌들"을 둘은 다 같이 금지한다. 주 헌법들에 의하여 및 버지니아 권리선언(the Virginia Declaration of Rights)에 의하여 보장된 여러 자유들은 권리장전에 통합되었다.

Original frame

Neither the Convention which drafted the Constitution, nor the Congress which sent it to the thirteen states for ratification in the autumn of 1787, gave it a lead caption. To fill this void, the document was most often titled "A frame of Government" when it was printed for the convenience of ratifying conventions and the information of the public.[43] This Frame of Government consisted of a preamble, seven articles and a signed closing endorsement.

Preamble

"We the People" in an original edition

The preamble to the Constitution serves as an introductory statement of the document's fundamental purposes and guiding principles. It neither assigns powers to the federal government,[44] nor does it place specific limitations on government action. Rather, it sets out the origin, scope and purpose of the Constitution. Its origin and authority is in "We, the people of the United States". This echoes the Declaration of Independence. "One people" dissolved their connection with another, and assumed among the powers of the earth, a sovereign nation-state. The scope of the Constitution is twofold. First, "to form a more perfect Union" than had previously existed in the "perpetual Union" of the Articles of Confederation. Second, to "secure the blessings of liberty", which were to be enjoyed by not only the first generation, but for all who came after, "our posterity".[45]

Article One

Article One describes the Congress, the legislative branch of the federal government. Section 1, reads, "All legislative powers herein granted shall be vested in a Congress of the United States, which shall consist of a Senate and House of Representatives." The article establishes the manner of election and the qualifications of members of each body. Representatives must be at least 25 years old, be a citizen of the United States for seven years, and live in the state they represent. Senators must be at least 30 years old, be a citizen for nine years, and live in the state they represent.

당초의 구조

헌법을 입안한 헌법회의는, 또는 비준을 위하여 그것을 1787년 가을에 열세 개 주들에게 보낸 의회는 아무도 제목을 거기에 부여하지 않았다. 이를 비준하는 헌법회의들의 편의를 및 대중의 정보를 위하여 문서가 인쇄되었을 때, 이 공백을 채우기 위하여 매우 자주 "정부의 조직(A frame of Government)"이라는 제목이 거기에 붙여졌다.[43] 서문으로, 일곱 개 조항들로, 그리고 서명된 마무리 승인으로 이 정부의 조직은 구성되었다.

서문

[사진설명] 최초 판의 "We the People" 부분

문서의 기본적 목적들에 및 안내적 원칙들에 대한 소개의 성명으로서 서문은 기능한다. 권한을 연방정부에게 그것은 배정하지도 아니하고,[44] 특정의 제한들을 정부 행위 위에 그것은 부과하지도 아니한다. 헌법의 기원을, 범위를 및 목적을 오히려 그것은 말한다. 그것의 기원은 및 권위는 "합중국의 국민들인 우리(We, the people of the United States)"에 있다. 독립선언서를 이것은 반향한다. 다른 쪽의 사람들에게의 그들의 연결을 "한 쪽의 사람들(One people)"이 해소하고서, 주권국가로서의 지위를 지구상의 세력들 가운데서 취하였다. 헌법의 목적은 두 겹이다. 첫째로, 연합규약(the Articles of Confederation)의 "항구적 연방(perpetual Union)" 속에서 이전에 존재하였던 연방을"보다도 더 완전한 연방을 구성"하기 위함이다. 둘째로, "자유의 축복들을 확보하기 위함"인 바, 그것들은 최초의 세대에 의해서만이 아니라, 뒤에 오는 모든 사람들에 의해서도, 즉 "우리의 후손(our posterity)"에 의해서도 향유되어야 할 것들이었다.[45]

제1조

의회를, 즉 연방정부의 입법부를 제1조는 설명한다. "이 안에 승인된 모든 입법권들은 합중국 의회에 부여되는 바, 상원으로 및 하원으로 그것은 구성된다."고 제1항은 규정한다. 각 원 구성원들의 선거의 방법을 및 자격들을 이 조항은 규정한다. 하원의원들은 적어도 25세이지 않으면 안 되고, 7년 동안 합중국의 시민이지 않으면 안 되며, 그들이 대표하는 주에서 살지 않으면 안 된다. 상원의원들은 적어도 30세이지 않으면 안 되고, 9년 동안 시민이지 않으면 안 되며, 그들이 대표하는 주에서 살지 않으면 안 된다.

Article I, Section 8 enumerates the powers delegated to the legislature. Financially, Congress has the power to tax, borrow, pay debt and provide for the common defense and the general welfare; to regulate commerce, bankruptcies, and coin money. To regulate internal affairs, it has the power to regulate and govern military forces and militias, suppress insurrections and repel invasions. It is to provide for naturalization, standards of weights and measures, post offices and roads, and patents; to directly govern the federal district and cessions of land by the states for forts and arsenals. Internationally, Congress has the power to define and punish piracies and offenses against the Law of Nations, to declare war and make rules of war. The final Necessary and Proper Clause, also known as the Elastic Clause, expressly confers incidental powers upon Congress without the Articles' requirement for express delegation for each and every power. Article I, Section 9 lists eight specific limits on congressional power.

The Supreme Court has sometimes broadly interpreted the Commerce Clause and the Necessary and Proper Clause in Article One to allow Congress to enact legislation that is neither expressly allowed by the enumerated powers nor expressly denied in the limitations on Congress. In McCulloch v. Maryland (1819), the Supreme Court read the Necessary and Proper Clause to permit the federal government to take action that would "enable [it] to perform the high duties assigned to it [by the Constitution] in the manner most beneficial to the people",[46] even if that action is not itself within the enumerated powers. Chief Justice Marshall clarified: "Let the end be legitimate, let it be within the scope of the Constitution, and all means which are appropriate, which are plainly adapted to that end, which are not prohibited, but consist with the letter and spirit of the Constitution, are Constitutional."[46]

Article Two

Article Two describes the office of the President of the United States. The President is head of the executive branch of the federal government, as well as the nation's head of state and head of government.

Article Two describes the office, qualifications and duties of the President of the United States and the Vice President. It is modified by the 12th Amendment which tacitly

입법부에 위임되는 권한들을 제1조 제8항은 열거한다. 재정적으로 세금을 부과할, 금전을 차용할, 채무를 변제할 및 공통의 방위비용을 및 일반적 복지비용을 조달할 권한을; 통상을 및 파산들을 규제할, 그리고 화폐를 주조할 권한을 의회는 보유한다. 국내의 문제들을 통제하기 위하여 군대를 및 민병대들을 규율할 및 통제할 권한을, 반란들을 진압할 및 외침들을 격퇴할 권한을 그것은 보유한다. 귀화를, 무게들의 및 분량들의 표준들을, 우체국들을 및 도로들을, 그리고 특허권들을 그것은 규정해야 한다; 연방의 지역을 및 요새들을 및 병기고들을 위한 주들에 의한 토지 할양 부분들을 그것은 직접 통치해야 한다. 국제적으로, 해적행위들을 및 국제법에 대한 범죄들을 규정할 및 처벌할 권한을, 전쟁을 선언할 및 전쟁 규칙들을 제정할 권한을 의회는 보유한다. 개개의 모든 권한의 명시적 위임에 대한 연합규약상의(the Articles') 요건을 요함이 없이 부수적 권한들을 의회에게 그 탄력적 조항이라고도 알려진 마지막의 필요적절 조항(the Necessary and Proper Clause)은 명시적으로 수여한다. 의회의 권한에 대한 여덟 가지의 특정의 제한들을 제1조 제9항은 목록화한다.

그 열거된 권한들에 의하여 명시적으로 허용되지도 및 의회에 대한 제한사항들에서 명시적으로 부정되지도 아니하는 법률을 입법하도록 의회에게 허용하기 위하여 제1조의 통상조항을 및 필요적절 조항을 대법원은 때때로 넓게 해석해 왔다. "[헌법에 의하여] 연방정부에게 부여되는 고도의 의무사항들을 국민에게 가장 유익한 방법으로 [연방정부가] 이행함을 가능하게 해 줄",[46] 행동을, 심지어 그 행동이 그 자체로는 그 열거된 권한들 내에 있지 아니한 경우에조차도, 취하도록 연방정부에게 허용하는 것으로 필요적절 조항을 McCulloch v. Maryland(1819)에서 대법원은 해석하였다. 대법원장 마샬 판사(Chief Justice Marshall)는 명확히 하였다: "그 목적이 적법한 것이 되게끔, 그것이 헌법의 범위 내에 있게끔 하면, 그 때에는 그 목적에 맞게 조절되는, 금지되지 아니하는, 헌법의 문언에 및 정신에 부합되는 적절한 모든 수단들은 합헌이다."[46]

제2조

합중국 대통령직을 제2조는 설명한다. 대통령은 연방의 국가원수 겸 정부수반일 뿐만 아니라 행정부의 수반이다.

합중국 대통령의 및 부통령의 직무를, 자격들을 및 책무들을 제2조는 설명한다. 정당들을 암묵리에 인정하는 수정 제12조에 의하여, 그리고 직무승계에 관한 수정 제25조에 의하여 그

acknowledges political parties, and the 25th Amendment relating to office succession. The president is to receive only one compensation from the federal government. The inaugural oath is specified to preserve, protect and defend the Constitution.

The president is the Commander in Chief of the United States Armed Forces and state militias when they are mobilized. He or she makes treaties with the advice and consent of a two-thirds quorum of the Senate. To administer the federal government, the president commissions all the offices of the federal government as Congress directs; he or she may require the opinions of its principal officers and make "recess appointments" for vacancies that may happen during the recess of the Senate. The president is to see that the laws are faithfully executed, though he or she may grant reprieves and pardons except regarding Congressional impeachment of himself or other federal officers. The president reports to Congress on the State of the Union, and by the Recommendation Clause, recommends "necessary and expedient" national measures. The president may convene and adjourn Congress under special circumstances.

Section 4 provides for removal of the president and other federal officers. The president is removed on impeachment for, and conviction of, treason, bribery, or other high crimes and misdemeanors.

Article Three

Article Three describes the court system (the judicial branch), including the Supreme Court. There shall be one court called the Supreme Court. The article describes the kinds of cases the court takes as original jurisdiction. Congress can create lower courts and an appeals process. Congress enacts law defining crimes and providing for punishment. Article Three also protects the right to trial by jury in all criminal cases, and defines the crime of treason.

Section 1 vests the judicial power of the United States in federal courts, and with it, the authority to interpret and apply the law to a particular case. Also included is the power to punish, sentence, and direct future action to resolve conflicts. The Constitution outlines the U. S. judicial system. In the Judiciary Act of 1789, Congress began to fill in details. Currently, Title 28 of the U. S. Code[47] describes judicial powers and administration.

것은 수정된다. 연방정부로부터의 보수만을 대통령은 수령해야 한다. 헌법을 보호해야 함을 및 옹호해야 함을 취임선서는 명시한다.

대통령은 합중국 군대의 및 동원될 경우의 주 민병대들의 총사령관이다. 상원의 3분의 2의 정족수의 조언을 및 동의를 받아 조약들을 그는 또는 그녀는 체결할 수 있다. 연방정부를 운영하기 위하여 의회가 정하는 바에 따라 연방정부의 모든 직책들을 대통령은 위탁한다; 자신의 장관들의 의견들을 그는 또는 그녀는 요구할 수 있고 상원의 휴회 도중에 발생할 수 있는 궐위들을 위하여 "휴회 임명들"을 그는 또는 그녀는 할 수 있다. 그 자신에 내지는 그 밖의 연방공무원들에 대한 의회의 탄핵에 관하여를 제외하고는 집행유예들을 및 사면들을 그는 또는 그녀는 허가할 수 있음에도 불구하고, 법들이 충실하게 집행되도록 대통령은 살펴보아야 한다. 연방의 상황에 관하여 의회에 그는 보고해야 하며, "필요한 및 적절한" 국가적 조치들을 권고조항(the Recommendation Clause)에 의하여 권고한다. 의회를 특별한 상황들 아래서 대통령은 소집할 수 있고 휴회시킬 수 있다.

대통령의 및 그 밖의 연방공무원들의 해임을 제4항은 규정한다. 반역으로, 뇌물로, 또는 그 밖의 중대범죄들로 및 경죄들로 인한 탄핵에 및 유죄판정에 따라 대통령은 해임된다.

제3조

대법원을 포함하는 법원제도(사법부)를 제3조는 설명한다. 대법원이라고 불리는 한 개의 법원이 있어야 한다. 최초의 관할로서 법원이 다루는 사건들의 종류를 이 조항은 설명한다. 하위법원들을 및 항소들의 절차를 의회는 창설할 수 있다. 범죄들을 규정하는 및 처벌을 규정하는 법을 의회는 제정한다. 배심에 의한 정식사실심리를 받을 권리(the right to trial by jury)를 모든 형사사건들에서 또한 제3조는 보호하며, 반역죄를 규정한다.

합중국의 사법 권한을, 및 이에 더불어 법을 해석할 및 특정사건에 적용할 권한을 연방법원들에게 제1항은 부여한다. 처벌할, 판결을 내릴, 그리고 분쟁들을 해소하기 위한 장래의 행위를 명령할 권한이 아울러 포함된다. 합중국 사법제도의 윤곽을 헌법은 그린다. 세부항목들을 채우는 작업을 1789년 법원법(the Judiciary Act of 1789)에서 의회는 시작하였다. 현행의 것으로는, 사법의 권한들을 및 운영을 합중국 법전집 제28편(Title 28 of the U. S. Code)이[47] 설명한다.

As of the First Congress, the Supreme Court justices rode circuit to sit as panels to hear appeals from the district courts.[b] In 1891, Congress enacted a new system. District courts would have original jurisdiction. Intermediate appellate courts (circuit courts) with exclusive jurisdiction heard regional appeals before consideration by the Supreme Court. The Supreme Court holds discretionary jurisdiction, meaning that it does not have to hear every case that is brought to it.[47]

To enforce judicial decisions, the Constitution grants federal courts both criminal contempt and civil contempt powers. The court's summary punishment for contempt immediately overrides all other punishments applicable to the subject party. Other implied powers include injunctive relief and the habeas corpus remedy. The Court may imprison for contumacy, bad-faith litigation, and failure to obey a writ of mandamus. Judicial power includes that granted by Acts of Congress for rules of law and punishment. Judicial power also extends to areas not covered by statute. Generally, federal courts cannot interrupt state court proceedings.[47]

Clause 1 of Section 2 authorizes the federal courts to hear actual cases and controversies only. Their judicial power does not extend to cases which are hypothetical, or which are proscribed due to standing, mootness, or ripeness issues. Generally, a case or controversy requires the presence of adverse parties who have some interest genuinely at stake in the case. Also required is of broad enough concern in the Court's jurisdiction that a lower court, either federal or state, does not geographically cover all the existing cases before law. Courts following these guidelines exercise judicial restraint. Those making an exception are said to be judicial activist.[c]

Clause 2 of Section 2 provides that the Supreme Court has original jurisdiction in cases involving ambassadors, ministers and consuls, for all cases respecting foreign nation-states,[48] and also in those controversies which are subject to federal judicial power because at least one state is a party. Cases arising under the laws of the United States and its treaties come under the jurisdiction of federal courts. Cases under international maritime law and conflicting land grants of different states come under federal courts. Cases

초대의회(the First Congress) 당시로는, 지방법원들로부터의 항소들을 심리하기 위한 재판부들로서 앉기 위하여 대법원 판사들은 순회하였다.[b] 새로운 제도를 1891년에 의회는 입법하였다. 최초의 관할을 지방법원은 가지게 되었다. 지방의 항소들을 대법원에 의한 검토에 앞서서 배타적 관할을 지니는 중간항소법원들(Intermediate appellate courts; 순회법원들)이 심리하였다. 재량적 관할을 대법원은 보유하는데, 자신 앞에 올라오는 모든 사건을 대법원이 심리해야만 하는 것은 아님을 이는 의미한다.[47]

사법적 결정들을 시행하기 위하여, 형사적 법원모독 권한을 및 민사적 법원모독 권한을 다 같이 연방법원들에게 헌법은 부여한다. 법원모독에 대한 법원의 약식처벌은 그 즉시로, 당사자에게 적용되는 여타의 모든 처벌들에 우선한다. 금지명령에 의한 구제(injunctive relief)를 및 인신보호영장에 의한 구제(the habeas corpus remedy)를 여타의 함축된 권한들은 포함한다. 불순종(contumacy)을, 부정직 소송(bad-faith litigation)을 및 직무이행명령(a writ of mandamus) 불이행을 이유로 법원은 구금할 수 있다. 법의 지배들을 및 처벌을 위하여 의회의 법률들에 의하여 부여되는 권한을 사법적 권한은 포함한다. 제정법에 의하여 규정되지 아니하는 영역들에도 사법권은 미친다. 주 법원 절차들을 일반적으로 연방법원들은 저지할 수 없다.[47]

실제상의 사건들만을 및 분쟁들만을 심리할 권한을 연방법원들에게 제2항 제1절은 부여한다. 가정적인, 내지는 당사자적격의, 쟁송성 상실의, 또는 성숙성의 쟁점들에 따라 금지되는 사건들에 그들의 사법권한은 미치지 아니한다. 일반적으로 사건에 진정하게 달려 있는 상당한 이익을 지니는 대립적 당사자들의 존재를 한 개의 사건은 내지는 분쟁은 요구한다. 마찬가지로 요구되는 것은 법원의 관할에 대한 충분히 넓은 관심인 바, 법 앞의 모든 현존의 사건들을 연방법원이든 주 법원이든 하급법원이 지리적으로 담당하지는 못하기 때문이다. 이러한 기준선들을 따르는 법원들은 사법적 자제(judicial restraint)를 행사한다. 예외를 만드는 사람들은 사법 적극주의자(judicial activist)라고 불린다.[c]

대사들을, 공사들을 및 영사들을 포함하는 사건들에서의, 외국들에 관한 모든 사건들에서의 ,[48] 및 이에 아울러 적어도 한 개의 주가 당사자임으로 인하여 연방의 사법권에 종속되는 분쟁들에서의 최초의 관할을 대법원이 보유함을 제2항 제2절은 규정한다. 합중국의 법들 아래서 및 그 조약들 아래서 발생하는 사건들은 연방법원들의 관할 아래에 들어온다. 국제해사법 아래의 사건들은 및 서로 다른 주들의 충돌하는 토지 양도들 아래의 사건들은 연방법원들의 관할 아래에 들어온다. 서로 다른 주들에 있는 합중국 시민들 사이의 사건들은, 그

between U. S. citizens in different states, and cases between U. S. citizens and foreign states and their citizens, come under federal jurisdiction. The trials will be in the state where the crime was committed.[47]

No part of the Constitution expressly authorizes judicial review, but the Framers did contemplate the idea. The Constitution is the supreme law of the land. Precedent has since established that the courts could exercise judicial review over the actions of Congress or the executive branch. Two conflicting federal laws are under "pendent" jurisdiction if one presents a strict constitutional issue. Federal court jurisdiction is rare when a state legislature enacts something as under federal jurisdiction.[d] To establish a federal system of national law, considerable effort goes into developing a spirit of comity between federal government and states. By the doctrine of 'Res judicata', federal courts give "full faith and credit" to State Courts.[e] The Supreme Court will decide Constitutional issues of state law only on a case by case basis, and only by strict Constitutional necessity, independent of state legislators motives, their policy outcomes or its national wisdom.[f]

Section 3 bars Congress from changing or modifying Federal law on treason by simple majority statute. Treason is also defined in this section. It's not enough merely to think a treasonous thought, there must be an overt act of making war or materially helping those at war with the United States. Accusations must be corroborated by at least two witnesses. Congress is a political body and political disagreements routinely encountered should never be considered as treason. This allows for nonviolent resistance to the government because opposition is not a life or death proposition. However, Congress does provide for other less subversive crimes and punishments such as conspiracy.[g]

Article Four

Article Four outlines the relations among the states and between each state and the federal government. In addition, it provides for such matters as admitting new states and border changes between the states. For instance, it requires states to give "full faith and credit" to the public acts, records, and court proceedings of the other states. Congress is permitted to regulate the manner in which proof of such acts may be admitted. The "privileges and immunities" clause prohibits state governments from discriminating against citizens

리고 합중국 시민들의, 및 외국들의 및 외국 시민들의, 양자 사이의 사건들은 연방법원들의 관할 아래에 들어온다. 범죄가 저질러진 해당 주에서 정식사실심리들은 열린다.[47]

사법심사를 헌법은 어느 부분에서도 명시적으로 허가하지 아니하지만, 그러나 그 개념을 입안자들은 정히 숙고하였다. 헌법은 나라의 최고의 법이다. 의회의 내지는 행정부의 행위들에 대한 사법심사를 법원들은 행사할 수 있음을 선례는 확립해 놓았다. 완전한 헌법적 쟁점을 만약 한 개의 연방법이 제기하면 두 개의 충돌하는 연방법들이 "미결의(pendent)" 관할 아래에 있다. 연방관할 아래의 것으로서의 어떤 것을 주 입법부가 입법하는 경우에 연방법원 관할은 드물다.[d] 연방적 체계의 국가법을 확립하기 위하여 예양(comity)의 정신을 발전시키는 데에 상당한 노력이 투입된다. '기판력(Res judicata)'의 법리에 의하여, "완전한 신뢰를 및 신용을(full faith and credit)" 주 법원들에 연방법원들은 부여한다.[e] 주 법의 헌법적 쟁점들을 오직 사건별 기준에 의하여서만, 그리고 사건을 주 입법자들의 동기들에, 그들의 정책의 결과들에, 내지는 그것의 국가적 지혜로움에 상관 없이 오직 엄격한 헌법적 필요성에 의하여서만, 대법원은 판결한다.[f]

반역죄에 관한 연방법을 단순한 다수의결에 의한 제정법으로는 변경하지 못하도록 내지는 수정하지 못하도록 의회를 제3항은 금지한다. 또한 반역죄는 이 항에서 규정된다. 반역적 생각을 하는 것으로는 충분하지 않고, 합중국과의 전쟁을 벌이는 공공연한 행위가 내지는 합중국과의 전쟁 상태에 있는 자들을 중대하게 조력하는 공공연한 행위가 있지 않으면 안 된다. 적어도 두 명의 증인들에 의하여 고발들은 보강되지 않으면 안 된다. 의회는 정치기관이고 따라서 그 봉착되는 정치적 불일치들은 반역으로 간주되어서는 결코 안 된다. 정부에 대한 비폭력 저항을 이것은 허용하는 바, 왜냐하면 반대는 삶의 또는 죽음의 명제가 아니기 때문이다. 그러나 공모(conspiracy) 류의 덜 전복적인 범죄들을 및 처벌들을 의회는 정식으로 규정한다.[g]

제4조

주들 사이의, 개개 주(state)의 및 연방정부의 양자 사이의 관계들의 윤곽을 제4조는 그린다. 그 밖에도 새로운 주들을 받아들이는 문제들을 및 주들 사이의 국경 변경의 문제들을 등등을 그것은 규정한다. 예를 들면, "완전한 신뢰를 및 신용을" 다른 모든 주(State)의 법률들에, 기록들에 및 사법절차들에 부여할 것을 주들에게 그것은 요구한다. 그러한 법들의 증거가 받아들여질 수 있는 방법을 규율하도록 의회는 허용된다. 거주 시민들의 편을 들어 다른 주들의 시민들을 차별하지 못하도록 주 정부들에게 "특권들 및 면제들(privileges and immunities)" 조항

of other states in favor of resident citizens, e.g., having tougher penalties for residents of Ohio convicted of crimes within Michigan.

It also establishes extradition between the states, as well as laying down a legal basis for freedom of movement and travel amongst the states. Today, this provision is sometimes taken for granted, but in the days of the Articles of Confederation, crossing state lines was often arduous and costly. The Territorial Clause gives Congress the power to make rules for disposing of federal property and governing non-state territories of the United States. Finally, the fourth section of Article Four requires the United States to guarantee to each state a republican form of government, and to protect them from invasion and violence.

Article Five

Article Five outlines the process for amending the Constitution. Eight state constitutions in effect in 1787 included an amendment mechanism. Amendment making power rested with the legislature in three of the states and in the other five it was given to specially elected conventions. The Articles of Confederation provided that amendments were to be proposed by Congress and ratified by the unanimous vote of all thirteen state legislatures. This proved to be a major flaw in the Articles, as it created an insurmountable obstacle to constitutional reform. The amendment process crafted during the Philadelphia Constitutional Convention was, according to The Federalist No. 43, designed to establish a balance between pliancy and rigidity:[49]

It guards equally against that extreme facility which would render the Constitution too mutable; and that extreme difficulty which might perpetuate its discovered faults. It more-over equally enables the General and the State Governments to originate the amendment of errors, as they may be pointed out by the experience on one side, or on the other.

There are two steps in the amendment process. Proposals to amend the Constitution must be properly adopted and ratified before they change the Constitution. First, there are two procedures for adopting the language of a proposed amendment, either by (a) Congress, by two-thirds majority in both the Senate and the House of Representatives, or (b) national convention (which shall take place whenever two-thirds of the state legislatures collectively call for one).

은 금지하는 바, 예를 들어 더 가혹한 처벌들을 미시간주 내에서 유죄판정되는 오하이오주 거주자들에게 가하는 행위 등이다.

주들 사이에서의 이동의 및 여행의 자유의 법적 근거를 그것은 규정함에 아울러, 주들 사이의 범인 인도를 그것은 또한 확립한다. 오늘날 이 규정은 때때로 당연한 것으로 간주되지만, 연합규약(the Articles of Confederation) 시절에는 주(state) 경계들을 넘는 것은 흔히 험한 및 값비싼 것이었다. 연방재산을 처분하기 위한 및 합중국의 주(州) 외(non-state) 영토들을 통치하기 위한 규칙들을 제정할 권한을 의회에 영토조항은 부여한다. 마지막으로, 공화주의 형태의 정부를 각 주에게 보장할 것을 및 그들을 외침으로부터 및 폭력으로부터 보호할 것을 합중국에게 이 조 제4항은 요구한다.

제5조

헌법을 개정하기 위한 절차의 윤곽을 제5조는 그린다. 한 개의 개정장치를 1787년에 발효 중이던 여덟 개 주 헌법들은 포함하였다. 세 개의 주들에서 입법부에 개정권한은 놓였고 그 밖의 다섯 개 주들에서 특별히 선출되는 의회들에게 그것은 부여되었다. 의회에 의하여 개정들은 제의되어야 한다고 및 열세 개 주들의 입법부들의 만장일치의 표결에 의하여 그것들은 비준되어야 한다고 연합규약(The Articles of Confederation)은 규정하였다. 이것은 규약에서의 중대한 흠결인 것으로 드러났는데, 왜냐하면 헌법적 개혁에 대한 극복불능의 장애를 그것은 낳았기 때문이다. 필라델피아 헌법회의 동안에 정교하게 만들어진 개정절차는, 연방주의자 제43호(The Federalist No. 43)에 따르면, 유연함의 및 엄격함의 양자 사이에서의 균형을 달성하도록 설계되었다:[49]

헌법을 지나치게 변덕스러운 것으로 만들 그 극단적 용이함을; 그리고 그것의 확인된 결점들을 영구화할 수 있는 그 극단적 어려움을 그것은 동등하게 방지한다. 그 위에, 오류들의 개정을 발의할 수 있도록 연방정부에게와 주 정부들에게 그것은 동등하게 보장하는 바, 이 쪽의 또는 다른 쪽의 중 어느 한 쪽의 경험에 의하여 그것들은 지적되어 나올 수 있기 때문이다.

개정절차에는 두 단계들이 있다. 헌법을 개정하기 위한 제안들이 헌법을 바꾸기에 앞서서 그것들은 정당하게 채택되지 않으면 안 되고 비준되지 않으면 안 된다. 첫째로, 제안된 개정안의 문언을 채택하기 위한 두 개의 절차들이 있는 바, (a) 의회에 의해서, 즉 하원에서의 및 하원에서의 등 두 곳에서의 다 같은 3분의 2의 다수에 의해서이거나, 또는 (b) 연방헌법회의(national convention)에 의해서이거나이다(주 입법부들 3분의 2가 집단적으로 요구할 때는 언제든지 그것은 개최되어야

Second, there are two procedures for ratifying the proposed amendment, which requires three-fourths of the states' (presently 38 of 50) approval: (a) consent of the state legislatures, or (b) consent of state ratifying conventions. The ratification method is chosen by Congress for each amendment.[50] State ratifying conventions were used only once, for the Twenty-first Amendment.[51]

Presently, the Archivist of the United States is charged with responsibility for administering the ratification process under the provisions of 1 U. S. Code §106b. The Archivist submits the proposed amendment to the states for their consideration by sending a letter of notification to each Governor. Each Governor then formally submits the amendment to their state's legislature. When a state ratifies a proposed amendment, it sends the Archivist an original or certified copy of the state's action. Ratification documents are examined by the Office of the Federal Register for facial legal sufficiency and an authenticating signature.[52]

Article Five ends by shielding certain clauses in the new frame of government from being amended. Article One, Section 9, Clauses 1 prevents Congress from passing any law that would restrict the importation of slaves into the United States prior to 1808, plus the fourth clause from that same section, which reiterates the Constitutional rule that direct taxes must be apportioned according state populations. These clauses were explicitly shielded from Constitutional amendment prior to 1808. On January 1, 1808, the first day it was permitted to do so, Congress approved legislation prohibiting the importation of slaves into the country. On February 3, 1913, with ratification of the Sixteenth Amendment, Congress gained the authority to levy an income tax without apportioning it among the states or basing it on the United States Census. The third textually entrenched provision is Article One, Section 3, Clauses 1, which provides for equal representation of the states in the Senate. The shield protecting this clause from the amendment process is less absolute — "no state, without its consent, shall be deprived of its equal Suffrage in the Senate" — but permanent.

Article Six

Article Six establishes the Constitution, and all federal laws and treaties of the United States made according to it, to be the supreme law of the land, and that "the judges in

한다). 둘째로, 그 제안된 개정안을 비준하기 위한 두 개의 절차들이 있고, 주들 4분의 3의 (현재로서는 50개 주들 중의 38개의) 승인을 이것들은 요구한다: 즉 ⑷ 주 입법부들의 동의가 그 하나이고, 또는 ⑸ 주(州) 비준회의들의 동의가 다른 하나이다. 개정안마다에 대하여 의회에 의하여 비준방법은 선택된다.[50] 주 비준회의들은 단 한 번 사용되었는데, 수정 제21조를 위한 것이 그것이었다.[51]

현재로, 비준절차를 합중국 법전집 제1편 제106b절(1 U. S. Code §106b) 아래서 집행할 책임을 합중국의 기록관리자는 지고 있다. 제안된 개정안을, 통지서를 개개 주지사에게 발송함에 의하여 그들의 검토를 위하여 주들에게 기록관리자는 제출한다. 그 때 그 개정안을 그들의 주 입법부에 개개 주지사는 정식으로 제출한다. 한 개의 제안된 개정안을 한 개의 주가 비준할 때, 주(州) 행위의 원본을 내지는 증명된 사본을 기록관리자에게 그 주는 보낸다. 비준문서들은 외관상의 법적 충분성을 및 인증된 서명을 확인하기 위하여 연방 관보사무국에 의하여 검토된다.[52]

정부의 새 구조 안에서의 특정 절들을 개정으로부터 보호함으로써 제5조는 끝난다. 조금이라도 1808년 이전의 합중국 내에의 노예들의 수입을 제한하는 법을 통과시킬 수 없도록 의회를 제1조 제9항 제1절은 금지하는 바, 직접세들은 주 인구들에 비례하는 것이지 않으면 안 된다는 헌법적 규칙을 반복하는 같은 항 네 번 째 절이 이에 보태진다. 1808년 이전 시점의 헌법개정으로부터 이 절들은 명시적으로 보호되었다. 나라 안에의 노예들의 수입을 금지하는 입법을 그 승인함이 허용된 첫 번째 날인 1808년 1월 1일 의회는 승인하였다. 주들 사이에서 할당함이 없이 내지는 합중국 인구조사에 토대룰 둠이 없이 수입세를 부과할 권한을 수정 제16조로써 1913년 2월 3일에 의회는 획득하였다. 본문상으로 확립된 세 번째 규정은 제1조 제3항 제1절인데, 상원에서의 주들의 평등한 대표를 그것은 규정한다. 이 절을 개정절차로부터 보호하는 방패는 − 즉, "상원에서의 그 자신의 평등한 투표권을 그 자신의 동의 없이 주는 박탈당하지 아니한다(no state, without its consent, shall be deprived of its equal Suffrage in the Senate)는" − 덜 절대적이지만 항구적이다.

제6조

헌법이, 모든 연방법들이 및 이에 따라 체결되는 합중국의 조약들이 나라의 최고의 법임을, 및 "조금이라도 주 법들에 내지는 헌법들에 들어 있는 이에 반하는 것들에도 불구하고 모

every state shall be bound thereby, any thing in the laws or constitutions of any state not-withstanding." It validates national debt created under the Articles of Confederation and requires that all federal and state legislators, officers, and judges take oaths or affirmations to support the Constitution. This means that the states' constitutions and laws should not conflict with the laws of the federal constitution and that in case of a conflict, state judges are legally bound to honor the federal laws and constitution over those of any state. Article Six also states "no religious Test shall ever be required as a Qualification to any Office or public Trust under the United States."

Article Seven

Article Seven describes the process for establishing the proposed new frame of govern-ment. Anticipating that the influence of many state politicians would be Antifederalist, del-egates to the Philadelphia Convention provided for ratification of the Constitution by pop-ularly elected ratifying conventions in each state. The convention method also made it possible that judges, ministers and others ineligible to serve in state legislatures, could be elected to a convention. Suspecting that Rhode Island, at least, might not ratify, delegates decided that the Constitution would go into effect as soon as nine states (two–thirds rounded up) ratified.[53] Once ratified by this minimum number of states, it was anticipated that the proposed Constitution would become this Constitution between the nine or more that signed. It would not cover the four or fewer states that might not have signed.[54]

Closing endorsement

Closing endorsement section of the United States Constitution

The Signing of the United States Constitution occurred on September 17, 1787 when 39 delegates to the Constitutional Convention endorsed the constitution created during the convention. In addition to signatures, this closing endorsement, the Constitution's eschato-col, included a brief declaration that the delegates' work has been successfully completed and that those whose signatures appear on it subscribe to the final document. Included are, a statement pronouncing the document's adoption by the states present, a formulaic dating of its adoption, and the signatures of those endorsing it. Additionally, the conven-

든 주에서의 판사들은 이에 구속됨"을 제6조는 확립한다. 연합규약(the Articles of Confederation)에 따라서 창출된 연방의 채무를 유효한 것으로 그것은 만들고, 헌법을 지지하겠다는 선서를 내지는 무선서 확약을 모든 연방의 및 주들의 입법자들은, 공무원들은 및 판사들은 할 것을 그것은 요구한다. 연방헌법에 의한 법들에 주들의 헌법들이 및 법들이 충돌해서는 안 됨을, 그리하여 충돌의 경우에 연방의 법들을 및 헌법을 조금이라도 주 법들에 및 헌법들에 우선하여 존중하도록 주 판사들은 법적으로 구속됨을 이것은 의미한다. "조금이라도 합중국 아래서의 공직에의 내지는 공적 신뢰에의 자격으로서의 종교적 시험은 결코 요구되어서는 안 된다."고 제6조는 아울러 규정한다.

제7조

그 제안되는 새로운 정부구조를 수립하는 절차를 제7조는 설명한다. 다수의 주(state) 정치인들의 영향력이 반연방주의 성향일 것임을 예상하여, 개개 주에서의 일반투표로 선출되는 비준회의들에 의한 헌법의 비준을 필라델피아 헌법회의에의 대표자들은 규정하였다. 판사들로 하여금, 공사들로 하여금 및 주 입법부들에서 복무하기 위하여 선출될 수 없는 여타의 사람들로 하여금 헌법회의에 선출될 수 있게끔 비준회의 방식은 또한 만들었다. 아홉 개 주들(우수리 없이 잘라 올려 3분의 2)이 비준하면 그 동시에 헌법은 발효함을, 적어도 로드아일랜드주가 비준하지 않을 것으로 의심하여, 대표자들은 결정하였다.[53] 이 최소 숫자의 주들에 의하여 일단 비준되자, 헌법안은 이에 서명한 아홉의 내지는 그보다 더 많은 주들의 사이에서 이 헌법이 될 것으로 기대되었다. 서명하지 아니한 네 개 이하의 주들을 그것은 포함하지 아니할 생각이었다.[54]

마무리 승인

[사진설명] 합중국 헌법의 마무리 승인 항 부분

헌법회의 동안에 만들어진 헌법을 대륙회의에의 대표자들 39명이 승인한 1787년 9월 17일에 합중국 헌법의 서명은 이루어졌다. 서명들에 더하여 대표들의 작업이 성공적으로 완수되었다는 및 그 위에 서명들이 오르는 사람들은 그 최종문서에 서명한다는 한 개의 간략한 선언을 헌법 끝 부분인 이 마무리 승인은 포함하였다. 이에 포함되어 있는 것들은 출석한 주들에 의한 문서의 채택을 표명하는 한 개의 성명이고, 그 채택의 공식적 날짜이고, 그리고 그것을 승인하는 사람들의 서명들이다. 이에 더하여, 대표자들의 서명들의 유효성을 인증하기 위하여 문서에 헌법회의의 서기 윌리엄 잭슨(William Jackson)이 서명하였다. 이에 아울러 서기로

tion's secretary, William Jackson, signed the document to authenticate the validity of the delegate signatures. He also made a few secretarial notes.

The language of the concluding endorsement, conceived by Gouverneur Morris and presented to the convention by Benjamin Franklin, was made intentionally ambiguous in hopes of winning over the votes of dissenting delegates. Advocates for the new frame of government, realizing the impending difficulty of obtaining the consent of the states needed to make it operational, were anxious to obtain the unanimous support of the delegations from each state. It was feared that many of the delegates would refuse to give their individual assent to the Constitution. Therefore, in order that the action of the Convention would appear to be unanimous, the formula, Done in convention by the unanimous consent of the states present ... was devised.[55]

The document is dated: "the Seventeenth Day of September in the Year of our Lord" 1787, and "of the Independence of the United States of America the Twelfth." This two-fold epoch dating serves to place the Constitution in the context of the religious traditions of Western civilization and, at the same time, links it to the regime principles proclaimed in the Declaration of Independence. This dual reference can also be found in the Articles of Confederation and the Northwest Ordinance.[55]

The closing endorsement serves an authentication function only. It neither assigns powers to the federal government nor does it provide specific limitations on government action. It does however, provide essential documentation of the Constitution's validity, a statement of "This is what was agreed to." It records who signed the Constitution, and when and where.

Ratified amendments

United States Bill of Rights
Currently housed in the National Archives.

The Constitution has twenty-seven amendments. Structurally, the Constitution's original

서의 몇 가지 주석들을 그는 달았다.

구베르뇌르 모리스(Gouverneur Morris)에 의하여 착상된 및 벤자민 프랭클린(Benjamin Franklin)에 의하여 헌법회의에 제출된 마무리 승인의 문언은 반대 측 대표자들의 투표수를 이겼으면 하는 기대들 속에서 의도적으로 모호하게 만들어졌다. 헌법을 효력 있는 것으로 만들기 위하여 요구되는 주들의 동의를 얻음의 박두한 어려움을 인식하고서, 새로운 정부구조의 옹호자들은 개개 주 대표자들의 만장일치의 지지를 확보하고자 열망하였다. 헌법에 대한 그들의 개인적 동의를 주기를 대표자들의 다수가 거부할 것이 우려되었다. 그러므로 헌법회의의 행동이 만장일치의 것으로 나타나 보이도록 공식 Done in convention by the unanimous consent of the states present ... (…… 출석한 주들의 만장일치의 동의에 의하여 이루어졌다.)가 고안되었다.[55]

문서의 날짜는 "우리 구세주 1787년의 및 미합중국 독립 12년의 9월 17일"이다. 이 두 겹의 기원에 의한 일자기입은 헌법을 서구문명의 종교적 전통들의 맥락 속에 두는 데 기여하고, 그 동시에 그것을 독립선언에서 선포된 통치원칙들에 연결시킨다. 이 이중의 언급은 연합규약에서도 및 노스웨스트 조례(the Northwest Ordinance)에서도 발견될 수 있다.[55]

마무리 승인은 인증기능에만 복무한다. 그것은 권한을 연방정부에 할당하는 것이도 아니고 정부 행위 위에의 구체적 한계들을 규정하는 것이도 아니다. 그러나 헌법의 유효성의 가장 중요한 문서화를, "이것이 그 합의된 사항이다."라는 한 개의 성명을 그것은 제공한다. 헌법에 누가 서명했는지를, 그리고 언제 어디서 했는지를 그것은 기록한다.

비준된 수정조항들

[사진설명] 합중국 권리장전
현재 국립문서기록관리청(the National Archives)에 보관되어 있음.

스물 일곱 개의 수정조항들을 헌법은 지닌다. 구조적으로, 헌법의 원래의 본문은 및 모든

text and all prior amendments remain untouched. The precedent for this practice was set in 1789, when Congress considered and proposed the first several Constitutional amendments. Among these, Amendments 1−10 are collectively known as the Bill of Rights, and Amendments 13−15 are known as the Reconstruction Amendments. Excluding the Twenty-seventh Amendment, which was pending before the states for 202 years, 225 days, the longest pending amendment that was successfully ratified was the Twenty-second Amendment, which took 3 years, 343 days. The Twenty-sixth Amendment was ratified in the shortest time, 100 days. The average ratification time for the first twenty-six amendments was 1 year, 252 days, for all twenty-seven, 9 years, 48 days.

A proposed amendment becomes an operative part of the Constitution as soon as it is ratified by three-fourths of the States (currently 38 of the 50 States). There is no further step. The text requires no additional action by Congress or anyone else after ratification by the required number of states.[56] Thus, when the Office of the Federal Register verifies that it has received the required number of authenticated ratification documents, it drafts a formal proclamation for the Archivist to certify that the amendment is valid and has become part of the nation's frame of government. This certification is published in the Federal Register and United States Statutes at Large and serves as official notice to Congress and to the nation that the ratification process has been successfully completed.[52]

Safeguards of liberty (Amendments 1, 2, and 3)

The First Amendment (1791) prohibits Congress from obstructing the exercise of certain individual freedoms: freedom of religion, freedom of speech, freedom of the press, freedom of assembly, and right to petition. Its Free Exercise Clause guarantees a person's right to hold whatever religious beliefs he or she wants, and to freely exercise that belief, and its Establishment Clause prevents the federal government from creating an official national church or favoring one set of religious beliefs over another. The amendment guarantees an individual's right to express and to be exposed to a wide range of opinions and views. It was intended to ensure a free exchange of ideas, even unpopular ones. It also guarantees an individual's right to physically gather or associate with others in groups for economic, political or religious purposes. Additionally, it guarantees an individual's right to

이전의 수정조항들은 본래대로 남아 있다. 이 관행의 선례는 1789년에 자리잡혔는데, 최초의 여러 헌법 수정조항들을 그 때 의회는 숙고하여 제안하였다. 이것들 가운데 수정 제1조에서 제10조까지는 집합적으로 권리장전(the Bill of Rights)이라고 알려져 있고, 수정 제13조에서 제15조까지는 재건 수정조항들(the Reconstruction Amendments)로 알려져 있다. 주들 앞에 202년 225일 동안 미정 상태로 있었던 수정 제27조를 제외하면, 성공적으로 비준된, 가장 오래도록 미정 상태에 있던 수정조항은 수정 제22조로서 3년 343일이 걸렸다. 수정 제26조는 가장 짧은 100일 내에 비준되었다. 앞 스물 여섯 개 수정조항들의 평균 비준 기간은 1년 252일이고, 전체 스물일곱 개 수정조항들의 평균 비준 기간은 9년 48일이었다.

제안되는 수정조항은 주들의 4분의 3에 의하여 (현행대로는 50개 주들 중 38개의 주들에 의하여) 비준되는 즉시로 헌법의 효력 있는 부분이 된다. 더 이상의 절차는 없다. 그 요구되는 숫자의 주들에 의한 비준 뒤에는 의회에 의한 내지는 조금이라도 그 밖의 다른 사람에 의한 추가적 조치를 본문은 요구하지 않는다.[56] 그러므로, 그 요구되는 숫자의 인증된 비준문서들을 자신이 수령한 상태임을 연방 관보사무국이 확인하는 때에, 공식의 선포문을 그것은 입안하여 기록관리자로 하여금 수정조항이 유효함을 및 국가의 정부구조의 일부가 되었음을 확인하게 한다. 이 확인은 연방관보(the Federal Register)에 및 회기별 제정법집(United States Statutes at Large)에 공표되는데, 비준절차가 성공적으로 마무리되었다는 내용의 의회에의 및 국가에의 공식의 통지로서 그것은 기능한다.[52]

자유의 보장들 (수정 제1조, 제2조, 3조)

일정한 개인적 자유들의 행사를 막지 못하도록 의회를 1791년의 수정 제1조[the First Amendment (1791)]는 금지한다: 종교의 자유가, 말의 자유가, 언론출판의 자유가, 집회의 자유가, 그리고 청원의 권리가 그것들이다. 그가 또는 그녀가 원하는 그 어떤 종교적 신념들을이든 보유할, 그리고 그 신념을 자유로이 행사할 사람의 권리를 그것의 자유로운 행사 조항(Free Exercise Clause)은 보장하며, 공식의 국가적 교회를 창설하지 못하도록 내지는 일련의 종교적 신념들을 다른 것들에 우월하게 대우하지 못하도록 연방정부를 그것의 창설조항(Establishment Clause)은 금지한다. 광범위한 의견들을 및 견해들을 표현할 및 그것들에 노출될 개인의 권리를 그 수정조항은 보장한다. 생각들의 자유로운 교환을, 심지어 그 생각들이 인기 없는 것들인 경우에조차도 보장하려는 의도를 그것은 담은 것이었다. 경제적, 정치적 또는 종교적 목적들을 위하여 타인들에 더불어 그룹을 지어 실제로 모일 내지는 교제할 개인의 권리를 아

petition the government for a redress of grievances.[57]

The Second Amendment (1791) protects the right of individuals[58][59] to keep and bear arms.[60][61][62][63] Although the Supreme Court has ruled that this right applies to individuals, not merely to collective militias, it has also held that the government may regulate or place some limits on the manufacture, ownership and sale of firearms or other weapons. [64][65] Requested by several states during the Constitutional ratification debates, the amendment reflected the lingering resentment over the widespread efforts of the British to confiscate the colonists' firearms at the outbreak of the Revolutionary War. Patrick Henry had rhetorically asked, shall we be stronger, "when we are totally disarmed, and when a British Guard shall be stationed in every house?"[66]

The Third Amendment (1791) prohibits the federal government from forcing individuals to provide lodging to soldiers in their homes during peacetime without their consent. Requested by several states during the Constitutional ratification debates, the amendment reflected the lingering resentment over the Quartering Acts passed by the British Parliament during the Revolutionary War, which had allowed British soldiers to take over private homes for their own use.[67]

Safeguards of justice (Amendments 4, 5, 6, 7, and 8)

The Fourth Amendment (1791) protects people against unreasonable searches and seizures of either self or property by government officials. A search can mean everything from a frisking by a police officer or to a demand for a blood test to a search of an individual's home or car. A seizure occurs when the government takes control of an individual or something in his or her possession. Items that are seized often are used as evidence when the individual is charged with a crime. It also imposes certain limitations on police investigating a crime and prevents the use of illegally obtained evidence at trial.[68]

The Fifth Amendment (1791) establishes the requirement that a trial for a major crime

울러 그것은 보장한다. 그 밖에도, 고충사항들의 구제를 위하여 정부에 청원할 개인의 권리를 그것은 보장한다.[57]

1791년의 수정 제2조가 보호하는 개인들의 권리는 [58][59] 무기를 보유할 및 소지할 권리이다.[60][61][62][63] 집단적 민병대들에게만이 아니라 개인들에게도 이 권리가 적용된다고 비록 대법원은 판시해 왔음에도 불구하고, 총기류의 내지는 여타의 무기류의 제조를, 소유를 및 판매를 정부는 규제할 수 있음을 내지는 상당한 제한들을 그 위에 가할 수 있음을 아울러 대법원은 판시해 왔다.[64][65] 식민지 주민들의 총기류를 몰수하기 위한 미국 독립전쟁 발발 당시의 영국인들의 광범위한 노력들에 대한 오래 끈 분노를, 헌법의 비준에 관한 토론 도중에 몇몇 주들에 의한 요청이 있자, 그 수정조항은 반영하였다. 우리는 더 강해질 것인가, "우리가 완전히 무장해제되면, 그리고 영국 수비대가 모든 집에 배치되면?"이라고 패트릭 헨리 (Patrick Henry)는 수사적으로 물은 바 있었다.[66]

개인들의 주거들 내의 숙소를 평화 시에 그들의 동의 없이 병사들에게 제공하게끔 개인들을 강제하지 못하도록 연방정부를 1791년의 수정 제3조는 금지한다. 미국 독립전쟁 동안에 영국의회에 의하여 통과된, 영국 병사들로 하여금 사적 주거들을 그들 자신의 사용을 위하여 점거하도록 허용하였던 병영법에 대한 오래 끈 분노를, 헌법의 비준에 관한 토론 도중에 몇몇 주들에 의한 요청이 있자, 그 수정조항은 반영하였다.[67]

정의의 보장들 (수정 제4조, 제5조, 제6조, 제7조, 제8조)

사람들을 신체에 대한 것이든 재산에 대한 것이든 정부 공무원들에 의한 부당한 수색들에 및 압수들에 대처하여 1791년의 수정 제4조는 보호한다. 경찰관에 의한 소지품 검사로부터 혈액검사의 요구에 이르기까지의 또는 개인의 주거에 내지는 자동차에 대한 수색에 이르기까지의 모든 것을 한 개의 수색은 의미할 수 있다. 개인에 대한 또는 그의 내지는 그녀의 소유 속의 무엇인가에 대한 통제를 정부가 취할 때에 한 개의 압수는 발생한다. 압수되는 품목들은 그 개인이 범죄로 기소될 때 자주 증거로 사용된다. 이에 아울러, 일정한 제한들을 범죄를 수사하는 경찰 위에 그것은 부과하며, 불법적으로 확보된 증거의 정식사실심리에서의 사용을 그것은 금지한다.[68]

대배심에 의하여 기소장이 제출되어 있는 이후에만 중대범죄에 대한 정식사실심리는 개

may commence only after an indictment has been handed down by a grand jury; protects individuals from double jeopardy, being tried and put in danger of being punished more than once for the same criminal act; prohibits punishment without due process of law, thus protecting individuals from being imprisoned without fair procedures; and provides that an accused person may not be compelled to reveal to the police, prosecutor, judge, or jury any information that might incriminate or be used against him or her in a court of law. Additionally, the Fifth Amendment also prohibits government from taking private property for public use without "just compensation", the basis of eminent domain in the United States.[69]

The Sixth Amendment (1791) provides several protections and rights to an individual accused of a crime. The accused has the right to a fair and speedy trial by a local and impartial jury. Likewise, a person has the right to a public trial. This right protects defendants from secret proceedings that might encourage abuse of the justice system, and serves to keep the public informed. This amendment also guarantees a right to legal counsel if accused of a crime, guarantees that the accused may require witnesses to attend the trial and testify in the presence of the accused, and guarantees the accused a right to know the charges against them. In 1966, the Supreme Court ruled that, with the Fifth Amendment, this amendment requires what has become known as the Miranda warning.[70]

The Seventh Amendment (1791) extends the right to a jury trial to federal civil cases, and inhibits courts from overturning a jury's findings of fact. Although the Seventh Amendment itself says that it is limited to "suits at common law", meaning cases that triggered the right to a jury under English law, the amendment has been found to apply in lawsuits that are similar to the old common law cases. For example, the right to a jury trial applies to cases brought under federal statutes that prohibit race or gender discrimination in housing or employment. Importantly, this amendment guarantees the right to a jury trial only in federal court, not in state court.[71]

The Eighth Amendment (1791) protects people from having bail or fines set at an amount so high that it would be impossible for all but the richest defendants to pay and also pro-

시될 수 있다는 요구를 1791년의 수정 제5조는 확립한다; 개인들을 이중위험으로부터, 즉 동일 범죄 행위를 이유로 한 번을 넘어 정식사실심리됨으로부터 및 처벌될 위험에 처해짐으로부터 그것은 보호한다; 적법절차 없는 처벌을 그것은 금지하며, 이로써 개인들을 공정한 절차들 없이 구금됨으로부터 그것은 보호한다; 그리고 고소되는 사람은 조금이라도 그에게 또는 그녀에게 유죄를 씌울 수 있는 내지는 법정에서 그에게 또는 그녀에게 불리하게 사용될 정보를 경찰에게, 검사에게, 판사에게, 또는 배심에게 노출시키도록 강제될 수 없음을 그것은 규정한다. 그 이외에도, 공공의 사용을 위하여 사적 재산을 "정당한 보상" 없이 박탈하지 못하도록 정부를 수정 제5조는 또한 금지하는 바, 이는 합중국 토지수용권의 토대이다.[69]

여러 가지 보호들을 및 권리들을 범인으로 주장되는 개인에게 1791년의 수정 제6조는 제공한다. 지역의 및 공평한 배심에 의한 공개의 신속한 재판을 받을 권리를 범인으로 주장되는 사람은 보유한다. 공개재판을 받을 권리를 마찬가지로 사람은 지닌다. 사법절차의 남용을 부추길 수도 있는 비밀의 절차들로부터 피고인들을 이 권리는 보호하고, 정보를 지닌 상태로 공중을 유지시키는 데에 이 권리는 복무한다. 범죄로 고소될 경우의 법적 조언을 누릴 권리를 이 수정조항은 또한 보장하고, 피고인의 출석 가운데 정식사실심리에 출석할 및 증언할 증인들을 피고인이 요구할 수 있음을 그것은 보장하며, 자신에 대한 공소사실을 알 권리를 피고인에게 그것은 보장한다. 미란다 경고(the Miranda warning)라고 알려진 바가 된 사항을 수정 제5조가에 더불어 이 수정조항은 요구한다고 1966년에 대법원은 판시하였다.[70]

배심에 의한 정식사실심리의 권리를 연방 민사사건들에 1791년의 수정 제7조는 확장시키며, 사실(fact)에 관한 배심의 판단사항들을 뒤집지 못하도록 법원들을 금지한다. 영국법 아래서의 배심에의 권리를 유발시킨 사건들을 의미하는 "보통법 소송들(suits at common law)"에 자신이 한정된다고 비록 수정 제7조 자체가 말함에도 불구하고, 옛 보통법 소송들에 유사한 소송들에 적용되는 것으로 그 수정조항은 인정되어 왔다. 예를 들면, 주택공급에서의 내지는 고용에서의 인종의 및 성별의 차별을 금지하는 연방 제정법들 아래서 제기되는 사건들에 배심재판을 누릴 권리는 적용된다. 중요한 사항으로서, 배심재판에의 권리를 주 법원에서가 아니라 오직 연방법원에서만 이 수정조항은 보장한다.[71]

가장 부유한 피고인들이 아니면 지불이 불가능할 정도로 높은 액수의 보석금을 내지는 벌금을 부과받는 일이 없도록 사람들을 1791년의 수정 제8조는 보호하며 또한 사람들을 잔인한

tects people from being subjected to cruel and unusual punishment. Although this phrase originally was intended to outlaw certain gruesome methods of punishment, it has been broadened over the years to protect against punishments that are grossly disproportionate to or too harsh for the particular crime. This provision has also been used to challenge prison conditions such as extremely unsanitary cells, overcrowding, insufficient medical care and deliberate failure by officials to protect inmates from one another.[72]

Unenumerated rights and reserved powers (Amendments 9 and 10)

The Ninth Amendment (1791) declares that individuals have other fundamental rights, in addition to those stated in the Constitution. During the Constitutional ratification debates Anti-Federalists argued that a Bill of Rights should be added. The Federalists opposed it on grounds that a list would necessarily be incomplete but would be taken as explicit and exhaustive, thus enlarging the power of the federal government by implication. The Anti-Federalists persisted, and several state ratification conventions refused to ratify the Constitution without a more specific list of protections, so the First Congress added what became the Ninth Amendment as a compromise. Because the rights protected by the Ninth Amendment are not specified, they are referred to as "unenumerated". The Supreme Court has found that unenumerated rights include such important rights as the right to travel, the right to vote, the right to privacy, and the right to make important decisions about one's health care or body.[73]

The Tenth Amendment (1791) was included in the Bill of Rights to further define the balance of power between the federal government and the states. The amendment states that the federal government has only those powers specifically granted by the Constitution. These powers include the power to declare war, to collect taxes, to regulate interstate business activities and others that are listed in the articles or in subsequent constitutional amendments. Any power not listed is, says the Tenth Amendment, left to the states or the people. While there is no specific list of what these "reserved powers" may be, the Supreme Court has ruled that laws affecting family relations, commerce within a state's own borders, and local law enforcement activities, are among those specifically reserved to the states or the people.[74]

및 이상한 처벌에 처해지는 일이 없도록 그것은 보호한다. 일정한 무시무시한 처벌방법들을 불법화하고자 비록 이 구절은 당초에 의도되었음에도 불구하고, 특정 범죄를 이유로 하는 과도하게 비례에 맞지 않는 내지는 너무 가혹한 처벌들에 대처하여 보호하는 것으로 시간이 지남에 따라 그것은 확대되었다. 극도로 비위생적인 감방들에, 인원과밀에, 불충분한 의료에 대하여 및 재소자들을 그들 상호간으로부터 보호할 의무의 공무원들에 의한 고의적 불이행에 대하여 등 감옥 환경들에 대하여 이의를 제기하는 데에도 이 규정은 사용되어 왔다.[72]

열거되지 아니한 권리들 및 유보된 권한들(수정 제9조 및 제10조)

여타의 기본적 권리들을 헌법에 규정되는 것들에 추가하여 개인들은 보유함을 1791년의 수정 제9조는 선언한다. 권리장전(a Bill of Rights)이 추가되어야 함을 헌법의 비준을 둘러싼 논의들 동안에 반연방주의자들(Anti-Federalists)은 주장하였다. 한 개의 목록은 불가피하게 불완전한 것이 될 것임을, 그런데도 그것은 명시된 것으로 및 총망라의 것으로 취급될 것임을, 그리하여 연방정부의 권한을 암암리에 그것은 확대시켜 줄 것임을 이유로 그것을 연방주의자들은 반대하였다. 반연방주의자들은 고집하였고 더 상세한 보장목록 없이는 헌법을 비준하기를 몇몇 주 비준회의들은 거부하였으며, 그리하여 수정 제9조가 된 바를 한 개의 타협으로서 초대의회(the First Congress)는 추가하였다. 수정 제9조에 의하여 보호되는 권리들은 명시되지 아니하기 때문에, "열거되지 아니하는(unenumerated)" 것들로서 그것들은 언급된다. 여행할 권리를, 투표할 권리를, 프라이버시의 권리를, 그리고 자신의 건강에 내지는 신체에 관한 중요한 결정들을 내릴 권리를 등등의 중요한 권리들을 열거되지 아니하는 권리들은 포함함을 대법원은 인정해 왔다.[73]

연방정부의 및 주들의 양자 사이의 권한의 균형을 추가로 규정하기 위하여 권리장전에 1791년의 수정 제10조는 포함되었다. 헌법에 의하여 부여되는 권한들만을 연방정부는 지님을 그 수정조항은 말한다. 전쟁을 선포할, 세금들을 징수할, 주간(州間; interstate) 상업활동들을 규제할 권한을 및 그 조항들에 또는 그 뒤의 헌법 수정조항들에 목록화되는 그 밖의 것들을 이 권한들은 포함한다. 조금이라도 목록에 없는 권한은 주들에게 또는 사람들에게 남겨진다고 수정 제10조는 말한다. 이 "유보되는 권한들"에 해당될 수 있는 사항들의 구체적 목록이 없음에도, 가족관계에, 주 자신의 경계들 내에서의 상업에, 그리고 지역의 법 집행활동들에 영향을 미치는 법들은 주들에게 또는 사람들에게 구체적으로 유보되는 것들에 해당한다고 대법원은 판시해 왔다.[74]

Governmental authority (Amendments 11, 16, 18, and 21)

The Eleventh Amendment (1795) specifically prohibits federal courts from hearing cases in which a state is sued by an individual from another state or another country, thus extending to the states sovereign immunity protection from certain types of legal liability. Article Three, Section 2, Clause 1 has been affected by this amendment, which also overturned the Supreme Court's decision in Chisholm v. Georgia.[75][76]

The Sixteenth Amendment (1913) removed existing Constitutional constraints that limited the power of Congress to lay and collect taxes on income. Specifically, the apportionment constraints delineated in Article 1, Section 9, Clause 4 have been removed by this amendment, which also overturned an 1895 Supreme Court decision, in Pollock v. Farmers' Loan & Trust Co., that declared an unapportioned federal income tax on rents, dividends, and interest unconstitutional. This amendment has become the basis for all subsequent federal income tax legislation and has greatly expanded the scope of federal taxing and spending in the years since.[77]

The Eighteenth Amendment (1919) prohibited the making, transporting, and selling of alcoholic beverages nationwide. It also authorized Congress to enact legislation enforcing this prohibition. Adopted at the urging of a national temperance movement, proponents believed that the use of alcohol was reckless and destructive and that prohibition would reduce crime and corruption, solve social problems, decrease the need for welfare and prisons, and improve the health of all Americans. During prohibition, it is estimated that alcohol consumption and alcohol related deaths declined dramatically. But prohibition had other, more negative consequences. The amendment drove the lucrative alcohol business underground, giving rise to a large and pervasive black market. In addition, prohibition encouraged disrespect for the law and strengthened organized crime. Prohibition came to an end in 1933, when this amendment was repealed.[78]

The Twenty-first Amendment (1933) repealed the Eighteenth Amendment and returned the regulation of alcohol to the states. Each state sets its own rules for the sale and importation of alcohol, including the drinking age. Because a federal law provides federal funds

정부적 권한 (수정 제11조, 제16조, 제18조, 및 제21조)

다른 주로부터의 내지는 다른 나라로부터의 개인에 의하여 주가 제소되는 사건들을 심리하지 못하도록 연방법원들을 1795년의 수정 제11조는 명시적으로 금지하는 바, 일정한 유형들의 법적 책임으로부터의 주권면제(sovereign immunity)의 보호를 이로써 주들에게 그것은 확장한다. 이 수정조항에 의하여 제3조 제2항 제1절은 영향을 받아 왔고, Chisholm v. Georgia에서의 대법원의 결정을 그것은 또한 뒤집었다.[75][76]

소득 위에 세금을 부과할 및 징수할 의회의 권한을 제한한 기존의 헌법상의 구속들을 1913년의 수정 제16조는 제거하였다. 구체적으로는, 제1조 제9항 제4절에 윤곽 그려진 주들 사이의 할당 강제들은 이 수정조항에 의하여 제거된 것이 되었을 뿐만 아니라, 사용료에, 이익배당에, 그리고 이자에 대한 주들 사이의 할당 없는 연방 소득세가 위헌임을 선언하였던 1895년의 Pollock v. Farmers' Loan & Trust Co.에서의 대법원 판결을 그것은 또한 뒤집었다. 이 수정조항은 향후의 모든 연방 소득세 입법의 토대가 되어 왔고 그 이래로 연방 과세의 및 지출의 범위를 크게 확대시켜 놓았다.[77]

알콜음료들의 제조를, 수송을, 판매를 전국에 걸쳐 1919년의 수정 제18조는 금지하였다. 이 금지를 시행하는 법률을 제정할 권한을 의회에 그것은 아울러 부여하였다. 전국의 금주운동의 재촉에 따라 채택된 것으로서, 알콜의 사용은 분별없다고 및 파괴적이라고, 그리고 범죄를 및 타락을 금주법은 감소시킬 것이라고, 사회적 문제들을 해결해 줄 것이라고, 복지의 및 감옥의 필요를 줄어들게 할 것이라고, 그리고 모든 미국인들의 건강을 그것은 개선할 것이라고 발의자들은 믿었다. 금주법 시행 기간 중에 알콜에 관계된 사망들이 급격히 감소한 것으로 어림된다. 그러나 또 다른, 더 부정적인 결과들을 금주법은 가져왔다. 수익성 높은 알콜산업을 지하로 수정조항은 내몰았고, 거대한 및 스며드는 암시장을 그것은 불러왔다. 이에 더하여 법에 대한 경시를 금주법은 부추겼고 조직범죄를 강화시켰다. 이 수정조항이 폐지된 1933년에 금주법은 끝났다.[78]

수정 제18조를 1933년의 수정 제21조는 폐지하였고 알콜의 규제를 주들에게 되돌렸다. 알콜의 판매를 및 수입을 위한 그 자신의 규칙들을, 음주 가능 연령을을 포함하여 개개 주는 설정한다. 연방의 자금을 주들에게 스물한 살 미만의 미성년자들에게의 알콜의 판매를 금지하

to states that prohibit the sale of alcohol to minors under the age of twenty-one, all fifty states have set their drinking age there. Rules about how alcohol is sold vary greatly from state to state.[79]

Safeguards of civil rights (Amendments 13, 14, 15, 19, 23, 24, and 26)

The Thirteenth Amendment (1865) abolished slavery and involuntary servitude, except as punishment for a crime, and authorized Congress to enforce abolition. Though millions of slaves had been declared free by the 1863 Emancipation Proclamation, their post Civil War status was unclear, as was the status of other millions.[80] Congress intended the Thirteenth Amendment to be a proclamation of freedom for all slaves throughout the nation and to take the question of emancipation away from politics. This amendment rendered inoperative or moot several of the original parts of the constitution.[81]

The Fourteenth Amendment (1868) granted United States citizenship to former slaves and to all persons "subject to U. S. jurisdiction". It also contained three new limits on state power: a state shall not violate a citizen's privileges or immunities; shall not deprive any person of life, liberty, or property without due process of law; and must guarantee all persons equal protection of the laws. These limitations dramatically expanded the protections of the Constitution. This amendment, according to the Supreme Court's Doctrine of Incorporation, makes most provisions of the Bill of Rights applicable to state and local governments as well. The mode of apportionment of representatives delineated in Article 1, Section 2, Clause 3 has been superseded by that of this amendment, which also overturned the Supreme Court's decision in Dred Scott v. Sandford.[82]

The Fifteenth Amendment (1870) prohibits the use of race, color, or previous condition of servitude in determining which citizens may vote. The last of three post Civil War Reconstruction Amendments, it sought to abolish one of the key vestiges of slavery and to advance the civil rights and liberties of former slaves.[83]

The Nineteenth Amendment (1920) prohibits the government from denying women the

는 연방법이 제공하기 때문에, 그들의 음주 가능 연령을 거기에 50개 주들 전부가 설정해 놓았다. 어떻게 알콜이 판매되는지에 관한 규칙들은 주마다 크게 다르다.[79]

시민적 권리들의 보장들 (수정 제13조, 제14조, 제15조, 제19조, 제23조, 제24조, 제26조)

범죄에 대한 처벌로서의 것들을 제외하고는 노예제도를 및 강제노역을 1865년의 수정 제13조는 폐지하였고 폐지를 시행할 권한을 의회에게 부여하였다. 1863년의 노예해방 선언 (Emancipation Proclamation)에 의하여 수백만 명의 노예들에 대하여 자유가 선언된 바 있었음에도 불구하고, 그들의 남북전쟁 이후의 지위는 여타의 수백만 명의 지위가 그러하였듯이 불명확 하였다.[80] 수정 제13조로 하여금 국가 전체를 통하여 모든 노예들을 위한 자유의 선언이 되게 하고자, 그리하여 해방의 문제를 정치로부터 제거하는 것이 되게 하고자 의회는 의도하였다. 헌법의 당초의 부분들 몇 개를 효력이 없는 것으로 및 미결의 것으로 이 수정조항은 만들었다.[81]

합중국 시민권을 이전의 노예들에게 및 "합중국의 관할에 종속되는" 모든 사람들에게 1868년의 수정 제14조는 부여하였다. 주 권한 위에의 세 개의 제한들을 그것은 또한 포함하였다: 시민의 특권들을 내지는 면제들을 주는 침해해서는 안 된다; 생명을, 자유를, 또는 재산을 적법절차 없이 어느 누구에게서도 주가 박탈해서는 안 된다; 그리고 법들의 평등한 보호를 모든 사람들에게 주는 보장하지 않으면 안 된다. 헌법의 보호들을 이 제한들은 극적으로 확대시켰다. 대법원의 통합이론에 따르면 권리장전의 대부분의 규정들을 주 정부들에게도 및 지방의 정부들에게도 적용되도록 이 수정조항은 만든다. 제1조 제2항 제3절에 윤곽 그려진 대표자들의 할당의 방법은 이 수정조항의 해당부분에 의하여 대체되었는 바, Dred Scott v. Sandford에서의 대법원의 결정을 그것은 아울러 뒤집었다.[82]

어떠한 시민들이 투표할 수 있는지를 결정함에 있어서의 인종의, 피부색의, 또는 이전의 노예신분의 사용을 1870년의 수정 제15조는 금지한다. 노예제도의 핵심 자취들 가운데의 하나를 폐지하기를 및 이전의 노예들의 시민적 권리들을 및 자유들을 향상시키기를, 남북전쟁 이후의 재건 수정조항들 세 개 중 마지막의 것으로서 그것은 추구하였다.[83]

남자들에의 동등한 조건 위에서 투표할 권리를 여성들에게 거부하지 못하도록 정부를

right to vote on the same terms as men. Prior to the amendment's adoption, only a few states permitted women to vote and to hold office.[84]

The Twenty-third Amendment (1961) extends the right to vote in presidential elections to citizens residing in the District of Columbia by granting the District electors in the Electoral College, as if it were a state. When first established as the nation's capital in 1800, the District of Columbia's five thousand residents had neither a local government, nor the right to vote in federal elections. By 1960 the population of the District had grown to over 760,000 people. However, while its residents had all the responsibilities of citizenship, such as paying federal taxes, and could be drafted to serve in the military, citizens in thirteen states with lower populations had more voting rights than District residents.[85]

The Twenty-fourth Amendment (1964) prohibits a poll tax for voting. Although passage of the Thirteenth, Fourteenth, and Fifteenth Amendments helped remove many of the discriminatory laws left over from slavery, they did not eliminate all forms of discrimination. Along with literacy tests and durational residency requirements, poll taxes were used to keep low-income (primarily African American) citizens from participating in elections. The Supreme Court has since struck down these discriminatory measures, opening democratic participation to all, regardless of one's ability to pay.[86]

The Twenty-sixth Amendment (1971) prohibits the government from denying the right of United States citizens, eighteen years of age or older, to vote on account of age. The drive to lower the voting age was driven in large part by the broader student activism movement protesting the Vietnam War. It gained strength following the Supreme Court's decision in Oregon v. Mitchell, which held that Congress may set requirements for voting in federal elections, but not for state or local elections. The measure, which overturns the Mitchell decision, is another in a line of constitutional changes that expanded the right to vote to more citizens.[87]

Government processes and procedures (Amendments 12, 17, 20, 22, 25, and 27)

The Twelfth Amendment (1804) modifies the way the Electoral College chooses the

1920년의 수정 제19조는 금지한다. 여성들로 하여금 투표하도록 및 공직을 보유하도록 이 수정조항의 채택 이전에는 단지 몇 개의 주들이 허용하였다.[84]

콜럼비아 특별구 선거인들을 마치 그것이 한 개의 주(a state)였을 경우에처럼 선거인단으로 인정해 들임에 의하여 대통령 선거들에서의 투표할 권리를 그 지구에 거주하는 시민들에게 1961년의 수정 제23조는 확장시킨다. 1800년에 처음으로 연방의 수도로 정해졌을 때에 지역의 정부를도 연방 선거들에서의 투표할 권리를도 콜럼비아 특별구의 오천 명의 주민들은 지니지 못하였다. 1960년 시점에서 특별구의 인구는 760,000명으로 늘어 있었다. 그러나 연방 세금들을 납부하는 등의 시민의 모든 책임들을 그 주민들은 지니면서도, 그리고 군대에서 복무하도록 그들은 징집될 수 있었음에도 불구하고, 더 적은 인구들을 지닌 열세 개 주들에 거주하는 시민들은 특별구 주민들이보다도 더 많은 투표권들을 가지고 있었다.[85]

투표를 위한 인두세를 1964년의 수정 제24조는 금지한다. 노예제도로부터 넘어온 차별적 법들의 다수를 제거하는 데에 비록 수정 제13조의, 제14조의 및 제15조의 통과가 보탬이 되었음에도 불구하고, 차별의 모든 형식들을 그것들이 제거한 것은 아니었다. 저소득의 (주로 아프리카계의) 시민들을 선거들로부터 계속 배제하기 위하여 읽기쓰기 능력검사가에 및 계속거주 요구들이에 더불어 인두세들이 사용되었다. 이 차별적 조치들을 죽 폐기함으로써 민주적 참여의 길을 개인의 지불능력 여하에 불문하고 모두에게 대법원은 열어 왔다.[86]

18세 이상인 합중국 시민들의 투표할 권리를 연령을 이유로 거부하지 못하도록 정부를 1971년의 수정 제26조는 금지한다. 월남전에 반대하는 보다 더 광범위한 학생 행동주의 운동에 의하여 더 낮은 연령대의 투표권을 향한 돌진은 대부분 추동되었다. Oregon v. Mitchell 에서의 대법원의 판결에 이어 힘을 그것은 얻었는데, 연방 선거들에 있어서의 투표권을 위한 요구들을 의회는 설정할 수 있다고, 그러나 주(state)의 내지는 지방의 선거들을 위해서는 설정할 수 없다고 그것은 판시하였다. Mitchell 판결을 뒤집는 조치는 투표할 권리를 더 많은 시민들에게 확대시킨 일련의 헌법적 변경들 속에서의 또 다른 한 개이다.[87]

정부적 과정들 및 절차들 (수정 제12조, 제17조, 제20조, 제22조, 제25조, 및 제27조)

대통령을 및 부통령을 선거인단이 선출하는 방법을 1804년의 수정 제12조는 변경한다. 대

President and Vice President. It stipulates that each elector must cast a distinct vote for President and Vice President, instead of two votes for President. It also suggests that the President and Vice President should not be from the same state. Article II, Section 1, Clause 3 is superseded by this amendment, which also extends the eligibility requirements to become President to the Vice President.[88]

The Seventeenth Amendment (1913) modifies the way senators are elected. It stipulates that senators are to be elected by direct popular vote. The amendment supersedes Article 1, Section 2, Clauses 1 and 2, under which the two senators from each state were elected by the state legislature. It also allows state legislatures to permit their governors to make temporary appointments until a special election can be held.[89]

The Twentieth Amendment (1933) changes the date on which a new President, Vice President and Congress take office, thus shortening the time between Election Day and the beginning of Presidential, Vice Presidential and Congressional terms.[90] Originally, the Constitution provided that the annual meeting was to be on the first Monday in December unless otherwise provided by law. This meant that, when a new Congress was elected in November, it did not come into office until the following March, with a "lame duck" Congress convening in the interim. By moving the beginning of the president's new term from March 4 to January 20 (and in the case of Congress, to January 3), proponents hoped to put an end to lame duck sessions, while allowing for a speedier transition for the new administration and legislators.[91]

The Twenty-second Amendment (1951) limits an elected president to two terms in office, a total of eight years. However, under some circumstances it is possible for an individual to serve more than eight years. Although nothing in the original frame of government limited how many presidential terms one could serve, the nation's first president, George Washington, declined to run for a third term, suggesting that two terms of four years were enough for any president. This precedent remained an unwritten rule of the presidency until broken by Franklin D. Roosevelt, who was elected to a third term as president 1940 and in 1944 to a fourth.[92]

통령을 위한 두 개의 투표들을이 아니라, 대통령을 및 부통령을 위한 별개의 투표를 개개 선거인은 던지지 않으면 안 된다고 그것은 규정한다. 대통령은 및 부통령은 동일 주 출신이어서는 안 됨을 그것은 또한 내비춘다. 이 수정조항에 의하여 제2조 제1항 제3절은 대체되는바, 대통령으로서의 피선거권의 요건들을 부통령에게 그것은 또한 확장시킨다.[88]

상원의원들이 선출되는 방법을 1913년의 수정 제17조는 변경한다. 직접의 일반투표에 의하여 상원의원들은 선출된다고 그것은 규정한다. 개개 주로부터의 두 명의 상원의원들을 주 입법부에 의하여 선출되게 하였던 제1조 제2항 제1절을 및 제2절을 이 수정조항은 대체한다. 특별선거가 실시될 수 있을 때까지 임시의 지명들을 행하도록 그들의 주지사들에게 허용함을 주 입법부들에게 그것은 또한 허용한다.[89]

새로운 대통령이, 부통령이 및 의회가 취임하는 날짜를 1933년의 수정 제20조는 변경하는바, 이로써 선거일의 및 대통령 임기 개시일의, 부통령 임기 개시일의 및 의회 임기 개시일의 그 양자 사이의 시간을 이는 단축시킨다.[90] 법에 의하여 달리 규정되지 아니하는 한, 12월 첫째 월요일에 연례 회합은 실시되어야 한다고 당초에 헌법은 규정하였다. 11월에 새로운 의회가 선출되면 다음 해 3월까지 그것은 취임하지 아니함을, 그리하여 그 사이에 "레임덕" 의회가 소집됨을 이것은 의미하였다. 대통령의 새 임기의 시작을 3월 4일로부터 1월 20일로 (그리고 의회의 경우 1월 3일로) 옮김으로써 새로운 행정부를 및 입법자들을 위한 더 신속한 이동을 허용하는 한편으로 레임덕 회기들에 종지부를 찍기를 제안자들은 기대하였다.[91]

선출되는 대통령을 두 번의 임기들로 및 전체 8년으로 1951년의 수정 제22조는 제한한다. 그러나 일정한 상황들 아래서는 한 명이 8년을 넘어서까지 복무함이 가능하다. 비록 당초의 정부 구조에는 얼마나 많은 대통령 임기들을 한 명이 복무할 수 있는지를 제한하는 바가 없었음에도 불구하고, 세 번째 임기를 위하여 출마하기를 연방의 초대 대통령 조지 워싱턴 (George Washington)은 거절하였는데, 4년간의 임기 두 번은 어느 대통령에게도 충분함을 이는 시사하였다. 1940년에 대통령으로서의 세 번째 임기에 및 1944년에 네 번째 임기에 선출된 프랭클린 D. 루스벨트(Franklin D. Roosevelt)에 의하여 깨질 때까지 이 선례는 대통령직의 불문율로 남았다.[92]

The Twenty-fifth Amendment [(1967)] clarifies what happens upon the death, removal, or resignation of the President or Vice President and how the Presidency is temporarily filled if the President becomes disabled and cannot fulfill the responsibilities of the office. It supersedes the ambiguous succession rule established in Article II, Section 1, Clause 6. A concrete plan of succession has been needed on multiple occasions since 1789. However, for nearly 20% of U. S. history, there has been no vice president in office who can assume the presidency.[93]

The Twenty-seventh Amendment [(1992)] prevents members of Congress from granting themselves pay raises during the current session. Rather, any raises that are adopted must take effect during the next session of Congress. Its proponents believed that Federal legislators would be more likely to be cautious about increasing congressional pay if they have no personal stake in the vote. Article One, section 6, Clause 1 has been affected by this amendment, which remained pending for over two centuries as it contained no time limit for ratification.[94]

Unratified amendments

Collectively, members of the House and Senate typically propose around 200 amendments during each two-year term of Congress.[95] Most however, never get out of the Congressional committees in which they were proposed, and only a fraction of those that do receive enough support to win Congressional approval to actually go through the constitutional ratification process.

Six amendments approved by Congress and proposed to the states for consideration have not been ratified by the required number of states to become part of the Constitution. Four of these are technically still pending, as Congress did not set a time limit (see also Coleman v. Miller) for their ratification. The other two are no longer pending, as both had a time limit attached and in both cases the time period set for their ratification expired.

대통령의 내지는 부통령의 사망에, 해임에, 또는 사임에 따라 어떤 사항이 발생하는지를 및 만약 대통령이 직무수행 불능 상태가 되어 직무상의 책임사항들을 이행할 수 없을 경우에 어떻게 대통령직이 임시적으로 채워지는지를 1967년의 수정 제25조는 명확히 한다. 제2조 제1항 제6절에 규정된 그 모호한 승계규칙을 그것은 대체한다. 1789년 이래의 다수의 사례들에서 명확한 승계 계획이 요구되어 왔다. 그러나, 미국 역사의 거의 20%의 기간 동안, 대통령직을 인수할 부통령이 집무 중에 있지 않은 것이 되어 왔다.[93]

보수 인상들을 현행의 회기 중에 그들 스스로 승인하지 못하도록 의회 구성원들을 1992년의 수정 제27조는 금지한다. 오히려, 조금이라도 채택되는 인상들은 의회의 차기 회기 동안에 발효하지 않으면 안 된다. 만약 투표에 있어서의 직접의 이해관계를 그들이 가지지 않는다면 의회의 보수를 인상하는 데 관하여 연방의 입법자들은 더 신중할 것이라고 그 제안자들은 믿었다. 제1조 제6항 제1절은 이 수정조항에 의하여 영향을 받아 왔는 바, 비준을 위한 시간상의 제한을 그것이 포함하지 않았기 때문에 두 세기 동안 미결 상태로 그것은 남아 있었다.[94]

비준되지 못한 수정조항들

대략 200개 언저리의 수정조항들을 각각 2년의 의회 임기 동안 집합적으로 하원의 및 상원의 구성원들은 제안한다.[95] 그러나 그것들이 접수된 의회 위원회들을 그 대부분은 나오지 못하고, 그것들 중 의회의 승인을 얻기에 충분한 지지를 받는 단지 일부만이 헌법 비준 과정을 실제로 통과한다.

의회에 의하여 승인된 및 검토를 위하여 주들에게 제안된 여섯 개의 수정조항들이 그 요구되는 숫자의 주들에 의하여 헌법의 일부가 되도록 비준되지 못한 것이 되어 왔다. 이것들 중 네 개는 기술적으로 여전히 미정 상태에 있는데, 비준을 위한 시간적 한계를 의회가 설정하지 않았기 때문이다(아울러 Coleman v. Miller를 보라). 나머지 두 개는 더 이상 미정이 아닌 바, 그 설정된 시간적 한계를 둘은 다 같이 지녔기 때문이고 그 둘 다에서 그것들의 비준을 위하여 설정된 시간이 경과하였기 때문이다.

Still pending

The Congressional Apportionment Amendment (proposed 1789) would, if ratified, establish a formula for determining the appropriate size of the House of Representatives and the appropriate apportionment of representatives among the states following each constitutionally mandated decennial census. At the time it was sent to the states for ratification, an affirmative vote by ten states would have made this amendment operational. In 1791 and 1792, when Vermont and Kentucky joined the Union, the number climbed to twelve. Thus, the amendment remained one state shy of the number needed for it to become part of the Constitution. No additional states have ratified this amendment since. To become part of the Constitution today, ratification by an additional twenty-seven would be required. The Apportionment Act of 1792 apportioned the House of Representatives at 33,000 persons per representative in consequence of the 1790 census. Reapportionment has since been effected by statute.

The Titles of Nobility Amendment (proposed 1810) would, if ratified, strip United States citizenship from any citizen who accepted a title of nobility from a foreign country. When submitted to the states, ratification by thirteen states was required for it to become part of the Constitution; eleven had done so by early 1812. However, with the addition of Louisiana into the Union that year (April 30. 1812), the ratification threshold rose to fourteen. Thus, when New Hampshire ratified it in December 1812, the amendment again came within two states of being ratified. No additional states have ratified this amendment since. To become part of the Constitution today, ratification by an additional twenty-six would be required.

The Corwin Amendment (proposed 1861) would, if ratified, shield "domestic institutions" of the states (which in 1861 included slavery) from the constitutional amendment process and from abolition or interference by Congress. This proposal was one of several measures considered by Congress in an ultimately unsuccessful attempt to attract the seceding states back into the Union and to entice border slave states to stay.[96] Five states ratified the amendment in the early 1860s, but none have since. To become part of the Constitution today, ratification by an additional 33 states would be required. The subject of this proposal was subsequently addressed by the 1865 Thirteenth Amendment, which abolished slavery.

The Child Labor Amendment (proposed 1924) would, if ratified, specifically authorize

여전히 미정 상태에 있는 것들

하원의 적절한 크기를 및 주들 사이의 하원의원들의 적절한 할당을 헌법적으로 명령된 10년마다의 개개 인구조사에 뒤이어 결정하기 위한 한 개의 공식을 의회 할당 수정조항(The Congressional Apportionment Amendment; 제안 1789년)은, 만약 비준될 경우에는, 확립하고자 한 것이었다. 비준을 위하여 주들에게 그것이 송부된 당시에, 이 수정조항을 열 개 주들에 의한 찬성투표는 발효시켰을 것이었다. 연방에 버몬트주가 및 켄터키주가 가입한 1791년에 및 1792년에, 숫자는 열둘로 올랐다. 이렇게 하여 헌법의 일부가 되기에 필요한 숫자에 한 개가 부족한 상태로 그 수정조항은 남았다. 그 이래로 이 수정조항을 비준한 추가의 주는 없는 상태이다. 오늘에 헌법의 일부가 되기 위하여는 추가로 스물일곱 개 주들에 의한 비준이 요구되게 되었다. 하원의원들을 1790년 인구조사의 결과에 따라 하원의원 한 명당 33,000명으로 1792년의 할당법은 할당하였다.

귀족칭호 수정조항(The Titles of Nobility Amendment; 제안 1810년)은, 만약 비준될 경우에는, 조금이라도 귀족 칭호를 외국으로부터 받는 시민에게서 합중국 시민권을 박탈하고자 한 것이었다. 주들에게 제출되었을 때, 그것이 헌법의 일부가 되기 위하여는 열세 개 주들에 의한 비준이 요구되었다; 1812년 초까지 열한 개 주들이 그렇게 하였다. 그러나 그 해에 (1812년 4월 30일에) 루이지애나주의 연방에의 가입으로 비준 문턱이 열넷으로 올랐다. 그런 까닭에, 그것을 1812년 12월에 뉴햄프셔주가 비준하였음에도 또 다시, 두 개의 주들이 더 비준해 주어야만 그 수정조항은 비준될 수 있었다. 그 이래로 이 수정조항을 추가의 주들이 비준한 것은 없는 상태이다. 오늘날 헌법의 일부가 되려면, 추가로 스물여섯의 비준이 요구되는 것이 되었다.

주들의 "내부 제도들"(노예제도를 1861년에 그것은 포함함)을 헌법개정 절차로부터 내지는 의회에 의한 폐지로부터 또는 간섭으로부터 코르윈 수정조항(The Corwin Amendment; 제안 1861년)은, 만약 비준될 경우에는, 보호하려 한 것이었다. 이 제안은 탈퇴 주들을 연방 속으로 되돌리려는 및 경계선상의 노예주들(slave states)로 하여금 연방에 머무르게끔 유인하려는 궁극적으로 실패한 시도 속에서 의회에 의하여 숙고된 여러 조치들 가운데 하나였다.[96] 그 수정조항을 1860년 초에 다섯 개의 주들이 비준하였으나, 그 이래로는 아직까지 없다. 오늘날 헌법의 일부가 되기 위하여는 추가로 33개 주들에 의한 비준이 요구되는 것이 되었다. 이 제안의 주제는 나중에 1865년의 수정 제13조에 의하여 중점 두어 다루어졌는 바, 노예제도를 그것은 폐지하였다.

18세 미만인 사람들의 노동을 제한할, 규제할 및 금지할 권한을 의회에 아동노동 수정조

Congress to limit, regulate and prohibit labor of persons less than eighteen years of age. The amendment was proposed in response to Supreme Court rulings in Hammer v. Dagenhart (1918) and Bailey v. Drexel Furniture Co. (1922) that found federal laws regulating and taxing goods produced by employees under the ages of 14 and 16 unconstitutional. When submitted to the states, ratification by 36 states was required for it to become part of the Constitution, as there were forty-eight states. Twenty-eight had ratified the amendment by early 1937, but none have done so since. To become part of the Constitution today, ratification by an additional ten would be required.[97] A federal statute approved June 25, 1938, regulated the employment of those under 16 or 18 years of age in interstate commerce. The Supreme Court, by unanimous vote in United States v. Darby Lumber Co. (1941), found this law constitutional, effectively overturning Hammer v. Dagenhart. As a result of this development, the movement pushing for the amendment concluded.[98]

No longer pending

The Equal Rights Amendment (proposed 1972) would have prohibited deprivation of equality of rights (discrimination) by the federal or state governments on account of sex. A seven-year ratification time limit was initially placed on the amendment, but as the deadline approached, Congress granted a three-year extension. Thirty-five states ratified the proposed amendment prior to the original deadline, three short of the number required for it to be implemented (five of them later voted to rescind their ratification). No further states ratified the amendment, thus it failed to be adopted.

The District of Columbia Voting Rights Amendment (proposed 1978) would have granted the District of Columbia full representation in the United States Congress as if it were a state, repealed the 23rd Amendment, granted the District unconditional Electoral College voting rights, and allowed its participation in the process by which the Constitution is amended. A seven-year ratification time limit was placed on the amendment. Sixteen states ratified the amendment (twenty-two short of the number required for it to be implemented) prior to the deadline, thus it failed to be adopted.

항(The Child Labor Amendment; 제안 1924년)은, 만약 비준될 경우에는, 명시적으로 부여하고자 한 것이었다. 14세 미만의 및 16세 미만의 피용자들에 의하여 생산되는 상품들을 규율하는 및 과세하는 연방법들을 위헌으로 판시한 Hammer v. Dagenhart (1918)에서의 및 Bailey v. Drexel Furniture Co. (1922)에서의 대법원의 결정들에의 응수로서 그 수정조항은 제안되었다. 주들에게 제출되었을 때, 그것이 헌법의 일부가 되기 위하여는 36개 주들에 의한 비준이 요구되었는데, 왜냐하면 48개의 주들이 있었기 때문이다. 그 수정조항을 1937년 초까지 스물여덟 개 주들이 비준한 상태였으나, 그 이래로는 그렇게 한 주가 없다. 오늘날 헌법의 일부가 되기 위하여는 추가로 10개 주들에 의한 비준이 요구되는 것이 되었다.[97] 주간(州間; interstate)통상에서의 16세 미만인 내지는 18세 미만인 사람들의 고용을 1938년 6월 25일에 승인된 한 개의 연방제정법은 규제하였다. 이 법을 위헌이라고 United States v. Darby Lumber Co. (1941)에서의 만장일치의 표결로써 대법원은 판단하였는데, 이는 Hammer v. Dagenhart 판결을 결과적으로 뒤집은 것이었다. 이 전개의 결과로서, 그 수정조항을 지지하는 운동은 끝났다.[98]

더 이상 미정이 아닌 것들

성별을 이유로 하는 연방정부에 내지는 주 정부들에 의한 권리들의 평등성의 박탈(차별)을 평등권 수정조항(The Equal Rights Amendment; 제안 1972년)은 금지하였을 것이었다. 그 수정조항에는 7년의 비준기간 제한이 당초에 설정되었으나, 마감시간이 다가오자 3년의 연장을 의회는 허가하였다. 그 제안된 수정조항을 당초의 마감시간 이전에 서른다섯 개의 주들이 비준하였는데, 그것이 발효하기 위하여는 세 개가 부족한 숫자였다(그들 중 다섯이 그들의 비준을 나중에 표결에 의하여 취소하였다). 그 수정조항을 비준한 주는 더 이상 없었고, 이에 따라 그것은 채택되지 못하였다.

합중국 의회에서의 완전한 대표권을 콜럼비아 특별구에게, 마치 그것이 한 개의 주(a state)였을 경우에처럼, 콜럼비아 특별구 투표권 수정조항(The District of Columbia Voting Rights Amendment; 제안 1978년)은 부여했을 것이었고, 수정 제23조를 폐지했을 것이었으며, 무조건의 선거인단 투표권들을 특별구에게 부여했을 것이었고, 그리하여 헌법이 개정되는 수단이 될 절차에의 특별구의 참가를 그것은 허용했을 것이었다. 그 수정조항에는 7년의 비준기간 제한이 당초에 설정되었다. 그 수정조항을 마감시간 이전에 열여섯 개 주들이 비준하였고 (그것이 발효하기 위하여 요구되는 숫자에 스물 두 개가 부족함), 이에 따라 그것은 채택되지 못하였다.

Judicial review

The way the Constitution is understood is influenced by court decisions, especially those of the Supreme Court. These decisions are referred to as precedents. Judicial review is the power of the Court to examine federal legislation, federal executive, and all state branches of government, to decide their constitutionality, and to strike them down if found unconstitutional.

Judicial review includes the power of the Court to explain the meaning of the Constitution as it applies to particular cases. Over the years, Court decisions on issues ranging from governmental regulation of radio and television to the rights of the accused in criminal cases have changed the way many constitutional clauses are interpreted, without amendment to the actual text of the Constitution.

Legislation passed to implement the Constitution, or to adapt those implementations to changing conditions, broadens and, in subtle ways, changes the meanings given to the words of the Constitution. Up to a point, the rules and regulations of the many federal executive agencies have a similar effect. If an action of Congress or the agencies is challenged, however, it is the court system that ultimately decides whether these actions are permissible under the Constitution.

The Supreme Court has indicated that once the Constitution has been extended to an area (by Congress or the Courts), its coverage is irrevocable. To hold that the political branches may switch the Constitution on or off at will would lead to a regime in which they, not this Court, say "what the law is".[h]

Scope and theory

Courts established by the Constitution can regulate government under the Constitution, the supreme law of the land. First, they have jurisdiction over actions by an officer of government and state law. Second, federal courts may rule on whether coordinate branches of national government conform to the Constitution. Until the twentieth century, the Supreme Court of the United States may have been the only high tribunal in the world to

사법심사

헌법이 이해되는 방법은 법원 판결들에 의하여, 특히 대법원의 판결들에 의하여 영향을 받는다. 이 판결들은 선례들로서 언급된다. 사법심사는 연방의 입법을, 연방정부의 행정부서들을, 모든 주(state) 정부 부서들을 심사하여 그것들의 합헌성을 판단하는, 및 만약 위헌으로 판단되면 그것들을 파기하는 법원의 권한이다.

특정사건들에 적용되는 것으로서의 헌법의 의미를 설명할 법원의 권한을 사법심사는 포함한다. 오랜 기간 동안 라디오에 및 텔레비전에 대한 정부적 규제로부터 형사사건들에서의 범인으로 주장되는 사람들의 권리들에까지 걸치는 쟁점들에 관한 법원의 판결들은 많은 헌법조항들이 해석되는 방법을, 헌법의 실제의 본문에 대한 개정 없이 변경시켜 왔다.

헌법을 이행하기 위하여 내지는 그 이행들을 변화무쌍의 상황들에 조절시키기 위하여 통과된 입법은 헌법의 낱말들에 부여된 의미들을 확대시키고, 미묘한 방법으로 변경시킨다. 어느 정도로는 유사한 효과를 다수의 연방 행정기관들의 규칙들은 및 규제들은 지닌다. 그러나 만약 의회의 또는 기관들의 행위가 다투어지면; 헌법 아래서 이 행위들이 허용되는지 여부를 궁극적으로 판단하는 것은 법원 제도이다.

한 개의 영역에 (의회에 의해서든 법원들에 의해서든) 일단 헌법이 적용되어 있으면 그것의 적용은 돌이킬 수 없음을 대법원은 지적해 왔다. 헌법의 스위치를 정치적 부서들이 마음대로 올릴 수도 내릴 수도 있다고 간주함은 "무엇이 법인지"를 이 법원이 아니라 그들이 말하는 한 개의 사회에게로 이끌 것이다.[h]

범위 및 이론

헌법 아래서의 정부를 나라의 최고의 법인 헌법에 의하여 설치되는 법원들은 규제할 수 있다. 첫째로, 정부 공무원에 의한 및 주 법에 의한 행위들에 대한 관할을 그들은 지닌다. 둘째로, 연방정부의 동위의 부서들이 헌법에 부합되는지 여부를 연방법원들은 판결할 수 있다. 21세기까지 합중국 대법원은 기본법에 대한 헌법적 해석을 위하여 한 개의 법원을 사용하는 세계에서 유일한 최고재판소였을 수 있는 바, 여타의 것들은 그들의 국가적 입법부에

use a court for constitutional interpretation of fundamental law, others generally depend-
ing on their national legislature.[99]

Early Court roots in the founding

John Jay, 1789—1795
New York co-author
The Federalist Papers

John Marshall, 1801—1835
Fauquier County delegate
Virginia Ratification Convention

The basic theory of American Judicial review is summarized by constitutional legal
scholars and historians as follows: the written Constitution is fundamental law. It can
change only by extraordinary legislative process of national proposal, then state ratifica-
tion. The powers of all departments are limited to enumerated grants found in the
Constitution. Courts are expected [a] to enforce provisions of the Constitution as the
supreme law of the land, and [b] to refuse to enforce anything in conflict with it.[100]

In Convention. As to judicial review and the Congress, the first proposals by Madison
[Va] and Wilson [Pa] called for a supreme court veto over national legislation. In this it
resembled the system in New York, where the Constitution of 1777 called for a "Council of
Revision" by the Governor and Justices of the state supreme court. The Council would
review and in a way, veto any passed legislation violating the spirit of the Constitution
before it went into effect. The nationalist's proposal in Convention was defeated three
times, and replaced by a presidential veto with Congressional over-ride. Judicial review
relies on the jurisdictional authority in Article III, and the Supremacy Clause.[101]

The justification for judicial review is to be explicitly found in the open ratifications held
in the states and reported in their newspapers. John Marshall in Virginia, James Wilson in

의존한다.[99]

정립 과정에서의 초기법원의 뿌리들

[사진설명] 존 제이(John Jay), 1789-1795

　　　　　뉴욕주, 공동저자

　　　　　연방주의자 논설들(The Federalist Papers)

[사진설명] 존 마샬(John Marshall), 1801-1835

　　　　　포키에 카운티(Fauquier County) 대표자

　　　　　버지니아 비준회의(Virginia Ratification Convention)

　　헌법학자들에 및 역사가들에 의하여 이렇게 미국 사법심사의 기본적 이론은 요약된다: 성
문헌법이 기본법이다. 연방의 제안이라는 및 그 뒤의 주 비준이라는 특이한 입법과정에 의
해서만 그것은 바뀔 수 있다. 헌법에서 발견되는 열거된 허가사항들에 모든 부서들의 권한
들은 제한된다. (a) 나라의 최고의 법으로서의 헌법의 규정들을 시행할 것으로, 및 (b) 조금이
라도 그것에 저촉되는 것은 거부할 것으로 법원들은 기대된다.[100]

　　헌법회의에서. 사법심사에 및 의회에 관하여, 연방입법에 대한 대법원의 거부권을 매디슨
(Madison; 버지니아주)에 및 윌슨(Wilson; 필라델피아주)에 의한 최초의 제안들은 요구하였다. 뉴욕주에
서의 제도를 이 점에서 그것은 닮았는데, 거기서는 주지사로 및 주 대법원 판사들로 이루어
지는 "개정심의회(Council of Revision)"를 1777년 뉴욕주 헌법이 요구하였다. 조금이라도 통과되
는, 헌법정신을 침해하는 입법을 심의회는 심사하게 되어 있었고, 이를 그 발효 이전에 한 가
지 방법으로 거부하게 되어 있었다. 헌법회의에서의 연방주의 입장의 제안은 세 차례 좌절
되었고, 의회의 재의결권(over-ride)이 수반되는 대통령의 거부권에 의하여 대체되었다. 제3조
에서 및 연방법규 우월 조항(the Supremacy Clause)에서 관할권(the jurisdictional authority)에 사법심사는
의존한다.[101]

　　주들에서 열리는 공개의 비준들에서 사법심사의 근거는 명확하게 확인되어야 하였고 그
들의 신문지상에 보도되어야 하였다. 주 입법부의 행위들에 대한 대법원의 사법심사를 버지

Pennsylvania and Oliver Ellsworth of Connecticut all argued for Supreme Court judicial review of acts of state legislature. In Federalist No. 78, Alexander Hamilton advocated the doctrine of a written document held as a superior enactment of the people. "A limited constitution can be preserved in practice no other way" than through courts which can declare void any legislation contrary to the Constitution. The preservation of the people's authority over legislatures rests "particularly with judges".[102][i]

The Supreme Court was initially made up of jurists who had been intimately connected with the framing of the Constitution and the establishment of its government as law. John Jay (New York), a co-author of The Federalist Papers, served as Chief Justice for the first six years. The second Chief Justice for a term of four years, was Oliver Ellsworth (Connecticut), a delegate in the Constitutional Convention, as was John Rutledge (South Carolina), Washington's recess appointment as Chief Justice who served in 1795. John Marshall (Virginia), the fourth Chief Justice, had served in the Virginia Ratification Convention in 1788. His service on the Court would extend 34 years over some of the most important rulings to help establish the nation the Constitution had begun. In the first years of the Supreme Court, members of the Constitutional Convention who would serve included James Wilson (Pennsylvania) for ten years, John Blair, Jr. (Virginia) for five, and John Rutledge (South Carolina) for one year as Justice, then Chief Justice in 1795.

Establishment

When John Marshall followed Oliver Ellsworth as Chief Justice of the Supreme Court in 1801, the federal judiciary had been established by the Judiciary Act, but there were few cases, and less prestige. "The fate of judicial review was in the hands of the Supreme Court itself." Review of state legislation and appeals from state supreme courts was understood. But the Court's life, jurisdiction over state legislation was limited. The Marshall Court's landmark Barron v. Baltimore held that the Bill of Rights restricted only the federal government, and not the states.[102]

In the landmark Marbury v. Madison case, the Supreme Court asserted its authority of judicial review over Acts of Congress. Its findings were that Marbury and the others had a

니아주에서 존 마샬(John Marshall)은 및 펜실베니아주에서 제임스 윌슨(James Wilson)은 그리고 코네티컷주의 올리버 엘스워드(Oliver Ellsworth)는 모두 주장하였다. 국민의 우월한 입법으로 간주된 성문헌법의 신조를 연방주의자 제78호(Federalist No. 78)에서 알렉산더 해밀턴(Alexander Hamilton)은 옹호하였다. 다른 어떤 방법에 의해서보다도, 조금이라도 헌법에 위반되는 입법을 무효로 선언할 수 있는 법원들을 통하여 "한 개의 제한된 헌법은 실제로 가장 잘 보전될 수 있다."[102][i]

헌법의 고안에 및 그 정부의 법으로서의 수립에 친밀하게 연결된 법학자들로 대법원은 최초에 구성되었다. 연방주의자 논설들(The Federalist Papers)의 공동저자인 존 제이(John Jay; 뉴욕주)는 6년 동안 대법원장으로 복무하였다. 4년 임기의 두 번째 대법원장은 헌법회의에의 대표자인 올리버 엘스워드(Oliver Ellsworth; 코네티컷주)였고, 상원 휴회 중의 워싱턴(Washington)에 의한 대법원장 피지명자로서 1795년에 복무한 존 루틀리지(John Rutledge; 사우스캐럴라이나주)는 또한 그러하였다. 네 번째 대법원장 존 마샬(John Marshall; 버지니아주)은 1788년에 버지니아 비준회의에서 복무한 바 있었다. 헌법이 출발시켜 놓은 국가를 수립하도록 돕는 데에 가장 중요하였던 판결들 일부를 그가 내린 34년간에 걸치도록 그의 복무는 연장되었다. 10년간 복무한 제임스 윌슨(James Wilson; 펜실베니아주)를, 5년간 복무한 존 블레어 주니어(John Blair, Jr.; 버지니아주)를, 그리고 1년간 대법원판사로, 그 뒤 1795년에는 대법원장으로 복무한 존 루틀리지(John Rutledge; 사우스캐럴라이나주)를 대법원의 최초의 시기에 복무한 헌법회의 구성원들은 포함하였다.

설치

대법원장으로서의 올리버 엘스워드(Oliver Ellsworth)를 1801년에 존 마샬(John Marshall)이 이었을 때, 법원법(the Judiciary Act)에 의하여 연방 사법부는 설치되어 있었으나, 사건들은 거의 없었고 위신은 적었다. "사법심사의 운명은 대법원 자신의 손들에 있었다." 주 입법에 및 주 대법원들로부터의 항소들에 대한 심사는 이해되었다. 그러나 법원의 생명인 주 입법에 대한 관할은 제한되었다. 연방정부를만 권리장전은 제약한다고, 따라서 주들을은 제약하지 않는다고 마샬 법원(Marshall Court)의 기념비인 Barron v. Baltimore는 판시하였다.[102]

의회 법률들에 대한 자신의 사법심사 권한을 기념비적 사건인 Marbury v. Madison 판결에서 대법원은 주장하였다. 콜럼비아 특별구에서의 판사들로서의 그들의 위임들을 받을 권리

right to their commissions as judges in the District of Columbia. The law afforded Marbury a remedy at court. Then Marshall, writing the opinion for the majority, announced his discovered conflict between Section 13 of the Judiciary Act of 1789 and Article III.[j][104][k] In this case, both the Constitution and the statutory law applied to the particulars at the same time. "The very essence of judicial duty" according to Marshall was to determine which of the two conflicting rules should govern. The Constitution enumerates powers of the judiciary to extend to cases arising "under the Constitution". Further, justices take a Constitutional oath to uphold it as "Supreme law of the land".[105] Therefore, since the United States government as created by the Constitution is a limited government, the Federal courts were required to choose the Constitution over Congressional law if there were deemed to be a conflict between them.

"This argument has been ratified by time and by practice…"[l][m] "Marshall The Supreme Court did not declare another Act of Congress unconstitutional until the disastrous Dred Scott decision in 1857, held after the voided Missouri Compromise statute, had already been repealed. In the eighty years following the Civil War to World War II, the Court voided Congressional statutes in 77 cases, on average almost one a year.[107]

Something of a crisis arose when, in 1935 and 1936, the Supreme Court handed down twelve decisions voiding Acts of Congress relating to the New Deal. President Franklin D. Roosevelt then responded with his abortive "court packing plan". Other proposals have suggested a Court super-majority to overturn Congressional legislation, or a Constitutional Amendment to require that the Justices retire at a specified age by law. To date, the Supreme Court's power of judicial review has persisted.[103]

Self—restraint

The power of judicial review could not have been preserved long in a democracy unless it had been "wielded with a reasonable measure of judicial restraint, and with some attention, as Mr. Dooley said, to the election returns." Indeed, the Supreme Court has developed a system of doctrine and practice that self-limits its power of judicial review. [108]

를 마버리(Marbury)가 및 그 다른 사람들이 지닌다는 데 대법원의 판시는 있었다. 법정에서의 구제를 마버리(Marbury)에게 법은 제공하였다. 그가 발견한 법원법 제13절의 및 헌법 제3조의 양자 사이의 충돌을 그 때 마샬(Marshall)은 다수의견을 집필하면서 선언하였다.[j][104][k] 이 사건에서, 헌법은 및 제정법은 둘이 다 같이 세부사항들에 동시에 적용되었다. 마샬에 따르면, "사법적 의무의 핵심 자체는" 그 두 가지의 모순되는 규칙들이 중 어느 것이 사건을 지배해야 하는지를 판단하는 것이었다. "헌법 아래서" 발생하는 사건들에 적용될 사법부의 권한들을 헌법은 열거한다. 이에 더하여, 그것을 "나라의 최고의 법"으로서 지지하겠다는 선서를 대법원 판사들은 거행한다.[105] 그러므로, 헌법에 의하여 창출된 합중국 정부는 한 개의 제한된 정부인 이상, 그것들 사이에 충돌이 있다고 판단되면 의회의 법에 우선하여 헌법을 선택하도록 연방법원들은 요구되었다.

"시간에 의해서와 관행에 의하여 이 주장은 승인되어 왔다 ……"[l][m] 무효화된 미주리 타협(Missouri Compromise) 제정법이 이미 폐기되고 난 뒤에 판시된 재난적인 1857년의 Dred Scott 판결 때까지 또 다른 의회법률을 위헌으로 마샬(Marshall) 법원은 선언하지 않았다. 남북전쟁 뒤에 제2차 세계대전까지 80년 동안, 의회 제정법들을 77개의 사건들에서 법원은 무효화했는데, 평균하여 1년에 대략 한 개에 달한다.[107]

뉴딜(the New Deal)에 관련한 의회법률들을 무효화시키는 열두 개의 판결들을 1935년에 및 1936년에 대법원이 내렸을 때에 일종의 위기가 발생하였다. 그의 실패적인 "법원 재구성 계획(court packing plan)"으로써 그 때에 대통령 프랭클린 D. 루스벨트는 응수하였다. 의회의 입법을 뒤집기 위하여는 압도적 다수의 판사들이 찬성해야 함을 여타의 제안들은 제의하였거나, 또는 법에 의하여 정해지는 나이에 대법원 판사들의 사임을 요구하기 위한 헌법개정을 그것들은 제의하였다. 오늘까지 대법원의 사법심사 권한은 지속되어 왔다.[103]

사법자제

만약 "사법적 자제의 합리적 한계를 지닌 채로 및 둘리(Dooley) 씨가 말했듯이 선거개표 보고서에의 상당한 주의를 지닌 채로 행사되지 않았더라면" 사법심사 권한은 민주주의 안에 오래도록 보전될 수 없었을 것이다. 과연, 자신의 사법심사 권한을 스스로 제한하는 법리의 및 실무의 제도를 대법원은 개발해 왔다.[108]

The Court controls almost all of its business by choosing what cases to consider, writs of certiorari. In this way, it can avoid opinions on embarrassing or difficult cases. The Supreme Court limits itself by defining for itself what is a "justiciable question." First, the Court is fairly consistent in refusing to make any "advisory opinions" in advance of actual cases.[n] Second, "friendly suits" between those of the same legal interest are not considered. Third, the Court requires a "personal interest", not one generally held, and a legally protected right must be immediately threatened by government action. Cases are not taken up if the litigant has no standing to sue. Simply having the money to sue and being injured by government action are not enough.[108]

These three procedural ways of dismissing cases have led critics to charge that the Supreme Court delays decisions by unduly insisting on technicalities in their "standards of litigability". Under the Court's practice, there are cases left unconsidered which are in the public interest, with genuine controversy, and resulting from good faith action. "The Supreme Court is not only a court of law but a court of justice."[109]

Separation of powers

The Supreme Court balances several pressures to maintain its roles in national government. It seeks to be a co-equal branch of government, but its decrees must be enforceable. The Court seeks to minimize situations where it asserts itself superior to either President or Congress, but federal officers must be held accountable. The Supreme Court assumes power to declare acts of Congress as unconstitutional but it self-limits its passing on constitutional questions.[110] But the Court's guidance on basic problems of life and governance in a democracy is most effective when American political life reinforce its rulings.[111]

Justice Brandeis summarized four general guidelines that the Supreme Court uses to avoid constitutional decisions relating to Congress:[o] The Court will not anticipate a question of constitutional law nor decide open questions unless a case decision requires it. If it

어떤 사건들을 검토할지를 선택함에 의하여, 즉 사건기록 송부명령들(writs of certiorari)에 의하여 자신의 업무의 거의 대부분을 법원은 통제한다. 성가신 내지는 어려운 사건들에 관한 의견들을 이 방법으로 법원은 회피할 수 있다. 무엇이 "사법심사에 적합한 문제"인가를 스스로 규정함에 의하여 그 자신을 대법원은 제한한다. 첫째로, 조금이라도 "권고적 의견들(advisory opinions)"을 실제의 사건들에 앞서서 미리 제공하기를 거절하는 데 있어서 법원은 매우 일관되어 있다.[n] 둘째로, 동일한 법적 이익을 지니는 사람들 사이의 "우호적 소송들(friendly suits)"은 심리되지 않는다. 셋째로, "일반적으로 보유되는 이익들이 아닌 본인 스스로의 이익(personal interest)"을 법원은 요구하며, 법적으로 보호되는 이익은 정부행위에 의하여 곧바로 위협되는 것이지 않으면 안 된다. 만약 소를 제기할 적격을 당사자가 지니지 아니하면 사건들은 다루어지지 않는다. 단순히 제소 대상으로서의 돈을 가지는 것으로는 및 정부에 의하여 손해를 입고 있는 것으로는 충분하지 않다.[108]

그들의 "쟁송성 기준들(standards of litigability)"에 있어서의 전문적 사항들을 부당하게 고집함에 의하여 결정들을 대법원이 지체한다고 비난하도록, 사건들을 각하할 이 세 가지 절차적 방법들은 비판자들을 이끌었다. 법원의 관행 아래서 심리되지 아니하는 채로 남겨지는, 그러나 공중의 관심사인, 참다운 논쟁을 지니는, 및 선의의 행동으로부터 귀결되는 사건들이 있다. "대법원은 단지 법의 법원인 것이 아니라 정의의 법원이다."[109]

권력의 분립

연방정부 내에서의 자신의 역할들을 유지하기 위하여 여러 압력들을 대법원은 균형잡는다. 정부의 공동 부서가 되기를 그것은 추구하지만, 그러나 그 자신의 포고들은 시행가능한 것들이지 않으면 안 된다. 대통령에게든지의 내지는 의회에게든지의 그 자신의 우월함을 스스로 주장하는 상황들을 최소화하기를 법원은 추구하지만, 그러나 연방의 공무원들은 책임이 부여되지 않으면 안 된다. 의회 법률들의 위헌임을 선언할 권한을 대법원은 떠맡지만, 그러나 헌법문제들에 대한 그 자신의 판단을 그것은 자제한다.[110] 그러나 법원의 판결들을 미국의 정치적 삶이 강화할 때 민주주의에 있어서의 삶의 및 통치의 기본적 문제들에 관한 법원의 안내는 가장 유효하다.[111]

의회에 관련한 헌법판결들을 회피하기 위하여 대법원이 사용하는 네 개의 일반적 안내기준을 브랜다이스(Brandeis) 판사는 요약하였다:[o] 한 개의 사건에 대한 판결이 요구하지 아니하는 한, 헌법의 문제를 법원은 기대하지도 아니하고자 하고 또한 미해결의 문제를 판단하지

does, a rule of constitutional law is formulated only as the precise facts in the case require. The Court will choose statutes or general law for the basis of its decision if it can without constitutional grounds. If it does, the Court will choose a constitutional construction of an Act of Congress, even if its constitutionality is seriously in doubt. [110]

Likewise with the Executive Department, Edwin Corwin observed that the Court does sometimes rebuff presidential pretensions, but it more often tries to rationalize them. Against Congress, an Act is merely "disallowed". In the executive case, exercising judicial review produces "some change in the external world" beyond the ordinary judicial sphere.[112] The "political question" doctrine especially applies to questions which present a difficult enforcement issue. Chief Justice Charles Evans Hughes addressed the Court's limitation when political process allowed future policy change, but a judicial ruling would "attribute finality". Political questions lack "satisfactory criteria for a judicial determination".[113]

John Marshall recognized that the president holds "important political powers" which as Executive privilege allows great discretion. This doctrine was applied in Court rulings on President Grant's duty to enforce the law during Reconstruction. It extends to the sphere of foreign affairs. Justice Robert Jackson explained, Foreign affairs are inherently political, "wholly confided by our Constitution to the political departments of the government ... [and] not subject to judicial intrusion or inquiry."[114]

Critics of the Court object in two principal ways to self-restraint in judicial review, deferring as it does as a matter of doctrine to Acts of Congress and Presidential actions.
1. Its inaction is said to allow "a flood of legislative appropriations" which permanently create an imbalance between the states and federal government.
2. Supreme Court deference to Congress and the executive compromises American protection of civil rights, political minority groups and aliens.[115]

도 아니하고자 한다. 설령 법원이 판단하더라도, 그 사건 내의 정확한 사실관계가 요구하는 것으로서만의 한 개의 헌법규칙이 형성될 뿐이다. 헌법적 근거들 없이도 할 수 있다면, 제정법을 또는 일반법을 자신의 판결의 근거로서 법원은 선택하고는 한다. 만약 법원이 선택하면, 의회의 법률 한 개에 대한 한 개의 헌법적 해석을 법원은 선택하는 바, 설령 그것의 합헌성이 중대하게 의문시되더라도 이는 그러하다. [110]

행정부를처럼 대통령의 주장들을 법원은 때때로 좌절시킨다고, 그러나 그것들을 합리화하고자 더 자주 법원은 시도한다고 에드윈 코르윈(Edwin Corwin)은 말하였다. 한 개의 법률은 의회에 반대하여 단순히 "불허가되는" 것만은 아니다. 일반적인 사법적 영역을 넘어 "외부세계에 있어서의 모종의 변화"를, 사법심사를 행정소송 사건에서 행사함은 낳는다.[112] 어려운 집행의 쟁점을 제기하는 문제들에 "정치적 문제(political question)" 법리는 특별히 적용된다. 장래의 정치변화를 정치적 절차가 허용하는 경우의 법원의 한계를 대법원장 찰스 에반스 휴즈(Charles Evans Hughes)는 중점 두어 말하였으나, "종국성(finality)"을 사법적 결정은 "붙여주고는" 한다. "사법적 결정을 위한 만족스러운 표준"을 정치적 문제들은 결여한다.[113]

막대한 재량을 행정적 특권으로서 허용하는 "중요한 정치적 권한들"을 대통령은 보유함을 존 마샬(John Marshall)은 인정하였다. 재건기간(Reconstruction) 동안에 법을 시행할 대통령 그랜트(Grant)의 의무에 관한 법원 판결들에서 이 법리는 적용되었다. 외교업무(foreign affairs) 영역에 그것은 미친다. 외교는 본질적으로 정치적임을, "정부의 정치적 부서들에게 우리의 헌법에 의하여 전적으로 위탁된 것임 …… [그러므로] 사법적 강요에 내지는 조사에 종속되지 아니하는 것임을" 로버트 잭슨(Robert Jackson) 판사는 설명하였다.[114]

의회의 법률들에 및 대통령의 행위들에 대하여 정책의 문제로서 경의를 표하는 등의 사법심사의 자제를 두 가지 주요한 방법들로써 법원에 대한 비판자들은 반대한다.
1. 주 정부들의 및 영방정부의 양자 사이의 불균형을 항구적으로 창출하는 "입법적 세출예산들의 홍수"를 법원의 나태는 허용한다고 말해진다.
2. 시민적 권리들에, 정치적 소수자 그룹들에 및 외국인들에 대한 미국의 보호를 의회에의 및 행정부에의 대법원의 예양은 손상시킨다.[115]

Subsequent Courts

Supreme Courts under the leadership of subsequent Chief Justices have also used judicial review to interpret the Constitution among individuals, states and federal branches. Notable contributions were made by the Chase Court, the Taft Court, the Warren Court, and the Rehnquist Court.

Salmon P. Chase was a Lincoln appointee, serving as Chief Justice from 1864 to 1873. His career encompassed service as a U. S. Senator and Governor of Ohio. He coined the slogan, "Free soil, free Labor, free men." One of Lincoln's "team of rivals", he was appointed Secretary of Treasury during the Civil War, issuing "greenbacks". To appease radical Republicans, Lincoln appointed him to replace Chief Justice Roger B. Taney of Dred Scott case fame.

In one of his first official acts, Chase admitted John Rock, the first African-American to practice before the Supreme Court. The "Chase Court" is famous for Texas v. White, which asserted a permanent Union of indestructible states. Veazie Bank v. Fenno upheld the Civil War tax on state banknotes. Hepburn v. Griswold found parts of the Legal Tender Acts unconstitutional, though it was reversed under a late Supreme Court majority.

Scope of judicial review expanded

Salmon P. Chase [p]
Union, Reconstruction

William Howard Taft [q]
commerce, incorporation

Earl Warren
due process, civil rights

William Rehnquist
federalism, privacy

후속 법원들

　개인들 사이에서의 헌법을 해석하기 위하여 사법심사를, 뒤이은 대법원장들의 지도력 아래서의 대법원은 아울러 사용하였다. 주목할 만한 기여들이 체이스(Chase) 법원에, 태프트(Taft) 법원에, 워렌(Warren) 법원에, 그리고 렌퀴스트(Rehnquist) 법원에 의하여 이루어졌다.

　새먼 P. 체이스(Salmon P. Chase)는 링컨에 의하여 지명된 사람이었고 1864년부터 1873년까지 대법원장으로서 복무하였다. 합중국 상원의원으로서의 및 오하이오 주지사로서의 복무를 그의 경력은 포함하였다. "자유토지(Free soil), 자유노동(free Labor), 자유인(free men)"이라는 슬로건을 그는 만들어냈다. 링컨의 "경쟁자들 팀"의 한 명으로서 남북전쟁 동안 재무부장관에 그는 지명되었고, "지폐들"을 발행하였다. 과격한 공화주의자들을 누그러뜨리기 위하여, Dred Scott 사건으로 유명한 대법원장 로저 B. 태니(Roger B. Taney)를 대신하도록 그를 링컨은 지명하였다.

　대법원 앞에서 개업한 최초의 아프리카계 미국인인 존 록(John Rock)를 그의 맨 처음의 공무상의 행위들 가운데 한 가지로서 체이스는 허용하였다. Texas v. White 판결로 "체이스(Chase) 법원"은 유명한데, 파괴 불능의 주들의 항구적 연방을 그 판결은 주장하였다. 주 은행권들 위에의 남북전쟁세를 Veazie Bank v. Fenno 판결은 지지하였다. 법정통화법들(the Legal Tender Acts)의 일부를 위헌으로 Hepburn v. Griswold 판결은 판시하였는데, 다만 그것은 나중의 대법원 다수판사들에 의하여 번복되었다.

사법심사의 범위가 확대됨

　[사진설명] 새먼 P. 체이스(Salmon P. Chase) [p]
　　　　　 연방(Union), 재건(Reconstruction)

　[사진설명] 윌리엄 하워드 태프트(William Howard Taft) [q]
　　　　　 통상(commerce), 회사(incorporation)

　[사진설명] 얼 워렌(Earl Warren)
　　　　　 적법절차(due process), 시민적 권리들(civil rights)

　[사진설명] 윌리엄 렌퀴스트(William Rehnquist)
　　　　　 연방주의(federalism), 프라이버시(privacy)

William Howard Taft was a Harding appointment to Chief Justice from 1921 to 1930. A Progressive Republican from Ohio, he was a one-term President.

As Chief Justice, he advocated the Judiciary Act of 1925 that brought the Federal District Courts under the administrative jurisdiction of the Supreme Court. Taft successfully sought the expansion of Court jurisdiction over non- states such as District of Columbia and Territories of Arizona, New Mexico, Alaska and Hawaii.

In 1925, the Taft Court issued a ruling overturning a Marshall Court ruling on the Bill of Rights. In Gitlow v. New York, the Court established the doctrine of "incorporation" which applied the Bill of Rights to the states. Important cases included the Board of Trade of City of Chicago v. Olsen that upheld Congressional regulation of commerce. Olmstead v. United States allowed exclusion of evidence obtained without a warrant based on application of the 14th Amendment proscription against unreasonable searches. Wisconsin v. Illinois ruled the equitable power of the United States can impose positive action on a state to prevent its inaction from damaging another state.

Earl Warren was an Eisenhower nominee, Chief Justice from 1953 to 1969. Warren's Republican career in the law reached from County Prosecutor, California state attorney general, and three consecutive terms as Governor. His programs stressed progressive efficiency, expanding state education, re-integrating returning veterans, infrastructure and highway construction.

In 1954, the Warren Court overturned a landmark Fuller Court ruling on the Fourteenth Amendment interpreting racial segregation as permissible in government and commerce providing "separate but equal" services. Warren built a coalition of Justices after 1962 that developed the idea of natural rights as guaranteed in the Constitution. Brown v. Board of Education banned segregation in public schools. Baker v. Carr and Reynolds v. Sims established Court ordered "one-man-one-vote". Bill of Rights Amendments were incorporated into the states. Due process was expanded in Gideon v. Wainwright and Miranda v.

윌리엄 하워드 태프트(William Howard Taft)는 하딩(Harding) 대통령에 의하여 대법원장에 지명된 사람이었고 대법원장으로 1921년부터 1930년까지 복무하였다. 오하이오주 출신의 진보적 공화당원으로서 그는 단임의 대통령이었다.

연방지방법원들을 대법원의 행정적 관할 아래에 불러온 1925년의 법원법(the Judiciary Act of 1925)을 대법원장으로서 그는 옹호하였다. 콜럼비아 특별구에, 아리조나 준주(準州)에, 뉴멕시코 준주에, 알래스카 준주에 및 하와이 준주에 등 주 외 지역들에 대한 법원 관할의 팽창을 태프트(Taft)는 성공적으로 추진하였다.

권리장전(the Bill of Rights)에 관한 마샬(Marshall) 법원의 판결을 뒤집는 한 개의 판결을 1925년에 태프트(Taft) 법원은 냈다. "통합(incorporation)" 법리를, 권리장전을 주들에게 적용한 Gitlow v. New York에서 법원은 확립하였다. 통상(commerce)에 대한 의회의 규제를 지지한 the Board of Trade of City of Chicago v. Olsen 판결을 중요한 사건들은 포함하였다. 영장 없이 획득된 증거의 배제를 부당한 수색들에 대한 수정 제14조의 금지의 적용에 의거하여 Olmstead v. United States 판결은 허용하였다. 손해를 가하는 다른 주로부터초래되는 나태를 방지하기 위하여 적극적 행위를 한 개의 주 위에 합중국의 형평법상의 권한은 강제할 수 있다고 Wisconsin v. Illinois 판결을 판시하였다.

얼 워렌(Earl Warren)은 아이젠하워(Eisenhower) 대통령에 의하여 지명된 사람으로서 대법원장으로 1953년부터 1969년까지 복무하였다. 카운티 검사에, 캘리포니아주 검찰총장에, 그리고 연속된 세 번의 임기 동안의 캘리포니아 주지사에 워렌의 공화당원으로서의 법적 경력은 이르렀다. 진보적 효율성을, 주(state) 교육의 확대를, 귀환하는 참전용사들의 재통합을, 기간시설 건설을 및 고속도로 건설을 그의 프로그램들은 강조하였다.

"분리된 그러나 평등한(separate but equal)" 서비스들을 제공하는, 정부에서의 및 통상에서의 인종분리를 허용 가능한 것으로 해석한 연방헌법 수정 제14조에 관한 풀러(Fuller) 법원의 기념비적 판결 한 개를 1954년에 워렌(Warren) 법원은 뒤집었다. 헌법에 보장되는 것으로서의 자연적 권리들(natural rights)의 이념을 개발한 대법원 판사들의 제휴를 1962년 뒤에 워렌은 구축하였다. 공립학교에서의 인종분리를 Brown v. Board of Education 판결은 금지하였다. 법원 명령에 의한 "1인 1표(one-man-one-vote)"를 Baker v. Carr 판결은 및 Reynolds v. Sims 판결은 확립하였다. 주들 안으로 권리장전 수정조항들(Bill of Rights Amendments)은 통합되어 들어갔다. Gideon

Arizona. First Amendment rights were addressed in Griswold v. Connecticut concerning privacy, and Engel v. Vitale relative to free speech.

William Rehnquist was a Reagan appointment to Chief Justice, serving from 1986 to 2005. While he would concur with overthrowing a state supreme court's decision, as in Bush v. Gore, he built a coalition of Justices after 1994 that developed the idea of federalism as provided for in the Tenth Amendment. In the hands of the Supreme Court, the Constitution and its Amendments were to restrain Congress, as in City of Boerne v. Flores.

Nevertheless, the Rehnquist Court was noted in the contemporary "culture wars" for overturning state laws relating to privacy prohibiting late-term abortions in Stenberg v. Carhart, prohibiting sodomy in Lawrence v. Texas, or ruling so as to protect free speech in Texas v. Johnson or affirmative action in Grutter v. Bollinger.

Civic religion

There is a viewpoint that some Americans have come to see the documents of the Constitution, along with the Declaration of Independence and the Bill of Rights, as being a cornerstone of a type of civil religion. This is suggested by the prominent display of the Constitution, along with the Declaration of Independence and the Bill of Rights, in massive, bronze-framed, bulletproof, moisture-controlled glass containers vacuum-sealed in a rotunda by day and in multi-ton bomb-proof vaults by night at the National Archives Building.[116]

The idea of displaying the documents struck one academic critic looking from the point of view of the 1776 or 1789 America as "idolatrous, and also curiously at odds with the values of the Revolution".[116] By 1816, Jefferson wrote that "[s]ome men look at constitutions with sanctimonious reverence and deem them like the Ark of the Covenant, too sacred to be touched". But he saw imperfections and imagined that there could potentially

v. Wainwright에서 및 Miranda v. Arizona에서 적법절차(Due process)는 확대되었다. 프라이버시에 관한 Griswold v. Connecticut에서 및 자유로운 말에 관한 Engel v. Vitale에서 수정 제1조상의 권리들은 중점 두어 다루어졌다.

윌리엄 렌퀴스트(William Rehnquist)는 레이건(Reagan) 대통령에 의하여 대법원장에 지명된 사람으로서 1986년부터 2005년까지 복무하였다. Bush v. Gore 사건에서처럼 주 대법원 판결에 그는 동의하는 입장이었음에도, 수정 제10조에 규정된 것으로서의 연방주의 이념을 발전시킨 대법원 판사들의 연합을 1994년 뒤로 그는 구축하였다. 대법원의 손들 속에서 헌법은 및 그 수정조항들은 의회를 제약하는 것들이 되었는데, 가령 City of Boerne v. Flores 사건에서의 경우가 그러하다.

이에도 불구하고, Stenberg v. Carhart 사건에서의 후기낙태들(late-term abortions)을 금지하는, Lawrence v. Texas에서의 수간(sodomy)을 금지하는 프라이버시에 관련한 주 법들을 뒤집기 위한, 또는 Texas v. Johnson에서의 자유로운 말을 또는 Grutter v. Bollinger에서의 적극적 행동을 보호하고자 판결함을 위한 그 당시의 "문화전쟁들(culture wars)" 속에서 렌퀴스트(Rehnquist) 법원은 주목되었다.

시민들의 종교

독립선언서를에 및 권리장전을에 더불어 헌법문서들을 한 가지 형태의 문명사회적 종교의 기초로 일부 미국인들이 보기에 이르러 있다는 견해가 있다. 독립선언서에 및 권리장전에 나란한 헌법에 대한 국립문서기록관리청 빌딩에서의 낮 동안의 둥근 천장의 홀 내의 커다란 청동제 테두리를 한, 방탄의, 습기제어의 진공 포장된 유리 용기들 안에서의, 밤에는 여러 톤의 폭탄을 견디는 둥근 천장들 속에서의 두드러진 전시에 의하여 이것은 암시된다.[116]

문서들을 전시하는 착상은 1776년의 또는 1789년의 미국의 관점으로부터 바라보는 한 명의 학구적 비판자로 하여금, "우상 숭배하듯 한다는 및 그 뿐만 아니라 이상하게도 독립전쟁의 가치들에 안 맞는다는" 생각이 들게 하였다.[116] [독]실한 체하는 존경을 지닌 채로 헌법들을 일부 사람들은 바라보며, 그것들을 성약의 궤(the Ark of the Covenant)로 여기듯, 손이 가해지기에는 너무도 신성한 것으로 그들은 여긴다."고 1816년 시점에서 제퍼슨(Jefferson)은 썼다. 그

be others, believing as he did that "institutions must advance also".[117]

Some commentators depict the multi-ethnic, multi-sectarian United States as held togeth-er by a political orthodoxy, in contrast with a nation state of people having more "natural" ties.[118][119]

Worldwide influence

JoséRizal

Sun Yat-sen

The United States Constitution has been a notable model for governance around the world. Its international influence is found in similarities of phrasing and borrowed passag-es in other constitutions, as well as in the principles of the rule of law, separation of pow-ers and recognition of individual rights. The American experience of fundamental law with amendments and judicial review has motivated constitutionalists at times when they were considering the possibilities for their nation's future.[120] It informed Abraham Lincoln during the American Civil War,[t] his contemporary and ally Benito Juárez of Mexico,[u] and the second generation of 19th-century constitutional nationalists, JoséRizal of the Philippines[v] and Sun Yat-sen of China.[w] Since the latter half of the 20th century, the influence of the United States Constitution may be waning as other countries have revised their constitutions with new influences.[126][127]

Criticisms

The United States Constitution has faced various criticisms since its inception in 1787.

The Constitution did not originally define who was eligible to vote, allowing each state to determine who was eligible. In the early history of the U. S., most states allowed only white male adult property owners to vote.[128][129][130] Until the Reconstruction

러나 결함들을 그는 보았고 혹시 다른 결함들이 있을 수 있다고 그는 예상하였는 바, "제도들은 또한 발전하지 않으면 안 된다."고 그는 믿었다.[117]

더 "자연적인(natural)" 유대관계들을 지니는 사람들의 민족국가에 대조되게, 다민족의 및 다종교의 합중국을 정치적 정교에 의하여 붙들린 나라로 일부 주석자들은 묘사한다.[118][119]

[사진설명] 호세 리잘(José Rizal)

[사진설명] 쑨원(Sun Yat-sen)

합중국 헌법은 세계 곳곳에서의 통치의 두드러진 본보기가 되어 왔다. 여타 헌법들 안에 담긴 법의 지배의 원칙들에서의, 권력의 분립에서의 및 개인적 권리들의 인정에서의 유사성에서는 물론이고 문구의 및 차용된 문장들의 유사성에서 그것의 국제적 영향력은 확인된다. 그들의 국가의 장래의 가능성들을 그들이 숙고하는 중일 때마다 헌법주의자들을, 수정조항들에 대한 및 사법심사에 대한 것을 아우른 기본법에 대한 미국의 경험은 자극해 왔다.[120] 미국 남북전쟁 동안의 에이브러햄 링컨(Abraham Lincoln)에게,[t] 그의 동시대인이며 협력자인 멕시코의 베니토 후아레즈(Benito Juárez)에게,[u] 그리고 19세기 헌법적 국가주의자들의 제2세대인 필리핀의 호세 리잘(José Rizal)에게,[v] 그리고 중국의 쑨원(Sun Yat-sen)에게[w] 활기를 그것은 불어넣었다. 20세기 후반 이래로 합중국 헌법의 영향력은 감소하는 중일 수 있는 바, 왜냐하면 새로운 영향들에 따라 그들의 헌법들을 여타의 국가들이 개정해 왔기 때문이다.[126][127]

비판들

1787년에서의 그것의 시작 이래로 다양한 비판들에 합중국 헌법은 직면해 왔다.

누가 투표권을 갖는지를 헌법은 당초에 규정하지 않았고, 누가 투표권을 갖는지를 이로써 개개 주더러 결정하도록 그것은 허용하였다. 투표권을 백인 남자 성인 재산 소유자들에게만 합중국 초기 역사에서 대부분의 주들은 허용하였다.[128][129][130] 남북전쟁 직후로부터의 5

Amendments were adopted between 1865 and 1870, the five years immediately following the Civil War, the Constitution did not abolish slavery, nor give citizenship and voting rights to former slaves.[131] These amendments did not include a specific prohibition on discrimination on the basis of sex; it took another amendment — the Nineteenth, ratified in 1920 — for the Constitution to prohibit any United States citizen from being denied the right to vote on the basis of sex.[132]

원문출처 https://en.wikipedia.org/wiki/United_States_Constitution

년 동안인 1865년에서 1870년 사이에 재건 수정조항들(the Reconstruction Amendments)이 채택되기까지, 노예제도를 헌법은 폐지하지 아니하였고 시민권을 및 투표권을 과거의 노예들에게 헌법은 부여하지도 아니하였다.[131] 성별을 이유로 하는 차별에 대한 명시적 금지를 이 수정조항들은 포함하지 않았다; 투표할 권리를 성별의 토대 위에서 조금이라도 합중국 시민이 거부당하지 않도록 헌법이 금지하는 데에는 또 다른 수정조항을 - 1920년에 비준된 수정 제19조를 - 필요로 하였다.[132]

원문출처 https://en.wikipedia.org/wiki/United_States_Constitution

Footnotes

a. Historically, the first written constitution of an independent polity which was adopted by representatives elected by the people was the 1755 Corsican Constitution, despite being short-lived, drafted by Pasquale Paoli, whose work was an inspiration for many American patriots,[8] including the Hearts of Oak, originally named "The Corsicans", and the Sons of Liberty.[9]

Earlier written constitutions of independent states exist but were not adopted by bodies elected by the people, such as the Swedish Constitution of 1772, adopted by the king, the Constitution of San Marino of 1600 which is the oldest surviving constitution in the world, or the Constitution of Pylyp Orlyk, the first establishing separation of powers.

b. The Judiciary Act of 1789 established six Supreme Court justices. The number was periodically increased, reaching ten in 1863, allowing Lincoln additional appointments. After the Civil War, vacancies reduced the number to seven. Congress finally fixed the number at nine.

c. The four concepts which determine "justiciability", the formula for a federal court taking and deciding a case, are the doctrines of (a) standing, (b) real and substantial interests, (c) adversity, and (d) avoidance of political questions.[47]

d. Judicial Review is explained in Hamilton's Federalist No. 78. It also has roots in Natural Law expressions in the Declaration of Independence. The Supreme Court first ruled an act of Congress unconstitutional in Marbury v. Madison, the second was Dred Scott.[47]

e. For instance, 'collateral estoppel' directs that when a litigant wins in a state court, they cannot sue in federal court to get a more favorable outcome.

f. Recently numerous habeas corpus reforms have tried to preserve a working "relationship of comity" and simultaneously streamline the process for state and lower courts to apply Supreme Court interpretations.[47]

g. Contrary to this source when viewed, the Constitution provides that punishments, including forfeiture of income and property, must apply to the person convicted. "No attainder of treason shall work corruption of blood or forfeiture" on the convicted traitor's children or heirs. This avoids the perpetuation of civil war into the generations by

각주출처

a. 역사적으로는, 비록 수명이 짧았음에도, 사람들로부터 선출된 대표자들에 의하여 채택된 독립적 정치체의 최초의 성문헌법은 파스칼 파올리(Pasquale Paoli)에 의하여 입안된 1755년 코르시카 헌법(Corsican Constitution)이었는 바, 당초의 제목이 "코르시카 사람들(The Corsicans)"인 용감한 사람들(the Hearts of Oak)을 및 자유의 아들들(the Sons of Liberty)을 포함하는 그의 저작은 수많은 미국 애국파들에게 한 개의 영감이 되었다.[8][9]

독립인 나라들의 초기의 성문헌법들이 존재하지만, 그것들은 사람들에 의하여 선출된 기관들에 의하여 채택된 것들이 아니었는 바, 국왕에 의하여 채택된 1772년 스웨덴 헌법이, 세계에서 가장 오래된 현존의 헌법인 1600년의 산 마리노(San Marino) 헌법이, 또는 권력분립의 최초의 사례인 필립 오를릭(Pylyp Orlyk) 헌법이 그것들이다.

b. 여섯 명의 대법원 판사들을 1789년 법원법은 확립하였다. 이 숫자는 간헐적으로 늘어나 1863년에는 10명에 달하였고 이에 따라 추가적 지명들을 링컨에게 허용하였다. 남북전쟁 뒤의 공석들은 그 숫자를 일곱으로 줄였다. 의회는 최종적으로 그 숫자를 아홉으로 정하였다.

c. "사법심사 적합성(justiciability)"을 결정하는 네 개의 개념들은, 즉 한 개의 사건을 다루는 및 판결하는 연방법원을 위한 공식은 (a) 적격(standing)의, (b) 진실한 및 실체적인 이익들(real and substantial interests)의, (c) 대립성(adversity)의, 및 (d) 정치적 문제들의 회피(avoidance of political questions)의 법리들이다.[47]

d. 해밀턴(Hamilton)의 연방주의자(Federalist) 제78호에 사법심사는 설명되어 있다. 그 근거들을 독립선언서(the Declaration of Independence)에서의 자연법(Natural Law) 표현들에도 그것은 둔다. 의회 법률을 위헌으로 Marbury v. Madison 사건에서 최초로, Dred Scott 사건에서 두 번째로 대법원은 판시하였다.[47]

e. 예를 들어, 주 법원에서 한 쪽 당사자가 승소하면 더 유리한 결과를 얻기 위하여 연방법원에 그들은 제소할 수 없음을 '부수적 금반언(collateral estoppel)'은 명령한다.

f. 유효한 "예양의 관계"를 보전하고자 및 그 동시에 해석을 대법원에 주 법원들이 및 하급법원들이 신청하기 위한 절차를 간소화하고자 근자에 여러 가지 인신보호영장 개혁들은 시도하였다.[47]

g. 확인 시점에서의 이 전거(source)에 반대되게, 유죄로 판정되는 사람에게 수입의 및 재산의 몰수가를 포함하여 처벌들은 적용되지 않으면 안 된다고 헌법은 규정한다. "반역죄의 사권박탈은" 반역죄로 유죄판정된 사람의 자녀들 위에 내지는 상속인들 위에 "혈통오손(Corruption of Blood)의 내지는 몰수의 효력을 지니지 않는다." 장미전쟁(the Wars of the Roses)에서

Parliamentary majorities as in the Wars of the Roses.[47]

h. Downes v. Bidwell, 182 U. S. 244, 261 (1901), commenting on an earlier Supreme Court decision, Loughborough v. Blake, 18 U. S. (5 Wheat.) 317 (1820); Rasmussen v. United States, 197 U. S. 516, 529-530, 536 (1905)(concurring opinions of Justices Harlan and Brown), that once the Constitution has been extended to an area, its coverage is irrevocable; Boumediene v. Bush - That where the Constitution has been once formally extended by Congress to territories, neither Congress nor the territorial legislature can enact laws inconsistent therewith. The Constitution grants Congress and the President the power to acquire, dispose of, and govern territory, not the power to decide when and where its terms apply.

i. The Supreme Court found 658 cases of invalid state statutes from 1790 to 1941 before the advent of civil rights cases in the last half of the twentieth century[103]

j. In this, John Marshall leaned on the argument of Hamilton in Federalist No. 78.

k. Although it may be that the true meaning of the Constitution to the people of the United States in 1788 can only be divined by a study of the state ratification conventions, the Supreme Court has used The Federalist Papers as a supplemental guide to the Constitution since their co-author, John Jay, was the first Chief Justice.

l. The entire quote reads, "This argument has been ratified by time and by practice, and there is little point in quibbling with it. Of course, the President also takes an oath to support the Constitution."[106]

m. The presidential reference is to Andrew Jackson's disagreement with Marshall's Court over Worcester v. Georgia, finding Georgia could not impose its laws in Cherokee Territory. Jackson replied, "John Marshall has made his decision; now let him enforce it!", and the Trail of Tears proceeded. Jackson would not politically interpose the U. S. Army between Georgia and the Cherokee people as Eisenhower would do between Arkansas and the integrating students.

n. "Advisory opinions" are not the same as "declaratory judgments." (a) These address rights and legal relationships in cases of "actual controversy", and (b) the holding has the force and effect of a final judgment. (c) There is no coercive order, as the parties are

처럼 의회의 다수자들에 의한 세대들 속으로의 내전의 영속화를 이것은 회피시킨다.[47]

h. 더 앞선 대법원 판결인 Loughborough v. Blake, 18 U. S. (5 Wheat.) 317 (1820)에 대하여 논평한 Downes v. Bidwell, 182 U. S. 244, 261 (1901); 한 개의 영역에 일단 헌법이 적용되어 있으면 그 범위는 돌이킬 수 없다고 한 Rasmussen v. United States, 197 U. S. 516, 529-530, 536 (1905)(할란(Harlan) 판사의 및 브라운(Brown) 판사의 찬동의견들); 의회에 의하여 준주들(準州들; territories)에 헌법이 정식으로 확대되어 있으면, 이에 어긋나는 법들을 의회는 및 준주 입법부는 그 어느 쪽이도 입법할 수 없다고 한 Boumediene v. Bush 판결 등이다. 준주를 획득할, 처분할 및 통치할 권한을 의회에게 및 대통령에게 헌법은 부여하지만, 언제 어디서 그것의 조항들이 적용되는지를 결정할 권한을은 부여하지 않는다.

i. 무효인 주 제정법들 사건 658개를 1790년부터, 20세기 후반에서의 시민권 사건들의 도래 이전인 1941년까지 대법원은 판결하였다.[103]

j. 이 점에서, 연방주의자(Federalist) 제78호에서의 해밀턴(Hamilton)의 주장에 존 마샬(John Marshall)은 의지하였다.

k. 비록 주 비준회의들에 대한 연구에 의하여서만 1788년의 합중국 사람들에게의 헌법의 참다운 의미는 발견될 수 있음에도 불구하고, 연방주의자 논설들(The Federalist Papers)의 공동저자인 존 제이(John Jay)가 초대 대법원장이었던 만큼 그것을 헌법에의 보충적 안내자로서 대법원은 사용해 왔다.

l. "시간에 의해서와 관행에 의하여 이 주장은 승인되어 왔고, 따라서 그것을 가지고서 흠을 잡는 것은 의미가 없다. 물론, 헌법을 지지하겠노라는 선서를 대통령은 역시도 한다."라고 전체 인용구는 되어 있다.[106]

m. 대통령의 언급은 자신의 법들을 체로키 준주(Cherokee Territory)에 조지아주가 강제할 수 없음을 판시한 Worcester v. Georgia 판결을 둘러싼 마샬(Marshall) 법원에의 앤드류 잭슨(Andrew Jackson)의 부동의에 대한 것이다. "그의 판단을 존 마샬(John Marshall)은 내린 터이다; 이제 그것을 그더러 시행하게 하라!"라고 잭슨(Jackson)은 응수하였고, 그리하여 눈물의 길(the Trail of Tears)이 시작되었다. 아칸자스주(Arkansas)의 및 분리철폐를 요구하는 학생들의 양자 사이에 아이젠하워(Eisenhower)가 끼워넣었으면 하였듯이 합중국 육군을 조지아주(Georgia)의 및 체로키 주민들의 양자 사이에 잭슨(Jackson)은 정치적으로 끼워넣으려고 하지 않았다.

n. "권고적 의견들(advisory opinions)"은 "선언적 판결들(declaratory judgments)"에 동일하지 아니하다. (a) "실제적 분쟁(actual controversy)"에서의 권리들을 및 법적 관계들을 이것들은 중점 두어 다루고, (b) 종국판결(a final judgment)의 효력을 및 효과를 판시는 지닌다. (c) 판결을 당사자들이

assumed to follow the judgment, but a "declaratory judgment" is the basis of any subsequent ruling in case law.

o. Louis Brandeis concurring opinion, Ashwander v. Tennessee Valley Authority, 1936.

p. The Chase Court, 1864−1873, in 1865 were the Hon. Salmon P. Chase, Chief Justice, U. S.; Hon. Nathan Clifford, Maine; Stephen J. Field, Justice Supreme Court, U. S.; Hon. Samuel F. Miller, U. S. Supreme Court; Hon. Noah H. Swayne, Justice Supreme Court, U. S.; Judge Morrison R. Waite

q. The Taft Court, 1921−1930, in 1925 were James Clark McReynolds, Oliver Wendell Holmes, Jr., William Howard Taft (Chief Justice), Willis Van Devanter, Louis Brandeis, Edward Sanford, George Sutherland, Pierce Butler, Harlan Fiske Stone

r. The Warren Court, 1953−1969, in 1963 were Felix Frankfurter; Hugo Black; Earl Warren (Chief Justice); Stanley Reed; WIlliam O. Douglas. Tom Clark; Robert H. Jackson; Harold Burton; Sherman Minton

s. The Rehnquist Court, 1986−2005.

t. "Secession was indeed unconstitutional ... military resistance to secession was not only constitutional but also morally justified.[121] "the primary purpose of the Constitution was ... to create 'a more perfect union' ... the Constitution was an exercise in nation building.[122]

u. Juarez regarded the United States as a model of republican democracy and consistently supported Abraham Lincoln.[123]

v. The institutions of the two countries which have most influenced constitutional development are Spain and the United States". One of the reforms, "sine quibus non", to use the words of Rizal and Mabini, always insisted upon by the Filipinos, was Philippine representation in the Spanish Cortez, the promulgation in the Islands of the Spanish Constitution, and the complete assimilation equal to that of any in the Spanish provinces on the continent.[124]

w. In the modern history of China, there were many revolutionaries who tried to seek the truth from the West in order to overthrow the feudal system of the Qing dynasty. Dr. Sun Yat-sen, for example, was much influenced by American democracy, especially the U. S. Constitution.[125]

따를 것으로 추정되기에 강제적 명령은 없으나, "선언적 판결(declaratory judgment)"은 판례법에서의 추후의 판단을 위하여 토대가 된다.

o. Louis Brandeis concurring opinion, Ashwander v. Tennessee Valley Authority, 1936.

p. 1864년-1873년의 체이스(Chase) 법원은 1865년에 합중국 대법원장 the Hon. Salmon P. Chase; 메인주(Maine)의 Hon. Nathan Clifford; 합중국 대법원 판사 Stephen J. Field; 합중국 대법원 판사 Hon. Samuel F. Miller; 합중국 대법원 판사 Hon. Noah H. Swayne; 판사(Judge) Morrison R. Waite 등이었다.

q. 1921년-1930년의 태프트(Taft) 법원은 1925년에 James Clark McReynolds, Oliver Wendell Holmes, Jr., William Howard Taft (대법원장), Willis Van Devanter, Louis Brandeis, Edward Sanford, George Sutherland, Pierce Butler, Harlan Fiske Stone 등이었다.

r. 1953년-1969년의 워렌(Warren) 법원은 1963년에 Felix Frankfurter; Hugo Black; Earl Warren (대법원장); Stanley Reed; WIlliam O. Douglas. Tom Clark; Robert H. Jackson; Harold Burton; Sherman Minton 등이었다.

s. The Rehnquist Court, 1986-2005.

t. "탈퇴는 참으로 위헌이었다 … 탈퇴에의 군사적 저지는 합헌이었을 뿐만 아니라 도덕적으로도 정당화되었다.[121] "헌법의 가장 중요한 목적은 … '더 완전한 연방(a more perfect union)'을 창출하기 위한 것이었다 … 헌법은 국가 건축에 있어서의 한 개의 행사였다.[122]

u. 합중국을 공화적 민주주의(republican democracy)의 본보기로 후아레즈(Juarez)는 간주하였고 에이브러햄 링컨을 일관되게 지원하였다.[123]

v. "헌법의 발전에 가장 크게 영향을 준 두 나라들의 제도들은 스페인이고 합중국이다". 리잘(Rizal)의 및 마비니(Mabini)의 표현들을 사용하자면, 필리핀 사람들에 의하여 항상 주장되어 온 개혁들 중 "필수불가결의 것들(sine quibus non)"로서의 한 가지는, 스페인령 코르테즈(Cortez)에서의 필리핀 주민에 의한 대표였고, 스페인 헌법의 섬들에의 선포였으며, 그리고 조금이라도 대륙 위의 스페인 지방들에서의 것에 평등한 완전한 동화였다.[124]

w. 중국 현대사에는 청 왕조의 봉건제도를 타도하기 위하여 진실을 서구로부터 찾고자 시도한 여러 혁명가들이 있었다. 예를 들어 쑨원(Dr. Sun Yat-sen)은 미국 민주주의에 의하여, 특히 합중국 헌법에 의하여 크게 영향을 받았다.[125]

각주출처(Footnotes)

1. Maier 2010, p. 35

2. United States Senate (1992). "Amendments to the Constitution of the United States of America" (PDF). The Constitution of the United States of America: Analysis and Interpretation (PDF). U. S. Government Printing Office. p. 25 n.2. ISBN 9780160632686.

3. "Constitution Day". Senate.gov. United States Senate. Retrieved September 10, 2016.

4. Ritchie, Donald. "Bill of Rights". Annenberg Classroom - Glossary. Leonore Annenberg Institute for Civics of the Annenberg Public Policy Center of the University of Pennsylvania. Retrieved September 21, 2014.

5. Lloyd, Gordon. "Introduction to the Bill of Rights". TeachingAmericanHistory.org. The Ashbrook Center at Ashland University. Retrieved September 21, 2014.

6. "America's Founding Documents". October 30, 2015.

7. "Differences between Parchment, Vellum and Paper". August 15, 2016.

8. "Pasquale Paoli - Corsican statesman".

9. Ruppert, Bob. "Paoli: Hero of the Sons of Liberty". Journal of the American Revolution. Retrieved May 20, 2017.

10. McLaughlin, Andrew C. (1936). "A constitutional History of the United States". New York, London: D. Appleton-Century Company. pp. 83—90. Archived from the original on September 16, 2014. Retrieved August 27, 2014.

11. Morris, Richard B. (December 28, 1976). Presidential Address (Speech). American Historical Association. Retrieved June 8, 2014.

12. Fritz, Christian G. (2008). American Sovereigns: The People and America's Constitutional Tradition Before the Civil War. New York: Cambridge University Press. p. 131. ISBN 978-0-521-88188-3; noting that "Madison, along with other Americans clearly understood" the Articles of Confederation "to be the first federal Constitution". 연합규약(the Articles of Confederation)이 "최초의 연방헌법임을 매디슨(Madison)은, 여타 미국인들이에 나란히 명확하게 이해하였다."고 특별히 언급함.

13. Jensen, Merrill (1950). The New Nation: A History of the United States During the Confederation, 1781—1789. Boston: Northeastern University Press. pp. 177—233. ISBN 978-0-930350-14-7.

14. Wood, Gordon S. (1972). The Creation of the American Republic, 1776—1787. Chapel Hill: University of North Carolina Press. p. 359. ISBN 978-0-807-84723-7.

15. Maier 2010, pp. 11−13

16. Maier 2010, pp. 12-13, 19.

17. Bowen 2010, pp. 129-130.

18. Bowen 2010, p. 31.

19. Maier 2010, pp. 15-16.

20. Maier 2010, p. 13.

21. Wood 1998, pp. 356-367, 359.

22. Maier 2010, pp. 14, 30, 66.

23. "Resolution of Congress, 21 Feb. 1787". The Founders' Constitution. University of Chicago Press; The Articles Congress thus echoed a previous resolution of a conference at Annapolis; 애나폴리스에서 열린 회의에서의 이전의 결의를 이렇듯 규약의회는 반향하였다; see "Proceedings of Commissioners to Remedy Defects of the Federal Government: 1786".

24. Maier 2010, p. 21

25. Maier 2010, p. 27

26. "America's Founding Fathers-Delegates to the Constitutional Convention". The U. S. National Archives and Records Administration. Retrieved April 16, 2016.

27. "Variant Texts of the Virginia Plan, Presented by Edmund Randolph to the Federal Convention". The Avalon Project at Yale Law School. Retrieved April 16, 2016.

28. "The Debates in the Federal Convention of 1787 reported by James Madison : on June 15". The Avalon Project at Yale Law School. Retrieved April 16, 2016.

29. "Committee Assignments Chart and Commentary". Ashland, Ohio: TeachingAmericanHistory.org. Retrieved April 16, 2016.

30. "Madison Debates July 16". The Avalon Project at Yale Law School. Retrieved March 31, 2014.

31. "Committees at the Constitutional Convention". U. S. Constitution Online. Retrieved April 16, 2016.

32. "Madison Debates August 6". The Avalon Project at Yale Law School. Retrieved April 16, 2016.

33. "Madison Debates September 12". The Avalon Project at Yale Law School. Retrieved April 16, 2016.

34. Vile, John R. (2005). The Constitutional Convention of 1787: A Comprehensive

Encyclopedia of America's Founding (Volume 1: A-M). ABC-CLIO. p. 705. ISBN 1-85109-669-8. Retrieved October 21, 2015.

35. "Madison Debates September 15". The Avalon Project at Yale Law School. Retrieved April 16, 2016.

36. Wright, Jr., Robert K.; MacGregor Jr., Morris J. "Appendix A: The Annapolis Convention". Soldier-Statesmen of the Constitution. Washington D.C: United States Army Center of Military History. p. 264. LCCN 87001353. CMH Pub 71-25.

37. "Resolution of Congress of September 28, 1787, Submitting the Constitution to the Several States". The Avalon Project at Yale Law School. Retrieved August 31, 2014.

38. "Resolution of the Congress, of September 13, 1788, Fixing Date for Election of a President, and the Organization of the Government Under the Constitution, in the City of New York" — via Avalon Project.

39. Manning, John F. (2011). "Separation of Powers as Ordinary Interpretation". Harvard Law Review. 124 (1): 1939−2039.

40. Carpenter, William Seal (1928). "The Separation of Powers in the Eighteenth Century". American Political Science Review. 22 (1): 32−44.

41. Nielson, Aaron (April 10, 2016). "D.C. Circuit Reviewed: The Baron Montesquieu".

42. National Archives and Records Administration. "National Archives Article on the Bill of Rights". Retrieved December 16, 2007.

43. Kilpatrick, James J., ed. (1961). The Constitution of the United States and Amendments Thereto. Foreword by Denys P. Myers. Virginia Commission on Constitutional Government. p. i (of foreword).[full citation needed]

44. See Jacobson v. Massachusetts, 197 U. S. 11, 22 (1905) ("헌법을 사람들이 제정한 및 확립한 일반적 목적들을 비록 서문은 나타냄에도 불구하고, 조금이라도 합중국 정부 위에 내지는 조금이라도 그 부서들 위에 수여되는 실체적 권한의 원천으로 그것이 간주된 적은 결코 없다."); see also United States v. Boyer, 85 F. 425, 430-31 (W. D. Mo. 1898) ("Although th[e] preamble indicates the general purposes for which the people ordained and established the Constitution, it has never been regarded as the source of any substantive power conferred on the government of the United States, or on any of its departments."); see also United States v. Boyer, 85 F. 425, 430-31 (W. D. Mo. 1898) ("The preamble never can be resorted to, to enlarge the powers confided to the general government, or any of its departments. It cannot confer any power per se. It can never amount,

by implication, to an enlargement of any power expressly given. It can never be the legitimate source of any implied power, when otherwise withdrawn from the constitution. Its true office is to expound the nature and extent and application of the powers actually conferred by the constitution, and not substantively to create them. 일반적 정부에게 내지는 조금이라도 그 부서들에게 위탁되는 권한들을 확대시키기 위하여서는 서문은 결코 의존될 수 없다. 조금이라도 권한을 그것은 그 자체로 수여할 수 없다. 함축에 의하여서도, 조금이라도 명시적으로 부여되는 권한의 확대에 그것은 해당할 수가 결코 없다. 그것은, 달리 헌법으로부터 도출되는 경우에, 조금이라도 함축된 권한의 적법한 원천이 될 수가 결코 없다. 그것의 참다운 임무는 헌법에 의하여 실제로 수여되는 권한들의 성격을 및 범위를 및 적용을 해설하는 것일 뿐, 그것들을 실질적으로 창출하는 것이 아니다." (quoting 1 JOSEPH STORY, COMMENTARIES ON THE CONSTITUTION OF THE UNITED STATES §462 (1833)) (내부인용 생략)).

45. Adler & Gorman 1975, p. 26, 80, 136.

46. 17. U. S. at 421

47. O'Connor 2010.

48. FindLaw for legal professionals Archived January 16, 2013, at the Wayback Machine., with links to United States Government Printing office official Web site, Cornell Law School, Emory Law School, and U. S. Supreme Court decisions since 1893, (1998, 2000 Supplement). Viewed November 28, 2011. "Archived copy". Archived from the original on January 16, 2013. Retrieved 2011-11-29.

49. England, Trent & Spalding, Matthew. "Essays on Article V: Amendments". The Heritage Foundation. Retrieved July 31, 2014.

50. "Proposed Amendments". Constitution Day Observance Events. Clayton State University.

51. Lutz, Donald (1994). "Toward a Theory of Constitutional Amendment". The American Political Science Review.

52. "The Constitutional Amendment Process". National Archives and Records Administration. Retrieved July 27, 2014.

53. Morison, Samuel Eliot (1965). The Oxford History of the American People. Oxford: Oxford University Press. p. 312.

54. Lloyd, Gordon. "The Six Stages of Ratification of the Constitution: Stage I − Now For the Bad News". TeachingAmericanHistory.org. The Ashbrook Center at Ashland University. Retrieved June 23, 2014.

55. Spaulding, Matthew. "Attestation Clause". The Heritage Foundation. Retrieved November 25, 2016.

56. Neale, Thomas H. "The Proposed Equal Rights Amendment: Contemporary Ratification Issues" (PDF). Congressional Research Service. Retrieved July 27, 2014.

57. Monk, Linda. "Amendment I". Annenberg Classroom. Leonore Annenberg Institute for Civics of the Annenberg Public Policy Center of the University of Pennsylvania. Retrieved August 6, 2014.

58. Fletcher v. Haas, 11-10644-DPW (D. Mass. March 30, 2012).

59. Pierce, John (April 2, 2012). "Permanent Resident Aliens Have Second Amendment Rights Too". Monachus Lex.[self-published source]

60. Constitutional Law. Casenotes. 2009-12-06. ISBN 9780735589452.[full citation needed]

61. Jilson, Cal (2013-01-04). American Government: Political Development and Institutional Change. ISBN 9781136269691.[full citation needed]

62. Shaman, Jeffrey. "After Heller: What Now for the Second Amendment". Santa Clara Law Review. Retrieved January 30, 2014.[full citation needed]

63. "US Senate Annotated Constitution". Retrieved January 30, 2014.

64. Monk, Linda. "Amendment II". Annenberg Classroom. Leonore Annenberg Institute for Civics of the Annenberg Public Policy Center of the University of Pennsylvania. Retrieved August 6, 2014.

65. Epstein, Lee & Walk, Thomas G. (2012). Constitutional Law for a Changing America: Rights, Liberties and Justice (8th ed.). CQ Press. pp. 395−396. ISBN 978-1-4522-2674-3.

66. Moncure 1990.

67. Monk, Linda. "Amendment III". Annenberg Classroom. Leonore Annenberg Institute for Civics of the Annenberg Public Policy Center of the University of Pennsylvania. Retrieved August 6, 2014.

68. Monk, Linda. "Amendment IV". Annenberg Classroom. Leonore Annenberg Institute for Civics of the Annenberg Public Policy Center of the University of Pennsylvania. Retrieved August 6, 2014.

69. Monk, Linda. "Amendment V". Annenberg Classroom. Leonore Annenberg Institute for Civics of the Annenberg Public Policy Center of the University of Pennsylvania. Retrieved August 6, 2014.

70. Monk, Linda. "Amendment VI". Annenberg Classroom. Leonore Annenberg Institute for

Civics of the Annenberg Public Policy Center of the University of Pennsylvania. Retrieved August 6, 2014.

71. Monk, Linda. "Amendment VII". Annenberg Classroom. Leonore Annenberg Institute for Civics of the Annenberg Public Policy Center of the University of Pennsylvania. Retrieved August 6, 2014.

72. Monk, Linda. "Amendment VIII". Annenberg Classroom. Leonore Annenberg Institute for Civics of the Annenberg Public Policy Center of the University of Pennsylvania. Retrieved August 6, 2014.

73. Monk, Linda. "Amendment IX". Annenberg Classroom. Leonore Annenberg Institute for Civics of the Annenberg Public Policy Center of the University of Pennsylvania. Retrieved August 6, 2014.

74. Monk, Linda. "Amendment X". Annenberg Classroom. Leonore Annenberg Institute for Civics of the Annenberg Public Policy Center of the University of Pennsylvania. Retrieved August 6, 2014.

75. "Annotation 1: Eleventh Amendment, State Immunity". FindLaw. Retrieved May 4, 2013.

76. Monk, Linda. "Amendment XI". Annenberg Classroom. Leonore Annenberg Institute for Civics of the Annenberg Public Policy Center of the University of Pennsylvania. Retrieved August 6, 2014.

77. Monk, Linda. "Amendment XVI". www.annenbergclassroom.org. Philadelphia, Pa.: Annenberg Classroom. Retrieved August 6, 2014.

78. Monk, Linda. "Amendment XVIII". www.annenbergclassroom.org. Philadelphia, Pa.: Annenberg Classroom. Retrieved August 6, 2014.

79. Monk, Linda. "Amendment XXI". www.annenbergclassroom.org. Philadelphia, Pa.: Annenberg Classroom. Retrieved August 6, 2014.

80. "The Emancipation Proclamation". National Archives and Records Administration. Retrieved August 6, 2014.

81. Monk, Linda. "Amendment XIII". Annenberg Classroom. Leonore Annenberg Institute for Civics of the Annenberg Public Policy Center of the University of Pennsylvania. Retrieved August 6, 2014.

82. Monk, Linda. "Amendment XIV". Annenberg Classroom. Leonore Annenberg Institute for Civics of the Annenberg Public Policy Center of the University of Pennsylvania. Retrieved August 6, 2014.

83. Monk, Linda. "Amendment XV". Annenberg Classroom. Leonore Annenberg Institute for Civics of the Annenberg Public Policy Center of the University of Pennsylvania. Retrieved August 6, 2014.

84. Monk, Linda. "Amendment XIX". www.annenbergclassroom.org. Philadelphia, Pa.: Annenberg Classroom. Retrieved August 6, 2014.

85. Monk, Linda. "Amendment XXIII". www.annenbergclassroom.org. Philadelphia, Pa.: Annenberg Classroom. Retrieved August 6, 2014.

86. Monk, Linda. "Amendment XXIV". www.annenbergclassroom.org. Philadelphia, Pa.: Annenberg Classroom. Retrieved August 6, 2014.

87. Monk, Linda. "Amendment XXVI". www.annenbergclassroom.org. Philadelphia, Pa.: Annenberg Classroom. Retrieved August 6, 2014.

88. Monk, Linda. "Amendment XII". Annenberg Classroom. Leonore Annenberg Institute for Civics of the Annenberg Public Policy Center of the University of Pennsylvania. Retrieved August 6, 2014.

89. Monk, Linda. "Amendment XVII". www.annenbergclassroom.org. Philadelphia, Pa.: Annenberg Classroom. Retrieved August 6, 2014.

90. "CRS/LII Annotated Constitution Twentieth Amendment".

91. Monk, Linda. "Amendment XX". www.annenbergclassroom.org. Philadelphia, Pa.: Annenberg Classroom. Retrieved August 6, 2014.

92. Monk, Linda. "Amendment XXII". www.annenbergclassroom.org. Philadelphia, Pa.: Annenberg Classroom. Retrieved August 6, 2014.

93. Monk, Linda. "Amendment XXV". www.annenbergclassroom.org. Philadelphia, Pa.: Annenberg Classroom. Retrieved August 6, 2014.

94. Monk, Linda. "Amendment XXVII". www.annenbergclassroom.org. Philadelphia, Pa.: Annenberg Classroom. Retrieved August 6, 2014.

95. "Capitol Questions". C-SPAN. Archived from the original on May 9, 2008. Retrieved May 29, 2008.

96. Morison, Samuel Eliot (1965). The Oxford History of the American People. Oxford: Oxford University Press. p. 609.

97. Kilpatrick, James J., ed. (1961). The Constitution of the United States and Amendments Thereto. Virginia Commission on Constitutional Government. pp. 68–69.

98. Griffin, Stephen M. (1998). American Constitutionalism: From Theory to Politics. Princeton

University Press. p. 89. ISBN 9780691002408.

99. Pritchett 1959, p. 134.

100. Pritchett 1959, p. 136.

101. Pritchett 1959, pp. 137-138.

102. Pritchett 1959, p. 138.

103. Pritchett 1959, p. 142.

104. Pritchett 1959, p. 140.

105. Pritchett 1959, pp. 140-141.

106. Pritchett 1959, p. 141.

107. Pritchett 1959, pp. 141-142.

108. Pritchett 1959, p. 145.

109. Pritchett 1959, pp. 148-149.

110. Pritchett 1959, p. 149.

111. Pritchett 1959, p. 154.

112. Pritchett 1959, p. 150.

113. Pritchett 1959, p. 151.

114. Pritchett 1959, pp. 150-151.

115. Pritchett 1959, p. 153.

116. Wood, Gordon S., (August 14, 1997). "Dusting off the Declaration". The New York Review of Books. Retrieved December 29, 2011.

117. Levinson 1987, p. 115.

118. Levinson 1987, p. 118.

119. Levinson 1987, p. 119.

120. Billias 2009, xi—xv.

121. Farber 2003, p. 3.

122. Farber 2003, p. 198.

123. Stacy 2003, p. 436.

124. Malcolm 1920, p. 109.

125. Qing Yu 1988, p. 193.

126. "The Declining Influence of the United States Constitution". Journalist's Resource. Harvard Kennedy School of Government Shorenstein Center on Media, Politics and Public Policy. April 9, 2013. Retrieved April 23, 2015.

127. Law, David S.; Versteeg, Mila (2012). "The Declining Influence of the United States Constitution". New York University Law Review. 87 (3): 762–858. SSRN 1923556 Freely accessible.

128. "Expansion of Rights and Liberties - The Right of Suffrage". Online Exhibit: The Charters of Freedom. National Archives. Retrieved April 21, 2015.

129. "U. S. Voting Rights". Infoplease. Retrieved April 21, 2015.

130. "Voting in Early America". Colonial Williamsburg. Spring 2007. Retrieved April 21, 2015.

131. Foner, Eric. "The Reconstruction Amendments: Official Documents as Social History". The Gilder Lehrman Institute of American History. Retrieved December 5, 2012. (Subscription required (help)).

132. "The Constitution: The 19th Amendment". National Archives and Records Administration. Retrieved December 5, 2012.

인용저서들(Works cited)

Adler, Mortimer & Gorman, William (1975). The American Testament: for the Institute for Philosophical Research and the Aspen Institute for Humanistic Studies. New York: Praeger. ISBN 978-0-275-34060-5.

Billias, George (2009). American Constitutionalism Heard Round the World, 1776-1989: A Global Perspective. New York: New York University Press. ISBN 978-0-8147-9107-3.

Bowen, Catherine (2010) [First published 1966]. Miracle at Philadelphia: The Story of the Constitutional Convention, May to September 1787. New York: Little, Brown. ISBN 978-0-316-10261-2.

Farber, Daniel (2003). Lincoln's Constitution. Chicago: University of Chicago Press. ISBN 978-0-226-23793-0.

Levinson, Sanford (1987). "Pledging Faith in the Civil Religion; Or, Would You Sign the Constitution?". William & Mary Law Review. 29 (113). Retrieved December 15, 2011.

Maier, Pauline (2010). Ratification: The People Debate the Constitution, 1787–1788. New York: Simon & Schuster. ISBN 978-0-684-86854-7.

Malcolm, George A. (1920). "Constitutional History of the Philippines". American Bar Association Journal. 6.

Moncure, Thomas M., Jr. (1990). "Who is the Militia: The Virginia Ratification Convention and the Right to Bear Arms" (PDF). Lincoln Law Review. 19: 1–25. Retrieved November 11, 2011.

O'Connor, Tom (2010). "Constitutional Structure". Retrieved November 14, 2011.

Pritchett, C. Herman (1959). The American Constitution. New York: McGraw-Hill.

Qing Yu, Li (1988). "Dr. Sun Yat Sen and the U. S. Constitution". In Starr, Joseph Barton. The United States Constitution: Its Birth, Growth, and Influence in Asia. Hong Kong: Hong Kong University Press. ISBN 978-962-209-201-3.

Stacy, Lee, ed. (2003). Mexico and the United States. vol. 2. London: Marshall Cavendish. ISBN 978-0-7614-7402-9.

Wood, Gordon (1998). The Creation of the American Republic, 1776-1787. Chapel Hill: University of North Carolina Press. ISBN 978-0-8078-4723-7.

This page was last edited on 31 December 2017, at 01:29.

Text is available under the Creative Commons Attribution-ShareAlike License; additional terms may apply. By using this site, you agree to the Terms of Use and Privacy Policy. Wikipedia®is a registered trademark of the Wikimedia Foundation, Inc., a non-profit organization.

The Emancipation Proclamation

January 1, 1863

By the President of the United States of America:

A Proclamation.

Whereas, on the twenty-second day of September, in the year of our Lord one thousand eight hundred and sixty-two, a proclamation was issued by the President of the United States, containing, among other things, the following, to wit:

"That on the first day of January, in the year of our Lord one thousand eight hundred and sixty-three, all persons held as slaves within any State or designated part of a State, the people whereof shall then be in rebellion against the United States, shall be then, thenceforward, and forever free; and the Executive Government of the United States, including the military and naval authority thereof, will recognize and maintain the freedom of such persons, and will do no act or acts to repress such persons, or any of them, in any efforts they may make for their actual freedom.

"That the Executive will, on the first day of January aforesaid, by proclamation, designate the States and parts of States, if any, in which the people thereof, respectively, shall then be in rebellion against the United States; and the fact that any State, or the people thereof, shall on that day be, in good faith, represented in the Congress of the United States by members chosen thereto at elections wherein a majority of the qualified voters of such State shall have participated, shall, in the absence of strong countervailing testimony, be deemed conclusive evidence that such State, and the people thereof, are not then in rebellion against the United States."

노예해방선언

1863년 1월 1일

합중국 대통령에 의함:

포고

우리 구세주 1862년 9월 22일에 합중국 대통령에 의하여 특히 아래의 사항을 포함하는 한 개의 포고가 발령되었는 바, 즉:

"우리 구세주 1863년 1월 1일자로 조금이라도 합중국에 대한 반란에 그 시점에서 그 소속의 사람들이 가담해 있는 주 내에 또는 한 개의 주 내의 지정된 부분에 노예들로 붙들려 있는 모든 사람들은 그 시점에서, 그 이후로, 그리고 영구토록 자유이다; 그리고 그러한 사람들의 자유를 육군 당국은을 및 해군 당국은을 포함하여 합중국 행정부는 인정할 것이고 유지할 것이며, 그리고 그러한 사람들을 내지는 조금이라도 그들의 어느 누구든지를, 그들의 실제적 자유를 위하여 그들이 할 수 있는 어떠한 노력들을 이유로도 억누르는 행동을 또는 행동들을 하지 아니할 것이다.

"합중국에 대한 반란에 그 시점에서 조금이라도 그 각각의 소속의 사람들이 가담해 있는 주들을 내지는 주들의 일부를 같은 해 1월 1일자로 포고에 의하여 행정부는 지정할 것이다; 그리고 해당 주(State)의 자격 있는 투표권자들의 과반수가 참여한 선거들에서 합중국 의회의 구성원으로 선출된 사람들에 의하여 주(State)가 또는 그 소속의 사람들이 그 날에 합중국 의회에 성실히 대표되어 있다는 사실은 합중국에 대한 반란에 해당 주가 및 그 사람들이 그 시점에 가담해 있지 아니하다는 점에 대한 결정적 증거로 간주되어야 한다."

Now, therefore I, Abraham Lincoln, President of the United States, by virtue of the power in me vested as Commander-in-Chief, of the Army and Navy of the United States in time of actual armed rebellion against the authority and government of the United States, and as a fit and necessary war measure for suppressing said rebellion, do, on this first day of January, in the year of our Lord one thousand eight hundred and sixty-three, and in accordance with my purpose so to do publicly proclaimed for the full period of one hundred days, from the day first above mentioned, order and designate as the States and parts of States wherein the people thereof respectively, are this day in rebellion against the United States, the following, to wit:

Arkansas, Texas, Louisiana, (except the Parishes of St. Bernard, Plaquemines, Jefferson, St. John, St. Charles, St. James Ascension, Assumption, Terrebonne, Lafourche, St. Mary, St. Martin, and Orleans, including the City of New Orleans) Mississippi, Alabama, Florida, Georgia, South Carolina, North Carolina, and Virginia, (except the forty-eight counties designated as West Virginia, and also the counties of Berkley, Accomac, Northampton, Elizabeth City, York, Princess Ann, and Norfolk, including the cities of Norfolk and Portsmouth[)], and which excepted parts, are for the present, left precisely as if this proclamation were not issued.

And by virtue of the power, and for the purpose aforesaid, I do order and declare that all persons held as slaves within said designated States, and parts of States, are, and henceforward shall be free; and that the Executive government of the United States, including the military and naval authorities thereof, will recognize and maintain the freedom of said persons.

And I hereby enjoin upon the people so declared to be free to abstain from all violence, unless in necessary self-defence; and I recommend to them that, in all cases when

그러므로 이제 합중국 대통령인 나 에브러햄 링컨(Abraham Lincoln)은 합중국 정부의 권위에 대한 실제의 무장반란 시의 합중국 육군 및 해군 총사령관으로서의 내게 부여된 권한에 의하여, 그리고 상기의 반란을 진압하기 위한 적절한 및 필요한 조치로서, 우리 구세주 1863년 1월의 이 첫째 날에, 및 그렇게 하려는, 위에 언급된 날로부터 만 100일 동안 공개적으로 선포되어 온 나의 목적에 따라, 이하의 주들을 내지는 주들의 부분들을 그 소속의 사람들 각각이 이 날 현재로 합중국에 대한 반란 상태에 있는 주들로서 및 주들의 부분들로서 정히 명령하고 지정한다:

아칸자스(Arkansas), 텍사스(Texas), 루이지애나(Louisiana; 단, 세인트 버나드(St. Bernard) 군(郡)을, 플레이크마인(Plaquemines)군(郡)을, 제퍼슨(Jefferson)군(郡)을, 세인트 존(St. John)군(郡)을, 세인트 찰스(St. Charles)군(郡)을, 세인트 제임스 어센션(St. James Ascension)군(郡)을, 어섬션(Assumption)군(郡)을, 테레본(Terrebonne)군(郡)을, 라푸르쉐(Lafourche)군(郡)을, 세인트 메리(St. Mary)군(郡)을, 세인트 마틴(St. Martin)군(郡)을 제외함; 및 뉴올리언즈시(City of New Orleans)를 포함하여 올리언즈(Orleans)군(郡)을 제외함), 미시시피(Mississippi), 앨라배마(Alabama), 플로리다(Florida), 조지아(Georgia), 사우스캐럴라이나(South Carolina), 노스캐럴라이나(North Carolina), 및 버지니아(Virginia), (웨스트 버지니아(West Virginia)로 지정되는 마흔여덟 개 카운티들을 제외함; 및 버클리(Berkley) 카운티를, 애코맥(Accomac) 카운티를, 노댐턴(Northampton) 카운티를, 엘리자베드시(Elizabeth City) 카운티를, 요크(York) 카운티를, 프린세스 앤(Princess Ann) 카운티를 제외함; 그리고 노포크(Norfolk)시를 및 포츠머드(Portsmouth)시를 포함하여 노포크(Norfork) 카운티를 제외함). 제외되는 부분들은 현재로서는 이 포고가 발령되지 아니하였을 경우의 상태대로 바로 그대로 남는다.

그리고 상기의 권한에 의하여 및 목적을 위하여, 상기의 지정된 주들 내에 및 주들의 부분들 내에 노예들로서 붙들려 있는 모든 사람들은 지금 및 이후로 자유임을; 또한 그러한 사람들의 자유를 육군 당국은을 및 해군 당국은을 포함하여 합중국 행정부는 인정하고 유지할 것임을 나는 정히 명령하고 선언한다.

또한 불가피한 자기방위를 위해서가 아닌 한 모든 폭력을 자제하도록 그 자유임이 그렇게 선언되는 사람들에게 나는 이에 명령한다; 또한 허용되는 모든 경우들에 있어서 정당한 임

allowed, they labor faithfully for reasonable wages.

And I further declare and make known, that such persons of suitable condition, will be received into the armed service of the United States to garrison forts, positions, stations, and other places, and to man vessels of all sorts in said service.

And upon this act, sincerely believed to be an act of justice, warranted by the Constitution, upon military necessity, I invoke the considerate judgment of mankind, and the gracious favor of Almighty God.

In witness whereof, I have hereunto set my hand and caused the seal of the United States to be affixed.

Done at the City of Washington, this first day of January, in the year of our Lord one thousand eight hundred and sixty three, and of the Independence of the United States of America the eighty-seventh.

By the President: ABRAHAM LINCOLN
WILLIAM H. SEWARD, Secretary of State.

Preliminary Emancipation Proclamation, September 22, 1862

By the President of the United States of America.

A Proclamation.

I, Abraham Lincoln, President of the United States of America, and Commander-in-Chief of the Army and Navy thereof, do hereby proclaim and declare that hereafter, as heretofore, the war will be prosecuted for the object of practically restoring the constitutional relation between the United States, and each of the States, and the people thereof, in which States that relation is, or may be, suspended or disturbed.

금들을 위하여 충실하게 그들은 노동할 것을 그들에게 나는 권유한다.

또한 적절한 조건의 그러한 사람들은 합중국 군대에 받아들여져 상기의 복무를 위하여 수비대 요새들에, 진지들에, 주둔지들에, 및 그 밖의 장소들에, 그리고 모든 종류의 함선들에 배치될 것임을 나는 덧붙여 선언하고 알린다.

그리고 군사적 필요에 따라 헌법에 의하여 보증되는 정의의 법률이라고 진정코 믿어지는 이 법률에 대하여, 인류의 사려 깊은 판단을 및 전능하신 신의 자비로운 은총을 나는 간구한다.

이 문서의 증인으로서 나의 손을 여기에 나는 올렸고, 이에 합중국 국새가 첨부되게 조치하였다.

우리 구세주 1863년 및 합중국 독립 87년 1월 1일에 워싱턴시에서 이루어짐.

대통령 에이브러햄 링컨(ABRAHAM LINCOLN)에 의함
국무장관 윌리엄 H. 수워드(WILLIAM H. SEWARD)

1862년 9월 22일 노예해방 예비포고

합중국 대통령에 의함.

포고

합중국의, 및 합중국하고의 헌법적 관계가 현재에 정지되어 내지는 저해되어 있는 내지는 장래에 그렇게 되어 있을 수 있는 개개 주들의 및 그 국민들의, 양자 사이의 헌법적 관계를 실질적으로 복원시킴을 목적으로 하는 전쟁이 지금부터 지금까지처럼 수행될 것임을 미합중국 대통령 겸 그 육군 및 해군 총사령관인 나 에이브러햄 링컨은 이에 정히 포고하고 선언한다.

That it is my purpose, upon the next meeting of Congress to again recommend the adoption of a practical measure tendering pecuniary aid to the free acceptance or rejection of all slave States, so called, the people whereof may not then be in rebellion against the United States and which States may then have voluntarily adopted, or thereafter may voluntarily adopt, immediate or gradual abolishment of slavery within their respective limits; and that the effort to colonize persons of African descent, with their consent, upon this continent, or elsewhere, with the previously obtained consent of the Governments existing there, will be continued.

That on the first day of January in the year of our Lord, one thousand eight hundred and sixty-three, all persons held as slaves within any State, or designated part of a State, the people whereof shall then be in rebellion against the United States shall be then, thenceforward, and forever free; and the executive government of the United States, including the military and naval authority thereof, will recognize and maintain the freedom of such persons, and will do no act or acts to repress such persons, or any of them, in any efforts they may make for their actual freedom.

That the executive will, on the first day of January aforesaid, by proclamation, designate the States, and part of States, if any, in which the people thereof respectively, shall then be in rebellion against the United States; and the fact that any State, or the people thereof shall, on that day be, in good faith represented in the Congress of the United States, by members chosen thereto, at elections wherein a majority of the qualified voters of such State shall have participated, shall, in the absence of strong countervailing testimony, be deemed conclusive evidence that such State and the people thereof, are not then in rebellion against the United States.

That attention is hereby called to an Act of Congress entitled "An Act to make an additional Article of War" approved March 13, 1862, and which act is in the words and figure following:

"Be it enacted by the Senate and House of Representatives of the United States of

합중국에의 반란에 의회의 다음 번 회기 시점 기준으로 그 소속의 사람들이 가담해 있지 아니할 수 있는, 그리고 노예제도에 대한 그들 각각의 영역들 내에서의 즉각적 내지는 점진적 폐지를 그 때 임의로이 채택했을 수 있는, 또는 그 뒤에 임의로이 채택할 수 있는 모든 이른바 노예허용 주들의 자유로운 수용에 또는 거부에 대하여 금전적 원조를 제공하는 현실적 조치의 채택을 의회의 다음 번 회의에서 다시 권고함이 나의 목적이다; 그리고 아프리카 계 혈통인 사람들을 그들의 동의에 더불어 이 대륙 위에, 또는 그 밖의 장소에 존재하는 정부들의 사전 동의에 더불어 거기에, 이주시키기 위한 노력은 계속될 것이다.

우리 구세주 1863년 1월 1일자로 조금이라도 합중국에 대한 반란에 그 시점에서 그 소속의 사람들이 가담해 있는 주 내에 또는 한 개의 주 내의 지정된 부분에 노예들로 붙들려 있는 모든 사람들은 그 시점에서, 그 이후로, 그리고 영구토록 자유이다; 그리고 그러한 사람들의 자유를 육군 당국은을 및 해군 당국은을 포함하여 합중국 행정부는 인정할 것이고 유지할 것이며, 그리고 그러한 사람들을 내지는 조금이라도 그들의 어느 누구든지를, 그들의 실제적 자유를 위하여 그들이 할 수 있는 어떠한 노력들을 이유로도 억누르는 행동을 또는 행동들을 하지 아니할 것이다.

합중국에 대한 반란에 그 시점에서 조금이라도 그 각각의 소속의 사람들이 가담해 있는 주들을 내지는 주들의 일부를 같은 해 1월 1일자로 포고에 의하여 행정부는 지정할 것이다; 그리고 해당 주(State)의 자격 있는 투표권자들의 과반수가 참여한 선거들에서 합중국 의회의 구성원으로 선출된 사람들에 의하여 주(State)가 또는 그 소속의 사람들이 그 날에 합중국 의회에 성실히 대표되어 있다는 사실은 합중국에 대한 반란에 해당 주가 및 그 사람들이 그 시점에 가담해 있지 아니하다는 점에 대한 결정적 증거로 간주되어야 한다.

1862년 3월 13일에 승인된 아래 문언으로 및 형식으로 된 "추가적 군율을 제정하기 위한 법률(An Act to make an additional Article of War)"이라는 제목의 의회법률에 대하여 유념함이 이에 요구되는 바이다: 즉,

"소집된 의회에서 미합중국 상원에 및 하원에 의하여 입법되는 바, 이후로 합중국 군대의

America in Congress assembled, That hereafter the following shall be promulgated as an additional article of war for the government of the army of the United States, and shall be obeyed and observed as such:

"Article-All officers or persons in the military or naval service of the United States are prohibited from employing any of the forces under their respective commands for the purpose of returning fugitives from service or labor, who may have escaped from any persons to whom such service or labor is claimed to be due, and any officer who shall be found guilty by a court martial of violating this article shall be dismissed from the service.

"Sec.2. And be it further enacted, That this act shall take effect from and after its passage."

Also to the ninth and tenth sections of an act entitled "An Act to suppress Insurrection, to punish Treason and Rebellion, to seize and confiscate property of rebels, and for other purposes," approved July 17, 1862, and which sections are in the words and figures following:

"Sec.9. And be it further enacted, That all slaves of persons who shall hereafter be engaged in rebellion against the government of the United States, or who shall in any way give aid or comfort thereto, escaping from such persons and taking refuge within the lines of the army; and all slaves captured from such persons or deserted by them and coming under the control of the government of the United States; and all slaves of such persons found on (or) being within any place occupied by rebel forces and afterwards occupied by the forces of the United States, shall be deemed captives of war, and shall be forever free of their servitude and not again held as slaves.

"Sec.10. And be it further enacted, That no slave escaping into any State, Territory, or the District of Columbia, from any other State, shall be delivered up, or in any way impeded or hindered of his liberty, except for crime, or some offence against the laws, unless the person claiming said fugitive shall first make oath that the person to whom the labor or service of such fugitive is alleged to be due is his lawful owner, and has not borne arms

정부를 위한 추가적 군율로서 아래의 사항이 공포될 것 및 그러한 것으로서 복종될 것 및 준수될 것:

"군율 - 조금이라도 복무를 또는 노역을 받을 권리가 있다고 주장되는 사람들로부터 도망친 상태인 그 복무로부터의 또는 노역으로부터의 도망자들을 되돌릴 목적으로 조금이라도 자신들의 각각의 휘하의 병력을 사용할 수 없도록 합중국 육군에서 또는 해군에서 복무하는 모든 장교들은 또는 사람들은 금지되는 바, 조금이라도 이 군율을 위반한 행위에 대하여 군법에 의하여 유죄로 판정되는 장교는 복무로부터 해임된다.

"제2절. 또한 추가로 입법되는 바, 통과 시점부터 및 그 이후로 이 법률은 발효한다."

또한 1862년 7월 17일 승인된, 그 절들이 이하의 문언으로 및 형식으로 된, "반란을 진압하기 위한, 반역을 및 모반을 처벌하기 위한, 반란자들의 재산을 압수하기 위한 및 몰수하기 위한 및 그 밖의 목적들을 위한 법률(An Act to suppress Insurrection, to punish Treason and Rebellion, to seize and confiscate property of rebels, and for other purposes)"이라는 제목의 제9절에 및 제10절에 대하여도 유념함이 요구된다:

"제9절. 또한 추가로 입법되는 바, 향후에 합중국 정부에 대한 반란에 가담하는 사람들의, 또는 조금이라도 이에 대한 원조를 내지는 편의를 제공하는 사람들의 노예들로서 그들로부터 도망치는 및 합중국 군대의 경계선 내에서 도피처를 구하는 모든 노예들은; 및 그러한 사람들로부터 사로잡히는 내지는 그들로부터 유기되는 및 합중국 정부의 통제 아래에 들어오는 모든 노예들은; 그리고 조금이라도 반란군에 의하여 점거되는 및 나중에 합중국 군대에 의하여 점거되는 장소에서 발견되는 내지는 그러한 장소 내에 있는 그러한 사람들의 모든 노예들은 전쟁포로들로서 간주되고 그들의 노예상태로부터 영구히 자유이며 다시는 노예로 붙들리지 아니한다.

"제10절. 또한 추가로 입법되는 바, 조금이라도 주(州) 안으로, 준주(準州; Territory) 안으로, 콜럼비아 특별구 안으로 조금이라도 다른 주로부터 도망해 오는 노예는 해당 도망자의 노역을 또는 복무를 받을 권리가 있다고 주장되는 사람이 그의 적법한 소유자임을 및 무기를 현재의 반란에서 합중국에 대하여 든 바가 없음을 내지는 조금이라도 조력을 내지는 편의를 이에 제공한 바가 없음을 해당 도망자를 요구하는 사람이 먼저 선서하는 경우에가 아닌 한, 범죄의 내

against the United States in the present rebellion, nor in any way given aid and comfort thereto; and no person engaged in the military or naval service of the United States shall, under any pretence whatever, assume to decide on the validity of the claim of any person to the service or labor of any other person, or surrender up any such person to the claimant, on pain of being dismissed from the service."

And I do hereby enjoin upon and order all persons engaged in the military and naval service of the United States to observe, obey, and enforce, within their respective spheres of service, the act, and sections above recited.

And the executive will in due time recommend that all citizens of the United States who shall have remained loyal thereto throughout the rebellion, shall (upon the restoration of the constitutional relation between the United States, and their respective States, and people, if that relation shall have been suspended or disturbed) be compensated for all losses by acts of the United States, including the loss of slaves.

In witness whereof, I have hereunto set my hand, and caused the seal of the United States to be affixed.

Done at the City of Washington this twenty-second day of September, in the year of our Lord, one thousand, eight hundred and sixty-two, and of the Independence of the United States the eighty seventh.

[Signed:] By the President, Abraham Lincoln,

[Signed:] William H. Seward, Secretary of State

(Emancipation Proclamation, from the holdings of the National Archives and Records Administration)

http://www.historynet.com/emancipation-proclamation-text

지는 상당한 법 위반의 경우에를 제외하고는 인도되어서는 안 되고, 또는 어떤 방법으로도 그의 자유를 방해받아서도 저해받아서도 안 된다; 합중국 육군에의 또는 해군에의 복무에 종사하는 사람은 종류 여하를 불문하고 어떠한 이유로도, 조금이라도 사람의 복무에 내지는 노역에 대한 다른 사람의 주장의 유효성을 판단하기를 떠맡아서는 안 되고, 조금이라도 그러한 사람을 그 요구자에게 넘겨주어서는 안 되는 바, 이를 어기면 복무로부터 그는 해임된다."

또한 위에 인용된 법률을 및 절들을 각자의 영역들에서 준수할 것을, 복종할 것을, 시행할 것을, 합중국 육군의 해군의 복무에 종사하는 또는 모든 사람들에게 나는 이에 정히 요구하고 명령한다.

또한 반란기간 전체를 통하여 합중국에 충성하는 자세로 남아 있는 합중국의 모든 시민들이 (합중국의, 및 그들의 각각의 주들의 및 사람들의, 양자 사이의 헌법적 관계가 정지되어 있는 내지는 저해되어 있는 경우에 그 관계의 회복 즉시로) 합중국의 행위들에 의한 노예들의 손실에를 포함하는 그들의 모든 손실들에 대하여 보상을 받게 되기를 행정부는 적절한 때에 권고한다.

이 문서의 증인으로서 나의 손을 여기에 나는 올렸고, 이에 합중국 국새가 첨부되게 조치하였다.

우리 구세주 1862년 및 합중국 독립 87년 9월 22일에 워싱턴시에서 이루어짐.

[서명] 대통령 에이브러햄 링컨(Abraham Lincoln)에 의하여,

[서명:] 국무장관 윌리엄 H. 수워드(William H. Seward)

(노예해방선언, 출처 국립문서기록관리청

원문출처 http://www.historynet.com/emancipation-proclamation-text

Jury trial

From Wikipedia, the free encyclopedia

A jury trial, or trial by jury, is a lawful proceeding in which a jury makes a decision or findings of fact, which then direct the actions of a judge. It is distinguished from a bench trial in which a judge or panel of judges makes all decisions.

Jury trials are used in a significant share of serious criminal cases in almost all common law lawful systems (Singapore, for example, is an exception), and juries or lay judges have been incorporated into the legal systems of many civil law countries for criminal cases. Only the United States makes routine use of jury trials in a wide variety of non-criminal cases. Other common law legal jurisdictions use jury trials only in a very select class of cases that make up a tiny share of the overall civil docket (like defamation suits in England and Wales), but true civil jury trials are almost entirely absent elsewhere in the world. Some civil law jurisdictions, however, have arbitration panels where non-legally trained members decide cases in select subject-matter areas relevant to the arbitration panel members' areas of expertise.

The availability of a trial by jury in American jurisdictions varies. Because the United States legal system separated from that of the English one at American Revolution, the types of proceedings that use juries depends on whether such cases were tried by jury under English common law at that time rather than the methods used in English courts now. For example, at the time, English "courts of law" tried cases of torts or private law for monetary damages using juries, but "courts of equity" that tried civil cases seeking an

배심에 의한 정식사실심리(Jury trial)

From Wikipedia, the free encyclopedia

"jury trial"이라고 또는 "trial by jury"라고 불리는 배심에 의한 정식사실심리는 사실의 판정을 내지는 판단을 배심이 내리는, 판사의 처분들을 그 뒤에 그것이 지시하는, 법률이 인정하는 절차이다. 모든 결정들을 한 명의 심판이 또는 심판들로 구성되는 재판부가 내리는 비(非)배심 정식사실심리(bench trial)로부터 그것은 구분된다.

거의 모든 보통법 법률제도들에 있어서의 의미 있는 비율의 중대 형사사건들에서 배심에 의한 정식사실심리들은 사용되고 (예컨대 싱가포르는 예외이다), 그리고 형사사건들을 위하여는 대륙법 체계들 안에 배심들은 내지는 일반인 심판들은 통합된 것이 되어 있다. 오직 합중국만은 배심에 의한 정식사실심리들을 형사 이외의 매우 다양한 사건들에서도 상시적으로 사용한다. 전체 민사사건의 미미한 비율을 구성하는 매우 한정된 부류의 사건들에서만 배심에 의한 정식사실심리들을 여타의 보통법 관할들은 사용하고 있으나 (예컨대 영국에서의 및 웨일즈에서의 경우에 명예훼손 소송들에서 사용된다), 세계의 그 이외의 지역에서는 배심에 의한 순수한 민사 정식사실심리는 거의 전적으로 없는 상태이다. 그러나, 조정위원들(arbitration panels)을 일부 대륙법계 관할들은 지니는데, 거기서는 조정위원들의 전문분야들에 관련되는 소송물 영역들 내의 사건들을 법률전문가 아닌 위원들이 결정한다.

미국 관할들 내에서의 배심에 의한 정식사실심리의 이용 가능성은 가지각색이다. 미국 독립전쟁 때에 영국의 법률제도로부터 합중국의 법률제도가 분리되었기 때문에, 지금의 영국 법원들에서 사용되는 방식들에가 아니라, 그 시점에서 영국 보통법 아래서 배심에 의하여 그러한 사건들이 정식사실심리되었는지 여부에, 배심들을 사용하는 절차들의 형식들은 좌우된다. 예를 들어, 불법행위(torts) 사건들을 내지는 금전적 손해배상을 위한 사법(私法; private law) 사건들을 그 당시에 배심들을 사용하여 영국의 "보통법 법원들(courts of law)"은 심리하였으

injunction or another form of non-monetary relief did not. As a result, this practice continues in American civil laws, but in modern English law, only criminal proceedings and some inquests are likely to be heard by a jury.

The use of jury trials, which evolved within common law systems rather than civil law systems, has had a profound impact on the nature of American civil procedure and criminal procedure rules, even if a bench trial is actually contemplated in a particular case. In general, the availability of a jury trial if properly demanded has given rise to a system in which fact finding is concentrated in a single trial rather than multiple hearings, and appellate review of trial court decisions is greatly limited. Jury trials are of far less importance (or of no importance) in countries that do not have a common law system.

History

Greece

Ancient Athens had a mechanism, called dikastaí, to assure that no one could select jurors for their own trial. For normal cases, the courts were made up of dikastai of up to 500 citizens.[1] For capital cases — those that involved death, loss of liberty, exile, loss of civil rights, or seizure of property — the trial was before a jury of 1,001 to 1,501 dikastai. In such large juries, the unanimity rule would be unrealistic, and verdicts were reached by majority. Juries were appointed by lot. Jurists cast a ceramic disk with an axle in its middle: the axle was either hollow or solid. Thus the way they voted was kept secret because the jurists would hold their disk by the axle by thumb and forefinger, thus hiding whether its axle was hollow or solid. Since Periclean times, jurists were compensated for their sitting in court, with the amount of one day's wages.

The institution of trial by jury was ritually depicted by Aeschylus in the Eumenides, the third and final play of his Oresteia trilogy. In the play, the innovation is brought about by

나, 금지명령을 내지는 여타 형태의 비금전적 구제를 구하는 민사사건들을 정식사실심리한 "형평법 법원들(courts of equity)"은 그러하지 아니하였다. 그 결과, 미국 민사법들에서 이 관행은 계속되지만, 그러나 영국법에서는 오직 형사절차들이 및 몇몇 심리들이 배심에 의하여 청취될 가능성 있을 뿐이다.

대륙법 체계들 내에서보다는 보통법 체계들 내에서 발전해 온 배심에 의한 정식사실심리들의 사용은, 미국 민사절차 규칙들의 및 형사절차 규칙들의 성격 위에 심대한 영향을 끼쳐 왔는 바, 심지어 특정 사건에서 비(非)배심 정식사실심리가 실제로 예측되는 경우에도 이는 그러하다. 일반적으로, 여러 번의 청문심리들에가 아닌 단 한 번의 정식사실심리에 사실발견이 집중되는 제도를, 정당하게 요구되는 경우에 있어서의 배심에 의한 정식사실심리의 이용은 생겨나게 해 놓았고, 그리하여 정식사실심리 법원의 판단사항들에 대한 항소심 재검토는 크게 제한된다. 보통법 제도를 지니지 아니하는 나라들에 있어서는 배심에 의한 정식사실심리는 중요성이 훨씬 덜하다 (또는 없다).

역사

그리스

그들 자신의 정식사실심리를 위한 배심원들을 사람들이 뽑을 수 없음을 확실하게 하기 위하여 디카스타이(dikastai)라고 불리는 제도를 고대 아테네는 가지고 있었다. 보통의 사건들의 경우에, 500명까지의 시민들의 디카스타이로 법원들은 구성되었다.[1] 중대한 사건들의 경우에 – 사형을, 자유의 박탈을, 추방을, 시민적 권리들의 박탈을, 또는 재산의 몰수를 포함하는 사건들의 경우에 – 정식사실심리는 1,001명에서 1,501명의 디카스타이로 구성되는 배심 앞에서 열렸다. 이 같은 대규모 배심들에서 전원일치 규칙은 현실성이 없었고, 그리하여 평결들은 다수결에 의하여 이루어졌다. 배심들은 추첨에 의하여 지명되었다. 가운데에 축을 단 도기원판을 배심원들은 던졌다: 축은 속이 비어 있거나 또는 차 있거나였다. 그러므로 그들이 투표하는 방법은 비밀이 유지되었는데 왜냐하면 그들의 원반을 축에 의하여 엄지손가락으로와 집게손가락으로 배심원들은 붙잡았고, 이로써 그 축이 비었는지 찼는지 여부를 감추었기 때문이다. 페리클레스 시대 이래로 배심원들은 법정에서의 그들의 착석에 대하여 하루의 임금 상당액으로 보상을 받았다.

아이스킬로스(Aeschylus)에 의하여 그의 3부극 오레스테이아(Oresteia)의 마지막 작품인 에우메니데스(Eumenides)에서 배심에 의한 정식사실심리의 제도는 의식적으로(ritually) 묘사되었다. 그

the goddess Athena, who summons twelve citizens to sit as jury. The god Apollo takes part in the trial as the advocate for the defendant Orestes and the Furies as prosecutors for the slain Clytaemnestra. In the event the jury is split six to six, and Athena dictates that in such a case, the verdict should henceforth be for acquittal.

Rome

From the beginning of the republic and in the majority of civil cases towards the end of the empire, there were tribunals with the characteristics of the jury, the Roman judges being civilian, lay and not professional. Capital trials were held in front of juries composed of hundreds or thousands of people in the commitias or centuries, the same as in Roman trials. Roman law provided for the yearly selection of judices, who would be responsible for resolving disputes by acting as jurors, with a praetor performing many of the duties of a judge. High government officials and their relatives were barred from acting as judices, due to conflicts of interest. Those previously found guilty of serious crimes (felonies) were also barred as were gladiators for hire, who likely were hired to resolve disputes through trial by combat. The law was as follows:

"The peregrine praetor (literally, traveling judge) within the next ten days after this law is passed by the people or plebs shall provide for the selection of 450 persons in this State who have or have had a knight's census... provided that he does not select a person who is or has been plebeian tribune, quaestor, triumvir capitalis, military tribune in any of the first four legions, or triumvir for granting and assigning lands, or who is or has been in the Senate, or who has fought or shall fight as a gladiator for hire... or who has been condemned by the judicial process and a public trial whereby he cannot be enrolled in the Senate, or who is less than thirty or more than sixty years of age, or who does not have his residence in the city of Rome or within one mile of it, or who is the father, brother, or son of any above-described magistrate, or who is the father, brother, or son of a person who is or has been a member of the Senate, or who is overseas."[2]

연극에서 여신 아테나에 의하여 혁신은 도입되는데, 열두 명의 시민들을 배심으로서 착석하도록 그녀는 소환한다. 정식사실심리에 피고인 오레스테스를 위한 변호인으로서 아폴로 신은 참가하고 살해된 클리타임네스트라를 위한 소추자들로서 복수의 여신들은 참가한다. 결국 배심은 6 대 6으로 쪼개지고, 그리하여 이러한 사건에서 평결은 이제부터 무죄방면이 되어야 함을 아테나는 명령한다.

로마

공화국의 시작부터, 그리고 제국의 종말에 이르러서는 민사사건들의 대부분에서 배심의 특징들을 지닌 재판소들이 있었는데, 로마의 심판들은 민간인들로서 일반인들이었을 뿐 전문인들이 아니었다. 민회들 내의 내지는 백인조들 내의 수백 명의 내지는 수천 명의 사람들로 구성된 배심들 앞에서 중대한 정식사실심리들은 열렸고, 이는 로마의 정식사실심리들에서와 같았다. 배심원들로서 활동함에 의하여 분쟁들을 해결할 책임을 지게 되어 있는 배심원들에 대한 및 이에 더불어 판사의 임무들 다수를 수행하는 한 명의 판사에 대한 해마다의 선출을 로마법은 규정하였다. 고위직 정부 공무원들은 및 그들의 친척들은 배심원들로서 활동하지 못하도록 금지되었는데, 이익의 충돌들에 따른 것이었다. 결투에 의한 재판을 통하여 분쟁들을 해결하는 데에 고용될 수 있는 고용직 검투사들이 그러하였듯이 중대범죄들(중죄들)로 이전에 유죄판정된 사람들은 마찬가지로 금지되었다. 법률은 이러하였다:

"기사 자격을 지니는 내지는 지녔던 이 나라 안의 450명의 선출을 사람들에 내지는 평민들에 의하여 이 법이 통과되고 난 날로부터 열흘 이내에 순회판사(문자대로 여행하는 판사)는 규정해야 하는 바 …… 다만 호민관인 내지는 호민관이었던, 출납관인 내지는 출납관이었던, 1등 3인위원회 위원인 내지는 그 위원이었던, 첫 네 개 군단들의 어느 한 개에서라도 군사 호민관인 내지는 군사 호민관이었던, 토지들의 양도를 및 배분을 위한 3인위원회 위원인 내지는 그 위원이었던 사람을, 또는 원로원에 있는 내지는 있었던 사람을, 또는 고용 검투사로서 싸워온 내지는 싸울 사람을 …… 또는 사법절차에 의하여 및 공개의 정식사실심리에 의하여 유죄로 판정된, 그리하여 원로원에 등록될 수 없는 사람을, 또는 30세 미만인 또는 60세 초과인 사람을, 또는 그의 주거를 로마 시 내에 또는 로마 시로부터 1마일 이내에 두지 아니하는 사람을, 또는 조금이라도 위에 기재되는 행정관의 아버지인, 형제인, 또는 아들인 사람을, 또는 원로원 구성원인 내지는 구성원이었던 사람의 아버지인, 형제인 또는 아들인 사람을, 또는 해외에 있는 사람을 그는 선발하여서는 안 된다."[2]

Holy Roman Empire

A Swabian ordinance of 1562 called for the summons of jurymen (urtheiler), and various methods were in use in Emmendingen, Oppenau, and Oberkirch.[3] Hauenstein's charter of 1442 secured the right to be tried in all cases by 24 fellow equals, and in Friburg the jury was composed of 30 citizens and councilors.[4] The modern jury trial was first introduced in the Rhenish provinces in 1798, with a court consisting most commonly of 12 citizens (Bürger).[3]

The system whereby citizens were tried by their peers chosen from the entire community in open court was gradually superseded by an "engine of tyranny and oppression"[5] in Germany, in which the process of investigation was secret and life and liberty depended upon judges appointed by the state.[6] In Constance the jury trial was suppressed by decree of the Habsburg Monarchy in 1786.[4] The Frankfurt Constitution of the failed Revolutions of 1848 called for jury trials for "the more serious crimes and all political offenses",[7] but was never implemented after the Frankfurt Parliament was dissolved by Württemberg dragoons. An 1873 draft on criminal procedure produced by the Prussian Ministry of Justice proposed to abolish the jury and replace it with the mixed system, causing a significant political debate.[8] In the Weimar Republic the jury was abolished by the Emminger Reform of 4 January 1924.[9]

Between 1948 and 1950 in American-occupied Germany and the Federal Republic of Germany, Bavaria returned to the jury trial as it had existed before the emergency decrees,[10][11] but they were again abolished by the 1950 Unification Act (Vereinheitlichungsgesetz) for the Federal Republic. In 1979, the United States tried the East German LOT Flight 165 hijacking suspects in the United States Court for Berlin in West Berlin, which declared the defendants had the right to a jury trial under the United States Constitution, and hence were tried by a West German jury.

England and Wales

According to George Macaulay Trevelyan in A Shortened History of England, during the Viking occupation: "The Scandinavians, when not on the Viking warpath, were a litigious

신성로마제국

배심원들(urtheiler)의 소환들을 1562년 슈바벤 조례는 요구하였고, 에멘딩엔(Emmendingen)에서, 오페나우(Oppenau)에서, 그리고 오베르키르쉬(Oberkirch)에서 다양한 수단들이 사용되었다.[3] 모든 사건들에서 24명의 동등 지위인 사람들에 의하여 정식사실심리될 권리를 1443년 하우엔슈타인(Hauenstein)의 헌장은 보장하였고, 프리부르그(Friburg)에서 배심은 30명의 시민들로 및 참심원들로 구성되었다.[4] 근대적 배심에 의한 정식사실심리는 라인 지방에서 1798년에 최초로 도입되었는데, 법원은 12명의 시민들(Bürger)로 구성됨이 가장 일반적이었다.[3]

전체 지역사회로부터 선발되는 그들의 동등 지위인 사람들에 의하여 공개법정에서 시민들이 정식사실심리되는 제도는 독일에서 점차적으로 "독재의 및 압제의 엔진"에 의하여 대체되었는 바,[5], 거기서 수사절차는 비밀이었고 국가에 의하여 임명되는 판사들에 생명은 및 자유는 좌우되었다.[6] 콘스탄츠에서 배심에 의한 정식사실심리는 1786년에 합스부르크 군주국의 포고에 의하여 금지되었다.[4] "보다 중대한 범죄들에 및 모든 정치적 범죄들에" 대한 배심에 의한 정식사실심리들을 1848년 실패한 혁명들 중에서의 프랑크푸르트 헌법은 요구하였으나,[7] 뷔르템베르그 용기병들에 의하여 프랑크푸르트 의회가 해산된 뒤에 그것은 결코 시행되지 않았다. 배심을 폐지할 것을 및 혼합적 제도로써 그것을 대체할 것을 프러시아 법무부에 의하여 만들어진 형사절차에 관한 1873년 초안은 제의하였는데, 심각한 정치적 논쟁을 그것은 야기하였다.[8] 바이마르 공화국에서 배심은 1924년 1월 4일 에밍거 개혁(the Emminger Reform)에 의하여 폐지되었다.[9]

1948년에서 1950년 사이에 미국점령 하의 독일 지역에서와 독일자유공화국(the Federal Republic of Germany)에서, 바이에른주는 비상포고들 이전에 존재하였던 배심에 의한 정식사실심리에로 복귀하였으나,[10][11] 1950년 연방공화국을 위한 통일법(Vereinheitlichungsgesetz)에 의하여 그것들은 다시 폐지되었다. LOT 항공기에 대한 165명의 동독인 공중납치 용의자들을 서베를린 소재 합중국 베를린 법원에서 1979년에 합중국은 정식사실심리하였는데, 배심에 의한 정식사실심리의 권리를 합중국 헌법에 따라 피고인들은 지닌다고 법원은 선언하였고, 그리하여 서독 배심에 의하여 정식사실심리되었다.

영국 그리고 웨일즈

영국약사(A Shortened History of England)에서의 조지 매콜레이 트레벨리안(George Macaulay Trevelyan)에 따르면, 바이킹 점령 기간 중에: "스칸디나비아인들은 바이킹 출정 길에 있지 않을 때는

people and loved to get together in the 'thing' to hear legal argument. They had no professional lawyers, but many of their farmer-warriors, like Njal, the truth-teller, were learned in folk custom and in its intricate judicial procedure. A Danish town in England often had, as its main officers, twelve hereditary 'law men.' The Danes introduced the habit of making committees among the free men in court, which perhaps made England favorable ground for the future growth of the jury system out of a Frankish custom later introduced by the Normans." The English king Æthelred the Unready set up an early legal system through the Wantage Code of Ethelred, one provision of which stated that the twelve leading thegns (minor nobles) of each wapentake (a small district) were required to swear that they would investigate crimes without a bias. These juries differed from the modern sort by being self-informing; instead of getting information through a trial, the jurors were required to investigate the case themselves.[12]

In the 12th century, Henry II took a major step in developing the jury system. Henry II set up a system to resolve land disputes using juries. A jury of twelve free men were assigned to arbitrate in these disputes. As with the Saxon system, these men were charged with uncovering the facts of the case on their own rather than listening to arguments in court. Henry II also introduced what is now known as the "grand jury" through his Assize of Clarendon. Under the assize, a jury of free men was charged with reporting any crimes that they knew of in their hundred to a "justice in eyre", a judge who moved between hundreds on a circuit. A criminal accused by this jury was given a trial by ordeal.

The Church banned participation of clergy in trial by ordeal in 1215. Without the legitimacy of religion, trial by ordeal collapsed. The juries under the assizes began deciding guilt as well as providing accusations. The same year, trial by jury became an explicit right in one of the most influential clauses of Magna Carta. Article 39 of the Magna Carta read:

Nullus liber homo capiatur, vel imprisonetur, aut desseisetur de libero tenemento, vel

소송을 즐기는 사람들이었고 법적 논쟁을 듣기 위하여 '사안'에 관하여 함께 모이기를 좋아하였다. 그들은 전문직으로서의 법률가들을 가지지 못하였으나, 그들의 농부전사들 중 다수는 참 이야기꾼 냘(Njal)이 그러하듯 민속의 관습에와 그것의 난해한 법적 절차에 박식하였다. 영국 내의 덴마크인 마을 한 개는 그 주요 공직자들로서 열두 명의 세습적 '율사들(law men)'을 자주 두었다. 자유인들 가운데서 선발한 위원회들을 법원에 설치하는 관행을 덴마크인들은 소개하였고, 나중에 노르만인들에 의하여 도입된 프랑크 왕국의 관습으로부터 벗어난 장래의 배심제도의 성장을 위한 유리한 배경을 영국에게 아마도 그것은 만들어 주었다." 에설레드 완티지 법전(the Wantage Code of Ethelred)을 통하여 초기의 법 제도를 영국 국왕 에설레드 2세(Æthelred the Unready)는 수립하였는데, 범죄들을 공평하게 조사하겠음을 와펜테이크(소규모 지역)마다의 열두 명의 지도적 세인들(thegns; 소귀족들)은 선서하도록 요구된다고 그 중 한 개의 조항은 규정하였다. 이 배심들은 스스로 정보를 제공한 점에서 현대의 배심으로부터는 구분되는 것들이었다; 정식사실심리를 통하여 정보를 얻은 것이 아니라, 사건을 스스로 조사하도록 배심원들은 요구되었다.[12]

배심제도를 발전시킴에 있어서의 중대한 조치를 12세기에 헨리 2세는 취하였다. 토지분쟁들을 배심들을 이용하여 해결하는 제도를 헨리 2세는 수립하였다. 이 분쟁들에서 조정을 하도록 열두 명의 자유인들로 구성되는 배심이 지정되었다. 주장들을 법정에서 청취할 책임을보다는, 색슨(Saxon) 제도의 경우가 그러하듯, 사실관계를 그들 스스로 밝힐 책임을 이 사람들은 졌다. "대배심(grand jury)"이라고 지금 알려져 있는 바를 그의 클라렌던법(Assize of Clarendon)을 통하여 헨리 2세는 아울러 도입하였다. 조금이라도 그들이 알고 있는 그들의 촌락(헌드러드; hundred) 내에서의 범죄들을 촌락 사이를 순회하는 "순회판사(justice in eyre)"에게 보고할 책임을 이 법 아래서 자유인들로 구성되는 배심은 졌다. 이 배심에 의하여 고발되는 범인은 신판(ordeal)에 의한 정식사실심리를 받았다.

신판에의 성직자의 참여를 1215년에 교회는 금지하였다. 종교적 적법성을 결여하자 신판에 의한 정식사실심리는 무너졌다. 고발들을 제공하기를에 아울러 유죄를 결정하기를 순회법원들에서의 배심들은 시작하였다. 같은 해에 배심에 의한 정식사실심리는 마그나 카르타의 가장 영향력 있는 조항들 가운데의 하나에서 한 개의 명시적 권리가 되었다. 마그나 카르타 제39조는 이렇게 규정한다:

Nullus liber homo capiatur, vel imprisonetur, aut desseisetur de libero tenemento, vel liberta-

libertatibus, vel liberis consuetudinibus suis, sut utlagetur, aut exuletur, aut aliquo modo destruatur, nec super eum ibimus, nec super eum mittemus, nisi per legale judicium parium suorum, vel per legem terrae. It is translated thus by Lysander Spooner in his Essay on the Trial by Jury: "No free man shall be captured, and or imprisoned, or disseised of his freehold, and or of his liberties, or of his free customs, or be outlawed, or exiled, or in any way destroyed, nor will we proceed against him by force or proceed against him by arms, but by the lawful judgment of his peers, and or by the law of the land." Although it says and or by the law of the land, this in no manner can be interpreted as if it were enough to have a positive law, made by the king, to be able to proceed legally against a citizen. The law of the land was the consuetudinary law, based on the customs and consent of John's subjects, and since they did not have Parliament in those times, this meant that neither the king nor the barons could make a law without the consent of the people. According to some sources, in the time of Edward III, by the law of the land had been substituted by due process of law, which in those times was a trial by twelve peers.

The Magna Carta of 1215[13] further secured trial by jury by stating that

For a trivial offence, a free man shall be fined only in proportion to the degree of his offence, and for a serious offence correspondingly, but not so heavily as to deprive him of his livelihood. In the same way, a merchant shall be spared his merchandise, and a husbandman the implements of his husbandry, if they fall upon the mercy of a royal court. None of these fines shall be imposed except by the assessment on oath of reputable men of the neighbourhood.

Earls and barons shall be fined only by their equals, and in proportion to the gravity of their offence.

To any man whom we have deprived or dispossessed of lands, castles, liberties, or tibus, vel liberis consuetudinibus suis, sut utlagetur, aut exuletur, aut aliquo modo destruatur, nec super eum ibimus, nec super eum mittemus, nisi per legale judicium parium suorum, vel per legem terrae. 그의 에세이 배심에 의한 정식사실심리(the Trial by Jury)에서 리샌더 스푸너(Lysander Spooner)에 의하여 그것은 이렇게 해석된다: "그 자신과의 동등 지위인 사람들의 적법한 판결에 의하지 아니한 채로는 및 내지는 국법에 의하지 아니한 채로는 자유인은 어떤 방법으로도 체포되지도, 구금되지도, 그의 자유토지보유권을 및 내지는 그의 자유들을, 또는 그의 자유관습들을 빼앗기지도, 법의 보호에서 제외되지도, 추방되지도 아니하고, 어떤 방법으로도 파괴되지 아니하며, 짐이 힘으로써 그를 상대로 나아가지도 못하고 무기로써 그를 상대로 나아가지도 못한다." 비록 "및 내지는(and or)"국법에 의하지 아니한 채로는이라고 그것은 말함에도 불구하고, 한 명의 시민을 상대로 적법하게 나아갈 수 있기 위하여는 국왕에 의하여 제정되는 한 개의 실정법을 가지면 충분한 것으로는 이것은 결코 해석될 수 없다. 국법은 관습들에와 존엄의 신민들의 동의에 토대를 두는 관습상의 법이었는데, 그 당시에는 의회를 그들은 가지지 않았으므로 사람들의 동의 없이는 국왕이도 귀족들이도 법을 제정할 수 없음을 이것은 의미하였다. 일부 자료들에 따르면, 에드워드 3세 때에 "국법에 의하"여는 적법절차(due process of law)로 대체되었고, 열두 명의 동등 지위인 사람들에 의한 정식사실심리를 그 당시에 그것은 의미하였다.

이렇게 규정함으로써 배심에 의한 정식사실심리를 1215년의 마그나 카르타는 더욱 보장하였다[13]:

자유인에게 부과되는 벌금은 사소한 범죄의 경우에는 그의 범죄의 정도에 비례하는 것이어야 하고, 중대한 범죄의 경우에도 그에 상응하는 것이어야 하는 바, 그러나 그의 생계를 박탈할 정도로 무거운 것이어서는 안 된다. 마찬가지로, 짐의 법정의 자비에 상인이 또는 농부가 맡겨지면, 상인에게는 그의 상품이 남겨져야 하고, 농부에게는 그의 경작도구들이 남겨져야 할 것이노라. 인근의 훌륭한 사람들의 선서 위에서의 평가가 없이는 이 벌금들은 부과되어서는 안 된다.

백작들은 및 귀족들은 그들과의 동등 지위인 사람들에 의해서만 벌금에 처해지는 바, 그들의 범죄의 중대성에 비례하는 것이어야 한다.

조금이라도 토지들을, 성들을, 자유들을, 또는 권리들을 그와의 동등 지위인 사람들의 적

rights, without the lawful judgement of his equals, we will at once restore these.

If we have deprived or dispossessed any Welshmen of lands, liberties, or anything else in England or in Wales, without the lawful judgement of their equals, these are at once to be returned to them. A dispute on this point shall be determined in the Marches by the judgement of equals. English law shall apply to holdings of land in England, Welsh law to those in Wales, and the law of the Marches to those in the Marches. The Welsh shall treat us and ours in the same way.

During the mid-14th Century, persons who had sat on the Presenting Jury (i.e., in modern parlance, the Grand Jury) were forbidden to sit on the trial jury for that crime. 25 Edward III stat 5., c3 (1353). Medieval juries were self-informing, in that individuals were chosen as jurors because they either knew the parties and the facts, or they had the duty to discover them. This spared the government the cost of fact-finding.[14] Over time, English juries became less self-informing and relied more on the trial itself for information on the case. Jurors remained free to investigate cases on their own until the 17th century. The Magna Carta being forgotten after a succession of benevolent reigns (or, more probably, reigns limited by the jury and the barons, and only under the rule of laws that the juries and barons found acceptable), the kings, through the royal judges, began to extend their control over the jury and the kingdom. In David Hume's History of England, he tells something of the powers that the kings had accumulated in the times after the Magna Carta, the prerogatives of the crown and the sources of great power with which these monarchs counted:

One of the most ancient and most established instruments of power was the court of Star Chamber, which possessed an unlimited discretionary authority of fining, imprisoning, and inflicting corporal punishment, and whose jurisdiction extended to all sorts of offenses, contempts, and disorders, that lay not within reach of the common law. The members of this court consisted of the privy council and the judges; men who all of them enjoyed their offices during pleasure: And when the prince himself was present, he was the sole

법한 판결 없이 짐이 박탈해 놓은 내지는 빼앗아 놓은 사람에게, 그것들을 짐은 즉시 회복시키겠노라.

토지를, 자유들을, 또는 그 밖의 무엇이든지를 영국에서든 웨일즈에서든 웨일즈 사람들에게서 그들과의 동등 지위인 사람들의 적법한 판결 없이 만약 짐이 박탈하여 놓았거나 빼앗아 놓았다면, 즉시 그들에게 그것들은 반환될 것이노라. 이에 대한 다툼은 마치스(Marches)에서의 그와의 동등 지위인 사람들의 판결에 의하여 결정되어야 할 것이노라. 영국에서의 토지보유 사항들에는 영국법이 적용되어야 하고, 웨일즈에서의 그것들에는 웨일즈 법이 적용되어야 하며, 마치스(Marches)에 있는 것들에는 마치스(Marches) 법이 적용되어야 한다. 짐을 및 짐의 것들을 같은 방법으로 웨일즈 사람들은 처리하여야 한다.

14세기 중엽 기간 중에 고발배심(즉, 현대적 용어로는 대배심)에 착석하는 사람들은 동일 범죄에 대한 정식사실심리 배심으로는 착석할 수 없도록 금지되었다. 25 Edward III stat 5., c3 (1353) (1353년 에드워드 3세 재위 25년 제정법 5. 제3장). 중세의 배심들은 스스로 정보를 입수하였는데, 당사자들을 및 사실관계를 그들이 안다는 점에서거나 또는 그것들을 찾아낼 의무를 그들이 진다는 점에서 그들은 배심원들로 선출되었다. 사실발견의 비용을 정부에게서 이것은 면제시켜 주었다.[14] 시간이 지나면서 영국의 배심들은 정보를 스스로 입수해야 하는 역할이 줄었고 사건에 대한 정보를 위하여 정식사실심리 그 자체에 의존하는 부분이 더 많아졌다. 배심원들은 17세기까지는 그들 스스로 자유로이 조사할 수 있는 상태로 남았다. 호의적인 치세들의 (즉, 보다 더 개연적으로 말하자면, 배심에 및 귀족들에 의하여 제약된, 그리고 오직 그 받아들일 만하다고 배심들이 및 귀족들이 인정하는 법들의 규칙 아래서만 통치한 치세들의) 연속 뒤에 마그나 카르타가 잊혀져 가자, 배심에 및 왕국에 대한 통제를 자신의 판사들을 통하여 국왕들은 확대하기 시작하였다. 마그나 카르타 이후의 시기에 국왕들이 축적해 놓은, 이 군주들이 의존한 상당한 권한들을, 국왕대권들을 및 대권의 원천들을 그의 영국사(History of England)에서 데이빗 흄(David Hume)은 말한다:

가장 오래된 및 가장 확립된 권력기관들 중 한 가지는 성실청 법정(the court of Star Chamber)이었는데, 벌금에 처할, 구금할, 그리고 체벌을 가할 무제한의 재량적 권한을 그것은 보유하였고, 보통법의 범위 내에 있지 아니한 모든 종류의 범죄들에, 모욕행위들에, 및 소요행위들에 그 관할은 확대되었다. 이 법원의 구성원들은 추밀원(the privy council)으로 및 판사들로 이루어졌다; 그들 모두는 마음이 내키는 동안에 그들의 직책들을 향유하는 사람들이었다: 게다가 군주 자신이 출석할 경우에는, 그는 유일한 판사였고, 나머지 전원은 단지 그 자신들의 조언

judge, and all the others could only interpose with their advice. There needed but this one court in any government, to put an end to all regular, legal, and exact plans of liberty. For who durst set himself in opposition to the crown and ministry, or aspire to the character of being a patron of freedom, while exposed to so arbitrary a jurisdiction? I much question, whether any of the absolute monarchies in Europe contain, at present, so illegal and despotic a tribunal. While so many terrors hung over the people, no jury durst have acquitted a man, when the court was resolved to have him condemned. The practice also, of not confronting witnesses to the prisoner, gave the crown lawyers all imaginable advantage against him. And, indeed, there scarcely occurs an instance, during all these reigns, that the sovereign, or the ministers, were ever disappointed in the issue of a prosecution. Timid juries, and judges who held their offices during pleasure, never failed to second all the views of the crown. And as the practice was anciently common of fining, imprisoning, or otherwise punishing the jurors, merely at the discretion of the court, for finding a verdict contrary to the direction of these dependent judges; it is obvious, that juries were then no manner of security to the liberty of the subject.

The first paragraph of the Act that abolished the Star Chamber repeats the clause on the right of a citizen to be judged by his peers:

Abolition of the Star Chamber

July 5, 1641

An act for the regulating of the privy council, and for taking away the court commonly called the star-chamber.

WHEREAS by the great charter many times confirmed in parliament, it is enacted, That no freeman shall be taken or imprisoned, or disseised of his freehold or liberties, or free customs, or be outlawed or exiled or otherwise destroyed, and that the King will not pass upon him, or condemn him; but by lawful judgment of his peers, or by the law of the land ······

In 1670 two Quakers charged with unlawful assembly, William Penn and William

을 가지고서만 끼어들 수 있었다. 모든 정규의, 적법한 및 정확한 자유의 방식들에 종지부를 찍기 위해서는 어떤 정부에서든지 이 한 개의 법정만 있으면 되었다. 왜냐하면 그토록 자의적인 관할에 노출되어 있는 동안에 누가 감히 그 자신을 국왕에의 및 각료에의 반대 속에 놓겠으며, 누가 감히 자유의 보호자라는 명성을 열망하겠는가? 그토록 불법인 및 전제적인 재판소를 유럽에서의 절대군주들 중 어느 누구가라도 지금 보유하는지 여부를 나는 크게 의문시한다. 그토록 많은 공포들이 사람들 위에 걸려 있는 동안에, 유죄로 판결하기로 법원이 결심한 사람을 배심은 감히 무죄로 방면하지 못하였다. 증인들을 죄수에게 대면시키지 아니하는 관행은 또한 죄수에게 불리한 우세를 국왕 측 변호사들에게 부여하였다. 그리하여 참으로, 소추의 문제에서 군주가 또는 각료들이 조금이라도 실망하는 경우란 이 모든 치세들 동안에 드물게만 일어났다. 겁 많은 배심들은, 그리고 자신들의 직책들을 마음이 내키는 동안에 보유한 판사들은, 국왕의 견해들을 지지하지 아니하는 경우가 결코 없었다. 이들 의존적인 판사들의 지시에 반하는 평결을 제출하였음을 이유로 단지 법원의 재량에 따라 배심들을 벌금에 처함이, 구금함이, 또는 그 밖의 방법으로 처벌함이 옛날에는 흔한 관행이었으므로; 배심들이 그 당시에 신민의 자유에 대한 방호물은 결코 아니었음이 명백하다.

자신의 동등 지위인 사람들에 의하여 판결을 받을 시민의 권리에 관한 절을 성실청(the Star Chamber)을 폐지한 법률의 첫째 장은 반복한다:

성실청의 폐지

1641년 7월 5일
추밀원에 대한 규제를 위한 및 일반적으로 성실청이라고 불리는 법원의 폐지를 위한 법률

그 자신과의 동등 지위인 사람들의 적법한 판결에 의하지 아니한 채로는 및 내지는 국법에 의하지 아니한 채로는, 자유인은 체포되지도 구금되지도, 그의 자유토지보유권을 내지는 그의 자유들을, 또는 자유관습들을 빼앗기지도, 법의 보호에서 제외되지도, 추방되지도 아니하고, 어떤 방법으로도 파괴되지 아니한다고, 그리고 국왕이 그를 상대로 나아가지도 못하고 그를 유죄로 판결하지도 못한다고 의회에서 여러 차례에 걸쳐 확인된 대헌장에 의하여 입법되어 있음에도 불구하고 ……

1670년에 불법집회로 기소된 두 명의 퀘이커 교도들인 윌리엄 펜(William Penn)은 및 윌리엄

Mead, were found not guilty by a jury. The judge then fined the jury for contempt of court for returning a verdict contrary to their own findings of fact and removed them to prison until the fine was paid. Edward Bushel, a member of the jury, nonetheless refused to pay the fine.

Bushel petitioned the Court of Common Pleas for a writ of habeas corpus. The ruling in the Bushel's Case was that a jury could not be punished simply on account of the verdict it returned.

Many British colonies, including the United States, adopted the English common law system in which trial by jury is an important part. Jury trials in criminal cases were a protected right in the original United States Constitution and the Fifth, Sixth, and Seventh Amendments of the U. S. Constitution extend the rights to trial by jury to include the right to jury trial for both criminal and civil matters and a grand jury for serious cases.

Role

In most common law jurisdictions, the jury is responsible for finding the facts of the case, while the judge determines the law. These "peers of the accused" are responsible for listening to a dispute, evaluating the evidence presented, deciding on the facts, and making a decision in accordance with the rules of law and their jury instructions. Typically, the jury only judges guilt or a verdict of not guilty, but the actual penalty is set by the judge. An interesting innovation was introduced in Russia in the judicial reform of Alexander II: unlike in modern jury trials, jurors decided not only whether the defendant was guilty or not guilty, but they had the third choice: "Guilty, but not to be punished," since Alexander II believed that justice without morality was wrong.

In France and some countries organized in the same fashion, the jury and several professional judges sit together to determine guilt first. Then, if guilt is determined, they decide the appropriate penalty.[15]

Some jurisdictions with jury trials allow the defendant to waive their right to a jury trial, thus leading to a bench trial. Jury trials tend to occur only when a crime is considered seri-

미드(William Mead)는 배심에 의하여 무죄로 판정되었다. 그들 자신의 사실확인 사항들에 배치되는 평결을 제출하였음을 이유로 배심을 벌금에 그 때에 판사는 처하였고 벌금이 지불될 때까지 그들을 감옥에 넣었다. 벌금을 내기를 이에도 불구하고 배심의 일원이던 에드워드 부쉘(Edward Bushel)은 거부하였다.

인신보호영장을 구하여 국민간소송재판소(the Court of Common Pleas)에 부쉘은 청원하였다. 부쉘 사건의 판결은, 그 제출하는 평결만을 이유로 해서는 배심은 처벌될 수 없다는 것이었다.

배심에 의한 정식사실심리가 한 가지 중요한 요소인 영국의 보통법 제도를 합중국을 포함하는 다수의 영국 식민지들은 채택하였다. 형사사건들에서의 배심에 의한 정식사실심리들은 최초의 합중국 헌법에서 보장된 권리들이었고, 배심에 의한 정식사실심리를 형사사건들에서와 민사사건들에서 다 같이 포함하도록 및 중대한 사건들에서는 대배심을 포함하도록, 합중국 헌법 수정 제5, 6, 7조들은 배심에 의한 정식사실심리의 권리들을 확대하였다.

역할

대부분의 보통법 관할들에서 배심은 사건의 사실관계를 판단할 책임을 지고, 이에 반하여 판사는 법을 판단한다. 이들 "범인으로 주장되는 사람의 동등 지위인 사람들"은 주장을 청취할, 제기되는 증거를 평가할, 사실관계에 관하여 판단할, 그리고 법 규칙들에 따라 및 그들 배심에 대한 지시들에 따라 결정을 내릴 책임을 진다. 전형적으로, 오직 유죄의 또는 무죄의 평결을 배심은 결정하고, 실제의 처벌은 판사에 의하여 정해진다. 흥미로운 혁신이 알렉산더 2세의 사법개혁에서 러시아에 도입되었다: 현대적 배심에 의한 정식사실심리들에서와는 다르게, 피고인이 유죄인지 무죄인지 여부를만 배심원들이 판단한 것이 아니라, "유죄, 그러나 처벌되어서는 아니 됨"이라는 제3의 선택권을 그들은 보유하였다: 왜냐하면 도덕성 없는 재판은 잘못이라고 알렉산더 2세는 믿었기 때문이다.

프랑스에서 및 같은 방식으로 구성된 몇몇 나라들에서, 배심은 및 몇 명의 전문가 심판들은 함께 착석하여 유죄를 먼저 결정한다. 그 뒤에 만약 유죄가 판정되면, 적절한 처벌을 그들은 결정한다.[15]

배심에 의한 정식사실심리를 피고인으로 하여금 포기할 수 있도록, 그리하여 비(非)배심 정식사실심리에 이르도록 배심에 의한 정식사실심리들을 지니는 일부 관할들은 허용한다. 범

ous. In some jurisdictions, such as France and Brazil, jury trials are reserved, and compulsory, for the most severe crimes and are not available for civil cases. In Brazil, for example, trials by jury are applied in cases of voluntary crimes against life, such as first and second degree murder, forced abortion and instigation of suicide, even if only attempted. In others, such as the United Kingdom, jury trials are only available for criminal cases and very specific civil cases (defamation, malicious prosecution, civil fraud and false imprisonment). In the United States, jury trials are available in both civil and criminal cases. In Canada, an individual charged with an indictable offence may elect to be tried by a judge alone in a provincial court, by judge alone in a superior court, or by judge and jury in a superior court; summary offences cannot be tried by jury.

In the United States, because jury trials tend to be high profile, the general public tends to overestimate the frequency of jury trials. Approximately 150,000 jury trials are conducted in state courts annually,[16] and an additional 5,000 jury trials are conducted in federal courts. Two-thirds of jury trials are criminal trials, while one-third are civil and "other" (e.g., family, municipal ordinance, traffic). Nevertheless, the vast majority of criminal cases are settled by plea bargain,[17][18] which removes the need for a jury trial.

Some commentators contend that the guilty-plea system unfairly coerces defendants into relinquishing their right to a jury trial.[19] Others contend that there never was a golden age of jury trials, but rather that juries in the early nineteenth century (before the rise of plea bargaining) were "unwitting and reflexive, generally wasteful of public resources and, because of the absence of trained professionals, little more than slow guilty pleas themselves", and that the guilty-plea system that emerged in the latter half of the nineteenth century was a superior, more cost-effective method of achieving fair outcomes.[20]

Pros and cons

In countries where jury trials are common, juries are often seen as an important check

죄가 중대한 것으로 판단될 때에만 배심에 의한 정식사실심리들은 발생하는 경향이 있다. 프랑스에서 및 브라질에서처럼 일부 관할들에서는, 배심에 의한 정식사실심리들은 가장 중대한 범죄들을 위하여 보전되어 있고 강제적인 것이 되어 있으므로, 민사사건들에서는 이용될 수 없다. 예컨대 브라질에서는, 1급 및 2급 살인 류의, 강요된 낙태 류의, 자살교사 류의 생명에 대한 임의적 범죄사건들에, 설령 미수에 그쳤을 뿐인 경우에도, 배심에 의한 정식사실심리들은 적용된다. 연합왕국에서 등 여타의 관할들에서는, 형사사건들에서와 매우 한정된 민사사건들(명예훼손, 악의소추, 민사사기 및 불법적 구금)에서 배심에 의한 정식사실심리들은 이용될 수 있다. 합중국에서는 민사사건들에서와 형사사건들에서 다 같이 배심에 의한 정식사실심리들은 이용된다. 지방법원에서 판사 한 명에 의해서만 정식사실심리되는 쪽을, 또는 상위법원에서 판사 한 명에 의하여, 또는 상위법원에서 판사에 및 배심에 의하여 정식사실심리되는 쪽을 캐나다에서 기소 대상 범죄로 고소되는 개인은 선택할 수 있다; 약식범죄들은 배심에 의하여 정식사실심리될 수 없다.

합중국에서 배심에 의한 정식사실심리들은 세간의 이목을 끄는 경향이 있기 때문에, 일반 공중은 배심에 의한 정식사실심리들의 빈도를 과대평가하는 측면이 있다. 주 법원들에서 연간 대략 150,000건의 배심에 의한 정식사실심리들이 수행되고,[16] 연방법원들에서 추가로 5,000건의 배심에 의한 정식사실심리들이 수행된다. 배심에 의한 정식사실심리들의 3분의 2는 형사 정식사실심리들이고, 3분의 1은 민사 또는 "기타"(예컨대, 가사, 자치체, 조례, 교통)이다. 이에도 불구하고 형사사건들의 대다수는 답변거래에 의하여 해결되는데,[17][18] 배심에 의한 정식사실심리의 필요를 그것은 제거한다.

배심에 의한 정식사실심리를 누릴 그들의 권리를 포기하도록 피고인들을 유죄답변 제도는 부당하게 강제한다고 일부 주석자들은 주장한다.[19] 배심에 의한 정식사실심리들의 황금기는 결코 없었다고, 오히려 (답변거래의 증대 이전인) 19세기 초기에 배심들은 "훈련된 전문가들의 결여로 인하여 속도가 느린 유죄답변들 자체에 별반 다를 것이 없는, 무지한, 반사적인 및 일반적으로 공공의 자원들을 소모하는" 것들이라고, 그리고 19세기 후반에 등장한 유죄답변 제도는 공정한 결과들을 달성하는 더 우월한, 보다 더 비용 경제적인 방법이라고 다른 주석자들은 주장한다.[20]

장점 및 단점

배심에 의한 정식사실심리들이 일반적인 나라들에서 배심들은 국가권력에 대처한 중요한

against state power. Other common assertions about the benefits of trial by jury is that it provides a means of interjecting community norms and values into judicial proceedings and that it legitimizes the law by providing opportunities for citizens to validate criminal statutes in their application to specific trials. Alexis de Tocqueville also claimed that jury trials educate citizens about self-government. Many also believe that a jury is likely to provide a more sympathetic hearing, or a fairer one, to a party who is not part of the government — or other establishment interest — than would representatives of the state.

This last point may be disputed. For example, in highly emotional cases, such as child rape, the jury may be tempted to convict based on personal feelings rather than on conviction beyond reasonable doubt. In France, former attorney, then later minister of Justice Robert Badinter, remarked about jury trials in France that they were like "riding a ship into a storm", because they are much less predictable than bench trials.

Another issue with jury trials is the potential for jurors to be swayed by prejudice, including racial considerations. Infamous cases include the Scottsboro Boys, a group of nine African American teenagers accused of raping two White American women on a train in 1931, for which they were indicted by an all-white jury, the acquittal of two white men Roy Bryant and J. W. Milan by an all-white jury for the murder of 14 year old Emmett Till in 1955 (they admitted killing him in a magazine interview a year later), and the 1992 trial in the Rodney King case in California, in which white police officers were acquitted of excessive force in the violent beating of a black man by a jury consisting mostly of whites without any black jurors.[21]

The positive belief about jury trials in the U.K. and the U. S. contrasts with popular belief in many other nations, in which it is considered bizarre and risky for a person's fate to be put into the hands of untrained laymen. Consider Japan, for instance, which used to have optional jury trials for capital or other serious crimes between 1928 and 1943. The

억제요소로서 자주 간주된다. 배심에 의한 정식사실심리의 이익들에 관한 여타의 일반적 주장들은 지역사회의 규범들을 및 가치들을 사법절차들 안에 주입하는 수단을 그것이 제공한다는 것이고 또한 특정의 정식사실심리들에의 형사 제정법들의 적용에 있어서 그것들을 인정할 기회들을 시민들에게 제공함에 의하여 법을 그것이 정당화한다는 것이다. 자기통치에 관하여 시민들을 배심에 의한 정식사실심리들은 교육한다고도 알렉시스 드 토크빌(Alexis de Tocqueville)은 주장하였다. 국가의 대표자들이보다는 더 온정적인 심리를 내지는 보다 더 공정한 심리를 정부의 - 또는 그 밖의 권력기구 이익의 - 구성원이 아닌 당사자에게 배심은 제공할 가능성이 있다고 여러 사람들은 또한 믿는다.

이 마지막 관점은 다투어질 수 있다. 예를 들어, 아동강간에서를 비롯한 고도로 감정적인 사건들에서, 합리적 의심을 배제하는 확신에 토대하여서보다는 개인적 느낌들에 토대하여서 유죄판정을 내리도록 배심은 부추겨질 수 있다. 배심에 의한 정식사실심리들은 "배를 폭풍 속으로 몰아가는" 것에 유사하다고, 왜냐하면 그것들은 비(非)배심 정식사실심리들의 경우에보다도 훨씬 덜 예측 가능하기 때문이라고 그것들에 관하여 프랑스에서 전직 변호사이면서 나중에 법무부장관이 된 로베르 바댕테(Robert Badinter)는 말하였다.

배심에 의한 정식사실심리에 따라다니는 또 다른 문제는 편견에 의하여 배심원들이 휘둘릴 가능성인데, 인종적 고려들이 이에는 포함된다. 1931년에 두 명의 백인 미국 여성들을 기차에서 강간한 혐의로 고소된 및 전원 백인의 배심에 의하여 기소된 아홉 명의 아프리카계 미국인 10대들 그룹인 스코츠보로(Scottsboro) 소년들을, 14세의 에멧 틸(Emmett Till)을 살해한 혐의에 대한 전원 백인의 배심에 의한 두 명의 백인들인 로이 브라얀트(Roy Bryant)에 및 J. W. 밀란(J. W. Milan)에 대한 1955년의 무죄방면을 (그를 살해하였음을 1년 뒤에 잡지 인터뷰에서 그들은 시인하였다), 그리고 흑인 남자 한 명에 대한 폭력적인 구타 과정에서의 과도한 폭력 행사에 대하여 조금이라도 흑인 배심원들 없이 대부분 백인들로 구성된 배심에 의하여 백인 경찰관들이 무죄로 방면된 캘리포니아에서의 로드니 킹(Rodney King) 사건에 대한 1992년의 정식사실심리를, 악명 높은 사건들은 포함한다.[21]

배심에 의한 정식사실심리에 관한 영국에서의 및 미국에서의 긍정적인 믿음은, 숙련되지 않은 일반인들의 손에 한 사람의 운명이 맡겨짐은 기괴한 및 위험한 일로 간주되는 여타의 많은 국가들에서의 일반적 믿음에 대조를 이룬다. 예를 들어 선택적인 배심에 의한 정식사실심리를 사형에 해당하는 내지는 그 밖의 중대한 범죄들에 대하여 1928년에서 1943년 사이

defendant could freely choose whether to have a jury or trial by judges, and the decisions of the jury were non-binding. During the Tōjō-regime this was suspended, arguably stemming from the popular belief that any defendant who risks his fate on the opinions of untrained laymen is almost certainly guilty.

Jury trials in multi-cultural countries with a history of ethnic tensions may be problematic, and lead to juries being unduly biased and partial.

A major issue in jury trials is the secretive nature of the process. While proponents may say that secrecy allows the jury to remain impartial by protecting it from undue pressure or attention, opponents contend that this prevents there from being a transparent trial. The fact that juries do not often have to give a reason for their verdict is also criticized, since opponents argue it is unfair for a person to be deprived of life, liberty or property without being told why it is being done so. In contrast where there is a decision by a judge or judges, they are required to provide often detailed reasons of both fact and law as to why their decision was made.

One issue that has been raised is the ability of a jury to fully understand statistical or scientific evidence. It has been said that the expectation of jury members as to the explanatory power of scientific evidence has been raised by television in what is known as the CSI effect. In at least one English trial the misuse or misunderstanding or misrepresentation by the prosecution of statistics has led to wrongful conviction.[22]

In various jurisdictions

Australia

The Australian Constitution provides that: "80. The trial on indictment of any offence against any law of the Commonwealth shall be by jury, and every such trial shall be held in the State where the offence was committed, and if the offence was not committed within any State the trial shall be held at such place or places as the Parliament prescribes."[23][24]

에 실시하고는 하였던 일본을 보라. 배심에 의한 정식사실심리를 받을지 또는 판사들에 의한 정식사실심리를 받을지 여부를 피고인은 자유로이 선택할 수 있었고, 배심의 판단들은 구속력이 없었다. 도조 내각 동안에 이것은 정지되었는데, 아마도 훈련 없는 일반인들의 의견들에 자신의 운명을 맡기기를 조금이라도 감행하는 피고인은 유죄임이 거의 확실하다는 대중의 믿음으로부터 이는 야기된 것으로 보인다.

인종적 긴장관계들의 역사를 지니는 다문화 국가들에 있어서의 배심에 의한 정식사실심리들은 문제가 많고, 배심들을 부당하게 치우친 또는 편파적인 것이 되도록 그것은 이끈다.

배심에 의한 정식사실심리들에서의 한 가지 주된 쟁점은 절차의 비밀적 성격이다. 부당한 압력으로부터 내지는 주목으로부터 배심으로 하여금 공평하게 남도록 비밀성은 허용한다고 지지자들은 말할 수 있음에 반하여, 투명한 정식사실심리가 되지 못하도록 이것은 방해한다고 반대자들은 주장한다. 자신들의 평결을 위한 이유를 배심들이 자주 제시해야 하는 것은 아니라는 점은 마찬가지로 비판되는 바, 왜냐하면 어째서 그렇게 처분되는 것인지를 고지받지 못하는 채로 생명을, 자유를 내지는 재산을 사람이 박탈당함은 불공평하다고 반대자들은 주장하기 때문이다. 이에 대조되게, 판사에 내지는 판사들에 의한 판결이 있는 경우에는, 어째서 그들의 판단이 그렇게 이루어졌는지 사실에 및 법에 관하여 다 같이 상세한 이유들을 제공하도록 흔히 그들은 요구된다.

그 제기되어 온 한 가지 쟁점은 통계적 및 과학적 증거를 완전히 이해할 수 있는 배심의 능력이다. CSI 효과라고 알려진 바 안에서 과학적 증거의 해명적 설득력에 관한 배심 구성원들의 기대는 텔레비전에 의하여 제고되어 있다고 말해져 왔다. 적어도 한 개의 영국 정식사실심리에서 부당한 유죄판정에게로, 통계에 대한 소추측에 의한 오용이 또는 오해가 내지는 그릇된 설명이 이끌어 놓았다.[22]

다양한 관할들

오스트레일리아

오스트레일리아 헌법은 규정한다: "제80조. 조금이라도 연방법 위반에 대한 대배심 기소에 의거한 정식사실심리는 배심에 의하여야 하고, 그러한 모든 정식사실심리는 범죄가 저질러진 주에서 열려야 하며, 만약 범죄가 어떤 주 안에서도 이루어진 것이 아니면 의회가 규정하는 장소에서 또는 장소들에서 정식사실심리는 열려야 한다."[23][24]

The first trials by civilian juries of 12 in the colony of New South Wales were held in 1824, following a decision of the NSW Supreme Court on 14 October 1824.[25] The NSW Constitution Act of 1828 effectively terminated trial by jury for criminal matters. Jury trials for criminal matters revived with the passing of the Jury Trials Amending Act of 1833 (NSW) (2 William IV No 12).[26]

Challenging potential jurors

The voir dire system of examining the jury pool before selection is not permitted in Australia as it violates the privacy of jurors. Therefore, though it exists, the right to challenge for cause during jury selection cannot be employed much. Peremptory challenges are usually based on the hunches of counsel and no reason is needed to use them. All Australian states allow for peremptory challenges in jury selection, however, the number of challenges granted to the counsels in each state are not all the same. Until 1987 New South Wales had twenty peremptory challenges for each side where the offence was murder, and eight for all other cases. In 1987 this was lowered to three peremptory challenges per side, the same amount allowed in South Australia. Eight peremptory challenges are allowed for both counsels for all offences in Queensland. Victoria, Tasmania and the Northern Territory allow for six. Western Australia allows five peremptory challenges per side.[27]

Majority and unanimous verdicts in criminal trials

In Australia majority verdicts are allowed in South Australia, Victoria, Western Australia, Tasmania, the Northern Territory, New South Wales and Queensland, while the ACT require unanimous verdicts. Since 1927 South Australia has permitted majority verdicts of 11:1, and 10:1 or 9:1 where the jury has been reduced, in criminal trials if a unanimous verdict cannot be reached in four hours.[28] They are accepted in all cases except for "guilty" verdicts where the defendant is on trial for murder or treason. Victoria has accepted majority verdicts with the same conditions since 1994, though deliberations must go on for six hours before a majority verdict can be made. Western Australia accepted majority verdicts in 1957 for all trials except where the crime is murder or has a life sentence. A 10:2 verdict is accepted. Majority verdicts of 10:2 have been allowed in Tasmania since

뉴사우스웨일즈 식민지 내의 12명의 민간배심들에 의한 최초의 정식사실심리들은 1824년에 열렸는데, 1824년 10월 14일자 뉴사우스웨일즈 대법원의 결정을 좇은 것이었다.[25] 형사사건들을 위한 배심에 의한 정식사실심리를 사실상 사라지게 1828년 뉴사우스웨일즈 헌법은 만들었다. 1833년 배심에 의한 정식사실심리 개정법(Jury trials Amending Act of 1833 (NSW) (2 William IV No 12)의 통과에 더불어 형사사건들을 위한 배심에 의한 정식사실심리들은 부활하였다.[26]

배심원 후보들에 대한 기피

선출에 앞서서 배심후보를 심문하는 예비심문(voire dire) 제도는 배심원들의 프라이버시를 침해하기에 오스트레일리아에서 그것은 허용되지 않는다. 그러므로 비록 그 존재함에도 불구하고 배심선정 동안에 이유부 기피를 신청할 권리는 많이 이용될 수가 없다. 무이유부 기피들(Peremptory challenges)은 대개 변호인단의 육감에 토대하며 그것들을 행사하기 위하여는 이유가 요구되지 않는다. 그러나 배심선정에 있어서의 무이유부 기피들을 오스트레일리아의 모든 주들은 허용하지만, 개개 주에서 변호인단들에게 부여되는 기피들의 숫자는 전부 동일하지는 아니하다. 범죄가 살인인 경우에 양 측에게 20명씩의, 그 밖의 모든 사건들에서는 양 측에게 8명씩의 무이유부 기피신청들을 1987년까지 뉴사우스웨일즈주는 허용하였다. 1987년에 이것은 양 측 공히 세 번의 무이유부 기피들로 낮추어졌는데, 사우스오스트레일리아주에서 허용되는 숫자에 대등한 숫자이다. 퀸즈랜드주에서는 모든 범죄들에 대하여 양 측의 변호인단들에게 여덟 번씩의 무이유부 기피들이 허용된다. 빅토리아주는, 태즈매니아주는 및 북부준주(the Northern Territory)는 여섯을 허용한다. 웨스턴오스트레일리아주는 다섯 번씩의 무이유부 기피들을 양 측에게 허용한다.[27]

형사 정식사실심리들에 있어서의 다수결 평결 및 만장일치 평결

오스트레일리아의 경우에 사우스오스트레일리아주에서, 빅토리아주에서, 웨스턴오스트레일리아주에서, 태즈매니아주에서, 북부준주(the Northern Territory)에서, 뉴사우스웨일즈주에서 및 퀸즈랜드주에서 다수결 평결들은 허용되고, 이에 반하여 만장일치의 평결들을 오스트레일리아 수도 준주(the ACT)는 요구한다. 형사 정식사실심리들에서 만약 만장일치의 평결이 네 시간 안에 도달될 수 없으면 11:1의 및 배심이 감소되어 있는 경우에는 10:1의 내지는 9:1의 다수결 평결을 1927년 이래로 사우스오스트레일리아주는 허용해 왔다.[28] 살인죄로 내지는 반역죄로 피고인이 정식사실심리되는 경우의 "유죄(guilty)" 평결들의 사건들에서를 제외한 모든 사건들에서 그것들은 받아들여진다. 같은 조건들로써 다수결 평결들을 1994년 이래로 빅토리아주는 받아들여 왔는 바, 다만 다수결 평결이 이루어질 수 있기 전에 여섯 시간 동안 협의들이 진행되지 않으면 안 된다. 범죄가 살인인 경우의 정식사실심리들을 제외한 내지는

1936 for all cases except murder and treason if a unanimous decision has not been made within two hours. Since 1943 verdicts of "not guilty" for murder and treason have also been included, but must be discussed for six hours. The Northern Territory has allowed majority verdicts of 10:2, 10:1 and 9:1 since 1963 and does not discriminate between cases whether the charge is murder or not. Deliberation must go for at least six hours before delivering a majority verdict. The Queensland Jury Act 1995 (s 59F) allows majority verdicts for all crimes except for murder and other offences that carry a life sentence, although only 11:1 or 10:1 majorities are allowed. Majority verdicts were introduced in New South Wales in 2006.[29] In New South Wales, a majority verdict can only be returned if the jury consists of at least 11 jurors and the deliberation has occurred for at least 8 hours or for a period that the court considers reasonable having regard to the nature and complexity of the case.[30] Additionally, the court must be satisfied through examination of one or more of the jurors on oath, that a unanimous verdict will not be reached if further deliberation were to occur.[30]

Austria

Austria, in common with a number of European civil law jurisdictions, retains elements of trial by jury in serious criminal cases.

Belgium

Belgium, in common with a number of European civil law jurisdictions, retains the trial by jury through the Court of Assize for serious criminal cases and for political crimes and for press delicts (except those based on racism or xenophobia), and for crimes of international law, such as genocide and crime against humanity.

Canada

Under Canadian law, a person has the constitutional right to a jury trial for all crimes punishable by five years of imprisonment or more. The Criminal Code also provides for the right to a jury trial for most indictable offences, including those punishable by less than

종신형을 수반하는 경우의 정식사실심리들을 제외한 모든 정식사실심리들을 위하여 다수결 평결들을 1957년에 웨스턴오스트레일리아주는 받아들였다. 10:2 평결은 받아들여진다. 태즈매니아주에서 1936년 이래로 살인의 사건들에서를 및 반역죄의 사건들에서를 제외한 모든 사건들에서 만약 두 시간 내에 만장일치의 결정이 이루어지지 못한 상태이면 10:2의 다수결 평결들이 허용되어 왔다. 1943년 이래로 살인죄에 및 반역죄에 대한 "무죄(not guilty)" 평결들이 포함되어 왔으나, 여섯 시간 동안 협의가 진행되지 않으면 안 된다. 10:2의, 10:1의 및 9:1의 다수결 평결들을 1963년 이래로 북부준주는 허용해 왔으며, 혐의가 살인이든 아니든 사건들 사이를 차별하지 않는다. 다수결 평결을 내리기 전에 협의는 적어도 여섯 시간 동안 나아가지 않으면 안 된다. 살인의 사건들을 제외한 및 종신형을 수반하는 여타 범죄들의 사건들을 제외한 모든 사건들을 위하여 다수결 평결들을 1995년 퀸즈랜드주 배심법(The Queensland Jury Act 1995; (s 59F))은 허용하는 바, 다만 오직 11:1의 내지는 10:1의 다수결만이 허용된다. 뉴사우스웨일즈주에 2006년에 다수결 평결들은 도입되었다.[29] 뉴사우스웨일즈주에서 오직 적어도 11명의 배심원들로 배심이 구성되는 경우에만 및 적어도 8시간 동안 내지는 사건의 성격을 및 복잡성을 고려하여 그 상당하다고 법원이 간주하는 기간 동안 협의가 이루어지고 난 경우에만 다수결 평결은 제출될 수 있다.[30] 추가적으로, 설령 더 이상의 협의가 이루어지더라도 만장일치의 평결은 도출되지 아니할 것임을 한 명 이상의 배심원들에 대한 선서 위에서의 신문을 통하여 법원은 납득하지 않으면 안 된다.[30]

오스트리아

배심에 의한 정식사실심리의 요소들을 중대한 형사사건들에서 유럽의 대륙법 관할들의 다수가 그러하듯 오스트리아는 보유한다.

벨기에

중대한 형사사건들을 위하여 및 정치적 범죄들을 위하여 및 언론범죄들을 위하여 (인종주의에 또는 외국인 혐오에 토대하는 것들은 제외), 그리고 계획적 대량학살을 및 인류에 대한 범죄(crime against humanity)를 포함하는 국제법 범죄들을 위하여 배심에 의한 정식사실심리들을 순회법원들을 통하여 유럽의 대륙법 관할들의 다수가 그러하듯 벨기에는 보유한다.

캐나다

캐나다 법 아래서, 배심에 의한 정식사실심리의 헌법적 권리를 5년 이상의 구금에 의하여 처벌될 수 있는 모든 범죄들에 대하여 사람은 가진다. 헌법적으로는 오직 5년 이상의 구금으로 처벌될 수 있는 범죄들을 위해서만 배심에 의한 정식사실심리의 권리는 규정되어 있음에

five years imprisonment, though the right is only constitutionally enshrined for those offences punishable by five years imprisonment or more. Generally, it is the accused person who is entitled to elect whether their trial will proceed by judge alone or by judge and jury; however, for the most severe criminal offences—murder, treason, alarming Her Majesty, intimidating Parliament, inciting to mutiny, sedition, and piracy—trial by jury is mandatory unless the prosecution consents to trial by judge alone.

See also: Section Eleven of the Canadian Charter of Rights and Freedoms §Right to trial by jury

Jury panel exhaustion

Criminal Code Section 642[1]: If a full jury and alternate jurors cannot be provided, the court may order the sheriff or other proper officer, at the request of the prosecutor, to summon without delay as many people as the court directs for the purpose of providing a full jury and alternate jurors. Section 642[2]: Jurors may be summoned under subsection [1] by word of mouth, if necessary. Section 642[3]: The names of the people who are summoned under this Section shall be added to the general panel for the purposes of the trial, and the same proceedings with respect to calling, challenging, excusing and directing them shall apply to them.

According to the case of R v. Mid-Valley Tractor Sales Limited [1995 CarswellNB 313], there are limitations on the powers granted by Section 642. These powers are conferred specifically upon the judge, and the section does not confer a further discretion to delegate that power to others, such as the sheriff's officer, even with the consent of counsel. The Court said that to hold otherwise would nullify the rights of the accused and the prosecution to object to a person being excused inappropriately, and may also interfere with the rights of the parties to challenge for cause. The selection of an impartial jury is the basis of a fair trial. The Supreme Court of Canada also held in Basarabas and Spek v. The Queen [1982 SCR 730] that the right of an accused to be present in court during the whole of his trial includes the jury selection process. In Tran v. The Queen [1994 2 SCR 951], it was held that

도 불구하고, 그 권리를 5년 미만의 구금에 의하여 처벌되는 범죄들에를 포함하여 대부분의 정식기소 대상 범죄들에 대하여 형법전은 아울러 규정한다. 자신들의 정식사실심리가 판사에 의하여서만 이루어질지 또는 판사에 및 배심에 의하여 이루어질지 여부를 선택할 자격이 있는 사람은 일반적으로는 범인으로 주장되는 사람이다; 그러나 가장 중대한 형사적 범죄들에 - 살인에, 반역죄에, 국왕폐하를 놀라게 한 죄에, 의회 협박죄에, 폭동 고무죄에, 치안방해죄에, 그리고 해적죄에 - 대하여는 판사만에 의한 정식사실심리에 소추 측이 동의하지 아니하는 한 배심에 의한 정식사실심리는 의무적이다.

아울러: 권리들에 및 자유들에 관한 캐나다 헌장 제11절 §배심에 의한 정식사실심리의 권리(Section Eleven of the Canadian Charter of Rights and Freedoms §Right to trial by jury)를 보라.

배심후보의 고갈의 경우

형사법전(Criminal Code) 642(1)절: 만약 정원 충족의 배심이 및 예비배심원들이 갖추어질 수 없으면, 정원 충족의 배심을 및 예비배심원들을 제공하기 위하여 법원이 지정하는 가능한 한 많은 사람들을 지체 없이 소환하도록 소추자의 요청에 따라 보안관(sheriff)에게 또는 그 밖의 적당한 공무원에게 법원은 명령할 수 있다. 642(2)절: 필요하면 소절(1)에 의하여 구두로(by word) 배심원들은 소환될 수 있다. 642(3)절: 이 절에 따라 소환되는 사람들의 이름들은 정식사실심리의 목적들을 위한 배심후보에 보태져야 하고, 그들에 대한 소환에, 기피에, 면제에 및 지시에 관한 동일한 절차들이 적용되어야 한다.

R v. Mid-Valley Tractor Sales Limited (1995 CarswellNB 313) 판결에 따라, 642절에 의하여 부여되는 권한들 위에는 제한들이 있다. 이 권한들은 특정적으로 판사에게 수여되며, 그 권한을 보안관의 직원에게 등 타인들에게 위임할 더 이상의 재량을, 설령 변호인단의 동의가 있는 경우에도 그 절은 부여하지 않는다. 부당하게 배심후보가 면제되는 데에 대하여 이의할 범인으로 주장되는 사람의 및 소추 측의 권리들을, 이에 다르게 판시하는 것은 무효화할 것이라고, 그리고 이유부로 기피할 당사자들의 권리들을 그것은 침해할 수도 있다고 법원은 말하였다. 공평한 배심의 선정은 공정한 정식사실심리의 토대이다. 배심 선정 절차를 법정에 자신의 정식사실심리 전체에 걸쳐서 출석할 범인으로 주장되는 사람의 권리는 포함한다고 Basarabas and Spek v. The Queen (1982 SCR 730)에서 캐나다 대법원은 판시하였다. 자신들의 중대한 이익들에 영향을 미친 정식사실심리의 일부로부터 자신들이 배제되었음을 범인으로

an accused only has to show that they were excluded from a part of the trial that affected their vital interests, they do not have to demonstrate actual prejudice, just the potential for prejudice. As well, a valid waiver of such a right must be clear, unequivocal and done with full knowledge of the rights that the procedure was enacted to protect, as well as the effect that the waiver will have on those rights.

France

In France, a defendant is entitled to a jury trial only when prosecuted for a felony (crime in French) that is an offence which may bring least 15 years' imprisonment (for natural persons) or a fine of €75,000 (for legal persons). The only court that tries by jury is the cour d'assises, in which three professional judges sit together with six or nine jurors. Conviction requires a two-thirds majority (six or eight votes).

Greece

The country that originated the concept of the jury trial retains it in an unusual form. Serious crimes in Greece are tried by a panel of three professional judges and four lay jurors who decide the facts, and the appropriate penalty if they convict.

Gibraltar

Being a Common Law jurisdiction, Gibraltar retains jury trial in a similar manner to that found in England and Wales, the exception being that juries consist of nine lay people, rather than twelve.

Hong Kong

Hong Kong, as a former British colony has a common law legal system. Article 86 of Hong Kong's Basic Law, which came into force on 1 July 1997 following the handover of Hong Kong from Britain to China provides: "The principle of trial by jury previously practised in Hong Kong shall be maintained."

Criminal trials in the High Court are by jury. The juries are generally made of seven members, who can return a verdict based on a majority of five.[31]

주장되는 사람들은 오직 증명하면 된다고, 실제의 불이익을 그들은 증명해야 하는 것은 아니고 단지 불이익의 가능성만을 증명하면 된다고 Tran v. The Queen (1994 2 SCR 951)에서 판시되었다. 또한 그러한 권리의 유효한 포기는 명백한 것이 및 명료한 것이 되지 않으면 안 되고 또한 그 절차가 보호하고자 입법된 그 권리들에 대한 완전한 지식을에 아울러 그 권리들 위에 그 포기가 미칠 효과에 대한 완전한 지식을 지닌 채로 그것은 이루어지지 않으면 안 된다.

프랑스

프랑스에서 배심에 의한 정식사실심리를 받을 권리를 피고인이 지니는 것은 오직 중죄(프랑스어 crime)로 소추되는 경우에만인 바, 그것은 적어도 15년의 구금을 (자연인에 대하여) 또는 75,000 유로의 벌금을 (법인에 대하여) 가져올 수 있는 범죄이다. 배심에 의한 정식사실심리를 하는 유일한 법원은 중죄법원(cour d'assises)이고, 거기서는 여섯의 또는 아홉의 배심원들에 더불어 전문직 판사들이 착석한다. 3분의 2의 다수결을 (여섯 표를 또는 여덟 표를) 유죄판정은 요구한다.

그리스

배심에 의한 정식사실심리를 독특한 형태로 그 개념이 생겨난 나라는 보유한다. 중대한 범죄들은 그리스에서 세 명의 전문직 판사들에 및 네 명의 일반인 배심원들에 의하여 정식사실심리되는데, 사실관계를 그들은 판단하며, 유죄로 그들이 판단하면 적절한 형량을 그들은 판단한다.

지브롤터

보통법 관할인 지브롤터는 배심에 의한 정식사실심리를 영국에서 및 웨일즈에서 발견되는 것에 유사한 방식으로 보유하는 바, 예외는 배심들이 열두 명의가 아닌 아홉 명의 일반인들로 구성된다는 점이다.

홍콩

보통법의 법제도를 영국의 식민지였던 홍콩은 지닌다. 영국으로부터 중국에게로의 이양에 좇아 1997년 7월 1일에 발효한 홍콩 기본법 제86조는 규정한다: "홍콩에서 이전에 시행된 배심에 의한 정식사실심리의 원칙들은 유지된다."

고등법원(the High Court)에서의 형사 정식사실심리들은 배심에 의한다. 배심들은 일반적으로 일곱 명으로 구성되는데, 다섯 명의 다수결에 터잡은 평결을 그들은 제출할 수 있다.[31]

There are no jury trials in the District Court, which can impose a sentence of up to seven years imprisonment. This is despite the fact that all court rooms in the District Court have jury boxes. The lack of juries in the District Court has been severely criticized. Clive Grossman SC in a commentary in 2009 said conviction rates were "approaching those of North Korea".[32]

Many complex commercial cases are prosecuted in the District Court rather than before a jury in the High Court. In 2009, Lily Chiang, former chairwoman of the Hong Kong General Chamber of Commerce, lost an application to have her case transferred from the District Court to the High Court for a jury trial. Justice Wright in the Court of First Instance held that there was no absolute right to a trial by jury and that the "decision as to whether an indictable offence be tried in the Court of First Instance by a judge and jury or in the District Court by a judge alone is the prerogative of the Secretary for Justice."[33] Chiang issued a statement at the time saying "she was disappointed with the judgment because she has been deprived of a jury trial, an opportunity to be judged by her fellow citizens and the constitutional benefit protected by the Basic Law".[34]

In civil cases in the Court of First Instance jury trials are available for defamation, false imprisonment, malicious prosecution or seduction unless the court orders otherwise. A jury can return a majority verdict in a civil case.[35]

India

The first case decided by an English jury in India happened in Madras in 1665, for which Ascentia Dawes (probably a British woman) was charged by a grand jury with the murder of her slave girl, and a petty jury, with six Englishmen and six Portuguese, found her not guilty.[36] With the development of the East India Company empire in India, the jury system was implemented inside a dual system of courts: In Presidency Towns (Calcutta, Madras, Bombay), there were Crown Courts and in criminal cases juries had to judge British and European people (as a privilege) and in some cases Indian people; and in the territories outside the Presidency Towns (called "moffussil"), there were Company Courts (composed with Company officials) without jury to judge most of the cases implying indigenous people.[36]

최대 7년의 구금을 부과할 수 있는 지방법원에서는 배심에 의한 정식사실심리는 없다. 배심석들을 지방법원 내의 모든 법정들은 지니고 있다는 사실에도 불구하고 이것은 그러하다. 지방법원에서의 배심들의 결여는 혹독하게 비판되어 왔다. 유죄판정 비율이 "북한의 그것들에 근접"하고 있다고 2009년의 주해에서 원로변호사 클라이브 그로스만(Clive Grossman)은 말하였다.[32]

고등법원에서의 배심 앞에가 아닌 지방법원에 다수의 복잡한 상사사건들은 소추된다. 배심에 의한 정식사실심리를 위하여 그녀의 사건을 지방법원으로부터 고등법원에 이송되게 해 달라는 신청을 2009년에 홍콩총상회(香港總商會; the Hong Kong General Chamber of Commerce) 전 회장 릴리 치양(Lily Chiang; 여)은 기각당했다. 배심에 의한 정식사실심리를 누릴 절대적 권리는 있지 아니하다고 및 "정식기소 대상(indictable) 범죄가 제1심법원에서 판사에 의하여 및 배심에 의하여 정식사실심리되어야 하는지 또는 지방법원에서 판사에 의하여만 이루어져야 하는지 여부에 관한 결정은 홍콩특별행정구 율정사사장(香港特別行政區 律政司司長; the Secretary for Justice)의 전권이다."라고 1심법원의 라이트(Wright) 판사는 판시하였다.[33] "그녀의 동료 시민들에 의한 판결을 받을 기회인 및 기본법에 의하여 보장되는 헌법적 이익인 배심에 의한 정식사실심리를 그녀는 박탈당하였기 때문에 판결에 그녀는 실망하였음"을 밝힌 성명을 당시에 치양은 냈다.[34]

1심법원에서의 민사사건들에서는, 법원이 따로 명령하지 아니하는 한, 명예훼손에, 불법구금에, 악의적 소추에 또는 유괴에 대하여 배심에 의한 정식사실심리는 이용될 수 있다. 다수결 평결을 민사사건에서 배심은 제출할 수 있다.[35]

인도

인도에서 영국 배심에 의하여 판결된 최초의 사건은 1665년에 마드라스에서 있었으며, 아센티아 도웨스(Ascentia Dawes; 영국 여성으로 추정)가 그녀의 노예 소녀에 대한 살인죄로 대배심에 의하여 기소된, 그리고 6명의 영국인들로 및 6명의 포르투갈인들로 구성된 소배심이 그녀를 무죄로 평결한 사건이었다.[36] 인도에서의 동인도회사(the East India Company) 제국의 발전에 더불어, 이중적 법원제도 안에서 배심제도는 실시되었다: 관구도시들(Presidency Towns; 캘커타, 마드라스, 봄베이)에는 형사법원들이 있었고, 형사사건들에서는 영국인들을 및 유럽인들을 (특권으로서) 및 일부 사건들에서는 인도인들을 배심들이 재판하여야 하였다; 그리고 ("모푸실(moffussil)"(시골)이라고 불리는) 관구도시들 외의 지역들에서는 토착민들을 포함하는 대부분의 사건들을 재판하는 배심 없는 회사법원들이 있었다 (회사 직원들로 구성됨).[36]

After the Crown Government of India (Raj) adopted the Indian Penal Code (1860) and the Indian Code of Criminal Procedure (1861, amended in 1872, 1882, 1898), the criminal jury was obligatory only in the High Courts of the Presidency Towns; elsewhere, it was optional and rarely used.[36] According sections 274 and 275 of the Code of Criminal Procedure, the jury was composed from 3 (for smaller offences judged in session courts) to 9 (for severe offences judged in High Courts) men; and when the accused were European or American, at least half of the jurors had to be European or American men.[36]

The jury found no place in the 1950 Indian Constitution, and it was ignored in many Indian states.[36] The Law Commission recommended its abolition in 1958 in its 14th Report.[36] Jury trials were abolished in India in most courts except for Matrimonial Disputes of Parsis by a very discrete process during the 1960s, finishing with the 1973 Code of Criminal Procedure, which is still in force today.[36]

Parsis in India can LEGALLY use Jury System to decide divorces wherein randomly selected members called 'delegates'from the community decide the fact of the matrimonial disputes of Parsis. Jury system for Parsi Matrimonial dispute cases is a mix of Panchayat system and Jury system found in US etc. countries. The law which governs this is 'The Parsi Marriage and Divorce Act, 1936'as amended in 1988.[37]

Without any proper study comparing existing judicial systems and without any effort to improve the system, it was claimed that the 8:1 acquittal of Kawas Nanavati in K. M. Nanavati vs. State of Maharashtra, which was overturned by higher courts on the grounds that the jury was misled by the presiding judge and were susceptible to media and public influence, was the reason. A study by Elisabeth Kolsky argues that many "perverse verdicts" were delivered by white juries in trial of "European British subjects" charged with murder, assault, confinement of Indians.[36]

Ireland

In the Republic of Ireland, a common law jurisdiction, jury trials are available for criminal cases before the Circuit Court, Central Criminal Court and defamation cases, consist-

1860년 인도 형법전을 1861년 인도 형사절차법(1872년에, 1882년에, 1898년에 개정)을 영국의 인도 정부(Raj)가 채택한 뒤에, 형사배심은 관구도시들의 고등법원에서만 의무적인 것이 되었다; 나머지 곳들에서는 그것은 선택적이었고 드물게만 사용되었다.[36] 형사절차법 제274절에 및 제275절에 따르면, 배심은 (회기법원들에서 재판되는 비교적 경미한 범죄들에 대하여) 3명의 남자들에서부터, (고등법원에서 재판되는 중대범죄들의 경우) 9명의 남자들까지로 구성되었다; 그리고 범인으로 주장되는 사람이 유럽인들인 내지는 미국인들인 경우에, 적어도 배심원들의 절반은 유럽인 남자들이어야 하거나 미국인 남자들이어야 하였다.[36]

1950년 인도 헌법에 배심은 들어 있지 않고, 그리하여 그것은 다수의 인도 주들에서 무시되었다.[36] 그것의 폐지를 자신의 제14차 보고서에서 1958년에 사법위원회는 권고하였다.[36] 인도에서의 배심에 의한 정식사실심리는 대부분의 주들에서 폐지되었으나, 1973년 형사절차법에 의하여 끝난 1960년대 중의 매우 분리된 절차에 의한 파르시 교도들(Parsis)의 혼인관계 소송들의 경우에는 예외로서, 그것은 여전히 오늘에도 효력을 지니다.[36]

이혼들을 판단하기 위하여 배심제도를 인도에서의 파르시 교도들(Parsis)은 법적으로 사용할 수 있는데, 거기서는 파르시 교도들 사이의 혼인소송들의 사실관계를 '대표자들(delegates)'이라고 불리는, 지역사회로부터 무작위로 선발되는 구성원들이 판단한다. 파르시 교도들의 혼인관계 사건들을 위한 배심제도는 판차야트(Panchayat) 제도의, 및 미국 등의 나라들에서 발견되는 배심제도의 혼합이다. 이것을 규율하는 법은 '널년 파르시 교도 혼인 및 이혼 관계법'으로서 1988년에 개정된 바 있다.[37]

기존의 사법제도들을 비교하는 정확한 연구가 및 및 제도를 개선하려는 조금이나마의 노력이 없음은, 재판장 판사에 의하여 배심이 오도되었음을 및 매체에와 공중의 영향력에 움직이기 쉬운 상태였음을 이유로 상급법원들에서 뒤집힌, K. M. Nanavati vs. State of Maharashtra 사건에서의 카와스 나나바티(Kawas Nanavati)에 대한 8:1 평결에 의한 무죄방면의 이유였다고 주장되었다. 인도인들에 대한 살인으로, 폭행으로, 구금으로 기소된 "유럽계 영국 신민들"의 정식사실심리에서 백인 배심들에 의하여 다수의 "잘못된 평결들"이 내려졌다고 엘리자베드 콜스키(Elisabeth Kolsky)의 연구는 주장한다.[36]

아일랜드

보통법 관할인 아일랜드 공화국에서는 순회법원 앞에서의, 중앙형사법원 앞에서의 형사사건들을 위하여 및 명예훼손 사건들을 위하여 열두 명의 배심원들로 구성되는 배심에 의한

ing of twelve jurors.

Juries only decide questions of fact; they have no role in criminal sentencing in criminal cases or awarding damages in libel cases. It is not necessary that a jury be unanimous in its verdict. In civil cases, a verdict may be reached by a majority of nine of the twelve members. In a criminal case, a verdict need not be unanimous where there are not fewer than eleven jurors if ten of them agree on a verdict after considering the case for a reasonable time.

Juries are selected from a jury panel, which is picked at random by the county registrar from the electoral register. The principal statute regulating the selection, obligations and conduct of juries is the Juries Act 1976 as amended by the Civil Law (Miscellaneous Provisions) Act 2008, which scrapped the upper age limit of 70. Juries are not paid, nor do they receive travel expenses. They do receive lunch for the days that they are serving; however, for jurors in employment, their employer is required to pay them as if they were present at work.

For certain terrorist and organised crime offences the Director of Public Prosecutions may issue a certificate that the accused be tried by the Special Criminal Court composed of three judges instead of a jury, one from the District Court, Circuit Court and High Court.

Italy

The Corte d'Assise is composed of 2 judges and 6 laypersons chosen at random among Italian citizens 30 to 65 years old. Only serious crimes like murder can be tried by the Corte d'Assise.

Japan

On May 28, 2004, the Diet of Japan enacted a law requiring selected citizens to take part in criminal court trials of certain severe crimes to make decisions together with professional judges, both on guilt and on the sentence. These citizens are called saiban-in (裁判員 "lay judge"). The saiban-in system was implemented in May 2009.

정식사실심리들이 이용 가능하다.

사실의 문제들만을 배심은 판단한다; 형사사건들에서의 양형에 있어서는 내지는 문서비방 소송들에서의 손해액 인정에 있어서는 아무런 역할을 그들은 수행하지 아니한다. 그 평결에서 배심이 만장일치일 필요는 없다. 민사사건들에서는 평결은 열두 명의 구성원들 중 아홉 명의 다수에 의하여 도달될 수 있다. 형사사건에서는 열한 명 이상의 배심원들이 있을 경우에 상당한 시간 동안 사건을 협의한 뒤에 그들 중 열 명이 평결에 동의하면 평결은 만장일치일 필요가 없다.

카운티 기록계원에 의하여 선거인명부에서 무작위로 추첨되는 배심후보들로부터 배심들은 선발된다. 배심들의 선발을, 의무사항들을 및 행동을 규율하는 주요 제정법은 2008년 민사법(the Civil Law (Miscellaneous Provisions) Act 2008)에 의하여 개정된 것으로서의 1976년의 배심법(Juries Act 1976)인데, 70세의 연령 상한을 그것은 폐기하였다. 배심들은 보수를 받지 아니하고, 여행경비를 수령하지도 아니한다. 그들이 출석하는 날들에 대한 점심식사를 그들은 수령한다; 그러나 고용되어 있는 배심원들을 위하여 그들의 고용주는 그들이 일터에 출근하는 경우에 지급할 금액을 그들에게 지급하도록 요구된다.

일정한 테러 범죄들을 및 조직범죄들을 위하여 배심에 의해서가 아니라 지방법원으로부터의, 순회법원으로부터의 및 고등법원으로부터의 한 명씩인 세 명의 판사들로 구성되는 특별형사법원에 의하여 범인으로 주장되는 사람이 정식사실심리되어야 한다는 증명서를 기소국장(the Director of Public Prosecutions)은 발부할 수 있다t.

이탈리아

2명의 판사들로 및 30세에서 65세까지의 이탈리아 시민들 중에서 무작위로 선발되는 6명의 일반인들로 중죄법원(the Corte d'Assise)은 구성된다. 살인 류의 중대한 범죄들만이 중죄법원에서 정식사실심리된다.

일본

선발되는 시민들로 하여금 특정의 중대범죄들의 형사법원의 정식사실심리들에 참여하여 전문직 판사들에 더불어 유죄에 관하여 및 형량에 관하여 다 같이 결정들을 내리도록 요구하는 법을 2004년 5월 28일 일본국회는 입법하였다. 이 시민들은 재판원(裁判員 "일반인 심판)이라고 불린다. 재판원 제도는 2009년 5월에 시행되었다.

New Zealand

New Zealand previously required jury verdicts to be passed unanimously, but since the passing of the Criminal Procedure Bill in 2009 the Juries Act 1981[38] has permitted verdicts to be passed by a majority of one less than the full jury (that is an 11–1 or a 10–1 majority) under certain circumstances.

Norway

Norway has a system where the lower courts (tingrett) is set with a judge and two lay-judges, or in bigger cases two judges and three lay-judges. All of these judges convict or acquit, and set sentences. Simple majority is required in all cases, which means that the lay-judges are always in control.

In the higher court/appellate court (lagmannsrett) there is a jury (lagrette) of 10 members, which need a minimum of seven votes to be able to convict. The judges have no say in the jury deliberations, but jury-instructions are given by the chief-judge (lagmann) in each case to the jury before deliberations. The voir-dire is usually set with 16 prospective jurors, which the prosecution and defense may dismiss the 6 persons they do not desire to serve on the jury.

This court (lagmannsretten) is administered by a three-judge panel (usually 1 lagmann and 2 lagdommere), and if 7 or more jury members want to convict, the sentence is set in a separate proceeding, consisting of the three judges and the jury foreman (lagrettens ordfører) and three other members of the jury chosen by ballot. This way the laymen are in control of both the conviction and sentencing, as simple majority is required in sentencing.

The three-judge panel can set aside a jury conviction or acquittal if there has been an obvious miscarriage of justice. In that event, the case is settled by three judges and four lay-judges.

In May 2015, the Norwegian Parliament asked the government to bring an end to jury trials, replacing them with a bench trial (meddomsrett) consisting of two law-trained judges

뉴질랜드

배심 평결들은 만장일치로 통과되어야 함을 뉴질랜드는 이전에 요구하였으나, 2009년 형사절차법의 통과 이래로 1981년 배심법[38]은 일정 상황들 아래서 배심전원에 1명이 부족한 평결들이 (즉 11-1의 또는 10-1의 평결들이) 통과됨을 허용해 왔다.

노르웨이

한 명의 판사로 및 두 명의 일반인 심판들로, 또는 보다 더 큰 사건들에서는 두 명의 판사들로 및 세 명의 일반인 심판들로 하급법원들(tingrett)이 구성되는 제도를 노르웨이는 가지고 있다. 이 모든 심판들은 유죄판정을 내리거나 무죄방면을 하고 형량을 정한다. 모든 사건들에서 단순 과반수가 요구되는 바, 일반인 심판들이 항상 통제권을 가짐을 이는 의미한다.

고등법원에서는/항소법원(lagmannsrett)에서는 10명으로 구성되는 배심(lgrette)이 있는데, 유죄판정을 내릴 수 있기 위하여는 최소한 7표를 그것은 요구한다. 배심 협의사항들에 있어서 판사들은 발언권을 지니지 아니하지만, 각각의 사건에서 배심협의에 앞서서 배심에게 재판장(lagman)에 의하여 지시사항들이 부여된다. 배심후보에 대한 예비심문은 일반적으로 16명의 배심후보들을 가지고서 시작되며, 배심에 끼지 않기를 그들이 바라는 6명을 소추 측은 및 방어 측은 기피할 수 있다.

이 법원(lagmannsretten)은 세 명의 판사 재판부(보통은 1명의 lagmann 및 2명의 lagdommere)에 의하여 운영되고, 그리하여 만약 유죄판정을 내리기를 7명 이상의 구성원들이 원하면, 별도의 절차에서 형량이 정해지는 바, 세 명의 판사들로 및 배심장(lagrettens ordfører)으로 및 추첨에 의하여 선발되는 그 밖의 세 명의 구성원들로 그것은 구성된다. 이 방법으로 유죄판정에 및 양향에 대하여 다 같이 통제권을 일반인들은 행사하는 바, 양형에 단순 과반수가 요구되기 때문이다.

명백한 오판이 있었을 경우에는 배심의 유죄판정을 또는 무죄방면을 세 명의 판사들로 구성되는 재판부는 폐기할 수 있다. 그 경우에 사건은 세 명의 판사들에 및 네 명의 일반인 심판들에 의하여 결정된다.

배심에 의한 정식사실심리를 폐지할 것을, 그것들을 두 명의 법적 훈련을 받은 판사들로 및 세 명의 일반인 심판들(lekdommere)로 구성되는 비(非)배심 정식사실심리(meddomsrett)로 대체할

and three lay judges (lekdommere).[39] This has not been fully implemented yet as of February 2016, but is expected soon.

Russia

In the judiciary of Russia, for serious crimes the accused has the option of a jury trial consisting of 12 jurors.[40] The number of jury trials remains small, at about 600 per year, out of about 1 million trials.[41] A juror must be 25 years old, legally competent, and without a criminal record.[40] The 12 jurors are selected by the prosecution and defense from a list of 30—40 eligible candidates.[40] The Constitution of Russia stipulates that, until the abolition of the death penalty, all defendants in a case that may result in a death sentence are entitled to a jury trial. Lawmakers are continuously chipping away at what types of criminal offenses merit a jury trial.[41]

They are similar to common law juries, and unlike lay judges, in that they sit separately from the judges and decide questions of fact alone while the judge determines questions of law.[40] They must return unanimous verdicts during the first 3 hours of deliberation, but may return majority verdicts after that, with 6 jurors being enough to acquit.[40] They may also request that the judge show leniency in sentencing.[40]

Juries have granted acquittals in 15—20% of cases, compared with less than 1% in cases decided by judges.[41] Juries may be dismissed and skeptical juries have been dismissed on the verge of verdicts, and acquittals are frequently overturned by higher courts.[41]

Trial by jury was first introduced in the Russian Empire as a result of the Judicial reform of Alexander II in 1864, and abolished after the October Revolution in 1917.[42] They were reintroduced in the Russian Federation in 1993, and extended to another 69 regions in 2003.[42] Its reintroduction was opposed by the Prosecutor General.[40]

Singapore

In Singapore, the jury system was abolished in 1969.[43] Jury trials for all had been earlier abolished in 1959, except for capital offenses with the death penalty. As Prime Minister

것을 2015년 5월에 노르웨이 의회는 요청하였다.[39] 이것은 2016년 2월 현재로 아직 완전히 실시되지 아니한 상태이지만, 곧 실시될 것으로 예상되고 있다.

러시아

러시아의 사법에서는 중대한 범죄들에 대하여 12명의 배심원들로 구성되는 배심에 의한 정식사실심리의 선택권을 범인으로 주장되는 사람은 지닌다.[40] 배심에 의한 정식사실심리들의 숫자는 작은 것으로 유지되는데 매년 약 100만 건의 정식사실심리들 중에서 약 600 건이다.[41] 배심원은 25세에 달하지 않으면 안 되고, 법적으로 자격이 있어야 하며, 범죄기록이 없어야 한다.[40] 소추 측에 및 방어 측에 의하여 30-40 명의 후보들 중에서 12명의 배심원들이 선발된다.[40] 사형으로 귀결될 수 있는 사건에서의 모든 피고인들은 배심에 의한 정식사실심리를 받을 권리를 사형의 폐지 때까지 지닌다고 러시아 헌법은 규정한다. 배심에 의한 정식사실심리를 받을 범죄 유형들을 입법자들은 지속적으로 깎아내고 있다.[41]

그것들은 보통법 배심들에 유사하고 일반인 심판들에는 유사하지 아니한 바, 판사들로부터 분리되어 그들이 착석한다는 점에서이고 법의 문제들을 판사들이 판단하는 데 반하여 사실의 문제들만을 그들이 판단한다는 점에서이다.[40] 만장일치의 평결들을 협의개시로부터 첫 3시간 동안에 그들은 제출하지 않으면 안 되지만, 그 뒤에는 다수결 평결을 그들은 제출할 수 있는데, 여섯 명의 배심원들은 무죄방면을 내리기에 충분하다.[40] 양형에서의 관용을 판사가 보여줄 것을 아울러 그들은 요청할 수 있다.[40]

15-20%의 사건들에서 무죄방면들을 배심들은 내려왔는 바, 이에 반하여 판사들에 의한 무죄방면 비율은 1% 미만이었다.[41] 배심들은 해임될 수 있고 회의적인 배심들은 평결들의 직전에 해임되었으며, 그리고 무죄방면들은 자주 상급법원들에 의하여 파기된다.[41]

배심에 의한 정식사실심리는 1864년 알렉산더 2세의 사법개혁에 의하여 최초로 러시아 제국에 도입되었고, 1917년 10월혁명 뒤에 폐지되었다.[42] 1993년에 러시아 연방에 그것들은 도입되었으며, 2003년에 여타의 63개 지역들에 확대되었다.[42] 그것의 재도입에 대하여는 검찰총장에 의하여 반대가 제기되었다.[40]

싱가포르

싱가포르에서 배심제도는 1969년에 폐지되었다.[43] 배심에 의한 정식사실심리들은 사형이 가능한 중대범죄들에 대하여를 제외하고는 보다 일찍 1959년에 폐지되었다. 정식사실

Lee Kuan Yew described to the BBC and in his memoirs, due to his experiences as a trial lawyer, "I had no faith in a system that allowed the superstition, ignorance, biases, and prejudices of seven jurymen to determine guilt or innocence."[44]

South Africa

The jury system was abolished in South Africa in 1969 by the Abolition of Juries Act, 1969. The last jury trial to be heard was in the District of Kimberley. Some judicial experts had argued that a system of whites-only juries (as was the system at that time) was inherently prejudicial to 'non-white' defendants (the introduction of nonracial juries would have been a political impossibility at that time). More recently it has been argued that, apart from being a racially divided country, South African society was, and still is, characterized by significant class differences and disparities of income and wealth that could make re-introducing the jury system problematic. Arguments for and against the re-introduction of a jury system have been discussed by South African constitutional expert Professor Pierre de Vos in the article "Do we need a jury system?"[45] On 28 March 2014, the Oscar Pistorius trial was adjourned due to the illness of one of the two assessors that assist the judge on questions of fact (rather than law), in place of the jury, to reach a verdict.[46] The legal system in the UK sees no reason to block extradition on this, as witnessed in the Shrien Dewani case.[47]

Sweden

In Sweden, juries are uncommon; the public is represented in the courts by means of lay judges (nämndemän). However, the defendant has the right to a jury trial in the lower court (tingsrätt) when accused of an offense against the fundamental laws on freedom of expression and freedom of the press. If a person is accused of e.g. libel or incitement to ethnic or racial hatred, in a medium covered by the fundamental laws (e.g. a printed paper or a radio programme), she has the right to have the accusation tried by a jury of nine jurors. This applies also in civil (tort) cases under the fundamental laws. A majority of at least six jurors must find that the defendant has committed the alleged crime. If it does not, the defendant is acquitted or, in a civil case, held not liable. If such a majority of the jurors hold that said crime has in fact been committed, this finding is not legally binding for the court; thus, the court (three judges) can still acquit the defendant or find him/her not liable. A jury acquittal

심리 변호사로서의 그의 경험들에 따라, "유죄를 또는 무죄를 일곱 명의 미신으로, 무지로, 편견들로 하여금 판단하도록 허용하는 제도에 대하여 신뢰를 나는 지니지 못하였다."고 BBC 방송에와 그의 회고록에서 리콴유 수상은 설명하였다.[44]

남아프리카(South Africa)

배심제도는 남아프리카에서 1969년에 그 해의 배심폐지법에 의하여 폐지되었다. 배심에 의하여 심리된 마지막 정식사실심리는 킴벌리(Kimberley) 지방에서 있었다. 백인들만으로 구성되는 배심들의 제도는 (당시의 제도가 그러하였다) 본질적으로 '비(非)백인(non-white)' 피고인들에게 불리하다고 일부 사법 전문가들은 주장한 터였다(종족이 피고인의 것에 같지 않은 배심들의 도입은 그 당시로서는 정치적으로 불가능한 사항이었을 것이다). 인종적으로 분리된 나라라는 점을 떠나서도, 배심제도의 재도입을 곤란하게 만드는 소득의 및 부의 심각한 계급 차이들을 및 불일치들을 남아프리카 사회는 지녔었고 지니고 있다고 보다 최근에 주장되어 왔다. 배심제도의 재도입에 대한 찬반의 주장들은 남아프리카의 헌법전문가인 피에르 드 보스(Pierre de Vos) 교수에 의하여 "배심제도를 우리는 필요로 하는가(Do we need a jury system)?"라는 논문에서 논의된 바 있다.[45] 평결에 도달하도록 사실문제에 관한 (법 문제에 관하여가 아니라) 판사의 판단을 조력하는, 배심에 갈음하는 두 명의 평가인들 중의 한 명의 질병으로 인하여 2014년 3월 28일에 오스카 피스토리우스(Oscar Pistorius)에 대한 정식사실심리는 연기되었다.[46] 슈라이언 듀어니(Shrien Dewani) 사건에서 목격되었듯이 이에 따른 범인인도를 차단할 수 있는 이유를 연합왕국에서의 법 제도는 인정하지 아니한다.[47]

스웨덴

스웨덴에서 배심들은 일반적이지 아니하다; 공중은 일반인 심판들에 의하여 법원들에서 대변된다(nämndemän). 그러나 표현의 자유에 및 언론의 자유에 관한 기본법들에 대한 범죄의 범인으로 주장되는 경우에 배심에 의한 정식사실심리의 권리를 하급법원(tingsrätt)에서 피고인은 지닌다. 만약에 예컨대 기본법들의 보호를 받는 매체에서의 (가령 인쇄신문에서의 또는 라디오 프로그램에서의) 문서비방으로 또는 민족적 내지는 인종적 혐오에의 선동으로 사람이 기소되면, 그기소로 하여금 아홉 명의 배심원들의 배심에 의하여 정식사실심리되게 할 권리를 그녀는 지닌다. 기본법들 아래서 민사 (불법행위) 사건들에도 이것은 적용된다. 그 주장되는 범죄를 피고인이 저질렀음을 적어도 여섯 명의 배심원들의 다수가 인정하지 않으면 안 된다. 만약에 그렇지 못하면 피고인은 무죄로 방면되거나, 또는 민사사건에서는 책임이 없는 것으로 판시된다. 상기의 범죄가 실제로 저질러졌음을, 만약 배심원들의 그러한 다수가 인정하면, 이 인정은 법원에 대하여는 법적으로 구속력이 없다; 그러므로 법원은 (세 명의 판사들은) 여전히 피고인

may not be overruled after appeal. In Swedish civil process, the "English rule" applies to court costs. Earlier, a court disagreeing with a jury acquittal could, when deciding on the matter of such costs, set aside the English rule, and instead use the American rule, that each party bears its own expense of litigation. This practice was declared to violate the rule of presumption of innocence according to article 6.2. of the European Convention on Human Rights, by the Supreme Court of Sweden, in 2012.[48]

Switzerland

As of 2008, only the code of criminal procedure of the Canton of Geneva provides for genuine jury trials. Several other cantons — Vaud, Neuchâtel, Zürich and Ticino — provide for courts composed of both professional judges and laymen (Schöffengerichte / tribunaux d'échevins). Because the unified Swiss Code of Criminal Procedure (set to enter into force in 2011) does not provide for jury trials or lay judges, however, they are likely to be abolished in the near future.[49]

United Kingdom

The United Kingdom consists of three separate legal jurisdictions, but there are some features common to all of them. In particular there is seldom anything like the U. S. voir dire system; jurors are usually just accepted without question. Controversially, in England there has been some screening in sensitive security cases, but the Scottish courts have firmly set themselves against any form of jury vetting.

England and Wales

In England and Wales (which have the same legal system), everyone accused of an offence which carries more than six months imprisonment has a right to trial by jury. Minor ("Summary only") criminal cases are heard without a jury in the Magistrates' Courts. Middle-ranking ("triable either way") offences may be tried by magistrates or the defendant may elect trial by jury in the Crown Court. Serious ("indictable") offences, however, must be tried before a jury in the Crown Court. Juries sit in a few civil cases, in particular, defamation and cases involving the state. Juries also sit in coroner's courts for more contentious inquests. All criminal juries consist of 12 jurors, those in a County Court having 8 jurors and Coroner's Court juries having between 7 and 11 members. Jurors must be between 18—75 years of age,

을 무죄로 방면할 수 있고 또는 그를/그녀를 책임 없는 것으로 판단할 수 있다. 배심에 의한 무죄방면은 항소 뒤에 번복될 수 없다. 스웨덴 민사절차에서 "영국 규칙"은 법원 비용들에 적용된다. 일찍이 배심의 무죄방면에 부동의하는 법원은 그러한 비용들에 관하여 판단을 내릴 때에 영국 규칙을 배제할 수 있었고 그 대신에 미국 규칙을 사용하여 각각의 당사자로 하여금 그 자신의 소송비용을 부담하게 할 수 있었다. 이 관행은 인권에관한유럽협약 6.2.조에 관련한 무죄추정의 법리를 침해하는 것으로 2012년에 스웨덴 대법원에 의하여 선언되었다.[48]

스위스

참다운 배심에 의한 정식사실심리들을 규정하는 것은 2008년 현재로 제네바 칸톤의 형사절차법전만이다. 전문직 판사들로 및 일반인들로 함께 구성되는 법원들을 그 밖의 여러 칸톤들 – Vaud, Neuchâtel, Zürich and Ticino – 은 규정한다 (Schöffengerichte / tribunaux d'échevins). 그러나, 배심에 의한 정식사실심리들을 또는 일반인 심판들을 형사절차에 관한 통일 스위스법전 (2011년에 발효에 들어감)은 규정하지 아니하기 때문에, 그것들은 가까운 장래에 폐지될 것으로 보인다.[49]

연합왕국(United Kingdom)

연합왕국은 세 개의 구분되는 관할들로 구성되는 바, 그들 전부에 공통되는 몇 가지 특징들이 있다. 특히 조금이라도 합중국의 배심원후보 예비심문에 유사한 것이 있는 경우는 거의 없다; 배심원들은 일반적으로 심문 없이 곧바로 받아들여진다. 다툼의 여지가 있는 사항으로서, 영국에는 민감한 안보관련 사건들에서 약간의 심사가 있어 왔으나, 스코틀랜드 법원들은 조금이라도 배심을 심사하는 방법에 대하여 거부하는 입장을 확고히 해 왔다.

영국 및 웨일즈

영국에서와 웨일즈에서(동일한 법 제도를 그들은 지닌다), 6개월 초과의 구금을 수반하는 범죄의 범인으로 주장되는 모든 사람은 배심에 의한 정식사실심리를 누릴 권리를 지닌다. 경미한("약식만이 가능한") 형사사건들은 치안판사들의 법정들에서 배심 없이 심리된다. 중급의("어느 쪽으로든 정식사실심리가 가능한") 범죄들은 치안판사들에 의해서 정식사실심리될 수 있고 또는 형사법원(the Crown Court)에서의 배심에 의한 정식사실심리를 피고인은 선택할 수 있다. 그러나 중대한("정식기소 대상인(indictable)"] 범죄들은 형사법원에서 배심 앞에서 정식사실심리되지 않으면 안 된다. 몇몇 민사사건들에서도 배심들은 착석하는데, 특히 명예훼손(defamation) 사건들에서와 국가를 포함하는 사건들에서이다. 보다 더 다툼 있는 검시들을 위하여 검시관의 법정들에 배심들은 앉기도 한다. 모든 형사배심들은 12명의 배심원들로 구성되지만, 카운티 법원에서

and are selected at random from the register of voters. In the past a unanimous verdict was required. This has been changed[50] so that, if the jury fails to agree after a given period, at the discretion of the judge they may reach a verdict by a 10-2 majority. This was designed to make it more difficult for jury tampering to succeed.

In 1999 the then Home Secretary Jack Straw introduced a controversial bill to limit the right to trial by jury.[51] This became the Criminal Justice Act 2003, which sought to remove the right to trial by jury for cases involving jury tampering or complex fraud. The provision for trial without jury to circumvent jury tampering succeeded and came into force in 2007, the provision for complex fraud cases was defeated. Lord Goldsmith, the then Attorney General, then pressed forward[52] with the Fraud (Trials Without a Jury) Bill in Parliament, which sought to abolish jury trials in major criminal fraud trials. The Bill was subject to sharp criticism from both sides of the House of Commons[53] before passing its second Commons reading in November 2006,[54] but was defeated in the Lords in March 2007.[55]

The trial for the first serious offence to be tried without a jury for 350 years was allowed to go ahead in 2009.[56] Three previous trials of the defendants had been halted because of jury tampering, and the Lord Chief Justice, Lord Judge, cited cost and the additional burden on the jurors as reasons to proceed without a jury. Previously in cases where jury tampering was a concern the jurors were sometimes closeted in a hotel for the duration of the trial. However, Liberty director of policy Isabella Sankey said that "This is a dangerous precedent. The right to jury trial isn't just a hallowed principle but a practice that ensures that one class of people don't sit in judgement over another and the public have confidence in an open and representative justice system."[56]

The trial started in 2010,[57] with the four defendants convicted on the 31st of March 2010 by Mr Justice Treacy at the Old Bailey.[58]

의 배심들은 8명의 배심원들을, 검시관 법원 배심들은 7명에서 11명 사이를 지닌다. 배심원들은 18세에서 75세 사이이지 않으면 안 되고, 선거인명부로부터 무작위로 선발된다. 과거에는 만장일치의 평결이 요구되었다. 이것은 변경되어 있는데[50] 이에 따라 만약 일정한 시간 뒤에도 배심이 합의에 이르지 못하면, 판사의 재량으로 10-2의 대수결로써 평결에 그들은 이를 수 있다. 배심 매수가 성공하기를 더욱 어렵게 만들기 위하여 이것은 고안되었다.

배심에 의한 정식사실심리를 제한하기 위하여 논란이 많은 법안을 1999년에 당시의 내무부장관 잭 스트로(Jack Straw)는 제시하였다.[51] 이것은 2003년 형사재판법이 되었는데, 배심 매수를 내지는 복잡한 사기를 포함하는 사건들을 위한 배심에 의한 정식사실심리의 권리를 없애기를 그것은 추구하였다. 배심 매수를 우회하기 위한 배심에 의하지 아니하는 정식사실심리를 위한 규정은 성공을 거두어 2007년에 발효하였으나, 복잡한 사기 사건들을 위한 규정은 실패하였다. (비(非)배심 정식사실심리에 의한) 사기죄 처벌법안을 당시의 검찰총장 골드스미드 경(Lord Goldsmith)은 그 때 의회에서 밀고 나갔고[52], 중요 형사 사기 정식사실심리들에서 배심에 의한 정식사실심리들을 폐지하기를 그것은 추구하였다. 하원의 양 측들로부터의 신랄한 비판에 놓이고서야[53] 2006년 11월 하원에서의 두 번째 독회를 법안은 통과하였으나,[54] 2007년 3월에 상원에서 그것은 부결되었다.[55]

350년만에 비(非)배심 재판에 의하여 정식사실심리되어야 할 첫 번째의 중대범죄에 대한 정식사실심리가 2009년에 그 진행이 허용되었다.[56] 피고인들에 대한 세 개의 보다 앞선 정식사실심리들이 배심 매수로 인하여 정지된 터였고, 그리고 비용을 및 그 이외의 배심원들에의 부담을, 비(非)배심 재판으로 절차를 진행해야 하는 이유들로서 대법관인 왕좌재판부 수석재판관(Lord Chief Justice)은 인용하였다. 이전에 배심 매수가 문제인 사건들에서 배심원들은 때때로 정식사실심리 계속 중에 호텔에 가두어졌다. 그러나, "이것은 한 개의 위험한 선례이다. 배심에 의한 정식사실심리를 받을 권리는 신에게 바쳐지는 한 개의 원칙인 것이 아니라 다른 부류의 사람들 위에 앉아서 한 부류의 사람들이 판결하지 아니함을 보증하는, 및 공개의 및 대의제적 재판제도에의 신뢰를 공중이 지니는 한 개의 실제이다."라고 리버티(Liberty)의 정책이사 이사벨라 생키(Isabella Sankey)는 말하였다.[56]

정식사실심리는 2010년에 시작되었고,[57] 중앙형사재판소에서 테레이시(Treacy) 판사에 의하여 2010년 3월 31일에 네 명의 피고인들이 유죄로 판정되었다.[58]

Scotland

In Scots law the jury system has some similarities with England but some important differences, in particular there are juries of 15 in criminal trials, with verdicts by simple majority.

Northern Ireland

In Northern Ireland, the role of the jury trial is roughly similar to England and Wales, except that jury trials have been replaced in cases of alleged terrorist offences by courts where the judge sits alone, known as Diplock courts. Diplock courts are common in Northern Ireland for crimes connected to terrorism.[59]

Diplock courts were created in the 1970s during The Troubles, to phase out Operation Demetrius internments, and because of the argument that juries were intimidated, though this is disputed. The Diplock courts were shut in 2007, but between 1 August 2008 and 31 July 2009, 13 non-jury trials were held, down from 29 in the previous year, and 300 trials per year at their peak.[60]

United States

The most outstanding feature in the United States is that verdicts in criminal cases must be unanimous.

Every person accused of a crime punishable by incarceration for more than six months has a constitutionally protected right to a trial by jury, which arises in federal court from Article Three of the United States Constitution, which states in part, "The Trial of all Crimes...shall be by Jury; and such Trial shall be held in the State where the said Crimes shall have been committed." The right was expanded with the Sixth Amendment to the United States Constitution, which states in part, "In all criminal prosecutions, the accused shall enjoy the right to a speedy and public trial, by an impartial jury of the state and district wherein the crime shall have been committed." Both provisions were made applicable to the states through the Fourteenth Amendment. Most states' constitutions also grant

스코틀랜드

영국의 것에의 유사성을 스코틀랜드 법에서의 배심제도는 지니지만, 몇 가지 중요한 차이들을 지니는데, 특히 형사 정식사실심리들에서는 15명의 배심들이 있고 평결들은 단순 다수결에 의한다.

북아일랜드

북아일랜드에서 배심에 의한 정식사실심리의 역할은 대략 영국에서의 및 웨일즈에서의 것들에 비슷하지만, 다만, 테러리스트 범죄 사건들에서는 딥록(Diplock) 법원들이라고 알려진 판사들만이 착석하는 법원들에 의하여 배심에 의한 정식사실심리들이 대체된 상태라는 점을 빼고서이다. 북아일랜드에서는 테러리즘에 연결되는 범죄들에 대하여 딥록 법원들은 일반적이다.[59]

딥록 법원들은 북아일랜드 무장독립투쟁(The Troubles) 기간 중인 1970년대에 데메트리오스 작전 수감자들을 단계적으로 감소시키기 위해서, 그리고 배심들이 협박당한다는 주장 때문에 창설되었는데, 다만 후자의 이유는 다툼이 있다. 딥록 법원들은 2007년에 폐지되었으나, 2008년 8월 1일에서 2009년 7월 31일 사이에 13건의 비(非)배심 정식사실심리가 열려 전년도의 29건에서 및 절정기 때의 연간 300건에서 숫자가 줄었다.[60]

합중국

합중국에서 가장 눈에 띄는 특징은 형사사건들에서의 평결들이 만장일치이지 않으면 안된다는 점이다.

배심에 의한 정식사실심리를 받을 헌법적으로 보장되는 권리를 6개월 초과의 구금으로써 처벌될 수 있는 범죄의 범인으로 주장되는 모든 사람은 지니고, 연방법원에서 그 권리는 합중국 헌법 제3조로부터 도출되는 바, ". . .모든 범죄들에 대한 정식사실심리는 배심에 의한다; 그리고 해당 범죄들이 저질러져 있는 주에서 이러한 정식사실심리는 열려야 한다; 그러나 그 저질러진 주가 없을 때는 의회가 법에 의하여 정하는 장소에서 또는 장소들에서 정식사실심리는 열려야 한다."고 그 조항은 해당 부분에서 규정한다. "범죄가 저질러져 있는 해당 주(State) 지역의 공평한 배심에 의한 신속한 및 공개의 정식사실심리를 받을 권리를 모든 형사적 소송추행들에 있어서 범인으로 주장되는 사람은 향유한다."고 해당 부분에서 규정하는 합중국 헌법 수정 제6조에 더불어 그 권리는 확대되었다. 두 규정들은 다 같이 연방헌법

the right of trial by jury in lesser criminal matters, though most have abrogated that right in offenses punishable by fine only. The Supreme Court has ruled that if imprisonment is for six months or less, trial by jury is not required, meaning a state may choose whether or not to permit trial by jury in such cases.[61] Under the Federal Rules of Criminal Procedure, if the defendant is entitled to a jury trial, he may waive his right to have a jury, but both the government (prosecution) and court must consent to the waiver. Several states require jury trials for all crimes, "petty" or not.[62]

In the cases Apprendi v. New Jersey, 530 U. S. 466 (2000), and Blakely v. Washington, 542 U. S. 296 (2004), the Supreme Court of the United States held that a criminal defendant has a right to a jury trial not only on the question of guilt or innocence, but any fact used to increase the defendant's sentence beyond the maximum otherwise allowed by statutes or sentencing guidelines. This invalidated the procedure in many states and the federal courts that allowed sentencing enhancement based on "a preponderance of evidence", where enhancement could be based on the judge's findings alone. Depending upon the state, a jury must be unanimous for either a guilty or not guilty decision. A hung jury results in the defendants release, however charges against the defendant are not dropped and can be reinstated if the state so chooses.

Jurors in some states are selected through voter registration and drivers' license lists. A form is sent to prospective jurors to pre-qualify them by asking the recipient to answer questions about citizenship, disabilities, ability to understand the English language, and whether they have any conditions that would excuse them from being a juror. If they are deemed qualified, a summons is issued.

English common law and the United States Constitution recognize the right to a jury trial to be a fundamental civil liberty or civil right that allows the accused to choose whether to be judged by judges or a jury.

수정 제14조를 통하여 주들에게 적용 가능한 것으로 만들어졌다. 배심에 의한 정식사실심리의 권리를 더 경미한 형사사건들에서 대부분의 주들의 헌법들은 마찬가지로 부여하는 바, 다만 그 권리를 벌금으로만 처벌되는 범죄들에서 대부분은 폐지하였다. 만약 구금이 6개월 이하이면 배심에 의한 정식사실심리는 요구되지 않는다고 대법원은 판시해 왔는 바, 그러한 사건들에서 배심에 의한 정식사실심리를 허용할지 말지를 주가 선택할 수 있음을 이는 의미한다.[61] 연방형사절차규칙들 아래서는 설령 피고인에게 배심에 의한 정식사실심리의 권리가 부여되더라도, 배심을 지닐 자신의 권리를 그는 포기할 수 있는 바, 다만 그 포기에 대하여 정부가 (검찰이) 및 법원이 다 같이 동의하지 않으면 안 된다. 배심에 의한 정식사실심리들을 "경미한(petty)" 범죄들에 대하여든 그 아닌 범죄들에 대하여든 모든 범죄들에 대하여 몇몇 주들은 요구한다.[62]

유죄의 또는 무죄의 문제에 관하여만이 아니라, 조금이라도 피고인의 형량을 제정법들에 내지는 양형기준에 의하여 허용되는 최대치 너머로 증대시키기 위하여 사용되는 사실에 관하여 배심에 의한 정식사실심리의 권리를 형사피고인은 지닌다고 Apprendi v. New Jersey, 530 U. S. 466 (2000) 판결에서 및 Blakely v. Washington, 542 U. S. 296 (2004) 판결에서 합중국 대법원은 판시하였다. 판사의 사실인정만에 토대하여 형량의 상향조정이 이루어질 수 있었던, "증거의 우세(a preponderance of evidence)"에 근거한 형량의 상향조정을 허용한 여러 주 법원들에서의 및 연방법원들에서의 절차를 이것은 무효화하였다. 주에 따라서는 유죄판정을 위해서든 무죄판정을 위해서든 배심은 만장일치이지 않으면 안 된다. 평결불성립은 피고인들의 석방으로 귀결되지만, 그러나 피고인에 대한 고소들은 각하되지 아니하고 따라서 다시 기소하기로 주가 결정하면 그렇게 될 수 있다.

일부 주들에서 투표권자 등록을 및 운전면허 목록들을 통하여 배심원들은 선발된다. 시민권에 관한, 무능력들에 관한, 영어를 이해할 능력에 관한 및 조금이라도 그들을 배심의무로부터 면제시켜 줄 만한 상황들을 그들이 지니는지 여부에 관한 질문들에 답변하도록 수령자에게 질문함으로써 그들의 자격을 미리 심사하기 위하여 배심원 후보자들에게 용지가 보내진다. 자격을 갖춘 것으로 그들이 판단되면, 소환장이 발부된다.

배심에 의한 정식사실심리의 권리는 범인으로 주장되는 사람으로 하여금 판사들에 의하여 판단될지 배심에 의하여 판단될지 여부를 선택하도록 허용하는 기본적 시민의 자유임을 내지는 기본적 시민의 권리임을 영국 보통법은 및 합중국 헌법은 인정한다.

In the United States, it is understood that juries usually weigh the evidence and testimony to determine questions of fact, while judges usually rule on questions of law, although the dissenting justices in the Supreme Court case Sparf et al. v. United States, 156 U. S. 51 (1895), generally considered the pivotal case concerning the rights and powers of the jury, declared: "It is our deep and settled conviction, confirmed by a re-examination of the authorities that the jury, upon the general issue of guilty or not guilty in a criminal case, have the right, as well as the power, to decide, according to their own judgment and consciences, all questions, whether of law or of fact, involved in that issue." Jury determination of questions of law, sometimes called jury nullification, cannot be overturned by a judge if doing so would violate legal protections against double jeopardy.[63] Although a judge can throw out a guilty verdict if it was not supported by the evidence, a jurist has no authority to override a verdict that favors a defendant.[64]

It was established in Bushel's Case that a judge cannot order the jury to convict, no matter how strong the evidence is. In civil cases a special verdict can be given, but in criminal cases a general verdict is rendered, because requiring a special verdict could apply pressure to the jury, and because of the jury's historic function of tempering rules of law by common sense brought to bear upon the facts of a specific case. For this reason, Justice Black and Justice Douglas indicated their disapproval of special interrogatories even in civil cases.[65]

There has been much debate about the advantages and disadvantages of the jury system, the competence or lack thereof of jurors as fact-finders, and the uniformity or capriciousness of the justice they administer.[66] The jury has been described by one author as "an exciting and gallant experiment in the conduct of serious human affairs".[67] Because they are fact-finders, juries are sometimes expected to perform a role similar to a lie detector, especially when presented with testimony from witnesses.[68]

A civil jury is typically made up of 6 to 12 persons. In a civil case, the role of the jury is to listen to the evidence presented at a trial, to decide whether the defendant injured the plaintiff or otherwise failed to fulfill a legal duty to the plaintiff, and to determine what the

사실문제들을 판정하기 위하여 증거를 및 증언을 배심들은 일반적으로 평가하는 것으로, 이에 반하여 법 문제들을 판사들은 일반적으로 판단하는 것으로 합중국에서는 이해되는 바, 다만 배심의 권리들에 및 권한들에 관한 중요한 사건을 대법원 사건인 Sparf et al. v. United States, 156 U. S. 51 (1895)에서의 반대의견 판사들은 일반적으로 고찰하고서 선언하였다: "형사사건에서의 유죄의 또는 무죄의 일반적 쟁점에 관하여 법의 것이든 사실의 것이든 그 쟁점에 포함되는 모든 문제들을 그들 자신의 판단력에 및 양심에 따라 판정할 권한을은 물론이고 권리를 배심이 지님은 권한들의 재검토에 의하여 확인되는 우리의 깊은 및 확립된 신념이다." 배심에 의한 법 무시(jury nullification)라고 때때로 불리는 법 문제들에 대한 배심의 판단은 이를 뒤집는 것이 이중위험 금지의 원칙에 위배될 경우에는 판사에 의하여 뒤집힐 수 없다.[63] 비록 증거에 의하여 유죄평결이 뒷받침되지 아니하면 그것을 판사는 무효화할 수 있음에도, 피고인에게 유리한 평결을 무효화할 권한을 재판관은 지니지 않는다.[64]

배심더러 유죄로 판정하도록, 증거가 제아무리 설득력 있는지에 상관 없이, 판사는 명령할 수 없음이 부셀 사건(Bushel's Case)에서 확립되었다. 민사사건들에서는 특별평결이 내려질 수 있으나, 형사사건들에서는 일반평결이 내려지는 바, 왜냐하면 특별평결을 요구함은 배심에 대한 압력으로 작용할 수 있기 때문이고, 법 규칙들을 특정사건의 사실관계에 관련되는 상식에 의하여 완화시키는 배심의 역사적 기능 때문이기도 하다. 이 이유로 특정신문들에 대한 그들의 부동의를 심지어 민사소송들에 있어서도 블랙(Black) 판사는 및 더글라스(Douglas) 판사는 나타냈다.[65]

배심제도의 이익들에 및 불이익들에 관하여, 사실발견자들로서의 배심원들의 능력에 및 능력의 결여에 관하여 및 그들이 시행하는 재판의 통일성에 내지는 변덕성에 관하여 많은 논란이 있어 왔다.[66] "중대한 인간사의 처리에 있어서의 조마조마한 호사스러운 실험"으로 작가들에 의하여 배심은 묘사되어 왔다.[67] 그들은 사실의 발견자들이기 때문에, 거짓말 탐지기에 유사한 역할을 수행할 것으로, 특히 증인들로부터의 증언이 제출될 때에, 배심들은 때때로 기대된다.[68]

민사배심은 전형적으로 6명에서 12명으로 구성된다. 민사사건에서 배심의 역할은 정식사실심리에 제출되는 증거를 청취하는 것이고, 원고를 피고가 해쳤는지 또는 그 밖에 원고에 대한 법적 의무를 다하지 못하였는지 여부를 판단하는 것이고, 그리고 무엇이 보상이 또는

compensation or penalty should be.

A criminal jury is usually made up of 12 members, though fewer may sit on cases involving lesser offenses. Criminal juries decide whether the defendant committed the crime as charged. The sentence may be set by either the jury or the judge; generally, in felony cases the jury sets punishment while in lesser offenses it may be set by the judge.

Verdicts in criminal cases must be unanimous, with the following exceptions: Currently, two states, Oregon and Louisiana, do not require unanimous verdicts in criminal cases. Each requires a 10−2 majority for conviction, except for capital crimes: Oregon requires at least 11 votes and Louisiana requires all 12.

In civil cases, the law (or the agreement of the parties) may permit a non-unanimous verdict.

A jury's deliberations are conducted in private, out of sight and hearing of the judge, litigants, witnesses, and others in the courtroom.[69]

Not every case is eligible for a jury trial. In the majority of U. S. states, there is no right to a jury trial in family law actions not involving a termination of parental rights, such as divorce and custody modifications.[70][71] Only eleven states allow juries in any aspect of divorce litigation (Colorado, Georgia, Illinois, Louisiana, Maine, Nevada, New York, North Carolina, Tennessee, Texas and Wisconsin).[70] Most of these limit the right to a jury to try issues regarding grounds or entitlement for divorce only. Texas provides jury trial rights most broadly, including even the right to a jury trial on questions regarding child custody.[70][71] However, anyone who is charged with a criminal offense, breach of contract or federal offence has a Constitutional right to a trial by jury.

벌칙이 되어야 할지를 판정하는 것이다.

형사배심은 일반적으로 12명으로 구성되는데, 보다 경미한 범죄들을 포함하는 사건들에서는 더 적은 숫자가 착석할 수 있다. 기소된 대로의 범죄를 피고인이 저질렀는지 여부를 형사배심들은 판단한다. 형량은 배심에 의해서 정해지거나 판사에 의해서 정해지거나일 수 있다; 일반적으로 중죄사건들에서는 처벌을 배심이 정하는 반면에, 보다 더 경미한 범죄들에서는 그것은 판사에 의하여 정해질 수 있다.

형사사건들에서의 평결은 만장일치이지 않으면 안 되지만 다음의 예외들이 있다: 만장일치의 평결들을 현재로 두 개의 주들인 오레건주는 및 루이지애나주는 형사사건들에서 요구하지 않는다. 사형에 해당하는 범죄들에 대하여를 제외하고는 10 대 2의 다수결을 각각은 요구한다: 사형에 해당하는 범죄들에 대하여 적어도 11표를 오레건주는 요구하고 12표 전부를 루이지애나주는 요구한다.

만장일치 아닌 평결을 민사사건들에서 법은 (또는 당사자들의 합의는) 허용할 수 있다.

배심의 협의들은 비밀리에, 판사의, 당사자들의, 증인들의, 및 법정 내의 그 밖의 사람들의 시야로부터 및 청취로부터 벗어난 곳에서 이루어진다.[69]

모든 사건이 배심에 의한 정식사실심리의 자격이 있는 것은 아니다. 합중국의 대부분의 주들에서, 부모로서의 권리들의 상실을 포함하지 아니하는, 이혼 류의 및 양육권 변경 류의 가족법 소송들에서는 배심에 의한 정식사실심리를 받을 권리가 없다.[70][71] 조금이라도 이혼의 측면에서 배심들을 허용하는 주는 오직 열한 개이다 (Colorado, Georgia, Illinois, Louisiana, Maine, Nevada, New York, North Carolina, Tennessee, Texas and Wisconsin).[70] 이혼을 위한 근거들에 내지는 권리에 관한 쟁점들만을 정식사실심리하는 것으로 배심에의 권리를 이들 중 대부분은 제한한다. 배심에 의한 정식사실심리의 권리들을 텍사스주는 매우 넓게 규정하는데, 아동 양육권에 관한 문제들에 대한 배심에 의한 정식사실심리의 권리를마저도 그것은 포함한다.[70][71] 그러나, 배심에 의한 정식사실심리의 헌법적 권리를, 조금이라도 형사범죄로, 계약위반으로 또는 연방범죄로 제소되는 사람은 지닌다.

Civil trial procedure

In the United States, a civil action is a lawsuit; civil law is the branch of common law dealing with non-criminal actions. It should not be confused with legal system of civil law.

The right to trial by jury in a civil case in federal court is addressed by the Seventh Amendment. Importantly, however, the Seventh Amendment does not guarantee a right to a civil jury trial in state courts (although most state constitutions guarantee such a right). The Seventh Amendment provides: "In Suits at common law, where the value in controversy shall exceed twenty dollars, the right of trial by jury shall be preserved, and no fact tried by a jury shall be otherwise re-examined in any Court of the United States, than according to the rules of the common law."[72] In Joseph Story's 1833 treatise Commentaries on the Constitution of the United States, he wrote, "[I]t is a most important and valuable amendment; and places upon the high ground of constitutional right the inestimable privilege of a trial by jury in civil cases, a privilege scarcely inferior to that in criminal cases, which is conceded by all to be essential to political and civil liberty."

The Seventh Amendment does not guarantee or create any right to a jury trial; rather, it preserves the right to jury trial in the federal courts that existed in 1791 at common law. In this context, common law means the legal environment the United States inherited from England. In England in 1791, civil actions were divided into actions at law and actions in equity. Actions at law had a right to a jury, actions in equity did not. Federal Rules of Civil Procedure Rule 2 says "[t]here is one form of action — the civil action", which abolishes the legal/equity distinction. Today, in actions that would have been "at law" in 1791, there is a right to a jury; in actions that would have been "in equity" in 1791, there is no right to a jury. However, Federal Rule of Civil Procedure 39(c) allows a court to use one at its discretion. To determine whether the action would have been legal or equitable in 1791, one must first look at the type of action and whether such an action was considered "legal" or "equitable" at that time. Next, the relief being sought must be examined. Monetary damages alone were purely a legal remedy, and thus entitled to a jury. Non-monetary remedies such as injunctions, rescission, and specific performance were all equitable remedies,

민사 정식사실심리 절차

합중국에서 민사소송은 한 개의 법적 소송이다; 민사법은 비형사적 행위들을 다루는 보통법 분야이다. 그것은 대륙법(civil law)의 법 제도로 혼동되어서는 안 된다.

연방법원 민사사건에서의 배심에 의한 정식사실심리를 누릴 권리는 수정 제7조에 의하여 중점 두어 다루어진다. 그러나 중요하게도, 주 법원들에서의 민사배심에 의한 정식사실심리의 권리를 연방헌법 수정 제7조는 보장하지 않는다 (다만 그러한 권리를 대부분의 주 헌법들은 보장한다). 연방헌법 수정 제7조는 규정한다: "쟁송물의 가치가 20 달러를 초과하는 보통법 소송들(Suits at common law)에 있어서, 배심에 의한 정식사실심리를 받을 권리는 보전되어야 하는 바, 배심에 의하여 정식사실심리된 사실은 보통법 규칙들에 따르지 아니하고는 조금이라도 합중국 법원에서 재심리되지 아니한다." [72] "[그]것은 가장 중요한 및 소중한 수정조항이다; 정치적 및 시민적 자유에 불가결함이 모두에 의하여 시인되는 형사사건들에서의 배심에 의한 정식사실심리를 누릴 권리에 결코 못지 않은 특권인, 민사사건들에서의 배심에 의한 정식사실심리를 누릴 더 없이 귀중한 특권을 헌법적 권리의 높은 토대 위에 그것은 올려놓는다."고 그의 1833년 논문 합중국헌법 주해(Commentaries on the Constitution of the United States)에서 조셉 스토리(Joseph Story)는 썼다.

조금이라도 배심에 의한 정식사실심리를 누릴 권리를 연방헌법 수정 제7조는 보장하지도 창설하지도 않는다; 오히려 1791년에 보통법에 존재한 연방법원들에서의 배심에 의한 정식사실심리를 누릴 권리를 그것은 보전한다. 영국으로부터 합중국이 물려받은 법적 환경을 이 맥락에서 보통법은 의미한다. 1791년에 영국에서 민사소송들은 보통법상의 소송들(actions at law)로 및 형평법상의 소송들(actions in equity)로 나뉘어 있었다. 배심에의 권리를 보통법상의 소송들(Actions at law)은 지녔고, 형평법상의 소송들(actions in equity)은 지니지 않았다. 보통법(legal)/형평법(equity) 구분을 폐지하는"[한] 가지 형태의 소송이 - 즉 민사소송(civil action)이 있다."고 연방민사소송규칙(Federal Rules of Civil Procedure)의 규칙 2는 말한다. 1791년에 "보통법상의(at law)" 것이었을 소송들에서는 오늘날 배심에의 권리가 있다; 1791년에 "형평법상의(in equity)" 것이었을 소송들에서는 배심에의 권리가 없다. 그러나 법원으로 하여금 그 재량으로 한 가지를 사용하도록 연방민사소송규칙(Federal Rule of Civil Procedure) 39(c)는 허용한다. 그 소송이 1791년에 보통법상의 것이었을지 형평법상의 것이었을지 여부를 판단하기 위하여, 소송의 형식을 및 그러한 소송이 그 당시에 "보통법상의(legal)" 것으로 간주되었는지 아니면 "형평법상의(equitable)" 것으로 간주되었는지 여부를 먼저 살피지 않으면 안 된다. 그 다음에 그 추구되는 구제

and thus up to the judge's discretion, not a jury. In Beacon Theaters v. Westover, 359 U. S. 500 (1959), the US Supreme Court discussed the right to a jury, holding that when both equitable and legal claims are brought, the right to a jury trial still exists for the legal claim, which would be decided by a jury before the judge ruled on the equitable claim.

There is not a United States constitutional right under the Seventh Amendment to a jury trial in state courts, but in practice, almost every state except Louisiana, which has a civil law legal tradition, permits jury trials in civil cases in state courts on substantially the same basis that they are allowed under the Seventh Amendment in federal court. The right to a jury trial in civil cases does not extend to the states, except when a state court is enforcing a federally created right, of which the right to trial by jury is a substantial part.[73]

The court determines the right to jury based on all claims by all parties involved. If the plaintiff brings only equitable claims but the defendant asserts counterclaims of law, the court grants a jury trial. In accordance with Beacon Theaters, the jury first determines the facts, then the judge enter judgment on the equitable claims.[74]

Following the English tradition, U. S. juries have usually been composed of 12 jurors, and the jury's verdict has usually been required to be unanimous. However, in many juris-dictions, the number of jurors is often reduced to a lesser number (such as five or six) by legis-lative enactment, or by agreement of both sides. Some jurisdictions also permit a verdict to be returned despite the dissent of one, two, or three jurors.[75]

가 검사되지 않으면 안 된다. 금전적 손해배상 한 가지만은 순전히 보통법상의 구제이고, 따라서 배심의 정식사실심리를 누릴 권리가 있다. 금지명령 류의, 계약취소(rescission) 류의, 특정이행(specific performance) 류의 등 비금적 구제들은 모두 형평법상의 구제들이었고, 따라서 배심의 판단에가 아니라 판사의 재량에 달린 것들이었다. 배심에 의한 정식사실심리의 권리를 Beacon Theaters v. Westover, 359 U. S. 500 (1959) 판결에서 합중국 대법원은 논의하였는데, 형평법상의(equitable) 청구들이 및 보통법상의(legal) 청구들이 다 같이 제기되는 경우에, 보통법상의 청구를 위하여 배심에 의한 정식사실심리의 권리는 여전히 존재한다고, 형평법상의 청구에 대하여 판사가 판결하기 전에 배심에 의하여 보통법상의 청구가 판단되어야 한다고 그것은 그것은 판시하였다.

배심에 의한 정식사실심리를 받을 연방헌법 수정 제7조상의 헌법적 권리는 없으나, 실무에서는 배심에 의한 정식사실심리를 주 법원들에서의 민사사건들에서, 대륙법의 법적 전통을 지니는 루이지이나주 이외의 대부분의 모든 주가 허용하는데, 그 근거는 연방헌법 수정 제7조에 따라 연방법원에서 그것들이 허용되는 바로 그 근거에 실질적으로 동일하다. 연방에 의하여 제정된 권리를 주 법원이 시행하는 중인 경우에가 아닌 한, 민사사건들에서의 배심에 의한 정식사실심리의 권리는 주들에 미치지 아니하는 바, 연방에 의하여 제정된 권리에는 중요한 부분을 배심에 의한 정식사실심리의 권리가 이룬다.[73]

배심에의 권리를 관련 당사자들 전원에 의한 모든 주장들에 터잡아 법원은 결정한다. 오직 형평법상의 청구들(equitable claims)만을 만약 원고가 제기하면, 그러나 보통법상의 반소청구들(counterclaims of law)을 피고인이 주장하면, 배심에 의한 정식사실심리를 법원은 허용한다. Beacon Theaters 판결에 따라, 사실관계를 먼저 배심은 판단하고, 형평법상의 청구들에 대하여 판단을 그 뒤에 판사는 내린다.[74]

영국의 전통을 좇아 합중국 배심들은 일반적으로 12명의 배심원들로 구성되어 왔고, 배심의 평결은 일반적으로 만장일치의 것이어야 함이 요구되어 왔다. 그러나 다수의 관할들에서, 입법부의 법률에 의하여 또는 양측의 합의에 의하여 배심원들의 숫자는 자주 더 적은 숫자로 (가령 5명으로 또는 6명으로) 감소된다. 한 명의, 두 명의, 또는 세 명의 반대에도 불구하고 평결이 제출되도록 일부 관할들은 허용하기도 한다.[75]

Waiver of jury trial

The vast majority of U. S. criminal cases are not concluded with a jury verdict, but rather by plea bargain. Both prosecutors and defendants often have a strong interest in resolving the criminal case by negotiation resulting in a plea bargain. If the defendant waives a jury trial, a bench trial is held.

For civil cases, a jury trial must be demanded within a certain period of time per Federal Rules of Civil Procedure 38.[76]

In United States Federal courts, there is no absolute right to waive a jury trial. Per Federal Rule of Criminal Procedure 23[(a)], only if the prosecution and the court consent may a defendant waive a jury trial for criminal cases. However, most states give the defendant the absolute right to waive a jury trial, and it has become commonplace to find such a waiver in routine contracts as a 2004 Wall Street Journal Article states:

'For years, in an effort to avoid the slow-moving wheels of the U. S. judicial system, many American companies have forced their customers and employees to agree to settle disputes outside of the courts, through private arbitration… but the rising cost of arbitration proceedings has led some companies to decide they might be better off in the court system after all [so long as] they don't have to tangle with juries. The new tactic [is to] let disputes go to court, but on the condition that they be heard only by a judge.' The article goes on to claim 'The list includes residential leases, checking-account agreements, auto loans and mortgage contracts. Companies that believe juries are biased toward plaintiffs hope this approach will boost their chances of winning in court. Critics say that unfairly denies citizens' access to the full range of legal options guaranteed by the Constitution.'

In the years since this 2004 article, this practice has become pervasive in the US and, especially in online agreements, it has become commonplace to include such waivers to trial by jury in everything from user agreements attached to software downloads to merely

배심에 의한 정식사실심리의 포기

합중국 형사사건들의 대부분은 배심평결로써 종결되지 아니하고 오히려 답변거래(plea bargain)에 의하여 종결된다. 형사사건을 답변거래에 귀결되는 협상에 의하여 해결함에 있어서의 강력한 이익을 검찰관들은 및 피고인들은 다 같이 보유한다. 배심에 의한 정식사실심리를 만약 피고인이 포기하면 판사에 의한 정식사실심리(a bench trial)가 열린다.

민사사건들에서 연방민사소송규칙(Federal Rules of Civil Procedure) 38에 의하여 일정한 기간 내에 배심에 의한 정식사실심리는 요구되지 않으면 안 된다.[76]

합중국 연방법원들에서, 배심에 의한 정식사실심리를 포기할 절대적 권리는 없다. 연방형사소송규칙(Federal Rule of Criminal Procedure) 23(a)에 의하여, 오직 소추 측이 및 법원이 동의할 때라야만 형사사건들에서 배심에 의한 정식사실심리를 피고인은 포기할 수 있다. 그러나 배심에 의한 정식사실심리를 포기할 절대적 권리를 피고인에게 대부분의 주들은 부여하고, 그리하여 그러한 포기를 통상적 계약들에서 발견함은 일반적인 것이 되어 있는 바, 2004년 월스트리트 저널의 기사는 말한다:

'분쟁들을 법정들 밖에서 사적 중재를 통하여 해결하는 데에 자신들의 고객들로 및 피용자들로 하여금 동의하도록, 합중국 사법제도의 느리게 움직이는 바퀴들을 회피하기 위한 노력 속에서 여러 해 동안 다수의 미국 회사들은 강제해 왔으나 …… 배심들을 가지고서 자신들이 티격태격하지 않는 [한에는] 법원절차가 자신들에게 더 낫다고 판단하도록 일부 회사들을 중재절차들의 점증하는 비용은 이끌어 놓았다. 그 새로운 작전은 분쟁들로 하여금 법원에 가도록 만드[는 것이]지만, 그러나 판사에 의해서만 그것들이 심리되어야 한다는 조건 위에서이다.' '주거 리스들을, 은행 당좌예금 약정들을, 자동차 임대들을 및 저당권설정 계약들을 목록은 포함한다. 법정에서 승소할 그들의 기회들을 이 접근법이 증대시킬 것으로 원고들에게 호의적으로 배심들이 기울어져 있다고 믿는 회사들은 기대한다. 헌법에 의하여 보장되는 완전한 범위의 법적 선택권들에의 시민들의 접근을 그것은 불공정하게 박탈한다고 비판자들은 말한다.'라고 주장하는 데에 기사는 나아간다.

이 2004년 기사 이래로 이 관행은 합중국에 퍼진 것이 되어 왔고, 그리고 특히 온라인 상의 합의들에서, 배심에 의한 정식사실심리에 대한 그러한 포기조항들을 사용자 동의사항들에서부터 소프트웨어 다운로우드 사항들에 및 단순히 웹사이트를 구경하기에 이르기까지의

browsing a website. This practice, however, means that while such waivers may have legal force in one jurisdiction — in this case the United States — in the jurisdiction where a verdict is sought in the absence of jury trial (or indeed the presence of a defendant, or any legal representation in absentia) may well run directly counter to law in the jurisdiction — such as the United Kingdom — where the defendant resides, thus:

The Judgment on Regina v. Jones issued by the United Kingdom's Court of Appeal's (Criminal Division) states, (in part, in Item 55[77]) '... the issue has to be determined by looking at the way in which the courts handled the problem under English criminal procedure and by deciding whether, in the result, the appellant can be said to have had a fair hearing.'

https://en.wikipedia.org/wiki/Jury_trial

모든 사항에서 포함함은 일반적인 것이 되어 왔다. 그러나 법적 효력을 한 개의 관할에서 - 이 사건에서는 합중국에서 - 그러한 포기들은 지닐 수 있는 반면에, 배심에 의한 정식사실심리가 없는 채로의 (또는 참으로 피고인의 출석이 없는 채로의 내지는 조금이라도 결석 상태에서의 법적 대변이 없는 채로의) 평결이 추구되는 관할에서는 피고인이 거주하는 관할 - 가영 연합왕국 - 의 법에 직접적으로 위반됨이 당연함을 이 관행은 의미하고, 그리하여:

'…… 그 문제를 영국의 형사절차 아래서 법원들이 다루어 온 방식을 살핌에 의하여 및 공정한 청문심리를 가졌다고 항소인이 결과적으로 말해질 수 있는지 여부를 판단함에 의하여 그 쟁점은 판정되어야 한다.'고 연합왕국의 항소법원(형사부)에 의하여 내려진 Regina v. Jones 판결은 (부분적으로 항목 55[77]에서) 판시한다.

원문링크 https://en.wikipedia.org/wiki/Jury_trial

각주참조(References)

1. Jump up ^ Samons, Loren J. (2007). The Cambridge companion to the Age of Pericles. Cambridge University Press. pp. 244, 246. ISBN 978-0-521-80793-7. Retrieved 2010-12-08.

2. Jump up ^ Acilian Law on the Right to Recovery of Property Officially Extorted, 122 B.C. http://avalon.law.yale.edu/ancient/acilian_law.asp

3. ^ Jump up to: a b Forsyth 1852, p. 369.

4. ^ Jump up to: a b Forsyth 1852, p. 370.

5. Jump up ^ Forsyth, William (2010). History of Trial by Jury. Nabu Press. ISBN 1141968266.

6. Jump up ^ Forsyth 1852, p. 371.

7. Jump up ^ Casper & Zeisel 1972, p. 137.

8. Jump up ^ Casper & Zeisel 1972, p. 139.

9. Jump up ^ Kahn-Freund 1974, footnote 73, p. 18.

10. Jump up ^ Casper & Zeisel 1972, p. 141.

11. Jump up ^ Vogler 2005, p. 245.

12. Jump up ^ "Narrative History of England". Britannia.com. Retrieved 2008-09-06.

13. Jump up ^ Magna Carta of 1215 - http://www.fordham.edu/halsall/source/magnacarta.html

14. Jump up ^ NS Marder (2000), Juries and Technology: Equipping Jurors for the Twenty-First Century, Brooklyn Law Review

15. Jump up ^ Vouin, Robert (1956). "The Protection of the Accused in French Criminal Procedure". International and Comparative Law Quarterly. 5 (2): 157–173. doi:10.1093/iclqaj/5.2.157.

16. Jump up ^ Barkan, S.; Bryjak, G. (2011). Fundamentals of Criminal Justice: A Sociological View. Jones & Bartlett Learning. ISBN 9780763754242. Retrieved 2015-06-13.

17. Jump up ^ Newman, D. (1966) Conviction: The Determination of Guilt or Innocence without Trial 3. Ref. in Alschuler, Albert W. (January 1979). "Plea Bargaining And Its History". Columbia Law Review. 79 (1). Retrieved 2012-01-10. "...roughly ninety percent of the criminal defendants convicted in state and federal courts plead guilty rather than exercise their right to stand trial before a court or jury."

18. Jump up ^ [Bikel, Ofra] (June 17, 2004). "Interview: Judge Michael McSpadden". FRONTLINE: The Plea. Boston, Massachusetts: WGBH Educational Foundation. Retrieved 2012-01-10. "Those few cases being tried set the standard for everybody in determining what to do with the 95 percent, 96 percent of the plea bargain cases." External link in |work= (help)

19. Jump up ^ Lynch, Timothy (Fall 2003). "The Case Against Plea Bargaining" (PDF). Regulation. Washington, D.C.: Cato Institute. 23 (3): 23–27. SSRN 511222 Freely accessible. Retrieved 2012-01-10. "The overwhelming majority of individuals who are accused of crime forgo their constitutional rights and plead guilty."

20. Jump up ^ McConville, Mike; Chester Mirsky (December 1995). "The Rise of Guilty Pleas: New York, 1800-1865". Journal of Law and Society. Blackwell Publishing on behalf of Cardiff University. 22 (4): 443–474. JSTOR 1410610.

21. Jump up ^ "THE POLICE VERDICT; Los Angeles Policemen Acquitted in Taped Beating". www.nytimes.com. Retrieved 2017-01-17.

22. Jump up ^ "Cot deaths; Munchausen by Proxy, Sir Roy Meadow". Mth.kcl.ac.uk. Archived from the original on 2008-12-08. Retrieved 2008-09-06.

23. Jump up ^ http://aph.gov.au/senate/general/constitution/chapter3.htm

24. Jump up ^ "Democracy - Faculty Projects :: SETIS". setis.library.usyd.edu.au. Retrieved 2015-06-13.

25. Jump up ^ "21 Oct 1824 - TRIAL BY JURY IN THE COURTS OF SESSIONS". Retrieved 2012-07-25.

26. Jump up ^ "Jury trials XII" (pdf). Retrieved 2012-07-25.

27. Jump up ^ Criminal Procedure Act 2004 (WA) s 104

28. Jump up ^ "Smith v. The Queen [2015] HCA 27" (PDF). Retrieved 2015-08-09.

29. Jump up ^ Jury Act 1977 (NSW), s 55F

30. ^ Jump up to: a b http://www.austlii.edu.au/au/legis/nsw/consol_act/ja197791/s55f.html

31. Jump up ^ Ss. 3 and 24 Jury Oridnance

32. Jump up ^ "The Hong Kong legal system takes China's road to justice". The Australian. 2009-11-26.

33. Jump up ^ "CHIANG LILY v. SECRETARY FOR JUSTICE [2009] HKCFI 100; HCAL 42/2008

(9 February 2009)". hklii.hk. Retrieved 2015-06-13.

34. Jump up ^ "-". thestandard.com.hk. Archived from the original on 2015-06-15. Retrieved 2015-06-13.

35. Jump up ^ .Ss 24 and 33A, High Court Ordinance

36. ^ Jump up to: a b c d e f g h Jean-Louis Halpérin (25 March 2011). "Lay Justice in India" (PDF). École Normale Supérieure.

37. Jump up ^ "Jury system in Parsi Matrimonial Disputes". Facebook, RIGHT TO RECALL AGAINST CORRUPTION. August 30, 2016.

38. Jump up ^ "s46C Juries Act 1981".

39. Jump up ^ "Stortinget fjerner juryen fra rettssalen (Norwegian)". Aftenposten. Retrieved 2016-02-20.

40. ^ Jump up to: a b c d e f g Terrill 2009, p. 439.

41. ^ Jump up to: a b c d Barry, Ellen (November 15, 2010). "In Russia, Jury Is Something to Work Around". The New York Times.

42. ^ Jump up to: a b Terrill 2009, pp. 438-439.

43. Jump up ^ "'Judiciary', Singapore - A Country Study".

44. Jump up ^ George P. Landow. "Lee Kuan Yew's Opposition to Trial by Jury".

45. Jump up ^ Constitutionally Speaking, 9 September 2009 — http://constitutionallyspeaking. co.za/do-we-need-a-jury-system/ Retrieved 2013-01-08.

46. Jump up ^ G+M: "Pistorius murder trial adjourned until April 7" (Reuters) 28 Mar 2014 (in print one day later)

47. Jump up ^ "Honeymoon murder: Timeline of events for Shrien Dewani - BBC News". bbc. com. Retrieved 2015-06-13.

48. Jump up ^ NJA 2012 s. 940 Archived 2013-12-27 at the Wayback Machine., p. 13

49. Jump up ^ Mansour, Fati (29 September 2008). "Le jury populaire àl'agonie" (in French). Le Temps. Archived from the original on 29 September 2008. Retrieved 2008-09-29.

50. Jump up ^ "Criminal Justice Act 1967". Retrieved 2013-01-07.

51. Jump up ^ "Straw on trial over jury reform". BBC News. 1999-11-19. Retrieved 2010-05-07.

52. Jump up ^ "No-Jury trial plan 'presses on'". London: BBC News. 2005-11-26. Retrieved 2010-03-24.

53. Jump up ^ "Non-Jury trial plans under fire". London: BBC News. 2005-11-21. Retrieved 2010-03-24.

54. Jump up ^ "Commons passes jury-less trials". London: BBC News. 2006-11-29. Retrieved 2010-03-24.

55. Jump up ^ "Lords defeat no-Jury trials plan". BBC News. 2007-03-20. Retrieved 2010-05-07.

56.^ Jump up to: a b "First trial without jury approved". BBC News. 2009-06-18. Retrieved 2010-05-07.

57. Jump up ^ "First no-jury crime trial begins". BBC News. 2010-01-12. Retrieved 2010-05-07.

58. Jump up ^ Hughes, Mark (2010-03-31). "Armed raiders jailed after trial without jury". London: The Independent (UK). Retrieved 2010-03-31.

59. Jump up ^ "Two jailed for life for killing policeman Stephen Carroll". ITV News. 30 March 2012. "They were tried in a 'diplock court' by a judge with no jury; common in Northern Ireland for crimes connected to terrorism."

60. Jump up ^ "Non-Jury trial option 'essential' says Goggins". BBC News. 3 March 2010.

61. Jump up ^ District of Columbia v. Clawans, 300 U. S. 617 (1937) and Baldwin v. New York, 399 U. S. 66 (1970)

62. Jump up ^ Landry v. Hoepfner, 818 F.2d 1169 (1989), dissenting

63. Jump up ^ Doug Linder. "Jury Nullification: History, questions and answers about nullification, links". law.umkc.edu. Retrieved 2015-06-13.

64. Jump up ^ Dolan, Maura (May 8, 2001), Justices Say Jurors May Not Vote Conscience, archived from the original on December 2, 2006

65. Jump up ^ United States v. Spock, 416 F.2d 165 (1st Cir. July 11, 1969).

66. Jump up ^ Forston, Robert F. (1975), Sense and Non-Sense: 배심에 의한 정식사실심리 Jury trial Communication, 1975, BYU L.Rev., p. 601

67. Jump up ^ Kalven, Harry Jr. (1964), Dignity of the Civil Jury, The, 50, Va. L. Rev., p. 1055

68. Jump up ^ George Fisher (1997), The Jury's Rise as Lie Detector, 107, Yale Law Journal

69. Jump up ^ "Jury Service". United States Courts. Retrieved 2012-12-16.

70.^ Jump up to: a b c "Case Law Development: Jury trial in Divorce Actions".

71.^ Jump up to: a b "Jury trial".

72. Jump up ^ "The Constitution of the United States of America". Gpoaccess.gov. Archived

from the original on 2008-09-19. Retrieved 2008-09-06.

73. Jump up ^ "CRS/LII Annotated Constitution Seventh Amendment". Law.cornell.edu. Retrieved 2008-09-06.

74. Jump up ^ http://www.ecasebriefs.com/blog/law/civil-procedure/civil-procedure-keyed-to-yeazell/identifying-the-trier/amoco-oil-co-v-torcomian/

75. Jump up ^ Allan, Arbman,; James, McConnell, (2016-01-01). "Trial by Jury: The New Irrelevant Right". SMU Law Review. 27 (3). ISSN 1066-1271.

76. Jump up ^ Leney HC. (1991). Civil Procedure - White v. McGinnis: The Ninth Circuit Expands Civil Jury trial Waiver. Golden Gate University Law Review.

77. Jump up ^ HOUSE OF LORDS Lord Bingham of Cornhill Lord Nolan Lord Hoffmann Lord Hutton Lord Rodger of Earlsferry OPINIONS OF THE LORDS OF APPEAL FOR JUDGMENT IN THE CAUSE REGINA v. JONES (APPELLANT) ON APPEAL FROM THE COURT OF APPEAL (CRIMINAL DIVISION) 20th February 2002 UKHL5

인용저서들(Bibliography)

Casper, Gerhard; Zeisel, Hans (January 1972). "Lay Judges in the German Criminal Courts". Journal of Legal Studies. 1 (1). JSTOR 724014.

Jehle, Jörg-Martin; German Federal Ministry of Justice (2009). Criminal Justice in Germany. Forum-Verl. ISBN 978-3-936999-51-8.

Delmas-Marty, Mireille (2002). European Criminal Procedures. Cambridge University Press. ISBN 978-0-521-59110-2.

Bell, John (2006). Judiciaries Within Europe: A Comparative Review. Cambridge University Press. ISBN 978-0-521-86072-7.

Wolfe, Nancy Travis (December 1994). "Lay Judges in German Criminal Courts: The Modification of an Institution". Proc. Am. Philos. Soc. 138 (4). JSTOR 986849.

Malsch, Marijke (2009). Democracy in the Courts: Lay Participation in European Criminal Justice Systems. Ashgate Publishing. ISBN 978-0-7546-7405-4.

Vogler, Richard (2005). A World View of Criminal Justice. International and Comparative Criminal Justice. Ashgate Publishing. ISBN 978-0-7546-2467-7.

Kahn-Freund, Otto (January 1974). "On Uses and Misuses of Comparative Law". Modern Law Review. 37 (1). JSTOR 1094713.

Wolff, Hans Julius (June 1944). "Criminal Justice in Germany". Michigan Law Review. 42 (6). footnote 7, pp. 1069−1070. JSTOR 1283584.

Bauer, Franz J. (23 December 2009). "Volksgerichte, 1918-1924". Historisches Lexikon Bayerns.

Der Hitler-Proze β vor dem Volksgericht in München [The Hitler Trial Before the People's Court in Munich]. 1924.

Fulda, Bernhard (2009). Press and politics in the Weimar Republic. Oxford University Press. ISBN 978-0-19-954778-4.

Mulligan, William (2005). The Creation of the Modern German Army: General Walther Reinhardt and the Weimar Republic, 1914-1930. Monographs in German History. 12. Berghahn Books. ISBN 978-1-57181-908-6.

Shirer, William L. (1990). The Rise and Fall of the Third Reich: A History of Nazi Germany.

Simon and Schuster. ISBN 978-0-671-72868-7.

Case, Nelson (1902). European Constitutional History. Jennings & Pye. OCLC 608806061.

Forsyth, William (1852). History of Trial by Jury. J. W. Parker. OCLC 29739821.

Terrill, Richard J. (2009). World Criminal Justice Systems: A Survey (7 ed.). Elsevier. ISBN 978-1-59345-612-2.

United States Federal Sentencing Guidelines

From Wikipedia, the free encyclopedia

The Federal Sentencing Guidelines are rules that set out a uniform sentencing policy for individuals and organizations convicted of felonies and serious (Class A) misdemeanors[1] in the United States federal courts system. The Guidelines do not apply to less serious misdemeanors.[2]

History

Enabling legislation

The Guidelines are the product of the United States Sentencing Commission, which was created by the Sentencing Reform Act of 1984.[3] The Guidelines' primary goal was to alleviate sentencing disparities that research had indicated were prevalent in the existing sentencing system, and the guidelines reform was specifically intended to provide for determinate sentencing. This refers to sentencing whose actual limits are determined at the time the sentence is imposed, as opposed to indeterminate sentencing, in which a sentence with a maximum (and, perhaps, a minimum) is pronounced but the actual amount of time served in prison is determined by a parole commission or similar administrative body after the person has started serving his or her sentence. As part of the guidelines reform in 1984, parole on federal level was abolished.

The federal effort followed guidelines projects in several states, initially funded by the United States Department of Justice, and led by Jack Kress and his research team during the late 1970s. The first sentencing guidelines jurisdictions were county-wide, in Denver,

미합중국 연방 양형기준

From Wikipedia, the free encyclopedia

연방 양형기준은 미합중국 연방법원 체계에서 중죄들로 및 중경죄들(Class A)[1]로 유죄판정된 개인들에 및 조직들에 대한 통일된 양형정책을 설계하는 규칙들이다. 덜 중대한 경죄들에는 양형기준은 적용되지 않는다.[2]

역사

수권입법

기준은 1984년 양형개혁법(the Sentencing Reform Act of 1984)에 의하여 창설된 미합중국 양형위원회(the United States Sentencing Commission)의 창작품이다.[3] 기존의 양형제도에 만연해 있음을 조사가 보여준 터인 형량편차들을 경감시키는 데 기준들의 일차적 목표는 있었고, 그리하여 명확한 형량을 규정하는 데 특별히 의도를 양형기준 개혁작업은 두었다. 최장형기(그리고, 아마도 최단형기)를 단 형량이 선언되는, 그렇지만 감옥에서의 실제의 복역기간은 가석방위원회(parole commission)에 의하여 또는 이에 유사한 행정기관에 의하여 그/그녀의 복역을 그/그녀가 시작한 뒤에 결정되는 가변적 형량(indeterminate sentencing)에 반대되는 것으로서의, 선고가 내려지는 시점에서 실제의 복역기간들이 확정되는 형량을 이것은 가리킨다. 1984년 기준들의 일부분으로서 연방차원에서의 가석방은 폐지되었다.

몇몇 주들에서의 양형제도 개혁작업들을 연방의 노력은 뒤따랐는 바, 그것은 당초에 미합중국 법무성의 자금 지원 아래서 잭 크레스(Jack Kress)의 및 그의 연구팀의 주도로 1970년대 끝 무렵에 이루어졌다. 최초의 양형기준들의 관할범위는 카운티(county) 단위였는데, 덴버(Denver)

Newark, Chicago and Philadelphia. Statewide guidelines systems were next established in Utah, Minnesota, Pennsylvania, Maryland, Michigan, Washington, and Delaware, before the federal sentencing guidelines were formally adopted in 1987. Given that the vast majority of criminal sentencing is done at the state level, the American Law Institute and the American Bar Association have each recommended such systems for all the states, and nearly half the states presently have such systems, although significant variations exist among them. For example, Minnesota's Sentencing Guidelines Commission initially sought consciously not to increase prison capacity through guidelines. That is, Minnesota assumed that the legislature should determine how much would be spent on prisons and that the sentencing commission's job was to allocate those prison beds in as rational a way as possible. The federal effort took the opposite approach. It determined how many prisons would be needed and Congress was then essentially required to fund those beds.

Promulgation and modification

In drafting the first set of guidelines, the Commission used data drawn from 10,000 pre-sentence investigations, the differing elements of various crimes as distinguished in substantive criminal statutes, the United States Parole Commission's guidelines and statistics, and data from other sources in order to determine which distinctions were important in pre-guidelines practice.[4] Sentencing criteria already in use by judges was thus codified as guidelines. The Commission essentially codified existing practice. Future modifications often reflected Congressional mandates, as in the case of the Anti-Drug Abuse Act of 1986 that imposed increased and mandatory minimum sentences.

In 2003, Congress considered the Feeney Amendment to the PROTECT Act. This amendment would have totally rewritten the guidelines. Among other changes, the original amendment would have eliminated all unenumerated downward departures and all downward departures for family ties, diminished capacity, aberrant behavior, educational or vocational skills, mental or emotional conditions, employment record, good works, or overstated criminal history. Defense lawyers, law professors, current and former Sentencing Commissioners, the President of the American Bar Association, Chief Justice Rehnquist, and others wrote to Congress opposing the amendment. The enacted bill limited the changes described above to crimes involving pornography, sexual abuse, child sex,

에시의, 뉴약(Newark)에서의, 시카고에서의 및 필라델피아에서의 경우들이다. 그 뒤로 유타주에서, 미네소타주에서, 펜실베니아주에서, 매릴랜드주에서, 미시간주에서, 워싱턴주에서, 그리고 델라웨어주에서, 주 범위의(statewide) 기준들이 수립되었는 바, 연방 양형기준이 공식적으로 1987년에 채택되기 이전이었다. 형사적 양형작업의 대부분이 주 차원에서 이루어짐을 감안하여, 이러한 제도들을 모든 주들에게 미국법학회는 및 미국법률가협회는 각기 권장하였고, 이러한 제도들을 거의 절반의 주들이 현재 가지고 있는데, 다만 그것들 사이에는 상당한 차이점들이 있다. 예컨대, 감옥수용을 양형기준을 통하여 증대시키지 아니하려고 미네소타주 양형위원회는 당초에 의식적으로 추구하였다. 즉, 감옥들에 얼마가 지출될지는 입법이 결정해야 한다고, 그리고 양형위원회의 임무는 그 감옥 침대숫자를 가능한 한 합리적인 방법으로 할당하는 것이라고 미네소타주는 가정하였다. 그 반대의 접근법을 연방의 노력은 취하였다. 얼마나 많은 감옥들이 필요할지를 연방 양형기준이 결정하였고 연방의회는 그 숫자의 침대들의 자금을 제공하도록 기본적으로 요구되었다.

공포(Promulgation) 및 개정(modification)

최초의 양형기준 조항들을 초안함에 있어서는, 양향기준 제정 이전의 실무에서 어떤 구분들이 중요하였는지를 판단하기 위하여 10,000건의 선고전 조사들(presentence investigations)로부터 추출된 자료들을, 실체적 형사 제정법들에서 구분되는 것들로서의 다양한 범죄들의 다양한 요소들을, 미합중국 가석방위원회의 기준들을 및 통계들을, 그리고 여타 출처들로부터의 자료들을 위원회는 사용하였다.[4] 판사들에 의하여 이미 사용되고 있던 양형의 표준들은 이로써 양형기준으로서 법전화되었다. 기본적으로 기존의 실무기준을 위원회는 법전화하였다. 연방의회의 명령사항들을 이후의 개정들은 자주 반영하였는데, 예컨대 증대된 및 의무적인 최소형량들을 부과한 1986년의 마약단속법(Anti-Drug Abuse Act of 1986)의 경우가 그것이다.

아동보호법(the PROTECT Act)에 대한 피니(Feeney) 개정안을 2003년에 연방의회는 검토하였다. 양형기준을 이 개정안은 완전히 새롭게 쓰는 것이 될 것이었다. 여타의 개정사항들 가운데서도 특히, 열거되지 아니하는 모든 하향 이동들을, 그리고 가족적 유대들을 이유로 하는, 저감된 능력을 이유로 하는, 상규일탈 행위를 이유로 하는, 교육적 내지는 직업적 숙련을 이유로 하는, 정신적 및 정서적 조건들을 이유로 하는, 고용기록을 이유로 하는, 선행을 이유로 하는, 과장된 전과기록을 이유로 하는 모든 하향 이동들을 당초의 개정안은 제거해 놓았을 것이었다. 개정안에 반대하는 편지를 연방의회에 변호사들은, 법학교수들은, 현직의 및 전직의 양형위원들은, 미국법률가협회 회장은, 연방대법원장 렌퀴스트는, 그리고 여타의 인물들은 썼다. 포르노그래피를, 성적학대를, 미성년자 간음을, 그리고 아동유괴를 및 아동밀매

and child kidnapping and trafficking. It also raised penalties for child pornography and child sex abuse. It also greatly increased prosecutorial discretion and influence by limiting judges' power to depart from the guidelines and granting prosecutors greater power over departures. For instance, it made a prosecutorial motion a prerequisite for a three-level reduction for acceptance of responsibility. It also instructed the Sentencing Commission to authorize four-level "fast-track" downward departures in illegal-reentry immigration cases upon motion of the prosecutor.[5]

United States v. Booker

Though the Federal Sentencing Guidelines were styled as mandatory, the Supreme Court's 2005 decision in United States v. Booker found that the Guidelines, as originally constituted, violated the Sixth Amendment right to trial by jury, and the remedy chosen was excision of those provisions of the law establishing the Guidelines as mandatory. In the aftermath of Booker and other Supreme Court cases, such as Blakely v. Washington (2004), Guidelines are now considered advisory only. Federal judges (state judges are not affected by the Guidelines) must calculate the guidelines and consider them when determining a sentence but are not required to issue sentences within the guidelines. Those sentences are still, however, subject to appellate review. The frequency in which sentences are imposed that exceed the range stated in the Guidelines has doubled in the years since the Booker decision.[6]

Guidelines basics

The Guidelines determine sentences based primarily on two factors:
1. the conduct associated with the offense (the offense conduct, which produces the offense level)
2. the defendant's criminal history (the criminal history category)

The Sentencing Table[7] in the Guidelines Manual[8] shows the relationship between these two factors; for each pairing of offense level and criminal history category, the Table specifies a sentencing range, in months, within which the court may sentence a defendant. For example, for a defendant convicted on an offense with a total offense level of 22 and a criminal history category of I, the Guidelines recommend a sentence of 41−51 months.[9] If, however, a person with an extensive criminal history (Category VI) committed the same

를 포함하는 범죄들만에 대한 것으로 위에서 설명된 개정사항들을 제정 법률은 제한하였다. 아동 포르노그래피에 및 아동 성적학대에 대한 벌칙들을 그것은 또한 높였다. 기준들을 벗어날 판사들의 권한을 제한함으로써 및 기준이탈에 대한 보다 더 큰 권한을 검사들에게 부여함으로써 검찰의 재량권을 및 영향력을 그것은 아울러 크게 증대시켰다. 예를 들어 검찰의 신청을, 죄책 승인(acceptance of responsibility)을 이유로 하는 세 등급 감경을 위한 필수요건으로 그것은 만들었다. 검사의 신청에 따라 네 등급의 "고속"감경을 위한 기준이탈들을 불법재입국 이민사건들에서 허용하도록 양형위원회에 그것은 또한 지시하였다.[5]

United States v. Booker 판결

비록 연방양형기준은 의무적인 것으로 설계되었음에도 불구하고, 연방헌법 수정 제6조상의 배심에 의한 재판을 받을 권리를 최초에 제정된 것으로서의 기준은 침해하였다고 United States v. Booker 사건에서의 연방대법원의 2005년 판결은 판시하였고, 그 선택된 치유책은, 양형기준들을 의무적인 것으로 규정하는 법의 해당 규정들에 대한 삭제였다. Booker 판결의, 그리고 Blakely v. Washington (2004) 류의 여타의 연방대법원 판결들의 여파로, 기준은 권고적인 것으로서만 지금은 간주된다. 기준들을 연방판사들은 계산하지 않으면 안 되고 형량을 결정할 때 그것들을 고려하지 않으면 안 되지만 (기준들의 영향을 주 판사들은 받지 않는다), 기준들의 범위 내에서 형량을 산출하도록 요구되지 않는다. 그러나 그 형량들은 여전히 항소심 재심리에 종속된다. 기준들에 규정된 범위를 초과하는 형량이 부과되는 빈도는 Booker 판결 이래의 기간 중에 두 배로 증가하였다.[6]

기준들의 기본원칙

주로 두 가지 요소들에 토대한 형량을 기준은 결정한다:
1. 범죄에 연관된 행위 [범죄의 행위로서, 범행등급(offense level)을 산출함]
2. 피고인의 범죄전력(Criminal History) (범죄전력 범주)

이 두 요소들 사이의 관계를 양형기준 편람(the Guidelines Manual)[8] 상의 양형기준표(the Sentencing Table)[7]는 보여준다; 범행등급의 및 범죄전력 범주의 조합 하나 하나마다에 대하여 형량의 범위를 월 단위로 양형기준표는 특정하는데, 피고인의 형량을 그 범위 내에서 법원은 선고할 수 있다. 예컨대, 전체적 범행등급 22를 및 범죄전력 범주 I를 지닌 범죄에 대하여 유죄로 판정된 피고인에 대하여는, 41-51 개월의 형량을 기준은 권고한다.[9] 그러나 만약, 동일한 범죄를 동일한 방법으로 동일한 시각표 내에서 - 옛 기준의 적용기간 동안에가 아니

offense in the same manner in the same modern timeline and not during the older guide-line periods, the Guidelines would recommend a sentence of 84−105 months.[7]

Offense level

There are 43 offense levels. The offense level of a defendant is determined by looking up the offense in Chapter 2 and applying any applicable adjustments. The originally pro-posed sentencing guidelines had 360 levels, and there are proposals to substantially reduce the current number of offense levels.[10]

Criminal history

There are six criminal history categories. Each category is associated with a range of criminal history points. Thus, for example, a defendant with 0 or 1 criminal history points would be in Criminal History Category I, while a defendant with 13 or more criminal histo-ry points would be in Criminal History Category VI. The criminal history points are calcu-lated by adding 3 points for each prior sentence of imprisonment exceeding one year and one month; adding 2 points for each prior sentence of imprisonment of at least sixty days but not more than 13 months; adding 1 point for each prior sentence of less than sixty days; adding 2 points if the defendant committed the instant offense while under any crim-inal justice sentence, including probation, parole, supervised release, imprisonment, work release, or escape status; adding 2 points if the defendant committed the instant offense less than two years after release from imprisonment on a sentence of sixty days or more or while in imprisonment or escape status on such a sentence, except that if 2 points are added committing the offense while under a criminal justice sentence, adding only 1 point for this item; and adding 1 point for each prior sentence resulting from a conviction of a crime of violence that did not receive any points because such sentence was counted as a single sentence, up to a total of 3 points for this item.[11]

The guidelines require "counting prior adult diversionary dispositions if they involved a judicial determination of guilt or an admission of guilt in open court. This reflects a policy that defendants who receive the benefit of a rehabilitative sentence and continue to com-mit crimes should not be treated with further leniency."

라 - 더 넓은 범죄전력을 지닌 (범죄전력 범주 VI) 사람이 저질렀다면, 84-105 개월의 형량을 기준은 권고하는 것이 될 것이다.[7]

범행등급(Offense Level)

범행등급들은 43 개가 있다. 제2장에서의 범죄들을 찾아봄으로써 및 적용 가능한 조정사항들을 적용함으로써 피고인의 범행등급은 판정된다. 360개의 등급들을 최초에 제안된 양형기준은 가지고 있었고, 현행의 범행등급들을 상당히 감소시키기 위한 제안들이 있다.[10]

범죄전력(Criminal History)

범죄전력 범주들은 여섯이 있다. 범죄전력 점수들의 범위에 개개 범주는 연결된다. 그리하여, 가령 범죄전력 점수 0 또는 or 1인 피고인은 범죄전력 범주 I에 있게 되고, 범죄전력 점수 13 이상인 피고인은 범죄전력 범주 VI에 있게 된다. 1년 1월을 초과하는 이전의 구금형 한 개마다에 대하여 3점을 가산함에 의하여; 6일 이상 13개월 이하의 이전의 구금형 한 개마다에 대하여 2점을 가산함에 의하여; 6일 미만의 이전의 구금형 한 개마다에 대하여 1점을 가산함에 의하여; 조금이라도 형사판결에 의한 형기 아래에 - 보호관찰(probation)을, 가석방(parole)을, 관찰석방(supervised release)을, 구금형을, 노동석방(work release)을, 또는 도주상황(escape status)을 포함하여 - 있는 동안에 현행의 범죄를 만약 피고인이 저질렀으면 2점을 가산함에 의하여; 6일 이상의 형량에 기한 구금형으로부터의 석방 뒤 2년 미만 이내에 또는 그러한 형량에 기한 구금 기간 동안에 또는 도주 상태에 있는 동안에 현행의 범죄를 만약 피고인이 저질렀으면 2점을 가산함에 의하되, 다만 형사판결에 의한 형기 아래에 있는 동안에 그 범죄를 저지름으로써 2점이 가산되는 경우에는 이 항목에 대하여 1점만을 가산함에 의하여; 그리고 단일형량으로 형기가 계산됨으로 인하여 조금이라도 점수를 받지 아니한 폭력범죄에 대한 유죄판정으로부터 귀결되는 이전의 형기 한 개마다에 대하여 1점을 가산하되 이 항목에 대하여는 3점까지를 한도로 가산함에 의하여 범죄전력 점수들은 계산된다.[11]

"공개법정에서의 사법적 유죄판단을 내지는 유죄시인을 이전의 성년자 대상 우회처분들(diversionary dispositions)이 포함하였을 경우에는 그것들을 계산할 것을"기준은 요구한다. "사회복귀적 형량의 이익을 수령하는, 그런데도 범죄들을 저지르기를 계속하는 피고인들은 더 이상의 관용으로써 다루어져서는 안 됨을 이것은 나타낸다."

Zones

There are four sentencing zones: A, B, C, and D. Zone A consists of sentencing ranges of 0–6 months. Zone B consists of sentencing ranges above Zone A but with a maximum penalty of no more than 15 months. Zone C consists of sentencing ranges above Zone B but whose minimum penalty is less than 12 months. Zone D consists of sentencing ranges above Zone C.

A defendant in Zone A is eligible for Federal Probation, and no term of imprisonment is required. Probation is also authorized if the applicable guideline range is in Zone B of the Sentencing Table and the court imposes a condition or combination of conditions requiring intermittent confinement, community confinement, or home detention as provided in U. S. S. G. §5C1.1(c)(3) (2012), but at least one month of the sentence must be satisfied by imprisonment. A split sentence is authorized for defendants in Zone C. That is, Zone C defendants must serve at least half of their sentence in prison.[12]

In 2010, the U.S. Sentencing Commission proposed expanding Zones B and C, in recognition of the fact that many offenders are sentenced to 12 months and 1 day in order to receive the benefit of good time under U.S. federal law.[13]

Adjustments

Reductions in time to be served

There can be substantial assistance that can be grounds for significant reductions in federal criminal justice sentences in the United States. The Federal Rules of Criminal Procedure and U.S. Sentencing Guidelines require that the prosecution file a motion allowing the reduction. The court is not required to grant the reduction, and may decline to do so if it deems the information provided by the defendant to be untruthful, incomplete, unreliable, insignificant, not useful, or untimely. The Guidelines provide, "Substantial weight should be given to the government's evaluation of the extent of the defendant's assistance, particularly where the extent and value of the assistance are difficult to ascertain."[14][15]

구간들(Zones)

형량 구간들은 넷이 있다: A 구간이, B 구간이, C 구간이, 그리고 D 구간이 그것들이다. 0 개월에서 6개월까지의 형량범위들로 구간 A는 구성된다. 구간 A 위의, 그러나 최대형량 12 개월 이하인 형량범위들로 구간 B는 구성된다. 구간 B 위의, 그러나 최소형량(minimum penalty) 이 12월 이하인 형량범위들로 구간 C는 구성된다. 구간 C 위의 형량범위들로 구간 D는 구성 된다.

구간 A의 피고인은 연방 보호관찰에 처해질 자격이 있으며, 구금형기의 부과는 요구되지 않는다. 적용되는 기준범위가 양형기준표 구간 B에 있는 경우에도 보호관찰은 허가되고 U. S. S. G. (연방 양형기준) §5C1.1(c)(3) (2012)에 규정된 간헐적인 구금(intermittent confinement)을, 공동생활 시설 내 구금(community confinement)을 또는 가택 내 구금(home detention)을 요구하는 조건을 내지는 조건들의 배합을 법원은 부과하는데, 다만 적어도 1월의 형량은 구금형에 의하여 충족되지 않으면 안 된다. 구간 C의 피고인들에게는 분할과형(split sentence)이 허용된다. 즉, 그들의 형량 의 적어도 절반을 감옥에서 구간 C의 피고인들은 복역하지 않으면 안 된다.[12]

미합중국 연방법 아래서의 선행특전을 부여받기 위하여 다수의 범죄자들이 12개월 1일의 형량을 선고받는다는 사실에 대한 인식 가운데 구역 B를 및 구역 C를 확대시킬 것을 2010년 에 연방 양형위원회는 제안하였다.[13]

조정(Adjustments)

복역기간의 단축(Reductions in time to be served)

미합중국에서의 연방 형사판결 형량들에 대한 의미 있는 감경들을 위한 이유들이 될 수 있는 실질적인 조력이 있을 수 있다. 감경을 허용하는 신청을 검찰이 제기할 것을 연방 형 사절차규칙은 및 연방양형기준은 요구한다. 감경을 허가하도록 법원은 요구되지 아니하 며, 따라서 피고인에 의하여 제시되는 정보가 진실하지 않다고, 불완전하다고, 무가치하다 고, 유용하지 않다고 또는 시기에 맞지 않다고 자신이 여길 경우에는 그렇게 하기를 법원은 거부할 수 있다. "피고인의 조력의 정도에 대한 정부의 평가에 대폭적인 가치가 부여되어 야 하며, 조력의 정도를 및 가치를 확정하기 어려운 경우에는 특히 그러하다."고 기준은 규 정한다[14][15]

A 2- or 3-level offense level decrease is typically granted for acceptance of responsibility if the defendant accepts a plea bargain. However, the decrease will not apply if the defendant demonstrates behavior, such as continued criminal activity, that is inconsistent with acceptance of responsibility.[16]

Increase in time to be served

There are victim-related adjustments for hate crime motivation or vulnerable victims; official victims; restraint of victims; and terrorism. Adjustments can apply depending on the offender's role in the offense, which can include an aggravating role, a mitigating role. Enhancements apply for abuse of a position of trust or use of a special skill, using a minor to commit a crime, and use of body armor or a firearm in drug trafficking crimes and crimes of violence.

In addition, there are enhancements related to obstruction of justice, including obstructing or impeding the administration of justice, reckless endangerment during flight, commission of an offense while on release, and false registration of a domain name.

Adjustments also apply in cases involving multiple counts.

Departures

Departures upward or downward from the guideline range are appropriate for cases that deviate from the heartland of cases.

Departures are allowed in cases involving substantial assistance to authorities in the investigation or prosecution of another person who has committed an offense. Indeed, the Sentencing Reform Act even allows a departure below the applicable statutory mandatory minimum in such cases.[17] There is no penalty for refusal to assist authorities.

Other grounds for departure:

Death (§5K2.1)

If death resulted, the court may increase the sentence above the authorized guideline range.

답변거래를 피고인이 받아들일 경우에 죄책 승인(acceptance of responsibility)을 이유로 해서 범행등급에 있어서의 2, 3 등급 감경은 전형적으로 부여된다. 그러나, 지속되는 범죄활동 류의 죄책 승인에 모순되는 태도를 만약 피고인이 나타내면 감경은 적용되지 않는다.[16]

복역기간의 증대(Increase in time to be served)

증오의 범죄 동기에 내지는 취약한 피해자들에 따른; 공무원 피해자들에 따른; 피해자들의 감금에 따른; 그리고 테러리즘에 따른 피해자 관련의 조정항목들이 있다. 범행에 있어서의 범죄자의 역할에 따라 조정항목들은 적용될 수 있는데, 가중적 역할을 및 감경적 역할을 이는 포함할 수 있다. 수탁자로서의 지위의 남용에 대하여 내지는 특별한 숙련기술의 사용에 대하여, 범죄를 저지르도록 미성년자를 이용함에 대하여, 그리고 마약밀매 범죄들에서와 폭력범죄들에서의 방탄복의 또는 화기의 사용에 대하여 형량증대 항목들은 적용된다.

이에 더하여, 재판운영을 방해함을 내지는 저해함을 포함하는 사법방해(obstruction of justice)에, 비행(flight) 중의 무모한 위험유발에, 석방 중의 범죄 수행에, 그리고 허위의 인터넷 주소 등록에 관련한 형량증대 항목들이 있다.

복수소인들(multiple counts)을 포함하는 사건들에도 조정항목들은 적용된다.

이동(Departures)

사건들의 중심지역으로부터 벗어나는 사건들에서는 기준 범위로부터의 상향의 또는 하향의 이동들이 적합하다.

범죄를 저지른 타인에 대한 수사에 있어서 또는 소추에 있어서 관헌들에게의 중요한 조력을 포함하는 사건들에서 이동들은 허용된다. 참으로, 이러한 사건들에서는 해당 제정법상의 의무적 최소형량 밑으로까지의 하향 이동을조차도 양형개혁법은 허용한다.[17] 관헌들을 조력하기에 대한 거부를 이유로 하는 불이익은 없다.

이동의 여타 이유들(Other grounds for departure):

사망 (§5K2.1)

만약 범죄의 결과로 사망이 발생하면, 허용된 기준범위 위로 형량을 법원은 증대시킬 수 있다.

Loss of life does not automatically suggest a sentence at or near the statutory maximum. The sentencing judge must give consideration to matters that would normally distinguish among levels of homicide, such as the defendant's state of mind and the degree of planning or preparation. Other appropriate factors are whether multiple deaths resulted, and the means by which life was taken. The extent of the increase should depend on the dangerousness of the defendant's conduct, the extent to which death or serious injury was intended or knowingly risked, and the extent to which the offense level for the offense of conviction, as determined by the other Chapter Two guidelines, already reflects the risk of personal injury. For example, a substantial increase may be appropriate if the death was intended or knowingly risked or if the underlying offense was one for which base offense levels do not reflect an allowance for the risk of personal injury, such as fraud.

Physical injury (§5K2.2)

If significant physical injury resulted, the court may increase the sentence above the authorized guideline range. The extent of the increase ordinarily should depend on the extent of the injury, the degree to which it may prove permanent, and the extent to which the injury was intended or knowingly risked. When the victim suffers a major, permanent disability and when such injury was intentionally inflicted, a substantial departure may be appropriate. If the injury is less serious or if the defendant (though criminally negligent) did not knowingly create the risk of harm, a less substantial departure would be indicated. In general, the same considerations apply as in §5K2.1.

Extreme psychological injury (§5K2.3)

If a victim or victims suffered psychological injury much more serious than that normally resulting from commission of the offense, the court may increase the sentence above the authorized guideline range. The extent of the increase ordinarily should depend on the severity of the psychological injury and the extent to which the injury was intended or knowingly risked.

Normally, psychological injury would be sufficiently severe to warrant application of this adjustment only when there is a substantial impairment of the intellectual, psychological, emotional, or behavioral functioning of a victim, when the impairment is likely to be of an

제정법상의 최대형량을 또는 이에 근접한 형량을 생명의 손실이 자동적으로 암시하는 것은 아니다. 살인의 등급들을 일반적으로 구분지을 만한 사항들을, 가령 피고인의 정신상태를 및 계획의 내지는 준비의 정도를 양형심리 판사는 고려하지 않으면 안 된다. 여타의 적절한 요소들은 다수의 사망자들이 발생했는지 여부이고 생명이 빼앗겨진 방법이다. 피고인의 행위의 위험성에, 사망이 또는 중대한 상해가 의도된 내지는 고의적으로 무릅써진 정도에, 그리고 신체의 손상을 따로 제2장(Chapter Two) 기준들에 의하여 측정된 것으로서의 그 유죄판정 난 범죄의 범행등급이 이미 반영하는 정도에, 증대의 정도는 좌우되어야 한다. 예컨대, 사망이 만약 의도되었으면 내지는 고의로 무릅써졌으면, 또는 가령 사기죄의 경우에처럼 그 기초가 되는 범죄가 신체의 손상에 대한 용납을 기본 범행등급들이 반영하지 아니하는 성격의 것이면, 상당한 증대는 적절할 수 있다.

신체적 손상(Physical injury) (§5K2.2)

중대한 신체적 손상이 만약 범죄의 결과로서 초래되었으면, 형량을 허용되는 기준범위 위로 법원은 증대시킬 수 있다. 손상의 정도에, 그것이 영구적인 것으로 증명되는 정도에, 그리고 그 손상이 의도된 내지는 고의적으로 무릅써진 정도에 증대의 정도는 일반적으로 좌우되어야 한다. 중대한, 영구적인 불구상태를 피해자가 겪을 경우에, 그리고 그러한 상해가 의도적으로 가해진 것일 경우에, 상당한 이동이 적절할 수 있다. 만약 상해가 덜 중대한 것이면 내지는 그 해악의 위험을 피고인이 (설령 형사적으로 과실이 있었던 경우에도) 고의적으로 창출한 것이 아니면, 보다 덜 중대한 이동이 시사될 것이다. 일반적으로, §5K2.1에서의 바로 그 고려요소들이 적용된다.

극도의 정신적 손상(Extreme psychological injury) (§5K2.3)

만약 범죄의 수행으로부터 일반적으로 초래되는 정신적 손상을보다도 훨씬 더 심각한 정신적 손상을 피해자가 또는 피해자들이 겪었다면, 형량을 그 허용된 기준범위 위로 법원은 증대시킬 수 있다. 정신적 손상의 가혹성에 및 손상이 의도된 내지는 고의로 무릅써진 정도에 증대의 정도는 일반적으로 좌우되어야 한다.

일반적으로, 피해자의 지적, 심리적, 정서적, 또는 행동적 기능의 중대한 손상이 있는 경우에라야만, 연장되는 내지는 계속되는 존속을 손상이 지닐 가능성이 있는 경우에라야만, 그리고 신체적 내지는 심리적 증상들에 의하여 또는 행동 패턴의 변화들에 의하여 손상이 나타

extended or continuous duration, and when the impairment manifests itself by physical or psychological symptoms or by changes in behavior patterns. The court should consider the extent to which such harm was likely, given the nature of the defendant's conduct.

Abduction or unlawful restraint (§5K2.4)

If a person was abducted, taken hostage, or unlawfully restrained to facilitate commission of the offense or to facilitate the escape from the scene of the crime, the court may increase the sentence above the authorized guideline range.

Property damage or loss (§5K2.5)

If the offense caused property damage or loss not taken into account within the guidelines, the court may increase the sentence above the authorized guideline range. The extent of the increase ordinarily should depend on the extent to which the harm was intended or knowingly risked and on the extent to which the harm to property is more serious than other harm caused or risked by the conduct relevant to the offense of conviction.

Weapons and dangerous instrumentalities (§5K2.6)

If a weapon or dangerous instrumentality was used or possessed in the commission of the offense the court may increase the sentence above the authorized guideline range. The extent of the increase ordinarily should depend on the dangerousness of the weapon, the manner in which it was used, and the extent to which its use endangered others. The discharge of a firearm might warrant a substantial sentence increase.

Disruption of governmental function (§5K2.7)

If the defendant's conduct resulted in a significant disruption of a governmental function, the court may increase the sentence above the authorized guideline range to reflect the nature and extent of the disruption and the importance of the governmental function affected. Departure from the guidelines ordinarily would not be justified when the offense of conviction is an offense such as bribery or obstruction of justice; in such cases interference with a governmental function is inherent in the offense, and unless the circumstances are unusual the guidelines will reflect the appropriate punishment for such interference.

나는 경우에라야만 정신적 손상은 이 조정의 적용을 징당화할 만큼 충분히 가혹한 것이 될 것이다. 피고인의 행위의 성격에 비추어 이러한 손상이 초래될 가능성이 있었던 정도를 법원은 고려해야 한다.

유괴 또는 불법감금(Abduction or unlawful restraint) (§5K2.4)

범죄의 수행을 돕기 위하여 또는 범행 현장으로부터의 도주를 돕게 위하여 사람이 유괴되었다면, 인질로 잡혔다면, 또는 불법으로 감금되었다면, 형량을 허용된 기준범위 위로 법원은 증대시킬 수 있다.

재물의 손상 또는 손실(Property damage or loss) (§5K2.5)

기준 내에 고려되지 아니한 재물의 손상을 또는 손실을 만약 범죄가 초래했다면, 형량을 허용된 기준범위 위로 법원은 증대시킬 수 있다. 손상이 의도된 내지는 고의적으로 무릅써진 정도에 및 유죄판정 난 범죄에 관련되는 행위에 의하여 야기된 내지는 무릅써진 여타의 손상이보다도 재물의 손상이 더 중대한 정도에 증대의 정도는 일반적으로 좌우되어야 한다.

무기류 및 위험한 수단들(Weapons and dangerous instrumentalities) (§5K2.6)

만약 범죄의 수행에 무기가 또는 위험한 수단이 사용되었으면 내지는 소지되었으면, 형량을 허용된 기준범위 위로 법원은 증대시킬 수 있다. 무기의 위험성에, 그것이 사용된 방법에, 그리고 타인들을 위험에 그것의 사용이 빠뜨린 정도에 증대의 정도는 일반적으로 좌우되어야 한다. 중대한 형량증대를 화기의 발사는 정당화할 수 있다.

정부적 기능의 방해(Disruption of governmental function) (§5K2.7)

정부의 기능에 대한 중대한 방해를 피고인의 행위가 초래하였으면, 방해의 성격을 및 정도를, 그리고 손상된 정부적 기능의 중요성을 반영하기 위하여 형량을 허용된 기준범위 위로 법원은 증대시킬 수 있다. 유죄판정 난 범죄가 뇌물 류의 내지는 사법방해 류의 범죄인 경우에는 기준들로부터의 이동은 일반적으로 정당화되지 아니할 것이다; 그러한 사건들에서는 정부적 기능에 대한 방해가 그 범죄에 고유한 것이고, 따라서 상황들이 유별나지 아니한 한 그러한 방해행위에 대한 적절한 처벌을 기준은 나타낼 것이다.

Extreme conduct (§5K2.8)

If the defendant's conduct was unusually heinous, cruel, brutal, or degrading to the victim, the court may increase the sentence above the guideline range to reflect the nature of the conduct. Examples of extreme conduct include torture of a victim, gratuitous infliction of injury, or prolonging of pain or humiliation.

Criminal purpose (§5K2.9)

If the defendant committed the offense in order to facilitate or conceal the commission of another offense, the court may increase the sentence above the guideline range to reflect the actual seriousness of the defendant's conduct.

Victim's conduct (§5K2.10)

"If the victim's wrongful conduct contributed significantly to provoking the offense behavior, the court may reduce the sentence below the guideline range to reflect the nature and circumstances of the offense. In deciding whether a sentence reduction is warranted, and the extent of such reduction, the court should consider the following:

1. The size and strength of the victim, or other relevant physical characteristics, in comparison with those of the defendant.
2. The persistence of the victim's conduct and any efforts by the defendant to prevent confrontation.
3. The danger reasonably perceived by the defendant, including the victim's reputation for violence.
4. The danger actually presented to the defendant by the victim.
5. Any other relevant conduct by the victim that substantially contributed to the danger presented.
6. The proportionality and reasonableness of the defendant's response to the victim's provocation.

Victim misconduct ordinarily would not be sufficient to warrant application of this provision in the context of offenses under Chapter Two, Part A, Subpart 3 (Criminal Sexual Abuse). In addition, this provision usually would not be relevant in the context of non-violent

극단적 행위(§5K2.8)

만약 피고인의 행위가 피해자에게 현저히 가증스럽거나, 잔인하거나, 사납거나, 또는 비열한 것이었으면, 행위의 성격을 반영하기 위하여 형량을 기준 범위 위로 법원은 증대시킬 수 있다. 피해자의 고문을, 이유 없는 가해행위를, 또는 고통의 내지는 수치의 연장행위를 극단적 행위의 사례들은 포함한다.

범죄적 목적(Criminal purpose) (§5K2.9)

그 범죄를 피고인이 저지른 것이 여타의 범죄를 돕기 위한 것이었거나 은닉하기 위한 것이었으면, 피고인의 행위의 실제의 중대성을 반영하기 위하여 형량을 기준 범위 위로 법원은 증대시킬 수 있다.

피해자의 행동(Victim's conduct) (§5K2.10)

"범죄행위를 유발하는 데에 만약 피해자의 부정한 행위가 중대하게 기여하였다면, 범죄의 성격을 및 상황을 반영하기 위하여 형량을 기준 범위 밑으로 법원은 감경시킬 수 있다. 형량 감경이 정당화되는지 여부를 및 그러한 감경의 정도를 판단함에 있어서, 아래 사항들을 법원은 고려해야 한다:

1. 피고인의 것들에의 비교 속에서의 피해자의 크기 및 힘, 또는 그 밖의 관련된 신체적 특징.

2. 피해자의 행동의 끈덕짐 및 조금이라도 대결을 피하기 위한 피고인에 의한 노력.

3. 폭력에 관한 피해자의 명성을 포함하여 피고인에 의하여 합리적으로 지각된 위험.

4. 피해자에 의하여 피고인에게 실제로 제기된 위험.

5. 그 제기된 위험에 실질적으로 기여한 피해자에 의한 그 밖의 조금이라도 관련 있는 행위.

6. 피해자의 도발에 대한 피고인의 반응의 비례성 및 합리성.

제2장 A부(Part A), 3소부(Subpart 3) (형사적 성적 학대) 아래서의 범죄들의 맥락에 있어서는 이 규정의 적용을 보증하기에 피해자의 부적절한 처신은 일반적으로 충분하지 아니할 것이다. 그 밖에도, 폭력범죄들 이외의 맥락에서는 이 규정은 일반적으로 관련이 없을 것이다. 그러나

offenses. There may, however, be unusual circumstances in which substantial victim mis-conduct would warrant a reduced penalty in the case of a non-violent offense. For example, an extended course of provocation and harassment might lead a defendant to steal or destroy property in retaliation.

Lesser harms (§5K2.11)

Sometimes, a defendant may commit a crime in order to avoid a perceived greater harm. In such instances, a reduced sentence may be appropriate, provided that the circumstances significantly diminish society's interest in punishing the conduct, for example, in the case of a mercy killing. Where the interest in punishment or deterrence is not reduced, a reduction in sentence is not warranted. For example, providing defense secrets to a hostile power should receive no lesser punishment simply because the defendant believed that the government's policies were misdirected.

In other instances, conduct may not cause or threaten the harm or evil sought to be prevented by the law proscribing the offense at issue. For example, where a war veteran possessed a machine gun or grenade as a trophy, or a school teacher possessed controlled substances for display in a drug education program, a reduced sentence might be warranted.

Coercion and duress (§5K2.12)

If the defendant committed the offense because of serious coercion, blackmail or duress, under circumstances not amounting to a complete defense, the court may depart downward. The extent of the decrease ordinarily should depend on the reasonableness of the defendant's actions, on the proportionality of the defendant's actions to the seriousness of coercion, blackmail, or duress involved, and on the extent to which the conduct would have been less harmful under the circumstances as the defendant believed them to be. Ordinarily coercion will be sufficiently serious to warrant departure only when it involves a threat of physical injury, substantial damage to property or similar injury resulting from the unlawful action of a third party or from a natural emergency. Notwithstanding this policy statement, personal financial difficulties and economic pressures upon a trade or business do not warrant a downward departure.

폭력범죄 이외의 사건에서는 감경된 처벌을 피해자의 부적절한 행위가 정당화하는 중대한 특이한 상황들이 있을 수 있다. 예컨대, 보복으로 재물을 훔치도록 내지는 파손하도록 지속된 도발의 및 애먹임의 과정은 피고인을 이끌 수 있다.

손해가 더 적은 경우(Lesser harms) (§5K2.11)

때로는, 감지된 보다 더 큰 손해를 피하기 위하여 범죄를 피고인은 저지를 수 있다. 이러한 경우들에 있어서는, 감경된 형량이 적절할 수 있으나, 다만 예컨대 안락사의 경우에처럼 그 행위를 처벌함에 있어서의 사회의 이익을 상황들이 의미 있게 감소시키는 경우라야 한다. 처벌의 내지는 제지의 이익이 감소되지 아니한 경우에는, 형량에 있어서의 감경은 정당화되지 않는다. 예를 들어, 정부의 정책들이 잘못 방향잡힌 것으로 피고인이 믿었다는 이유만으로는 국방상의 비밀사항들을 적대적 세력에게 제공하는 행위가 더 가벼운 처벌을 받아야 하는 것은 아니다.

여타의 경우들에 있어서, 쟁점인 범죄를 금지하는 법에 의하여 그 방지함이 추구되는 손해를 내지는 해악을 행위가 야기하지 아니할 수 있거나 위협하지 아니할 수 있다. 예컨대, 기관총을 또는 수류탄을 전리품으로 참전용사가 보유한 경우에는, 또는 규제약물을 마약관련 교육 프로그램에서의 전시를 위하여 학교교사가 보유한 경우에는, 감경된 형량이 정당화된다.

강압 및 협박(Coercion and duress) (§5K2.12)

만약 중대한 강압 때문에, 공갈 때문에 또는 협박 때문에, 그러나 완전한 항변사유에는 달하지 아니하는 제반상황들 아래서, 범죄를 피고인이 수행하였다면, 법원은 하향 이동할 수 있다. 피고인의 행위들의 합리성에, 그 관련된 강압의, 공갈의, 또는 협박의 중대성 앞에서의 피고인의 행위들의 비례성에, 그리고 그 존재한다고 피고인이 믿었던 바로서의 상황들 아래서였다면 행위가 덜 유해하였을 정도에, 감경의 정도는 일반적으로 좌우되어야 한다. 제3자의 불법적 행위로부터의 내지는 자연적 비상사태로부터의 신체적 손상의 우려를, 재산상의 중대한 손해의 내지는 유사한 손해의 우려를 강압이 포함하는 경우라야만 이동을 정당화하기에 일반적으로 강압은 충분히 중대하다. 이 정책준칙에도 불구하고, 개인의 재정적 곤란은 및 거래에 내지는 사업에 가해진 경제적 압박은 하향 이동을 정당화하지 아니한다.

Diminished capacity (§5K2.13)

A downward departure may be warranted if (1) the defendant committed the offense while suffering from a significantly reduced mental capacity; and (2) the significantly reduced mental capacity contributed substantially to the commission of the offense. Similarly, if a departure is warranted under this policy statement, the extent of the departure should reflect the extent to which the reduced mental capacity contributed to the commission of the offense.

However, the court may not depart below the applicable guideline range if (1) the significantly reduced mental capacity was caused by the voluntary use of drugs or other intoxicants; (2) the facts and circumstances of the defendant's offense indicate a need to protect the public because the offense involved actual violence or a serious threat of violence; (3) the defendant's criminal history indicates a need to incarcerate the defendant to protect the public; or (4) the defendant has been convicted of an offense under chapter 71, 109A, 110, or 117, of title 18, United States Code.

Public welfare (§5K2.14)

If national security, public health, or safety was significantly endangered, the court may depart upward to reflect the nature and circumstances of the offense.

Voluntary disclosure of offense (§5K2.16)

If the defendant voluntarily discloses to authorities the existence of, and accepts responsibility for, the offense prior to the discovery of such offense, and if such offense was unlikely to have been discovered otherwise, a downward departure may be warranted. For example, a downward departure under this section might be considered where a defendant, motivated by remorse, discloses an offense that otherwise would have remained undiscovered. This provision does not apply where the motivating factor is the defendant's knowledge that discovery of the offense is likely or imminent, or where the defendant's disclosure occurs in connection with the investigation or prosecution of the defendant for related conduct.

책임능력이 저감된 사람(Diminished capacity) (§5K2.13)

(1) 정신적 책임능력이 중대하게 저감된 동안에 범죄를 피고인이 저지른 경우에; 그리고 (2) 범죄의 수행에 그 중대하게 저감된 정신적 책임능력 상태가 실질적으로 기여한 경우에 하향 이동은 정당화된다. 이에 유사하게, 이 정책준칙 아래서 이동이 정당화되면, 범죄의 수행에 그 저감된 정신적 책임능력이 기여한 정도를 이동의 정도는 반영해야 한다.

그러나, (1) 마약류의 또는 기타 알콜음료의 자발적 사용에 의하여 그 중대하게 저감된 정신적 책임능력이 야기된 경우에는, (2) 실제의 폭력을 내지는 폭력의 중대한 위협을 범행이 포함함으로 인하여 공중을 보호할 필요를 피고인의 범행의 사실관계가 및 상황들이 나타내는 경우에는, (3) 공중을 보호하기 위하여 피고인을 구금할 필요를 피고인의 범죄전력이 나타내는 경우에는, 또는 (4) 미합중국 법률집 제18편 제71장, 109A, 110, 또는 117 아래서의 범죄로 피고인이 유죄로 판정되어 있는 경우에는 그 적용되는 기준범위 밑으로 법원은 이동해서는 안 된다.

공공복리(Public welfare) (§5K2.14)

만약 국가안보가, 공공의 건강이 또는 안전이 중대하게 위협된 경우에는, 범죄의 성격을 및 상황들을 반영하기 위하여 법원은 상향 이동할 수 있다.

범죄의 자발적 개시(開示)(Voluntary disclosure of offense) (§5K2.16)

범죄의 존재를 적발 이전에 관헌들에게 만약 피고인이 자발적으로 개시하면(disclose), 그리고 그 책임을 인정하면, 그리고 다른 방법으로는 그러한 범죄가 발견되지 못했을 만한 것인 경우에는, 하향 이동은 정당화될 수 있다. 예컨대, 달리는 발견되지 않은 채로 남아 있었을 범죄를 후회에 의하여 마음이 움직인 피고인이 개시하는 경우에, 이 절 아래서의 하향 이동은 고려될 수 있다. 범죄의 발각이 이루어질 것 같다는 내지는 임박해 있다는 점에 대한 피고인의 지식이 그 동인(動因)인 경우에는, 또는 관련된 행위에 대한 피고인의 수사에 또는 소추에 연결되어 피고인의 개시(開示)가 일어나는 경우에는 이 규정은 적용되지 않는다.

Semiautomatic firearms capable of accepting large capacity magazines (§5K2.17)

If the defendant possessed a semiautomatic firearm capable of accepting a large capacity magazine in connection with a crime of violence or controlled substance offense, an upward departure may be warranted. A semiautomatic firearm capable of accepting a large capacity magazine' means a semiautomatic firearm that has the ability to fire many rounds without reloading because at the time of the offense (A) the firearm had attached to it a magazine or similar device that could accept more than 15 rounds of ammunition; or (B) a magazine or similar device that could accept more than 15 rounds of ammunition was in close proximity to the firearm. The extent of any increase should depend upon the degree to which the nature of the weapon increased the likelihood of death or injury in the circumstances of the particular case.

Violent street gangs (§5K2.18)

If the defendant is subject to an enhanced sentence under 18 U. S. C. §521 (pertaining to criminal street gangs), an upward departure may be warranted. The purpose of this departure provision is to enhance the sentences of defendants who participate in groups, clubs, organizations, or associations that use violence to further their ends. It is to be noted that there may be cases in which 18 U. S. C. §521 applies, but no violence is established. In such cases, it is expected that the guidelines will account adequately for the conduct and, consequently, this departure provision would not apply.

Post-sentencing rehabilitative efforts (§5K2.19)

Prior to October 2010:

[p]ost-sentencing rehabilitative efforts, even if exceptional, undertaken by a defendant after imposition of a term of imprisonment for the instant offense [were] not an appropriate basis for a downward departure when resentencing the defendant for that offense.

After Pepper v. United States (2011) but before November 1, 2012:

많은 용량의 탄창을 달 수 있는 반자동 화기류(Semiautomatic firearms capable of accepting large capacity magazines) (§5K2.17)

다량의 탄약장전이 가능한 탄창을 달 수 있는 반자동 화기를 폭력범죄에 내지는 규제약물 범죄에 연결하여 만약 피고인이 보유했으면, 상향 이동은 정당화될 수 있다. 범행의 시점에 (A) 15발을 넘는 탄약을 장전할 수 있는 탄창을 내지는 유사한 장치를 화기가 단 상태였음으로 인하여; 또는 (B) 15발을 넘는 탄약을 장전할 수 있는 탄창이 내지는 유사한 장치가 화기 부근에 있었음으로 인하여 재장전함이 없이 여러 발을 발사할 능력을 지니는 반자동 화기를, 다량의 탄약을 장전할 수 있는 반자동 화기라 함은 의미한다. 특정 사건의 제반상황들 속에서 사망의 내지는 상해의 가능성을 무기의 성격이 증대시킨 정도에 조금이라도 증대의 정도는 좌우된다.

길거리 폭력 갱단(Violent street gangs) (§5K2.18)

18 U. S. C. §521(범죄적 길거리 갱단에 관련됨) 아래서 증대된 형량에 만약 피고인이 처해지면, 상향 이동은 정당화될 수 있다. 이 이동의 목적은 자신들의 목표를 달성하기 위하여 폭력을 사용하는 집단들에, 모임들에, 조직들에, 또는 협회들에 가담하는 피고인들의 형량들을 제고시키기 위함이다. 18 U. S. C. §521이 적용되는 경우들이, 그러면서도 폭력이 입증되지 아니하는 경우들이 있을 수 있음은 유념되어야 한다. 그 경우들에서는, 행위를 기준이 적절히 설명할 것으로 예상되는 바, 따라서 이 이동 규정은 적용되지 아니할 것이다.

판결선고 이후의 사회복귀 노력들(Post-sentencing rehabilitative efforts) (§5K2.19)

2010년 10월 이전:

[당해 범죄에 대한 구금형기의 부과 뒤에 피고인에 의하여 취해진, 판결선고 이후의 사회복귀적 노력들은, 설령 그것이 특별한 것이었다 하더라도, 그 범죄에 대하여 피고인에게 형량을 다시 선고할 때의 하향 이동을 위한 적합한 근거는 되지 않았다.

Pepper v. United States (2011) 판결 선고 뒤부터 2012년 11월 1일 앞날까지:

When a defendant's sentence has been set aside on appeal, a district court at resentencing may consider evidence of the defendant's postsentencing rehabilitation, and such evidence may, in appropriate cases, support a downward variance from the now-advisory Guidelines range.

After November 1, 2012:[18]

Deleted.

Aberrant behavior (§5K2.20)

(a) IN GENERAL. — Except where a defendant is convicted of an offense involving a minor victim under section 1201, an offense under section 1591, or an offense under chapter 71, 109A, 110, or 117, of title 18, United States Code, a downward departure may be warranted in an exceptional case if:

1. the defendant's criminal conduct meets the requirements of subsection (b); and

2. the departure is not prohibited under subsection (c)

(b) REQUIREMENTS. — The court may depart downward under this policy statement only if the defendant committed a single criminal occurrence or single criminal transaction that

1. was committed without significant planning;

2. was of limited duration; and

3. represents a marked deviation by the defendant from an otherwise law-abiding life.

(c) PROHIBITIONS BASED ON THE PRESENCE OF CERTAIN CIRCUMSTANCES. — The court may not depart downward pursuant to this policy statement if any of the following circumstances are present:

1. The offense involved serious bodily injury or death.

2. The defendant discharged a firearm or otherwise used a firearm or a dangerous weapon.

3. The instant offense of conviction is a serious drug trafficking offense.

4. The defendant has either of the following: (A) more than one criminal history point, as determined under Chapter Four (Criminal History and Criminal Livelihood) before

항소심에서 피고인의 형량이 폐기되어 버린 경우에, 판결선고 이후의 사회복귀 상황에 관한 피고인의 증거를 그에 대한 양형을 다시 심리함에 있어서의 지방법원은 고려할 수 있는 바, 지금은 권고적인 것이 된 기준 범위로부터의 하향 이동을 적절한 사건들에서 그러한 증거는 뒷받침할 수 있다.

2012년 11월 1일 이후:[18]

[삭제]

상규일탈 행위(Aberrant behavior) (§5K2.20)

(a) 일반론 — 제1201절 아래서의, 제1591절 아래서의, 미합중국 법률집 제18편 제71장, 109A, 110, 또는 117 아래서의 미성년 피해자를 포함하는 범죄에 대하여 피고인이 유죄로 판정되는 경우를 제외하고는, 아래의 경우에 예외적인 사건에서 하향 이동은 정당화될 수 있다:

1. 소절 (b)의 요건들을 피고인의 범죄행위가 충족할 것; 및
2. 소절 (c) 아래서 이동이 금지되지 아니할 것

(b) 요건들 — 아래에 해당하는 단 한 개의 범죄 사건을 또는 단 한 개의 범죄행위를 피고인이 저지른 경우에만 이 정책준칙 아래서 법원은 하향 이동할 수 있다.

1. 중대한 계획 없이 저질러진 것일 것;
2. 지속기간이 제한적인 것이었을 것; 그리고
3. 여타의 경우의 준법적 생활로부터의 피고인의 두드러진 일탈을 나타내는 것일 것.

(c) 특정상황들의 현존에 토대한 금지들 — 조금이라도 아래의 상황들이 현존하는 경우에는 이 정책준칙에 따라서 법원은 하향 이동해서는 안 된다:

1. 중대한 신체적 손상을 내지는 사망을 범죄가 포함한 경우.
2. 화기를 피고인이 발사하거나 다른 방법으로 화기를 또는 위험한 무기를 사용한 경우.

3. 유죄판정의 당해 범죄가 중대한 마약밀매 범죄인 경우.
4. 다음의 어느 한 가지를 피고인이 가지는 경우: (A) §4A1.3(범죄전력 범주의 불충분성에 토대한 이동)의 소절 (b)의 적용 이전의 제4장(범죄전력 및 범죄적 생계)에 따라 판정되

application of subsection (b) of §4A1.3 (Departures Based on Inadequacy of Criminal History Category); or (B) a prior federal or state felony conviction, or any other significant prior criminal behavior, regardless of whether the conviction or significant prior criminal behavior is countable under Chapter Four.

Dismissed and uncharged conduct (§5K2.21)

The court may depart upward to reflect the actual seriousness of the offense based on conduct (1) underlying a charge dismissed as part of a plea agreement in the case, or underlying a potential charge not pursued in the case as part of a plea agreement or for any other reason; and (2) that did not enter into the determination of the applicable guideline range.

Specific offender characteristics as grounds for downward departure in child crimes and sexual offenses (§5K2.22)

In sentencing a defendant convicted of an offense involving a minor victim under section 1201, an offense under section 1591, or an offense under chapter 71, 109A, 110, or 117, of title 18, United States Code:

1. Age may be a reason to depart downward only if and to the extent permitted by § 5H1.1.
2. An extraordinary physical impairment may be a reason to depart downward only if and to the extent permitted by §5H1.4.
3. Drug, alcohol, or gambling dependence or abuse is not a reason to depart downward.

Discharged terms of imprisonment (§5K2.23)

A downward departure may be appropriate if the defendant (1) has completed serving a term of imprisonment; and (2) subsection (b) of §5G1.3 (Imposition of a Sentence on a Defendant Subject to Undischarged Term of Imprisonment) would have provided an adjustment had that completed term of imprisonment been undischarged at the time of sentencing for the instant offense. Any such departure should be fashioned to achieve a reasonable punishment for the instant offense.

는 것으로서의 1 점을 넘는 범죄전력 점수; 또는 (B) 연방법원에서의 내지는 주 법원에서의 중죄 유죄판정 내지는 그 밖의 이전의 조금이라도 중대한 범죄적 행동으로서, 그 유죄판정이 내지는 중대한 이전의 범죄적 행동이 제4장에 따라 계산될 수 있는지 여부에는 관계 없음.

각하된 또는 기소되지 아니한 행위(Dismissed and uncharged conduct) (§5K2.21)

(1) 해당 사건에서의 답변합의의 일부분으로서 각하된 혐의사실의 기초가 되는 행위에 또는 해당사건에서 답변합의의 일부분으로서 또는 그 밖의 어떤 이유로든 기소되지 아니한 잠재적 혐의사실의 기초가 되는 행위에 토대한, 및 (2) 적용되는 양형기준 범위의 판단에 들어오지 아니한 행위에 토대한, 범죄의 실제의 중대성을 반영하기 위하여 법원은 하향 이동할 수 있다.

아동범죄들에서와 성범죄들에 있어서의 하향 이동을 위한 근거들로서의 구체적인 범인특징들(Specific offender characteristics as grounds for downward departure in child crimes and sexual offenses) (§5K2.22)

제1201절 아래서의, 제1591절 아래서의 미성년 피해자를 포함하는 범죄로 또는 미합중국 법률집 제18편 제71장, 109A, 110, 또는 117 아래서의 범죄로 유죄판정된 피고인에게 형량을 부여함에 있어서:

1. §5H1.1에 의하여 허용되는 경우에만 및 그 범위 내에서만, 연령은 하향 이동을 위한 이유가 될 수 있다.
2. §5H1.4에 의하여 허용되는 경우에만 및 그 범위 내에서만, 과도한 신체적 손상은 하향 이동을 위한 이유가 될 수 있다.
3. 마약 의존증은, 알콜 의존증은, 또는 도박 의존증은 하향 이동을 위한 이유가 아니다.

구금형기의 복역 기간(Discharged terms of imprisonment) (§5K2.23)

(1) 구금형기의 복역을 피고인이 끝마친 상태인 경우에; 그리고 (2) 당해 범죄를 위한 형량 부과의 시점에서 그 끝마쳐진 구금형기가 만약 복역되지 않은 상태였더라면 조정을 §5G1.3 (미복역 구금기간이 남은 피고인에게의 형량의 부과)의 소절 (b)가 제공했을 법한 경우에, 하향 이동은 적절할 수 있다. 당해 범죄에 대한 합리적인 처벌을 달성하도록 조금이라도 이러한 이동은 맞추어져야 한다.

Commission of offense while wearing or displaying unauthorized or counterfeit insignia or uniform (§5K2.24)

If, during the commission of the offense, the defendant wore or displayed an official, or counterfeit official, insignia or uniform received in violation of 18 U. S. C. §716, an upward departure may be warranted.

Controversies

Among the controversial aspects of the Sentencing Guidelines have been the 100:1 disparity between treatment of crack and cocaine (which has been amended to 18:1 by the Fair Sentencing Act of 2010) and the immigration guidelines which call for hefty enhancements for illegal re-entrants with prior felony records, despite the prior offenses already being taken into account via the Criminal History Category.[19][20] Heavy penalties for child pornography offenders have also come under fire. Many judges are refusing to apply the Guidelines in these cases.[21]

It has been argued that the Sentencing Guidelines actually increase unwarranted sentencing disparities. Joseph S. Hall writes, "Factors such as whether or not the defendant can afford a skilled attorney capable of making innovative legal arguments or performing detailed factual investigations have a profound influence on a defendant's sentence. The prosecutor's power to extract guilty pleas, previously held in check by judges, is now counterbalanced only by the diligence of the defense attorney."[22] William J. Stuntz claims that "when necessary, the litigants simply bargain about what facts will (and won't) form the basis for sentencing. It seems to be an iron rule: guidelines sentencing empowers prosecutors, even where the guidelines' authors try to fight that tendency...In short, plea bargains outside the law's shadow depend on prosecutors' ability to make credible threats of severe post-trial sentences. Sentencing guidelines make it easy to issue those threats."[23]

The federal guilty plea rate has risen from 83% in 1983 to 96% in 2009,[24] a rise attributed largely to the Sentencing Guidelines.

무허가의 내지는 가짜의 표지를 내지는 제복을 착용하는 내지는 드러내 보이는 동안의

범죄의 수행(Commission of offense while wearing or displaying unauthorized or counterfeit insignia or uniform) (§5K2.24)

미합중국 법률집 제18편의 위반 속에서 수령된 공식의 내지는 가짜인 공식의 표지를 내지는 제복을 범죄의 수행 동안에 만약 피고인이 착용했거나 드러내보였다면, 상향 이동은 정당화될 수 있다.

논쟁사항들(Controversies)

양형기준의 논쟁적 측면들 가운데는 정제코카인(crack) 및 코카인(cocaine)에 대한 취급의 100 대 1의 불균형의 문제가 있어 왔고 [2010년의 공정양형법(the Fair Sentencing Act of 2010)에 의하여 18 대 1로 개정되었다], 또한 범죄전력 범주를 통하여 이전의 범죄들이 이미 고려되고 있음에도 불구하고 이전의 중죄기록들을 지닌 불법적 재입국자들에 대한 무거운 증강들을 요구하는 이민 기준들이 있어 왔다.[19][20] 아동 포르노그래피 범죄자들에 대한 무거운 처벌들은 마찬가지로 포화 아래에 놓인 상태이다. 기준들을 이러한 사건들에 적용하기를 많은 판사들은 거부하고 있다.[21]

형량상의 부당한 불균형들을 양형기준은 실제로 증대시킨다고 주장되어 왔다. "혁신적인 법적 주장들을 만들어 낼 수 있는 내지는 상세한 사실적 조사들을 수행할 수 있는 노련한 변호인을 피고인이 제공할 수 있는지 없는지 여부 등의 요소들은 피고인의 형량에 심대한 영향을 지닌다. 이전에는 판사들에 의하여 통제되었던 유죄답변들을 추출할 검사의 권한은 이제는 오직 변호인의 근면에 의해서만 상쇄된다."고 조셉 S. 홀(Joseph S. Hall)은 쓴다. [22] "형량부과를 위한 토대를 어떤 사실관계가 구성할지를 (및 구성하지 아니할지를) 필요한 경우에 소송당사자들은 손쉽게 거래한다. 그것은 냉혹한 통치인 것으로 보인다: 기준들에 따른 형량부과는 검사들에게 권력을 부여하는 바, 그 경향에 맞서 싸우기를 기준들의 입안자들이 시도하는 경우에조차도 그것은 그러하다 …… 요컨대, 정식사실심리 뒤에 부과될 가혹한 형량들의 위협들을 확실한 것으로 만들 수 있는 검사의 능력에 법의 그늘 밖에서의 답변거래들은 의존한다. 그 위협들을 제기하기 쉽도록 양형기준은 만들어 준다."고 윌리엄 J. 스툰쯔(William J. Stuntz)는 주장한다.[23]

연방의 유죄 답변율은 1983년의 83%로부터 2009년의 96%로 높아진 상태인 바,[24] 이 상승은 주로 양형기준에 힘입은 것이다.

Sentencing table

The sentencing table is an integral part of the U.S. Sentencing Guidelines.[25]

The Offense Level (1–43) forms the vertical axis of the Sentencing Table. The Criminal History Category (I–VI) forms the horizontal axis of the Table. The intersection of the Offense Level and Criminal History Category displays the Guideline Range in months of imprisonment. "Life" means life imprisonment. For example, the guideline range applicable to a defendant with an Offense Level of 15 and a Criminal History Category of III is 24–30 months of imprisonment.

Sentencing Table

Effective Nov. 2012 (showing months of imprisonment)[26][27]

양형기준표(Sentencing table)

양형기준표는 미합중국 양형기준의 구성부분이다.[25]

　양형기준표의 수직축을 범죄등급(the Offense Level) (1-43)은 구성한다. 표의 수평축을 범죄전력 범주(the Criminal History Category) (I-VI)는 구성한다. 월 단위 구금형기의 기준상의 범위를 범죄등급의 및 범죄전력 범주의 교차점은 나타낸다. 평생 동안의 구금형을 "평생(Life)"은 의미한다. 예컨대, 범죄등급 15의 및 범죄전력 범주 III의 피고인에게 적용되는 기준 범위는 24-30개월의 구금이다.

양형기준표(Sentencing Table)

　2012년 11월 발효 (구금월수를 나타냄)[26][27]

　(사진참조)

　벌금(Fines)

　개인들의 벌금표는 이러하다:[28]

[Sentencing Table] Effective Nov. 2012 (showing months of imprisonment)[26][27]

Offense Level ↓		Criminal History Category (Criminal History Points)					
		I (0 or 1)	II (2 or 3)	III (4, 5, 6)	IV (7, 8, 9)	V (10, 11, 12)	VI (13+)
Zone A	1	0-6	0-6	0-6	0-6	0-6	0-6
	2	0-6	0-6	0-6	0-6	0-6	1-7
	3	0-6	0-6	0-6	0-6	2-8	3-9
	4	0-6	0-6	0-6	2-8	4-10	6-12
	5	0-6	0-6	1-7	4-10	6-12	9-15
	6	0-6	1-7	2-8	6-12	9-15	12-18
	7	0-6	2-8	4-10	8-14	12-18	15-21
	8	0-6	4-10	6-12	10-16	15-21	18-24
Zone B	9	4-10	6-12	8-14	12-18	18-24	21-27
	10	6-12	8-14	10-16	15-21	21-27	24-30
	11	8-14	10-16	12-18	18-24	24-30	27-33
Zone C	12	10-16	12-18	15-21	21-27	27-33	30-37
	13	12-18	15-21	18-24	24-30	30-37	33-41
Zone D	14	15-21	18-24	21-27	27-33	33-41	37-46
	15	18-24	21-27	24-30	30-37	37-46	41-51
	16	21-27	24-30	27-33	33-41	41-51	46-57
	17	24-30	27-33	30-37	37-46	46-57	51-63
	18	27-33	30-37	33-41	41-51	51-63	57-71
	19	30-37	33-41	37-46	46-57	57-71	63-78
	20	33-41	37-46	41-51	51-63	63-78	70-87
	21	37-46	41-51	46-57	57-71	70-87	77-96

	22	41-51	46-57	51-63	63-78	77-96	84-105
	23	46-57	51-63	57-71	70-87	84-105	92-115
	24	51-63	57-71	63-78	77-96	92-115	100-125
	25	57-71	63-78	70-87	84-105	100-125	110-137
	26	63-78	70-87	78-97	92-115	110-137	120-150
	27	70-87	78-97	87-108	100-125	120-150	130-162
	28	78-97	87-108	97-121	110-137	130-162	140-175
	29	87-108	97-121	108-135	121-151	140-175	151-188
	30	97-121	108-135	121-151	135-168	151-188	168-210
	31	108-135	121-151	135-168	151-188	168-210	188-235
Zone D	32	121-151	135-168	151-188	168-210	188-235	210-262
	33	135-168	151-188	168-210	188-235	210-262	235-293
	34	151-188	168-210	188-235	210-262	235-293	262-327
	35	168-210	188-235	210-262	235-293	262-327	292-365
	36	188-235	210-262	235-293	262-327	292-365	324-405
	37	210-262	235-293	262-327	292-365	324-405	360-life
	38	235-293	262-327	292-365	324-405	360-life	360-life
	39	262-327	292-365	324-405	360-life	360-life	360-life
	40	292-365	324-405	360-life	360-life	360-life	360-life
	41	324-405	360-life	360-life	360-life	360-life	360-life
	42	360-life	360-life	360-life	360-life	360-life	360-life
	43	life	life	life	life	life	life

For individuals, the fine table is as follows:[28]

Offense level	Minimum	Maximum
3 and below	$200.	$9,500.
4-5	$500.	$9,500.
6-7	$1,000.	$9,500.
8-9	$2,000.	$20,000.
10-11	$4,000.	$40,000.
12-13	$5,500.	$55,000.
14-15	$7,500.	$75,000.
16-17	$10,000.	$95,000.
18-19	$10,000.	$100,000.
20-22	$15,000.	$150,000.
23-25	$20,000.	$200,000.
26-28	$25,000.	$250,000.
29-31	$30,000.	$300,000.
32-34	$35,000.	$350,000.
35-37	$40,000.	$400,000.
38 and above	$50,000.	$500,000.

The Guidelines state that the court can impose a fine above the maximum set out in the table if the defendant is convicted under a statute authorizing a maximum fine greater than $250,000, or a fine for each day of violation. The court can waive the fine if the defendant is unlikely to be able to pay or if the fine would unduly burden the defendant's dependents; however, the Guidelines state that the court must still impose a total combined sanction that is punitive.[29]

Probation and supervised release

The Guidelines state that the term of probation shall be at least one year but not more than five years if the offense level is 6 or greater, and no more than three years in any other case.[30] The Guidelines provide that the term of supervised release under U.S. federal law shall be at least three years but not more than five years for a defendant convicted of a Class A or B felony; at least two years but not more than three years for a defendant convicted of a Class C or D felony; and one year for a defendant convicted of a Class E felony or a Class A misdemeanor. However, a life term of supervised release may be imposed for any offense listed in 18 U. S. C. §2332b[(9)(5)(B)], the commission of which resulted in, or created a foreseeable risk of, death or serious bodily injury to another person; or a sex offense.[31] Supervised release is recommended by the Guidelines for most offenders who are serving a prison sentence of more than a year.[32]

원문링크 https://en.wikipedia.org/wiki/United_States_Federal_Sentencing_Guidelines

최대금액 250,000불을 넘는 벌금을 또는 위반일마디의 벌금을 허용하는 제정법 아래서 피고인이 유죄로 판정되면 표에 적힌 최대 벌금액을 넘는 벌금을 법원은 부과할 수 있음을 기준은 나타낸다. 벌금을 만약 피고인이 납부할 수 있을 것 같지 않은 경우에는 내지는 피고인의 피부양자들을 과도하게 벌금이 짐 지울 성싶은 경우에는 벌금을 법원은 보류할 수 있다; 그러나 징벌이 되는 전체의 통합된 제재를 법원은 여전히 부과하지 않으면 안 됨을 기준은 나타낸다.[29]

보호관찰 및 관찰석방(Probation and supervised release)

만약 범죄등급이 6 이상이면 보호관찰의 기간은 적어도 1년이어야 함을 및 5년을 넘어서는 안 됨을, 그리고 조금이라도 그 이외의 경우에는 그 기간은 3년 이하이어야 함을 기준은 나타낸다.[30] 미합중국 연방법 아래서의 관찰석방의 기간은 등급 A의 또는 B의 중죄로 유죄판정되는 피고인에 대하여는 적어도 3년이어야 함을 및 5년 이하이어야 함을; 등급 C의 또는 D의 중죄로 유죄판정되는 피고인에 대하여는 적어도 2년이어야 함을 및 3년 이하이어야 함을; 그리고 등급 E의 중죄로 또는 등급 A의 경죄로 유죄판정되는 피고인에 대하여는 1년이어야 함을 기준은 규정한다. 그러나, 조금이라도 미합중국 법률집 §2332b(g)(5)(B)에 목록화된 범죄에 대하여는 사망의 내지는 중대한 신체적 상해의 결과에 그 범행이 이른 경우에 내지는 그러한 결과의 예견 가능한 위험을 그 범행이 빚은 경우에; 또는 성범죄에 대하여는 평생 동안의 관찰석방이 부과될 수 있다.[31] 1년 초과의 감옥형기를 복역 중인 대부분의 범죄자들을 위하여 관찰석방은 기준에 의하여 권장된다.[32]

원문링크 https://en.wikipedia.org/wiki/United_States_Federal_Sentencing_Guidelines

각주의 출처(References)

1. Jump up ^ U. S. S. G. §2X5.2 (2012)

2. Jump up ^ U. S. S. G. §1B1.9 (2012)

3. Jump up ^ "Introduction to the Sentencing Reform Act" (PDF). U.S. Sentencing Commission.

4. Jump up ^ Excerpt from Introduction to Federal Sentencing Guidelines

5. Jump up ^ Stephanos Bibas (2004), The Feeney Amendment and the Continuing Rise of Prosecutorial Power to Plea Bargain, 94, Journal of Criminal Law and Criminology

6. Jump up ^ Doerr, Mark T. (Fall 2009), Note: Not Guilty? Go to Jail. The unconstitutionality of acquitted-conduct sentencing, 41, Columbia Human Rights Law Review, p. 235

7. ^ Jump up to: a b 2012 Federal Sentencing Guidelines Manual - Sentencing Table

8. Jump up ^ 2012 Federal Sentencing Guidelines Manual

9. Jump up ^ The guidelines in effect at the time the crime was committed are used to determine the recommended sentence, even if the guidelines subsequently changed before the trial. 정식사실심리 이전에 기준이 사후적으로 변경된 경우라 하더라도 그 권장되는 형량을 결정하기 위하여 범죄가 실행된 당시에 시행된 기준이 사용된다.

10. Jump up ^ Hoffman, Peter B. (2000), Simplifying the U.S. Sentencing Commission's Offense Scale, 44, St. Louis U. L.J., p. 365

11. Jump up ^ U. S. S. G. §4A1.1 (2012)

12. Jump up ^ U. S. S. G. §5C1.1(c)(3) (2012)

13. Jump up ^ Amendments to the 2010 Sentencing Guidelines

14. Jump up ^ "Rule 35. Correcting or Reducing a Sentence | Federal Rules of Criminal Procedure | LII / Legal Information Institute". Law.cornell.edu. Retrieved 2012-04-01.

15. Jump up ^ U. S. S. G. §5K1.1 (2012)

16. Jump up ^ U. S. S. G. §3E1.1 (2012)

17. Jump up ^ 18 U. S. C. §3553(e)

18. Jump up ^ U. S. S. G. §5K2.19 (2012)

19. Jump up ^ U. S. S. G. §2L1.2 (2012)

20. Jump up ^ Survey of Article III Judges (PDF), p. 4

21. Jump up ^ Federal judges argue for reduced sentences for child-porn convicts, The Denver Post, November 29, 2009

22. Jump up ^ JS Hall (1999), Guided to Injustice? the Effect of the Sentencing Guidelines on Indigent Defendants and Public Defense., American Criminal Law Review

23. Jump up ^ William J. Stuntz (Jun 2004), Plea Bargaining and Criminal Law's Disappearing Shadow, 117 (8), Harvard Law Review, pp. 2548−2569

24. Jump up ^ Federal guilty pleas and trial rates (PDF), U.S. Sentencing Commission

25. Jump up ^ "U. S. S. G. §5A", 2012 Federal Sentencing Guidelines

26. Jump up ^ U. S. S. G. §5A.SenTab (2012)

27. Jump up ^ 주의: Federal Law is constantly changing; this table (and this article) may or may not reflect current law. Readers are advised to review the relevant sources at http://www.ussc.gov. 연방법은 상시적으로 바뀌고 있다; 현행의 법을 이 표는 (그리고 이 기사는) 반영하지 아니할 수 있다. 관련 자료들을 http://www.ussc.gov.에서 개관할 것을 독자들에게 권유한다.

28. Jump up ^ http://www.ussc.gov/sites/default/files/pdf/guidelines-manual/2015/GLMFull.pdf

29. Jump up ^ U. S. S. G. §5E1.2 (2012)

30. Jump up ^ U. S. S. G. §5B1.2 (2012)

31. Jump up ^ U. S. S. G. §5D1.2 (2012)

32. Jump up ^ U. S. S. G. §5D1.1 (2012)

|찾아보기|

ㄷ

ㄹ

A

D

F

G

Q

기타

■ 저/자/소/개

박 승 옥

◆ 경력

서울대학교 법과대학 졸업
대한변협 인권위원
조선대학교 법과대학 초빙객원교수
전남대학교 법학전문대학원 겸임교수
배심제도연구회 회장

◆ 저서

국제인권원칙과 한국의 행형(1993년, 공저)
법률가의 초상(2004년)
연방대법원판례에서 읽는 영미 형사법의 전통과 민주주의(2006년)
미국 연방대법원 판례시리즈 I 미란다원칙(2007년)
미국 연방대법원 판례시리즈 II 변호인의 조력을 받을 권리(2008년)
미국 연방대법원 판례시리즈 III-1 위법수집 증거배제 원칙(2009년)
미국 연방대법원 판례시리즈 III-2 위법수집 증거배제 원칙(2009년)
미국 연방대법원 판례시리즈 I 미란다원칙(개정증보판)(2010년)
미국 법률가협회 법조전문직 행동준칙 모범규정(2010년)
한국의 공익인권 소송(2010년, 공저)
미국 연방대법원 판례시리즈 IV 적법절차; 자기부죄 금지특권(2013년)
미국 연방대법원 판례시리즈 V 적법절차; 자백배제법칙, 배심제도, 이중위험금지원칙(2013년)
미국 연방대법원 판례시리즈 VI 미국 형사판례 90선(2013년)

시민 배심원제 그리고 양형기준

초판 1쇄 인쇄 2018년 3월 25일
초판 1쇄 발행 2018년 3월 30일

저   자 박 승 옥
펴 낸 이 임 순 재
펴 낸 곳 (주)한올출판사
등   록 제11-403호
주   소 서울시 마포구 모래내로 83(성산동, 한올빌딩 3층)
전   화 (02)376-4298(대표)
팩   스 (02)302-8073
홈 페 이 지 www.hanol.co.kr
e - 메 일 hanol@hanol.co.kr

ISBN 979-11-5685-653-5